红軍長征史

中共中央党史研究室第一研究部 编著

中共党史出版社

图书在版编目（CIP）数据

红军长征史 / 中共中央党史研究室第一研究部编著 . 北京：中共党史出版社，2025.4（2025.7 重印）. -- ISBN 978-7-5098-6791-4

Ⅰ . K264.406

中国国家版本馆 CIP 数据核字第 2025K7Z877 号

书　　名：红军长征史
作　　者：中共中央党史研究室第一研究部

出版发行：中共党史出版社
责任编辑：申宁　陈海平
责任印制：段文超
社　　址：北京市海淀区芙蓉里南街 6 号院 1 号楼　邮编：100080
网　　址：www.dscbs.com
经　　销：新华书店
印　　刷：北京中科印刷有限公司
开　　本：710mm × 1000mm　1/16
字　　数：510 千字
印　　张：33　19 面插页
版　　次：2025 年 4 月第 1 版
印　　次：2025 年 7 月第 2 次印刷
书　　号：ISBN 978-7-5098-6791-4
定　　价：138.00 元

英雄的史诗

江澤民

長征精神
萬古长存

劉華清
一九九六年五月九日

继承红军优良传统
胜利进行新的长征

张震
一九九六年五月

中央红军长征出发地——江西瑞金

遵义会议旧址

中央红军四渡赤水河渡口之一——土城

娄山关

中央红军强渡大渡河之渡口——四川石棉安顺场

中央红军翻越的第一座雪山——夹金山

中央红军与红四方面军的会师地——达维

红军跨越过的若尔盖水草地

陕北吴起镇（今吴起县城）。1935 年 10 月，中央红军到达这里。

胜利到达陕北的红一方面军一部

红一军团与红十五军团部分干部合影。左起：王首道、罗瑞卿、杨尚昆、程子华、聂荣臻、陈光、徐海东、邓小平。

彭德怀与徐海东（左一）、彭雪枫（左三）、郭述申（右一）合影

红二、红六军团长征出发地——湖南桑植刘家坪

红六军团在长征中攻占湘中新化县城后部分干部合影。前排左起第三人为王震，第四人为夏曦，第五人为萧克。

红二、红六军团部分干部在贵州大定（今大方）合影

红二、红六军团渡过金沙江的地方——云南省丽江石鼓渡口

红二、红六军团与红四方面军会师地——甘孜

红二方面军部分干部在陕北合影。第二排右起：左权、任弼时、贺龙、陈伯钧、贺炳炎、甘泗淇、王震、卢冬生、朱瑞。第三排右起：第一人为李井泉，第四人为关向应，第六人为周士第。

1935 年 8 月，红二十五军部分干部在甘肃两当合影。前排左起：吴焕先、郭述申、徐海东。

1935 年 9 月，红二十五军长征到达陕北永坪镇后，与陕北红二十六、红二十七军合编为红十五军团。图为红十五军团一部。

红四方面军在长征中刻的标语

胜利到达陕北的红四方面军一部

红一、红二、红四方面军胜利会师地之一——甘肃会宁

红一、红二、红四方面军团以上干部在宫和镇合影

徐向前与叶剑英在陕北合影

杨尚昆、聂荣臻、林彪、陈赓、罗瑞卿等在陕北合影

刘伯承、李达、宋任穷、唐天际等在甘肃镇原合影

参加长征的部分女同志。左起：陈琮英、蔡畅、夏明、刘英。

1936年，美国记者埃德加·斯诺（左起第三人）与强渡大渡河的英雄们合影

王稼祥和聂荣臻等人到达陕北后的合影。左起：刘亚楼、赖际发、刘英、王稼祥、萧华、聂荣臻、贺诚。

毛泽东、朱德、周恩来、博古在陕北合影

书名题字　江泽民

本书编写人员

主　编　郭德宏　张树军

作　者　郭德宏（前言、结束语）

李　辉（第一、二章）

徐占权（第三、七章）

韩　钢（第四章）

张树军（第五、八章）

杨　青（第六章）

王新生（第九、十章）

审　定　李传华　郑　惠

修　订　蒋建农

2016年修订重印前言

本书原是在纪念中国工农红军长征胜利60周年之际，由中共中央党史研究室和中国人民解放军军事科学院几位一流的长征史专家鼎力合作完成、由辽宁人民出版社出版。作为一本高质量的红军长征史，出版后影响很大，获得过国家图书奖和“五个一工程”奖。

为纪念红军长征胜利80周年，我社和原编写单位中央党史研究室第一研究部商定修订重印。这次修订重印，基本未对原书做结构性的改动和大的增添与删节，我们特邀中共中央党史研究室第一研究部原主任、研究员蒋建农同志进行修订，主要是根据近20年来国内长征史研究的新成果，对少数史实和一些不够确切的用语，以及错别字和个别引文的出处与差错，进行了订正。另外，我们还将封面、版式、开本做了调整，对数字用法做了统一。修订结束之际，习近平总书记在纪念红军长征胜利80周年大会上发表重要讲话，我们又遵循这篇重要讲话的精神，对书稿进行了全面的梳理和对照，对少数定性的语言做了调整。

由于工作变动或年事已高等原因，本次修订重印没有请原作者校订，因此，书中的疏漏和不当之处仍在所难免，敬请读者批评指正。

中共党史出版社

2016年12月31日

2006年再版前言

中国工农红军的万里长征，是中国革命史上重大的历史事件，是世界军事史上的伟大壮举，是一部气壮山河的英雄史诗。为纪念长征胜利结束60周年，中共中央党史研究室第一研究部组织编写了此书，1996年由辽宁人民出版社出版。该书资料翔实，结构严谨，史实准确，是一部研究红军长征历史的权威性著作，已获得国家图书奖和“五个一工程”奖。在纪念长征胜利结束70周年之际，为总结历史经验，继续和发扬宝贵的长征精神，中共党史出版社和万卷出版公司合作修订再版该书，以飨读者。

前　言

红军不怕远征难，
万水千山只等闲。
五岭逶迤腾细浪，
乌蒙磅礴走泥丸。
金沙水拍云崖暖，
大渡桥横铁索寒。
更喜岷山千里雪，
三军过后尽开颜。

60 年前中国工农红军的万里长征，是中国革命斗争史上的重大历史事件，是世界军事史上的伟大壮举，是一部气壮山河的英雄史诗。毛泽东这首著名的七律《长征》，对它作了形象而生动的概括。

1927 年蒋介石、汪精卫叛变革命以后，对中国共产党和革命的人民群众，进行了疯狂的屠杀和镇压。为了反抗国民党反动派的血腥统治，挽救革命，中国共产党人毫无畏惧地从血泊中站立起来，于 8 月 1 日发动了著名的南昌起义，打响了武装反抗国民党的第一枪；接着于 8 月 7 日在汉口召开紧急会议，纠正了陈独秀右倾投降主义的错误，确定了实行土地革命和武装斗争的总方针。在这一方针的指导下，中国共产党先后发动了湘赣边界秋收起义、广州起义等近百次武装起义，建立了数十支红军和游击队，开辟了一块块革命根据地，展开了广泛的游击战争，掀起了轰轰烈烈的土地革命。到 1931 年年底，全国红军发展到约 15 万人，后来发展到近 30 万人。但是，中共中央在这个时期犯的几次“左”倾错误，特别是以王明为代表的第三次“左”倾冒险主义错误，给各个革命根据地和红军造成了很大的损失。

为了扑灭革命的烈火，蒋介石向各个革命根据地发动了一次次大规模的军事“围剿”。在毛泽东、朱德、周恩来及其他根据地领导人的正确指挥下，大部分根据地胜利地粉碎了国民党军队的第一至四次“围剿”。但在第三次“左”倾冒险主义的错误指导下，广大红军指战员虽然英勇奋战，国民党军队的第五次“围剿”却未能打破，中央红军被迫长征。随后，其他几个革命根据地的红军，也先后出发长征。

在中央红军长征之初，由于“左”倾冒险主义的错误领导，红军又遭到惨重的损失，特别是湘江一战，全军损折过半，由8万多人锐减至3万多人。1935年1月召开的遵义会议，纠正了当时具有决定意义的军事上和组织上的错误，在事实上确立了以毛泽东为核心的党中央的正确领导，才使红军变被动为主动。后来，又战胜了张国焘的分裂主义，保证了红军长征的胜利。经过无数艰难曲折，各路红军终于先后到达陕甘地区，胜利地结束长征，红军三大主力胜利会师。

从以上情况可以看出，各个根据地的红军离开根据地进行长征，是“左”倾冒险主义导致的一个后果，也是在强大的国民党军队的疯狂进攻面前被迫采取的军事行动。正如毛泽东1961年6月21日在会见外宾时的谈话中所说：“一万二千五百公里的长征是光荣的，但实际上是由于犯了路线错误，被敌人追赶得不得不走的。”

红军长征虽然是被迫进行的，但正如毛泽东所说，确实“是光荣的”。在两年的时间中，各路红军以百折不挠的革命精神和所向无敌的英雄气概，翻越了陡峭险峻甚至终年积雪的座座高山，跨过了激流汹涌、难以渡过的条条江河，穿过了沼泽遍布、神秘莫测的茫茫草地，冲出了国民党上百万军队一层又一层、一次又一次的围追堵截；他们顶寒风，冒雨雪，忍饥挨饿，遭冷受冻，甚至吃草根、咽树皮，经受了难以想象的千辛万苦，终于赢得了长征的胜利。这是人类创造的一大奇迹，是一曲胜利的凯歌，是一座高耸入云的历史丰碑，是中国共产党、中国工农红军和中华民族的骄傲。

红军长征的胜利，是中国革命第二次由失败转向胜利的关键。它使中国共产党和工农红军度过了自第五次反“围剿”失败以来最危险、最艰难的时期。从此以后，中国革命迅速地打开了新局面，掀起了革命的新高潮，一步步地走向了最后的胜利。因此，它是中国革命胜利的前奏，具有极其重要的历史地位。

1996 年 10 月，是工农红军三大主力第一、第二、第四方面军胜利会师，长征胜利结束 60 周年。为了纪念这次光耀千秋的英雄壮举，总结历史经验，继承和发扬宝贵的长征精神，更好地开创未来，建设好有中国特色的社会主义，尽快地把中国建设成一个繁荣、富强、民主、文明的现代化国家，我们怀着无比敬仰的心情，抱着实事求是的严谨态度，撰写了这部《红军长征史》，作为我们向这次惊心动魄的伟大业绩，向长征中牺牲的每一位烈士，向参加过长征的每一位红军战士，向所有为红军长征作出过帮助、支援和贡献的各族人民群众，献上的一份微薄而崇高的礼物。

长征业绩永垂不朽！

长征精神万古长存！

目 录

第一章

长征的序幕

一、第五次反“围剿”的失败

轰轰烈烈的大革命于1927年失败以后，中国共产党高举革命的大旗，率领广大群众展开英勇的武装斗争，建立了一支支红军和一块块革命根据地，在各个革命根据地内普遍开展土地革命，建立各级政权，革命烈火重新在广大地区燃烧起来。为了消灭蓬勃发展的红军和革命根据地,蒋介石从1930年年底开始接连发动了一次次大规模的军事“围剿”，但均被英勇的红军所粉碎。

恰在这时，日本帝国主义于1931年发动九一八事变，武装侵占中国东北，并一步步向关内进逼，以抗日救亡为核心的民族革命的高潮逐步在全国兴起。可是，蒋介石竟置民族危亡于不顾，坚持“攘外必先安内”的政策，继续集中力量“围剿”各个革命根据地。在他发动的对中央革命根据地的第四次“围剿”被红军打破以后，又于1933年9月，以100万军队、200多架飞机，对各个革命根据地发动了最大的一次“围剿”——第五次“围剿”。

这时，在几块大的革命根据地中，鄂豫皖、湘鄂西革命根据地已受到较大的损失。鄂豫皖根据地的红军主力红四方面军，已向西转移，在川陕边地区建立了新的根据地。湘鄂西根据地的红军主力红二军团，已改编为红三军，在湘鄂川边流动游击。唯有中央革命根据地损失不大。因此，蒋介石这次“围剿”的重点，是中央革命根据地。为了消灭中央红军，他集中50万兵力，把驻赣、粤、闽、湘、鄂各省部队，分编为北路、南路、西路军，再加上第十九路军，集中“围剿”中央革命根据地，及与之相邻近的湘赣、湘鄂赣、闽浙赣等革命根据地。其部署是：

北路军以顾祝同为总司令，蒋鼎文为前线总指挥，下辖三路军，共33个师又三个旅，是“围剿”中央革命根据地的主力。其任务是：向广昌方向筑垒推进，寻求与中央红军主力决战。

南路军以陈济棠为总司令，指挥粤军11个师又一个旅，阻止中央红军向南发展，并逐步向筠门岭、会昌地区推进，协同北路军作战。

第十九路军等部共六个师又两个旅，扼守闽西和闽西北地区，阻止中央红军向东发展；浙赣闽边区警备部队五个师又四个保安团，“围剿”闽浙赣革命根据地，并配合北路军第二路军，阻止中央红军向赣东北方向发展。

西路军以何键为总司令，指挥湘军九个师又三个旅，“围剿”湘赣、湘鄂赣革命根据地，并相机东进，阻止中央红军向赣江以西机动。

为了取得这次“围剿”的成功，蒋介石在南昌设立了全权处理赣粤闽湘鄂五省军政事宜的“军事委员会委员长南昌行营”，亲自坐镇南昌，指挥这次“围剿”。在政治上，他继续采取“三分军事，七分政治”的战略方针，厉行保甲制度和“连坐法”，加强地主武装建设，强化其反动统治。在军事上，他吸取以往失败的教训，采取持久战与“堡垒主义”的新战略和“以守为攻，乘机进剿，运用合围之法，兼采机动之师，远探密垒，薄守厚援，层层巩固，节节进逼，对峙则守，得隙则攻”[①]等原则，并且聘请外国军事顾问，改编部队，举办军官训练团，普遍构筑堡垒封锁线等，企图不断消耗红军的有生力量，最后将红军压缩在狭小区域内，聚而歼之。在经济上，控制交通，实行贸易禁运，对苏区进行严密封锁。与此同时，对外加紧同美、英、日等帝国主义勾结，对内肆意进行横征暴敛，筹措“剿共”经费，购买飞机、大炮等，

---

① 台湾国民党国防部史政局：《剿匪战史》（二），中华大典编印会1967年版，第241页。

企图彻底消灭红军，摧毁各个革命根据地。

当时，中央苏区的红军已发展至8万多人，如果采取正确的战略战术，打破敌人的第五次“围剿”仍然是有可能的。可是，在这样严峻的局势面前，掌权的“左”倾冒险主义领导者却实行了错误的军事指导。

1933年年初，以博古为首的中共临时中央在上海无法立足，被迫迁入中央苏区，使“左”倾冒险主义在中央苏区得到进一步贯彻。在政治上，他们看不到自1931年日本帝国主义发动九一八事变、大规模侵略中国以来中日民族矛盾的上升和中间阶级的抗日要求，不懂得应该迅速改变自己的战略策略，尽可能团结一切可以团结的力量，以打击主要的敌人，反而认为“中间派”是最危险的敌人；不懂得中国革命的特点和规律，否认敌强我弱的客观状况和中国革命的长期性、曲折性，坚持城市中心论，主张实行“进攻路线”。在军事上，他们抛弃毛泽东一贯主张且行之有效的正确战略战术，如集中兵力、诱敌深入、运动歼敌，等等，采取冒险主义的作战方针，主张分兵把口，打阵地战、正规战，“御敌于国门之外”。在组织上，他们实行宗派主义的干部路线，对坚持不同意见的人实行“残酷斗争，无情打击”，控制了各级党、政、军大权。为了排除阻力，反对以毛泽东为代表的正确主张，他们首先在福建开展反对所谓“罗明路线”的斗争，接着在江西开展反对邓（小平）、毛（泽覃）、谢（唯俊）、古（柏）的所谓“江西罗明路线”①的斗争，搞得党内和红军内人心惶惶，人人自危。

这年10月初，由共产国际派来的军事顾问李德，从上海来到中央苏区。李德，原名奥托·布劳恩，德国人，第一次世界大战期间当过兵，上过前线，并在巴伐利亚参加革命军队。1919年4月，在慕尼黑进行过街垒战。1920年，他作为德国共产党的工作人员被捕入狱，后来越狱秘密逃往苏联。1928年，进入苏联伏龙芝军事学院。在那里，他接

① 罗明，中共福建省委代理书记；邓小平，曾任江西省会昌、寻邬、安远中心县委书记；毛泽覃，曾任苏区中央局秘书长；谢唯俊，曾任赣东特委书记，江西省第二军分区司令员兼独立第五师师长；古柏，曾任红一方面军总前委秘书长。他们支持毛泽东的正确主张，抵制博古等人的错误领导，所以受到了错误的批判斗争。

受了战术和战略方面的训练，随后被共产国际派到中国。他只有在欧洲进行正规战的经验和在苏联得到的训练，根本不了解中国的情况。

但是，中共临时中央的负责人博古，对他十分依赖和支持，把反“围剿”的军事指挥大权完全交给了他。那么，他是怎么指挥的呢？当时给他当翻译的伍修权回忆说：

> 李德在担任我党军事顾问时，推行的完全是军事教条主义那一套，他根本不懂得中国的国情，也不认真分析战争的实际情况，只凭他在学院学到的军事课本上的条条框框，照样搬到我国，搬到苏区，进行瞎指挥。……博古当时是临时中央总书记①，但他对军事一窍不通，就把军事指挥大权拱手让给了李德。李德有了作为总书记博古的支持，博古又有来自共产国际的李德作军事顾问，两人相互支持。当时中央的错误领导，和李德本人的专横作风，使他成了一个地道的“太上皇”。他们完全剥夺了毛泽东同志对红军的指挥权，排斥了毛泽东等同志的正确主张，由李德的独断专行取代了军委的集体领导，更抛弃了红军多年血战中取得的成功经验，由李德一人躲在房子里凭着地图指挥战斗。当时的地图大部分是一些简单的草图，误差较大，不够准确，李德也不问，所以他的指挥往往与前线的实际情况差距很大。图上看只有一百里路程，他也不问是山路还是平路，也不给部队留吃饭和休息的时间，敌情、气候和自然条件等等困难都不考虑，只凭比例尺量地图上的距离来推算路程，定下到达和投入战斗的时间，又常常不留余地。这给红军指战员的行动带来了很大的困难，有些困难根本是不可能克服的，常常使部队不能按时投入战斗，以致难免吃败仗。这本来都是李德的主观主义瞎指挥造成的，可是他却动不动就训斥处分别人，不断发脾气骂人，根本听不得反对意见。……
>
> 在整个第五次反“围剿”中，都是按李德那一套进行的，什么“短促突击”、“两个拳头作战”、“御敌于国门之外”，建立正规军打阵

---

① 当时中央无总书记职务，博古是临时中央负责人。

地战等等，完全是一条不切合实际的错误的军事路线。①

当时，中共临时中央为了照顾李德的生活，在中革军委驻地沙洲坝附近一公里处，给他建了一所独立的房子，因此，“独立房子”也就成了李德住处的代号。在这所“独立房子”主人的指挥下，红军的反“围剿”战斗形势只能越来越不利。

从 9 月 25 日开始，国民党北路军的三个师首先向黎川发动进攻。黎川位于闽赣边界地区，东连光泽、邵武，南达建宁、泰宁，西通南丰、南城，北出金溪、资溪，战略地位十分重要，由闽赣军区部队防守。但是，由于闽赣军区的部队几乎全部被调到外地作战，防守黎川的兵力只有一个 70 人的教导队和一些地方游击队，力量十分薄弱。在国民党军向黎川进攻前，闽赣军区司令员兼政治委员萧劲光，曾建议红军主力应及早集结黎川东北的光泽、资溪一带，从翼侧打击进犯之敌，而不应死守黎川。毛泽东亦认为应该放弃黎川，诱敌深入到建宁、泰宁地区，集中红军主力，在运动战中加以各个歼灭。但是，“左”倾冒险主义领导者要部队死守黎川，不能丢失一寸土地。由于力量悬殊，不得已，萧劲光只好将自己的少量部队撤出城外。28 日，国民党军占领黎川，并加紧构筑工事，企图迅速完成其堡垒封锁线。根据这种情况，周恩来、朱德就红一方面军新的作战部署问题接连致电中革军委和中共临时中央，提出红军“必须以极大机动性处置当前战斗，正面迎敌或强攻黎川都处不利”。并建议待红三军团等部集中后，以一部佯攻黎川，吸引占领黎川之敌；主力突击敌之侧背。②然而，“左”倾冒险主义领导者震惊于黎川一城之失，不察敌情的变化，拒不采纳周、朱的正确建议，而急于收复黎川，一味命令红一方面军在敌堡垒之间进行冒险进攻。在这种错误思想指导下，红一方面军从 10 月上旬至 11 月中旬，先后进行了硝石、资溪桥、浒湾、八角亭等多次战斗，不但未能收复黎川，阻止国民党军的进攻，反而使部队遭受很大伤亡，致使第五次反“围剿”

① 伍修权：《我的历程》，解放军出版社 1984 年版，第 71—72 页。

② 转引自中国工农红军第一方面军史编审委员会编：《中国工农红军第一方面军史》，解放军出版社 1993 年版，第 412 页。

初期作战失利。

对于红军作战的失利，博古、李德不是认真吸取教训，改变冒险主义的做法，而是丝毫听不得不同意见，对提出不同意见的同志进行残酷斗争，无情打击。他们把反“罗明路线”的斗争扩展到军内，提出要“反军队中的罗明路线”。首当其冲的，便是撤出黎川的萧劲光。博古、李德主张对他进行审判，判五年徒刑，后在毛泽东等人的反对下，才取消了这种判决。对此，萧劲光回忆说：

> 一九三四年一月六日上午十一时，由最高法庭组织的最高临时军事裁判法庭对我进行了公审。参加者有红军各部队，中央一级及各后方机关的代表。主席宣布开庭后，由书记读控告书。控告书以黎川失守为主题，……公审结束，开除党籍和军籍，判五年徒刑，无上诉权。
>
> ……
>
> 公审判决以后，我被关押起来。在此期间，毛泽东同志派贺子珍同志前来探视。贺子珍转达了毛主席的话，大意是，黎川失守是“左”倾军事路线的错误造成的，你应该撤退，做的对。给了我很大的安慰。后来我听说在决定处罚我时，有的人主张杀掉我，毛泽东同志坚决不同意，王稼祥同志几次拒绝签字。我被关了一个月后，在二月初的一天，一位负责同志找我谈话，让我到“红大”当教员。可以说，我得以释放，能活到今天，是毛泽东等同志同“左”倾教条主义者坚决斗争的结果。如果没有中央这些领导同志的保护，在红军离开中央苏区长征时，根本不会留下我这个“罪犯”，很可能杀掉了。我是一个幸存者。当时，多少好同志受打击，多少好同志被错杀啊！①

当时，红军还失掉了一次打破敌人“围剿”的十分有利的机会。1933 年 11 月 20 日，正当红一方面军第五次反“围剿”作战陷入被动

---

① 《萧劲光回忆录》，解放军出版社 1987 年版，第 140—141、142 页。

之时，以陈铭枢、蒋光鼐、蔡廷锴为首的国民党第十九路军将领，联合国民党内李济深等一部分反对蒋介石的势力，在福州发动福建事变，成立“中华共和国人民革命政府”，公开宣布与蒋介石国民党政府决裂。蒋介石为镇压第十九路军，急忙从“围剿”中央苏区的北路军中抽调11个师，与江浙一带的部队编成“入闽军”，由蒋鼎文率领，分别由江西、浙江入闽，“讨伐”第十九路军，而对中央苏区则暂取守势。这样，中央苏区的东面、北面压力大为减轻，形势对红军十分有利。

面对这种有利的形势，周恩来于11月24日致电中革军委，建议红三、红五军团侧击蒋介石的入闽部队。张闻天也认为，红军应在军事上与第十九路军采取配合行动。特别是毛泽东正确地分析了当时的形势，及时向中共临时中央建议：以红军主力“突进到以浙江为中心的苏浙皖赣地区去，纵横驰骋于杭州、苏州、南京、芜湖、南昌、福州之间，将战略防御转变为战略进攻，威胁敌之根本重地，向广大无堡垒地带寻求作战。用这种方法，就能迫使进攻江西南部福建西部地区之敌回援其根本重地，粉碎其向江西根据地的进攻，并援助福建人民政府”①。但是，以博古为首的中共临时中央，不懂得建立统一战线的重要性，认为十九路军的行动是“欺骗群众”，不肯与十九路军在军事上进行配合，拒绝采纳毛泽东等的正确建议。

在这种错误思想指导下，博古、李德主持下的中革军委，没有采取任何积极行动来配合第十九路军。结果，孤立无援的福建人民政府，在蒋介石的军事打击和分化下于1934年1月很快失败，蒋介石又腾出手来全力进攻中央苏区，红军丧失了打破第五次“围剿”的一次大好机会。

对于当时的情况，朱德后来回忆说：

> 当蔡廷锴暴动的时候，应该用全力去打击闽浙赣边。敌如果一来，就会陷死在里面，有进无出，饿也会饿死。当时在闽浙赣

① 毛泽东:《中国革命战争的战略问题》,《毛泽东选集》第1卷，人民出版社1991年版，第236页。

边的中央军相当空虚，他们又焦急，如果打去，可以消灭他几个师，而且牵掣了敌人，可以使福建至少能支持半年。结果只以一个七军团去打，力量少小，当然没有牵掣得着。李德当了军委会顾问，一切我们都没法反对他。我们当那时，却想休息疲乏，就没有进行。就是同十九路军挨近些打也好些。就是失败了，也不会让十九路军被缴了枪。在五次反“围剿”中最大的关键就在这里，实在太可惜了。①

当时，红一方面军按照中革军委指示，决定以红五、红七军团及独立第六十一团等编为东方军，留在建宁、泰宁、黎川、光泽、金溪一线，开展游击战争，钳制和消耗东线之敌；红九军团及独立第一、第四团编为中央军，在红五军团左侧钳制和消耗敌人；红一、红三军团及独立第二、第三、第十一、第十三团编为西方军，转移到江西永丰地区消灭敌税警团，并相机消灭国民党军第九十三、第二十七、第十三师等部队。12月22日，红一军团开始西移。

永丰地区堡垒林立，国民党军防守十分严密，已形成了完整的火力封锁网，特别是税警团一部和第九十三师防守的藤田至永丰之线，构筑碉堡共230座，平均二公里左右一座，火力配系比较周密。但是，“左”倾冒险主义领导者无视这种不利情况，要求西方军按照李德提出的以堡垒对堡垒、“短促突击”的战术，实行硬性进攻。在他们的一再要求下，西方军（欠红三军团）开始向永丰以南的丁毛山堡垒阵地发动进攻，企图消灭敌第九十三师。但是，由于红军缺乏重武器，不但无法消灭龟缩在堡垒内的国民党军，反而在国民党军的强大火力射击下，部队遭受较大伤亡，被迫于1934年1月4日黄昏撤出战斗，西进永丰地区的反攻计划化为泡影。

在此期间，国民党军乘红军主力西进之机，步步进逼，不仅限制了东方军的活动，中央苏区的翼侧也受到敌军的威胁。根据上述情况，

---

① 朱德自传，转引自中央文献研究室编：《朱德传》，人民出版社、中央文献出版社1993年版，第317页。

中共临时中央为保卫中央苏区的翼侧安全，于1月2日命令“第三军团明三号开始向沙县地域移动，并应于十号协同第七军团遂行进攻卢兴邦旅（此处有误，应为国民党军新编第五十二师——引者注）及占领沙县”。①

沙县城是闽中的重镇，由国民党军新编第五十二师卢兴邦部和地主武装共约两个团的兵力凭坚固守。11日，红三军团开始包围沙县城。12日，发起攻城战斗，由于城墙高而厚，加上国民党军的强大火力压制，攻击受挫，改取坑道爆破。25日，红三军团攻城部队引爆了沙县城西门坑道内的炸药，将城墙炸开20余米长的缺口，红军乘机攻入城内。经三个小时激战，国民党军大部被歼，少数部队也纷纷投降。至此，红三军团胜利攻占沙县城。这是红三军团自第五次反“围剿”以来取得的第二个胜仗，共毙伤敌700余人，俘1300余人。红三军团还利用缴获的无线电台和密码，以卢兴邦的名义要蒋介石火速增援。从26日至27日，蒋介石派飞机连续空投了大量的弹药、布匹、钞票等，均为红军所获。这些物资，对于缓解中央苏区物资供应困难起了重要作用。然而，这仅是一个局部的胜利，并不能扭转第五次反“围剿”的被动局面。

1934年1月中旬，在第五次反“围剿”接连失利的情况下，中共临时中央在瑞金召开了六届五中全会，博古主持会议，并作《目前的形势与党的任务》的报告。会议通过了《目前的形势与党的任务决议》等文件，补选了中央委员和中央候补委员，改选了中央政治局和选举了中央党务委员会，并设立中央书记处，亦称常务委员会，当时在中央苏区的书记有博古、洛甫（张闻天）、周恩来、项英、陈云，另外还有在苏联的王明和在川陕苏区的张国焘。这次全会是“左”倾冒险主义发展的顶点。在军事指挥上，全会决定将红一方面军总部与中革军委合并，所属部队再次改称中央红军，直属于中革军委和工农红军总指挥部指挥。2月3日，中革军委进行了局部调整，朱德仍任主席，周恩来、王稼祥任副主席，但实际指挥权仍把持在博古、李德的手中。

1月下旬，蒋介石在镇压了福建人民政府后，重新调整了其“围剿”

---

① 转引自《中国工农红军第一方面军史》，第430页。

中央苏区的军事部署：以入闽“讨伐”第十九路军的主力为基础，编为“围剿”中央苏区的东路军，下辖第二、第五路军和总预备队，共16个师又一个旅、两个团；北路军下辖第一、第三、第六、第二十、第二十六路军和总预备队，共25个师又两个旅、一个支队和三个团。然后，即命东、北两路军重新向中央红军和中央苏区发动进攻。从此，第五次反“围剿”陷入最困难的时期，红军作战接连失利，根据地日渐缩小。

4月初，蒋介石按照既定的“会师赣南”计划，命令北路军、东路军协力“进剿”广昌、建宁；南路军攻取筠门岭，向会昌推进，配合北路军的行动；空军第三队进驻南城，就近支援广昌、建宁地区的作战。北路军总司令顾祝同按照蒋介石的命令，集中11个师的兵力，由陈诚统一指挥，首先向广昌发动了进攻。

广昌位于盱江西岸，是中央苏区的北大门，战略地位十分重要。为保卫广昌，中革军委不顾红军连续作战，十分疲劳和减员很大等情况，命令红一、红三军团和红五军团第十三师，从福建建宁地区迅速回师江西，会同新从龙冈地区调来的兵力，准备在广昌以北地区同国民党军“决战”。

4月10日6时，国民党军开始向广昌实施进攻。红一、红三军团和红五军团第十三师等部坚守盱江东岸大罗山、连福峰、白叶堡阵地，抗击敌河东纵队；红九军团和新从龙冈地区调来的第二十三师等部英勇奋战，坚守阵地；红三军团第五师广大指战员积极响应中共中央“武装保卫赤色广昌，不让敌人侵占苏区寸土”的号召，依托阵地，向进攻之敌实施“短促突击”，连续打退敌人两次进攻，歼敌第三十三团大部，俘敌团长以下官兵120余人。鉴于其河东纵队受阻，陈诚即改取以河东纵队在盱江东岸钳制中央红军主力，河西纵队向前推进，但是，博古、李德不察敌情的变化，仍命令中央红军主力坚守河东阵地，与敌对峙。

4月27日，国民党军集中十个师的兵力，开始会攻广昌。不到半天，便把李德所谓坚固的永久性工事轰平了，守备在工事里面的一营红军战士，全部壮烈牺牲。红军广大指战员在众敌夹击下经过一天激战，发动了多次突击，均未成功，受到很大伤亡。博古、李德被迫放弃坚守广昌的计划，命令红军退出广昌。至此，历时 18 天的广昌保卫战结束。此役，中央红军毙伤俘敌共 2626 人，自身却伤亡 5093 人，约占参战总人数的 1/4。这是红军历史上最典型的阵地战、消耗战，给尔后红军的反“围剿”带来了极为有害的影响。

对于广昌保卫战的失败和部队遭受的重大伤亡，红军广大指战员极为不满。彭德怀在战役结束不久，当面批评了李德的指挥。他在回忆广昌战役和这段经历时说：

> 三、四月间，敌集中大量兵力进攻广昌。方面军前方司令部撤回瑞金，另组临时司令部。博古为政委，实际上是李德为总司令，亲上前线，指挥坚守广昌。我再三说广昌是不能固守的，必须估计敌军技术装备。他们不相信，而相信他们自己构筑的永久工事。我说，在自己没有飞机大炮轰击的情况下，就算是比较坚固的野战工事，在今天敌军的装备下，是不起作用的。如果固守广昌，少则两天，多则三天，三军团一万二千人，将全部毁灭，广昌也就失守了。……
>
> 进攻广昌之敌七个师，一个炮兵旅轰击，每天约三四十架次飞机配合，拖着乌龟壳（堡垒）步步为营前进。前进一次只一千至二千米；在其火力完全控制之下，站稳了脚跟，先做好了野战工事，配备好火力，再进第二步；每次六七架飞机轮番轰炸。从上午八九时开始至下午四时许，所谓永久工事被轰平了。激战一天，我军突击几次均未成功，伤亡近千人。在李德所谓永久工事里担任守备的营，全部壮烈牺牲，一个也未出来。……
>
> 当日约八时以后，战斗停止时，博古来电话，说李德、博古约我和杨尚昆去谈谈，他们明天回瑞金去。见面时，李德还是谈他那一套，如何进行短促突击，如何组织火力。我说，怎样去组织火力点？根本没有子弹！在敌碉堡密布下，进行短促突击，十次就有十次失败，几乎没有一次是得到成功的。我尽情地、毫无保留地讲了自己的意见，大胆地准备个人的不幸，说，你们的作战指挥从开始就是错误的。……如果不是红军高度自觉，一、三

军团早就被你送掉了。我还说，这次广昌战斗你们看到了吧！这种主观主义，是图上作业的战术家。中央苏区从一九二七年开创到现在快八年了，一、三军团活动到现在，也是六年了，可见创造根据地之不易。“崽卖爷田心不痛”，被送掉！

这段话是伍修权同志翻译的，李德没有发火。我知道没有全翻，如果全翻了，哪有不发火的道理呢？我请杨尚昆同志重翻了。这时李德咆哮起来：“封建！封建！”他跳我高兴。他继续骂我，说是因为撤掉我的革命军事委员会副主席不满意（撤职是事实，但不知为什么）。我说，根本没想那些事，现在是究竟怎样才能战胜敌人，这是主要的。我骂了他下流无耻，鄙视了他。那次，我把那套旧军衣背在包里，准备随他到瑞金去，受公审，开除党籍，杀头，都准备了，无所顾虑了。……①

在后方的毛泽东也对广昌保卫战提出尖锐的批评。他说，广昌战役对红军来说，是个灾难，毫无战绩。曾支持“左”倾冒险主义的一些人，也开始对李德的指挥不满。在第五次反“围剿”中，张闻天对李德的错误指挥已经开始怀疑。广昌战役后，张闻天说，这样打下去，我们能有胜利吗？在5月上旬的一次中革军委会议上，他批评广昌战役说：这次战役同敌人死拼是不对的，结果使红军遭到了巨大的损失。并批评博古过于重用李德，说我们中国的事情不能完全依靠李德，自己要有点主意。结果与博古发生了激烈争论，争得面红耳赤，相持不下。张闻天后来回忆说：

会议上，我同博古同志的公开冲突，是在关于广昌战斗的一次讨论。我批评广昌战斗同敌人死拼，遭受不应有的损失，是不对的。他批评我，说这是普列哈诺夫反对一九〇五年俄国工人武装暴动的机会主义思想。我当时批驳了他的这种污〔诬〕蔑，坚持了我的意见，结果大家不欢而散。其他到会同志，没有一个表

① 《彭德怀自述》，人民出版社1981年版，第189—191页。

示意见。

从此时起，我同博古的矛盾加深了，……

由于这些矛盾的发展，博古开始排挤我。①

当时，身为红军总参谋长的刘伯承，也不满意李德的错误指挥。后来，有一次李德到总参谋部去，几个机要员在路边烧火做饭，挡了他的路，他竟一脚把锅给踢翻了。刘伯承怒不可遏，当场跟李德吵起来，结果被降到红五军团去当参谋长。②

尽管许多中央领导和红军指战员对错误的军事领导极为不满，但博古、李德根本不顾广昌保卫战的失败和部队遭受的重大伤亡，仍命中央红军进行建宁保卫战。林彪根据该地区的实际情况和广昌保卫战的教训，给中革军委写信说：根据敌军的行动计划，“我们仍然有求得在运动战中消灭敌人的充分机会”，我军主力“宁可多走点路，宁可万一扑空，只要时间上赶得上则应当去赶那个机会”。并说：“我主力兵团可以取得胜利的仗不应放过，对于得不偿失的仗，对于胜利条件不大足的仗，则不应以主力进入战斗”，应切忌“过去那样以主力逼近敌人，与敌对峙”的方法，消耗兵力和弹药，陷于被动。还说：“地形条件对于作战有很大的决定意义，战胜敌人时的兵力对比的少不成为重要因素，在山地战为尤然。如地形条件适宜和战术运用巧妙等，是能少胜众的，至少能消灭敌之一部。”③这无疑是个正确的建议。但是，博古、李德拒绝采纳，仍然命令东方集团采用堡垒对堡垒和“短促突击”的战法，同敌人拼消耗。

5月16日，东方集团遭受较大伤亡，被迫放弃建宁城，向宁化地区转移。至此，中央苏区西起龙冈，中经广昌，东至建宁、泰宁、明溪（今归化）、永安、连城，南迄筠门岭，均被国民党军占领，形势日趋恶化。

国民党军占领广昌、建宁等地后，蒋介石即命“围剿”中央苏区

---

① 张闻天：《从福建事变到遵义会议》（1943年12月16日），中共中央党史资料征集委员会、中央档案馆编：《遵义会议文献》，人民出版社1985年版，第77—78页。

② 《刘伯承传》编写组：《刘伯承传》，当代中国出版社1992年版，第101页。

③ 转引自《中国工农红军第一方面军史》，第447—448页。

的各路部队加紧筑垒、修路，巩固占领区，并拟集中31个师的兵力，从六个方向于7月初向中央苏区中心区发动全面进攻。

这时，经过近十个月的反“围剿”作战，中央苏区的生产已遭到严重破坏，部队供给和人民群众的生活已十分困难。可是，博古、李德等人仍决定采取“六路分兵”、“全线抵御”的方针，命令中央红军主力及一切地方武装在中央苏区内继续坚持斗争，企图通过主力红军的顽强抵抗和发展游击战争，来求得战略上的变更。

在这种思想指导下，中央红军开始了更加艰苦的防御作战，使部队又遭受了重大损失，中央苏区进一步缩小。“六路分兵”、“全线抵御”不仅没有制敌，反而为敌所制，使红军陷入更加被动的境地。

9月上旬，“围剿”中央苏区的国民党军加紧向中心区发动进攻，苏区进一步缩小，苏区内的人力、物力已经匮乏，红军在苏区内打破敌人的进攻已经根本没有可能。在这种情况下，博古、李德等被迫放弃在苏区内部抵御敌人的计划，决定于10月底或11月初，实行战略转移。

9月8日，按照中革军委的决定，中央红军第二十一师以第六十一、第六十二团和由赣江独立团改编的第六十三团为基础正式编成。21日，又根据中革军委的决定，将第二十一、第二十三师合编为中央红军第八军团，周昆任军团长兼第二十一师师长，黄甦任军团政治委员兼第二十一师政治部主任。第八军团司令部由第二十一师司令部代理。其任务是：以运动防御，阻止由龙冈向古龙冈方向推进之敌，为中央红军主力准备实行战略转移争取时间。在此期间，中革军委还决定成立教导师，张经武任师长，何长工任政治委员。

9月26日，“围剿”中央苏区的国民党军主力开始向中心区发动全面攻击。10月6日，占领石城，并拟于14日总攻瑞金、宁都。“左”倾冒险主义领导者仓促决定提前退出中央苏区，向湘西实行战略转移。

至此，持续了一年之久的第五次反“围剿”作战最终失败。

二、抗日先遣队的北上

1934年7月，在中央苏区第五次反“围剿”作战接连失利，苏区形势极其严峻的情况下，中共中央、中华苏维埃共和国中央政府人民委员会和中央革命军事委员会决定，以中国工农红军第七军团组成抗日先遣队，北上闽浙赣皖边地区，开展抗日民主运动，发展游击战争，创造游击区域，建立苏维埃根据地，以“吸引蒋敌将其兵力从中央苏区调回一部到其后方去”，减轻中央苏区的压力，配合中央红军主力，粉碎蒋介石的第五次“围剿”。同时，中共中央还决定派曾洪易为中央代表，随军行动，“如联络长期中断时，则由中央代表与军团长、政委三人组织七军团的军委”①，统一领导党政军工作。

7月初，红七军团奉命由福建连城地区回到江西瑞金，中共中央和中革军委几位主要领导人及共产国际派来的代表李德，接见了军团长寻淮洲、政治委员乐少华、参谋长粟裕、政治部主任刘英等，要求红七军团在一个半月内赶到皖南地区，发动、组织和武装该地区的群众，建立小块苏区，推动该地区革命形势的发展；并强调红七军团要大力宣传党的抗日主张，推动抗日民主运动的发展。

对于北上的真正战略意图，军团领导人并不清楚。对此，粟裕回忆说：

> 后来我们才知道，当时中央派出这支部队的更加直接的目的，是企图以这一行动威胁国民党统治的腹心地区，吸引和调动一部分“围剿”中央苏区的敌人，配合中央红军主力即将实行的战略转移。在中央领导同志接见我们时，并没有说明这个战略意图。当时中央下发的作战任务训令和政治训令中，虽然表达了要以先

---

① 《中共中央、中央政府、中革军委关于派红七军团以抗日先遣队名义向闽浙挺进的作战训令》（1934年7月），中国人民解放军历史资料丛书编审委员会编：《红军长征·文献》，解放军出版社1995年版，第4—5页。

遣队的北上行动促使敌人变更战略部署的意图，但在“左”倾宗派主义控制下，这两分〔份〕绝密文件未见传达，我是若干年后才看到的，当时对于中央这个重要的战略意图，并不知晓。①

红七军团是中央苏区红军主力中较新的一个军团，是由战斗在赣东北地区的原红十军改编的，较长时间在中央苏区东线作战，经过实战锻炼，逐渐发展成为一支英勇顽强、善于野战的部队。但由于连续作战的消耗，全军团仅有 4000 余人。为了执行新任务，突击补充了 2000 多名新战士，合计 6000 余人。全军团仅有长短枪 1200 余支，一部分轻重机枪和六门迫击炮，许多战士仍然背着大刀，扛着梭镖。

7 月 6 日晚，红七军团从瑞金出发，经福建长汀、连城、永安县境，于 7 月下旬，进占闽中大田县城，随后进到尤溪地区。29 日，红七军团一部攻占闽江南岸的尤溪口，缴获日本制造的炸药 500 余箱及大批炮弹。30 日，在由罗炳辉率领的红九军团的掩护和配合下，攻占尤溪口以东的樟湖板，歼敌保安团两个连，俘敌 100 余人，缴获各种枪 100 余支（挺）。当日晚，在红九军团的掩护下，红七军团从樟湖板偷渡闽江，迅速占领了闽江北岸要点黄田和谷口，并击溃该地区敌保安师的守备部队，俘获人枪近百，胜利地完成了第一步行动计划。

部队渡过闽江后，按预定计划应该经古田、庆元、遂昌北上浙西、皖南。但是中革军委突然改变计划，命令红七军团由谷口东进，占领水口，威胁并相机袭取福州，企图调动和吸引更多的国民党军回援。遵照中革军委的命令，红七军团主力改向水口、福州方向前进，一部兵力继续北上。驻守水口之国民党军第八十七师四个营惧怕被歼，连夜逃去。8 月 1 日，红七军团主力进占水口，逼近福州。是日，在水口镇召开“八一”纪念大会，正式向部队宣布：红七军团对外以“中国工农红军北上抗日先遣队”的名义活动，并进行攻打福州的战斗动员。北上部队同日占领古田城。

红军突然逼近福州，使国民党当局极为震惊。其东路军总司令

① 粟裕：《回顾红军北上抗日先遣队》，中国人民解放军历史资料丛书编审委员会编：《红军长征·回忆史料》（1），解放军出版社 1990 年版，第 18 页。

蒋鼎文匆忙从漳州飞抵福州，急令驻闽东宁德、福安、霞浦等地的第八十七师主力回防福州，并派兵至闽江上游堵截红军。同时，急调在湖北整训的第四十九师由长江航运东进，经上海驰援福州。

福州是福建省省会，有高大的城墙，筑有比较坚固的防御工事，城内外驻有国民党军第八十七师的一个团和一个宪兵团，还有一些炮兵、工兵和海军陆战队，城郊南台有飞机场。8 月 2 日，红七军团从水口绕道大湖向福州进发，7 日进抵福州西北郊，当晚对福州发起攻击，以求在中共地下党组织配合下攻占福州。但是，由于守敌预有准备，中共地下党组织力量太弱，未能起到预期的配合作用。加之红军缺乏攻坚装备，猛攻一昼夜，仅占领了城郊的部分阵地和城北关的主要街道，部队受到较大损失，遂撤出战斗，转移至北石岭、桃源地区。9 日晚，敌第八十七师一个团尾追而来，突入红军警戒阵地。在这危急情况下，乐少华、粟裕亲率红七军团第二师将敌击退。接着，红七军团以第二师由正面，第一、第三师由翼侧，再次向敌人发起攻击。激战至 10 日黄昏，敌我双方形成对峙。当敌援军逼近时，红军遂撤出战斗。这一仗虽给予敌人一定的打击，但自身也遭受很大损失，并且暴露了红七军团实力，给尔后的北上行动带来很大困难。

8 月中旬，红七军团由桃源地区北上，进入闽东游击区。这一游击区主要位于宁德、福安、霞浦三县之间，领导人是叶飞、阮英平、范式人等。红七军团一进入苏区，在当地党组织和群众的协助下，安置了七八百名伤病员，并得到一些补充。同时根据闽东同志的意见，为打通宁德、连江等游击区的联系，8 月 14 日凌晨在当地党组织、群众和游击队的配合支援下，红七军团采取突然袭击的手段，一举攻克罗源县城，全歼保安第十一团第三营及县警备队共 1000 余人，缴获步枪 200 余支、轻机枪三挺，狠狠地打击了敌人，鼓舞了闽东游击区人民群众的斗争热情。

红七军团进入闽东，是红军主力部队第一次到这个地区，当地党组织和群众十分兴奋和热情，为红七军团动员补充了一批新战士。红七军团也把战斗中缴获的几百支枪给了地方党组织。

15 日晚，红七军团依照北上浙西的原定计划，由罗源出发向北转移，在闽东独立团及游击队的积极配合下，于22日攻克福安县的穆阳镇，消灭敌新编第十师一个营，缴获大批资材，筹得现洋3万余元。23日，经寿宁西南的平溪，沿闽浙边境向闽北苏区转移。

28日，红七军团攻克庆元县城。30日，继续向闽北苏区挺进，在竹口附近与浙江省保安纵队第二、第四团各一部遭遇。红军立即抢占有利阵地将敌击溃，俘敌200余人，在浙江首战告捷，声威大震。9月3日，红七军团到达闽北苏区。

闽北苏区以崇安为中心，是闽浙赣苏区的一部分，领导人是有威望的老党员黄道。红七军团自出动以来，一路上马不停蹄，到达闽北苏区以后，原打算利用这里的有利条件作短暂休整，总结一下经验教训，以利再战。但是，中革军委致电红七军团领导人，告诉其“拟于闽北边区休息，这恰合敌人的企图，因敌人企图阻止你们北进”①，要求他们立即北上。对此，粟裕后来曾指出：

> 急于要我们离开闽东、闽北，这是继攻打福州之后中革军委在战略指导上的又一次重大失误。从当时红军斗争的全局来看，既然是要我们这支部队配合中央红军主力的战略转移，起战略牵制作用，就不必机械地限定到皖南去。何况当我们出动不久，中央就知道皖南暴动已经失败。如果当时让我们先在闽东、闽北地区活动，帮助地方党扩大武装斗争，打几个好仗，更大规模地发动群众，有依托地向政和、松溪发展，把闽东、闽北连成一片，再同浙南群众条件较好的庆元地区连接起来，创造较好的局面，然后跳跃式地向浙西和皖南发展，倒是可以吸引和调动更多一些敌人的。②

9日，红七军团遵照中革军委的命令，由浦城西北的古楼地区出发，沿闽浙赣边境北上，向浙西挺进，12日进入浙江江山县境，13日出敌

---

① 转引自粟裕：《回顾红军北上抗日先遣队》，《红军长征·回忆史料》(1)，第21页。

② 粟裕：《回顾红军北上抗日先遣队》，《红军长征·回忆史料》(1)，第21—22页。

不意地袭占清湖镇。

15 日，浙江保安纵队第三团和第四、第六团各一部共七个连的兵力，由江山向大陈推进，红七军团当即以第五十六、第五十一团各两个营阻击该敌。敌我双方激战至傍晚，敌见势不利，夺路退守江山县城。16 日，红七军团教导队、侦察连、工兵连等部，伪装成国民党军，出敌不意地突然向常山守敌发起猛攻，敌惊慌溃逃，红军趁势占领常山县城。当敌浙江保安纵队第二团向常山反扑时，红军已主动撤离常山。

这时，国民党浙江省政府主席鲁涤平得悉，红七军团在浙西开展活动，急命各县加强防守，并要求浙江保安纵队疾驰遂安堵截，第四十九师加速追击，企图把红七军团消灭在浙西地区。为摆脱不利态势，红七军团决定北上皖赣边，寻机发展。16 日，红七军团渡过常山港后，进到芳村。

9 月 17 日，中革军委致电红七军团，令其暂定以遂安为中心，主力应迅速占领遂安城，尔后在浙皖边的淳安、寿昌、衢县、开化地区开展游击战争，建立苏区，并向歙县（即徽州）、屯溪地域发展。同时指出，要继续完成破坏敌铁路、公路的任务。

根据中革军委指示，红七军团于 18 日由芳村向遂安开进，20 日进至上方镇。这时，国民党军第四十九师和浙江保安第一、第二纵队，分左、右两路尾追不舍。此外，从江西临川调来的补充第一旅进至上饶。敌声称：在三天内将红七军团全部消灭。红七军团为避免更大的损失和寻求新的发展，决定放弃袭取遂安和在遂安一带建立根据地的计划，迅速摆脱敌人，改向皖赣边前进。30 日，红七军团到达皖赣边婺源县以北的段莘地区。

皖赣边和皖南条件较好，战略地位也很重要。红七军团到这里时，得悉皖南几个县的暴动早已失败，决定遵照原计划，暂在皖赣边活动。10 月 4 日，红七军团攻占查湾，消灭了当地的地主武装。部队在查湾休整三天后，在向西转移的路上，与中共皖赣边特委书记柳直吾和军区司令员周成龙等领导人相遇，随后在皖赣边红军的协同下，攻占敌别动队和地方武装所盘踞的流口。9 日，敌新编第七旅向流口逼近，第四十九师一部进至查湾附近。红七军团当即由流口向鸦桥方向转移，准备诱敌至鸦桥附近地区而消灭之。14 日，当敌军进入鸦桥地区时，红七军团即向敌发起攻击。但由于红军兵力分散，动作不一致，又未能控制制高点，以致在敌反扑时，被迫撤出战斗。15 日，红七军团转移到东至县南部的黎痕地区。

由于红七军团长期在敌占区行军作战，军需、兵源得不到补充；又由于中央代表曾洪易不听取不同的意见，又无作战决心，对部队采取不负责任的态度，甚至到处散布悲观失望的论调，致使在两个多月的艰苦转战中，红七军团原来 6000 余人的部队损失过半，到达婺德县的重溪时，全军已不足 2000 人。在重溪，红七军团负责人开会检讨工作，对曾洪易的错误提出了严肃的批评，并向中央作了汇报。

10 月 21 日，中革军委电令红七军团逐步向闽浙赣苏区转移。遵照中革军委命令，红七军团经浮梁、德兴间的山地，通过敌两道封锁线，进入闽浙赣苏区，并于11月初，在葛源以北重溪等地，同新红十军会合。

闽浙赣苏区是方志敏领导创建的老苏区，红十军是闽浙赣苏区的主力，是配合中央苏区反“围剿”的一支重要力量。国民党军在其第五次“围剿”中央苏区的同时，以五个师和四个保安团“围剿”红十军和闽浙赣苏区。红十军在苏区人民群众的大力支持下，奋起抗击，并乘蒋介石集中兵力镇压福建人民政府之机，积极袭扰敌军后方，先后取得上饶罗桥、枫岭头和横峰姚盘山等战斗的胜利，歼敌两个多团，缴获大批冬装，有力地支援了红一方面军的行动。之后，遵照中革军委的指示，红十军以阵地防御战结合“短促突击”的作战形式阻止敌人的推进，同优势的敌人拼消耗，受到很大损失，闽浙赣苏区也进一步缩小。红七军团的到达，增强了闽浙赣苏区的武装力量，受到了当地党政军民的热烈欢迎。随后，红七军团在闽浙赣苏区进行短时间休整。

11 月 4 日，中革军委决定，将红七军团与红十军合编为红军第十军团。红七军团改编为第十九师，红十军改编为第二十师。原浙赣军区司令员刘畴西任军团长兼第二十师师长，乐少华任军团政治委员兼第二十师政治委员；寻淮洲任第十九师师长，原红二十军政委兼政治部主任聂洪钧任政治委员，王如痴任参谋长，刘英任政治部主任（后改任军团政治部主任)。同时规定红十军团的任务是:“十九师于整理后应仍出动于浙皖赣边新苏区,担任打击追剿的敌人与发展新苏区的任务”;“二十师则仍留老苏区执行打击‘围剿’敌人与保卫苏区的任务”①。根据中革军委的决定:闽浙赣省苏维埃主席方志敏兼任闽浙赣军区司令员,曾洪易任中共闽浙赣省委书记兼军区政治委员②,粟裕任军区参谋长(后改任红十军团参谋长);中共闽浙赣省委、省军区和红十军团,统受中共中央在中央苏区设立的中央分局和中央军区的直接领导与指挥。

这时,中央红军已退出中央革命根据地,开始实行战略转移。闽浙赣革命根据地的形势也日益严重,国民党军从四面八方加紧了对根据地的包围和进攻。

红十军团编成后,遵照中革军委的指示,第二十师和由地方武装组成的第二十一师(胡天桃任师长),留在闽浙赣苏区坚持斗争;第十九师向东北出击。11 月 18 日,红十九师由苏区出发,迅速地突破敌玉山至开化间的封锁线,击退敌人的多次追堵,于 29 日进入安徽歙县境内。12 月 6 日,一举攻克旌德县城,接着向泾县、宣城间挺进。

在红十九师出动当天,中央红军主力长征后成立的以项英为首的中央军区致电红十军团,认为:“二十师留在苏(区)活动将受限制与不利,应全部立即从玉(山)常(山)间挺进铁道以北,集结主力坚决地争取运动中消灭敌人以创造皖浙边苏区”;“为了领导十军团与创造新苏区,决以方志敏、刘畴西、乐少华、聂洪钧、刘英五同志组织军政委员会,并以方为主席,随十军团行动”。③

在当时形势下,组成红十军团,并把长于打游击的红十军和地方武装集中起来,进行大兵团活动,企图打大仗,这是战略指导上的又一重大失误,为后来红十军团的挫折和失败埋下了隐患。

根据中央军区指示,方志敏、刘畴西等于 11 月下旬率领军团部和

① 转引自《中国工农红军第一方面军史》,第 469 页。

② 曾洪易不久被撤销职务,改任中共赣东北白沙特区区委书记,1935 年 6 月到南京向国民党自首,叛变革命。

③ 转引自《中国工农红军第一方面军史》,第 470 页。

第二十、第二十一师，由重溪出发，通过德兴、开化间的敌封锁线，经大畈、龙湾向皖南挺进。12 月 10 日，在黄山东南的汤口地区同第十九师会合。

红十军团主力会合后，部队内部出现一些思想问题，军政委员会决定整顿部队。但是，由于当时国民党军飞机不断对部队进行跟踪，威胁很大，因此，军政委员会决定离开汤口，翻越黄山，继续北上。

当部队越过黄山抵达北麓的古竹溪，准备到达太平县谭家桥宿营的时候，得到一个重要情报：蒋介石调集五个正规师、两个独立旅、四个保安团的“追剿”部队分数路向红军逼来，补充第一旅和浙江保安团一个加强营已由歙县进至汤口附近；第四十九师正由婺源、休宁地区向北推进；第七师第二十一旅由北向太平推进。根据敌军态势，红十军团首长决心集中兵力，消灭孤军突入汤口之敌补充第一旅。

14 日上午，当国民党军补充第一旅前卫第二团及旅直属队刚进入乌泥关红军设伏地区后，第二十、第二十一师突然向其实施猛烈攻击，敌顿时陷入一片混乱。由于过早暴露了红军的火力，敌军迅速收缩兵力，并以大部队抄捷径占据了谭家桥地区的制高点 630 高地，控制了乌泥关一带的公路。为挽回不利局面，红军广大指战员奋勇抗击，进行反击。由于敌军居高临下实施强大的火力，红军三次冲锋均未成功。为夺取该高地，年轻骁勇的红十九师师长寻淮洲冒着枪林弹雨，亲自率领部队，勇猛冲杀，夺回了乌泥关阵地，但部队遭受较大伤亡。在敌军后续部队大批增援情况下，红十军团被迫撤出战斗，向北转移。

在这次战斗中，寻淮洲身负重伤，不久即壮烈牺牲。寻淮洲是湖南浏阳人，15 岁投笔从戎，参加了著名的秋收起义，1928 年参加中国共产党。在革命战争的战火中，他英勇顽强，机智勇敢，屡立战功，18 岁时担任红军第十二军第三十五师师长，以后相继担任红四军第十三师师长、红十五军第四十五师师长、红一军团第三十一师师长、第二十一师师长、红三军团第五师师长、红七军团军团长等职务。他为了中国人民的解放事业，曾先后六次负伤，牺牲时年仅 22 岁。

谭家桥一仗，是红十军团主力会合后的第一仗，虽然只伤亡 300 余人，但大多是领导干部。除师长寻淮洲牺牲外，军团政治委员乐少华、政治部主任刘英等八名师以上干部，均相继负伤，从而影响了红十军团广大指战员的战斗情绪。

红十军团北移后，敌第四十九师、补充第一旅、第二十一旅及一些地方部队分三路进行追堵。为了摆脱敌人，红十军团经泾县、太平、青阳等县境，于12月20日进入皖南苏区的柯村地区。此时，皖南苏区已遭敌人严重摧残，不能立足，部队不得不艰苦转战。经过与敌人的多次激战，部队减员达1/3以上，不得不回师闽浙赣苏区。

1935年1月10日，红十军团日夜兼程，开始了返回闽浙赣苏区的军事行动。当时已是隆冬腊月，指战员身上仍着夹衣，离开皖南时带的一点粮食早已吃光。沿途即使遇着几个村庄，老百姓的粮食已被国民党军队洗劫一空，大家只得以冬笋、草根、野果充饥。

为了阻挠红军的行动，蒋介石集中了近20万兵力，妄图一举扑灭红十军团。其具体部署是：以第四十九师、补充第一旅及浙江保安纵队尾随红军，伺机截击；以第一路军总指挥陈调元坐镇婺源，以第六军军长赵观涛坐镇上饶，在赣东北设下一道道封锁线，堵住红军的去路。红十军团到达杨林地区时，敌第四十九师、补充第一旅及第二十一旅已追至东抗口、杨林、上庄、下庄、潘田等地，浙江保安纵队第五团抢占了王坂、徐家村一带有利阵地，对红军形成包围之势。

在这种形势下，方志敏、粟裕率领红十军团先头部队，于15日进至靠近闽浙赣苏区的港头一带地区。16日，军团领导商定，以先头部队立即突破敌封锁线，进入闽浙赣苏区，并派人通知刘畴西、王如痴率军团主力同时行动。但是，刘畴西、王如痴顾虑部队疲劳，又因下起了大雪，要求就地休息一夜。鉴于主力部队仍在后面，方志敏决定自己留下来随军团主力行动，命粟裕与负伤的乐少华、刘英率先头部队先行转移。当晚，粟裕等率先头部队，乘夜暗顺利通过敌独立第四十三旅的陇首封锁线，到达闽浙赣苏区的大坪、小坪、黄石田地区，等待军团主力。

在红十军团先头部队突围期间，敌人加紧了对红十军团主力的封锁和包围，并组成多路“搜剿”队，纵横穿插于包围圈内，将红十军团主力分割成数段。红军广大指战员不畏强敌，浴血奋战，不断杀伤敌人，但终因众寡悬殊、弹尽粮绝，只有少数人员突出重围，至1月下旬大部分壮烈牺牲，刘畴西、方志敏等先后在怀玉山东麓陇首村被捕。

关于红十军团主力在怀玉山区失败和方志敏等被捕的经过，据粟裕后来了解到的情况是：

> 我军经过长途行军作战，本已十分疲劳，陷入重围之后，弹尽粮绝，伤亡不断增加，又遇到天气骤变，雨雪交加，许多指战员几天粒米未尝，以草根树皮充饥。在如此极端困难的情况下，他们仍顽强战斗，不断杀伤敌人。我十九、二十两师在怀玉山东南的山地和北部的冷水坑、玉峰、马山等地，二十一师在王龙山北部，同敌军反复进行血战。敌军向怀玉山围攻时，我军占据山顶制高点，继续坚决抗击敌人。在敌军不停顿地“搜剿”和围攻下，我军被分割，被冲散，但仍然坚持各自为战，表现了革命战士无比坚定、无限忠诚和誓死与敌血战到底的大无畏精神。敌人极端野蛮残忍，见人就杀，见房子就烧，把能搜出来的粮食全部彻底烧掉。因为山高林密，不便搜索，敌人就放火烧山，走不动的伤病员，有些就被烧死了。只有少数同志跑回闽浙赣苏区来，另有一小部分同志向北突围到皖南去了。军团主要领导人刘畴西、方志敏同志隐蔽在陇首封锁线附近的山里，至1月27日，先后不幸被敌军搜捕。①

突围回到闽浙赣苏区的红十军团先头部队，根据中共苏区中央分局和中央军区的指示，同红三十师一个团组成挺进师，粟裕任师长，刘英任政治委员，于2月27日由上饶灵山地区出发，向闽浙边地区转移，继续坚持斗争。

刘畴西、方志敏被捕后，在狱中同敌人进行了坚贞不屈的斗争。

刘畴西，原名刘梓荣，湖南望城人，1922年夏加入中国共产党。1924年5月考入黄埔军校第一期，1927年四一二政变后到贺龙部工作，

---

① 粟裕：《回顾红军北上抗日先遣队》，《红军长征・回忆史料》（1），第30页。

同年参加南昌起义。1929年初到莫斯科伏龙芝军事学院学习，1930年8月回国后被派往中央革命根据地，任红一军团第三军第八师师长，后任红二十一军军长。1933年调任闽浙赣军区司令员兼红十军军长，1934年1月被选为中华苏维埃共和国中央执行委员，同年8月获中革军委授予的二级红星奖章。红十军团成立后，任军团长兼第二十师师长。被捕后，他抱定“男儿到死心如铁”的决心，无私无畏地同敌人进行了坚决的斗争。

方志敏，江西弋阳人，1923年3月加入中国共产党。1925年7月当选国民党江西省党部执行委员兼农民部长，1927年2月当选省农民协会常务委员长兼秘书长，3月当选中华全国农协临时执行委员会委员,是中国共产党农民运动的著名领导人之一。1928年1月领导弋(阳)横(峰)农民起义，创建了赣东北革命根据地和红十军，1929年任信江苏维埃政府主席，1930年任信江革命委员会主席和赣东北革命委员会主席，1931年3月当选赣东北省苏维埃政府主席，兼红十军代理政治委员，同年11月当选中华苏维埃共和国执行委员。1932年任闽浙赣省苏维埃政府主席，接着任中共闽浙赣省委书记。1934年1月在中共六届五中全会上补选为中央委员，并在中华苏维埃共和国第二届全国代表大会上当选为中央政府主席团委员。红十军团到达闽浙赣革命根据地后，任军政委员会主席。

在长期的艰苦斗争中，方志敏早已将个人生死置之度外。被俘后，他更是抱定了为革命而献身的决心。尽管反动派挖空心思，用尽了种种反革命伎俩，方志敏均不屑一顾。面对敌人的“劝降”，他写下了《方志敏自述》，毫不含糊地向敌人表示自己坚信工农必胜，“笃信共产，至死不渝”。敌人看软的不行，就来硬的。他们把方志敏押上大堂审讯，方志敏大义凛然，威武不屈，当堂痛斥了国民党的滔天罪行。反动派恼羞成怒，给方志敏戴上十几斤重的手铐和脚镣，并对他动用鞭笞、铜烙等酷刑，方志敏几经昏死，却毫不屈服。

被解往南昌后，敌人故伎重演。他们用装甲车载着方志敏在南昌城里游街示众，方志敏却泰然地挺立在四周安着刺刀的囚笼里，不时地举起戴着镣铐的双手，抱拳向两旁聚观的群众微笑致意。接着，敌人又在豫章公园举行了所谓的“庆祝生擒方志敏大会”。面对着被国民党军逼来的几千群众，方志敏抓住时机，站在铁甲车上，高声宣传起革命来。从此，惊慌失措的敌人再也不敢开这样的大会了。

在狱中的六个月里，在死神随时敲门的情况下，方志敏以惊人的毅力和意志写了不下20余万字的文稿，著名的《可爱的中国》就是在这时完成的，另外还有《清贫》、《狱中纪实》、《我们临死以前的话》和《我从事革命斗争的略述》等。最终，他实现了自己的誓言，把自己生命的最后一刻，化成了血写的文字，献给了党和人民。

方志敏和刘畴西等在狱中坚贞不屈，使敌人无计可施，黔驴技穷的蒋介石遂下了“秘密处死”的命令。1935年8月6日凌晨，方志敏和刘畴西在南昌市城北下沙窝的秘密刑场英勇就义。当时，方志敏年仅36岁，刘畴西38岁。

三、红六军团的西征

1934年7月初，湘赣苏区的中心区域被国民党军占领后，红六军团被分割、压缩在遂川、万安、泰和三县交界地区的牛田和碧江州方圆数十里的狭小地区，处境十分艰险。这时，进攻中央苏区的国民党军，已开始向苏区中心区域推进。在此情势下，中共中央及中革军委于7月23日给红六军团和湘赣苏区下达训令，认为“六军团继续留在现地区，将有被敌人层层封锁和紧缩包围之危险”。为“保全红军有生力量及捍卫苏区”，迫使敌人变更战略计划，决定“六军团离开现在的湘赣苏区转移到湖南中部去发展广大游击战争，及创立新的苏区”，“确立与二军团（即红三军）的可靠的联系，以造成江西四川两苏区联结的前提”。并对预定转移方向和计划作了具体指示，要求“弼时同志及部分的党政干部应准备随军行动。弼时即为中央代表，并与肖克、王震三人组织六军团的军政委员会，弼时为主席”。[①]

---

① 《红军长征·文献》，第12—15页。

根据中共中央和中革军委的训令，中共湘赣省委和湘赣军区秘密地进行了转移准备，同时决定由陈洪时（后叛变）、谭余保、彭辉明等分别组成中共湘赣省委临时常委会、省苏维埃政府和新的湘赣军区领导，领导湘赣苏区军民，留在原地继续坚持斗争。

为顺利完成突围任务，红六军团军政委员会经缜密研究后，决定由敌人兵力较为薄弱的粤军和湘军的接合部五斗江到白牛岭地段突破封锁线，然后西进。8 月初，红六军团以独立第五团一部伪装军团主力在牛田、津洞一带活动；以该团另一部进至万安县下东、沙塘一带佯作东渡赣江，迷惑和牵制敌人。8 月 7 日，红六军团率第十七、第十八师和红军学校共 9700 余人，告别了休戚与共的湘赣苏区人民，在地方独立团的配合下，从衙前、五斗江之间通过敌人封锁线，开始西征。接着，突破国民党军在遂川至黄坳间、遂川到七岭间的封锁线。这时，湘军第十五、第十六师尾追而来。红六军团不顾酷暑炎热，饥饿疲劳，昼夜兼程，9 日又突破敌人寒口（即寨口）至广东桥间的封锁线，于 11 日到达湖南桂东县城以南寨前圩。

8 月 12 日，红六军团在寨前圩召开连以上干部誓师大会，进一步进行战斗动员，并正式宣布军政委员会和红六军团成立，萧克任军团长兼第十七师师长，王震任军团政治委员兼第十七师政治委员，李达任军团参谋长，张子意任军团政治部主任；龙云任第十八师师长，甘泗淇任师政治委员。

但是，中共中央、中革军委下达训令时，并没有明确红六军团是作为前导，为中央红军探索转移路线的，只是命令红六军团去湘西与红三军（即原红二军团）会合，并将每日行军路线和宿营地用电台报告军委总部。李达后来回忆道：

> 我作为参谋长，忠实地执行了这一指示，每晚均向总部报告。红二军团的具体位置我们并不知道，只是估计可能在湘西凤凰和川、贵交界处活动，就大致朝着这个方向前进。然而，我们每经过一地，此地过些日子必遭国民党飞机的轰炸，非常准确。我很奇怪，为什么不炸我们，偏偏要炸我们路过的地方呢？有一天，

我偶然看到一份湖南报纸，才解开了这个迷〔谜〕。那张报纸的头版上用特大号字印着一个醒目的标题："前面乌龟爬开路，后头乌龟跟着来"，再看内容，这才知道，总部的机关正是按照六军团的行动路线走的，敌人又破译了我们的电报，侦察到了总部的行动规律，所以就定期地沿着我们的宿营地点进行轰炸。这说明敌人是多么的狡猾，稍一不慎，就可能带来不应有的损失，同时，我们也才知道，六军团在受命寻找红二军团并与之会师的同时，实际上还担任了中央红军实行战略转移向西突围的先遣队。①

为防堵红军深入湖南，国民党西路军总司令何键急令第十五、第十六师加紧追击；令湖南两个保安团在郴县、桂东间构筑防堵线，一个团在汝城地区构筑防护阵地；令第十九师第五十五旅及两个保安团作为机动部队，在郴县和资兴之间地区活动，企图在北上粤军的配合下，围歼红军于郴县、汝城和桂东地区。

红六军团军政委员会为争取先机，决定放弃在桂东地区发展游击战争的原定计划，把原定的三步并作一步走，乘敌人部署尚未完成和湘江防御还较薄弱之际，迅速越过郴县、宜章公路，经新田至零陵附近地区抢渡湘江，而后向新化、溆浦地区前进。8 月 12 日晚，红六军团甩掉突围时携带的部分笨重物资与器材，由寨前圩地区出发，经汝城县田庄圩、资兴县滁口、郴县走马岭、桂阳县长塘铺西进，20 日袭占新田县城，23 日 24 时赶到零陵东北湘江右岸，准备抢渡湘江。

当红六军团准备渡江时，国民党军九个团已先红军进到湘江沿岸，封锁了零陵至祁阳一线。同时，桂军两个师正分路向零陵、道县方向开进；尾追之敌第十五师已进到阳明山西南，第十六师正乘汽车向常宁疾进；独立第三十二旅，也正向零陵和东安方向开动；第十九师第五十五旅集中祁阳作为机动部队。这时，敌重兵云集，加之湘江上游连降暴雨，江水陡涨，江宽流急，船只又都被敌人拉到对岸，红军要

① 李达：《寻找贺龙同志——忆红二、六军团黔东会师前后》，《红军长征·回忆史料》（1），第 73—74 页。

在零陵地区渡过湘江，极为困难。红六军团首长当机立断，决定放弃由零陵渡江的计划，迅速转移至零陵东南的阳明山地区，采取与敌人兜圈子的战术，寻机西渡湘江。

26日，红六军团由阳明山地区先向东北进至白果市，接着急转南下。29日，经嘉禾、宁远间西进道县，徒涉沱水（即潇水上游），经湘桂边境的永安关，于9月1日进入广西灌阳东北地区。何键判断，红军将在全州（今全县）西北的黄沙河附近西渡湘江，急调独立第三十二旅及补充第一总队和四个保安团，到黄沙河地区展开，令第十六师并电请桂军第十九师继续尾追红军，企图消灭红军于黄沙河地区。红六军团首长得悉敌军上述企图和部署后，决心避开黄沙河地区，拟出敌不意地在全州以南的界首地区抢渡湘江。9月3日，红六军团在灌阳县文市附近击溃尾追之敌，于4日在界首地区顺利渡过湘江，5日进占西延县城，随即按照中革军委电示，在该地区转入暂时休整。

为了配合即将突围长征的中央红军的行动，中革军委决定以红六军团在湘桂边界地区的活动，吸引和调动大批敌人。9月8日，中革军委向红六军团发出了补充训令，认为目前六军团行动最可靠的地域，是在城步、绥宁、武冈山地，“六军团应努力在这一地区内，最少要于九月二十号前保持在这一地区内行动，力求消灭敌人一旅以下的单个部队，并发展苏维埃和游击运动”[①]。在实现了上述作战目标后，便转移到湘西北地区，与活动于川、黔、湘边界地区的红三军取得联系，共同发展湘西及湘西北的苏维埃运动。

根据中革军委指示，红六军团于9日率部向西北疾进，11日到达城步以西的丹口地区。接着，红六军团继续西进，准备在绥宁地区打击湘敌，但未能得手。14日，进至绥宁高工山地区，遭到桂敌第十九师一个团的堵击。此时，湘桂两省敌军主力已进到绥宁、靖县地区。在此情况下，红六军团首长当机立断，转兵南下，于17日乘虚袭占通道城（今县溪镇）。

红军占领通道后，欲向西北方向运动，进入贵州同红三军会合。

① 《红军长征·文献》，第34页。

尾追之敌很快判明红六军团的战略意图，便以重兵部署于新厂以北进行堵截。湘敌补充第二总队主力两个团邀功心切，由靖县向新厂追来，于19日拂晓开至五里庙一带。红六军团首长决定抓住战机，歼灭孤军深入的湘敌补充第二总队主力，以取得行动的主动权。

可是，由于两个月的行军作战，敌人追堵，敌机轰炸，加上酷暑蒸烤，蚊蝇叮咬，疾病、伤残、死亡一起袭向这支红军长征先遣队。特别是许多人得了疟疾、痢疾，在缺医少药、连续行军作战的情况下，更是痛苦不堪，部队战斗力受到很大削弱。为了鼓舞部队士气，振奋指战员们的精神，争取同红三军早日会合，任弼时等军团领导人亲自向部队进行动员。随后，军团首长命红十八师第五十二团，以迅猛的动作抢占岩崖山、金线吊葫芦两个制高点，阻止敌军前进，待主力部队集结后，同时投入战斗。部队受命后各自投入战斗前的准备。

9月19日上午8时，敌补充第二总队集中优势兵力，向红五十二团守卫的金线吊葫芦阵地发起攻击，早已严阵以待的红五十二团干部战士立即进行猛烈还击。一时间战场上枪声大作，硝烟翻滚，喊杀声、枪炮声响成一片。敌军依仗弹药充足，以强大火力向红军阵地发起多次进攻，均被挫败。激战到10时左右，天空中突然彤云密布，秋风骤起，顷刻间黑云白雨，珠倾万盘，阵地前视线模糊，能见度很低，连续多次攻击没有奏效的敌军，像输红了眼的赌棍，企图孤注一掷，以一部兵力从下面继续进攻，以另一部兵力向西迂回，想利用雨幕掩护，突袭岩崖山主峰阵地。红军早已料到敌军的企图，当敌军一进入岩崖山阵地前的射程内，以一阵急风暴雨般的还击，把敌军打得晕头转向，退下山坡。敌军随后继续组织攻击，都被红军挫败。阵地前陈尸累累，雨水血水横流。在红军战士的拼死还击下，敌军的企图始终未能得逞。这时红十八师主力和红十七师踏着泥泞，冒着倾盆大雨，赶到岩崖山，居高临下地发起反攻击。激战至黄昏时分，红军毙敌200余名，俘敌官兵300余名，缴获各种枪支300多支，敌军两个团被全部击溃，狼狈窜回靖县。自此，尾追之敌不敢轻易近前了。

新厂战斗后，红军继续向西北挺进，20日进入贵州境内清水江流域。这一地区是苗族、侗族等少数民族聚居区，红军认真地宣传并执行党的民族政策，尊重兄弟民族的风俗习惯和宗教信仰，严格遵守“三大纪律、八项注意”。少数民族群众过去受尽国民党军和地方反动武装的欺压，还从未见过这样爱护群众的队伍。他们积极为红军当向导，指引渡口，绑扎木筏，架设浮桥，帮助红六军团渡过了清水江。随后部队又渡过沅水，准备向铜仁、江口一带转移，以便同红三军取得联系。

黔东深秋，高原霜降，寒气逼人。数千里远征的红六军团指战员冒着寒风，在崇山峻岭中攀援，艰难地前进，部队人员日减。红六军团渡过沅水后，发现湘敌、桂敌已经进抵沅水以北，企图阻止红军北上。于是，红六军团于 9 月 25 日撤回沅水以南地区，然后向西迂回。26 日，在剑河县大广附近，红六军团击退了桂军第二十四师的追击，经镇远，过台拱，于 30 日进占黄平县的瓮谷垅地区。

一路上，到处是密林高山，峰峦叠嶂，加之人烟稀少，物资奇缺，部队行动起来十分困难。当时担任军团长的萧克回忆说：

> 我们进入贵州，那里群众没有受过我党和大革命的多少影响，对我们不大了解，有时碰到很多笑话。由于国民党反动派一再宣传什么“共匪、共匪”，有些年轻人不知道“共”是什么，“匪”是什么，他们看我们纪律好，就不怕我们，但也叫我们“共匪”。我们问他们：“我们怎么样？”他们说：“你们好，你们共匪好！”我们就跟他们讲一通大道理，他们才明白过来。贵州除了群众不了解我们和山路难走外，地形也不熟。那时我们只有中学生用的地图。我们打到黄平，在法国教堂里找到一张近一平方米大的法文贵州地图，但看不懂。好在那里有个牧师能讲点中国话，不能写，发音也不准，但还能够听得懂，我们就指着地图，他讲我写，迅速译成中文。有了这张地图，才稍微详细的看清楚贵州的山川城乡的大略，行动才开始方便了一些。①

这时，湘军第五十五旅、独立第三十二旅及桂军第十九师已到施

---

① 萧克：《红六军团的西征》，《红军长征·回忆史料》(1)，第 55 页。

秉、镇远、三穗一线；黔军三个团在施秉、黄平；桂军第二十四师及湘军补充第一总队紧追而来。敌军企图南追北堵，两面夹击，将红六军团聚歼于镇远以南、沅水河和清水江之间的地域。在这极为险恶的形势面前，任弼时、萧克、王震等军团领导人分析了敌情，决定选择相对较薄弱的黔军为突击对象，打开缺口，摆脱敌人。全军立即行动，于10月1日占领旧州。这天，红六军团接到中革军委的命令，命令红六军团向江口一带前进，继续执行向湘西、湘西北发展的任务。10月3日，中革军委再次电令：桂敌向南开动，红三军已占印江，六军团应速向江口开进，无论如何不得再向西转移。于是，红六军团于10月4日占领瓮安县猴场后，第二天即掉头东进，按照中革军委屡次电令的精神，计划经石阡进至东口地区。

这时，敌军也估计红军不会西渡乌江，会经余庆、石阡去同红三军会合，因此，加紧军事部署，星夜向石阡地区调动部队，以湘桂两军主力进至镇远与石阡间的大地方一带拦截，另以桂军第二十四师、湘军补充第一总队和黔军一部，由南向北压迫红六军团，企图将红军聚歼于石阡地区。而红六军团对敌军的联合作战计划没有察觉，仍继续东进，于6日进至石阡县走马坪、廖家腾地区。

10月7日拂晓前，红六军团按照红十七师、军团部、红十八师的顺序东进，计划到石阡的甘溪休息，然后利用夜色掩护越过石阡、镇远大道，向东挺进。在红军前进的同时，桂军第十九师也经石阡以南的白岩河向甘溪逼近，寻找红军决战。

上午10时，红六军团前卫部队在甘溪被桂军包围。在四面环山的甘溪街上，敌我双方反复争夺，战斗异常激烈。敌军占领了白虎山和寨前坡一线高地，并以强大的火力掩护，分两路向红军阵地进攻。西路敌军利用河沟掩护，隐蔽接近红军，并袭占了红四十九团第一营的前沿阵地，切断了红五十一团同军团主力部队的联系；东路敌军也潮水般地向甘溪街压过来。红五十一团部队在失去团指挥机关的情况下艰苦奋战，坚决顶住了正面敌军的进攻。战斗到最后，红军学校的部分干部战士强占了龙骨吨和老车土高地，掩护军团主力部队杀出重围，在王震率领下向东南大地方转移。随后，红五十团接替了红军学校的任务，掩护红五十一、红四十九团和红军学校转移，完成任务后也撤出阵地，随主力跟进。

据当时担任红五十一团第三营营长的周仁杰回忆，他们对周围的敌情毫无所知，部队普遍缺乏作战的思想准备。当发现敌军后，他一面派人将情况报告团部，一面命令两个连沿镇边土墙散开，重机枪排配置左翼，另一个连上后山占领青龙嘴前沿的无名高地，与敌人展开了激战。当打退敌人的两次冲锋以后，他来到了机枪排阵地，只见敌人的第三次冲锋更加猛烈。他说：

……敌人架在河堤上的重机枪又疯狂地吼叫起来，更大规模的进攻开始了。这时只见从河堤后面爬出黑压压一片敌军，分多路向我阵地蜂涌〔拥〕而来，我们与桂军是第一次交手，相互不摸底。他们的装备在地方军阀中比较精良，每班都配置一挺轻机枪。进攻的敌军几十挺轻机枪一齐扫射，火舌似飓风从我们阵地上扫过，弹头落在阵地岩石上叮当作响。我们身后树林里的枯树干草燃烧起来。阵地上霎时间浓烟滚滚，火光闪闪，火药味呛得人喘不过气来。我们机枪少，子弹也少，手榴弹大多是自制的马尾手榴弹，在山地树丛中，扔出去有的挂在树叉〔杈〕上，有的落在草丛中，好多不能落地开花。桂军大部是广西人，个头小，动作灵活，善于山地作战，爬山速度很快，战斗力较强，因而战斗进行得很激烈，打得十分艰苦。激战中，敌人曾几度占领我营部分前沿阵地。我们的战士打得非常顽强，他们时而投掷手榴弹，时而冲出去与敌人拼刺刀。受了轻伤的同志顾不上包扎仍坚持战斗，受了重伤的同志躺在那里帮着机枪手压子弹，不断打退敌人的进攻并夺回失去的阵地。在机枪排阵地的树丛中忽然钻出一大群敌人，企图夺取我机枪阵地，机枪排的同志立即甩出一颗颗手榴弹，压住敌人，当时我的驳壳枪子弹已打光，顺手拣起身旁牺牲战友的步枪，带着掩护机枪排的步兵跃出战壕，端起刺刀，怒吼着冲向敌群。顿时，枪声、手榴弹爆炸声、刺刀乒乓搏击声、喊杀声响成一片。经过几番血战，终于打退了这股敌人的第三次进攻。可是，我们的同志也大多倒在血泊之中了。①

甘溪战斗失利，部队损失惨重，红六军团被敌人截为三段，陷入了湘、桂、黔三省敌军24个团的包围中，形势异常险恶。鉴于情况十分危急，为避敌锋芒，保存有生力量，军团首长于10月10日决定，焚烧行李，减少辎重，以灵活的游击动作转到苏区。随后，红六军团主力在石阡、施秉、余庆间的高山密林中，与敌军周旋。

这一地区人烟稀少，无法得到粮食和物资补给，部队往往一天连一餐饭也吃不上，许多战士赤着脚行军、作战，历尽千辛万苦，终于冲破敌军的围追堵截，于18日进至石阡城以南35公里的冷家榜地区。军团主力转战期间，在龙塘、关口地区再次遭敌截击，担任后卫的红十八师第五十二团被敌截断。该团在师长龙云的率领下与敌浴血奋战数日，终因弹尽粮绝，大部损失。师长龙云率领少部分战士突出重围后，不幸于岑巩县被反动民团逮捕，后辗转解往长沙，被军阀何键杀害。

关于红六军团直属机关和红十七师的第五十、第四十九团之一部及红十八师在石阡、镇远、余庆、施秉一带的艰苦转战，萧克回忆说：

这一地区，山势险峻，人烟稀少，物资奇缺。部队常常是在悬崖峭壁上攀行，马匹、行李不得不丢掉。一些部队有时一天一顿稀饭，饿着肚子走路打仗。指战员没有鞋子穿，赤着脚在深山密林中行军，历尽艰辛。当时，中央代表任弼时得了很重的疟疾，在医药奇缺的情况下，他凭着坚强的革命意志，手拄木棍，领导着全军行动。当我军从朱家坝向南转移时，我后卫五十二团又遭敌截击包围，全团同志浴血奋战了三昼夜，终因敌众我寡，弹尽粮绝，受到了惨重损失。师长龙云同志被捕，被军阀何键杀害。经过十多天的艰苦奋战，在一天的下午，进至石阡至镇远敌之封锁线上，击溃了敌之巡逻警戒部队后，占领了东去的路口，并向南面之镇远及北面之石阡派出了强有力的警戒。而主力由当地老

① 周仁杰：《震惊心胆的甘溪之战》，《红军长征·回忆史料》（1），第67—68页。

> 猎户引导，鱼贯向东，深夜从一条人迹罕至的谷涧水沟（贵州称为夹沟）通过。这时，南面的湖南补充第二纵队陈铁侠部，北面的桂系军队都发现了我军主力。将近黄昏，敌人从南面进攻我们。我军团教导队特务连利用夜暗坚决抵抗，直至午夜，部队全部通过，天亮出了夹沟，我们才松了口气。这是一个极端紧张而又关系到六军团大局的战斗行动，直到现在，一经忆起，心胆为之震惊，精神为之震〔振〕奋。①

当时，任弼时患了疟疾，他夫人陈琮英也掉了队，真是困难、危险极了。后来幸而负责收容工作的同志发现了陈琮英，才连背带拖地把她带走，赶上了军团部。

早在红六军团到达黔东地区之前，贺龙领导的红三军就来到这里，广泛发动群众，开展土地革命，建立革命武装和政权，组成了由贺炳炎任师长、冉少波任副师长的黔东独立师。7月间，还在沿河县铅厂坝召开了黔东特区第一次工农兵苏维埃代表大会，成立了黔东特区革命委员会。当他们得知红六军团即将前来会师的消息后，即派军南下接应。

10月15日，在甘溪战斗中同主力部队失散的红六军团第四十九、第五十一两个团各一部和机枪连部分战士400余人，在军团参谋长李达的率领下，突围到了沿河县铅厂坝地区。李达等听当地群众讲，水田坝一带有红军活动，便估计到可能是贺龙指挥的红三军的部队。于是，李达便率领部队向水田坝前进，果然同贺龙派出的侦察分队取得了联系。李达当即给贺龙写了一封信，说明了红六军团奉中央之命，前来与红三军会合。贺龙接到信后欣喜万分，当即同关向应等一起会见了李达。贺龙、关向应得知红六军团主力部队还在同十倍于己的敌军激战，非常关注。当晚，贺龙、关向应召开了军、师级干部会，确定安排突围出来的李达等回后方休整，红三军主力继续南下寻找红六军团主力。10月16日，贺龙、关向应让先期突围而来的红六军团少数同志为向导，率领主力由沿河县水田坝兼程南下，迎接红六军团主力

---

① 《红军长征·回忆史料》(1)，第56页。

北上。

红三军主力南下不久，在印江县苗王坡与红六军团第十七师第五十团团长郭鹏、政治委员彭栋材率领的一部分突围部队会合。此后，红三军即在沿河、印江一带活动，寻找突围出来的红六军团主力和其他失散的战士。10月24日，红三军主力终于在印江县木黄与任弼时、萧克、王震率领的红六军团主力部队会合。两军领导人相见，热烈握手，亲切拥抱，兴奋异常。

10月26日，两军团由石梁移兵四川酉阳县南腰界地区的猫洞大田，于这天下午隆重举行了会师庆祝大会。首先由任弼时宣读了中共中央发来的贺电，并作了关于当时形势和任务的报告，他强调指出："今天开会有两个意义：第一个意义，我们胜利会师了，我们从江西出发，天天盼望与红二军团会合，今天我们真正会师了；第二个意义是，我们两支部队要紧密团结，互相学习，以打大胜仗来庆祝我们的会师。"接着，由贺龙讲话，他说："六军团的同志们，你们辛苦了！你们一路跋山涉水，打了不少胜仗，战胜了敌人，来到这里，我们表示热烈欢迎！"然后，关向应、王震、萧克等也在会上讲了话。①

会师后，红三军奉命恢复红二军团番号，贺龙任军团长，任弼时任政治委员，关向应任副政治委员，李达任参谋长，张子意任政治部主任，原第七、第九师分别改编为第四、第六师，共约4400人；红六军团由萧克任军团长，王震任政治委员，谭家述任参谋长，甘泗淇任政治部主任，暂时编为三个团，共约3300人。两军团共同行动时，由红二军团指挥部统一指挥。

因为红六军团千里转战，损失很大，贺龙指示有关部门，给红六军团营以上干部配备了马匹，还把一批轻机枪和粮、肉、款等送给红六军团。红六军团得到补充后，元气很快恢复，也抽调了30多名干部到红二军团工作，充实了红二军团的政治机关和党团组织。两军团紧密团结，互相帮助，士气大增，形成了与红一、红四方面军并列的又

---

① 中共四川酉阳县委党史资料征集办公室：《南界红叶》，中共铜仁地委党史资料征集办公室编：《红军在黔东》，1986年版，第392—393页。

一支强大的军事力量。贺龙后来在谈到这次会师时说：

> 二、六军团会师是团结的，六千多人，六千多个心，可是大家团结得像一个人，要怎么走就怎么走，要怎么打就怎么打。……总之，二、六军团会师团结得很好，可以说是一些会师的模范。①

至此，红六军团胜利完成转移任务，并为中央红军的战略转移起到了先遣队的作用。

然后，红二、红六军团主力挥师北上，向湘西进发。为了牵制敌人，配合红二、红六军团的北上和中央红军的长征，任弼时、贺龙等决定重新组建中共黔东特委和黔东独立师，留在原地坚持斗争，并任命段苏权任特委书记兼师政治委员，王光泽任师长。

红二、红六军团北上后，黔东独立师开始了艰苦的斗争。在敌人的重兵包围下，他们被迫退入梵净山区，后又被迫退出。11 月 26 日，独立师进入四川秀山县境，在溜桥与梅邑镇（今梅江）之间与敌团防相遇，段苏权被子弹打碎左踝骨，被当地老乡藏在小山洞内养了 20 多天，左脚冻伤和感染，失去了三个脚趾。后来他拄着拐杖，拖着伤脚，沿途乞讨回到湖南茶陵老家，伤好后又奔赴延安。到 11 月 27 日，部队减员只剩下 300 多人。28 日，又在川河盖被敌军重重包围，双方立即展开血战，但终因寡不敌众，独立师弹尽粮绝，被迫分散突围。师长王光泽不幸落入敌手，被杀害于龙潭镇巫家坡，时年 31 岁。最后，仅有黔东独立团团长秦真权及邓吉星等十多人冲出重围，到达湘西。

四、中央红军战略转移的决策和部署

1934 年 4 月底广昌失守后，因形势日趋恶化，红军坚持内线作战打破敌军“围剿”已十分困难，中共中央、中革军委便开始考虑红军

① 贺龙：《回忆红二方面军》，《近代史研究》1981 年第 1 期。

主力撤离中央苏区的问题。

李德在《中国纪事》中说："五月初，我受中央委托草拟了一九三四年五至七月关于军事措施和作战行动的三个月的季度计划。这个计划是以军事委员会决议的三个观点为基础的，这三个观点是：主力部队准备突破封锁，独立部队深入敌后作战，部分放弃直接在前线的抵抗。"①

当时担任红二十二师师长的程子华，在后来接受外国记者采访时也说："1934 年 5 月，周恩来曾叫他去谈过几次话，谈红军处境困难，根据地正在缩小，准备开始长途跋涉，建立新的根据地。并谈准备派他到鄂豫皖的红二十五军去，如果中央红军转移，红二十五军的压力就会更大。"②

随后，中央成立了由博古、李德、周恩来组成的最高决策机构"三人团"。政治上以博古为主，军事上以李德为主，周恩来只是负责督促军事准备计划的实行。他们把这一计划报告了共产国际。6 月 25 日，共产国际在给中共中央复电中指出："动员新的武装力量，这在中共并未枯竭，红军各部队的抵抗力及后方环境等，亦未足使我们惊慌失措。"关于主力红军的退出，"这唯一的只是为了保存活的力量，以免遭受敌人可能的打击。"③ 于是，博古，李德一方面做转移准备，一方面命令各主力红军"用一切力量继续捍卫中央苏区来求得战役上大的胜利。"④

从以上史料可以得知，自 1934 年 5 月起，当时的"左"倾领导人，已经提出战略转移的问题，只不过一直举棋不定。直到 9 月初对打破敌人"围剿"已经完全绝望后，才开始部署战略转移。

首先，在战略指导思想上，改变了过去那种不遗寸土的方针，决定以保存有生力量为主。9 月 8 日，中革军委发出指示，要求中央红军在阻止敌军推进时，应以"最高度的节用有生兵力及物质资材"为基

---

① 李德：《中国纪事》，现代史料编刊社 1980 年版，第 97 页。

② 〔美〕哈里森·索尔兹伯里：《长征——前所未闻的故事》，解放军出版社 1987 年版，第 60 页。

③ 《中共中央关于反对敌人五次"围剿"的总结决议》，《遵义会议文献》，第 17 页。

④ 《中共中央关于反对敌人五次"围剿"的总结决议》，《遵义会议文献》，第 17 页。

本原则，在战斗的间隙，除 1/3 的值班部队外，主力应集结补充整理训练，并加强部队政治团结。在作战指导思想上，中革军委要求部队进行运动防御，并强调在防御的同时，“应准备全部撤退”[①]。15 日，中革军委又发出训令，要求中央红军“无论如何应该以保持自己有生力量和物质基础为我占据第一等基本原则。保持地域，不轻遗寸土予敌人，这应该放在前一原则之下来进行的”。

其次，建立健全了各级指挥机关。9 月 13 日，中革军委发出指示，命令中央红军各军团在 10 月 1 日前组织好后方机关，加强运输队的建设；立即将在敌人占领区中各县区的军事部，改为县区游击队司令部和政治部，县区军事部长为游击队司令员、队长，县区委书记兼游击队政治委员。并规定：“如在边区和中心区域有被敌人侵犯之可能时，则将军事部作上述改组”[②]，从组织上对中央红军主力突围后坚持苏区的斗争作了初步安排。

在此期间，地方党、政各级机关按照中共中央的决定，亦加紧进行突围准备。9 月 19 日，中华苏维埃共和国人民委员会主席张闻天发出《关于边区战区工作给各省各县苏维埃的指示信》，指示取消国民经济部、财政部、粮食部，成立财政经济委员会，“保卫局与裁判部可合并为肃反委员会”，并规定“在战争特别紧张的区域甚至苏维埃所有的各部都可以取消，而由个别同志直接负责去解决当前特别重要的战争问题”；“所有苏维埃机关中各种无用文件都应销毁”，“机关工作人员中的家属，应该另行安顿”，下级机关在“同上级领导机关脱离交通关系时，依然能够去进行工作”。这一指示信，对战区、边区在“万一”失陷后的苏区工作做了布置。

其三，从人力物力上做了准备。9 月 1 日，中央组织局、总动员武装部等根据党中央实行战略转移的决定，发出关于 9 月间动员 3 万新战士上前线的通知。9 月 4 日，中革军委在《红星》报上又发表了《为扩大红军的紧急动员的号令》，要求中央苏区“无论如何要做到在九月

---

① 《中革军委关于红三军团应阻石城以北敌人以保卫瑞金部署的指示》（1934 年 9 月 8 日）。

② 《中革军委关于改组各级军事部的命令》（1934 年 9 月 13 日）。

间动员三万新战士去上前线”。与此同时，中革军委决定成立红八军团和教导师等，壮大了中央红军的力量。中央苏区各级党和政府积极响应党中央的号召，迅速展开了空前紧急的兵员动员和粮食、草鞋、食盐、棉被、军用器材等的筹集工作，为中央红军实行战略转移，补充了大量兵员和物资。据伍修权回忆：“当时兵工厂、印刷厂的机器都想带走，还有除了粮食以外的别的东西，为了拆搬这些东西，实际上做了近半年的准备。”①

其四，明确了转移的方向。据李维汉回忆：“一九三四年七八月间，博古把我找去，指着地图对我说：现在中央红军要转移了，到湘西洪江建立新的根据地”②，好像七八月间，已确定要转移到湘西去。但红六军团出发时，中央并未明确指示他们到湘西，只是说到湘中。明确指示他们到湘西北，是 9 月 8 日中革军委给他们“补充训令”中指示出来的。这说明，至迟在这时已确定准备到湘西或湘西北去。正因为如此，为减轻红军突围西进的阻力，中共中央决定接受“围剿”中央苏区的国民党南路军总司令陈济棠的建议，同其进行停火谈判，并于 10 月 5 日达成了就地停战、互通情报、解除封锁、互相通商和必要时可互相借道五项协议。这为后来中央红军顺利通过国民党军的第一、第二道封锁线，创造了极为有利的条件。

其五，发出了战略转移的信号。9 月 29 日，张闻天为《红色中华》报写了《一切为了保卫苏维埃》的署名社论，指出：“为了保卫苏区，粉碎五次‘围剿’，我们在苏区内部求得同敌人的主力决战，然而为了同样的目的，我们分出我们主力的一部分深入到敌人的远后方，在那里发动广大的群众斗争，开展游击战争，解除敌人的武装，创造新的红军主力与新的苏区……我们有时在敌人优势兵力的压迫之下，不能不暂时的放弃某些苏区与城市，缩短战线，集结力量，求得战术上的优势，以争取决战的胜利。”③这一社论，实际上是中央红军准备实行战略转移的第一个公开信号。

---

① 伍修权：《我的历程》，第 76 页。

② 李维汉：《回忆与研究》（上），中共党史资料出版社 1986 年版，第 343 页。

③ 《红色中华》第 239 期，1934 年 9 月 29 日。

但是，这些准备工作又是很不充分的。

首先，撤出中央苏区，实行战略转移，这是一个关系到中国共产党和中央红军的命运，关系到中国革命前途的重大问题，应该在党和红军的领导人中进行充分的讨论和政治动员。但是，这些准备工作只是在“三人团”和中央高层中秘密进行，没有在部队和地方领导人中进行必要的解释和动员工作，甚至在中央政治局会议上也没有讨论过。正如后来的遵义会议决议所指出的：“关于为什么退出中央苏区、当前任务怎样、到何处去等基本的任务与方向问题，始终秘而不宣。”① 李德荒谬地认为：“突围成功的最重要的因素是保守秘密。只有保守秘密，才能确保突然行动的成功。”② 保密虽然是必要的，但不能保到连高级干部都不让知道，连必要的政治动员也没有，使广大指战员毫无思想准备。直到 9 月底，中央苏区已是岌岌可危，这时“左”倾领导者才在政治局和中革军委作了传达。可是，红军中的许多高级干部，尚蒙在鼓里，一无所知。彭德怀即说：“最奇怪的是退出中央苏区这样一件大事情，都没有讨论过”③。李维汉回忆：

> 长征的所有准备工作，不管中央的、地方的、军事的、非军事的都是秘密进行的，只有少数领导人知道，我只知道其中的个别环节，群众一般是不知道的。当时我虽然是中央组织局主任，但对红军转移的具体计划根本不了解。第五次反“围剿”的军事情况，他们也没有告诉过我。据我所知，长征前中央政治局对这个关系革命成败的重大战略问题没有提出讨论。中央红军为什么要退出中央苏区？当前任务是什么？要到何处去？始终没有在干部和广大指战员中进行解释。这些问题虽属军事秘密，应当保密，但必要的宣传动员是应该的。④

---

① 《中共中央关于反对敌人五次“围剿”的总结决议》，《遵义会议文献》，第 18 页。

② 李德：《中国纪事》，第 106 页。

③ 《彭德怀自述》，第 193 页。

④ 李维汉：《回忆与研究》（上），第 344 页。

由于没有“在干部中与红色指战员中进行解释的工作”，“因此在军事上，特别在政治上，不能提高红军战士的热情与积极性，这不能不是严重的错误”。①

其次，在战略转变上犹豫不决。既然从5月份就开始准备长征，就应毫不迟疑地转变红军的战略方针，实行战略上的退却，以保持主力红军的有生力量。可是自6月25日接到共产国际的复电后，又一面进行转移的准备，一面要求各主力红军用一切力量争取大的胜利。这种继续与敌人拼消耗，而忽视保存有生力量的错误决策，使红军又遭受了严重的损失。直到9月初对打破敌人的“围剿”已经绝望以后，才开始部署战略转移，并于9月底10月初仓促决定提前出发。因此，遵义会议决议指出：“在战略转变与实行突围的问题上，同样是犯了原则上的错误。”②

第三，军事撤退过于仓促。至9月底10月初，中央苏区还有兴国、宁都、石城、宁化、长汀、瑞金、会昌、雩都（今于都）等县之间的地区，中央红军还可以利用敌人暂时不敢长驱直入之间隙，让部队在以上地区进行必要的休整和动员教育，然后突破敌人的包围，实行战略转移。按照原来的计划，也准备到10月底，或11月初实行转移。但是，博古、李德被敌人的气势汹汹所吓倒，于9月底10月初便仓促决定转移。从9月29日发表张闻天的《一切为了保卫苏维埃》，公开透露红军准备长征的信号，到10月10日中央机关和直属部队离开瑞金，只有11天；到10月21日总突围攻击开始，只有22天，时间太匆忙了。至于各部队撤出防御阵地的时间，就更加短促。这样，就必然造成部队的紧张和群众的恐慌。所以，遵义会议决议指出：长征出发前没有“给以必要的休养兵力与整顿训练，而只是仓猝的出动”，“是一种惊慌失措的逃跑的以及搬家式的行动”。③

当时，对于谁走谁留，即长征时干部的去留问题，在掌握上是非常严格的。据李维汉说：

---

① 《中共中央关于反对敌人五次“围剿”的总结决议》，《遵义会议文献》，第18页。

② 《中共中央关于反对敌人五次“围剿”的总结决议》，《遵义会议文献》，第17页。

③ 《中共中央关于反对敌人五次“围剿”的总结决议》，《遵义会议文献》，第18页。

> 长征前，干部的去留问题，不是由组织局决定的。属于省委管的干部，由省委决定报中央;党中央机关、政府、部队、共青团、总工会等，由各单位的党团负责人和行政领导决定报中央。决定走的人再由组织局编队。中央政府党团书记是洛甫，总工会委员长是刘少奇、党团书记是陈云，这些单位的留人名单，是分别由他们决定的。部队留人由总政治部决定，如邓小平随军长征就是总政治部决定的。我负责管的是苏区中央局的人。①

至于高级干部，则完全由博古、李德、周恩来“三人团”决定，事实上由博古一人决定。张闻天 1943 年在《延安整风笔记》中写道：

> 当时关于长征前一切准备工作，均由以李德、博古、周恩来三人所主持的最高“三人团”决定，我只是依照最高“三人团”的通知行事，我记得他们规定了中央政府可以携带的中级干部数目字，我就提出了名单交他们批准。至于高级干部，则一律由最高“三人团”决定。②

当时的走与留，对他们以后的命运关系极大。事实证明，像董必武、徐特立等年高体弱的同志，由于跟着红军行动，都被保存下来，安全到达陕北。而一些“左”倾领导者不喜欢的干部，像瞿秋白、何叔衡、贺昌、刘伯坚、毛泽覃、古柏、周以栗等人，则被留在根据地打游击。当时，担任教育人民委员的瞿秋白得知被列入“留”的高级干部名单之后，去找张闻天，表示希望能够带他“走”。张深表同情，随即向博古做工作，但博古一点没有商量的余地。甚至有回忆说，最初，他们连毛泽东也不打算带走，已决定将他派到雩都去搞调查研究。后来，由于周恩来、朱德等人一再坚持，说毛泽东既是中华苏维埃政府主席，

① 李维汉：《回忆与研究》（上），第 345—346 页。

② 张闻天:《从福建事变到遵义会议》（1943 年 12 月 16 日），《遵义会议文献》，第 78 页。

又是中央红军的主要创建者，在军队中享有很高的威信，应该随军出发。在这种情况下，才被允许一起转移。

另外，国家保卫局在走之前，对犯“错误”的五六十个干部开列了一个留走名单。名单划分三类，一类杀掉，一类留在苏区，另一类可以随队出发。当保卫局长邓发带着名单，征求军委四局局长叶剑英的意见时，叶据理力争，表示坚决反对杀人。就是在他的极力建议下，这批受“左”倾领导打击排斥的所谓“犯错误”的干部，才得以保留下来。

10 月 7 日，中共中央和中革军委命令红二十四师和地方武装接替中央红军主力的防御，主力集中瑞金、雩都地区，准备执行新的任务。9 日，红军总政治部发布《关于准备长途行军与战斗的政治指令》，要求“加强部队的政治、军事训练，发扬部队的攻击精神，准备突破敌人的封锁线，进行长途行军与战斗”。

战略转移的最初计划是，突破国民党军队的围攻，到湘鄂西同红二、红六军团会合，创建新的革命根据地。因此，出发时把它称为“西征”，西征的部队称“野战军”，最高统帅部称“野战司令部”。

为便于随军行动，中共中央、中央政府、中革军委机关和直属部队编为两个纵队。第一野战纵队由红军总部和干部团组成，叶剑英任纵队司令员兼政治委员，钟伟剑任参谋长，王首道任政治部主任。下辖四个梯队，第一梯队由军委总部第一、第二、第三局及无线电三台、电话一排、通讯队、警备连、工兵连、运输两排组成，负责人彭雪枫；第二梯队由军委总部第四、第五局及总政治处、警卫营、红军总政治部、医务所、运输一排组成，负责人罗彬；第三梯队由军委工兵营、炮兵营、运输一大队、附属医院组成，负责人武亭；第四梯队由干部团、医务所、运输一排组成，负责人陈赓、宋任穷。其中干部团是由红军大学、公略步兵学校、彭杨步兵学校、特科学校合并组成，陈赓任团长，宋任穷任政治委员，毕士悌任参谋长，莫文骅任政治部主任。下辖四个营，第一、第二营为步兵营，第三营为政治营，第四营为特科营。另有上级干部队（简称上干队），分指挥科、政治科等，属干部团指挥。博古、李德、周恩来、朱德等随该纵队行动。

第二野战纵队由中共中央、中华苏维埃中央机关、后勤部队、卫生部门、总工会、青年团等组成，罗迈（李维汉）任司令员兼政治委员，邓发任副司令员兼副政治委员，张宗逊任参谋长，后为张经武、姚喆代理，邵式平任政治部主任。毛泽东、张闻天、王稼祥等随该纵队行动。每个单位都有一个代号，军委第一纵队代号是“红星”，第二纵队代号是“红章”，军团都以省会名称作代号，红一军团叫“南昌”，红三军团叫“福州”等。

以上两个纵队和红军主力第一、第三、第五、第八、第九军团，共 8.6 万余人，组成战略转移的野战军。第一军团，林彪任军团长，聂荣臻任政治委员，左权任参谋长，朱瑞任政治部主任，下辖第一、第二、第十五师；第三军团，彭德怀任军团长，杨尚昆任政治委员，邓萍任参谋长，袁国平任政治部主任，下辖第四、第五、第六师；第五军团，董振堂任军团长，李卓然任政治委员，刘伯承任参谋长，曾日三任政治部主任，下辖第十三、第三十四师；第八军团，周昆任军团长，黄甦任政治委员，张云逸任参谋长，罗荣桓任政治部主任，下辖第二十一、第二十三师；第九军团，罗炳辉任军团长，蔡树藩任政治委员，郭天民任参谋长，黄火青任政治部主任，下辖第三、第二十二师。

另外，还保留了原来的中革军委和红军指挥机关。中央革命军事委员会，朱德任主席，周恩来、王稼祥任副主席；中国工农红军总部，朱德任总司令，周恩来任总政治委员，刘伯承任总参谋长，王稼祥任总政治部主任，李富春任总政治部副主任（代理主任）。

中央红军主力转移前，中共中央决定由项英、瞿秋白、陈毅、陈潭秋、贺昌等组成中共苏区中央分局、中央军区和中华苏维埃共和国中央政府办事处，项英为中央分局书记、中央军区司令员兼政治委员，陈毅为办事处主任，梁柏台为副主任，统一领导留下的红二十四师及地方武装共 1.6 万余人坚持斗争。10 月 8 日，中共中央发出给中央分局的训令，说明红军主力将突围转移，在这之后敌人会深入苏区内部，更加凶恶地摧残苏区，“应该坚强而有毅力的继续领导游击战争，正确地发动领导群众，正确地运用游击战术”，主要斗争方式“不是与敌人进行阵地的硬拼的战斗，而应该把这些主力团营去培植、发展、辅助、团结群众的武装，缴获敌人的武装来武装自己，与扩大自己”，“准备好在适当的时间进行反攻”，并指出“为要适应着游击战争的环境，党应该时刻依照环境的变化来改变自己的组织”。① 这是一个非常重要而且正确的训令，但是由于发布的时间太晚，没有很好地研究和布置，主力红军撤出后苏区处于混乱状态，给以后的斗争造成很不利的影响。陈毅在回忆中即说：

> 这个退出，是逃跑主义的，没有进行充分的准备；而对于如何坚持苏区的斗争，更是没有准备。当时，虽然也留下了党的中央分局（项英同志负责），和中央政府的办事处（我任主任），但对整个苏区敌后斗争，在政治上、军事上、组织上都没有布置。一时，苏区处于紊乱状态。②

中央红军撤离后，留在苏区的红二十四师和地方武装，为了掩护红军主力的转移，保卫中央苏区和土地革命的胜利成果，在敌军深入苏区内部的情况下，展开了英勇卓绝的游击战争。1935 年 2 月上旬，包围中央苏区的各路敌军，开始对瑞金、瑞西和雩都、登贤各县苏区进行所谓最后的“清剿”。中共苏区中央分局遵照遵义会议后中共中央的电报指示，决定将红二十四师等部分散到中央苏区及其邻近地区开展游击战争，实行由正规战向游击战的战略转变。具体部署是：红二十四师首长率领师部和第七十团，随中央分局、中央军区机关和项英、陈毅、贺昌等行动；中央军区参谋长龚楚（后叛变）率红二十四师第七十一团，向湘南转移；陈潭秋、谭震林率红二十四师四个连去闽西，同张鼎丞等领导的部队会合，在闽西地区坚持斗争；李天柱率红二十四师四个连，向赣粤边发展；毛泽覃率红二十四师一个连突围到闽赣边开展游击战争；独立第六团在中共赣南省委、省军区的领导下，在雩都南部开展游击战争；独立第七团从会昌穿过敌军封锁线转向闽赣

① 《中国共产党中央委员会给中央分局的训令——红军主力突围转移，中央苏区广泛发展游击战争》，《红军长征·文献》，第 54—55 页。

② 陈毅：《忆三年游击战争》，《中共党史革命史论集》，中共中央党校出版社 1982 年版，第 215 页。

边发展。

从 2 月中旬开始，经过短时间的准备，红军各部队分路突围。但由于国民党军的包围已经形成，突围部队几经战斗，大部遭到损失，少数部队转移到赣粤边、湘南、闽赣边、闽西地区，会同当地党组织和地方武装，继续坚持游击战争。随部队突围转移的党和红军的高级干部何叔衡、阮啸仙、贺昌、毛泽覃、万永诚、李赐凡、李天柱、李才莲、古柏等相继在战斗中牺牲，瞿秋白、刘伯坚被俘入狱，不久英勇就义。

何叔衡，湖南宁乡人，中共一大代表，1931 年 11 月被选为中华苏维埃共和国中央执行委员会委员，后被任命为临时中央政府工农检察人民委员（工农检察部部长）、内务人民委员部代部长、临时最高法庭主席等职，1935 年 2 月 24 日在福建长汀突围时壮烈牺牲。

阮啸仙，广东河源人，1921 年春加入广州共产主义小组，1927 年在中共五大上被选为中央委员，1928 年在中共六大上被选为中央审查委员会委员，1931 年 11 月被选为中华苏维埃共和国中央执行委员会委员，1934 年 2 月再次当选中央执行委员并任审计委员会主席。红军长征后，任中共赣南省委书记兼赣南军区政治委员，1935 年 3 月 6 日在突围中壮烈牺牲。

贺昌，山西离石人，1923 年加入中国共产党，1927 年在中共五大上被选为中央委员，曾参加上海工人第三次武装起义、南昌起义、广州起义，1930 年春任中共中央北方局书记，同年 9 月被补选为中共第六届中央委员，从 1932 年起先后任红军总政治部副主任、代主任等职，1934 年 2 月被选为中华苏维埃共和国中央执行委员会委员。红军长征后，任中共苏区中央分局委员、中央军区政治部主任，1935 年 3 月在江西会昌突围中壮烈牺牲。

毛泽覃，湖南湘潭人，毛泽东之弟，1923 年加入中国共产党，曾参加南昌起义，1931 年 10 月任中共公略县委书记，兼红军独立第五师师长，后调任苏区中央局秘书长，1933 年在反所谓“罗明路线”时被错误批判和斗争。红军长征后，任中央分局委员和独立师师长等职，1935 年 4 月 25 日在瑞金红林山区英勇牺牲。

万永诚，江西人，青年时代在上海纱厂当工人，参加工人运动，北伐战争时期加入中国共产党，曾参加上海工人第三次武装起义，1931 年后任中共赣东北省委书记、闽浙赣省委书记等职，1933 年 6 月任福建军区政治委员，1934 年 2 月当选为中华苏维埃共和国中央执行委员会委员。红军长征后，任中共福建省委书记兼福建军区政治委员，1935 年 4 月 10 日在福建武平战斗中英勇牺牲。

李赐凡，湖南宜章人，1927 年加入中国共产党，曾参加湘南农民起义，1931 年冬起先后任红四军第十二师政治委员、第十师师长等职。1934 年 2 月当选为中华苏维埃共和国候补中央执行委员，任江西省动员武装部部长，同年秋代理江西军区司令员。红军长征后，仍任江西军区司令员，1935 年 1 月英勇牺牲。

李天柱，湖南耒阳人，1927 年加入中国共产党，曾参加南昌起义，1931 年 8 月任湘赣红军独立第一师师长，1932 年 8 月代理红八军军长，10 月任湘赣军区副指挥。红军长征后，任粤赣边军政委员会委员等职，1935 年 5 月在寻邬（今寻乌）南部地区牺牲。

李才莲，又名李香华，江西兴国人，1928 年加入中国共产党，长期从事共青团工作，1934 年 7 月任全国少年先锋队中央总队部总队长。红军长征后任中央分局委员兼共青团（少共）中央分局书记，1935 年 5 月在瑞金大柏地牺牲。

古柏，江西寻乌人，1925 年加入中国共产党，1929 年创建寻邬革命根据地，1931 年任江西省苏维埃政府裁判部长兼内务部长、中央劳动部秘书长等职，1933 年在反所谓“罗明路线”时被错误批判和斗争。红军长征后任闽粤赣游击纵队司令，1935 年春夏之交，在广东龙川的一次激战中英勇牺牲。毛泽东 1937 年得知他牺牲后曾写道：“我友古柏，英俊奋发，为国捐躯，殊堪悲悼。愿古氏同胞。继其遗志，以完成自由解放之目的。”

瞿秋白，江苏常州人，1922 年加入中国共产党，中共三大中央委员、四大中央局成员、五大政治局委员，1927 年主持八七会议，会后任临时中央政治局常委，主持党的工作，是党的主要领导人，后曾任中共六大政治局委员，中共驻共产国际代表，共产国际执行委员、主席团委员、政治书记处成员，后遭批判打击。1934 年 2 月到瑞金后，任中华苏维埃共和国中央政府教育人民委员（教育部长）。红军长征后，任中央分局宣传部长，1935 年 2 月 24 日不幸被俘，6 月 18 日在福建长汀英勇就义。

刘伯坚，四川平昌人，1922 年加入中国共产党，1926 年 9 月任国民军联军政治部副部长，1931 年当选为中华苏维埃共和国中央执行委员，后任红五军团政治部主任等职。红军长征后，任赣南军区政治部主任，1935 年 3 月负伤被捕，3 月 21 日在江西大庾（今大余）英勇就义。他写的《带镣行》，是脍炙人口的著名诗篇，表现了共产党人的坚定信念和大无畏的英雄气魄。

当时牺牲的，还有陆定一的妻子唐义贞。唐义贞于 1935 年 1 月 28 日在战斗中被俘，31 日趁敌人给她松绑的瞬间，把藏在夹衣里的一份秘密文件强咽入肚内，惨无人道的敌人为了取出文件，竟对她进行剖腹，牺牲时年仅 22 岁。

瞿秋白、何叔衡等人的牺牲，是中国共产党的重大损失，也是“左”倾错误领导导致的一个严重后果。

中央苏区被敌人占领后，无数的革命干部和群众也惨遭杀害。据有的材料说，瑞金被杀达 12 万人，宁都被杀绝的有 8300 多户，闽西被杀绝的有 4 万多户。

项英、陈毅等经过转战，于 1935 年 3 月到达油山地区，同中共赣粤边特委、军分区会合，开始了艰苦卓绝的三年游击战争。

第 二 章

中央红军开始长征

一、突破三道封锁线

1934 年 10 月 10 日晚，中共中央、中革军委率领第一、第二野战纵队，分别由瑞金县的田心、梅坑地区出发，向集结地域开进。中央红军开始实行战略转移。

10 月 16 日，中央红军各部队在雩都河以北地区集结完毕。17 日，按照中革军委颁布的《野战军渡河计划》，分别从雩都、花桥、潭头圩（龙石嘴）、赖公庙、大坪心（龙山门）、峡山圩（孟口）等十个渡口南渡雩都河（即贡水）。

雩都河畔，人山人海。数以万计的男女老幼伫立在各个渡口，为红军送行。老乡们一面跟着红军走，一面将鸡蛋、糯米团等往战士的口袋里装。他们，舍不得红军走啊！当时担任红一军团第一师第一团团长的杨得志，后来回忆起过雩都河时的情景时说：

以往，部队的指战员们听说要上前线，不用动员也会“嗷嗷”地叫起来。但这次出发，气氛却截然不同。虽然当时谁也不知道这是要撤离根据地；谁也不知道要进行一次跨越十一个省的万里长征；谁也不知道此一去什么时候才能转回来，但那种难分难舍的离别之情，总是萦绕在每个人的心头。

赶到于〔雩〕都河边为我们送行的群众中，除了满脸稚气，不懂事的小孩子跑来跑去，大人们的脸上都挂着愁容，有的还在暗暗地流泪。老表们拉着我们的手，重复着一句极简单的话："盼着你们早回来，盼着你们早回来呀！"连我们十分熟悉的高亢奔放的江西山歌，此时此地也好像变得苍凉低沉了。我难以忘怀的是，那些被安排在老乡家里治疗的重伤员和重病号也来了。他们步履艰难地行走在人群之间，看来是想寻找自己的部队和战友，诉诉自己的衷肠。……

……

深夜，秋风吹动着残枝败叶，吹动着一泻千里的于〔雩〕都河，吹动着身着单衣的指战员们。寒气很重了，我们回首眺望对岸举着灯笼、火把为红军送行的群众，心里不禁有股暖融融的感觉。①

就这样，在茫茫的夜色掩护下，千军万马，离开了生活、战斗的中央革命根据地，告别了送别的亲人，踏上了万里长征之路。

19 日、20 日，中央红军主力先后到达国民党南路军阵地前的仁风圩（街）、双芫（园）、牛岭、长洛、桂林江等地区，完成了突围准备。

在此期间，中共中央先后派凯丰、刘少奇、陈云为红九、红八、红五军团中央代表，以加强对这些部队的领导。

这时，国民党南路军陈济棠部为配合北路军、东路军对中央苏区的进攻，在赣州以东，沿桃江（即信丰河）向南，经大埠、王母渡，折向东南，经韩坊、新田等地，构成了第一道封锁线，阻止中央红军进入广东。其第四师驻赣州、南康，第二师驻信丰、王母渡，第一师主力驻古陂、新田、重石、版石等地，独立第三师驻韶关、乐昌、连县、南雄等地，第二独立旅驻安远。

根据上述敌情，中革军委决定：中央红军由王母渡、韩坊、金鸡、新田地段突破粤军的封锁，向湘南前进。具体部署是：红一军团为左路，攻歼新田、金鸡之敌，向安西、铁石口方向发展；红三军团为右路，攻

① 《杨得志回忆录》，解放军出版社 1992 年版，第 120—122 页。

歼韩坊之敌，占领古陂，向坪石、大塘方向发展；红九军团随红一军团后跟进，掩护左翼安全；红八军团随红三军团后跟进，掩护右翼安全；军委第一、第二纵队居中，红五军团担任后卫，掩护红军主力和中央机关前进。同时，中革军委还电令赣南军区地方武装积极配合野战军的突围战役。

红军在突围前，曾将要经过的地点通知了陈济棠，声明只借道而行，保证不进入广东腹地。

陈济棠是地方实力派，号称“南天王”，与蒋介石集团之间一直存在着矛盾。他既害怕红军入粤，也害怕蒋介石随红军入粤。早在蒋介石对中央苏区发动的第五次“围剿”中，身为国民党南路军总司令的陈济棠，在南方战线上与红军作战时就比较消极，并且开始与红军作试探性的接触。1934 年 7 月，陈济棠曾秘密派人到苏区接洽，表示愿意经过谈判来协调双方的关系。9 月底，中革军委主席朱德亲自致信陈济棠，说明中国共产党的抗日主张，揭露蒋介石卖国内战的罪行，并表示愿就停止内战、恢复贸易、代购军火和建立抗日反蒋统一战线等问题与粤军举行秘密谈判。10 月 5 日，中共中央、中革军委派潘健行（潘汉年）、何长工为代表，同陈济棠的代表在寻邬进行会谈。双方经过反复协商，达成了就地停战、互通情报、解除封锁、互相通商和必要时可互相借道五项协议。当红军西征时，陈济棠基本上执行了上述协议，让开大路 20 公里，在他的防区内没有对红军进行堵截。这为红军通过第一、第二道封锁线，创造了极为有利的条件。

但陈济棠接到红军通知后，未来得及使前沿部队了解其意图。因此，10 月 21 日，红军各军团开始突围后，双方战斗仍相当激烈。直到粤军在得到陈济棠的示意后，才稍事抵抗，防守一番，从重石、新田、古陂、韩坊全线撤退，向安远、信丰、南康集中，让出了中间大道，红军主力随即向信丰东南地域前进。24 日晚，各路先头部队开始西渡桃江，抢占河西要点，掩护主力渡河。25 日，军委第一、第二纵队和红军其他部队从信丰南北先后渡过桃江，突破了由粤军防守的第一道封锁线，继续向西前进。在此期间，红三军团第四师师长洪超牺牲，张宗逊继任师长。

中央红军突破粤军第一道封锁线后，国民党军并未弄清红军的战略意图。有的判断“朱、毛出去是少数”，大部留在中央苏区；有的认为“朱、毛出去是主力”，留在苏区的是少数；还有的分析红军可能声东击西，“故意弄一部分向西，而大部留下向东边”发展。因此，蒋介石举棋不定，一面令“围剿”中央苏区的北路军主力集结待命，一面电令南路军和西路军火速调兵，在湘粤边境组成第二道封锁线，阻止红军西进。

这时，国民党南路军已把其主力撤至大庾、南雄、安远等地，取守势，以防红军进入广东。西路军何键部队正处于分散“清剿”状态，湘中、湘南仅有一些地方部队防守。国民党中央军还远在赣江以东的兴国、古龙冈、石城等地，短期难以赶到湘南和粤北地区。据此，10月25日，中共中央、中革军委决定乘敌军尚未弄清红军意图之际，沿赣粤和湘粤边界，迅速向湖南的汝城和广东边境的城口方向前进。

当晚，中央红军在博古、李德的指挥下，仍以两个军团在左，两个军团在右，军委两个纵队居中；一个军团在后的甬道式的部署西进。几个主力兵团主要起保卫军委两个纵队的作用，用主力来保卫“大搬家”，抬“轿子”。8万多人中，军委两个纵队就占了1万多人，每个军团又有自己的后勤部，携带大批物资，多达1000多副担子。十几门山炮拆卸开来，一个炮筒就得四个人抬；还有各种机器、纸张等“坛坛罐罐”，十分累赘。就这样，一支有上千名挑夫组成的运输队伍拥挤在崇山峻岭的羊肠小道上，走走停停，停停走走，行动十分迟缓，有时一天只走10至15公里。这种大搬家式的转移，使主力红军变成了中央机关的掩护队，严重地影响了红军的机动能力，极大地削弱了红军的战斗力。

当中央红军迫近湘南时，蒋介石“追剿”红军的主力周浑元、吴奇伟两个纵队还远在湘赣边地区，汝城只有地方部队两个团和新调来的第六十二师一个旅，第六十二师主力尚在桂东；仁化地区仅粤军一个旅，其主力仍在粤赣边地区。这时，中央红军如能抓住敌军兵力尚未集中、协同比较困难的有利时机，集中兵力，创造战机，打一两个歼灭性的胜仗是有可能的。但是博古、李德等急于夺路西进，采取了避战的方针，使红军不仅对可以消灭的敌人据点没有夺取的计划，而且对于前进道路上能够消灭的敌人，也采取避战方针。

11 月 5 日，中革军委决定：中央红军以一部兵力监视汝城之敌，主力分三路纵队，由汝城、城口之间通过国民党军第二道封锁线。红三、红八军团为右纵队，由汝城至大坪间通过，向百丈岭、文明司前进；红一军团第一师和军委第一、第二纵队及红五军团为中纵队，由新桥经界头、九峰山向九峰圩前进；红一军团第二师和红九军团等部为左纵队，由城口、思村向岭子头前进。5 日，中央红军各纵队继续西进，至 8 日，通过第二道封锁线，进入湘南地域。至此，中革军委鉴于红军主力转移已无密可保，才正式向下通知说，中央红军这次进行转移，是为了到湘西去同红二、红六军团会合，在那里建立新的革命根据地。①

针对中央红军继续西进的情况，蒋介石迅速在粤汉铁路湘粤边湖南境内的郴县、良田、宜章、乐昌间，设立了第三道封锁线。该线敌军兵力空虚，九峰圩仅有粤军一个团，并无堡垒；乐昌也只有粤军两个团；汝城、宜章间无正规部队，只有民团；宜章以北亦只有湘军的一个团，但该地区公路发达，交通方便，利于兵力机动。

11 月 7 日 11 时，红三军团领导人彭德怀、杨尚昆以万万火急电，向中革军委主席朱德提出突破宜章、乐昌、郴县间敌第三道封锁线的行动方针的报告。该报告认为：红军进入湘南，湘军处于存亡关头，必与蒋介石协同动作对我；粤军疑蒋入粤，目前对我无与蒋介石南北夹击企图。因此，“我应迅速坚决突破宜、乐、郴间封锁。”② 同日 16 时，朱德致电彭德怀、杨尚昆等，决定中央红军于宜章以北的良田及宜章东南的坪石间突破敌第三道封锁线，以红三军团为右路军，从宜章以北通过；军委两个纵队和红五、红八军团随后跟进；红一军团为左路军，从宜章以南通过，红九军团随后跟进。

遵照中革军委的决定，红三军团立即作了部署。9 日，红五师第十四团攻占章桥市。10 日，红五师迫近郴县，切断郴宜大道；红六师

① 李聚奎：《突破敌人四道封锁线》，《红军长征 • 回忆史料》（1），第 113—114 页。

② 转引自中国工农红军第三军团史编委会编：《中国工农红军第三军团史》，国防大学出版社 1992 年版，第 325 页。

以第十六团为先锋，冒着大雨向宜章城前进，在距宜章城15公里的白石渡，打垮了民团200多人的拦阻，乘胜追至宜章城下。此时，群众纷纷前来欢迎红军，300多名筑路工人自动组织起来，帮助红军挖坑道、扎梯子，准备第二天攻城。守军见此情状，半夜弃城逃跑。11日拂晓，宜章城城门大开，群众结队欢迎红军进城。

红六师攻取宜章后，中革军委要求红三军团在良田、两湾洞、宜章地域，掩护其他部队西进，保证中央红军全部通过封锁线；据此，红四、红五师在万会桥、良田、两路司地域，向郴县加强侦察警戒，掩护中央红军右侧安全，等待红一军团主力；红六师在宜章、罗家观地域，等待红一军团第十五师到来。14日，国民党军第十五师由郴县南进，第八纵队随后跟进，第六十二师经文明司向良田前进。红三军团为保证两条西进道路安全，掩护兄弟部队通过第三道封锁线，派出得力部队抗击郴县南进及东面文明司之敌。

正当右路军向宜章前进的同时，红一军团奉中革军委命令向九峰山、乐昌方向进军，并派出一支部队控制距粤汉铁路十多公里的九峰山制高点，以防备粤敌占领乐昌，从而威胁到军委两个纵队的安全通过。红四团接受任务后，迅速抢占了九峰山，并派出部队攻击九峰山南侧的茶岭。经过一天的激战，红四团牵制了九峰圩的粤军，从而掩护军委两个纵队和红九军团等后续部队从九峰山以北安全通过。随后，红一军团越过大王山，占领了宜章县的小镇白石渡。

由于红三军团和红一军团分别占领了国民党军第三道封锁线的重要支撑点宜章城和白石渡，使全军较顺利地通过了粤汉铁路线。至15日，中央红军从郴县、良田、宜章、乐昌之间全部通过第三道封锁线，进入湘南地区。在突破国民党军第二、第三道封锁线过程中，红三军团广大指战员，英勇善战，勇往直前，受到中革军委的表彰。11月11日，中革军委曾致电各军团首长，赞扬“三军团首长彭、杨同志及三军团全体指战员在突破汝城及宜、郴两封锁线时之英勇与模范的战斗动作”[①]。

① 《中革军委关于表扬红三军团首长及全体指战员的命令》，《红军长征·文献》，第125页。

红军进入湘南后，进行了革命宣传和组织工作，成立宜章县苏维埃政府，建立赤卫队，释放被国民党反动派关押的革命者和无辜的群众，把没收土豪劣绅的财物分给穷苦群众。红军的行动，鼓舞了湘南地区人民的革命斗争。他们主动为红军送粮、带路、照顾伤病员，还有四五百名穷苦的青壮年自愿参加了红军。特别是茶园、黄茅、桃花垅等地的地下党员和贫苦农民，冒着生命危险，掩护和照料红军留下的几百名伤病员。这些伤病员痊愈后，同当地的红军游击队一起，坚持了三年的游击战争。

中央红军在通过国民党军第三道封锁线时，蒋介石已判明红军西进的战略企图，于 11 月 12 日任命何键为"追剿"军总司令，指挥原"围剿"中央苏区的西路军和北路军中薛岳、周浑元两部共 16 个师 77 个团，专事"追剿"中央红军主力；令陈济棠部四个师北进粤湘桂边进行截击；令广西（桂军）第四集团军总司令李宗仁、副总司令白崇禧以五个师控制灌阳、兴安、全州至黄沙河一线；令贵州省"剿共"总指挥王家烈派有力部队到湘黔边堵截，企图将红军歼灭于湘江、漓水以东地区。

13 日，何键发布了"追剿"计划，将所属部队编为五路"追剿"军，刘建绪任第一路军司令，其主力集结于黄沙河附近，与桂军协同，堵击红军西进，并以一部兵力沿湘江碉堡线布防；薛岳任第二路军司令，其主力集结于零陵附近地区，与第一、第三路军联系，堵截红军北进和西进；周浑元任第三路军司令，继续向道县前进，而后与第一、第二路军及桂军联络，截击红军；李云杰任第四路军司令，与第三路军联络，经嘉禾向宁远及其以南地区尾追红军；李韫珩（李抱冰）任第五路军司令，与第四路军及粤军联络，经临武、水口（今江华）、永明（今江永），尾追红军，并以航空兵实施侦察和轰炸。

国民党五路"追剿"军和粤、桂军虽有 25 个师的兵力，但他们之间矛盾重重，各有打算。其中何键的湘军行动比较积极；蒋介石的嫡系薛岳、周浑元两部虽然装备好，战斗力比较强，何键却对其指挥不灵。粤、桂两军则在其边境防堵，只求自保。湘南地区，共产党的影响较大，群众基础较好，国民党军力量不强，已属于无堡垒地域，便于红军机动作战。毛泽东曾建议，乘各路敌军正在调动之际，薛、周两部尚未靠拢之时，组织力量进行反击，来一个回马枪，寻歼敌一路或一部，以扭转战局，变被动为主动。红三军团军团长彭德怀也建议：“以三军团迅速向湘潭、宁乡、益阳挺进，威胁长沙，在灵活机动中抓住战机消灭敌军小股，迫使蒋军改变部署，阻击、牵制敌人；同时我中央率领其他兵团，进占溆浦、辰溪、沅陵一带，迅速发动群众创造战场，创造根据地，粉碎敌军进攻。否则，将被迫经过湘桂边之西延山脉，同桂军作战，其后果是不利的。”①

但是，博古、李德“根本忘记了红军的战略转变将遇到敌人严重的反对，忘记了红军在长途运动中，将要同所有追堵截击的敌人作许多艰苦的决斗，才能达到自己的目的”②，他们拒绝了毛泽东、彭德怀的建议，一味向西退却，消极避战，以致丧失了红军在湘南歼敌的良机，为后来突破国民党军第四道封锁线造成了被动。

二、血染湘江

就在红军突破第三道封锁线的时候，各路敌军已开始向湘南地区开进，准备实施其所谓“湘江会战”计划。

早在红六军团西进前后，湘桂两省军阀就已有守备湘江沿线的考虑。8月间，桂系军阀预料红军将突围而走，白崇禧遂亲赴江西安远，准备将桂军第四十四师回撤。9月底10月初，该师回到桂北后，立即赴全州、兴安一线构筑工事，共构筑碉堡140座。同时，湘系军阀何键在得知红军有向西转移的意图后，也令湘西各县加修碉堡，其中自衡阳经祁阳、零陵至黄沙河一线，共修碉堡410座。10月25日，当红军突破第一道封锁线后，蒋介石即判断中央红军入湘后有与贺龙部会合的可能。于是，29日决定派薛岳率八个师取道龙冈、桂东、资兴、郴州、桂阳、新田、永州线进行截击，迫使红军不能北上，致力西进；

① 《彭德怀自述》，第193页。

② 《中共中央关于反对敌人五次“围剿”的总结决议》，《遵义会议文献》，第18—19页。

30 日又命令薛岳部于 11 月 24 日以前集结于永州附近，令桂军加强对黄沙河、全州、兴安、桂林之碉堡线的控制，命令南路军节节阻击，迟滞红军，以便决战。11 月 6 日，南昌行营电令：歼灭红军于“湘漓两水以东地区”。①

为了实现以上作战计划，蒋介石共投入兵力约 16 个师 77 个团，近 30 万人，在湘江以东地域部署了一个大包围圈，并打算自东向西收缩，企图在湘江东岸逼红军决战，依仗其数量和装备上的优势，将中央红军歼灭。但是，各路敌军貌合神离、各怀鬼胎。

蒋介石所安排的湘江战役，主要目的除妄图消灭中央红军外，还时刻不忘排除异己。他企图驱使桂、湘两省军队同红军决战，如两省军队能将红军消灭，蒋介石当然是求之不得，但凭他多年“剿共”的经验，认为这是不可能的；如两败俱伤，他就可乘虚而入；如红军将两省军队歼灭，他也可来收拾残局。这就是蒋介石的一箭双雕之计。

桂系白崇禧认为：红军从湘南西进去往湘黔边界，只是路过广西，并不打算在广西立足。桂军只有两个军五个师 16 个团，共 2 万余人。以 2 万人去堵来势凶猛有 8 万之众的红军，弄不好就会被消灭。即使打得好，也会两败俱伤。不论出现哪一种情况，蒋介石的嫡系部队，都会以追击红军为名，乘虚而入，广西就会成为蒋介石的统治地盘。他得出的结论是：既要反共，又要防蒋；只能追击，不能堵击。为了达到这个目的，白崇禧认为最好的办法是：在红军入境之前，将部队布防于桂、湘边境一带，摆出决战的架势。一则可以应付蒋介石，二则让红军知道，广西早有准备，不要轻易进入。如果红军过境势不可免，就将部队摆于南侧，让出桂北一条路，给红军通过，但决不能让红军进入广西腹地。在红军通过时，可以相机进行侧击和追击，一可促使红军快走；二不会遭到红军主力回头打击的风险。他认为这样做，既可相机打击红军，还能应付蒋介石，是保存实力和地盘的妙计。这就是桂系在湘江战役中所采取的基本立场。

---

① 蒋介石：《南昌行营鱼亥行战电令》（1934 年 11 月 6 日），胡羽高编：《共匪西窜记》，贵阳羽高书店 1946 年版，第 123 页。

湘军何键有过红军占领长沙的教训，为保存实力，采取了“送客”式的防堵。他既怕红军在湖南境内停留，又怕红军渡过湘江北上与红二、红六军团会合。他判断红军可能由黄沙河地段突围渡湘江，因此，只有当红军在全州以南渡湘江已成事实时，才敢倾力南入桂境进行堵截。

11 月 14 日，中革军委发布命令，指出敌军向湘南地区开进的主要企图，“是在从两翼截击我军之进入部队，以后则向我主力两侧后行并行的追击”。因此，决定中央红军“迅速秘密的脱离尾追之敌，前出到临武、嘉禾、蓝山地域”。并规定：“三军团应占领嘉禾城，一军团应占领临武及蓝山城”。[①] 具体部署是：以第三、第八军团为右纵队，归彭德怀、杨尚昆统一指挥，由秀凤圩等地出发，经保和圩、青和圩，向嘉禾方向前进；第一、第九军团为左纵队，归林彪、聂荣臻统一指挥，由宜章、坪石地区出发，经梅田，向临武、蓝山前进；军委第一、第二纵队及第五军团为中央纵队，随后跟进。各纵队遵照中革军委的命令，于 15 日继续西进。16 日，红一军团占领临武城。18 日，红九军团占领蓝山城。22 日，红一军团攻占道县城，消灭守敌一部。24 日，红四团一部占领水口，并在西元地区击落敌机 1 架。25 日，红军从道县与水口间全部渡过潇水，粉碎了蒋介石利用潇水迟缓红军行动的阴谋，为红军西进提供了侧翼保证。

就在此时，敌情发生了有利于红军的重大变化。

桂军于 11 月 22 日下午撤离了湘江防线。还在红军向道县长驱直进的时候，桂系已经看到红军过境是势不可免的。面临和红军决战的重要关头，他们本着事前的既定方针，认为让路时机已到。但他们深知，这样做无异将红军引向湘西，必然遭到何键的坚决反对，遂于 11 月 20 日以李宗仁名义直接发电给蒋介石，略谓：“据迭报匪主力由临武分经嘉禾蓝山西窜龙虎关富川贺县，同时吃紧，仁部原在龙虎关以北防堵，故拟即将仁部主力，移赴恭城附近，策应富贺兴灌，但兴安灌阳以北，仅能留一部，诚恐力量单薄，拨请转饬总司令所部，向江华贺县推进，

① 《红军长征・文献》，第 128 页。

以期周密。”[①]桂军在发出这一电报的同时，即做好南撤的一切准备。22日，蒋介石复电同意。桂军立即将原在全州、兴安、灌阳布防的第十五军撤往恭城，仅在全州留有第七十二团的两个营兵力；兴安留有一个团；灌阳留有一个团。

至此，从全州至兴安60公里的湘江，已无兵防守，湘江防线完全向红军敞开了。可惜，红军领导者对敌情的这一重大变化并不了解，因而未能利用桂军撤防的极其有利时机，大举渡江，而是继续采取甬道式的队形，按常规行军，坛坛罐罐舍不得丢掉，毫无“抢渡”湘江之意。就连“追剿”军总司令何键都说：“匪的人数甚多，……行动甚缓。我们堵截的部队一定可以如期赶到。”[②]

直至11月25日，中革军委才正式决定突破国民党军的第四道封锁线。为此，中共中央和总政治部发布政治命令，号召红军在即将进行的最复杂的战役中，要最坚决果断地粉碎前进道路上的一切抵抗，并征服一切天然的和敌人设置的障碍，为突破敌人最后的封锁线，创造新的大块苏区而奋斗。

当时，中革军委决定分四路纵队向湘江地域前进：第一纵队（一军团之主力）沿道县、蒋家岭、文市向全州以南前进；第二纵队（一军团一个师、军委第一纵队及五军团第十三师）经雷口关及文市南面前进；第三纵队（三军团、军委第二纵队及五军团第三十四师）经小坪、邓家源向灌阳山道前进，相机占领灌阳，以后向兴安前进；第四纵队（八、九军团）经永明或绕过永明县城，从三峰山向灌阳山道、兴安前进。由此可以看出，中革军委这个四路进军的计划，是以全面打乱敌之部署，多路强渡湘江为目的的。

11月26日，红军主力从永安关和雷口关进入广西，并形成红一军团为右翼，红三军团为左翼，向湘江前进的态势，但红八、红九军团仍在湖南江华和永明，落在后边。

11月27日，右翼红一军团前锋第二师占领了从屏山渡至界首的

---

① 胡羽高：《共匪西窜记》，第161页。电文及书名中的“匪”字，是敌人对红军的诬蔑，因系原文，本书未作改动，下同。

② 胡羽高：《共匪西窜记》，第154页。

湘江所有渡河点。军委原令其相机先敌占领全州，以取得阻击湘军南下的有利地形。由于湘军先期到达，红二师遂在桂（林）黄（沙河）公路上之脚山铺一带占领阵地，准备阻击湘敌。左翼红三军团前锋第四师也前出至湘江，占领了界首以南的光华铺，向南警戒兴安县城的桂军；第五师占领了新圩和马渡桥，阻击从灌阳方向北上的桂敌。

这样，红军终于改变了四路进军的局面，并以前锋抢占了湘江渡口，做到了乘敌之隙，形成全军从永安关、雷口关直达湘江的态势。但是，为时还是晚了一步，因为敌中央军周浑元部于26日占领了道县。桂系看到中央军已占道县，为防止中央军尾追红军进入广西，遂令第十五军从恭城返回灌阳，在新圩以南展开，随时有截击红军后卫部队之可能；湘军力图封锁湘江渡口，其第一路军刘建绪部于27日进占全州。从总的情况看，敌已形成南北两方，一头一尾，夹击红军的态势。红军如不能迅速摆脱这个处境，尽快渡过湘江，一场恶战将势不可免。

随着红军主力前出至湘江地域，情况也随之进一步恶化。

蒋介石从湘军刘建绪的报告中，得知了湘江无兵防守的情报，对桂系的狡猾大为震怒。乃于28日严斥桂军放弃职责，严令桂、湘两军按原定计划，对红军已过河之先头部队进行夹击，对未过河部队进行堵击，仍然妄图将红军主力歼灭于湘江以东地区。蒋介石这一电令下达后，何键即令刚进占全州的刘建绪部，以三师之众南下，妄图封锁从全州至咸水的沿江渡口，并要求桂军负责从咸水至灌阳（包括咸水以南经界首至兴安的湘江）的防务。但桂军并未按蒋介石和何键的意旨，以主力前出兴安封锁渡口，与刘建绪部衔接，他们只以一个师驰援兴安，以防红军南下，而令已从恭城返回灌阳新圩的夏威所部，全力向红军后续部队发起攻击。显然，桂军执行的仍然是“只能追击，不能堵击”的方针。

此时红军的态势，具有有利的一面与不利的一面。有利的一面是，红一、红三军团的前卫师已占领从界首到屏山渡30公里湘江的所有渡口和徒涉点；军委纵队已到达文市、桂岩一带，前距湘江最近的渡河点只有55公里。不利的一面是，红军部队拉得太长，前锋已至湘江，而红八、红九军团在三峰山受阻后，正改道向雷口关疾进，尚在永明、道县之间，还未入关，致使前后相距达100公里。当时，中革军委已准确掌握桂军在兴安的意图，指出他们“准备防御兴安”，决定红军到30日止全部渡过湘江。这是基于敌我态势作出的十分正确的决定。

这时，红军如果能按中革军委的要求，轻装疾进，仍然可以利用最后的有利时机，以较小的损失渡过湘江。但是，庞大的军委纵队，由于辎重压身，行动异常迟缓。直到30日晨，军委第一纵队才从界首渡过湘江；第二纵队随红三军团行动，更迟至黄昏才渡江。这55公里就走了两天，平均每天行程仅27.5公里。由于军委纵队行动迟缓，后卫红五军团及最后入关的红八、红九军团，无法及时过江，担任两翼掩护的红一、红三军团，为对付敌人，不得不付出惨重的代价。

从28日开始，红三军团第五师之第十四、第十五团和临时配属的军委炮兵营，就在师长李天佑、政治委员钟赤兵的指挥下，奉命到新圩附近阻击桂军的进攻。他们的任务是“不惜一切代价，全力坚持三天至四天”，以掩护军委两个纵队过江。28日，桂军第四十四师在炮火掩护下，从灌阳向新圩红军前沿阵地发起进攻。红五师凭借有利地形沉着应战，奋勇抗击。桂军正面进攻受阻，遂以一部兵力从侧翼迂回，红军两个团腹背受敌，被迫退至第二道防线。29日，桂军第二十四师及第七军独立团投入战斗，并有飞机支援，战斗更加激烈。红军战士与桂军展开白刃战，终因寡不敌众，第二道防线被敌突破。在这次战斗中，红十四、红十五团指战员在敌我兵力悬殊的不利情况下，发扬英勇顽强、不怕牺牲的革命精神，与敌人一个山头一个山头地拼死争夺，浴血奋战三昼夜，伤亡2000多人，红五师参谋长胡震、红十四团团长黄冕昌以及副团长、参谋长、政治处主任都英勇牺牲，红十五团团长、政治委员和红十四团政治委员均负重伤，营以下干部大部分牺牲。对于当时的紧张情况，李天佑后来回忆说：

> 这时，军团的电报不断传来后面的情况：
> “‘红星’纵队正在向江边前进。”
> “‘红星’纵队已接近江边。”
> “‘红星’纵队先头已开始渡江。”

几乎每一份电报都要求我们“继续坚持”。我知道，我们的任务是繁重的，稍一不慎，让敌人进到新墟，那后果就不堪设想了。但我也深深地感觉到：我们的后方机关是太庞大了，……坛坛罐罐什么都带上，使得我们的行动迟缓，有些能够摆脱的形势也摆脱不了，不能主动歼敌不说，现在还不得不付出更大的代价来掩护这庞大的机构转移。我不由得暗自希望中央纵队走快一些——他们走快一步，这里就减少一点伤亡。①

他们在这里一直坚持到30日下午4时多，才接到军团的电报，说军委两个纵队已突过湘江，他们的阻击任务已经完成，于是将防务移交给红六师，迅速过江。

11月29日，红三军团第四师第十团在界首南光华铺打响了阻击战。光华铺距界首只有几里路，为一片宽广的开阔地，对红军防守十分不利。但是，为了阻击由全州、灌阳出击之敌，保证后续部队顺利过江，红三军团只有背水一战。为此，彭德怀把指挥部设在湘江西岸离界首渡口仅有几百米远的一座祠堂里，亲自指挥这场阻击战。第二天清晨，敌军的正面进攻被红军顽强顶住后，便沿湘江两岸向界首逼近，对红十团实施迂回。团长沈述清指挥发起反击，中弹牺牲。随即，彭德怀任命杜中美接任红十团团长。当日，杜中美又壮烈捐躯。

30日，红一军团第二师也在脚山铺开始了对湘军三个师的阻击战。脚山铺北距全州15余公里，南离界首25余公里，是敌人进入红军渡口的咽喉要地。30日凌晨，第一师赶到脚山铺和第二师共同战斗。在脚山铺两侧的山头上，和敌人展开了惊天动地的争夺战。敌军的兵力越来越多，在十多架飞机掩护下，攻势越来越猛。战至下午，第一师米花山防线被突破，接着又失去美女梳头岭。军团政委聂荣臻后来回忆道：

敌人占领米花山和美女梳头岭以后，对我二师前沿阵地尖锋岭威胁也很大。敌人从三面向我尖锋岭进攻，五团在上面只派有

① 李天佑：《把敌人挡在湘水前面》，《红军长征·回忆史料》（1），第147页。

> 两个连，尖锋岭失守。五团政委易荡平负重伤。这时，敌人端着刺刀上来了。荡平同志要求他的警卫员打他一枪，警卫员泪如泉涌，手直打颤，岂能忍心对自己的首长和同志下手，荡平同志夺过警卫员的枪，实现了他决不当俘虏的誓言。五团阵地失守，二师主力只得退守黄帝岭。敌人紧跟着向黄帝岭进攻，于是在黄帝岭展开了一场惊天动地的拼杀战，黄帝岭终于守住了。入夜，在一师撤出之后，二师孤军突出，为了避免被敌包围，也主动撤退至珠兰铺、白沙，与一师占领的夏壁田、水头，构成第二道阻击线。①

经过从28日到30日的左、右两翼阻击战，中央红军以重大的代价，终于保住了向湘江前进的通道，使中共中央、中革军委及直属机关得以顺利通过湘江。

至12月1日晨，除军委两个纵队已过江外，全军12个师，过江的只有四个师，即红一军团之第一师、第二师；红三军团之第四师、第五师。尚未过江的还有八个师，除红一军团之第十五师、红三军团之第六师外，红五、红八、红九军团的全部（六个师），都没有过江。此时，从全州南下的湘军三个师，力图封锁湘江渡口；从新圩北上的桂军两个师又一个团，已在临近红军重要交通枢纽的古岭头一带展开；光华铺的桂军一个师又一个团以主力向西塘一带推进，企图配合新圩之敌，会攻红军后续部队，中央红军后卫第三十四师和第六师的第十八团面临被敌切断的危险。因此，如何保住湘江渡口，组织湘江以东红军星夜兼程过江，就成为当时的严重任务。

12月1日凌晨1时半，中革军委向全军下达了紧急作战命令，令主力消灭由兴安、全州向界首进攻之敌，钳制桂军及由东尾追而来的周浑元部，保证后续部队于2日早通过湘江。其中，命令一军团全部在原地域继续阻击敌人，“无论如何要将由汽车路向西之前进诸道路保持在我们手中”，“三军团应集中2个师以上的兵力在汽车道及其以西地域，有向南驱逐光华铺之敌的任务，并须占领唐家市及西山地域”；

---

① 《聂荣臻回忆录》（上），战士出版社1983年12月版，第226—227页。

五军团主力应向麻子渡前进，并扼阻桂军及周敌之追击部队；被切断的部队，应自动地突围向麻子渡前进。[①]

紧急作战命令下达两小时之后，凌晨3时半，中共中央、中革军委、红军总政治部又联名给红一、红三军团下达了一定要保证执行军委上述命令的指令：

> 一日战斗，关系我野战军全部西进，胜利可开辟今后的发展前途，退则我野战军将被敌层层切断。我一、三军团首长及其政治部，应连夜派遣政工人员分入到各连队去进行战斗鼓动，要动员全体指战员认识今日作战的意义。我们不为胜利者，即为战败者，胜负关系全局。人人要奋起作战的最高勇气，不顾一切牺牲，克服疲惫现象，以坚决的突击执行进攻与消灭敌人的任务，保证军委一号一时半作战命令全部实现。打退敌人占领的地方，消灭敌人进攻的部队，开辟西进的道路，保证我野战军全部突过封锁线，应是今日作战的基本口号。望高举着胜利的旗帜向着火线上去！[②]

其他电报多是以军委主席的名义下达，而这份电报，却用了最高权力机关联合的名义，其分量可想而知。

指令下达后，从12月1日凌晨到清晨，全军都在进行战斗动员和战斗准备。这是一个紧张的不眠之夜。牺牲已到最后关头，生死存亡在此一战。

12月1日，这是关键的一天。激烈的战斗主要在脚山铺进行。在红一军团10多公里的第二道阻击线上，炮声隆隆，杀声震天。在茂密的松林间，红军与湘军展开了你死我活的白刃战。与此同时，红三军团第六师之第十八团在新圩红树脚、第四师在光华铺地域也和桂军进行了激烈的战斗。这就为掩护后续部队相继渡过湘江争得了时间。在

---

① 《红军长征·文献》，第159—160页。

② 《红军长征·文献》，第161页。

渡口，部队、机关，打乱了建制的零散人员、挑夫，减轻了负荷的辎重队伍，抬着伤员的担架队，没有人管的四散乱逃的战马等全部拥挤在一起，一片混乱。至中午，红军主力渡过湘江，进入西延地区。湘、桂军会师于湘江边，至此，湘江全被封锁。

红三军团第六师之第十八团，是掩护大部队过江的最后的后卫部队，其主要任务是掩护红八军团渡江。为了掩护主力部队过江，该团在敌众我寡的条件下，与桂军三个师展开激战，经过两昼夜的奋力拼搏，终于完成了掩护红八军团大部渡江的任务。可是，该团在由新圩向湘江两岸撤退中，被桂军分割包围。最后，在陈家背地域与数十倍于己的敌军战至弹尽粮绝，大部分壮烈牺牲。

在新圩、脚山铺、光华铺阻击战的同时，担任红军总后卫的红五军团，在永安关、水车一带阻击“追剿”军第三路的追击，掩护军委纵队及红军主力渡过湘江。该军团第三十四师被阻于湘江东岸，转战于灌阳、道县一带，虽经英勇战斗，予敌重大杀伤，终因寡不敌众，弹尽粮绝，全军覆没。师长陈树湘身负重伤，不幸被俘。敌保安司令何汉听说抓到红军师长，高兴得发了狂，命令他的部下，将他抬着去向上级邀功领赏。陈树湘为了不使敌人的企图得逞，乘敌不备，用手从腹部伤口处绞断了肠子，壮烈牺牲，年仅29岁。他牺牲后，敌人残忍地割下他的头，送回他的原籍长沙县，挂在了小吴门的城墙上。除红一、红三军团外，其他部队也在突破湘江封锁线中遭受重大损失。

突破敌人的第四道封锁线，是长征以来最紧张最激烈的一次战斗。广大红军指战员虽英勇奋战，但“左”倾领导者的错误指挥，使红军付出了极其惨重的代价，湘江战役后，中央红军由长征出发时的8.6万余人，减少到3万余人。

湘江战役以后，红军广大指战员对“左”倾领导者越来越不满，认为仗再不能这样打下去了。再这样下去，所剩3万余红军的前途只有毁灭。对此，刘伯承回忆道：

广大干部眼看反第五次“围剿”以来，迭次失利，现在又几乎濒于绝境。与反第四次“围剿”以前的情况对比之下，逐渐觉悟到这是排斥了以毛泽东同志为代表的正确路线、贯彻执行了错误的路线所致，部队中明显地滋长了怀疑不满和积极要求改变领导的情绪。这种情绪，随着我军的失利，日益显著，湘江战役，达到了顶点。①

在如此严重挫折面前，博古往日总是熠熠生辉的眼睛变得灰暗沮丧，一筹莫展。面对着湘江，他不时地拿着手枪乱比划，显得手足无措。聂荣臻严肃地警告他："你冷静一点，别开玩笑，防止走火。这不是瞎闹着玩的！越在困难的时候，作为领导人越要冷静，要敢于负责。"②站在一旁的李德，也失去了往日的威风，显得垂头丧气。最高"三人团"中，只有周恩来坚持工作。

湘江一仗，宣告了"左"倾冒险主义军事指导的破产。血的事实逐步使大家认识到，只有改变"左"倾冒险主义军事领导，红军才能取得主动，长征才能取得胜利。

三、改变战略方向

红军渡过湘江以后，即向越城岭及其以西的西延地域（今资源县境）前进。当时，刚刚经过湘江战役，部队疲劳，序列不整，军委决定在西延地域休整一两天，以便集结部队，继续前进。然后，预定按照原定计划沿着红六军团的前进路线，从大埠头出湖南城步，再去和红二、红六军团会合。而蒋介石也按照原来的计划，企图将红军歼灭于湘江以西。

早在湘江战役进行之前，蒋介石就制定了所谓"湘水以西地区剿匪计划大纲"。蒋介石想，如果在湘江以东不能全歼红军，下一步就在湘江以西将红军歼灭。这个"计划大纲"确定的方针，是力图防止红

① 刘伯承：《回顾长征》，《红军长征·回忆史料》(1)，第7—8页。

② 《聂荣臻回忆录》(上)，第232页。

军进入贵州，与红二、红六军团会合，而将红军围歼于黎平、锦屏、黔阳以东，黔阳、武冈、宝庆以南，永州、桂林以西，龙胜、洪州以北地区。为此，蒋介石预先划分了湘、桂、黔三省的守备区域。

对蒋介石这个“剿匪计划大纲”，身为“追剿”军总司令的湖南军阀何键是执行得最坚决的。还在湘江战役之前，他即在湘西南一带大肆进行动员，广征民工，构筑了碉堡封锁线，妄图迟滞红军的行动。

当红军渡过湘江，在西延地域集结时，何键立即将其所属部队重新进行了编组，调整为第一兵团、第二兵团和预备兵团，以第一、第二兵团专事对红军追击，迅速向新宁、城步、绥宁、武冈方面转移，妄图配合桂军，前堵后追，对红军进行合击；以预备兵团对付在湘西活动的红二、红六军团。与此同时，桂系也对其所属部队进行了编组。

在上述情况下，中共中央、中革军委仍然于12月4日决定红军“继续西进至通道以南及播扬所、长安堡地域”[①]，准备北出湘西与红二、红六军团会合。于是，红军很快进入桂北越城岭、老山界山区。

老山界，这是红军长征以来遇到的第一座高山。它是越城岭山脉的中段分支，南北长约21公里，东西宽约六公里。其主峰名猫儿山，海拔2000多米，是越城岭的最高峰，也是五岭的最高峰。这里群峰高耸，悬崖峭壁，瀑布飞溅，森林茂密，高山之上，年平均气温只有九摄氏度，年降雨量高达2300毫米，雾浓风大，气候瞬息万变，人们视为畏途。

12月4日，军委第一纵队从塘坊边出发，下午开始翻越老山界。这里靠近主峰猫儿山，山路险陡，很多悬崖峭壁，靠几根圆木架成的栈道通过。这种栈道没有栏杆，长满青苔，走在上面又滑又晃，使人头晕目眩，胆战心惊。除栈道外，还有很多险道。伤病员们都下了担架，由其他同志背着或搀着走。有几匹马踩空了脚，摔下了万丈深渊。但红军以惊人的勇气和毅力，经彻夜行军，终于带着骡马，抬着辎重，胜利通过了老山界，进入了龙胜县境。当地群众得知红军是从老山界下来的，莫不感到惊讶。

---

① 《长军长征·文献》，第165页。

龙胜属广西省，境内居住着苗族、瑶族和侗族，经济、文化比较落后。红军来到这里时，由于民族隔阂和国民党特务的造谣，不少群众逃到山上，给红军增加了困难。12月10日，红军在龙坪、广南城、平溪和流源等地宿营时，潜伏的特务纵火烧毁房屋，并嫁祸于红军。红军广大指战员奋不顾身，扑灭了大火，并对受灾群众进行救济和帮助。在救火中，红军抓获了几个纵火犯。经公开审判，揭露了国民党派遣特务的罪恶行径，使广大群众明白了事情的真相。当初害怕红军而逃进山里的群众纷纷返回村庄，许多青壮年还积极参加红军。

在军委第一纵队翻越老山界时，右翼红一军团主力及红九军团由老山界以北进至社水地域。左翼红三军团由千家寺以南，绕过老山界进至中洞。军委第二纵队脱离红三军团，随第一纵队之后向老山界进军。作为全军后卫的红五、红八军团，尚在老山界以西的水埠塘、千家寺、雷霹州一带。此时，桂军第四十三师从司门前方向追来，在民团带领下，于12月5日经山间小路，突然偷袭红五、红八军团指挥机关所在地千家寺。红军仓促应战，边打边往老山界方向撤退。红五军团第三十八、第三十九团被敌截断，后改道突围，归回主力。

12月11日，红军先头部队红一军团第二师占领通道县城。12日，红一军团主力和红九军团集结通道及其附近地域；红三军团主力进至长安堡地域，红五、红八军团由流源、辰口、麻隆塘之线西移；野战司令部、军委纵队到达芙蓉镇。

这时，敌“追剿”军主力已分别进到城步、绥宁、靖县、洪江、武冈等地，构筑工事，张网以待。其中敌“追剿”军第一兵团之陶广部主力，向临口、通道方向寻觅红军主力截剿，李云杰、李抱冰师进驻绥宁策应；第二兵团薛岳部先头已抵洪江，周浑元部续向洪江前进；桂军到达马蹄街、石村、独境山一带；黔军已到锦屏、黎平一线。如果中央红军继续北出湘西，同红二、红六军团会合，就会陷入敌军重围，后果不堪设想。

与此同时，正当红军沿越城岭山区西进时，在敌军内部发生了桂系军阀联合广东军阀同蒋介石争夺贵州的斗争。原来，桂系看到蒋介石的嫡系部队集结于武冈至洪江一线，湘军以重兵置于城步、绥宁、靖县之线，黔东南极为空虚，但蒋介石又限制桂军入黔，规定洪州以南为桂军的守备区域，这就使桂系明显地感到湘军意在自保，蒋则意在图黔。而桂、粤、黔三省，在鸦片烟的种植和运销方面，有着共同的利害关系，贵州如落入蒋介石之手，不仅使广西失去主要的财源，而且在军事上对广西是一个直接的威胁。于是，两广军阀经过密商，联合向蒋介石发出了请缨入黔“追剿”的“真电”，提出要由两省抽调劲旅，组编“追剿”部队，进入贵州“追剿”红军，并要求蒋介石“颁布明令,用专责成”。老奸巨猾的蒋介石很快就识破了两广军阀的真意，立即命令其嫡系薛岳部兼程进入贵州,棋先一着,使两广军阀无可奈何。

敌军内部对贵州的争夺，使他们在贵州不能集中全力对付红军，造成了黔东南的空虚状态，这对红军进入贵州是十分有利的。可是，博古、李德不考虑这种有利形势，仍一意孤行，顽固地坚持由通道北出湘西的行军路线。

在这个严峻关头，毛泽东力主放弃同红二、红六军团会合的原定计划，改向敌军兵力比较薄弱的贵州前进，争取主动，挽救危局。

毛泽东的这一主张无疑是正确的。首先，可以避免同优势的敌军决战。红军这时已空前减员和极度疲劳，如果北出湘西，同红二、红六军团会合，就势必与五六倍于己的敌军决战，这对红军十分不利。其次,可以避强击弱争取主动。在各路敌军中,黔军最弱,武器装备差，部队组织纪律涣散，战斗力低下。黔军内部派系多，侯之担、犹国材、蒋在珍等部各据一方，矛盾重重，红军可以利用矛盾，各个击破，争取主动。第三，可以打乱敌军围歼红军于出湘西途中的计划，而且可以使中央红军与红四方面军和红二、红六军团形成鼎足之势，有利于尔后的战略发展。对此，中央领导人张闻天、王稼祥、周恩来和朱德等表示赞同。

从老山界开始的争论，持续到湖南通道境内。12 月 12 日，中央几个负责人在通道县境内召开了非常会议。李德在《中国纪事》中称它为“飞行会议”。会议的中心议题，是研究解决处于危机情况下的红军行军路线和战略方针问题。在会上，李德坚持要红军按原定的战略方针，立即北出湘西与红二、红六军团会合。毛泽东坚决反对李德的意见，提出红军必须西进贵州，避实就虚，寻求机动，在川黔边创建新根据地的主张。当时担任李德翻译的伍修权回忆说：

部队前进到湘西通道地区时，得到情报说，蒋介石已知道我们的意图是与二、六军团会合，正在我们前进方向布置了五倍于我的强大兵力，形成了一个大口袋等我们去钻。面对这一严重情况，李德竟然坚持与二、六军团会合的原定计划，把已经遭到惨重伤亡的三万红军，朝十几万强敌的虎口里送。如果按照这个意见办，中央红军可能会全军覆没。在这危急关头，毛泽东同志向中央政治局提出，部队应该放弃原定计划，改变战略方向，立即转向西到敌人力量薄弱的贵州去，一定不能再往北走了。毛泽东同志西进贵州的主张，得到多数同志的赞同，中央迫于形势，只得接受了这一正确建议。①

短促的通道会议，是从第五次反“围剿”开始以来，毛泽东第一次在中央有了发言权，也是他的意见第一次得到中央多数同志的赞同。这时的李德已敏锐地感到，他的最高军事指挥权遭到严峻的挑战。从此，周恩来也与李德发生分歧，他们关系开始疏远。李德在《中国纪事》中是这样记述的：

当我看到所发布命令时，我才知道了最后决定的全部内容。我请周恩来给我讲一讲详细情况，他显得有些激动，虽然他经常总是很镇定自若的。他说，中央红军需要休整，很可能在贵州进行，因为那里敌人的兵力比较薄弱。②

然而，会上博古、李德仍坚持北出湘西，同红二、红六军团会合的原定计划。13 日，中革军委命令中央红军“迅速脱离桂敌，西入贵州，

① 伍修权：《生死攸关的历史转折——回忆遵义会议的前前后后》，《遵义会议文献》，第 113 页。

② 李德：《中国纪事》，第 125 页。

寻求机动，以便转入北上”[①]。当日，中央红军依照中革军委命令，突然改变行军路线，转兵贵州，暂时脱离了险境。

贵州省是少数民族聚居区，是当年有名的穷省，“天无三日晴，地无三里平，人无三分银”，是对那里的形象写照。穷苦的老百姓，人们都称呼为“干人”。这里，鸦片烟，不仅富人吸，不少穷人也吸；军队也抽鸦片。贵州军阀王家烈的部队，几乎都是双枪兵，一杆步枪再加一杆鸦片烟枪。

12 月 15 日，中央红军突破黔军防线，攻占黎平和老锦屏。16 日，红一军团前出至柳霁地域，准备渡过清水江，沿湘黔边界北上，同红二、红六军团会合。17 日，军委纵队进驻黎平。

黎平位于黔、桂、湘三省交界，地形复杂，交通不便，此处有利于红军隐蔽集结，而不利于敌军的重兵运动。加上三省军阀之间的矛盾和三省军阀与蒋介石的矛盾，黎平周围敌军的力量十分薄弱。

在这期间，中革军委为充实作战部队，撤销了红八军团建制，除营以上干部外，其余人员编入红五军团。红八军团军团长周昆、政委黄甦和红五军团参谋长刘伯承调回军委工作，任命陈伯钧为红五军团参谋长，曾日三为政治部主任。同时，决定军委第一、第二纵队合并为军委纵队，刘伯承任中革军委参谋长兼军委纵队司令员，陈云任政治委员，叶剑英任副司令员，钟伟剑任参谋长。纵队辖第一、第二、第三梯队，纵队首长兼第一梯队首长，何长工任第二梯队司令员兼政治委员，李维汉任第三梯队司令员兼政治委员。

这时，蒋介石对红军作战的重点，仍然是防中央红军与红二、红六军团会合。他虽然急令黔军王家烈部退向施秉、镇远、台拱（今台江）地区以堵红军进入贵州，但他的两侧，尤其是北侧的部队并没有向贵州迅速移动，而是将重兵仍部署在湘西，以阻断中央红军与红二、红六军团会合的前进道路。如果继续北上与湘西红二、红六军团会合，仍然“要陷入蒋介石的罗网”，其后果是不堪设想的。在通道会议上，虽然博古也同意毛泽东西入贵州的主张，但他在战略上仍主张到贵州

① 转引自《中国工农红军第一方面军史》，第 509 页。

后，再折入黔东，去湘西与红二、红六军团会合。红军进入黎平后，他又同李德的意见一致了。为了改变博古、李德原定的战略方针，在政治局里以毛泽东为代表的大多数同志，要求召开中央政治局会议，讨论中央红军的战略方针。

12月18日，中共中央政治局在黎平召开会议。会议由周恩来主持，博古、周恩来、朱德、张闻天、毛泽东、王稼祥、李德等参加了会议。讨论的中心议题，是从老山界开始争论、通道会议又悬而未决的问题，即中央红军向何处去的紧迫问题，争论十分激烈。毛泽东根据敌军已在湘西布下重兵，并正向黔东北集结的严重情况，坚决主张放弃同红二、红六军团会合的原定计划，建议中央红军继续西进，在川黔边建立新苏区。而博古、李德仍坚持要红军去黔东北，然后与红二、红六军团会合。会议从白天一直开到深夜。周恩来等赞同毛泽东的意见，并对博古、李德顽固坚持其错误主张的行为进行了批评说服。后来周恩来回忆当时的情况说：

> 从湘桂黔交界处，毛主席、稼祥、洛甫即批评军事路线，一路开会争论。从老山界到黎平，在黎平争论尤其激烈。这时李德主张折入黔东。这也是非常错误的，是要陷入蒋介石的罗网。毛主席主张到川黔边建立川黔根据地。我决定采取毛主席的意见，循二方面军原路西进渡乌江北上。李德因争论失败大怒。此后我与李德的关系也渐渐疏远。我对军事错误开始有些认识。军事指挥与以前也不同，接受毛主席的意见，对前方只指出大方向，使能机动。因此遵义会议上我与博古的态度有区别。①

会议根据周恩来、朱德、张闻天、王稼祥等多数人的意见，否定了博古、李德的错误主张，接受了毛泽东的正确意见，并通过《中共中央政治局关于战略方针之决定》。决定指出：“鉴于目前所形成之

---

① 周恩来：《在延安中央政治局会议上的发言》（1943年11月27日），《遵义会议文献》，第64页。

情况，政治局认为过去在湘西创立新的苏维埃根据地的决定在目前已经是不可能的，并且是不适宜的。”“政治局认为新的根据地区应该是川黔边区地区，在最初应以遵义为中心之地区，在不利的条件下应该转移至遵义西北地区。”“在向遵义方向前进时，野战军之动作应坚决消灭阻拦我之黔敌部队。对蒋湘桂诸敌应力争避免大的战斗，但在前进路线上与上述诸敌部队遭遇时则应打击之，以保证我向指定地区前进。”并“责成军委依据本决定按各阶段制定军事行动计划，而书记处应会同总政治部进行加强的政治工作，以保证本决定及军事作战部署之实现”。①

黎平会议是一次关系红军命运、中国革命前途的重要会议。会议否定了博古、李德的错误战略方针，采纳了毛泽东的灵活机动的战略战术思想，为遵义会议上纠正“左”倾冒险主义在军事上的错误，打下了基础。会议及时、严肃地指出失败主义和游击主义是当时的主要危险倾向，要求红军全体指战员坚决反对这种倾向，这对从转移以来屡遭挫折的中央红军，也是至关重要的，使广大指战员坚定了信念，增强了全党、全军的团结。

中革军委将中央政治局决议精神，连夜电令各军团，传达到师以上干部。19 日，朱德、周恩来发出《关于军委执行中央政治局决议之通电》，决定中央红军分左、中、右路军，向以遵义为中心的黔北前进。为了给敌人造成中央红军仍要去湘西与红二、红六军团会合的错觉，军委规定各部在前出到施秉、黄平地域前，用正常行军速度前进，使敌认为中央红军仍在是北进还是西进中徘徊，到施、黄地域后，则迅速占领施秉、黄平。与此同时，军委电令湘西红二、红六军团在常德地域积极活动，以调动湘敌，当湘敌所抽调的部队北援时，应立即向永顺以西移动，以后则向黔境行动，以便钳制在洪江、黔阳、托口的薛岳部队及在印江、思南的黔军部队；电令红四方面军重新准备进攻，以便当中央红军向西北前进时，钳制四川全部的军队。随后，总政治

① 《中共中央政治局关于战略方针之决定》（1934 年 12 月 18 日），《红军长征・文献》，第 181—182 页。

部也发出关于执行政治局决议的训令，要求各级政工人员要对各部队做大量的解释工作，说明政治局决议的重要性，以得到广大指战员的拥护，提高信心。

20日，为贯彻黎平会议确定的战略方针，彭德怀、杨尚昆向朱德、周恩来并中革军委提出："红军到新决定的战略地区后，四川敌人在蒋敌直接组织之下，将成为我们正面的主要敌人；蒋介石嫡系军队将有8至10个师入川，并在重庆、泸州沿长江上游构成重点，以綦江、印江、赤水等为其战略进攻出发地，阻隔我与红四方面军的联系；湘敌将在保靖、永绥、秀山、松桃、铜仁、玉屏、天柱构成封锁线，向乌江威胁我右翼；黔敌则为其左支队，在我左后方尽量起钳制作用。由于敌人当前部队疲惫，又值冬荒，还要重新变更战略部署，对我大举进攻的时间，可能在明年3月前后。因此，目前我军应首先赤化遵义、桐梓、绥阳、湄潭、凤冈、思南六县，思南扼乌江为我右翼支撑，并保持娄山关在我手中，使我得到武陵山脉，以娄山山脉、乌江地势扼制长江方面敌人，我军主力则在绥阳、桐梓、遵义间机动。"[①] 彭德怀、杨尚昆的这一建议，不仅为创建川黔边根据地提出具体措施，而且透彻地分析了新形势下的敌我态势，特别明确指出四川军阀在蒋介石的指挥下，将成为中央红军正面的主要敌人。此点，对于中央红军今后在黔北的活动，有着重要的意义。

按照中革军委的命令，各军团于当天便从黎、锦地域立即向黔北前进。由于中央红军不是直接北进，而是沿清水江南岸西进，蒋介石及时调整了"追剿"部署。薛岳第二兵团一方面在洪江、黔阳、芷江地区堵红军北进，一方面企图从北侧压迫红军一直向西，以便实现以红军为前驱，直追进贵阳，控制贵州的阴谋。湘敌刘建绪部，也派出两个师向黎平追击。

就在此时，红二、红六军团为配合中央红军向川黔边进军，在陬市、河袱一带采取积极进攻姿态，摆出要南渡沅江，进取益阳、安化，威逼长沙之势，迫使敌"追剿"军总司令何键急忙从湘黔边界抽调兵

① 转引自《中国工农红军第三军团史》，第334页。

力兼程北上增援。而湖北军阀徐源泉则深怕红二、红六军团向北发展，威胁长江交通，被迫改变蒋介石令其入川准备与中央红军作战的行动，将其主力部署在鄂西恩施以南地区和湘西渔洋关、津市、澧州地区。就这样，蒋介石仍害怕中央红军与红二、红六军团会合，急忙抽调四个师兵力，同“追剿”第一、第二兵团一道构成防御纵深，以遮断中央红军与红二、红六军团会合的道路。由于红二、红六军团的作战行动，迫使追击中央红军的敌军兵力相对减少。因此，整个敌情对中央红军向黔北进军是有利的。

12 月 20 日，右纵队红一军团由柳霁、南家堡地区出发，于当天占领剑河县城。21 日，红一军团先头部队沿清水江南岸，向施洞口前进。红九军团由老锦屏出发，随红一军团后跟进，由剑河北渡清水江，配合红一军团夺取镇远，并警戒红军右翼。22 日，红一军团占领交通要冲施洞口，并于 25 日攻占镇远，26 日占领施秉。然后，除留红二师随左纵队行动外，主力继续北进，途经孙家铺、老塘等地，于 29 日击溃守敌黔军宋化轩团以后，夺取了余庆县城。

左纵队红三军团攻占台拱以后，即兵分两路进军黄平。一路经台盘、旁海到重安江，掩护红三军团的左侧，并迂回黄平守敌的侧背；另一路经报效、革一、黄飘等地，夺取黄平。黄平守敌为黔军杜肇华旅的两个团。红三军团在黄平城附近击溃杜旅后，于 12 月 28 日进占黄平。随后，红三军团又分两路前进。一路以红二师为前卫，军委纵队与红五军团随后，经过瓮安县的老坟嘴到猴场，抵达乌江南岸的江界河。另一路以红四师为前卫，经木孔、朵丁关等地，到达了乌江渡口茶山关的南岸，准备过乌江。

红军攻占黄平、施秉一线并继续北进，迫使黔军过江部队迅速回防乌江北岸，以防被红军歼灭于乌江南岸。黔军见红军不是要夺取贵阳，而是要过江进入四川，于是便把防堵红军变为防蒋介石的中央军。此时，追击中央红军的湘军行动较慢，唯有蒋军嫡系薛岳部，因担心桂军会乘红军进逼贵阳之际，抢先占据贵阳，而追击积极。因此，红军从黄平、施秉北指，前面只有黔军侯之担部的堵击，后面追兵已无多少。这对中央红军抢渡乌江是极为有利的。

12 月 31 日，中共中央负责人所在的军委纵队，抵达瓮安县的一个小乡镇——猴场，准备抢渡乌江、挺进黔北，实现黎平会议上所确定的战略方针。

这时，博古、李德仍对黎平会议的决定持不同的意见，再次主张不过乌江，回头东进同红二、红六军团会合。为克服博古、李德指挥上错误，确定红军进入黔北以后的行动方针，在中央政治局多数同志要求下，1935 年 1 月 1 日，中央政治局在猴场附近的宋家湾村召开会议。

会议由周恩来主持，参加会议的政治局委员有博古、周恩来、毛泽东、朱德、张闻天、陈云，候补委员有刘少奇、王稼祥、邓发；李德等列席了会议。会上，再次否定了博古、李德的错误主张，重申了黎平会议的决议，决定红军抢渡乌江，攻占遵义。会议通过《中央政治局关于渡江后新的行动方针的决定》，指出野战军渡过乌江后，“主要的是和蒋介石主力部队（如薛岳的第二兵团或其他部队）作战，首先消灭他的一部，来澈（彻）底粉碎五次‘围剿’，建立川黔边新苏区根据地。首先以遵义为中心的黔北地区，然后向川南发展，是目前最中心的任务”。决定还指出：“必须尽量利用我们所争取到的时间，使部队得到短期的休息，并进行整顿补充的工作。特别加强在连队中的政治工作。”①

会议继通道会议、黎平会议之后，又进一步批判了博古、李德在军事上单纯防御路线的指导下产生的“左”倾错误，继续准备渡乌江北上。这三次会议，为以后开好遵义会议，纠正“左”倾错误路线，确定毛泽东在党和红军中的领导地位做了准备。

四、进军遵义

就在中共中央作出《中央政治局关于渡江后新的行动方针的决定》的同时，蒋介石嫡系薛岳部吴奇伟纵队四个师已进占施秉，周浑元纵

① 《红军长征·文献》，第 193 页。

队四个师已进占施洞口，正向新老黄平逼近。中革军委为执行猴场会议的决定，决心在敌军未完成合围之前，迅速抢渡乌江，向敌军力量薄弱的黔北挺进，开创川黔边苏区。

在红军未进入贵州之前，贵州是由军阀王家烈、犹国材、侯之担、蒋在珍四个派系统治。王家烈虽为贵州省主席兼第二十五军军长，名义上侯、蒋、犹三部属其管辖，实际上，他们并不听从王家烈的指挥，各自拥兵霸踞一方。其中副军长侯之担兼教导师师长，下辖八个团，踞于黔北；蒋在珍师，下辖四个团，踞于黔东北正安、沿河一带；犹国材师下辖六个团，踞于黔西南南盘江八属。当中央红军向黔北挺进时，王家烈根据蒋介石的旨意，制定了如下作战部署：乌江以南防务，由犹国材部负责，率三个团部署于福泉、瓮安一线；乌江以北及江防全线，由侯之担部负责；自己则率两个师部署于东路左翼开阳至贵阳一线，伺机推进。

乌江又名黔江，是贵州的第一道大江，由西南向东北斜贯全省，把贵州划成南北两部。两岸高耸入云的悬崖绝壁，好似利剑，直刺青天。江面上波涛汹涌，最大水流速度每秒钟在两米左右。河床、河岸都是石灰石，江水清澈见底，但明暗礁石很多，自古就有天险之称。整个乌江防线，自茶山关起，包括孙家渡、江界河、袁家渡、回龙场等大小渡口十余处，全长约 100 公里。

负责乌江防线的侯之担怀有独霸黔北的企图，妄想阻止红军渡过乌江，在乌江一线严密布防。他甚至夸口说，共军远征，长途跋涉，疲惫之师必难飞渡。

中革军委为打破敌军的企图，规定 1935 年 1 月 1 日红军的行动如下：红一军团以红二师加强军委工兵两个连，进至江界河渡河点附近架桥，以便红二师主力及军委纵队、红五军团由此渡江；红一师进至回龙场及其附近地域架桥，以便军团主力由此渡江；红九军团应在回龙场、袁家渡及其以北地区掩护红一军团之侧后，并受红一军团指挥；红三军团第四师应前进至清水口渡河点之地域，准备架桥。

按照中革军委的命令，红一军团第一师第一团，于 1 月 1 日由龙溪到达回龙场渡口，对岸守敌一个营立即向红军开火。团长杨得志、政治委员黎林立即组织火力压制敌人，一群敌军仓皇向山后逃跑。杨得志立即和黎林一起到附近村庄调查，发现村子里不仅无船，就连一只桨，甚至一块像样的木板也难以找到，船渡显然是不可能了。架桥呢？不要说没有材料，就是有，水流急，敌人居高临下，也是不行的。凫水呢？湍急、汹涌的波涛将毫不费力地把人吞没。正在焦急万分的时候，杨得志忽然发现江里漂着一根很粗的竹竿，于是决定扎竹排，乘竹排过江。

当日下午，他们以八名水性好的战士组成突击队，乘竹筏偷渡，但没有成功，八名勇士被巨浪吞没。当晚，红一师又立即组织第一、第三两个团熟悉水性的36名同志为突击队，进行夜间武装偷渡。突击队在红一团第一营营长孙继先的指挥下，迅速地向对岸划去。当听到对岸发出的两声枪响以后，杨得志立即命令另一只竹排向对岸出发。对于当时的情景，杨得志后来回忆说：

> 早已整装待发的另一只竹排，弦上飞箭似地出动了。几乎同时，我们的机枪、步枪、“三七”小炮一齐开火。竹排在密集的炮火掩护下破浪启程了！
>
> 不多久，只见对面山顶上红光闪闪，红光中夹杂着“通通”的音响，听声音我知道那是手榴弹在敌堡中爆炸了。也就是说，我们的勇士已经登上了敌人的山顶。接着，我们又听到步枪、机枪吼叫起来，爆炸声，喊杀声混成了一片。
>
> ……
>
> 天险乌江终究被我们突破了。①

2日上午，红一团用火力封锁对岸，迫使敌人不敢下到江边，以防其破坏已拉起的跨江绳索。红一团还同红三团一起赶扎了30多个竹筏，然后把竹筏连接起来，迅速搭成浮桥。

下午3时，强渡开始。红一师在岩门地区集中红一、红三团所有

---

① 杨得志：《冲破天险乌江》，《红军长征·回忆史料》（1），第181页。

轻重火力，向对岸老渡口和观音寺工事里的守敌猛烈射击，掩护红一团在渡口狭窄处强渡。军团炮兵连准确地将观音寺破庙打得瓦砾乱飞，摧毁了黔敌第八团第一营设在这里的工事。至 4 日，红一军团主力及红九军团由此渡江完毕，残敌向嵋潭方向退却。

与此同时，红一军团第二师师长陈光带领第四团为前卫，于 1 月 1 日逼近江界河渡口。江界河渡口分新老两个渡口。新渡口在上游，江面宽约 80 米；老渡口在下游，江面宽 120 米，两个渡口间相距约三公里。渡口两岸悬崖绝壁，过江必须先从南岸下五公里极陡的石山坡才能到达江边，到北岸又须上五公里陡峭的石山坡，才能到达通往遵义的大道。

团长耿飚、政治委员杨成武为了解敌情，对对岸进行了火力侦察，发现北岸渡口大道是敌军防御的重点，工事较多；而渡口上游的新渡口，敌军配备的火力较少，且有一条小的横路与渡口大道相通。因此，师、团领导决定：佯攻老渡口，主攻渡口上游的新渡口。

1 月 2 日上午，红四团突破乌江的战斗开始，由第三连连长毛振华率七名水性好的战士泅渡，但没有成功。晚上，部队又组织 18 名勇士乘竹筏在新渡口偷渡。结果只有以毛振华为首的五名勇士所乘的竹筏划向对岸（当时上级并不知道毛振华等已偷渡成功），其余两只竹筏都被急流卷了回来。

2 日拂晓，军委副参谋长张云逸到渡口告诉红四团，追踪红军的薛岳兵团离后卫部队不远，军委催促红四团迅速完成抢渡乌江的任务，并派军委工兵营（两个连）归四团指挥。红四团指战员听到这个消息，情绪激昂，纷纷向团部请战。红四团党委也立即召开了紧急会议，决定再次出动 60 多个竹筏，立即强渡。

3 日上午 9 时，强渡重新开始，老渡口仍以小部佯攻，将军委工兵营放在这里，冒着敌火力架浮桥，声势尽量做大些，吸引敌人。在上游新渡口，把赶扎的 60 多个竹筏，以三个竹筏为先头，由二连连长杨尚坤带队主攻敌老虎洞脚的工事。老渡口的佯攻最先开始，机枪不断向对岸猛烈射击，担负架桥任务的军委工兵营冒着敌人的炮火，扎筏架桥，引来了北岸敌人各种武器的射击。接着，上游小渡口的强渡开始了，在密集的火力掩护下，三个先导竹筏上的勇士们勇猛地向对岸冲击。这时，头一天晚上偷渡过去隐蔽在对岸峭壁下等了一整夜的毛连长他们，突然向岸上发起攻击，打得敌军措手不及，顿时大乱，渡江战士乘机占领了滩口阵地。接着，后面的竹筏陆续放了过去，一营迅速强渡过岸，一面向山上的敌人攻击，一面向大渡口方向发起进攻，并抢占了北岸几个高地。但未几，敌以强大的兵力和火力夺回该高地，迫使一营退守江边，形势十分险恶。

在这紧急关头，一直坐镇团指挥所的师长陈光，派军团炮兵来支援，并亲自指挥炮兵连连长、神炮手赵章成，连打三发炮弹，把从山坡上向滩头阵地冲击的敌人打死一大片，红军趁势反击，将敌击退。与此同时，工兵连在军委副参谋长张云逸指挥下，加紧扎筏架浮桥。

经过 16 个小时的浴血奋战，3 日上午乌江浮桥架成。下午，军委纵队和红五军团等顺利通过了浮桥。毛泽东走上了浮桥，不住声地赞叹："真了不起，我们工兵就地取材，用竹排架成这样的桥，世界上都没有。"①

在左纵队红三军团方面，其西渡清水江的主力，已先后在洛旺渡、水口渡、龙渡架起了浮桥，大队人马桥走船渡，加快了前进速度。红四师从洛旺渡过河后，先向北行，至毛坪附近的干溪寨分为左右两路，分兵直插乌江桃子台渡口和茶山关渡口。3 日拂晓，在孙家渡的红五师第十三团再次组织强渡。强渡时，红军以炮火轰击北岸守军的工事，打死其机炮营长赵宪群，使敌军心开始动摇。这次攻击，红军一部登上北岸，与敌第五团第一营激战，重创该营。但因过去的人少，不能立足，只好乘筏撤回南岸。连日抢渡未成，红十三团总结了教训，决定在上游几百米处，隐蔽地将木排、竹筏在岸边连接起来，目测好河面的宽度，将连接起来的竹筏下一端固定死，上游一端做活结，准备再次强渡时，利用水的力量把连接的竹筏横送过河对岸，便成一座浮桥。1 月 3 日午后，红军开始最后一次强渡。以一部乘零星木排强渡，以一部在上游等着预制的浮桥放到对岸时，去消灭北岸守敌。浮桥放

---

① 王耀南：《乌江天险架竹排》，《遵义会议的光芒》，解放军出版社 1984 年版，第 69 页。

摆成功，南岸两三千红军战士奋勇从浮桥上冲锋。红军攻势猛烈，守敌撤退至遵义集中。6 日，红三军团全部渡过乌江，并向遵义及老君关前进。

至此，中央红军全部渡过乌江天险，敌军围歼红军于乌江南岸的企图化为泡影。

中央红军强渡乌江后，中革军委发布命令，授予红四团第三连连长毛振华红星奖章一枚，奖给红四团一营营长罗有保，机枪连连长林玉，二连连长杨尚坤、政治指导员王海云、青年干事钟锦友、班长江大标，红二师师部王家福，红四团王友才、唐占钦，红六团赖采份、孙明以及曾传林、刘昌洪、钟家通、朱先宣、林文来（新战士）、刘福炳、罗家平、丁胜心等，每人军衣一套。

1 月 5 日晚，朱德、周恩来、王稼祥致电各军团、军委纵队，部署过江后的行动。电报指出：过乌江后，“我野战军仍分三路前进，坚决并迅速消灭阻我前进之黔敌，并实行追击”。电报规定：红一军团（欠二师）及红九军团为右纵队，攻占湄潭后，红一军团主力向虾子场集中，必要时协同红二师攻取遵义，红九军团留湄潭、牛塘地区；红五军团、军委纵队、红二师及干部团为中央纵队，以红二师及干部团主力攻占遵义消灭黔敌，军委纵队进至团溪，红五军团集中猪场（珠场），以一部兵力扼守袁家渡、江界河、孙家渡三个渡河点，阻敌北进；红三军团为左纵队，以一个师进占镇南关，控制乌江北岸，主力集中尚稽场地域。[1]

中央纵队由红六团为前卫团，担任攻占遵义的任务。红六团由第一营为前卫营，由营长曾保堂率领，3 日下午突破乌江后，立即向遵义挺进。1 月 5 日，红六团跨过羊岩河进到团溪。夜晚，总参谋长刘伯承率军委干部团也赶到团溪，并立即部署攻占遵义的计划。

1 月 6 日凌晨 2 时，军委给红三军团发了一个万万火急电，指出红三军团渡江后主要任务在遮断遵义通贵阳的道路，并扼守乌江北岸。火急电还指出，如来得及，红三军团可派另一个师向遵义追击，以随同第二师及干部团主力攻占遵义，消灭黔敌。

① 《红军长征・文献》，第 198 页。

刘伯承接到军委急电后，顿时增添了攻占遵义的信心。6日清晨，刘伯承亲率红六团从团溪出发，冒雨向深溪水前进。大雨给部队行军增加了困难，但也麻痹了敌军。敌军没有料到，红军会在大雨之夜突然打进了深溪水镇子。许多敌兵被枪声惊醒，来不及穿衣服就当了俘虏。红六团圆满地完成了上级交给的战斗任务。

这时，红二师师部随红六团后续部队及时赶到，刘伯承立即命令营长曾保堂赶快集合部队，执行夺取遵义城的任务。红六团通过审讯俘虏，摸清了遵义守敌及城防工事的情况，知道遵义为侯之担的部队驻守。政委王集成同团长朱水秋当即决定，部队化装成敌人，利用俘虏去诈城，打个便宜仗。

很快，第一营第三连和侦察排及全团20多个司号员，身着敌军的服装，让俘虏走在前面带路。乘着夜色，部队顺利地到达了遵义城下，向城楼上的守军喊话，他们跟城楼上敌人磨蹭了20多分钟，守城敌人才认为是“自己人”。当城门一开，红军立即蜂拥而入，先从两侧攻上城楼，迫敌投降。然后，20多个司号员一齐吹起了冲锋号，后续部队迅速向城内发展。前卫营在城内没费多大劲就抓了几百名俘虏，其余守敌纷纷出北门逃向桐梓。

7日凌晨，红军完全占领遵义。随后，刘伯承立即将袭占遵义的作战经过报告中革军委。当晚，军委主席朱德给各军团、军委纵队下达了第二天的行动部署。

在军委纵队及有关部队即将进驻遵义城的时候，红军总政治部下发了十二条口号和八项注意，要求各部队广泛宣传、严格执行。

十二条口号是：

1. 红军和工农群众团结起来！ 2. 建立遵义的工农政权！ 3. 创造川贵边新苏区！ 4. 打倒无恶不作的王家烈！ 5. 消灭卖国贼蒋介石的主力！ 6. 消灭警察队和民团！ 7. 取消一切苛捐杂税！ 8. 工人实行八小时工作制增加工资！ 9. 没收地主的土地分给农民！ 10. 贫民实行打土豪不还债不交捐！ 11. 红军万岁！ 12. 遵义工农解放万岁！

八项注意是：

1. 整齐武装服装！2. 不掉队落伍！3. 不脱离部队，不自由行动！4. 到宿营地后出外要请假！5. 私人不准向群众借东西！6. 不乱买东西吃！7. 无事不要进群众家里去！8. 注意卫生，不乱屎尿！

1 月 8 日，朱德致电各军团、军委纵队，命令红二师先头团“明日应向娄山关侦察前进，驱逐和消灭该地敌人，并相机占领桐梓”。①

娄山关位于遵义、桐梓之间，距遵义 60 余公里，距桐梓 20 余公里，是两地的要冲，遵义的北大门。娄山关系黔北娄山山脉的最高峰，四周山峰环立，川黔公路由南向北盘旋至关口，从两座山峰之间通过，形成一道狭窄的通道。这里的地形十分险要，是兵家必争之地，有“一夫当关，万夫莫开”之称。当时娄山关守敌为黔军侯之担部三个团，王家烈命令他们死守险关，不得后退一步。中央红军如果不及时控制娄山关，下一步行动将受到极大的限制。

根据军委指示，刘伯承、聂荣臻与红二师首长研究决定，命令红四团为先头部队，向娄山关挺进。9 日拂晓，红四团在团长耿飚、政委杨成武的率领下由板桥镇出发，向娄山关急速前进，8 时许逼迫关下。为达到夺关快、伤亡少的目的，以第一营担任正面主攻，第二营为第二梯队，团参谋长李英华带一个步兵连及团侦察排，隐蔽地向右侧山峰运动，攀登右面高山，觅小路向敌后迂回。两小时后，红军总攻开始。守敌发现红军向关后迂回，怕后路截断，抵抗一阵后以一部阻击正面红军的进攻，其余则向桐梓方向撤退。红四团见敌要跑，即迅速攻上娄山关，与守敌激战三个小时，占领娄山关关口，然后乘敌溃退之势，一鼓作气向桐梓方向追了 15 公里，直抵桐梓，接着，击溃了守敌，俘敌数百名，于当天上午攻占了桐梓城。

桐梓城是王家烈的老巢，传说中夜郎自大的夜郎国最早就建都在

① 《红军长征·文献》，第 204 页。

这里。这里的街道宽敞整齐，市面繁荣，虽四面环山，却有电灯，并且有几个小工厂，建有许多相当考究的小洋楼。据说贵州省的许多军阀、官僚、发了财的富商，都在这里建一幢别墅，一则炫耀自己的富有，二则金屋藏娇，在这世外桃源的山城，享受乐趣。

下午 4 时，红二师师部进驻桐梓城。这时，城内的达官贵人早已抱头鼠窜，争相逃命去了，正好为进驻的红军腾出了营地，每排分驻一座洋楼。红军指战员们在参军前大多数都是贫苦的农民，他们在乡间从没有见到过洋楼和电灯。如今听说每个排驻进一座楼，个个都兴高采烈，有的同志还抽空去参观电灯公司的发电机，看看能使许许多多灯亮起来的东西到底是个什么样子。

随后红四团奉命向牛栏关、松坎前进。至 12 日，一军团主力已赶到桐梓集结。15 日，红二师主力在新站与川军廖泽、黔军侯之担部展开恶战，侯本人逃至重庆，其余部向温水方向溃逃。川军退守綦江，红四团于当日占领松坎。

这样，中央红军按照中革军委的命令，以红一军团第二师推进到娄山关、桐梓地区，红一师集结在遵义东北之新街，红十五师在老蒲场；红三军团在遵义城以南的刀靶水、尚稽场、懒板凳（今南白镇），控制遵义通往贵阳的公路，扼守乌江北岸；红九军团在遵义东北的湄潭；红五军团在遵义东南的球场；干部团驻在遵义城担任警卫工作。

至此，经过十余天的征战，中央红军控制了以遵义为中心的黔北的广大地区，从而为遵义会议的召开创造了有利的条件。

五、遵义会议

遵义是黔北的首府，贵州第二大名城。这里是黔北各种土产的集散地，是汉苗黎各族商旅云集之所，市面十分繁华，既有新城，又有老城，一条河流中间穿过。这是红军长征以来所经过的第一座较大的中等城市。

早在五四运动时期，这里就发生了声势浩大的声援活动。1931 年九一八事变之后，遵义有了中国共产党的地下组织。在共产党的影响和帮助下，一批革命青年成立了“反日反帝大同盟”。1934 年冬，“反日反帝大同盟”组织得知中央红军即将进入遵义的消息,立即将“同盟”改为“红军之友协会”，组织人民做好欢迎红军的准备。红军进城的那天，全市的工、农、学、商兴高采烈，男女老幼奔走相告，鸣鞭炮欢迎红军。这是红军自离开中央革命根据地以来所经历的最激动人心的场面。

红军总部进入遵义之后，就根据中央政治局黎平会议和猴场会议关于建立以遵义为中心的川黔边新根据地的决议，积极开展建立根据地的各项工作。

1 月 12 日，红军总政治部在当时的贵州省立第三中学操场，召开了遵义县革命委员会成立大会。这次被群众称为“万人大会”的场面十分壮观。参加会议的人数近万人，会场内外，旗帜如林，是遵义历史上空前规模的一次群众集会。

中央革命军事委员会主席朱德首先讲话，阐明了红军是工人农民自己的队伍，有严格的纪律，自觉执行三大纪律八项注意，愿意联合国内各党派、军队和一切力量共同抗日。接着，中华苏维埃共和国中央政府主席毛泽东、中国工农红军总政治部代主任李富春等也讲了话。大会宣布成立临时革命政府——遵义县革命委员会。会后，朱德还参加了红军篮球队和遵义三中篮球队进行的友谊比赛。

遵义县革命委员会成立后，贯彻中华苏维埃共和国中央政府的土地政策、经济政策和劳动法等，积极开展土地革命，打土豪，分田地，广泛发动群众，组织起了有七八百人参加的游击队和有 1000 多人参加的革命先锋队。革委会还积极帮助组织筹粮、筹款、制作服装和印刷文告，动员青年参加工农红军。

与此同时，红一、红五、红九军团在桐梓、松坎、懒板凳、球场、湄潭等地，也积极开展群众工作。在红军总政治部的统一领导和部署下，各军团都派出许多工作队深入群众，宣传中国共产党的政策，发动群众打土豪、组织武装、建立革命政权。广大群众积极帮助红军筹粮筹款，护理伤病员，踊跃参加红军，在短短的十多天里，遵义地区就有 4000 余人加入红军，使红军在兵员和物资上得到了补充。

从 15 日至 17 日，中央政治局在遵义召开扩大会议，这就是著名的遵义会议。

遵义会议的召开，经历了一个长期而紧张的酝酿过程。在这一过程中，毛泽东始终起了主导的和决定的作用。

早在第五次反“围剿”过程中，毛泽东就曾多次提出战略性建议，均被“左”倾领导者所拒绝。长征开始后，毛泽东在中央领导集团中做了大量细致的思想工作，帮助一些同志明辨了是非，转变了立场。

毛泽东首先争取到的是当时担任中革军委副主席、红军总政治部主任的王稼祥。对此，伍修权后来回忆说：

> 王稼祥同志也早就觉察到李德等人的军事错误。他那时是军委副主席、红军总政治部主任。在第四次反“围剿”时，他负了重伤，长征开始后就坐担架随队行动。当时毛泽东同志也因病坐担架，经常同王稼祥同志同行。他们就天天一边行军一边交谈，商谈了许多有关党和军队前途的问题。王稼祥同志向毛泽东同志坦率地表示了自己对当前形势的忧虑，认为这样下去不行，应该把李德等人“轰”下台。毛泽东同志很赞赏他的想法，并针对现实情况，谈了马列主义的普遍真理必须与中国革命实践相结合的道理。这给了王稼祥同志很大的启示，也更加坚定了他支持毛泽东同志的决心。这时，他们就商谈了准备召开中央政治局会议，解决面临的严重问题。①

接着，毛泽东又做张闻天的工作。张闻天，中共中央政治局委员、书记处书记，在党内的地位仅次于博古，是“左”倾领导层中的核心人物之一。在中央苏区，他虽然执行过“左”倾冒险主义路线，但在许多问题上与毛泽东有着相同的看法。长征开始后，他同毛泽东、王

---

① 伍修权：《生死攸关的历史转折——回忆遵义会议的前前后后》，《遵义会议文献》，第 112 页。

稼祥住在一起，进一步加深了对毛泽东的了解。张闻天回忆道：

> 在出发以前，最高“三人团”要把我们一律分散到各军团去（后因毛泽东同志提议未分散）。我当时感觉得我已经处于无权的地位，我心里很不满意。记得在出发前有一天，泽东同志同我闲谈，我把这些不满意完全向他坦白了。从此，我同泽东同志接近起来。他要我同他和王稼祥同志住在一起——这样就形成了以毛泽东同志为首的反对李德、博古领导的“中央队”三人集团，给遵义会议的伟大胜利打下了物质基础。①

在同毛泽东商议以后，王稼祥出面提议召开遵义会议，得到了张闻天、周恩来、朱德等人的支持。于是，召开会议的条件成熟了。

1 月 15 日晚，中共中央政治局扩大会议在遵义旧城军阀柏辉章的公馆内举行。该公馆是当时遵义城内最好的建筑，从外面看去，高墙壁立，朱门厚重，巍峨气派。与会人员从临街的大门进入，穿越过厅，迎面是一座砖砌的影壁，其上用五彩瓷片嵌字，正面书为“慰庐”，背面则书“慎笃”。影壁后面是一个小天井，天井以青石铺墁，南面有小门通往四合院，北面则是主楼，楼上东走道有一小客厅，可容纳 20 余人。会场就设在这小客厅里。里面有红木地板和门窗，天花板上吊着一盏煤油灯，中间放着一张长方形的桌子，20 把椅子摆成了一个半圆形，为驱赶寒冷，地板上烧着一盆炭火。

参加会议的有：

中央政治局委员（以姓氏笔画为序）：毛泽东、朱德、陈云、周恩来、洛甫（张闻天）、博古；

中央政治局候补委员（以姓氏笔画为序）：王稼祥、邓发、刘少奇、凯丰（何克全）；

---

① 张闻天：《从福建事变到遵义会议》（1943 年 12 月 16 日），《遵义会议文献》，第 78 页。

中央秘书长：邓小平；

红军总部和各军团负责人：刘伯承、李富春、林彪、聂荣臻、彭德怀、杨尚昆、李卓然；

其他人员还有：李德、伍修权（翻译）。

红九军团军团长罗炳辉、政治委员蔡树藩因在湄潭一带执行警戒任务，未能出席会议；红五军团军团长董振堂因在党内没有领导职务，也未能出席会议。

会议的中心议题是："（一）决定和审查黎平会议所决定的暂时以黔北为中心，建立苏区根据地的问题。（二）检阅在反对五次'围剿'中与西征中军事指挥上的经验与教训。"[①]会议主要围绕军事问题进行讨论、总结并作出决定，由党中央负责人博古主持。

会议首先根据刘伯承、聂荣臻的建议，分析了黔北地区是否适合建立根据地的问题。经过讨论，大家认为这里人烟稀少，少数民族又多，党的工作基础薄弱，不便于创建根据地，应放弃黎平会议确定的以黔北为中心创建根据地的计划，决定北渡长江，同红四方面军会合，在川西或川西北创建根据地。

接着，会议讨论总结第五次反"围剿"以来的经验教训。博古作了关于反对第五次"围剿"的主报告，把第五次反"围剿"失败的主要原因归结于敌人的力量过于强大。对博古的这一结论，大家都不同意。与会人员认为，敌人的力量强大固然是反"围剿"失败的一个原因，但不是主要原因。因为第一次反"围剿"，敌兵 10 万，红军不足 4 万，是 2.5 比 1；第二次反"围剿"，敌兵 20 万，红军人数 3 万多，是 6 比 1；第三次反"围剿"，敌兵 30 万，红军 3 万左右，是 10 比 1；第四次反"围剿"，敌兵 50 万，红军 4 万多，是 12 比 1，我们都胜利了。第五次反"围剿"，敌兵虽有 50 万，但红军力量增强了，有十多万人，是 5 比 1。另外，第五次反"围剿"时有第十九路军在福建同蒋军作战，广东地方军阀不积极，这些都是前四次反"围剿"所不具备的有利条件。

① 陈云：《遵义政治局扩大会议传达提纲》，《遵义会议文献》，第 34 页。

把主要原因归结于敌强我弱，是没有道理的。

博古在报告中强调，当时白区领导的反帝反封建运动没有显著进步，瓦解敌军的工作薄弱，游击战争薄弱，各根据地互相配合不够密切，是第五次反“围剿”失败的另一个重要原因。对此，大家认为，这虽然也是一个原因，但并不是主要原因。因为在第一至第四次反“围剿”斗争时期，各根据地也是处于被分割状态，根据地的范围比第五次反“围剿”时更小，白区开展的瓦解敌军的工作也很有限，但是红军都取得了胜利。

博古在报告中还强调，由于中央根据地的后方工作、物资供应工作没有做好，影响了第五次反“围剿”斗争，这更遭到大家的一致反对。事实上，在第五次反“围剿”过程中，中央苏区的支前工作做得是很出色的。当时在“一切为了前线上的胜利”的口号号召下，广大群众革命积极性空前高涨。尽管战争激烈，条件艰苦，但红军的粮食和其他物资需要都得到了供应和保障。说支前不力，完全是歪曲事实，颠倒黑白。

然后，由中革军委副主席、红军总政委周恩来作副报告。他指出，第五次反“围剿”失利的主要原因是军事领导者犯了战略战术方面的严重错误。他主动承担责任，作了自我批评，同时也批评了博古、李德的错误。

按照会前毛泽东、王稼祥共同商量的意见，张闻天作了反对“左”倾军事错误的报告，即“反报告”，比较系统地批评了博古、李德在军事指挥上的错误。他作的“反报告”，为遵义会议彻底否定单纯防御路线定了基调。曾出席会议的杨尚昆回忆说：

> 我当时是三军团政委，与军团长彭德怀同志一起列席了这次具有历史意义的会议。我清楚地记得，遵义会议上反对“左”倾军事路线的报告（通称“反报告”）是闻天同志作的。他作报告时手里有一个提纲，基本上是照着提纲讲的。这个提纲实际上是毛泽东、张闻天、王稼祥三位同志的集体创作而以毛泽东同志的思

想为主导的。[①]

接着，毛泽东作长达一个多小时的发言。他指出，第五次反“围剿”失败的主要原因决不在于客观，而是由于博古、李德实行单纯防御路线，在战略战术上犯了一系列错误。他将单纯防御路线的主要错误列举为以下四点：

第一个错误是以堡垒对堡垒。敌人采取堡垒主义，是企图避免和我们打运动战，迫使我们与其进行我们不占长处，甚至处于相当劣势的阵地战。敌人到处建筑堡垒，必然分用兵力，而且总不能老是待在堡垒里，更不可能在全国各地都建筑起堡垒来。红军可以在堡垒线的前后左右、四面八方打游击，也可以待敌前进时在运动中消灭他，或转到堡垒线外广大无堡垒的地带活动，迫使敌人不得不同我们打运动战。第五次反“围剿”的运动战的机会很多，十九路军事变就是一个打运动战的好机会。但这些极好的机会都被白白地放弃了。单纯防御路线取消运动战，以堡垒对堡垒，并用所谓“短促突击”的战术来和敌人死打硬拼，这就使敌人堡垒主义战术达到了目的。“短促突击”的结果，使红军的有生力量受到了极大的损失，每次战役总要死伤两三千人，使自1933年5月到1934年末扩大来的15万以上的新战士，除了因为政治工作的薄弱、动员扩大红军时工作上的错误而使一部分减员外，都在这个战术下损失了。

第二个错误是分散兵力。第五次反“围剿”中，敌人分东西南北四路向根据地进攻。红军兵力比敌人少，应采取诱敌深入的方针，用次要兵力吸引和牵制敌人，而把主力隐蔽集结，待机突击。但博古、李德要“御敌于国门之外”，搞全线突击，分兵把口，节节抵御。广昌失守以后，又命令红军“六路分兵”、“全线抵御”。分兵抵御使我们兵力分散，不能集中优势兵力打击敌人的弱点。相反，使我们的力量往往被敌人在某一方向上的“佯攻”所调动，处于被动的地位。许多军事指挥员对此提出过很多不同意见，建议集中红军主力打运动战。可

① 杨尚昆：《坚持真理，竭忠尽智——缅怀张闻天同志》，《人民日报》1985年8月9日。

惜完全不被采纳，失去了很多胜利的机会。

第三个错误，军事上没有利用十九路军事变这一有利条件。博古、李德认为利用敌人内部的矛盾与冲突使自己转入反攻或进攻是冒险的行动，拒绝集中红军主力向东北突击的正确建议，相反，却把红三军团由福建西调至江西去攻打永丰等敌人的堡垒，坐等蒋介石在解决“闽变”后，重整部队，对红军重新发动进攻。这样，便失去了粉碎第五次“围剿”的好机会。

第四个错误，在战略转变上迟疑不决，在实施突围时仓促出击。广昌战役后，红军在内线作战已经失去取胜的可能性，这时应坚决地实施战略退却，将红军转移到广大无堡垒地区，寻求有利时机，转入反攻。可是博古、李德却犹豫不决，直到制定《八、九、十三个月战略计划》时才提出战略转移的问题和做出退出苏区的直接准备。然而，这一计划却依然要求红军死打硬拼，以求得重大胜利。结果，又使红军消耗了大量有生力量。在实施突围时，指挥无章，行动无序，部队出动仓促，使红军的战略突围行动变成了一种惊慌失措的逃跑和搬家式的行动。庞大的后方机关使行军作战受到困难，使所有部队变成掩护队，从而使整个红军处于被动挨打的地位，红军减员到空前的程度。

紧接毛泽东之后发言的是王稼祥。他表示完全赞同毛泽东的意见，严厉地批评了博古、李德违反民主集中制，在军事指挥上个人专断的恶劣作风。并且提议，撤销李德在军事上的指挥权，毛泽东应当参与军事指挥。

朱德在王稼祥之后发言，态度鲜明地支持毛泽东的正确意见。他对博古、李德军事上瞎指挥有着直接的充分的了解，因此讲话时很激动。伍修权回忆道：

> 朱德同志历来谦逊稳重，这次发言时，却声色俱厉地追究临时中央领导的错误，谴责他们排斥了毛泽东同志，依靠外国人李德弄得丢掉根据地，牺牲了多少人命！他说：“如果继续这样的领导，我们就不能再跟着走下去！”周恩来同志在发言中也坚决支持毛泽东同志对“左”倾军事错误的批判，全力推举毛泽东同志

为我党我军的领袖。他指出，只有改变错误的领导，红军才有希望，革命才能成功。他的发言和倡议得到了与会绝大多数同志的积极支持。①

刘伯承、李富春、聂荣臻、李卓然等都相继发言，表示支持毛泽东的发言和张闻天的“反报告”。林彪没有多讲话。在会上，公开反对“洛甫及毛、王的提纲和意见”的，只有担任少共中央书记的凯丰。他反对毛泽东的意见，甚至对毛泽东说：“你懂得什么马列主义？你顶多是知了些《孙子兵法》！”并且对会议表示保留自己的意见。博古虽然是被批判的主要对象之一，但他的态度还是比较端正的，并没有借主持会议的权力去压制别人的意见。

会上被直接批判的是博古，批判博古实际上就是批判李德。因此，会议一开始，李德的处境就很狼狈。当时，别人都是围着长桌坐，他却坐在会议室的门口，完全处在被批判的地位上。别人发言时，他一边不停地听着伍修权的翻译，一边不断地一个劲地抽烟，神情十分沮丧。会议过程中，他也曾发言，只不过他拒绝大家对他批评，不承认自己有什么错误，把责任推到客观原因和临时中央身上。李德本人也意识到已是“无可奈何花落去”，失势无权了，只得硬着头皮听取大家对他的批判发言。

会议一共开了三天，气氛紧张激烈，发言的声音很高，每天总是开到半夜才休会。最后，会议作出了下列重要决定：

1. 选举毛泽东同志为中央政治局常委；

2. 指定洛甫（张闻天）同志起草会议决议，委托政治局常委审查后，发到支部去讨论；

3. 政治局常委再进行适当的分工；

4. 取消“三人团”，仍由最高军事首长朱德、周恩来为军事指挥者。委托周恩来同志为党内对于指挥军事下最后决心的负责者。

---

① 伍修权：《生死攸关的历史转折——回忆遵义会议的前前后后》，《遵义会议文献》，第117页。

会议根据毛泽东、王稼祥、朱德、周恩来、李富春、聂荣臻等多数人发言中提出的意见，后来形成《中共中央关于反对敌人五次“围剿”的总结决议》（简称《遵义会议决议》）。决议全面地总结了第五次反“围剿”以来红军失败的教训，系统地阐明了中国革命战争的特点和相应的战略战术，深刻地批评了“左”倾冒险主义在军事上的错误。决议强调指出：“一切事实证明我们在军事上的单纯防御路线，是我们不能粉碎敌人五次‘围剿’的主要原因。”第五次反“围剿”中，在敌人采取持久战与堡垒主义新战略的情况下，“我们的战略路线应该是决战防御（攻势防御），集中优势兵力，选择敌人的弱点，在运动战中，有把握的去消灭敌人的一部或大部，以各个击破敌人，彻底粉碎敌人的‘围剿’。然而在反对五次‘围剿’战争中，却以单纯防御路线（或专守防御）代替了决战防御，以阵地战堡垒战代替了运动战，并以所谓‘短促突击’的战术原则来支持这种单纯防御的战略路线。”这正好实现了敌人所希望达到的战略目的。决议还指出：“在战略转变与实行突围的问题上，同样是犯了原则上的错误。”这就是当继续在内线作战取得决定的胜利已经极少可能以至最后完全没有可能时，没有适时转变战略方针，实行战略上的退却，以保存红军的有生力量，在广大无堡垒地区寻求有利时机，转入反攻，粉碎“围剿”，而是采取了相反的战略方针，继续与敌人拼消耗，从而造成红军的重大损失。在突围行动中，“基本上不是坚决的与战斗的，而是一种惊慌失措的逃跑的以及搬家式的行动”。决议肯定了毛泽东为红军制定的人民战争的基本原则，严肃地批评了博古、李德取消军委集体领导、发展惩办主义、压制不同意见等粗暴恶劣的作风，明确指出：在军事领导上的错误，博古、李德“要负主要责任的”。①

遵义会议，把战争问题放在第一位，集中全力解决当时最紧迫的、关系到中国共产党和红军生死存亡的军事问题和组织问题，对认识尚不一致的政治问题留待以后解决。这样做适合当时多数同志的认识水平，既保证了最主要问题的解决，又维护了党内的团结。应当说，这

---

① 参见《遵义会议文献》，第3—43页。

是毛泽东的高超的斗争策略。伍修权回忆说：

在会议上，曾经有人提出批判和纠正六届四中全会以来的政治错误，毛泽东同志机智地制止了这种做法。正是这样，才团结了更多的同志，全力以赴地解决了当时最为紧迫的军事问题。会后，曾有同志问毛泽东同志，你早就看到王明那一套是错误的，也早在反对他，为什么当时不竖起旗帜同他们干，反而让王明的左倾错误统治了四年之久呢？毛泽东同志说，那时王明的危害尚未充分暴露，又打着共产国际的旗号，使人一时不易识破他们。在这种情况下，过早地发动斗争，就会造成党和军队的分裂，反而不利于对敌斗争。只有等到瓜熟蒂落，水到渠成时，才能提出和解决这个问题。①

张闻天在 1943 年 12 月 16 日的笔记中也说：

遵义会议没有提出过去中央政治上的路线错误，而且反而肯定了它的正确，使我当时对于我自己过去的一套错误，还很少反省。这在毛泽东同志当时只能如此做，不然我们的联合会成为不可能，因而遵义会议不能取得胜利。为了党与革命的利益，而这个利益是高于一切的，毛泽东同志当时做了原则上的让步，承认一个不正确的路线为正确，这在当时是完全必要，完全正确的。这个例子，可以作为党内斗争一个示范来看。②

毛泽东这种对党内斗争的正确态度和处理方法，是促成遵义会议成功的重要原因之一。

遵义会议是中国共产党历史上开始独立自主地解决中国革命和革命战争的重大问题的会议，在这以后，中国革命开始摆脱不真正了解

① 伍修权：《生死攸关的历史转折——回忆遵义会议的前前后后》，《遵义会议文献》，第 120 页。

② 张闻天：《从福建事变到遵义会议》，《遵义会议文献》，第 80 页。

中国情况的共产国际的干预和束缚，而显示出无穷的生命力。会议纠正了过去党内民主生活不正常的局面，真正实行民主集中制的原则，从此开始逐步形成了以毛泽东为核心的党中央第一代领导集体，从组织上保证了中国共产党的正确路线和政策贯彻执行。因此，这次会议的意义是非常重大的。中共十一届六中全会通过的《关于建国以来党的若干历史问题的决议》，高度评价说：

> 一九三五年一月党中央政治局在长征途中举行的遵义会议，确立了毛泽东同志在红军和党中央的领导地位，使红军和党中央得以在极其危急的情况下保存下来，并且在这以后能够战胜张国焘的分裂主义，胜利地完成长征，打开中国革命的新局面。这在党的历史上是一个生死攸关的转折点。①

在遵义会议期间，黔军王家烈部集中力量向位于遵义以南刀靶水、乌江沿岸执行警戒任务的红三军团第五师发动突然袭击，形势十分紧迫。军团长彭德怀立即离席奔向前线军团司令部指挥战斗，打退了敌军的进攻，保证了遵义会议的顺利进行。

① 《中国共产党中央委员会关于建国以来党的若干历史问题的决议》（1981 年 6 月 27 日），人民出版社 1981 年版，第 3 页。

第 三 章

转战云贵川，摆脱围追堵截

一、四渡赤水

自红军进入黔北地区后，蒋介石即判断中央红军的行动方向可能有两个，一是北渡长江与红四方面军会师，二是东出湘西与红二、红六军团会师。为了各个击破红军，他除以湘军、鄂军各一部围攻红二、红六军团，以川军、陕军各一部对付红四方面军外，集中大量兵力向遵义地区进逼，企图围歼中央红军于乌江西北、川黔边境地区。其部署是：以“中央军”薛岳兵团周浑元、吴奇伟两个纵队共八个师，尾追中央红军进入贵州，在控制贵阳、息烽、清镇等地后，继续北上；黔军王家烈部两个师向刀靶水、懒板凳，一个师向湄潭进攻；以川军十多个旅组成“四川南岸剿匪军”，由潘文华任总指挥，分路布防，防止红军进入川南。敌军总兵力共约40万人，相当于中央红军实力（3.7万余人）的十倍多。

为了粉碎国民党军企图围歼中央红军于川黔边境地区的计划，实现遵义会议关于渡过长江到川西或川西北建立革命根据地的决定，中共中央和中革军委在遵义会议之后，决定迅速脱离敌军重兵压境的遵义地区，北上渡江。

1月19日，中共中央、中革军委率领中央红军由遵义南北地区开始北上。20日，中革军委下达了《关于渡江的作战计划》，指出：“我野战军目前基本方针，由黔北地域经过川南渡江后转入新的地域，协同四方面军，由四川西北方面实行总的反攻"，"以粉碎敌人新的围攻，并争取四川赤化"①。同时，规定中央红军当前的任务是：1. 由松坎、桐梓、遵义地域迅速转移到赤水、土城及其附近地域，渡过赤水，夺取蓝田坝、大渡（口）、江安之线的各渡河点，以便迅速渡江；2. 消灭和驱逐阻我前进之黔敌与川敌，尽力迟滞和脱离尾追与侧击之敌；3. 在尾追之敌紧迫我后，而我渡赤水与渡长江发生极大困难，不能迅速渡河时，则应集结兵力突击尾追之敌，消灭其一部或多部；4. 在沿长江为川敌所阻不得渡江时，我野战军应暂留于川南地域进行战斗，并准备渡过金沙江，从叙州上游渡河。同日，中革军委电令中央红军各军团："迅速向赤水及其附近地域集中，以便争取渡过赤水的先机，在必要时并便于在赤水以东地域与追击和截击的敌人的一路进行决战。"与此同时，中共中央、中革军委致电红四方面军，令其以主力向西线进攻；红二、红六军团积极活动，造成入川威胁长江交通的形势，牵制和分散敌人兵力，配合中央红军的行动。22 日，中央政治局和中革军委再次致电红四方面军，明确表示中央红军"拟从泸州上游渡江"，请他们予以配合，牵制敌人。

为了迷惑敌人，中央红军一面放出"红军将攻綦江、重庆"的"谣言"，一面遵照中革军委的命令，分三路纵队向赤水方向疾进。右纵队红一军团突破黔军侯之担部约三个团的拦阻，于 24 日攻占土城，前锋占领赤水城东南的旺隆场、复兴场；中央纵队红五、红九军团攻占三元场、习水，25 日，红五军团一部在梅溪击退川敌两个团；左纵队红三军团进占土城东南的回龙场、临江场、周家场等地。

土城是赤水县的一个区所在地。当红一军团进入土城的时候，受到当地群众的热烈欢迎。为了夺取北上渡江的渡河点，必须攻占已被川军占领的赤水县城。1 月 26 日，红一军团从旺隆场等地向赤水城进发。但当红一师前进到离赤水城 15 公里的黄陂洞时，与南下的川军遭遇，陷入敌人的三面包围之中。激战至下午，川军增援部队赶来，红

① 《红军长征·文献》，第 240—241 页。

军坚持战斗到黄昏，仍撤回旺隆场。同一天，红一军团第二师也在距赤水城十公里的复兴场，与川军展开激战。敌增援部队赶来后，与红军展开肉搏战，红二师只得撤出复兴场。当夜，林彪向中革军委报告了前进失利的消息。

与此同时，川军却紧紧追来。郭勋祺部两个旅尾追红军不舍，其先头已到达土城以东地区；模范师第三旅随郭部跟进；另一部一个团占领习水。中革军委为击破川军的追堵，于 1 月 27 日决定乘薛岳兵团主力远在乌江南岸，黔军侯之担部又遭红军击败的有利时机，以红一、红九军团各一部阻击由赤水、习水南进之川敌，集中主力围歼川军郭勋祺部先头四个团，以保障红军下一步顺利北渡长江。

28 日晨，红三、红五军团及干部团，在彭德怀、杨尚昆的统一指挥下，从南北两面向进占枫村坝、青杠坡之川军郭勋祺旅、潘佐旅各三个团发起进攻，经过激战，虽击溃川军一部，但其主力仍在顽抗。为加速战斗进程，红一军团一部也投入战斗，双方展开了激烈的肉搏战。由于对敌人兵力情况判断有误，战至黄昏，红军虽给敌军以重大杀伤，仍未能全歼，形成对峙状态。此时，敌后续部队廖泽等部迅速增援上来；范子英亲率八个营，由古蔺向土城方面迂回堵截；赤水的陈万仞两个旅及徐国暄支队也从西北向红军侧后攻击，形势对红军越来越不利。

对于这场战斗，聂荣臻后来回忆说：

> 一开始打得还是不错的。三军团、五军团和干部团先投入战斗。敌“模范师”被我击溃一部。干部团攻击很猛，硬是攻到了郭勋祺师部附近。敌人已经感到弹药匮乏了，突然三个旅增援上来了，由于得到了子弹、手榴弹的补充，才把我干部团压了下去，反而转守为攻。一军团二师被指定为预备队，是后来参加这一战斗的。到我们一军团上去时，敌人已占领了有利地形。我二师的部队曾经陷在一个葫芦谷形的隘口中，来回冲杀，部队无法展开，伤亡较大，五团政委赵云龙牺牲，部队处境十分危险。我们与郭勋祺师激战了一整天，虽然给了他以重大杀伤，但未能消灭敌人，

自己却受损失不小。①

为了扭转战斗的不利局势，中革军委主席朱德决定亲自到前线，直接指挥作战。《朱德传》记述：

> 这样做，自然十分危险。毛泽东连吸了几支烟，没有答应。朱德把帽子一脱，说："得啰，老伙计，不要光考虑我个人的安全。只要红军胜利，区区一个朱德又何惜！敌人的枪是打不中朱德的！"毛泽东终于点头了。朱德和刘伯承到达前沿阵地指挥战斗，给苦战中的红军指战员以极大鼓舞，终于顶住了川军的一次次冲锋。②

当晚，中央政治局和中革军委的负责人召开紧急会议，鉴于进占赤水城、北渡长江的计划未能实现，打掉尾追之敌的战斗亦未成功，而且敌人兵力正不断增加，根据毛泽东的意见，果断地改变了由赤水北上渡江的计划，决定立即撤出战斗，西渡赤水河，再相机北渡长江；为了行动迅速，军委机关和部队要再次轻装；朱德、刘伯承仍留前线指挥，周恩来负责在第二天天亮前架好浮桥，陈云负责安置伤员和处理军委笨重物资。29 日 3 时，中革军委发出了西渡赤水河的命令，宣布"我野战军拟于 29 日拂晓前脱离接触之敌，西渡赤水河向古蔺南部前进"，并规定了各军团的行动路线和渡河点。

赤水河是黔北的三大水系之一，河道曲折，土城一段河面宽约 200 米。要西渡赤水河，能否架好浮桥是一大关键。为了架桥，周恩来亲自带领参谋人员选定架桥地点，发动群众征集架桥物资和船只，一连三次到架桥地点督促指导。经过一夜的努力，终于于 29 日凌晨，在土城上下游各架起一座轻便浮桥。与此同时，陈云指挥把大部分笨重物资和山炮等沉入赤水河。

---

① 《聂荣臻回忆录》（上），第 251 页。

② 《朱德传》，第 337—338 页。

29日凌晨，中央红军按照中革军委命令，分为左中右三路纵队，开始从猿猴场（今元厚）、土城上下渡口等处，西渡赤水河，（即一渡赤水），向川南古蔺、叙永地区前进。为掩护红一军团渡河，红二师第四团在青杠坡一带与尾追前来的川军展开激战，每一个连虽然都伤亡了一大半，损失惨重，但胜利地完成了阻击任务。

中央红军西渡赤水河后，以新的进攻姿态出现在川南，引起敌人很大恐慌。蒋介石急令川军倾全力加强长江沿岸的防务，并规定金沙江上起滩头下至宜宾，长江上至宜宾下达江津，沿江北岸均“赶筑工事，并于各要点构筑碉堡”；在宜宾至江津段，以军舰及装甲商船日夜“游弋江面”，严防红军“偷渡”。并令潘文华以一部兵力在长江南岸布防，防止红军渡江，主力向川南追击。

2月2日，蒋介石重新调整部署，将“追剿”军第一兵团改为第一路军，何键为总司令，其任务是：以一部兵力控制乌江东岸沿河、印江等地，防止中央红军东进；主力留湘西“围剿”红二、红六军团。“追剿”军第二兵团和滇军、黔军组成第二路军，龙云为总司令，薛岳为前线总指挥，下辖吴奇伟、周浑元、孙渡、王家烈四个纵队，其任务是专事“追剿”中央红军，企图在川军协同下，围歼中央红军于叙永以西、长江以南、横江以东地区。

2月5日，薛岳令孙渡纵队由毕节、昭通向盐津“追剿”；令周浑元纵队两个师由修文、扎佐向古蔺、叙永“追剿”，另一个师由龙里、贵定向川南开进；令王家烈纵队由遵义、桐梓向土城集结，然后向川南“追剿”；令吴奇伟纵队暂驻黔西、贵阳一线待命。与此同时，潘文华部三个旅正向高县前进，另三个旅正向珙县、高县前进；范子英率两个旅在随后跟进。

在此期间，中央红军接连与尾追之敌发生激战。右纵队攻叙永不克，后卫部队接连遭敌袭击，左纵队亦在天堂坝同川军两个团发生战斗。2月3日晚，中革军委抵达古蔺石厢子后，电令各军团迅速脱离当前之敌，改向川、滇、黔三省交界的分水岭等地集结。

2月5日，在川、滇、黔三省交界处一个被叫作鸡鸣三省的地方，张闻天提出变换中央领导的问题。周恩来后来回忆说：

> 洛甫（即张闻天——引者注）那个时候提出要变换领导，他说博古不行。我记得很清楚，毛主席把我找去说，洛甫现在要变换领导。我们当时说，当然是毛主席，听毛主席的话。毛主席说，不对，应该让洛甫做一个时期。……说服了大家，当时就让洛甫做了。①

于是，中央政治局开会讨论中央政治局常委分工，明确由张闻天代替博古在党内“负总的责任”。当时，中央政治局候补委员凯丰在背后叫博古不要交“权”，博古没有听，他服从政治局多数人的决定，把几副装有中央重要文件、记录、印章的挑子交给张闻天②。博古仍留任中央常委。从此，就开始了张闻天在党内“负总责”的时期。

同日，中共中央书记处致电留在赣南闽西坚持斗争的项英并转中央分局，传达中央政治局和中革军委的决定，指示他们“应在中央苏区及其邻近苏区坚持游击战争”，为与游击战争的环境相适合，要立即改变组织方式和斗争方式，“成立革命军事委员会中区分会，以项英、陈毅、贺昌及其他二人组织之，项为主席”。③

2月6日，军委纵队到达石坎子附近，7日到达大河滩。在这里，中共中央鉴于国民党军队已经加强长江沿岸的防御，并以优势兵力分路向中央红军进逼，北渡长江计划已不可能实现，毅然决定暂缓执行北渡长江计划，改取“以川、滇、黔边境为发展地区，以战斗的胜利来开展局面，并争取由黔西向东的有利发展”④。是日，中革军委按照中央的决定，命令各军团迅速脱离川敌，向滇境镇雄（后改到扎西，即今威信）集中。

2月8日，中共中央政治局召开会议，通过了张闻天根据遵义会议

---

① 周恩来1972年6月10日在中共中央召集的一次会议上讲话，《遵义会议文献》，第68页。

② 刘英：《难忘的三百六十九天》，《瞭望》周刊1980年第40—43期。

③ 中央档案馆编：《中共中央文件选集》第10册，中共中央党校出版社1991年版，第481页。

④ 《红军长征·文献》，第253页。

精神起草的《中共中央关于对敌人五次“围剿”的总结决议》，即通常所说的《遵义会议决议》。为了尽快向各级干部传达遵义会议精神，张闻天又写了一个2000多字的《中央政治局扩大会议总结粉碎五次“围剿”战争中经验教训决议大纲》，简明扼要地介绍了《遵义会议决议》的要点，于这一天以中共中央书记处的名义发布。然后，中央政治局常委张闻天、毛泽东、陈云等，就分别到军委纵队和各军团干部会议上传达决议。

2月9日，军委纵队从大河滩进至扎西镇。10日上午9时，冒着蒙蒙细雨，军委纵队在操场上召开营、科长以上干部会议，由张闻天作《五次反“围剿”的总结和目前任务》的报告。这是第一次传达遵义会议精神，干部们在细雨中聚精会神地听着。传达报告之后是自由发言，罗迈（李维汉）第一个跳上台发言，表示拥护会议决议，并不点名地批评了凯丰的错误态度。凯丰也在会上作了初步的自我批评。对于当时的情景，李维汉后来回忆说：

> 听完传达后，我才知道遵义会议揭发和批评了第五次反“围剿”和长征以来中央在军事领导上的单纯防御路线的错误，批评了博古为第五次反“围剿”失败进行辩解的错误，肯定了毛泽东的积极防御的军事路线，通过了关于反对敌人五次“围剿”的总结决议。毛泽东被选为政治局常委……①

在这以后不久，陈云在传达时也写出了《遵义政治局扩大会议传达提纲》，其中提供了许多重要的历史事实，是一份珍贵的历史文献。

为了加强战斗部队，中革军委于同一天颁布整编命令。随后，各部队陆续进行了整编，除干部团外，全军共编为16个团。其中，红一军团缩编为两个师六个团，红三军团缩编为四个团，红五、红九军团各编为三个团。部队整编后，连队得到进一步充实，部队的战斗力和机动性大为增强。在此期间，中央红军在扎西地区还大力开展群众工

① 李维汉：《回忆与研究》（上），第353页。

作，扩大红军3000余人。

蒋介石发现中央红军在扎西集结后，急命滇军孙渡纵队由镇雄、毕节迅速向扎西以南的大湾推进，川军潘文华部以一部兵力固守叙永、兴文、长宁等地和长江、横江沿岸，防止红军北进，主力则由高县、珙县、长宁及其以南地区向扎西推进；周浑元纵队主力正由黔西、大定（今大方）地区向古蔺、叙永追击，企图围歼中央红军于扎西地区。

根据上述敌情，毛泽东等认为自中央红军从遵义地区北上以后，敌军主力已大部被吸引到川滇边地区，黔北地区的防守兵力比较薄弱，遂于2月10日决定，中央红军迅速转兵东进，二渡赤水河，再次向黔北进军，以摆脱川军、滇军的夹击和国民党"中央军"的追击。2月11日，中央红军各纵队由扎西地区开始东进。至2月15日，进入营盘山、黑泥哨等地区。

这时，中央红军许多指战员对放弃北渡长江、改向黔北进军不理解，在思想上产生许多疑虑。为此，中共中央、中革军委于2月16日发表了《告全体红色指战员书》，详细解释了暂时放弃原定北渡长江，向川西北发展计划的原因。其中指出：由于敌人集中全力利用长江天险布防，拦阻我军北进，更由于党和中革军委不愿因为地区问题牺牲红军的力量，所以决定放弃北渡长江的计划，改在云贵川三省地区边界创立根据地。同时指出："为了有把握的求得胜利，我们必须寻求有利的时机与地区去消灭敌人，在不利的条件下，我们应该拒绝那种冒险的没有胜利把握的战斗。因此红军必须经常的转移作战地区，有时向东，有时向西，有时走大路，有时走小路，有时走老路，有时走新路，而唯一的目的是为了在有利条件下，求得作战的胜利。"这是在敌强我弱的条件下，红军进行机动作战的基本原则。"告指战员书"要求各级党组织和政治机关，要加强政治工作，使全体指战员"鼓起百倍的勇气，提高作战决心，为消灭万恶的敌人，创造新的云贵川新苏区而斗争"。①

2月18日至21日，中央红军遵照中革军委的命令，由太平渡、

---

① 《红军长征・文献》，第262页。

二郎滩等渡口东渡赤水河（即二渡赤水）。接着，以红一、红五、红九军团及军委纵队为左纵队，红三军团为右纵队，向敌人兵力比较空虚的桐梓地区疾进。同时，以红五军团的一个团向温水开进，以吸引和迷惑追敌。24 日，红一军团第一团突然进攻桐梓县城，黔军弃城而逃，援军退守娄山关。

中央红军二渡赤水，回师黔北，完全出乎敌人的预料。川军三个旅慌忙由扎西地区向东追击，但是，已落在红军后面三至四天的路程；黔军王家烈见红军主力重返黔北，急忙抽调遵义及其附近部队向娄山关、桐梓增援；吴奇伟第一纵队第五十九、第九十三师亦由黔西、贵阳地区向遵义开进，企图阻止并围歼红军于娄山关或遵义以北地区；上官云相部由重庆进至綦江、松坎一线，阻止红军北上。鉴于这一情况，中革军委命令部队迅速击破黔军的阻拦，占领娄山关及其以南地区，再取遵义，以争取主动。

2 月 25 日，中央红军以红五、红九军团在桐梓西北地区迟滞川军，集中主力南取娄山关。当时，娄山关由黔军杜肇华旅和第十五团防守。

当日拂晓，红三军团先头部队第十三团，从北向南对娄山关之黔军发动猛攻，经过激战，于当日晚攻占娄山关，控制了制高点——点金山。敌人为夺回失去的主阵地，兵力增加到六个团，组织多次反扑，均被红军击退。接着，红一、红三军团在彭德怀、杨尚昆统一指挥下，以一部兵力从正面牵制敌人，集中主力分别从两翼向敌人后方的黑神庙、板桥迂回，歼敌一部，余敌惧歼，仓皇夺路南逃。中央红军占领娄山关后，毛泽东即兴填词《忆秦娥·娄山关》：

西风烈，
长空雁叫霜晨月。
霜晨月，
马蹄声碎，
喇叭声咽。

雄关漫道真如铁，

而今迈步从头越。
从头越，
苍山如海，
残阳如血。

遵照中革军委的指示，中央红军在占领娄山关后，红一、红三军团即乘胜向遵义方向追击。2月26日，红三军团在董公寺、高坪、大桥等地击溃黔军第六、第十五、第九团的拦阻。接着，于27日在遵义城西北的石子铺（今十字铺）等地，又将黔敌第一、第五、第八团击溃，进到遵义城下。黔军残部退入遵义城固守待援。是日黄昏，红一、红三军团不顾连日作战疲劳，奋力发起攻城战斗，一举突入遵义新城，王家烈慌忙率黔军第一、第六团弃城向南溃逃。28日晨，红军重占遵义城，并控制了城南的红花岗、老鸦山一线高地。

这时，正向遵义增援的敌军吴奇伟纵队第九十三师已进入忠庄铺，一部前出到遵义城南2.5公里的洛江（枫落）桥；第五十九师已进至新站，正向忠庄铺开进，企图向遵义进行反攻。2月28日14时许，吴奇伟以一个团攻击红军红花岗阵地受挫后，将主力转向老鸦山，经过激战，攻占了该山制高点，但黔军因屡遭红军的打击，畏缩不前。

中革军委决定抓住吴奇伟部孤军冒进，黔军观望不前，以及尾追之川军又被阻于桐梓以北地区的有利时机，集中全力歼灭吴奇伟部于忠庄铺地区。遵照中革军委的命令，红一军团主力从水师坝突破黔军阵地后，直插忠庄铺吴奇伟的指挥部。这一出敌意外的打击，使王家烈狼狈不堪地逃往新场，吴奇伟仓促率残部约一个团向懒板凳方向逃窜。红一军团当即派红二师，不顾疲劳，奋力猛追，并以一部取捷径先敌占领了懒板凳，主力插至乌江北岸，切断敌人的退路。吴奇伟恐被活捉，率残部率先逃过乌江，立即砍断浮桥，尚未过江的1000余人和大批辎重物资均被红军俘获。滞留在老鸦山地区的敌第五十九师被迫转入防御。是日黄昏，红军干部团投入战斗，配合红三军团夺回了老鸦山制高点，歼敌大部，残敌向八里水、鸭溪方向逃窜。至此，遵义之战胜利结束。

中央红军在五天之内，取桐梓，占娄山关，再夺遵义城，共击溃和歼灭敌人两个师又八个团，毙伤敌2400余人，俘敌3000余人，缴获大批军用物资。这是在毛泽东等指挥下，发挥红军运动战优势所取得的长征以来最大的一次胜利。这一胜利，极大地鼓舞了全军的士气，狠狠地打击了敌人特别是蒋介石嫡系部队的气焰。蒋介石承认这是“国军追击以来的奇耻大辱”。

在遵义战斗中，红三军团参谋长邓萍不幸牺牲。邓萍，四川富顺人。1927年加入中国共产党，1928年7月参加领导平江起义，1930年后历任红三军团参谋长兼随营学校校长，红五军军长，红一方面军西路军参谋长，东方军参谋长，红军中央军事政治学校副政治委员兼教育长等职。他工作热情，英勇善战，是优秀的共产党员，彭德怀的得力助手。他的牺牲，是红军特别是红三军团的一大损失。

遵义战役后，蒋介石判断中央红军“必向东图”，与红二、红六军团会合。3月2日，他飞抵四川重庆，3日颁布手令，向各军宣布：“本委员长已进驻重庆。凡我驻川、黔各军，概由本委员长统一指挥；如无本委员长命令，不得擅自进退，务期共同一致完我使命。仰各通令所属遵照。”① 同时，要求各部队采取堡垒推进和重点进攻相结合的战法，企图围歼中央红军于乌江以西、巴黔大道地区。后看到中央红军主力向遵义以西地区集中，又认为中央红军目的有二：“甲、放弃遵义，仍向西窜，求达其原来目的；乙、先求与我周纵队决战，然后再向南对贵阳压迫。”② 为此，他命令川军三个旅由桐梓向遵义地区进攻；上官云相部两个师由重庆向松坎、新站地区推进，支援川军作战；第二纵队周浑元部主力三个师进到仁怀、鲁班场地区，向遵义及西北地区取守势；第三纵队孙渡部到大定、黔西地区，第四纵队王家烈部一部集结金沙、土城等地，阻止红军向西发展；第一纵队吴奇伟四个师（其中两个师已受重创）位于乌江沿岸待机，策应其他纵队作战。此外，蒋介石还命令第五十三师由镇远向石阡推进，湘军三个师沿乌江东岸布防，阻止

① 中国人民解放军历史资料丛书编审委员会：《红军长征·参考资料》，解放军出版社1992年版，第327页。

② 《红军长征·参考资料》，第337页。

红军东进，企图将中央红军歼灭于遵义、鸭溪地区。

为了对付蒋介石新的围攻，加强作战指挥的临机处置权，中革军委于3月4日决定组织前敌司令部，朱德任司令员，毛泽东任政治委员。5日，又决定以红九军团在桐梓、遵义间地区吸引川敌向东而钳制之，主力第一、第三、第五军团及干部团集中于鸭溪及其附近地域，趁吴奇伟纵队新败逃向乌江以南之机，寻歼位于仁怀、鲁班场一线的周浑元纵队，力争再打一个胜仗。据此，中央红军主力于6日向长干山、白腊坎以西开进，准备突击周纵队。但是，由于周浑元部畏歼不进而未果。接着，中央红军在西安寨、泮水地区活动，准备歼击王家烈残部，以调动周纵队驰援，寻机歼其一部，但均未达到目的。至此，红军在遵义西南地区活动将近一周，使蒋介石对此又产生了错觉。他认为红军“徘徊此地，乃系大方针未定之表现”。于是令各路人马不顾一切寻找红军决战，并叫嚷“残匪西窜是我军围剿唯一良机”①。11日，川军潘文华部三个旅占领遵义；周浑元纵队主力集结鲁班场地区；吴奇伟纵队一部已北渡乌江，向鸭溪、遵义推进。

这时，就是否攻打薛岳部固守打鼓新场（简称新场，今贵州金沙县城）的一个师问题，中央负责人在狗坝（今苟坝）进行讨论，与会多数人主张打，而毛泽东在正确分析上述敌情后，坚决主张不能打，并提出今后不能再像过去那样由那么多人指挥，否则会贻误战机。经过一天多时间的激烈争论，3月12日根据毛泽东、张闻天等提议，特在中央成立了由周恩来、毛泽东、王稼祥三人组成的新“三人团”，即三人军事指挥小组，全权指挥军事。对于这件事，周恩来后来回忆说：

> 从遵义一出发，遇到敌人一个师守在打鼓新场那个地方，大家开会都说要打，硬要去攻那个堡垒。只毛主席一个人说不能打，打又是啃硬的，损失了更不应该，我们应该在运动战中去消灭敌人嘛。但别人一致通过要打，毛主席那样高的威信还是不听，他也只好服从。但毛主席回去一想，还是不放心，觉得这样不对，

① 《红军长征·参考资料》，第350页。

半夜里提马灯又到我那里来，叫我把命令暂时晚一点发，还是想一想。我接受了毛主席的意见，一早再开会议，把大家说服了。这样，毛主席才说，既然如此，不能像过去那么多人集体指挥，还是成立一个几人的小组，由毛主席、稼祥和我，三人小组指挥作战。①

1943年，毛泽东在谈到这件事时也说：

在打鼓新场，洛甫每天要开二十余人的中央会议。洛甫提议要我为前敌总指挥……以后组成三人团（毛周王）领导。②

根据上述敌情变化，中共中央决定：中央红军的战略方针“仍应以黔北为主要活动地区，并应控制赤水河上游，以作转移枢纽，以消灭薛岳兵团及王家烈部队为主要作战目标。对川、滇敌人须在有利而又急需的条件下，才应与之作战，求得消灭其一部”③。据此，中革军委于3月13日决定：中央红军向遵义西南地区转移，“求得在转移中与在消灭王家烈部队的战斗中，调动周、吴纵队，实行机动，并迅速略取与控制赤水上游的渡河点，以利作战”④。是日晚，红三军团于平桥、泮水地区，击溃黔军第三旅犹禹九部，残敌向打鼓新场溃退。15日，中央红军按照中革军委的命令，以一部兵力监视枫得坝东南地区的吴奇伟纵队，集中主力向鲁班场、三元洞地带的周浑元纵队发动进攻，以期坚决干脆消灭该敌。由于周纵队三个师猬集一团，红军攻击一天，未能奏效，且援敌第十三师由北正向鲁班场开进，吴纵队已进到枫得坝，川军郭勋祺部正由东南的两河口向坛厂、鲁班场转进，企图夹击红军。

3月15日，中央红军为了避免被动，再寻战机，于黄昏主动放弃进攻鲁班场，转兵西进。16日，中革军委下达了三渡赤水的命令。

---

① 周恩来：《党的历史教训》，《遵义会议文献》，第69页。

② 《遵义会议文献》，第134页。

③ 《红军长征·文献》，第283页。

④ 《红军长征·文献》，第283页。

遵照中革军委的命令，中央红军于16日至17日，由茅台及其附近地区西渡赤水河（即三渡赤水），向古蔺、叙永方向前进。18日，红军警卫营防空排击落敌机一架。19日，红军攻占镇龙山，击溃川军一个团的拦阻，进到大村、铁厂、两河口地区，摆脱了敌人。

中央红军再次出现在川南，蒋介石判断红军又要北渡长江，急忙调整部署，令周浑元纵队主力和吴奇伟纵队两个师向古蔺追击；孙渡纵队在毕节、王家烈纵队余部在金沙以北截击；川军潘文华部五个旅在叙永、古蔺防堵，另一部由茅台西渡尾追，并加强泸州上下游一带长江防线。同时，蒋介石还严令各纵队赶筑碉堡，形成碉堡封锁线；令第五十三师由石阡向遵义推进，企图将红军聚歼于长江南岸的古蔺地区。蒋介石声称“剿匪成功，在此一举”[①]，若再不歼灭红军，“何颜再立于斯世”[②]。

正当各路敌军向川南疾进之际，毛泽东当机立断，毅然决定回师东渡，夺取战略主动权。据此，中革军委于3月20日发布四渡赤水河的命令，指出：“估计尾追我军之郭敌，将配合叙、蔺之川敌及毕节、赤水镇之滇敌等的截击，这使我西进不利。”因此，“我野战军决秘密、迅速、坚决出敌不备折而东向，限二十一日夜由二郎滩至林滩地段渡过赤水东岸，寻求机动”[③]。

同日，中共中央和红军总政治部电令各军团首长：“我再西进不利，决东渡，这是野战军此后行动发展严重紧急关头”，要求各军团首长坚决而迅速地组织部队东渡，并指出：“渡河迟缓或阻碍渡河的困难不能克服，都会给野战军最大的危险”[④]。

遵照中共中央、红军总政治部和中革军委的命令，中央红军以红一军团一个团伪装主力，由铁厂、两河口地区大张旗鼓地向古蔺前进，诱敌西进，掩护红军主力东渡赤水；主力由镇龙山以东地区，突然折向东北，于3月21日晚至22日，以隐蔽、神速的动作，分别经二郎滩、

---

① 《红军长征·参考资料》，第376页。

② 《红军长征·参考资料》，第360页。

③ 《红军长征·文献》，第289页。

④ 中共中央、总政治部：《我再西进不利决东渡》（1935年3月20日7时）。

九溪口、太平渡东渡赤水河（即四渡赤水）。接着，从敌重兵集团右翼分路向南疾进，寻求新的机动。

中央红军突然东渡赤水河，使蒋介石惊慌失措。他判断红军又要进攻遵义，于是，急令上官云相所部在桐梓、松坎等地严阵固守；第五十三师陆续赶到遵义，协助第四十七师防堵；周浑元、吴奇伟两纵队日夜集结仁怀、茅台、坛厂一带，并着周纵队先头第二团或第三团，兼程分往鸭溪、白腊坎、枫香坝等地固守。同时，令何键加强乌江守备，阻止红军东进，再次企图在遵义地区将红军“一网打尽”。3 月 24 日，蒋介石由重庆飞抵贵阳，就近督战。

3 月 26 日，中央红军进至遵义、仁怀大道北侧干溪、马鬃岭地区。次日，为了隐蔽向南发展的意图，以红九军团暂留马鬃岭地区，伪装主力，向长干山、枫香坝佯攻，以吸引敌人北向，主力则继续向南疾进。28 日，红军主力由鸭溪、白腊坎之间突破敌人封锁线，冒着狂风暴雨，进入乌江北岸的沙土、安底地区。31 日，分路由江口、大塘、梯子岩等处南渡乌江，歼灭守敌和援敌各一个营，进至息烽西北地区。至此，中央红军在毛泽东等正确指挥下，巧妙地跳出了蒋介石苦心设计的在乌江以北、川黔边境地区消灭红军的包围圈，将几十万国民党军甩在了乌江以北地区。

在此期间，红九军团完成掩护任务后，转移到沙土附近，准备南渡乌江时，敌人已控制了渡口，被阻于乌江北岸，开始独立活动。

四渡赤水之战，是中央红军长征中最惊心动魄、最精彩的军事行动，是毛泽东军事生涯中的“得意之笔”，是他的高超指挥艺术的生动体现，是红军战争史上的奇观，是以少胜多、变被动为主动的光辉典范。后来，刘伯承回忆起四渡赤水时，深刻地指出：

> 遵义会议以后，我军一反以前的情况，好像忽然获得了新的生命，迂回曲折，穿插于敌人之间，以为我向东却又向西，以为我渡江北上却又远途回击，处处主动，生龙活虎，左右敌人。我军一动，敌又须重摆阵势，因而我军得以从容休息，发动群众，扩大红军。待敌部署就绪，我却又打到别处去了。弄得敌人扑朔

迷离，处处挨打，疲于奔命。这些情况和“左”倾路线统治时期相对照，全军指战员更深刻地认识到：毛主席的正确的路线，和高度发展了的马克思主义的军事艺术，是使我军立于不败之地的唯一保证。①

中央红军离开川黔滇边和黔北地区后，留在这里的红军游击队仍在坚持武装斗争。

1935 年 2 月上旬，中央红军到达扎西地区后，中共中央在扎西会议上决定派红五师政委徐策、军委纵队干部团上干队政委余泽鸿等人组成中共川南特委，并抽调几百名红军在石坎子成立了红军川南游击队。2 月 20 日，军委纵队回师黔北路经习水县东皇殿时，又从总后勤部各单位抽调了 80 多名干部和战士，组成了红军黔北游击队，由军委纵队第二梯队参谋主任陈宏任队长，红军总部第四局干部张凤光任政委。红军二占遵义后，军委又决定抽调红三军团 100 多名干部、战士，组成红军赤水河游击队，由军委第二梯队司令员罗彬任队长。3 月初，军委在撤离遵义前，又决定以红九军团留下的部分指战员为骨干，吸收原遵义县革命委员会成员等，组成红军遵（义）湄（潭）绥（阳）游击队。不久，川南游击队与叙永地区游击队会合，成立红军川南游击纵队，黔北游击队与赤水河游击队亦合编为黔北游击队。7 月中旬，川南游击纵队与黔北游击队会合，组成红军川滇黔边区游击纵队。后陈宏、徐策、余泽鸿等主要领导人先后牺牲，游击队一直坚持到 1937 年 1 月。而遵湄绥游击队一直坚持到 1938 年 1 月，才在敌人的重兵围追下失败。他们的游击战争，有力地配合了主力红军的长征。他们英勇斗争的事迹，至今仍在这些地区流传。

---

① 刘伯承：《回顾长征》，人民出版社 1985 年版，第 2 页。

二、巧渡金沙江

中央红军南渡乌江，大出蒋介石的意料。毛泽东为“调虎离山”，乘胜进军云南，即以中央红军一部兵力佯攻息烽，主力进至扎佐、狗场，前锋逼近贵阳。当时驻守贵阳及其附近的敌军只有郭思演部第九十九师四个团，兵力单薄。红军突然兵临贵阳城，吓坏了正在贵阳督战的蒋介石。他一面急令第二路“追剿”军各纵队火速增援贵阳，一面令守城部队赶修城防工事和死守飞机场，并准备轿子、马匹和向导，准备随时逃跑。

据当时任蒋介石侍从室主任的晏道刚回忆，蒋介石这时的确惊惶失措，手忙脚乱。他说：

从得悉红军渡乌江之日起，蒋实际上就以战场指挥官自任，撇开了薛岳的贵州绥署和前敌总指挥部，亲自打电话调动部队。薛岳变成了一个侍从参谋，等于一个高级传令军官。蒋有时还耳红脸赤骂个不停。每一道调动指挥部队的电令，薛岳非经请示不敢作主。……

4月5日左右，在贵阳东南几十里地区不断发现情况，贵阳人心惶惶。蒋心神不安，竟步出行辕查勘城区工事，申斥郭思演督责下属不力，玩忽职守。……

4月5日夜，贵阳外围风闻有红军游击队活动，蒋又问黔灵山、东山、螺丝山、照壁山、图云关、大小关等处的工事及城防守备兵力强度，特别关心清镇飞机场的情况，彻夜不安。[①]

蒋介石立即作出决定，严令前线各部队衔尾急迫，调遵义李抱冰纵队迅速南移至息烽堵截，调李云杰纵队由黔东西进占领黄平、余庆

① 晏道刚：《追堵长征红军的部署及其失败》，《围追堵截红军长征亲历记》上册，中国文史出版社1990年版，第15—16页。

地区堵截，调大定孙渡纵队限期东进集结贵阳，另外电刘建绪、徐源泉等部布置东西防堵，廖磊部在南面布置防堵。薛岳奉命之后，即用火急电报和电话下达命令，声嘶力竭。约4月6日或7日，滇军孙渡纵队先头急行军三四天走了200公里路，终于照蒋的电令赶到贵阳，并确实固守飞机场。直到空军人员发现红军在离贵阳东一二十公里外转向西南疾进，并未进攻贵阳，蒋介石“才算初步解除警报”。

这时，的确是两军的最高统帅又在进行一次军事指挥能力的直接较量。

毛泽东在部署威逼贵阳的作战行动时，曾深刻指出：“只要能将滇军调出来就是胜利。”因为西进云南，抢渡金沙江，是中共中央确定的战略方针。实现这一方针的关键一环，必须调出滇军，扫除中央红军西进云南的主要障碍。当各路敌军纷纷向贵阳“救驾”之际，毛泽东为了进一步造成敌人的错觉和失误，于4月5日命令中央红军主力进到开阳东南部的清水江西岸集结，并以一部兵力进到清水江，在水尾、中渡、小河口等地架设浮桥，虚张声势，并摆出全军即将东渡的姿态。蒋介石果然认为中央红军将要东进湘西，会合红二、红六军团。于是，又急令湘军三个师向石阡、余庆堵截；桂军一部向清水江以东集中，阻止红军东进南出；令到达贵阳及其以北地区的吴奇伟纵队、孙渡纵队和第五十三师，分三路向东追击。实际上，中央红军的上述举动，既不是要占领贵阳，也不是准备开往湖南，其目的旨在调动敌人，为红军进军云南创造条件。

4月上旬，正当国民党军纷纷向贵阳以东集中，云南境内兵力空虚之际，中央红军主力突然由清水江地区急转南下，兵分左、右两个纵队，由贵阳、龙里之间突破敌人防线，越过湘黔公路。接着，以每天行军60公里的速度，经青岩、广顺、鸡场、定番（今惠水）、长顺、紫云等地，向云南方向疾进。蒋介石企图围歼红军于黔东的计划又一次落空。

蒋介石发现红军西进云南后，又慌忙调整部署，令周浑元、吴奇伟两纵队和第五十三师掉头西进，沿黔滇公路在红军右侧追击；孙渡纵队从后尾追红军。但是，敌军由于往返奔波，已疲惫不堪，减员很大，士气更加低落，行动十分缓慢。乘此机会，中央红军于4月18日在白层、者坪地区渡过北盘江，随后相继占领贞丰、安龙、兴仁、兴义等城镇。这时，被滞留在乌江以北的红九军团，根据中革军委的指示，以积极的行动牵制敌人，曾于4月4日在打鼓新场以东的老木孔击溃黔军七个团的进攻，随后又经茅坝、瓢儿井和大定（今大方）以南，进到黔西的水城地区，同红军主力南北呼应，协同作战。

中央红军占领兴仁、兴义地区后，蒋介石判断红军主力必由平彝（今富源）北进会合红九军团，然后再向西渡金沙江或向北经毕节入川。于是决定集中第二路"追剿"军主力围歼红军于宣威、威宁之间地区。4月23日和26日，蒋介石连电龙云、薛岳，令第一、第二、第四等纵队和第五十三师经平彝向宣威、威宁转进堵剿，第三纵队尾追红军，川军一个师集中毕节机动。同时，还派出飞机，参加"追剿"行动。

4月22日下午，随中央红军行动的休养连在黔西盘县境内的猪场地方隐蔽休息时，遇到敌机的轮番轰炸和扫射。产后虚弱的贺子珍，发现一个担架暴露在梯田中央，一个担架员已被炸死，敌机又一次冲下来投弹，在此危急关头，她立即在硝烟中冲过一条小沟，一下子扑在伤员身上，用自己的躯体掩护着伤员。等震耳欲聋的爆炸声过后，毛泽东的警卫员吴吉清跑过去一看，"只见贺子珍遍体鳞伤，鲜血从豁口里往外涌，染红了衣裳"。从此，有17块弹片，一直留在她的身上，伴随着这位江西永新暴动的女将，踏遍祖国的千山万水，经历异国他乡的摧残，度过了她光荣而坎坷的一生！①

中央红军为打破敌人的追堵计划，以红三军团为右纵队向平彝、沾益前进；红一军团为左纵队向曲靖疾进；红五军团和军委纵队为中央纵队，向益肠营方向疾进。24日，中央红军进入云南。

中央红军离开贵州，在蒋介石眼里，"贵州王"王家烈也就失去了"使用价值"。早在中央红军入黔之初，蒋介石派薛岳率"中央军"尾追而来，就有取王家烈而代之，以统一贵州之意。后经过红军的一次次打击，王家烈的老本已拼得所剩无几。4月上旬，蒋介石在赤水地区

① 袭之倬：《光荣而坎坷的一生》，《瞭望》编辑部编：《红军女英雄》，新华出版社1986年版，第94—95页。

以沈久成取代师长侯之担，将其残部编为第二十五师，随后，又将黔军集中大定、黔西，以“整理”为名，暗中收买何知重、柏辉章，分别给以第一〇三、第一〇二师番号，将这两师黔军并入“中央军”建制；上下夹攻，逼王家烈先后辞去贵州省主席、第二路军“追剿”总指挥、第二十五军军长职务。4月26日，国民政府行政院以2356号训令，正式任命吴忠信为贵州省主席，稍后，王家烈被冠以“中将参议”的头衔。至此，贵州军阀统治贵州的历史宣告结束。也许是历史的巧合，在此后不久的5月30日，即中央红军渡过金沙江的同一天，王家烈从蒋介石那里得到5000元旅费，飞抵武汉，以“特准免考入陆大肄业”，这是他为蒋介石卖命的应有下场。

鉴于王家烈的教训，“云南王”龙云对于红军入滇和“中央军”尾随前来十分恐慌，他既怕红军进攻昆明，推翻他的统治，又怕“中央军”来取他而代之。因此，他一面调兵遣将，赶筑工事，加强十分空虚的昆明的防守，并急电孙渡日夜兼程，回师昆明；一面婉拒“中央军”入滇。据有的材料说：“薛岳领军入滇，龙云先使人告之曰，薛君个人来省，余当表示欢迎，若统大军同来，则可不必。”[①] 因此，蒋介石对龙云一面极力抚慰，一面严令他追堵红军。

为了进一步调动敌人，中革军委命令红九军团继续单独行动，由水城向滇东北的宣威地区发展，以吸引追敌向北；主力则以神速动作向西挺进。27日，红军占领马龙，接着攻占寻甸、嵩明，一部进至杨林，其前锋直逼昆明，蒋介石围歼红军于宣威、威宁地区的计划又一次落空。

红军从曲靖向马龙的进军途中，俘获龙云由昆明派出的一辆军车，车内载有龙云送给薛岳的十万分之一的云南军用地图20余份，以及宣威火腿、云南白药、普洱茶等地方特产。这些军用地图为红军行军、作战提供了十分有利的条件。陈云在《随军西行见闻录》中曾谈及此事，他说：

红军包围曲靖而向马龙前进时，截得由昆明来之薛岳副官所

---

① 胡羽高：《共匪西窜记》，第439页。

> 乘汽车一辆，内满载军用地图并云南著名之白药（可医枪伤，极贵重）。据被俘之副官云，他系由薛岳派入滇省谒龙云者。前日薛岳来电，因无云南军用地图，请龙云送去。龙云接电之后，本拟派飞机送去，但次日机师忽病，故改用汽车送去。但未知曲靖已被红军包围，汽车路亦被截断。龙云并送薛大批白药、云南之宣威火腿及普洱名茶，共满载一车。车离曲靖20里时正遇红军。因此卫兵副官均被缴枪，军用地图未交薛岳反而被红军用以渡过金沙江，白药、火腿、茶叶，均为红军享受。故红军兵士每谈至此，皆为捧腹。咸谓三国时刘备入川系由张松献地图，此番红军入川，则由龙云献地图。①

4月28日左右，红九军团进占宣威。这里的火腿驰名中外，广大群众生活却非常贫困。红军入城后，首先打开敌人的监牢，释放了政治犯和无辜的老百姓，处决了一些酷吏，并没收了由官僚资本经营的“宣合公司”等库存的火腿，以及几家土豪劣绅的3000多担谷和许多财物，大部分分给了贫苦的群众。他们兴高采烈地说：“过去我们穷人养猪，被公司压价收购，结果只能吃到一点猪下水。”“这回吃了火腿，还背了粮食，真是大快人心！”“我们过去吃不饱，穿不暖，现在能吃火腿公司的火腿了！”“红军这种打富济贫的义举，给穷苦人带来了幸福！”②

红军逼近昆明，震动云南全境。当时，云南大部滇军已调往贵阳“听用”，昆明城内及其周围兵力非常空虚，而蒋介石派出追击红军的部队此时还远距红军三天以上的路程。龙云为此大惊失色。为保住昆明，他一面电催尚在曲靖以东的孙渡纵队取捷径直赴昆明，一面调集云南各地民团防守昆明城。这样一来，就进一步削弱了滇北各地和金沙江南岸的防御力量，为红军抢渡金沙江、北上川西造成了有利条件。

根据以上情况，中革军委于4月29日发出《关于野战军速渡金沙江转入川西建立苏区的指示》，指出：

---

① 廉臣（陈云）：《随军西行见闻录》，《红旗》1985年第1期。

② 转引自《伟大的长征》编委会编：《伟大的长征》，陕西人民出版社1992年版，第249页。

甲、由于两月来的机动，我野战军已取得西向的有利条件，一般追敌已在我侧后，但敌已集中七十团以上兵力向我追击，在现在地区我已不便进行较大的作战机动，另方面金沙江两岸空虚，中央过去决定野战军转入川西，创立苏维埃根据地的根本方针，现在已有实现的可能了。

乙、因此政治局决定我野战军应利用目前有利时机，争取迅速渡过金沙江，转入川西消灭敌人，建立起苏区根据地。①

这个指示还规定：红三军团为右纵队，军委纵队及红五军团为中央纵队，红一军团为左纵队（其中一个师为先头师），一齐向金沙江进发；红九军团则占领东川后相机渡江。“关于渡江转入川西的政治意义，应向干部及战士解释（内容另告），使全军指战员均能够以最高度紧张性与最坚强意志赴之，应克服疲劳与不正确情绪，行军中应争取少数民族，携带充足粮食，注意卫生及收容掉队”②。

当时，还在全军中提出了“渡过金沙江，庆祝五一国际劳动节”的口号，并编了一首渡江动员歌教大家唱。歌词是：

金沙江流水响叮当，
我们红军来渡江，
不怕水深流又急，
更不怕山高路险长。
我们真顽强！
我们真顽强！③

接到命令后，担任左纵队先头部队的红一军团第二师第四团，在团长王开湘、政委杨成武的率领下，立即向禄劝、武定、元谋疾进。

---

① 《红军长征・文献》，第 321 页。

② 《红军长征・文献》，第 322 页。

③ 《关于红军长征过云南时的一些情况——访问黄鹄显同志的谈话摘录》，中共云南省委党史资料征集委员会编：《红军长征过云南》，云南民族出版社 1986 年版，第 116 页。

为了争取时间，他们将三个连化装成国民党的“中央军”，由他们作先导，分两路向禄劝、武定进发。杨成武首先率“中央军”到达禄劝，受到县长和军警官绅的“热烈欢迎”。他让县长打电话给武定县长，说“中央军”马上就到，结果王开湘的部队，在武定受到更加隆重的“欢迎”。然后，他们用同样的方法，顺利进入元谋。他们“由于采用了化装奇袭的手段，在一天中一枪不发就拿下了三个县城，解除了民团的武装，缴获了大批武器、物资，为我们直插金沙江畔赢得了时间”①。

在这前后，红九军团进占东川县城。根据群众提供的线索，红军抓获了已经躲藏起来的敌县长杨茂章和劣绅刘二老爷。杨茂章曾在江西任县长，残害中共党员和红军；刘是军阀唐继尧的舅父，高利盘剥，鱼肉乡民，群众对他们恨之入骨，要求立即处决。红军召开了2万多人参加的群众公审大会，完全满足了群众的要求。接着，又打开积谷仓，把土豪们搜刮来的谷物分给群众。于是，东川城出现了红九军团历史上空前的扩大红军的热潮。在公审大会上，当场就扩大红军900多名，各机关、营、连还分散扩大500多名，把他们编成了一个大的新兵营。与此同时，红九军团还在东川筹款6万多元，布匹400多匹；收缴了300多支枪，500多颗手榴弹，2万多发子弹，以及价值3万多元的贵重物资；没收和收买了120余匹供运输用的骡马，使部队从人力、物力、财力上都得到了补充。

最先到达金沙江边的是中央纵队干部团。5月2日，总参谋长兼先遣队司令员刘伯承率干部团一个营及工兵，带电台一部，化装成国民党军队，以一昼夜行军100余公里的速度，于第二天赶到了皎平渡口。

金沙江是长江的上游，上接通天河，从海拔五六千米的昆仑山南麓、横断山脉东麓奔腾而下，一泻千里，水流湍急，难以徒涉。国民党军把船只掳往对岸，控制了对岸渡口，是阻止中央红军北上的一大险关。而皎平渡位于四川会理县和云南元谋县交界的地方，是金沙江的重要渡口之一。

由于敌军没有估计到红军会来得这么快，所以当干部团到达渡口

① 《杨成武回忆录》（上），解放军出版社1987年版，第132—137页。

时，渡口南岸还停着两只木船，他们决定以第三营一个连为先遣连，立即渡江。这个连的连长为萧应棠,在渡江战斗中表现很勇敢,立了功。宋任穷回忆当时的情景说：

> 刘伯承同志立即命令先遣连轻装前进，猛扑江岸，不惜一切代价夺取船只，控制渡口，强行渡江；三营的其余两个连和工兵连就地做饭，随后迅速跟进。
>
> 我马上派罗贵波和霍海元同志率先遣连直扑江边。约半夜十二点，他们抢占渡口成功。立即利用找来的两只船，把一个排送到江北岸。因为我军行动神速、隐蔽，敌人完全没有料到来得这么快,因此毫无准备。我先遣连渡过金沙江,赶到对岸厘金局时，里面正在砰砰啪啪打麻将。当地群众领头去叫门，说是来纳税的；他们正玩得热闹，有人吆喝道:深更半夜来纳税，不开门，明天来！
>
> 群众向来十分痛恨厘金局，上去一脚把门踢开。我们的人进去，缴了保安队的枪，没收了厘金局的全部税款，完全控制了渡口两岸。我军干净利索地抢占了皎平渡渡口，无一伤亡。①

干部团渡江后，立即按照刘伯承的指示，令其主力翻过中武山，打垮凭险阻击之敌一个营，直插通安镇，击溃敌人的援兵，直趋会理城下，为中央红军主力渡江起了极为重要的作用。

5 月 4 日，红一军团主力赶到龙街，准备渡江。但是，由于此处江宽水急，敌机经常低空袭扰，架设浮桥没有成功，遂奉中革军委命令，沿江而下，到皎平渡过江。为了迷惑敌人，红一军团留下少数部队和工兵，继续架设浮桥，作出渡江姿态。龙云、薛岳根据这一情况，判断红军主力要由龙街渡江，即一面派飞机轰炸，一面限令其主力于 5 月 8 日前赶到金沙江边“歼剿”红军。孙渡对《云南日报》记者发表谈话，吹嘘将把红军“追到江边解决”。红军本来就没有架成的浮桥，被

---

① 宋任穷：《回忆长征中的红军干部团》，《中共党史资料》第 20 辑，中共党史资料出版社 1986 年版，第 80 页。

说成“完全炸毁了”，飞行队长竟得到了蒋介石 1 万元的奖金。

在此期间，左纵队红三军团抢占了洪门渡口，因船只少，水流急，不能架桥，大部队难以迅速渡江，遂按中革军委决定，除留红十三团在洪门渡江外，主力改由皎平渡过江。

5 月 6 日，追敌先头部队一个师进到团街，担任后卫的红五军团在军团长董振堂指挥下，利用有利地形，坚决抗击追敌，掩护主力红军渡江。该军团广大指战员发扬不怕苦、不怕死的大无畏革命精神，连续打退敌人三次进攻，圆满地完成了保障任务。

在皎平渡，刘伯承过江后看到水深流急，无法架桥，便在北岸山洞里设立了渡河司令部，制定了《渡河守则》。大部队到达后，便立即开始渡江。毛泽东、周恩来、朱德、陈云等渡江后，都直接参加了渡江的指挥工作，陈云还担任了渡江指挥部政委。开始，仅靠原有的两只船，在急流中往返一次需 40 分钟，每昼夜只能渡 1200 人左右。如果照此速度，全军要一个月左右才能渡完。后来在船民张朝寿等人的帮助下，又找到了四只大船，并联络了川滇两岸 35 名船工，大大加快了渡江进度。在紧张的日日夜夜里，红军首长亲自和船工一起开会，向船工宣传革命道理。红军当时给养困难，还杀猪宰羊，优待船工，并给每人每天发五元的工资，船工们个个愿为红军出力。当时参加划船的老船工张朝满回忆说：

> 我们共有六只船，其中三丈二长的大叶子船二只，二丈八长的二叶子船四只。大叶子船每只每次渡六十人，二叶子船每次渡四十人。渡江指挥部规定，多一人不行，少一人也不行，纪律非常严。每一只船配备一名红军，协助我们船工工作。我们三十六名船工由张朝寿负责带领，红军亲热地称呼他是“船长”。每只船有六名船工，三人一班，来回划船十次，又另换一班，歇人不歇船。大致上，我们划船一小时，下来休息一小时，然后又上，如此循环不停。我们虽然不得整夜睡觉，但当时都是二三十岁年青〔轻〕力壮的人，首长从思想到生活又十分关心，尤其是日日夜夜像节日游行示威那样的热烈气氛，深深感染了我们，鼓舞了我们。划

了九天九夜，精神还仍然很兴奋。

我们连日连夜划呀划呀，手臂划肿了，脚也站酸了，可是精神上无比愉快，老感觉有使不完的劲。①

是的，没有这些船工的全力协助，红军就不能顺利渡过金沙江，他们为红军的渡江立下了不朽的功勋！

后来，红军又找到一只打鱼船，这样就有了七只渡船，至 9 日，除红三军团第十三团从洪门过江，红一军团一个野战医院从鲁车渡过江外，红一、红三、红五军团和军委纵队全部从这里渡过了金沙江。刘伯承在回忆中说："我军就依靠绞〔皎〕平渡七只小船，经过九天九夜全部渡过江去。第二天，敌人的大队人马才赶到，而这时候，船只已经烧毁，红军早已远走高飞了。"②

在此期间，单独行动的红九军团，也由会泽以西的树节、盐井坪地区渡过了金沙江。

5 月 11 日，敌第二路军薛岳所部第十三师先头别动队赶到金沙江边时，红军早已进到会理地区集结休整，追敌只有望江兴叹，无可奈何！

渡过金沙江后，黄镇等创作了名为《一只破草鞋》的活报剧，满怀激情地歌颂了红军抢渡金沙江的胜利，辛辣地讽刺了敌人追击千里，只拣到红军丢下的一只破草鞋的狼狈相。红军战士看了红五军团"猛进"剧团演出的这个活报剧，个个捧腹大笑！

从此，中央红军跳出了数十万敌军围追堵截的圈子，粉碎了敌人围歼红军于川、黔、滇地区的计划，实现了渡江北上的战略方针，取得了前进中的主动权。这是红军长征中声东击西、避实击虚的一次精彩的军事行动，是一次具有重大意义的胜利。就连在遵义会议上刚被罢免军事指挥权不久的李德，也承认红军"渡过金沙江以后，在战略上形成了一种新的比较有利的局势"。③

① 张朝满：《红军渡江前后》，《红军长征过云南》，第 125—126 页。

② 刘伯承：《回顾长征》，人民出版社 1985 年版，第 9 页。

③ 李德：《中国纪事》，第 161 页。

三、通过彝民区

中央红军北渡金沙江后，按照中革军委决定，以红三军团与干部团围攻会理，其他部队在会理地区进行短期休整。

会理位于四川省西南部，金沙江北岸，为川滇交通要邑，战略地位十分重要。国民党川康边防军第一旅刘元塘部在此防守，守敌加民团共有 3000 人，机枪六挺、迫击炮三门。环城有已建成和正在建造的大小碉堡 20 余个。刘元塘还借口防止红军攻城，放火烧毁了东西关民房，给会理人民造成重大损失。

5 月 9 日，红三军团和干部团为解会理人民于水火，根据中革军委的命令，进攻会理城。这时，会理西路驻姜驿、黎溪的敌人向会理增援，进至城西高地，红三军团以一部围城，主力向该敌发起进攻。经过激烈战斗，该敌一部被击溃，大部窜进城中。这样，城内守敌增加到两个多团，由西昌增援会理之敌一个旅正在南下。

根据上述情况，中革军委决定：红一军团绕过会理城，开至会理以北之五里牌、大湾营、大桥、白云岩地域，向西昌侦察、警戒；红五军团取捷径集结会理城东北之交户保、杉松坡地域，向东、北两方侦察，并受林彪、聂荣臻指挥，打击由西昌增援之敌，保障红三军团进攻会理。干部团仍集结金庄庙、沙坝一带，派队分向白沙、大拦河两方侦察。5 月 12 日，红三军团采用坑道爆破方法，对会理发动总攻，仍不克。同日，中革军委决定中央红军在会理及其附近停留五天，进行休息与补充。同时，要求各军团以备战姿态在部队中进行战术教育、队列整理，并加紧扩红、筹款及开展地方工作等。遵照中革军委的指示，红三军团继续围攻会理，其他军团就地转入休整。

与此同时，中共中央在会理郊区的铁场召开政治局扩大会议，即会理会议，林彪在会上掀起了一场风波。

从遵义会议以后，中央红军在毛泽东的指挥下，一反过去的被动状态，声东击西，机动灵活，打了不少胜仗。有时为了甩掉敌人，不能不跑一些冤枉路。对此，教条宗派主义者心中不服气，即使原来拥护毛泽东的红军将领，有的也不理解，林彪就是后一种人中有代表性的一个。他一直埋怨走的尽是“弓背路”，认为应该走“弓弦”，还说“这样会把部队拖垮的，像他（指毛泽东——引者注）这样领导指挥还行！？”[①] 4月23日22时30分，还在红一军团进占曲靖的路上，他就致电中革军委，建议迅速脱离各路敌人，“须尽可能避免走弓背路，而宁可对不大的敌人（守碉的）采取一部监视掩护主力取捷径通过的办法”[②]。有一次林彪还在电话中对彭德怀说：“蒋介石和龙云的追兵现在虽然暂时摆脱了，但他们是不会停止追击的。我们前有川军阻截，后面追兵又要赶上，只在这一块狭小地区，是很不利的。我看该由你来指挥，赶紧北进吧！”彭德怀回绝了林彪：“我怎能指挥北进，这是中央的事。”[③] 在会理会议上，林彪写信给中革军委，要求改换中央军事领导人，大意是毛泽东指挥军队作战是不行的，应当解除其指挥权，让彭德怀指挥中央红军北进，与红四方面军会合。毛泽东在会上批评了林彪，说：“你懂得什么？你不过是个娃娃！”他误认为林彪的意见得到了彭德怀的支持，于是又批评彭德怀：“林彪的信就是你鼓动起来的！”[④] 彭德怀当时没有解释，以致几十年后毛泽东仍存在着对彭德怀的这种误会，直到24年后林彪在庐山会议上说那封信与彭德怀同志无关，他写信彭不知道，这个误会才得以澄清。

在会理会议上，周恩来等肯定毛泽东的军事指挥是正确的，赞扬了毛泽东的军事领导艺术。会议除批评林彪反对机动作战，并以此企图改变军事领导的错误外，还着重总结了中央红军自四渡赤水以来的作战和渡过金沙江以后的行动，进一步统一了思想，增强了团结，巩固了毛泽东在红军和中共中央的领导地位。会议决定继续北上，抢渡大渡河，会合红四方面军。

在此期间，蒋介石令国民党“追剿”军迅速过江，在川康军的配

---

① 《聂荣臻回忆录》（上），第252页。

② 《红军在黔北》，第415页。

③ 《彭德怀传》编写组：《彭德怀传》，当代中国出版社1993年版，第137页。

④ 《彭德怀传》，第135页。

合下，企图围歼红军于金沙江以北、大渡河以南、雅砻江以东地区。同时令第二十四军刘文辉部以有力部队固守会理、西昌待援，主力应在大渡河上游富林以西，沿大渡河北岸，赶筑碉堡，严防红军北上；薛岳部各纵队迅速渡江，解会理之围，并进至西昌筑碉，左与盐边、盐源之滇军，右与昭觉之川军连成封锁线，严堵红军南返；孙渡纵队进驻盐边、盐源，沿雅砻江西岸筑碉防守，阻止红军西进。

根据上述情况，中革军委按照中共中央会理会议的决定，于5月14日决定放弃对会理城的围攻，以主力沿会理至西昌大道北进，通过彝族区，抢渡大渡河，以粉碎蒋介石围歼红军于大渡河以南的企图。

5月15日，中央红军主力沿会理至西昌大道北进。16日，红三军团撤会理之围北进。同日黄昏，红一军团先头第一团在半站营、八斗冲一带击溃国民党川康边防军一个旅的拦阻，并乘胜追击，于17日占领德昌，俘敌200余人，缴枪200余支。当天，红一军团前卫第一师全部到达德昌，并向西昌派出侦察部队。红五军团进至高桥附近。

西昌为会理至雅安之间的一个重要城镇，刘元璋的川康边防军司令部驻此，有敌四个团及彝兵两三千人固守。这是刘文辉阻止红军北进的一个重要据点。为阻止红军攻城，刘元璋下令纵火，把距城垣较近的西街和鱼市街全部烧毁。

根据以上情况，中革军委于5月19日决定：以红五军团监视西昌之敌，主力绕过西昌城向礼州北进。20日，红一军团攻占礼州，当晚进至泸沽地域并向冕宁侦察。次日，右纵队红九军团进至礼州，与红三军团部队会合。

5月20日，中革军委就目前战略方针和任务致电各军团和军委纵队，指出："我野战军目前应以迅速北进，争取渡江先机，首先进到清溪、泸定桥、洪雅地区与川敌进行作战机动，争取赤化，为战略上基本方针。"为实现这一基本方针，中革军委令"各兵团以极迅速、坚决、勇猛、果断的行动，消灭阻我前进的川敌各个部队。敌如固守工事据点，则绕过之。对追我之蒋敌中央军应尽力迟阻之，如逼我过紧，使我不便过河或迂回，则应坚决回击，以消灭其一部。”①

5月21日凌晨1时左右，红军先头部队进入冕宁县城。冕宁地形险要，有近1/3人口是彝族。早在红军到来之前，由西昌师范学校撤回冕宁的地下党负责人陈野苹和地下党员廖志高，就发动群众，准备迎接红军。所以红军一到，就受到群众的热烈欢迎。22日，陈云召开由陈野苹等人参加的会议，决定成立冕宁县革命委员会，由陈野苹任主席，李井泉任副主席。23日，冕宁县革命委员会在文庙大成殿正式成立。与此同时，红军特委书记王首道还主持建立了党的秘密组织中共冕宁县工委，书记亦由陈野苹担任；建立地方武装冕宁县抗捐军，由红军干部黄应龙任总司令，陈野苹任政委，萧佩雄任大队长，他们立即开展了斗争。②

从5月21日开始，中央红军从冕宁泸沽地区分为左右两路北进：主力为左路，经冕宁大桥、拖乌等地，通过彝族聚居区，向石棉县安顺场前进，抢渡大渡河；红一军团第二师第五团为右路，由军团参谋长左权、红二师政治委员刘亚楼率领，沿西昌至雅安大道前进，经越嶲（今越西）向大树堡（今属石棉）前进，以迷惑和牵制大树堡对面富林（今汉源县城）之敌。此外，以红三军团一部阻击从西昌尾追之敌。

5月22日，左权、刘亚楼率红五团进入越嶲县城，受到群众的热烈欢迎。他们立即释放了监狱里的几百名彝汉群众，焚毁了县府的地亩银两册簿和人犯、人质文书档案，处决了群众控告的恶霸地主、县参议官高子清父子，建立了游击队，不少彝族青年还踊跃参军。据有的材料说：“这里对红军的认识，是更加清楚了。于是附近群众自动投入红军的愈来愈多，在二三个钟头内，加入十一团当红军的达七百余人，就是‘倮倮’（即彝人——引者注）加入红军的也有百余人。”③然后，他们迅速到达大渡河大树堡渡口，伪装主力红军由此北上，以牵制对岸富林之敌。

---

① 《红军长征·文献》，第347—348页。

② 中共四川省党史工作委员会《红军长征在四川》编写组：《红军长征在四川》，四川省科学院出版社1986年版，第77—82页。

③ 艾平：《倮倮投军》，《中国工农红军第一方面军长征记》，第276页。

与此同时，中革军委率红军主力经冕宁北进。为顺利通过彝族区，由红一军团第一师第一团和一个工兵排组成中央红军先遣队，由刘伯承兼司令员，聂荣臻兼政治委员，率先向大凉山彝族区进军。

彝族是中国少数民族之一，长期遭受国民党政府、地方军阀以及奴隶主的残酷压迫和剥削，经济文化落后，生活极其贫困。由于历史上造成的民族隔阂，他们对汉族不信任，不准汉人的军队进入他们的地区。红军要从这里过路，困难是很大的。

为了顺利通过彝民聚居区域，中共中央以红军总司令朱德名义发布了《中国工农红军布告》,宣传中国共产党和红军对少数民族的政策，号召彝族人民同红军合作，共同反对国民党的反动统治。其内容是：

中国工农红军，解放弱小民族；
一切彝汉平民，都是兄弟骨肉。
可恨四川军阀，压迫彝人太毒；
苛捐杂税重重，又复妄加杀戮。
红军万里长征，所向势如破竹；
今已来到川西，尊重彝人风俗。
军纪十分严明，不动一丝一粟；
粮食公平购买，价钱交付十足。
凡我彝人群众，切莫怀疑畏缩；
赶快团结起来，共把军阀驱逐。
设立彝人政府，彝族管理彝族；
真正平等自由，再不受人欺辱。
希望努力宣传，将此广播西蜀。[1]

同时，在中央红军各部队中，普遍深入地进行了党的民族政策和红军纪律的教育，严格要求指战员尊重彝族风俗习惯，遵守三大纪律八项注意，做到秋毫无犯，以模范的行动来扩大党和红军的政治影响。

---

① 《红军长征·文献》，第 346 页。

5月22日，中央红军先遣队从冕宁大桥出发，进入彝族地区。当部队行至冕宁北25公里处的袁居海子（今彝海子）地区时，遭到彝族罗洪、老伍、沽基〔鸡〕等家支的拦阻。红军先遣队一面向彝族群众宣传共产党的民族政策和红军的宗旨，一面派代表同彝族首领谈判，并按照各家支不同的政治态度，采取不同的政策。对受国民党蒙蔽，对红军政策不了解的老伍族说服其保持中立；对受国民党利用同红军对立，并截去红军器材及枪支的罗洪族，采取政治上争取，军事上予以一定程度的打击政策，迫使其停战言和；对同红军比较友好的沽基族，则采取热情友好、赤诚相待的态度，争取其全力支持。刘伯承司令员按照彝族的习俗，同沽基族首领小叶丹歃血盟誓，结拜为兄弟，并赠送武器、弹药，帮助他们建立自己的武装。由于红军采取了区别对待的正确政策，从而争取了大多数彝族同胞站在红军一边，化干戈为玉帛。当晚，刘伯承司令员邀请小叶丹等同返大桥营地，热情款待他，进一步加深了汉彝两民族间的兄弟情谊。刘司令员还代表红军授予小叶丹一面书写着“中国彝民红军沽鸡支队”的队旗，正式成立了中国红军彝民支队。

当时参加过刘伯承与小叶丹结盟仪式的萧华，后来回忆结盟时的情景说：

> 结盟仪式的准备工作十分简单：两碗清清的湖水，一只雄赳赳的大公鸡。把公鸡的嘴破开，鲜血分洒在两只碗里，碗里的清水立刻变成了殷红色。这便是结盟仪式的全部准备工作。
>
> 结盟仪式决定在横断山脉的一个小山谷间谷麻子附近的海子边上举行。海子里的水，清彻〔澈〕如镜，倒映着浓密的森林。春风吹起微波，激荡着岸边的岩石，像是在为这个可纪念的盟誓唱着赞歌。
>
> 我们把结盟的仪式安排妥当之后，刘伯承同志和小叶丹叔侄来到海子边上，他们面前摆着滴过鸡血的水碗。
>
> 不用香，不用烛，面对着蔚蓝的天和清明的水；主宰这个盟誓的是兄弟民族团结的赤诚。

刘伯承同志高高地端起了大碗，大声地发出誓言："上有天，下有地……刘伯承愿与小叶丹结为兄弟……"当他念完最后一句，便把鸡血水一饮而尽。小叶丹叔侄也立即把"盟酒"饮完，结盟的仪式便告结束。

夕阳的余晖映红了海子里的水，海子边上呈现出的是友爱、团结的气氛。虽然暮春傍晚的大凉山还是凉风习习，然而人们的心中却是温暖的。①

第二天，小叶丹的四叔便引导红军先遣部队，顺利通过了彝族居住地区。

5 月 23 日，中央红军主力由小叶丹带路，进入彝族区，受到彝族同胞的热烈欢迎。红军指战员为感谢彝族兄弟的支援，每人都准备了一件礼物赠给彝族兄弟。红军所到之处，充满着彝汉兄弟团结的欢声笑语，彝族同胞到处传颂红军纪律严明，爱护群众的动人事迹，许多彝族青年还踊跃地参加了红军。在广大彝族同胞的帮助下，红军顺利通过了彝族区，彻底粉碎了蒋介石企图利用彝汉民族在历史上形成的隔阂，以阻止红军前进的计划。

四、强渡大渡河

中央红军通过彝民区后，即向大渡河兼程前进。早在中央红军渡过金沙江后，蒋介石即断定红军必渡大渡河北上，因此飞抵昆明亲自部署大渡河的会战，命令大渡河沿线各地赶筑碉堡工事，并调集十余万兵力，企图将中央红军围歼于金沙江以北、大渡河以南、雅砻江以东地区。5 月中旬，他任命杨森为大渡河守备，"并以清代活捉石达开之川督骆秉章相勖勉"②。与此同时，蒋介石还两次乘飞机到前线上空，

① 萧华：《通过大凉山》，《星火燎原》选编之三，战士出版社 1980 年版，第 124—125 页。

② 《红军长征・参考资料》，第 518 页。

利用通信袋向各部队指挥官投下“手令”，指示机宜，进行督战。

中央红军通过彝民区后，蒋介石判断中央红军“必谋在雅安附近”与红四方面军会合。5月21日，他在给其驻重庆行营参谋团主任贺国光的手令中称：此时，我军的主要战略，一是防止中央红军与红四方面军会合，二是防止中央红军西进西康。现在不必防红四方面军东回，而应防其“南下”。应令川军第五路军、第三路军主力限期向邛崃、懋功、宝兴一带移动，而名山、芦山、天全、雅安一带应急派队布防，阻止红四方面军南下。同时，令薛岳部迅速渡金沙江北上，杨森第二十军主力及第二十五军一部向雅安、汉源地区推进，加强大渡河以北的防御力量，企图凭借大渡河天险，使中央红军成为“石达开第二”。

石达开是太平天国的名将。他同洪秀全分裂后，率部在各地纵横驰骋，使清军震眩失措，防不胜防。1863年5月，他率部由云南进入四川边界，抵达大渡河畔。由于河水陡涨数丈，4万人马被阻于南岸，待水势下落时，清军已由四面八方蜂拥而至，粮草不济，进退维谷，唯有决一死战。他向将士们慷慨陈词：“吾起兵以来十四年矣，越险岭，济江湖，如履平地，虽遭难，亦常嚏而复奋，转退为攻，若有天佑。今不幸陷入绝境，重烦诸君血战出险，毋徒束手受缚，为天下笑，则诸君之赐厚矣！”他泣涕稽首，激励军心，誓于死中救生，乘夜强渡，但失败了。在全军覆没之前，他自沉五个妻妾、两个幼子于大渡河中，并写了“大江横我前，临流曷能渡”的诗句，发出无可奈何的悲叹，成为千古恨事。后人为纪念太平天国将士，把安顺场之后巍峨挺拔的大山——当年石达开部队安营扎寨的地方，取名为营盘山。

石达开和他的农民革命军虽然失败了，但巍巍的营盘山和漫山遍野的荒冢永远留在人间。它像大渡河的流水，成为人们永远唱不完的悲歌。

历史似乎无独有偶！

70多年之后，红军经过万里征战，渡过金沙江，通过彝民区，差不多也是沿着石达开行军的路线来到安顺场，并在营盘山扎了营，准备抢渡大渡河。

但是，同70年前的石达开相比，红军却面临着更加严峻的形势。

从时令上说，红军到达大渡河畔比石达开要晚半个月，已进入洪水期，当面河宽100多米，水深流急，渡口对岸高山耸立，两山之间有一条狭缝，是唯一能上岸的通道。而川军第五旅第七团一个营已占领了这一地区，并正在构筑工事，凭险防守。

在军情方面，蒋介石效法清代将领骆秉章对付石达开的战役部署，令薛岳指挥周浑元、吴奇伟等三个纵队，兼程追击红军；令刘文辉加强大渡河北岸的防御；令杨森率全军经乐山、雅安赶赴大渡河。他唯恐增援不及，又令刘湘派第二十一军第二师第六旅赴汉源、富林加强防御。这样，上到富林，下至泸定桥沿河陈兵，真似铁桶一般。此外，蒋介石还令河防部队搜集船只、粮食及一切可供红军利用的物资器材，并利用特务唆使少数民族阻挠红军前进，企图将红军全歼于大渡河南岸。

然而，蒋介石高兴得太早了。在中国共产党领导下的红军，是不会重演历史悲剧的。中央红军先遣队红一师第一团在通过大凉山彝族区后，冒着大雨经过70多公里的急行军，于5月24日赶到安顺场，并歼灭守敌两个连，缴获渡船一只，控制了渡口。

5月25日，红一团开始强渡大渡河。战前团首长对部队进行政治动员，说明这次渡河，关系全军成败，一定要战胜一切困难，完成任务，为全军打开一条通向胜利的道路。上午7时，第一营营长孙继先率领17名勇士组成的渡河奋勇队，在团机枪连和军团炮兵营的火力掩护下，乘小船分两批由安顺场驶向对岸，一场惊心动魄的渡河战斗开始了。勇士们乘坐小船，在船工的帮助下，冒着敌人密集的火力，一会儿坠入浪谷，一会儿抛上浪峰，在弹雨中前进，奋力拼搏，战胜了惊涛骇浪，冲过了敌人的重重火网，终于登上对岸。敌人见红军冲上来了，慌了手脚，将手榴弹、滚雷像冰雹似的往下扔。智勇双全的勇士们，利用又高又陡的台阶死角作掩护，沿台阶向上猛烈冲杀，经过激烈战斗，击溃守敌，终于控制了对岸渡口，巩固了滩头阵地，从而在敌人视为插翅难飞的天险大渡河防线上，打开了一个缺口。

当时担任红一团团长的杨得志，回忆渡河的情景时说：

渡船越来越靠近对岸了。渐渐地，只有五六米了，勇士们不顾敌人疯狂的射击，一齐站了起来，准备跳上岸去。

突然，小村子里冲出一股敌人，涌向渡口。不用说，敌人梦想把我们消灭在岸边。

……

又是一阵射击。在我猛烈火力掩护下，渡船靠岸了。十七勇士飞一样跳上岸去，一排手榴弹，一阵冲锋枪，把冲下来的敌人打垮了。勇士们占领了渡口的工事。

敌人并没有就此罢休。他们又一次向我发起反扑，企图趁我立足未稳，把我赶下河去。我们的炮弹、子弹，又一齐飞向对岸的敌人。烟幕中，敌人纷纷倒下。十七位勇士趁此机会，齐声怒吼，猛扑敌群。十七把大刀在敌群中闪着寒光，忽起忽落，左劈右砍。号称“双枪将”的川军被杀得溃不成军，拼命往北边山后逃跑。我们胜利地控制了渡口。①

红一团强渡大渡河成功后，《战士报》于 1935 年 6 月 2 日在“用我们铁的红军，无坚不摧，战无不胜的勇敢精神，扫平一切当前敌人！”的醒目大字标题下，报道了红一团的事迹，并刊登了强渡大渡河的勇士们的名字。他们是：

二连连长熊尚林；
二排排长罗会明；
三班班长刘长发，副班长张表克，
战士张桂成，萧汉尧，王华亭，廖洪山，赖秋发，曾先吉；
四班班长郭世苍，副班长张成球，
战士萧桂兰，朱祥云，谢良明，丁流民，陈万清。②

红一团虽然渡河成功，打开了中央红军北进的通路。但是，大渡

---

① 杨得志：《强渡大渡河》，《星火燎原》选编之三，第 132—133 页。

② 熊尚林率第一船勇士登岸后，一营营长孙继先率其余八名第二批渡河。

河水流湍急，河面太宽，不能架桥，陆续找到的四只渡船，只有一只是好的，其余三只尚需修理。全军几万人马如果只靠这几只小船来渡河，不知要花费多少时间，而且此时尾追之敌薛岳部已过德昌，正向大渡河昼夜赶进，情况十分紧急。中革军委为迅速渡过大渡河，决定改向西北，争取并控制泸定桥渡河点。5月26日，中革军委作出新的部署：红一师及干部团为右纵队，归聂荣臻、刘伯承指挥，循大渡河左岸；林彪率红一军团军团部、红二师主力及红五军团为左纵队，循大渡河右岸，均向泸定桥疾进，协同袭取该桥。军委纵队及红三、红九军团和红五团随左纵队后跟进。

5月27日拂晓，左纵队先头部队红四团，在团长王开湘、政治委员杨成武率领下，在“和敌人抢时间，和敌人赛跑，坚决完成任务，拿下泸定桥”的口号下，从安顺场出发，不顾饥饿，不怕疲劳，多次击溃川军的拦阻，昼夜兼程向泸定桥疾进。

傍晚，突然下起了倾盆大雨，电闪雷鸣，天黑得伸手不见五指。部队一天没有吃上饭，肚子饿得实难支持，道路泥泞，更是走不快，牲口、行李都跟不上。忽然，他们发现对岸山坳上出现几点火光，刹那间变成了一条长串的火龙，知道敌人也在赶往泸定桥。于是，他们也点起火把，形成了两条火龙在河两岸竞相赛跑的奇特场面。对于当时的情景，加仑在《飞夺泸定桥》一文中回忆说：

天是这样黑，雨是这样大，路是这样滑，伸手不见掌，真是寸步难移。跌跤的人不知多少。费了很多的时间，还没有走到一里路。对河的火光起来了，一闪一闪地像飞也似地向着泸定桥奔去。敌人是在对河和我们夺桥。情况是这样紧张，时间是这样短促，怎么办呢？点火吗？又怕敌人发觉。不点火吗？又走不动，明天夺桥，是成了严重问题。在这样的关头，我们的杨政治委员下决心了，立即传知部队全部点火。并告诉各连队：“假使对河敌人问我们是哪部分的，就答他是某师某团某营今天被‘共匪’打败的。”我们这样欺骗着敌人，敌人听了也不怀疑。他们仍然点着火把在那边赶路，我们也仍然点着火把在这边赶路。两路的火，两路的人，各怀着不同的目的，在一个闷葫芦中前进！①

就这样，红军战士们以无比坚强的毅力，克服了一切困难，赛过了对岸的敌人，于29日晨经过160公里的急行军，终于赶到泸定桥，并袭占了西桥头。

泸定桥位于今四川省泸定县，是中国著名的铁索桥之一，扼川康要道，坐落于群山环抱之中，横跨于奔腾咆哮的大渡河上，桥长100米、宽2.8米，由13根铁索组成。桥身铁链九根平行系于两岸，上铺木板，以作桥面；桥栏左右铁链各两根作为扶手，人行于上，摇摇晃晃，险要异常。泸定桥的东桥头与泸定城相连，城内驻有川军第四旅第三十八团一部，旅部在泸定城南的冷碛地区，另有两个旅正向泸定城增援。在红军到达前，敌人已将铁索桥的木板拆除，只剩13根铁链横在大渡河上，形势十分险恶。

5月29日16时，红四团经过紧张的准备，发起夺桥战斗。后来，杨成武回忆飞夺泸定桥的惊险场面，犹历历在目。他说：

总攻在下午四点开始。团长和我在桥头指挥战斗。全团的司号员集中起来吹起冲锋号；所有的武器一齐向对岸敌人开火，军号声、枪炮声、喊杀声震撼山谷。二十二位突击英雄手持冲锋枪或短枪，背挂马刀，腰缠十二颗手榴弹，在廖大珠连长的率领下，冒着密集的枪弹，攀着桥栏，踏着铁索向对岸冲去。跟着他们前进的是三连长王有才率领的第三连。他们除携带的武器外，每人扛一块木板，边铺桥，边冲锋。

当突击队刚冲到对面桥头，西城门突然烧起冲天大火。敌人企图用火把我们挡在桥上，用火力消灭我们。火光照红了半边天，桥头被熊熊大火包围住了。

这正是千钧一发的时刻。……在宏亮的冲锋号声中，他们神速地向着火里冲去了。……巷战在街口展开了。敌人集中全力反

① 《中国工农红军第一方面军长征记》，第284页。

扑过来，二十二位英雄的子弹、手榴弹都打光了，形势万分紧急，眼看支持不住了。正在这个严重关头，王有才连长带着三连冲进去了，接着团长和我率领着后续部队也迅速过桥进了城。经过两小时的激战，两个团的敌人被消灭大半，剩下的狼狈逃窜。黄昏，我全部占领泸定城，牢靠地控制了泸定桥。①

红四团占领泸定桥后，沿大渡河左岸北上的红一师和干部团，在刘伯承、聂荣臻的率领下，也日夜兼程疾进，在击破敌人一个团兵力的拦阻后，顺利到达泸定城。接着中央红军主力陆续由泸定桥渡过大渡河。这样，就使蒋介石的大渡河会战计划，以及企图使中央红军成为“石达开第二”的梦想，彻底破灭。

6 月 2 日，中革军委给红四团第二连连长廖大珠等 22 名突击队员授奖，表彰他们夺占泸定桥的功勋。廖大珠及第二连政治指导员王海云、支部书记李友林、副班长刘梓华，第三连支部书记李金山等五人，被确定为飞夺泸定桥的英模。

五、翻越夹金山

夺取泸定桥的当天晚上，中共中央在泸定城召开政治局会议。陈云回忆，会议主要决定了两件事：一是红军向北走雪山草地一线，避开人烟稠密地区；二是派他去上海恢复白区党的组织。就是那次会议后，他离开长征队伍，在当地地下党组织的护送下，经成都、重庆前往上海②。事实上，陈云去上海的任务，还有一项是寻找与共产国际的联系，向共产国际汇报遵义会议的决定。

当时，中共中央虽然已与共产国际失去了联系，但中国共产党仍

---

① 杨成武：《飞夺泸定桥》，《星火燎原》选编之三，第 142—143 页。

② 中央党史资料征集委员会办公室：《陈云同志谈泸定桥会议》，《中共党史资料》第 16 辑，中共党史资料出版社 1985 年版，第 11 页。

是共产国际的一个支部，要接受共产国际的领导。遵义会议决定撤换领袖，改变指导思想，这是非常重大的问题，需要得到共产国际的认可。恰好在遵义会议以后，中共中央从任弼时来电中得知，中共中央离开上海后留在上海的机关，一直与共产国际保持联系的中共中央上海局，于 1934 年 10 月遭到破坏。因此，当中央红军第二次打下遵义的时候，就决定派富有地下工作经验的潘汉年前往上海，去寻找地下党组织和共产国际的代表。红军占领泸定城以后，又决定派参加了遵义会议的中共中央政治局常委陈云前往上海。在地下党员的护送下，陈云经重庆到了上海。然后，他在宋庆龄的帮助下，与陈潭秋、瞿秋白夫人杨之华等，于 8 月 5 日离沪赴苏。当月下旬，潘汉年也乘船前往苏联。陈云到达莫斯科以后，向共产国际执委会会议汇报了红军长征和遵义会议的情况，得到共产国际的认可和支持，出色地完成了自己的使命。在苏联期间，陈云还以廉臣的笔名，以一个被俘国民党军医的口吻，写成了著名的《随军西行见闻录》，于 1936 年发表在中国共产党在巴黎创办的《全民月刊》上，并在莫斯科出版单行本，记述自己在长征中的经历，宣传了红军在长征中的英雄事迹，扩大了红军长征在国外的影响。

中央红军占领泸定城以后，即沿河南下，然后分路向东北方向的天全、芦山进发。5 月 31 日，红一军团第二师第四团奉命攻打飞越关。这是位于泸定县东南、汉源县西北的飞越岭上的一个垭口，海拔 2800 多米，山路陡峭崎岖，犹如鸟道蛇盘，极难攀登，是一个天然的军事要隘。红四团决定派第二营第六连连长黄霖，率 140 多名战士从侧翼选道而上，出奇制胜。他们从左翼迂回攀援而上，爬上了飞越关北侧高达 3001 米的桌子山，然后从云端里猛然跳下，占领了敌方侧翼的警戒阵地。敌人惊恐万状，立即疯狂反扑，战士们坚决把敌人顶住，最后各自手握仅剩下的一颗手榴弹，端着刺刀冲了上去，一下子把敌人打垮，乘胜占领了敌军的主阵地。与此同时，从正面仰攻的红军部队也奋不顾身地冲上去，一直激战至深夜，将守敌全部歼灭，从而为全军打开了通向天全、芦山等地的通道。①

① 《红军长征在四川》，第 115—118 页。

6 月 2 日，中革军委根据中央政治局会议的决定，作出了兵分三路迅速夺取天全、芦山，实现同红四方面军会合的部署。具体内容是：以红一军团（欠第五团）及红五军团为右纵队，归林彪、聂荣臻指挥，取道胡庄街、牛屎坡、石坪、小河场及其以西平行路，向芦山前进；红三军团、军委纵队及红五团为中央纵队，以战备姿势取道化林坪、大林头、水子地向天全前进；红九军团为左纵队，由泸定直向天全前进。6 月 3 日，中央红军各纵队继续北上。

这时，敌杨森所部正在荥经、天全、芦山一带防堵红军北上。他看到中央红军势不可当，为了保存实力，便授意其第五旅旅长杨汉忠出面与朱德联系，由杨汉忠派人送来信函、部队番号和联络信号，提出互不侵犯的要求。朱德总司令接信后，即决定利用敌人内部的矛盾，为红军北上创造有利的条件。于是，他立即复信杨汉忠，并通过双方的接触，杨汉忠部只朝天放枪以掩人耳目，红军也尽量避免同其接触，比较顺利地通过了荥经县。

然后，红军直趋天全、芦山。6 月 7 日，红九军团先头两个营，在红三军团的策应下，占领天全；红一军团在始阳坝击溃川敌第六旅一个团，于 8 日乘胜进占芦山。

这时，国民党军薛岳部第一、第二纵队正由西昌北进，李抱冰部第五十三师已到冕宁，杨森部第二十军集中于雅安地区，原驻天全的一个旅已调往荥经，奉命加强芦山防御的邓锡侯部第二十八军尚未到达。

根据上述情况，中共中央、中革军委为迅速完成中央红军同红四方面军会合的战略任务，于 6 月 8 日致电各军团首长，提出了分路突破敌芦山、宝兴防线，夺取懋功，控制小金川流域，与红四方面军会合的任务。中央红军坚决响应中共中央、中革军委的号召，纷纷展开了革命竞赛活动，决心以英勇战斗的实际行动，战胜敌人，克服困难，实现同兄弟的红四方面军会师。部队还展开了热烈的捐献活动，募捐了许多慰问品，准备送给红四方面军的战友们。

6 月 8 日，中央红军一举突破敌人芦山、宝兴防线，歼敌一部。随后，经宝兴的盐井坪、崔店子，进到夹金山脚下的大硗碛地区。

大硗碛位于宝兴县北部、夹金山以南，地处偏僻，气候寒冷，贫困落后，是藏民聚居区。6 月 11 日，寨内的藏汉人民听说红军将至，在小街上挂起三道欢迎的红额（当时居民叫“天花”），街头摆起了“吉露”，用红布围着大方桌，桌上放一个盘子，盘内放着十样果品（谓之“十样锦”）和长颈水壶，家家门前放着开水，迎接红军的到来，简直像过节一样。中午时分，红军先遣队来到寨外，顿时，喇嘛吹起莽筒唢呐，群众放起鞭炮，敲锣打鼓把红军迎进寨内。红军进寨后，十分注意宣传工作，贯彻党的民族政策。随先遣队来的杨参谋向额德姆等 20 多位喇嘛和群众当场宣布了红军纪律：一、不进老百姓的住房；二、保护寺院；三、不随便吃群众的东西；四、不拿走“夷家”一点财物，等等。还给红军战士定了一条纪律：不准任何人进入喇嘛寺的经堂。临走时，他还把寺后土司占据的一大片土地划给喇嘛寺经营，并写了一张字据，盖了红军的印章，作为土地归寺院的凭证。

在开始爬雪山前，中央红军在大硗碛附近头道桥的大空地上，召开了动员大会。然后，红军指战员经过简单的准备，如用柏树皮、干竹子扎起一个个“火照”，砍来竹竿、树条做成拐杖，把从天全、芦山一带买来的干海椒发给每个人御寒，便向夹金山前进。①

夹金山，是中央红军长征中跨越的第一座大雪山，海拔 4000 多米，终年积雪，空气稀薄，没有道路，没有人烟，气候变幻无常，时阴时晴，时雨时雪，忽而冰雹骤降，忽而狂风大作，有“神山”之称。有首歌谣说：“夹金山，夹金山，鸟儿飞不过，人不攀。要想越过夹金山，除非神仙到人间。”来自南方衣着单薄的红军指战员，要越过这人迹罕至、禽兽无踪的雪山之巅，困难是难以想象的。

但是，红军是铁打的英雄汉。他们以大无畏的英雄气概，于 6 月 12 日从大硗碛地区出发，在“征服夹金山，创造行军奇迹”的口号鼓舞下，开始向夹金山进军。红军先头分队边开路边行进，稍有不慎，就会滑下雪崖，葬身雪窟。红军广大指战员冒风雪，战严寒，手拉手，艰难地向前迈进，饿了就啃点干粮，渴了就抓把雪解渴，累了也不敢休息，因为一坐下来就有再也站不起来的危险。为了不使战友们掉队，

① 《红军长征在四川》，第 123—126 页。

指战员们发扬阶级友爱精神，互相搀扶着，一步一停，一步一喘地向上攀登。在快接近山顶时，忽然天空乌云滚滚，刹那间，狂风大作，大雪夹杂着鸡蛋大的冰雹，没头没脑地向指战员们袭来。有的伤病员倒在雪地上再也没有站起来，他们为中国人民的解放事业，长眠在雪山之巅！中央红军广大指战员就这样怀着必胜的坚定信念，发扬不怕苦不怕死的革命精神，以坚韧不拔的顽强毅力，同心同德，团结互助，战胜风雪严寒和高山缺氧等重重险阻，终于征服了“神山”，跨过了第一座大雪山，真是“天空鸟飞绝，群山兽迹灭，红军英雄汉，飞步碎冰雪！”

对于爬雪山的艰难情景，谢良在回忆中说：

越往上爬，气温越低。寒风吹在身上，冷飕飕的；雪粒打在脸上，像刀割似的疼痛。我们身上穿的都是单衣，几乎和没穿衣服一样。有的同志把毯子裹在身上，也无济于事，仍冻得浑身哆嗦，牙齿打战。特别是一双脚，长时间在冰雪里行走，草鞋浸湿后冻上了冰，硬帮帮〔邦邦〕的，磨得生疼。很多同志的脚被冰渣划破，鲜血直流。……

再往上走，空气更加稀薄，胸口就像压着一块大石头一样透不过气来，两条腿也像灌了铅似的沉重。每向前迈出一步都要花费很大的气力，连着走几步心就跳得格外厉害，甚至头昏目眩，仿佛整个雪山也都晃动起来。……

……

快接近山顶时，山势更加险峻。风大，路滑，经常有人跌倒，甚至从雪坡上滚下去。不少同志已精疲力竭，走几步就呼呼直喘，只想坐下歇一歇。……但是一坐下来后，就再也起不来了。……

……

在路的两旁，可以看到一个个隆起的雪堆，使我们感到沉痛，同时又使我们警惕起来，仿佛那些牺牲的战友对我们说：可不能松劲呀，一定要拿出身上所有的力气，咬紧牙关，坚持到底，战胜这冷酷无情的大雪山！

中午，部队终于登上了山顶，高高的大雪山被我们踩在脚下了！战士们欢呼起来。欢呼声响彻冰山雪岭，在山谷间久久地回荡着。……①

爬雪山，最困难的还是那些年老体弱的同志、妇女、伤病员，以及肩负比较重的物资的战士。杨定华在《雪山草地行军记》中说：

……夹金山的雪不但不能“赏”，而且会冷死人的。夹金山上每天下午则大雪纷飞，冷气遮蔽着整个天空，所谓“乌烟瘴气”的俗语，对于夹金山上是最适当的形容词。照例想来，上山走快一点，身上发热，就可以御寒，然而空气却不容许你这样想。因为山上空气异常稀薄，呼吸异常困难，因此只好慢慢地一步步来走。吃辣椒水的办法，结果只对身体强健的人起了作用，对身体弱的人则不生效力。这些体力弱的人竟有些冷得牙齿啪啪地响，有如机关枪发射的声音，甚至脸上也改变成黑黝的颜色。……有青年将军之名的红军第一军团军团长林彪和总司令部的侦察科长胡底因身体衰弱，山上气压太低，几次晕倒，以后是在同志们的极力协助之下，才渡过了夹金山的难关。②

当时，林彪等都不到30岁，爬雪山已这样困难，那些年过50或将近50岁的人，如徐特立、林伯渠、董必武、谢觉哉、朱德等年纪大的人,就更加艰难了。特别是朱德,他虽然有一匹马,却让给了伤病员，自己背着粮食和战士一样爬山。除此之外，他还要指挥军队，在爬山前他检查每一支部队，过雪山后又到各部队巡查。徐特立当时已年近60岁，头发斑白，牙齿都脱落了，但他的生活一如士兵，很少骑马。林伯渠、董必武、谢觉哉等，也都已经50岁左右，仍和战士们一样爬雪山。董必武后来向美国记者史沫特莱介绍爬雪山时的艰难情景说：

---

① 《红军长征·回忆史料》(一)，第449—450页。

② 《中国工农红军第一方面军长征记》，第288页。

天刚蒙蒙亮，我们就出发了。简直没有路，……我们就对准峰顶附近那个缺口，笔直地向上爬。浓雾环绕，大风凛冽，刚到半山，就下起雨来了。我们越爬越高，又撞上了让人担惊害怕的冰雹。空气越来越稀薄，呼吸越发困难。讲话是完全不可能的事，冷得人连呼气都冻了冰，手和嘴唇冻得发紫。有些人和牲口一步没走稳，就掉在冰河中，从此诀别。那些坐下来休息喘喘气的，就在原地冻僵。……

到了暮色苍茫时，我们在海拔一万六千英尺的高度上翻过了大山，那天晚上，我们就在人迹罕至的山谷中露营。我们大家都筋疲力竭地躺下休息，朱将军却照往常一样，到四处巡查。他一路上和部队一同跋涉，疲劳不堪。但是他的例行巡查却是无论如何中断不了的。……

为了避开敌人的轰炸机，我们在半夜就起来了，开始爬第二个山头。天下着大雨，后来又变成大雪，冷风像刀子一样吹打我们的身体，又有很多人在严寒和力竭之中死去。

提起这座山的最末一个山头，真令人胆寒。我们估计，从山脚到山顶共长八十里地。我们的人在这里一死就是好几百。他们想坐下歇歇腿、喘喘气，就从此站不起来了。沿路，我们不停地弯下腰去，想拉他们站起来，可是发现已经咽了气。……①

爬雪山时最困难的还是妇女。中央红军长征出发时，参加长征的女干部有 30 人，她们是：蔡畅、邓颖超、康克清、贺子珍、刘英、刘群先、李坚真、李伯钊、钱希均、陈慧清、廖似光、谢飞、周越华、邓六金、金维映、危拱之、王泉媛、李桂英、甘棠、危秀英、谢小梅、钟月林、吴富莲、杨厚珍、萧月华、李建华、曾玉、刘彩香、丘一涵、吴仲廉。到达扎西后，甘棠和李桂英被留下参加川滇黔边的游击战争；

---

① 〔美〕艾格妮丝·史沫特莱：《伟大的道路》，生活·读书·新知三联书店 1979 年版，第 372—373 页。

到达北盘江地区时，谢小梅又被决定随丈夫罗明去贵阳开展工作。所以，自始至终参加长征的中央红军女干部共 27 人。除此之外，参加中央红军长征的，还有女战士蔡云香等人。

女同志的身体本来一般不如男同志，加上她们有的已经体弱多病，有的刚生过小孩或正在怀孕，因此爬起雪山来特别困难。当时女战士王泉媛正赶上来例假，在风雪严寒的侵袭下，腹部痛得像刀绞似的难忍。战友们见她脸色苍白，忍痛咬牙，都关切地询问，她说："没事，能走！"她和战友们互相搀扶着，步履艰难地向前移动，终于翻过了这座大雪山。[①] 李坚真看到有的马夫、运输员都晕倒了，便和战友们鼓着余劲，咬紧牙关，跪着爬行，不但自己过了雪山，还把伤病员及担架、药箱等全部拉过了这座大山。[②]

大雪山虽然难以逾越，但是，红军指战员们靠着革命的英雄主义精神，坚韧不拔的毅力，互相之间的团结互助，终于把这座人迹罕至的大雪山踩在了脚下。聂荣臻在回忆中即说："就整个来说，我们全靠万众一心，群策群力，互相帮助，发挥了阶级友爱，胜利地越过了夹金山。我也和大家一起，因为想到我们盼望已久的四方面军的战友就在山脚下，自己也说不清当时是哪里来的那一股体力，硬坚持着越过了雪山。"[③] 萧锋在日记中也记述道："一路上，大家发扬团结互助精神，看到年纪大身体弱的同志就扶护。真是阶级感情深似海！"[④]

在先头部队翻越夹金山后，中央红军主力也于 6 月 17 日翻越夹金山，另一支小部队——红一军团第一师，在师长李聚奎、政委黄甦、政治部主任谭政的率领下，也沿着宝岭西河经五龙、陇东、中岗、土巴沟等地，于 18 日翻越了夹金山。中共中央关于与红四方面军会师的计划，就要实现了。

---

① 李安葆、刘录开：《女红军长征记》，中国妇女出版社 1991 年版，第 36 页。

② 郭晨：《"蛮"大姐李坚真》，曾志主编：《长征女战士》（一），北方妇女儿童出版社 1986 年版，第 30 页。

③ 《聂荣臻回忆录》（上），第 276—277 页。

④ 萧锋：《长征日记》，上海人民出版社 1979 年版，第 89 页。

第 四 章

红四方面军的策应和开始长征

一、“川陕甘计划”与策应中央红军

1934 年 10 月，当中央红军第五次反“围剿”失败，撤离中央苏区，开始战略转移时，遥距数千里之外的另一支红军——红四方面军，在川陕苏区刚刚取得粉碎四川军阀六路围攻的胜利。

红四方面军原在鄂豫皖苏区，是中国工农红军的主力之一。1932 年 6 月，国民党军对鄂豫皖苏区和红四方面军发起大规模的第四次“围剿”。面对强敌，红四方面军进行了两个多月的艰苦作战，终因中共鄂豫皖中央分局书记兼军委主席的张国焘估计错误，并接连在战略方针上失误，而屡遭挫折，陷入险境，失去打破“围剿”的希望。10 月，红四方面军主力越过平汉路向西转移，撤离鄂豫皖苏区。

红四方面军西移的最初目的是“跳出根据地，暂到平汉路以西活动，伺机打回根据地”①，但是由于敌优势兵力围追堵截，原定的意图无法实现，因而不得不实行长途战略转移。全军官兵一路征战，翻秦岭，涉汉水，越巴山，于 1932 年 12 月由陕西南部进抵四川北部的通江、南江、巴中地区，开始了创建新的根据地的斗争。

通、南、巴地区，背靠巴山南麓，俯视川东盆地，地势险要，易守难攻，是四川军阀田颂尧的势力范围，他在此已盘踞多年。在其残

---

① 徐向前：《历史的回顾》（上），解放军出版社 1984 年版，第 211 页。

酷统治下，川北民众啼饥号寒，处于水深火热之中。红四方面军入川前，四川全省分别为刘文辉、刘湘、田颂尧、邓锡侯、杨森等军阀分割控制，为争夺地盘，各派军阀时常混战。1932 年 12 月，刘湘与刘文辉为争夺成都展开大战，田颂尧站在刘湘一边，倾其主力西出成都参战，川北一带敌人兵力空虚。这里的地形条件、供应条件、敌情条件，都有利于红军在此落脚，建立革命根据地。

到 1933 年 10 月，红四方面军建立的以通、南、巴为中心的川陕苏区，扩大为东起城口近郊，西临嘉陵江沿岸，南迄营山、达县，北至陕南镇巴、宁羌（今宁强县）的广大地域，纵 200 余公里，横 250 余公里，总面积达 4.2 万余平方公里，人口约 500 万。川陕革命根据地的最高军事领导机构为西北革命军事委员会，主席张国焘，副主席陈昌浩、徐向前，参谋长曾中生。红四方面军由刚入川时的 1.4 万余人，最多时扩大到 8 万余人，建制由四个师发展到五个军 15 个师。红军控制了通江、南江、巴中、仪陇、营山、宣汉、达县、万源八座县城，建立了 20 多个县的革命政权。曾经在鄂豫皖苏区出现的如火如荼的斗争场景，在川陕苏区得以再现。川陕苏区成为中央苏区之后的第二大革命根据地。

川陕苏区的发展和红四方面军一连串作战的胜利，威震全川，并引起国民党南京政府震惊。1933 年 9 月，刘湘与刘文辉之战以刘文辉败北而暂告结束，四川形成以刘湘为首的表面统一的局面。刘湘就任四川“剿匪”总司令，集结川军各路势力，向川陕苏区和红四方面军发动六路围攻。从 1933 年 10 月底至 1934 年 9 月中旬，红四方面军进行了十个多月的反六路围攻作战，先后毙伤俘敌军 8 万余人，缴枪 3 万余支、炮百余门，击落敌机一架。这次战役是红四方面军入川以后规模最大、历时最长、战果最辉煌的一次战役。

虽然反六路围攻以胜利而告终，但红四方面军面临的局面很严峻。一方面，因为整个战役旷日持久，战争程度异常惨烈，苏区军民付出了极大的代价。红四方面军伤亡 2 万余人，部队减员严重。由于战争，本应是收获的季节，却农田荒弃，废墟一片，疾病蔓延，一派萧条衰破的景象。根据地急需的粮食、食盐、衣被、药品严重匮乏，物资短缺，补给困难。

另一方面，落得失败下场的敌人并不甘心。10月，蒋介石令因围攻红军失败而辞职的刘湘于10月22日“复职”，令陕西杨虎城部进袭红军后背，以呼应川军。不久，蒋介石又令其嫡系胡宗南部派兵由甘肃入四川，进驻川北的咽喉要地广元、昭化。对四川各路军阀，蒋介石拨款240万元，以补充兵力和装备。在川陕苏区周围，敌人部署的总兵力达200个团以上，企图以稳扎稳打、筑碉封锁、步步为营、南北夹击的战术，最终消灭红四方面军。

11月初，红四方面军在通江毛裕镇召开了政治工作会议，提出当前的中心任务是：全力巩固反六路围攻的胜利果实，在继续坚决进攻中来准备应付更大更残酷的战争，以达到消灭敌人、冲破“川陕会剿”、“赤化全川、争取西北首先胜利”之目的。但会议对如何冲破“川陕会剿”，没有进行细致的讨论。红四方面军下一步的具体行动方向，仍不明确。

11月中旬，红四方面军又在巴中清江渡召开军事会议，主要是讨论新的行动方针，制定下一步战略计划。这一计划是由方面军总指挥徐向前准备和提出的，其主要内容是：依托老区，收缩战线，发展新区，以胡宗南部为主要打击目标，夺取甘南的碧口和文（县）、武（都）、成（县）、康（县）地区，并伺机向岷州、天水一带发展，以打破敌人的“川陕会剿”。由于这一计划，是将川陕根据地扩展为川陕甘根据地，所以被称为“川陕甘计划”。它不是游离老区，而是在依托原根据地的基础上，发展新区。张国焘、陈昌浩等人都认为徐向前的分析正确，“川陕甘计划”切实可行，表示赞同。

清江渡会议结束后，红四方面军开展大规模整训，进行冲破“川陕会剿”、执行“川陕甘计划”的准备。鉴于反六路围攻后兵力剩下6万余人的情况，红四方面军将原五个军的15个师缩编为11个师。编制如下：红四方面军总指挥徐向前，政治委员陈昌浩，副总指挥王树声；第四军辖第十、第十二师，第九军辖第二十五、第二十七师，第三十军辖第八十八、第八十九、第九十师，第三十一军辖第九十一、第九十三师，第三十三军辖第九十八、第九十九师，方面军的炮兵营扩编为炮兵团，彭杨干部学校改为红军大学，妇女独立团仍保留原建制。全军各部队根据清江渡会议制定的《军事教育计划大纲》，掀起了练兵热潮。

红四方面军领导人在制定自身行动计划、展开整编练兵的同时，一直密切关注中央红军的动向。他们一面通过电台不断向党中央报告红四方面军的行动，一面多方搜集有关中央红军的消息，就连敌方的报纸也成为了解动向的一个渠道。1935 年 1 月 1 日，张国焘在《中央红军西征》的文章里写道："据反动报纸传出消息，中央红军的一部分主力是在大举西征。……不管反动报纸如何造谣，可是于他们造谣之中，已经泄露出一些真实消息来了。"[①] 文章还说中央红军正在向贵州进发，这可以使红四方面军和红二、红六军团同中央红军密切联系，协同作战。

长征中的党中央和中央红军也在积极寻求与红四方面军取得联系。就在张国焘《中央红军西征》文章发表的当天，党中央政治局在贵州猴场开会，作出创建川黔新苏区的决定，特别"责成书记处与军委保持同二、六军团与四方面军的密切的通讯联络。加强对于他们在政治上与军事上的领导，使他们以积极的行动来配合我们的反攻。"[②] 遵义会议后，党中央给红四方面军发电，将会议的情况简要地告诉了四方面军的领导人。不久，党中央又致电红四方面军，要求派一个师南进，接应中央红军北上。

如何执行中央的命令？徐向前回忆说：

> 我们立即开会，讨论如何策应的问题。派部队出去多了，等于大搬家，放弃川陕根据地。少了，去一个师，等于拿肉包子打狗，有去无回。四川那种地形，敌人把山险隘路截断，你无处可走哇！还有，从敌人报纸上得悉，徐海东已率红二十五军抵豫南一带，

① 此文原载《干部必读》第 99 期（1935 年 1 月 1 日），见中国工农红军第四方面军战史编辑委员会：《中国工农红军第四方面军战史资料选编》（川陕时期・下），解放军出版社 1993 年版，第 372 页。

② 《中共政治局关于渡江后新的行动方针的决定》（1935 年 1 月 1 日），《中共中央文件选集》第 10 册，第 446 页。

> 也需要我们接应。有的说先派一个团去吧，有的说我们又不是三头六臂，一个团哪能行呵！怎么办？讨论来讨论去，想不出好办法。最后，决定仍按清江渡会议制定的方针向川陕甘发展，先把广元、昭化拿下来，消灭胡宗南刚刚伸进四川的一部分力量。那里是嘉陵江上游，江面不宽，冬季水稳，容易渡过。如果拿下广元、昭化，我们就控制了嘉陵江两岸川陕交界的咽喉要地，进而可以图川西平原、甘南、陕南，伺机接应中央红军和红二十五军。[①]

1 月下旬，红四方面军发起广昭战役。在转斗铺、羊模坝两次战斗中，红军歼敌 800 余人，缴枪千余支。但广元、昭化两城守敌凭坚固守，红军未能攻破，加上敌人援军进逼，红军面临腹背受敌的威胁。红四方面军领导人决定撤出战斗，结束广昭之役。

就在红四方面军准备进行广昭战役时，中央红军正准备由贵州北部经四川南部渡过长江，转入四川。1935 年 1 月 22 日，广昭战役打响的当天，中央政治局、中革军委向红四方面军发出指示电。指示电说：

> 为选择优良条件，争取更大发展前途计，决定我野战军转入川西，拟从泸州上游渡江，若无障碍，约二月中旬即可渡江北上，预计沿途将有许多激烈的战斗。这一战略方针的实现，与你们的行动有密切关系。为使四方面军与野战军乘蒋敌尚未完全入川实施“围剿”以前，密切的协同作战，先击破川敌起见，我们建议：你们应以群众武装与独立师、团向东线积极活动，钳制刘敌，而集中红军全力向西线进攻。因我军入川，刘湘已无对你们进攻可能，你们若进攻刘敌，亦少胜利把握，与我军配合作战距离较远，苏区发展方向亦较不利；西线则田部内讧，邓部将南调，杨、李、罗兵单力弱，胜利把握较多，与我军配合较近，苏区发展亦是有利的。故你们宜迅速集结部队完成进攻准备，于最近时期，实行向嘉陵江以西进攻。至兵力部署及攻击目标，宜以一部向营山之

① 徐向前：《历史的回顾》（中），解放军出版社 1985 年版，第 388 页。

线为辅助方向；而以苍溪、阆中、南部之线为主要方向。在主要方向宜集中主力，从敌之堡垒间隙部及薄弱部突入敌后，在广大无堡垒地带寻求敌人，于运动战中包围消灭之。若你们依战况发展，能进入西充、南充、蓬溪地带，则与我军之配合最为有利。①

红四方面军是在广昭战役打响以后，才收到这个电报的。这时，中央红军已经离开遵义，向川黔边的赤水方向前进，红四方面军策应其渡江北进的行动刻不容缓。川陕苏区的西北革命军事委员会在旺苍坝召开紧急会议，讨论中央来电。

按照中央来电，红四方面军的任务是集中全力西渡嘉陵江，突入敌后，在运动中寻机歼敌，策应中央红军渡江北进。这意味着，红四方面军主力将离开川陕根据地，向嘉陵江以西发展。这是一个关系川陕苏区和红四方面军全局的战略性问题。会议认为，如果不是中央红军处境艰难，中央不会作出这样的决定，因此，红四方面军头等紧要的任务，是西进策应中央红军作战。会上曾议论是否以红四方面军主力南下，直接接应中央红军的问题，但是对走哪条道路、需要多少兵力、能不能打到长江边等问题，方面军的领导人没有把握，所以放弃了这种设想。

会议最后决定：暂时停止与胡宗南的角逐，适当收缩东线兵力，准备放弃城口、万源一带地区，集中主力西渡嘉陵江。由于昭化以南的嘉陵江水深江阔，沿岸又有敌军重兵防守，若没有充分准备，难以实施渡江作战；而昭化以北渡江虽较易，但渡江之后有剑门关之险，向南发展会遇到较大困难。经过讨论，会议决定，一方面实施陕南战役，集中第四军六个团、第三十军四个团、第九军两个团共 12 个团的兵力，出击陕南，以迷惑敌人，调动敌人北上，创造在苍溪、阆中一线渡江的有利条件；另一方面以第三十一军和总部工兵营迅速搜集造船材料，隐蔽造船，积极进行渡江准备，并监视昭化、广元敌军动向。同时以第九军第二十五师布于转斗铺地区，保障进攻陕南的部队左翼侧后的

① 《中国工农红军第四方面军战史资料选编》（川陕时期·下），第 379 页。

安全。

旺苍坝会议之后，红四方面军首先发起陕南战役。从2月3日开始，红四方面军在陕南作战十多天，先后攻占宁羌、沔县（今勉县）、阳平关重镇，歼敌四个多团和一些地方民团，缴机枪50余挺、步枪5000余支，俘敌团长以下官兵4000余人。

陕南战役果然吸引了国民党军队和川军的注意力。2月7日，蒋介石的行营参谋团主任贺国光电告孙蔚如："匪陷宁羌，由陕窜甘已无疑意，汉江上游顿形严重，似宜侧重陕甘边区，兴安一带部队应移置汉中，以便较易策应等因。除已电调西乡、镇巴、石泉、汉阴一带部队留必要之少数守城外，汉江以南各部队亦令即日向南郑集中，加厚防务，并限各担任守备部队迅速完成一切准备。"① 显然，敌人以为红军出击陕南之后将直接进兵陕甘一带。蒋介石急忙调集兵力向川陕边境增援，胡宗南将伸入四川的兵力调回甘南，以防红军进攻其后方天水；邓锡侯部的五个江防团北进，接替广元、昭化防务，并北出与胡宗南部策应，将河溪关以南江防交田颂尧部。敌第四十九、第六十、第六十一师，向陕甘南部移动。敌人调整兵力部署，增兵川陕边境，在一定程度上减弱了嘉陵江沿岸江防力量。红四方面军实现了陕南作战的目的，军事上取得了胜利，于是停止进攻，撤出褒城之围，于2月中旬回师川北，准备渡江西进，策应中央红军入川。

红四方面军回师川北以后，准备西渡嘉陵江，但这时形势发生了新的变化。1月下旬，中央红军按党中央和中革军委下达的《渡江作战计划》，从桐梓、松坎地区出发，准备在宜宾、泸州之间北渡长江。28日在土城镇同尾追之敌川军刘湘部激战，中央红军此役失利，加之敌军已在泸州附近长江沿岸地区布重兵防守，党中央和中革军委决定暂缓实施北渡长江计划，中央红军改向四川、云南交界的扎西（今威信）地区集中，在川、滇、黔边境进行机动作战，创建新的根据地。

2月16日，朱德、周恩来、王稼祥致电红军第二、第六军团和第

---

① 《第三十八军孙蔚如部与红四方面军在陕南战斗详报》（1935年2月），中国工农红军第四方面军战史编辑委员会：《中国工农红军第四方面军战史资料选编》（附卷），解放军出版社1993年版，第492页。

四方面军领导人，告知中央改变原定计划的决定。电报说：

> 我野战军原定渡过长江直接与红四方面军配合作战，赤化四川，及我野战军进入川黔边区继向西北前进时，川敌以十二个旅向我追击并沿江布防，曾于1月28日在土城附近与川敌郭、潘两旅作战未得手，滇敌集中主力亦在川滇边境防堵，使我野战军渡江计划不能实现。因此军委决定我野战军改在川滇黔边区广大地区活动，争取在这一广大地区创造新的苏区根据地，以与二、六军团及四方面军呼应作战。①

党中央和中革军委根据中央红军作战的实际情况，适时改变了原定计划，但红四方面军因为受此前1月22日党中央和中革军委作战方针的牵动，“已若箭在弦上”②，非进不可。因为当红四方面军主力在陕南作战时，其他各线敌军乘隙向川陕苏区进攻。东线之敌刘湘部主力第二十军于2月2日占领万源，8日占领巴中，9日占领通江。西线之敌罗泽州部暂编第二十三师于2月5日占领仪陇，田颂尧部罗迪琼第三师于21日占领苍溪。川陕苏区的地盘越来越小。红四方面军领导人决定，仍按原定目标，强渡嘉陵江，实现川陕甘计划，同时密切注视中央红军的转战动向，伺机进行策应。

为制止敌人向川陕苏区进一步进攻，扫清红军渡江作战的障碍，红四方面军进行了仪陇、苍溪战斗，歼灭了田颂尧、罗泽州两部敌军四个团的全部或大部、另四个团的各一部，俘敌官兵3000余人，缴各种枪支5000余支。仪陇、苍溪战斗之后，北起广元、南至南部城的嘉陵江东岸，除阆中城外，均为红军控制。红四方面军领导人决定，积极进行各项准备，组织渡江战役。

---

① 《中国工农红军第四方面军战史资料选编》（川陕时期·下），第389页。

② 徐向前：《历史的回顾》（中），第396页。

二、强渡嘉陵江

嘉陵江，是四川省的四大河流之一，起源于陕西凤县的嘉陵谷，由北至南，自广元起汇合白龙江水流，一泻千里，直下长江。两岸山峦耸立，江面宽阔坦荡，中上游出没于高山峡谷之间，奔流湍急，确实是一道难以逾越的天堑。

凭借自然界的天险，川军在嘉陵江西岸设置了一道人为的屏障。川军以 53 个团的兵力布防于北起朝天驿、南至南部新政坝约 300 公里正面的嘉陵江西岸广大地区，纵深直至涪江沿岸。担负江防任务的，主要是敌军邓锡侯部和田颂尧部。其具体兵力部署是：邓锡侯部的 21 个团，防守广元的朝天驿至射箭河以北的沿江地段，其中以 15 个团部署在一线，以六个团分置于广元西北车家坝和昭化西南的剑门关，作为预备队。田颂尧部的 32 个团，防守射箭河以南至南部的新政坝，其中以 25 个团部署在一线，以七个团配置在阆中以西的思衣场地区，作为总预备队。敌军江防戒备森严，碉堡林立，仅从昭化以上至宁羌边境 100 余公里的防线上，就新筑碉堡 147 座，加上原有的共约 200 座。江上的船只，全部被敌人掠往西岸，敌人还强迫当地百姓在沿江重要的滩头地段挖掘陷阱，埋插竹签，企图阻止红军西渡。

为了制定可行的渡江计划，胜利实现渡江，红四方面军总指挥徐向前、副总指挥王树声，率领孙玉清、杜义德及参谋人员，翻山越岭，长途跋涉，沿嘉陵江东岸，察看地形，了解敌情，选择渡口，先后行程一二百公里。

徐向前、王树声等察看的结果，发现敌人江防并非“铁板一块”，固若金汤。田颂尧部守军虽多，但防线过长，无法处处兼顾，只好“守点看线”，其间有很多薄弱环节。从苍溪小浙河至镇水百利坝，近 50 公里江岸只有三个团防守，而真正布置于前沿阵地的兵力仅有四个多营。这一段防线内的苍溪塔子山对岸二三公里是一片平滩，越过平滩为丘陵起伏地，易于部队快速展开，向纵深发展。此间的江水流速低缓，船渡比较有利。江东岸的塔子山，前山陡峭，居高临下，利于红军发挥火力，掩护部队渡江；后山坡缓，草深林茂，便于大部队隐蔽。据守这段江防的敌军只有一个营，建制不全，兵员不足，多次与红军交战，屡遭打击，士气低落，是易打之敌。

据此，徐向前提出渡江作战计划：以苍溪城东南约四公里的塔子山为主渡点，实施重点和多路突击相结合的战法。具体部署是：

第三十军为渡江主攻部队，于苍溪以南塔子山附近实施重点突破，消灭守敌之后向剑阁、剑门关方向进攻，协同第三十一军消灭剑门关之敌；

第三十一军居右，从苍溪以北的鸳溪口渡江，尔后消灭剑门关守敌，并迅速向昭化、广元发展，打击邓锡侯部和阻击甘南的胡宗南部南下，保障右翼安全；

第九军居左，从阆中以北渡江，尔后以一部协同第三十军向北进攻，以另一部消灭阆中、南部守敌，保障左翼安全；

第四军为方面军第二梯队，待第一梯队渡江成功后，于苍溪渡江，以一部向南迂回，协同第九军消灭南部守敌，主力则向梓潼方向发展；

方面军总部炮兵团配置于苍溪塔子山上，掩护第三十军强渡。

整个渡江战役由徐向前负责指挥。陈昌浩在东线负责指挥第三十三军和苏区地方武装牵制敌人，配合渡江战役的进行。

这次战役，是红四方面军第一次大规模强渡江河作战，全军上下练兵、造船，进行了充分准备。中共川陕省委和川陕省苏维埃政府，动员苏区百姓，提供人力、物力，热情支持红军渡江。

3 月 28 日夜，红四方面军总指挥徐向前下达渡江命令。按照预定作战部署，第三十军居中，第三十一军在右翼，第九军在左翼，三支大军像三把钢刀，直插嘉陵江西岸。

担任主攻的第三十军先头部队，由副军长程世才、师长熊厚发率领。随着师长熊厚发一声令下，第八十八师第二六三团两个营的战士分乘 50 多只小船，以神速的动作，直驶对岸。

在茫茫夜幕里，由于江涛拍岸声淹没了船桨击水的声音，所以直到我们的船队距敌西岸不到五十米的时候，敌人的哨兵才发现了我们。

“谁？干什么的？”敌哨兵一面大声吆喝，一面用手电照射着江面。我渡江部队一声不响，只管拼命向前划船。当船离西岸约二十多米时，敌人开始用步枪射击。此时，我渡江部队船头的机枪一齐向岸上的敌人开火，部署在东岸的炮兵听到枪声，也向敌人开炮掩护。还没等敌人的火力展开，我突击部队已胜利登岸。①

先头部队登陆之后，猛冲猛打，很快全歼守敌三个连，占领敌军一个营的沿江防区，控制了要点。第八十八师后续部队两个团紧接其后渡江，投入战斗，乘势攻占飞虎山、高城山、万年山等制高点，击溃了来自思衣场方向增援的敌军一个旅。旋即，大部队向纵深发展，迅速往剑门关推进。

右翼第三十一军一部从苍溪以北的鸳溪口强渡成功，一举攻占敌险要阵地火烧寺，击溃敌刘汉雄部一个旅。左翼第九军从阆中以北的涧溪口强渡成功，31 日攻克阆中，并沿苍溪东岳庙向剑阁方向进击。继第一梯队的三个军渡江之后，作为第二梯队的第四军也渡过嘉陵江，其一部配合第九军一部攻打南部县城，守敌一触即溃，不战而逃。

红四方面军渡过嘉陵江之后，继续兵分三路，以疾风扫落叶之势，席卷沿江敌军。4 月 2 日，第三十军第八十八师、第三十一军第九十三师和第九十一师一部，分别进抵剑门关下，从东、西、南三面包围了剑门关。

剑门关位于横亘剑阁、昭化之间的剑门山上，扼川陕大道。整座山地势北高南低，七十二峰峰峦绵延，似七十二头雄狮面北而卧。高耸入云的峭壁，犹如刀削斧砍一般。山间只有一条小道，其隘口悬在几丈深的绝壁中，古称“剑门天下险”。关口有座三层门楼，楼上设置瞭望哨，底楼装有两扇大铁门，在刀矛剑戟时代，若有敌寇闯关，守关兵卒紧闭铁门,便成“一夫当关,万夫莫开”之势。而一旦攻破关口，

① 程世才:《强渡嘉陵江》,《艰苦的历程》（下），人民出版社 1984 年版，第 23—24 页。

就会一泻千里。正因为它地形险要，又处战略要冲，故自古以来就是兵家必争之地。这里是邓锡侯江防部署的支撑点，其部队长期在此驻守设防，地堡成群，堑壕密布。邓锡侯派其宪兵司令刁文俊率三个团兵力防守在这里，企图凭险堵住红军的进攻。敌人曾声称：“你红军过得了江，不一定过得了关。”

方面军副总指挥王树声，在前线指挥攻打剑门关的战斗。他命令部队集中迫击炮和机枪火力，掩护突击队向敌军各集团工事，逐点实施攻击。上午 11 时，红军全线发起猛烈进攻。第三十一军向隘口东侧敌军进攻，第三十军第八十八师向隘口西侧敌人进攻。攻打关口两侧主峰的红军反复同守敌较量，一次又一次发起冲锋，战况异常激烈。受命攻打东侧主峰敌军的第九十三师第二七四团第二营营长陈康回忆说：

> 临近十一点多钟，天空乌云由淡变浓，毛毛细雨越下越大，地上的水顺着山沟往下淌。我们的攻击部队，在迫击炮和轻重机枪的掩护下，又一次向主峰发起攻势。眼看快要完蛋的敌人，把集中在主峰上的火力，不歇气的向我攻击部队倾泻。由于我们的迫击炮打得不准，压制不住敌人的火力，使得攻击部队一次又一次被迫退下来。①

红军炮兵很快调整弹着点，再次集中火力，准确地将炮弹射向敌军工事。一时间，一发发炮弹在敌军工事里开花，泥土四溅，血肉横飞。

> 战士们端着刺刀，高喊杀声，直冲敌阵。只见漫山遍野红旗招展，军号齐鸣，战马长嘶，夹杂着惊心动魄的枪声，犹如山倾海翻，震天动地。②

① 陈康：《攻克剑门关》，《艰苦的历程》（下），第 30 页。

② 陈康：《攻克剑门关》，《艰苦的历程》（下），第 34—35 页。

当天黄昏，红军终于攻克了关口东西两侧制高点，全歼守敌三个团，占领了被称作“插翅难飞”的剑门关要隘。接着，第三十军和第三十一军各一部乘胜前进，一举攻占了昭化城，歼守敌一个团。第三十一军主力进至羊模坝、三磊坝地区，阻击胡宗南部南下，并包围了广元。第九军和第四军主要是打击田颂尧部，第四军以一部向梓潼发展，另一部协同第九军攻克阆中、南部，击溃敌军一个旅，歼敌三个团。到这时，嘉陵江西岸敌军江防被全线摧毁，北起广元、南至南部约 200 公里的嘉陵江西岸地区均控制在红军手中，红四方面军渡江战役第一阶段结束。

突破嘉陵江的胜利，大大振奋了苏区人民的精神。当地百姓流传着一首赞誉红军胜利、嘲讽四川军阀失败的民谣，表达了这种心情：

红军过了河，
羊子奔索索，①
冬瓜遍地滚，②
猴子摸脑壳，③
矮子挨鞭打，④
刘湘怕活捉，
请问委员长，
看你又如何？！⑤

对川军江防的被突破，蒋介石大为震怒。4 月 2 日他下令将第二十九军军长田颂尧“撤职查办”，副军长孙震记大过一次，暂代军长职务，“戴罪图功”。田颂尧部这时已逃向射洪、盐亭、三台地区集结；邓锡侯第二十八军一部退缩于广元以北地区，另有三个旅和军部所率

① 羊子，即指杨森。奔索索，四川土话，意思是欲逃不能。
② 冬瓜：即指田颂尧。因田生得体胖，故有此绰号。
③ 猴子：即指邓锡侯。
④ 矮子：即指李家钰。因李长得个矮，故有此绰号。
⑤ 引自《许世友回忆录》，解放军出版社 1986 年版，第 305 页。

部分兵力，布防于梓潼、魏城、江油、中坝、绵阳地区；胡宗南部仍在川甘交界的青川、碧口至南坪一线。4 月 3 日，蒋介石的行营参谋团主任贺国光急令各部稳定战线，守住阵地，待机反攻。

根据敌军在江防部署被打破后，慌忙调集兵力，调整部署的情况，徐向前决定乘敌慌乱之际，立即进入渡江战役的第二阶段，向纵深进击，横扫涪嘉流域之敌。这个阶段的主攻方向是西进涪江流域打击邓锡侯部，而后挥师甘南，打击胡宗南。慌乱之中的四川军阀“对红军向涪江上游挺进，不很重视，只认为是红军‘转山’行动”①。

4 月 8 日，徐向前命令第三十一军继续扼守羊模坝、三磊坝并围困广元；第三十军第八十九师出青川、平武，分割广元、江油敌军并阻止胡宗南部南下，保障红军右侧安全；第三十、第九军主力向江油，第四军主力向梓潼，展开猛烈进攻。

王宏坤率第四军第十师攻打梓潼，具体部署是以第三十四团攻城，以第三十六团攻取城外西南山头，准备攻打敌军援兵。经过一昼夜急行军，次日拂晓，第三十四团迅速包围梓潼城内之敌，第三十六团以一个营将西南山头敌据点围住，主力在西南面通往绵阳的道路上构筑工事，以阻敌之援军。

梓潼离邓锡侯的大本营绵阳不过 50 公里，是绵阳的屏障，梓潼一失，不仅威胁绵阳，而且还会震动成都。因此，红军攻打梓潼的枪声一响，绵阳之敌马上接到梓潼守军的求援电话。王宏坤回忆说：

> 敌人的电话线刚好从我们处所穿过，我们用机子搭上，我听到绵阳和梓潼及城外西南山头守敌正在通话，绵阳方向说，援兵就要到了。
>
> 我将消息告诉了三十六团指战员，大家高兴极了，自陕南作战以后，三十六团兵员充足，又训练了两个多月，好久没有捞上仗打，全团上下正憋着一股使不完的劲。

① 邓锡侯、杨晒轩、田颂尧、张熙民：《堵截红四方面军过涪江地区的几次战斗》，《围追堵截红军长征亲历记》上册，第 361 页。

> 上午12点，援敌来到了我军埋伏地点，一声号令，战士们如猛虎下山，扑向敌人，经一场激战，我军歼敌近两个营，余敌狼狈地向绵阳溃逃。
>
> 敌援兵中伏，三十六团围攻山头的部队乘机发起攻击，一举攻克山头围子，全歼守敌。三十四团也发起了猛攻，梓潼守敌更加恐慌，敌团长在电话中连连向绵阳求救，“我们守不住了！”我对着话筒说：“你们跑不了，只有缴枪投降了！”①

攻打城内守敌的第三十四团发起了猛攻，敌军向南面突围，又被及时赶来的第三十六团堵截。红军南北夹击，将城中之敌全歼。

江油方面红军亦向敌人展开猛攻。江油、中坝地区是川西北的富庶之地，土地肥沃，物产丰富，商业活跃，同时是成都的北面门户，历来战略地位重要。邓锡侯认为“江油、中坝地当冲要”②，派其第二十八军第一师一个旅据守江油，第四师一个旅和第一师一个旅据守中坝，沿涪江右岸构筑工事守备，并令江油、彰明、平武、北川、昭化、广元、剑阁、梓潼八县的地主武装协助守备江油以上防务。4月9日，红军第三十军主力在中坝附近开始向敌军进攻，激战到第二天，击溃守敌两个旅，占领中坝、彰明等地。第九军第二十七师首先在江油附近的牟家坝渡过涪江，歼敌一个营，而后击溃江油城郊守敌一个团，逐次占领江油外围观雾山、公子坪、陈塘观、塔子山各要点，对江油之敌形成合围之势。江油城只有东、南、北三个城门，起初守敌闭东、南门，留北门与城外敌军联络，城外敌军被红军击溃之后，敌军亦将北门关闭，固守城中。守敌旅长杨晒轩向邓锡侯频频告急求援。

红四方面军在梓潼、江油、中坝等地的攻势，直接威胁成都、绵阳，使刘湘、邓锡侯更为震惊。邓锡侯急忙集结18个团的兵力，亲自率领，前往中坝、江油增援解围。

徐向前在江油城南一座民房设置的指挥部里获悉敌军增援的情

① 王宏坤：《我的红军生涯》，人民出版社1991年版，第251页。

② 邓锡侯、杨晒轩、田颂尧、张熙民：《堵截红四方面军过涪江地区的几次战斗》，《围追堵截红军长征亲历记》上册，第361页。

况，立即命令第二十七师继续围困江油，第九军第二十五师、第三十军第八十八师和第四军第十、第十二师各一部，撤离中坝、彰明、梓潼等地，分别占领江油以南的塔子山、鲁家梁子山一带有利地形，抢修工事，打敌援兵。

此时任第四军军长的许世友后来回忆说：

> 一接到命令，我和参谋长便立即带着几个师长到鲁家梁子勘察地形，由政委王建安、副军长刘士模和政治部主任洪学智组织部队向鲁家梁子机动。
>
> 登上海拔六百七十七米的鲁家梁子主峰，江油和中坝隐约可见。鲁家梁子和塔子山似一道城墙，把江油与中坝拦腰隔断，山东侧有涪江，西侧有八家河南北向流过。控制了这道山梁，就卡住了中坝入江油的唯一通道，这是十分利于打阻击的地形。
>
> 现地明确了部署，部队已陆续到达，抢修了部分工事，做好了战斗准备。
>
> 四月十七日晨，金色的太阳刚刚爬上山巅，黑压压的敌群就向我阵地冲过来了。只见一个个骨瘦如柴的敌兵，端着枪，猫着腰，有气无力地向山上爬着。
>
> 敌人离我们越来越近了，一百米，五十米……
>
> “打！”
>
> 随着一声令下，一排手榴弹在敌群中开了花，机枪、步枪、手枪一起吼叫起来。顷刻间，敌人倒下一大片。侥幸活命的，连滚带爬地向山下逃去。①

增援敌军并未就此罢休，以更为凶猛的攻势反扑。先以飞机、大炮狂轰滥炸，然后以三个团兵力冲锋。战斗进行得异常激烈，敌人一度突破了第四军左翼阵地。许世友与王建安立即命令能打硬仗的预备队第二十八团打反击，将敌人压下去，堵住了防御阵地的缺口。战斗

---

① 《许世友回忆录》，第 307—308 页。

持续到下午，第四军阵地仍坚如磐石。

塔子山红军阻击增援敌军的战斗，也愈打愈烈。进攻塔子山的敌军，属于敌援军的右翼。邓锡侯后来详细追叙了此役情况：

> 右翼队占领火风山后，仰攻塔子山，斜面较陡，一直受到红军居高临下的瞰制，伤亡迭增，进展缓慢，几经飞机、炮火掩护，多次进攻，但红军依托工事坚守，17时，右翼队攻至山腹，无法再进，形成相持。川军官兵从早经过11个小时战斗，未进一餐，饥疲交集，士气早馁。塔子山红军乘势以火力由正面猛射，以大部兵力由两翼包抄，一时手榴弹、机枪、步枪声和喊杀声响震河谷，以白刃相拼，战斗极为激烈。右第一线孙旅投入预备队反复冲杀，激战约一小时，伤亡过半，孙旅全线不支，率先向中坝溃退。红军乘势席卷，卢旅三面被攻不支，分两路溃败：傅团和旅部向中坝奔逃；康团向鲁家梁子龚旅后背溃退。红军即向鲁家梁子包抄，龚、陶两旅背后被遮断①。鲁家梁子高地的红军乘势猛烈反攻，两旅作困兽之斗，战斗激烈到了高峰。②

经过两天激战，红军歼灭增援的敌军四个团，并乘胜追击，17日攻克中坝，18日攻克彰明。21日第四军一部向西克北川；第三十军第八十九师也向西北推进，相继攻克青川、平武。仅剩江油守敌，凭借坚固工事和优势火力，顽固据守，红军难以攻克。

渡江战役的第二阶段，红四方面军连续取得作战胜利，控制了东自嘉陵江、西至北川、南起梓潼、北抵青川纵横一二百公里的广大地区。至此，从3月28日开始，历时24天的强渡嘉陵江战役结束。红

---

① 孙旅，即敌第二十八军第四师第十一旅（旅长孙礼）；卢旅，即敌第二十八军第一师第二旅（旅长卢齐清）；傅团，即敌第二十八军第一师第二旅第四团（团长傅汝洲）；康团，即敌第二十八军特科第一团（团长康伯岷）；龚旅，即敌第二十八军第二师第四旅（旅长龚渭清）；陶旅，即敌第二十八军第五师第十三旅（旅长陶凯）。

② 邓锡侯、杨晒轩、田颂尧、张熙民：《堵截红四方面军过涪江地区的几次战斗》，《围追堵截红军长征亲历记》上册，第363—364页。

四方面军攻克了阆中、南部、剑阁、昭化、梓潼、青川、平武、彰明、北川九座县城，共歼敌12个多团，1万余人。

根据川陕甘计划，红四方面军在渡江之后应继续向甘南进击。而这时蒋介石派驻重庆“会剿”红军的行营参谋团判断：红军“企图以江油、彰明为新根据地；因江油、中坝两点，给养便利，既可进扰川西，又能退据川甘边区，即再向东窜，亦属自如。”① 令川军和胡宗南部从四面八方加强防堵和合围，企图将红军渡江部队与川陕苏区的联系切断。徐向前深感前线兵力不足，打电报给在后方的张国焘、陈昌浩，提议把南边的部队向北集中，迂回碧口，抄胡宗南的后路，进取甘南。但是张国焘、陈昌浩这时正在旺苍坝地区“大搬家”，撤离川陕根据地，所以对徐向前的提议迟迟不表态。涪江地区的红军只好就地发动群众，补充兵员、给养，待命行动。由于失去战机，打击胡宗南部、进取甘南的计划只能放弃。

在红四方面军主力强渡嘉陵江作战开始后，张国焘决定撤出川陕根据地。方面军后方机关、中共川陕省委机关、第三十三军和地方武装以及部分地方干部，陆续撤到嘉陵江以西。留下300余人，在刘子才、赵明恩带领下就地坚持斗争。在张国焘的指示下，撤离川陕苏区时不适当地实行了“坚壁清野”，给百姓财产造成了损失，同时因为没有留下足够的兵力坚持当地的斗争，使留下的小股红军处境极为困难。然而尽管是在强敌压境、处境艰难的情况下，留在川陕苏区的红军队伍，依然顽强不屈，坚韧不拔，同敌人展开了持久的斗争，一直坚持到全民族抗战爆发。他们以鲜血和生命写就的这一页历史，以及蕴含在历史中的那种不屈不挠的斗争精神，将永远为人民所传扬和崇敬。

---

① 《国民政府军事委员会委员长行营参谋团大事记》，转引自《徐向前传》，当代中国出版社1991年版，第207页。

三、西进松理茂地区

从强渡嘉陵江起，红四方面军就实际开始了长征。

强渡嘉陵江战役之后，红四方面军主力在涪江地区集中休整。涪江流域的江油、中坝一带，是比较富饶的地区，利于红军休养生息。红四方面军在休整部队的同时，发动群众，筹集粮食，扩充红军。各部队大量补充了武器、弹药、粮食、被服、经费、兵员等，同在川陕苏区的情形相比有了很大的改善。方面军总部的电话机工作人员，三天里补充了 100 多名新兵，由于容纳不下，只好将这批新兵分配到作战部队中去。第四军第十师第二十八团，在渡江战役中减员 200 余人，但扩充红军近 900 人，全团兵力达到 1700 余人。红四方面军总兵力这时达 8 万多人，连同地方武装和随军行动的地方党政机关人员、医院和学校的人员及工人，总计约 10 万人。方面军仍辖五个军、11 个师、33 个团，另外还有一个补充师。

对渡过嘉陵江的红四方面军，蒋介石最害怕的是他们同中央红军会合，形成更大的力量，建立新的根据地，因而企图阻断两支红军的会合，实行各个击破。为此，蒋介石调兵遣将，以江油、中坝为中心，试图对红四方面军实施东西堵截，南北夹击。敌人作出了如下具体部署：从苍溪、南部尾随红四方面军而来的刘湘部主力王缵绪的 13 个旅为右路纵队，由罗江地区出绵阳、魏城，沿涪江东岸向彰明、两河口、重华堰进攻；邓锡侯第二十八军和孙震第二十九军各一部为左路纵队，由三台、绵阳出动，沿涪江西岸经香水场、双合场向中坝、江油进攻；胡宗南部由碧口、文县南下青川、平武，配合左右两路纵队，实施夹击；广元以北的邓锡侯一部，由广元南下向剑阁推进；唐式遵一部守备昭化至阆中沿嘉陵江一线，以防红军东返；邓锡侯的另一部封锁土门及北川河谷，防止红军西进；李家钰部防守阆中及其以西左壁垭、店子垭一线，阻止红军南下。敌人这个部署的意图很明显，就是要在涪江地区消灭红四方面军。

就在红四方面军西渡嘉陵江连战告捷、取得战役胜利的同时，中央红军四渡赤水，巧渡乌江，经贵州、云南直向川西进军。1935 年 4 月 29 日，中革军委发出《关于野战军速渡金沙江转入川西建立苏区的指示》。《指示》说："由于两月来的机动，我野战军已取得西向的有利条件，一般追敌已在我侧后，但敌已集中七十团以上兵力向我追击，在现在地区我已不便进行较大的作战机动，另方面金沙江两岸空虚，中央过去决定野战军转入川西，创立苏维埃根据地的根本方针，现在已有实现的可能了。""因此政治局决定我野战军应利用目前有利时机，争取迅速渡过金沙江，转入川西消灭敌人，建立起苏区根据地。"[①] 这是中央红军行动方向的又一次变化，即由在川滇黔边建立根据地改为到川西建立根据地。5 月初中央红军胜利渡过金沙江，日益接近川西北地区。

在涪江地区休整、扩红、筹粮的红四方面军，面临两个任务：打破敌人对方面军的合围，策应中央红军北上。因此，红四方面军不能在此长久停留。张国焘在江油附近召开由军负责人参加的高级干部会议。

> 会上，张国焘讲了撤出川陕根据地，是为了迎接中央红军北上。两军会合后，要在川西北创造根据地，赤化川、康、陕、甘、青等省。为打破蒋介石的合围部署，方面军下一步应首先占领北川、茂县、理番、松潘一带地区，背靠西康，作立脚点。他还提出，那带是少数民族杂居地区，应成立苏维埃西北联邦政府，以利开展工作，云云。陈昌浩也发了言。大家没有异议，一致同意按张国焘的意见行动。[②]

根据这个意见，红四方面军制定了《开展与巩固松理茂赤区》的计划，即首先在岷江流域上游的松潘、理番（今理县）、茂县、懋功（今小金县）、汶川地区打开一个新的局面，以摆脱当前的不利局面，进而

---

① 见《中共中央文件选集》第 10 册，第 499 页。

② 见徐向前：《历史的回顾》（中），第 412 页。

为以后的发展创造条件[①]。陈昌浩对松理茂计划提出的理由和根据，作了这样的阐述:“一、开展了松理茂赤区好居高临下，长驱直取成都、重庆，要打那里就打那里；二、松理茂是粮食牛羊皮革、金银、药材等出产地方，物资丰富能巩固赤区物质基础，且能使敌人一切‘封锁’根本无法；三、掀动回、番等少数民族的反帝反国民党的民族革命战争，更千百倍地增加革命的力量；四、西通青海、甘肃，建筑赤化西北的最重要堡垒，进而赤化全西北将更容易；五、更好与川西革命群众（广汉邛大绵竹等）会成一片，席卷川西，以完成赤化全四川的事业。”[②]

5月上旬，红四方面军各部队先后撤出彰明、中坝、青川、平武等地，向西进发，准备首先突破邓锡侯在土门、北川河谷设置的防线，继而占领岷江流域的松潘、茂县、理番、汶川地区。

松潘、理番、茂县、汶川一带属高山寒荒地区，境内高山连绵，河谷纵横，地形险要；缺衣少食，但盛产黄金、木材、烟土、药材、牛羊、兽皮等；汉、藏、羌、回等民族杂居于此，语言不通，风俗殊异。这里是邓锡侯的势力范围，多年来邓一直兼任松（潘）理（番）茂（县）懋（功）汶（川）屯殖督办一职。红军西渡嘉陵江后，邓锡侯一方面判断红四方面军不会向松理茂汶走这高山寒荒的“绝路”；另一方面又将这一带作为其防区的重要部分，以防红四方面军西进松理茂而后直下川西平原。[③]

涪江、北川河三角地区从江岸向西，一般是山谷交错的山区，山的高度由东到西逐步增大，至河东山的标高已达2500米，再向西是横断东西、绵亘不断的山脉，且是荒山老林，不少地方是悬崖绝壁，大军无法通过；只有土门、干沟、土地岭才有一条长隘路通向茂县，进入岷江流域。时值夏初，江流水位增高，涪江自平武以下不能徒步。北

① 参见《伟大的长征》，第332页。

② 陈昌浩：《克服一切困难！百倍坚决奋斗！争取更大胜利！》，原载《干部必读》第122期（1935年5月24日），中国工农红军第四方面军战史编辑委员会：《中国工农红军第四方面军战史资料选编》（长征时期），解放军出版社1992年版，第8页。

③ 参见邓锡侯、杨晒轩、田颂尧、张熙民：《堵截红四方面军过涪江地区的几次战斗》，《围追堵截红军长征亲历记》上册，第365页。

川河自墩上以下，官渡溪自桂溪以下都有相当障碍。北川河的土门、漩坪段之南，与该段平行，矗立着伏泉山、大垭口、观音梁子（东）、老君山，横断南北，绵亘着约40公里的山脉，以千佛山为最高，标高为2250米，其余诸山亦在2000米上下，是红军打通土门的天然屏障。

邓锡侯和孙震两部负责土门和北川河谷的防务。孙震以一部驰赴北川河右岸的墩上下游占领阵地，掩护孙邓两军主力出河岸。邓锡侯部的重点是封锁土门，他抽调了八个团、约1.2万人，扼守土门、干沟的隘路口。邓锡侯以为，有了这些人马，再加上土门易守难攻的天然地势，完全可以负隅固守。

红四方面军总指挥部决定发起土门战役，以打破敌人固守北川河谷的计划。这个战役的第一步是夺取伏泉山、千佛山、观音梁子，控制北川河谷，造成攻打成都的态势，以吸引和调动敌人兵力南向。第二步是突破土门要隘，主力乘势西进。

4月底5月初，孙震部第十一旅作为先遣部队，赶往北川河右岸的伏泉山一带，邓锡侯部第五师副师长兼第十三旅旅长陶凯，率八个团兵力，驻守土门、干沟、观音梁子、土地岭等地，封锁隘口。

5月4日，红军第三十军第八十八师包围了伏泉山上的敌第十一旅。伏泉山一带的山大多呈马鞍形和锯齿形，山头之间相隔不远，火力可以互相呼应。敌人依仗有利地形，从山脚到山头层层设防，以密集的炮火封锁，红军硬攻难以奏效。第八十八师政委郑维山与师长熊厚发商量，决定以第二六八团从正面进攻，吸引敌人；以第二六五团迂回到敌人侧后，从敌人以为无法攀登而守备薄弱的一条狭谷绝壁摸上去，给敌以出其不意的打击，乘势夺取制高点。郑维山后来记述道：

二六五团接受任务后，由团政委黄英祥带领第一营在前，我和团长邹丰明带第二、三营跟进。天黑后从敌人防御阵地之间的一条狭谷洼地往上摸。这个地方没有路，尽是密密麻麻的灌木梢子林，或是峭岩。战士们的脸被荆棘划破了，手被石笋刺伤了，甚至有的滚到山沟里去，但谁也不呼叫，悄悄地爬起来再往上攀。这样整整用了四五个小时才爬上山顶，凌晨近三点钟到达主峰。

一部分敌人还在睡梦中，便被我们的手榴弹、大刀送上了西天。敌人压根没有想到，在他们营、连、排层层设防的阵地上，又是半夜三更，会有飞兵自天降，也闹不清究竟来了多少人。在混乱的敌群中，只见到处是臂系白布的“夜老虎”（白布是我们夜间的联络标志），到处是闪着亮光的大刀片。惊恐的敌人无心恋战，纷纷丢枪弃炮，四处溃逃，有的跌下悬崖，有的挂在山涧大树上，呼叫救命。我二六五团一举攻下伏泉山主峰阵地后，一面组织兵力坚守阵地，一面以一部分兵力由山顶向下进攻，配合山下二六八团和二六三团等兄弟部队，对残敌实行两面夹击。一时间，山上山下都是我军的红旗和喊杀声，敌人难以招架，争相夺路溃逃。敌伏泉山阵地全部落于我手。①

红军第三十军第八十九师兵分两路，进攻墩上的敌邓锡侯部第十三旅，击溃该旅，并占领墩上。这样一来，孙震和邓锡侯一开始就没有达到控制北川河谷的目的。

敌人并不甘心，为了重新控制北川河谷，在邓锡侯统一部署下，第二十九军第二纵队司令王铭章指挥三个旅九个团从伏泉山南侧的擂鼓坪一线向北川河西岸进攻；第二十九军特科司令游广居率七个团赶到草鞋街一带作策应；第二十八军第一师师长陈鼎勋指挥五个旅 14 个团，由茶坪向北川、墩上一线进攻。

5 月 5 日，敌王铭章部在强大的火力和飞机掩护下，向伏泉山红军发起全线进攻。红军官兵浴血奋战，坚守阵地，打退敌军多次进攻。敌军正面进攻失利，毫无进展，便又以其主力向漩坪东侧运动，企图迂回夹击红军。不料，半路上敌军遭到红军第九军第二十五、第二十七师迎头痛击，大败退至擂鼓坪一线。第三十军和第九军相互会合，乘势追击，向西扩大战果，攻占东大垭口、白家林等要地。9 日红军进至千佛山。

---

① 郑维山：《烽烟滚滚过土门——北川土门战斗琐忆（节录）》，《中国工农红军第四方面军战史资料选编》（长征时期），第 15—16 页。

千佛山是北川河谷南侧的最高点，也是“北边城墙”的中心支柱，其主峰海拔2250米，山势险峻。突兀高耸的峰顶上有一座佛祖庙，左右是万仞绝壁，半山腰有一天然石洞。其战略地位十分重要。据守在此的敌军凭险封锁红军前进的道路。红军的数次正面进攻均失利，伤亡不小。10日，红军兵分两路，一部从侧面悬崖摸上山，从敌人后方突袭，其余部队从正面猛攻，占领主峰佛祖庙，同时攻占了千佛山周围的几个制高点。

5月11日，红军追歼逃敌至千佛山西侧西大垭口，歼灭敌军陶凯部一个团。在千佛山东面一线，红军第四、第三十一军等部队，打退和击溃了从茶坪方向赶来的敌人增援部队，先后攻占了巴罗山、皇宫山、大坪山等要地，从漩坪、伏泉山到墩上、千佛山的阵地连成一线，通往北川河谷的道路被红军所控制。

红军控制了千佛山、伏泉山一线后，迅疾向西转兵。方面军总指挥徐向前亲率第九、第三十军主力，翻山越岭，直抢土门要塞。

土门位于茂县、北川、安县交界处，北边是连绵耸立的群山，南面是观音梁子、上下横梁子，易守难攻。驻守土门的敌军是陶凯指挥的七个团一个营及地方屯殖军，他们筑碉设防，凭险固守。红军第九、第三十军和第三十一军一部，分左、中、右三路，于5月15日拂晓向土门发起总攻。

攻击部署是先以二六五团一个营夜间突袭敌主峰阵地，二十五师两个团担任正面主攻，二十七师一部和我二六八、二六五团迂回敌两侧，实行包抄。战斗从一开始就十分激烈。二六五团夜袭一举成功，其他部队按计划行动。山谷里，顿时枪声、炮声、手榴弹爆炸声和喊杀声交织在一起。两小时后，敌前沿阵地被我突破。二六三团奉命扼守阵地，阻止敌军，其他部队乘胜追歼敌人。只见红旗所指之处，部队跟着到达，虽有不少同志倒下，但无一人后退。我们有个营长，一直冲在队伍前面，腿部中弹负伤后，仍不让同志们抬下山，坚持伏在一块石头上指挥战斗。二六八团有一个年仅十五岁的小司号员，身矮体弱，爬到半山腰时累得喘不过气来，便由一个高个子战士背上，跟随进攻部队前进。在嘹亮的号声中，我军指战员如虎添翼，纷纷冲向敌群，同敌展开短兵相接的白刃战。……午后两点左右，我军攻占观音梁子主阵地。敌人连续反击，均被击溃。十六时许，我军兵分两路攻取土门。一路翻越冷水坪，出大沟口；一路自老君山直指雨淋磴。①

当年作为敌军指挥的邓锡侯，几十年后也描述了土门之役的战况：

5月15日上午，红军以2万余人的优势兵力，重点指向观音梁子，采用两翼包围和间歇突入分割包围的战术，在10时前后，全线展开激战，特别是观音梁子炮声、手榴弹声，机、步枪声响震山谷。红军伤亡虽大，但越打越猛。14时左右，红军夺占观音梁子。川军接连反扑，均被击溃，被迫后退。16时，红军由左地区古营正面间隙突入，翻过冷水坪，抄出大沟口；同时观音梁子之红军超过（东）老君山直捣雨淋磴，形成两条铁臂，把包括土门在内的川军右地区队团团包围。川军右地区队一经击破，复被包围，各不相顾，分成小股乱窜奔逃。是日上午，红军同时攻击赤土坡，攻势很猛，但由于仰攻，山势陡峭，地面狭窄，川军张北斗营据工事射击，形成相持。至15时，红军攻势更猛，何、廖两连伤亡很大，又无预备队，看到满山遍野都是红旗，该营长丢下迫击炮，跳岩向茂县方向逃命。一直跑到威州附近的雁门关停下来收容，全营官兵不到20人。古友君营被歼灭。马队在隘路中伤亡很大，残存的乘夜逃散。②红军乘胜于16日拂晓，攻击土地岭二线阵地，川军5个营全部被歼灭，第十四团第三营营长黄金

---

① 郑维山：《烽烟滚滚过土门——北川土门战斗琐忆（节录）》，《中国工农红军第四方面军战史资料选编》（长征时期），第17页。

② 张北斗营，原为邓锡侯第二十八军第二师警卫团所辖，后充实到第五旅第十团；何连，为该营所辖（连长何龙章）；廖连，为该营所辖（连长廖有伟）。古友群营，即邓锡侯第二十八军第十三旅第二十五团第三营。马队，系当地藏族奴隶主武装。

瓯被击毙。[①]

至此，红四方面军击破了川军土门封锁阵地，歼灭川军7个团，打通了与中央红军会师的进路，向西进发。[②]

5月15日，红军占领土门、干沟，并于当天占领茂县。随后，红四方面军总部进驻茂县。后方的兵工厂、被服厂、造船厂、医院、妇女部和地方干部，用了好几天时间，也转移至此。

土门之防瓦解，红军通向松理茂的道路打开，茂县被攻占，使敌人连连失利。5月14日蒋介石已看出红四方面军“有逐渐西移之势”，电令邓锡侯“对于土门、千佛山方面应特别注意堵剿”。[③]土门失守后，刘湘又电令王缵绪亲率四个旅由大石坝、鹦哥嘴向观音梁子、土门的红军进攻，同时从茶坪正面猛向大垭口攻击，以节节打断红军西进之路[④]。蒋介石的行营参谋团也电告刘湘重整旗鼓，限5月17日反攻伏泉山、千佛山红军阵地，以重新封锁土门。18日，川军以近30个团的兵力发起进攻。红军在大垭口重创王缵绪部第三旅，击毙其第九团团长王三友，使敌军攻击受挫。22日，蒋介石判断红四方面军主力已西去同红一方面军会合，命令川军各路“停止进攻，改取守势，确实筑碉固守防线”[⑤]。坚守在伏泉山、千佛山、土门一线的红军第四、第三十一军各一部和第三十三军，在红四方面军副总指挥王树声率领下，完成了牵制敌人、掩护主力的任务，于6月中旬由东至西撤出阵地。

进入茂县后，红四方面军先头部队一部沿岷江南下，控制了文镇

---

① 第十四团属邓锡侯的第二十八军第七旅。

② 邓锡侯、杨晒轩、田颂尧、张熙民：《堵截红四方面军过涪江地区的几次战斗》，《围追堵截红军长征亲历记》上册，第372—373页。

③ 《蒋介石关于特别注意在土门“堵剿”红四方面军给邓锡侯电》（1935年5月14日），原载《陆军第四十五军、四川剿匪军第一路剿匪军事工作报告书》，《红军长征·参考资料》，第449页。

④ 参见《川军第六路军王缵绪部与红军在四川彰明一带战斗详报》，《中国工农红军第四方面军战史资料选编》（附卷），第574页。

⑤ 《蒋介石关于各路军改职守势给邓锡侯、王缵绪、孙震电》（1935年5月22日），原载《四川剿匪军第六路克复墩上、土门、茂县战斗详报》，《红军长征·参考资料》，第504页。

关、雁门关、威州等要点；另一部直逼汶川，占领理番。后续部队第四军、第三十一军一部，由北进至松潘、平武以南的镇江关、片口等地。

四、迎接中央红军

松潘、理番、茂县地区是川西北汉族和少数民族聚居的区域。这里山高路远，地广人稀，交通闭塞，加上语言不通，与外界交流鲜少。由于自然环境恶劣，农业生产条件落后，当地百姓刀耕火种，靠天吃饭，粮食产量很低。但是这里的少数民族勤劳朴实，吃苦耐劳，性格开朗。不过，由于长期受汉官、军阀的压迫和掠夺，他们对汉人积恨较深，戒备心重。红四方面军到来之前，邓锡侯部大肆进行反动宣传，诬蔑红军"普烧普杀"、"共产共妻"，甚至把红军描绘成"青面獠牙"、"头长八只角"、"专吃人脑花和娃娃"的可怕面目，更加加重了少数民族百姓对红军的疑惧，不少人弃家出走，遁入山林。

红四方面军进入这一地区，首先必须打开这里的革命局面。这时，长征中的中央红军已经进入川康边，正在经会理、冕宁，向北进军。两军会合，已经在望。迎接中央红军，成为红四方面军的又一当务之急。为此，红四方面军总部在茂县开会，研究准备工作。会议首先确定由第三十军政治委员李先念、第九军军长何畏率第三十军第八十八师和第九军第二十五师、第二十七师各一部，西进懋功地区，扫清这一带的敌人，迎接中央红军。会议要求全军各部队迅速动员，做好两军会师的思想准备和物质准备；各部队要层层发动，以坚持战斗岗位、多多消灭敌人、认真执行民族政策、大力筹集和捐献慰劳品等实际行动，迎接兄弟部队。根据川西北高原气候变化多端、昼夜温差大的特点，会议特别提出要多筹集些毛羊皮，制作毛衣、毛袜、皮背心，作为慰问品。徐向前还根据红四方面军西征转战的经验，炊具容易丢，伙夫不够用，部队经常开不上饭，影响行军和作战，估计中央红军在转战中也会遇到同样的问题，提议从部队抽一批炊事员，带上粮食、盐巴、炊具，随第八十八师一起行动，两军会师后补充到中央红军，先解决吃饭问题。与会者都赞同徐向前的提议。

面临与中央红军的会合，红四方面军全军上下欢欣鼓舞，群情高昂，“迎接中央红军北上”成为官兵的普遍口号，各部队纷纷展开竞赛，做好充分的准备，去迎接兄弟的中央红军。

迎接中央红军，做好物质准备，除了动员红四方面军官兵外，还必须发动和依靠人民群众，而动员当地的百姓要困难得多。因此，迎接中央红军和打开革命局面、发动人民群众，成为红四方面军两位一体的任务。

红四方面军早在进入松理茂地区之前，就发出《关于少数民族工作须知》。《须知》特别批评了那种“认为自己是大汉民族，回、番为蛮夷之人，不愿接近他们，忽视了‘少数民族在中国革命中的重要性’”的错误观点，指出：“回、番（即藏族——编者注）民族是中华民族之一，他们具有丰富的革命力量，是我们反对帝国主义国民党的民族革命战争中的一个有力的支柱，将他们组织起来，领导起来，参加革命战争，是我们每一个布尔什维克党员和苏维埃红军干部顶主要任务之一。”①《须知》要求干部、战士了解回、藏民族的情形状况，宣传党的纲领和政策，学会回、藏民族的语言文字，大批培养回、藏民族干部。红四方面军还指示所属军、师政治部立刻成立少数民族委员会，以研究少数民族间的政权、土地关系和经济、风俗、语言文字问题，设立学校，选拔青年学习回、藏民族语言文字；红军要帮助回、藏民族建立革命政权。红军还提出少数民族政纲，要求推翻帝国主义国民党邓锡侯对回、藏民族的反动统治，建立各级人民革命政权，没收国民党邓锡侯、汉官、奸商等的土地、牛羊、衣物财产、金矿等分给穷苦回民藏民，取消国民党邓锡侯剥削回、藏民的一切苛捐杂税，尊重回、藏民族风俗习惯、语言文字和信教自由，实行男女平等，等等。这些为红军进入松理茂地区开展工作，做了思想和政策上的准备。

---

① 《西北特区关于少数民族工作须知》（1935 年 5 月 5 日），《中国工农红军第四方面军战史资料选编》（长征时期），第 21 页。

红四方面军刚一进入松理茂地区，就向当地少数民族宣传中国共产党关于少数民族问题的主张，公布了前述关于对回、藏、羌各少数民族的政策纲领。5 月 30 日，红军宣告成立中华苏维埃共和国西北联邦政府，张国焘任主席。在西北联邦政府下设立了少数民族委员会，周纯全任委员长。

中华苏维埃西北联邦政府在《成立宣言》中指出："中华苏维埃西北联邦政府的成立，树立了西北革命斗争的中心，统一了西北各民族解放斗争的领导，从此南取成都、重庆，北定陕甘，西通青、新，进一步与中央红军西征大军打成一片。中华苏维埃革命不仅在东南各省更加巩固发展，从此在西北也打下了强固的基础，这便是给帝国主义国民党蒋介石一个致命的打击，同时也就是赤化全西北具体的开始。"《宣言》还声明："只有中华苏维埃中央政府和西北联邦政府，才是中国和西北民众自己的政府，唯一救中国救西北救穷人的政府！苏维埃西北联邦政府坚决实行中华苏维埃中央政府的全部政纲！"① 西北联邦政府提出建立人民革命政权，实行各民族一律平等、信教自由、取消一切苛捐杂税、没收汉官和发财人的土地分给穷人，武装藏民劳苦群众、藏回羌汉穷人联合起来打倒国民党军阀，发动群众，建党建政等一系列纲领政策。

这是红四方面军第一次在少数民族地区开展群众工作。中共西北特委② 作出了《关于党在番人中的工作决议》，要求红军官兵细心了解其政治经济状况、人口分布情形、生产情形、剥削关系与统治制度、阶级划分、文化、宗教风俗、习惯、出产、地形、道路等情况，并根据这些情况，提出适宜于当地群众要求的口号和斗争纲领。方面军还要求军中各级政治机关有系统地研究少数民族问题，选调人员学习回、藏民族语言文字，以便开展少数民族工作。

广大红军官兵以自身言行，向少数民族群众进行宣传。他们严守纪律，秋毫无犯，热诚帮助百姓背水劈柴，救疾治病，尊重少数民族

---

① 《中国工农红军第四方面军战史资料选编》（长征时期），第 28—29 页。

② 1935 年 5 月中旬在四川茂县成立。

的宗教信仰和风俗习惯。“精诚所至，金石为开。”红军官兵的真诚，终于感动了少数民族百姓。徐向前回忆说：

> 由于我军抓住了汉、藏统治阶级同广大劳动群众之间的尖锐对立这一主要矛盾，打倒汉官、反动土司，分田分粮，不断进行艰苦细致的工作，因而发动群众是有成绩的。许多藏民分得土地后，把“分配土地证”当神物供奉起来，烧香念佛，祈求神灵保佑土地，保佑红军。各县、区、村的人民政府相继建立，吸收了一批藏民积极分子当家作主。藏民地方武装组织，也逐步建立。有些地方还建立了党、团支部。总之，党和红军的影响，已经在藏族人民中日益扩展开来。①

在发动群众的基础上，红军一方面帮助群众建立地方县、区、村各级革命政权，组织革命武装，吸收青壮年参加红军，一方面积极筹集慰问中央红军的物资。

当年在红四方面军总医院宣传队工作的孟瑜，讲了一个“熬盐迎亲人”的故事：“我们一到宿营地，立即分组去筹粮筹盐。这里是藏、汉人民杂居的地方。由于长期受军阀、土司头人的反动宣传，在红军未来之前，群众都跑到山上去了。我们转了大半个村子，连个人影都没见到。看得出，这里老百姓的日子也是苦得不能再苦了。我们帮助群众整理家园，一家一户地挑水扫地，直忙到天黑。她们发现一位藏族老人有半罐盐，想用银元买下来，老人对红军有疑惧不肯卖，抱着瓦罐走了。”

“第二天，有几个老乡悄悄回村来探虚实。他们发现红军不但没有拿他们的一针一线，还把村子打扫得干干净净，便消除了怀疑，把山上的群众陆续叫了回来。那位藏族老大爷带着一位通司（翻译），找到宣传队，硬要把半瓦罐盐送给我们，说：‘红军耶莫耶莫（好）！’李队长执意不肯收。老大爷还告诉队长，离这不远的白云山有一种白石

---

① 徐向前：《历史的回顾》（中），第 418—419 页。

头，缺盐的年月当地百姓用它熬过盐，只是味道有点苦涩。队长一听乐了，又详细地了解有关熬盐的方法。上级听了李队长汇报后，决定部队在茂州休整，就地开展筹粮熬盐活动。”

“接连几天，我们白天上山敲石头，夜晚生火熬盐。一钵钵的白盐，全部集中起来，准备送给中央红军。我和‘小地牛’也悄悄地用荷包装了两包最细最白的盐，准备与中央红军会合时，作为送给亲人的见面礼！”①

就是这样，红军官兵走家串户，动员群众，筹集粮食、羊毛、羊皮、牛皮、盐巴、茶叶等。一些重要地点，红四方面军总经理部还设了粮站，专门蓄积粮食，有的粮站积存粮食达200万斤以上。各部队还组织人到山上选石头，熬盐巴。战士们还打草鞋，并学会了剪皮衣服，撕羊毛，捻毛线，制毛衣、毛背心、毛袜子。徐向前深情地回忆道：“大家制作的每件慰问品，都渗透着对一方面军的兄弟情谊。从前线到后方，从总部机关到连队，从地方政府到人民群众，处处在为迎接中央红军忙碌，气氛热烈而紧张，十分感人。”②

红四方面军在发动群众、筹粮备草的同时，派出先头部队向懋功方向运动，以取得同中央红军的联络。

6月2日，张国焘、陈昌浩、徐向前联名致电朱德、毛泽东、周恩来：

> 一、我们已派一小队向西南进入懋功与你们联络，你之先头部队确联络后，请即指示以后行动总方针，我方情况请问我先遣之指挥员同志，即可得知大概也。
>
> 二、四川一带情况有利于我们消灭敌人作战巩固之后方根据地，确是兵心分□把握的。
>
> 三、一切详情以后再说，特先数语，略达大概。③

6月初，迎接中央红军的先头部队，接受红四方面军总部的命令：

---

① 孟瑜：《熬盐迎亲人》，《艰苦的历程》（下），第38—41页。

② 徐向前：《历史的回顾》（中），第419页。

③ 《中国工农红军第四方面军战史资料选编》（长征时期），第43页。

出发西进，先期迎接中央红军。

第二十五师师长韩东山提起那天接受命令的情形，还抑制不住激动：

> 一天，接到紧急通知，命令我立刻赶到总指挥部去。徐向前总指挥一见到我便兴奋地说：“告诉你个大喜讯：我们马上就要和中央红军会师了！”“真的？”我实在不敢相信。
>
> “真的！”徐总指挥收敛了笑容，神情严肃地说道：“有项重大的政治任务交给你：你师立刻做好战斗准备，为中央红军进入懋功打开通道。会师后，向中央首长汇报我们四方面军的情况，还要掩护中央红军安全通过夹金山，以后的具体行动，将由三十军政委李先念指挥你们。”
>
> ……
>
> 怀着兴奋而又紧张的心情，我踏上了返回的路程。望着身前身后逶迤起伏的野岭，望着远方红装素裹的雪山，真是百感交集，心潮激荡。一、四方面军都走过了艰难曲折的道路，战胜了强大而凶恶的敌人，付出了壮烈惨痛的牺牲。今天，终于要胜利会师了，中国革命就要出现一个新的伟大的高潮了！想到这里，不禁加快了步伐。我知道，全师指战员听到这一喜讯，一定会兴奋得欢呼起来。
>
> 果然，我向全师传达了徐总指挥的指示以后，全师沸腾了！人们喜形于色，奔走相告，好像在庆祝盛大节日，很多连队当晚举办了文艺晚会，战士们跳呀唱呀，不少干部则用大碗当杯，以水代酒，纷纷痛饮起来。①

第二天，第二十五师从汶川出发，以急行军的速度，向懋功挺进。

对两支日渐接近的红军主力，蒋介石极力阻止其会合。土门之役将要结束时，他便给其行营参谋团主任贺国光发出手令：

---

① 韩东山：《攻克懋功，会师达维》，《艰苦的历程》（下），第48—49页。

> 此时我军主要战略，第一在防止朱、徐两匪会合，第二在防止残匪向西康逃窜。故现在不必防徐匪东回，而在防徐匪南下。应急令第五与第三路主力限期向邛崃、懋功、宝兴一带移动。而名山、芦山、天全、雅安一带应急派队布防，压止徐匪南窜，并希在此地带聚歼徐、朱两匪也，以此两匪必谋在雅安附近会合。故吾人既知其目标与方向所在，应即照此预备，不必另〔零〕星分防，随匪转移，而须急谋立于主动地位也。①

为此，蒋介石命令加强泸定、康定、雅江的防备，将胡宗南所辖后方各部移至松潘、平武、江油、彰明一带及平武至文县与南坪一带，控置总预备之主力在这一地区。5 月 27 日，蒋介石又下令贺国光，部署四川、西康、甘肃、陕西、青海、宁夏各县实施“坚壁清野”计划，构筑碉堡线。6 月 5 日，蒋介石发出手令，要求邓锡侯部“兼程前进”，于 6 月 10 日以前进占懋功；同时令第二十一军与李家钰部协攻茂县或接替灌县、汶川防务，而使李家钰部全力进攻茂县。

红军第二十五师在向懋功进军的沿途，同企图阻截红军会合的敌人打了大大小小 20 多仗。由于主要任务是迎接中央红军，所以第二十五师并不恋战，只是打退敌军进攻，继续赶路。6 月 6 日，他们到达懋功东北的抚边镇，同邓锡侯第二十八军一部遭遇，经过一场激战，攻占了抚边。6 月 8 日，红军进逼懋功。这里南靠群山，北临大河。红军战士在敌人密集的炮火下，搭设浮桥，冲过大河，攻克了懋功，歼灭了 700 多敌人。韩东山命令两个营驻守懋功县城，其余部队星夜兼程，奔赴懋功县城东南方向的达维镇。

与此同时，李先念、何畏率第三十军第八十八师和第九军第二十七师一部，也接受方面军总指挥徐向前的命令：西渡岷江，经懋功南下宝兴、芦山，迎接中央红军。他们日夜兼程，翻越崇山峻岭，直向懋功挺进。

---

① 《蒋介石关于在川康地区“围剿”红军的战略方针给贺国光的手令》（1935 年 5 月 21 日），原件系蒋介石手稿，《红军长征・参考资料》，第 521 页。

第二十五师占领达维之后，韩东山命令该师第七十四团第三营为先头部队，继续向夹金山进发，一方面警戒灌县方向的敌军，一方面寻找中央红军。该营进到巴朗一带时，同敌军遭遇，全营官兵为扫清迎接中央红军的道路，向敌人勇猛冲杀，营长陈玉清等60多人在战斗中牺牲。这是他们在两军会师前打的最后一仗。就在两军会师前夕，烈士们永远闭上了自己的眼睛，再也无法拥抱自己的红军兄弟，享受会合的欢乐，但是他们却用鲜血和生命铺平了两军会师的道路。

饱尝万苦千辛，历经浴血征战，红四方面军同中央红军会合的曙光，已经显露在川西北的巍巍群山之巅。

第五章

与张国焘分裂活动的斗争

一、懋功会师

1935 年 6 月 12 日，中央红军先头部队红一军团第二师第四团翻过终年积雪、空气稀薄、人迹罕至的夹金山，到达懋功县城东南的达维镇，在达维的木城沟与前来迎接中央红军的红四方面军先头部队第九军第二十五师第七十四团①胜利会师。这时任红四团政委的杨成武，后来在《忆长征》中记述了这"意外会亲人"的动人场面：

> 关于四方面军，当时，我们只知道他们在岷江边的理番、茂县一带活动，还不知道他们到了夹金山北麓。与四方面军会师，中央军委早就提出来了，我们抢渡金沙江，夺取泸定桥，就是向着这个既定的目的前进的。哪知，我们翻过雪山就意外地遇到了亲人啊。
>
> 我们正半信半疑。一个侦察员飞奔而来，边跑边喊：
>
> "是红四方面军的同志！"
>
> "红四方面军的同志来了！"
>
> 与此同时，山下传来了清晰的"我们是四方面军"的喊声。
>
> 顿时，整个山谷响起了一片欢呼，震得山谷抖动。万万没有

---

① 一说为第二十七师第八十团。

想到，就在这夹金山下，会见了我们日夜盼望着的亲人红四方面军的同志！

我们蜂拥而下，同四方面军的同志紧紧握手，热泪夺眶而出，长时间地沉醉在欢乐中，二百多天，一万多里的征战，我们遇到的是敌人的紧紧追击，重重堵截和想象不到的层层困难，从来没有看到兄弟部队的战友。在湘江之滨，我们虽然那样热切地盼望与二、六军团会合，但未能如愿。此刻，突然与红四方面军会合，我们怎能不激动！怎能不欢喜若狂！

我们欢呼着涌进山下的村庄——大〔达〕维村。①

达维，是一个有近百户人家的村庄。红七十四团是6月9日进占该村迎接中央红军的。几天来，战士们风餐露宿，四处寻找，热切地盼望着中央红军的到来。现在，终于迎来了红四团。战友相见，分外喜悦，战士们宁愿自己露宿，腾出房子给红四团住，并把自己的粮食送给红四团的同志。村头村尾，一群群的战士在交谈着，互相问候着……

夜幕降临了，在喇嘛寺庙前的大坪上，红一、红四方面军先头部队召开了会师联欢晚会。阵阵冷风吹打着衣着单薄的红军战士们，但战士们好像忘记了寒冷和疲劳，他们围坐在火堆旁，高声欢唱着，四川民歌，兴国山歌，一支接着一支，掌声、欢呼声此起彼伏。夜深了，熊熊燃烧的火焰映红了夜空，战士们的脸上闪烁着欢乐的光辉，久久不愿去睡。

红一、红四方面军先头部队会师的喜讯，通过电台迅速传到了各自的总部。

会师不久，红二十五师师长韩东山立即向驻懋功的红三十军政委李先念报告会师的喜讯，李先念又立即报告驻在理番的红四方面军总部。此时，驻在茂县的张国焘得到报告后，于当天致电朱德、周恩来、毛泽东，表示："数月来我方战略另与西（征）军（指红一方面军，下同——引者注）配合行动，今日会合士气大为振奋，西征军艰

① 杨成武：《忆长征》，解放军文艺出版社1982年版，第151—152页。

苦卓绝之奋斗，极为此间指战员所欣服。”[①] 同时，张国焘还打电话给在理番的徐向前，要他代表红四方面军领导人写一份报告，火速派人去懋功，转送中央。当晚，徐向前以张国焘、陈昌浩、徐向前的名义起草了致毛泽东、周恩来、朱德等的报告，并派人送往懋功，继由红二师的电台转发。这份报告详细介绍了川西北的敌我态势，并向中央建议：“西征军万里长征，屡克名城，迭摧强敌，然长途跋涉，不无疲劳，休息补充亦属必要，最好西征军暂位后方固阵休息补充，把四方面军放在前面消灭敌人，究以先打胡先打刘何者为好，请兄方按各方实况商决示知为盼。”该报告最后表示：“红四方面军及川西北数千万工农群众，正准备十二万分的热忱欢迎我百战百胜的中央西征军。”[②]

同一天，红一方面军第二师师长陈光向红一军团和中革军委报告了先头部队在达维会师以及红四方面军第二十五师已于 8 日占领懋功的消息。接电后，总政治部于 6 月 13 日向各军团发布《关于一、四方面军会合后加强政治工作的指令》，指出：

> 我们先头部队已与四方面军的先头部队取得联络，各军团政治部应即进行：
>
> （一）迅速传布已经与四方面军会合的情报，提高红色战士情绪，鼓动不掉队、不落伍、不怕粮食困难，注意卫生，严整纪律，迅速争取与四方面军的全部会合。
>
> （二）解释两大主力的会合，是为着以更大的战斗胜利消灭敌人，赤化全〔川〕西北以至全四川。克服以为会合后可以放下枪担、安心休息的情绪。
>
> （三）在部队中发动与四方面军联欢与慰问的盛大运动，号召每个战士准备娱乐，准备礼物，去会亲爱的弟兄。二师应即进行与四方面军先头的联欢。[③]

---

① 《中国工农红军第四方面军战史资料选编》（长征时期），第 50 页。
② 《中国工农红军第四方面军战史资料选编》（长征时期），第 52 页。
③ 《中国工农红军第四方面军战史资料选编》（长征时期），第 54 页。

在以后的几天里，中共中央、中央红军的领导人和红四方面军的领导人互相致电,热烈祝贺两军胜利会师。6 月 15 曰,张国焘、陈昌浩、徐向前及红四方面军全体指战员发出致毛泽东、朱德、周恩来及中央红军全体指战员的贺电，指出：

懋功会合的捷电传来，全军欢跃。你们胜利的转战千余里，横扫西南，为反帝的苏维埃运动与神圣的民族革命战争，历尽坚（艰）苦卓绝的长期奋斗，造成了今日主力红军的会合，定下了赤化西北的最有利的基础的条件。我们与你们今后在中国共产党统一指挥之下，共同去争取西北革命的胜利，直至苏维埃新中国胜利。①

6 月 16 日，朱德、毛泽东、周恩来、张闻天及中央红军全体指战员复电张国焘、徐向前、陈昌浩并转红四方面军全体指战员，指出：

来电欣悉。中国苏维埃运动二大主力的会合，创造中国革命史上的新纪录，展开中国革命新的阶段，使我们的敌人帝国主义、国民党惊慌战栗。我们久已耳闻你们的光荣战绩，每次得到你们的捷电，就非常欣喜。此次会合，使我们更加兴奋。今后，我们将与你们手携着手，打大胜仗，消灭蒋介石、刘湘、胡宗南、邓锡侯等军阀，赤化川西北。我们八个月的长途行军，是为苏维埃而奋斗。我们誓与你们一起，为苏维埃奋斗到底。特此电复。②

为了庆贺会师，提高红军指战员对会师意义的认识，6 月 15 日,《红星》报发表题为《伟大的会合》的社论，明确指出：中央红军和红四方面军会合“是历史上空前伟大的事件，是决定中国苏维埃运动今后发展的事件”③。中央红军各部队遵照中央的指示,开展两军会师意义的教

① 《中国工农红军第四方面军战史资料选编》（长征时期），第 55 页。

② 《中国工农红军第四方面军战史资料选编》（长征时期），第 57 页。

③ 《红星》报第 21 期，1935 年 6 月 15 日。

育，从精神上、物质上做好会师的准备。广大红军指战员对即将到来的会师欢欣鼓舞，信心倍增，加紧练唱陆定一突击写的《红军两大主力会合歌》，准备征服险恶的夹金山，与红四方面军会合。

6 月 17 日，毛泽东、朱德、周恩来、张闻天等中央领导人翻过夹金山，来到达维，受到红四方面军先头部队的热烈欢迎。红二十五师师长韩东山在其鄂豫皖时期的老上级陈赓的介绍下，认识了毛泽东等中央领导人。韩东山带领毛泽东等来到一座喇嘛寺庙。毛泽东顾不上休息，即详细询问部队的情况，从军队的建制，干部的成分、思想状况，战士们的生活、训练、学习，一直问到师团的历史，党组织的建设，部队的战斗力，军民关系等等。韩东山把所知道的情况一一作了详细汇报。最后他说："我们部队的指战员都是来自鄂豫皖和四川的贫苦农民，打仗都非常顽强勇敢，一上战场没有一个怕死的，都是拼命地往前冲。"毛泽东听了高兴地说："是啊！这就是红军的作风！我们从江西出发那天起，飞机在头上飞，敌人在地上追，我们还是闯过来了！"

当天晚上，在达维镇喇嘛寺附近的坡地上，举行了两军会师联欢会。会场上搭了一个简易的讲台，四周悬挂着几盏油灯。联欢会由周恩来主持。韩东山代表红四方面军讲了话。接着，毛泽东和朱德先后讲话。据韩东山回忆，毛泽东在讲话中说：

"这次会师具有伟大的历史意义，是红军战斗史上的重要一页，是中华苏维埃有足够战胜国民党反动政府和完成北上抗日任务的力量表现。我们在中央苏区就知道四方面军的同志在党的领导下，作战英勇，创造了川陕苏区，消灭了很多敌人，各方面都有很大成绩。"

"我们红军是打不垮、拖不烂的队伍，是劳动人民求解放的队伍。我们从离开中央苏区那天起，每天都是同超过我们几倍的敌人作战，但是敌人的围追堵截不仅没能消灭我们，而我们却大量消灭了敌人。战斗中虽然有一些伤亡，但我们却锻炼得更加坚强，扩大了革命影响，沿途撒下了革命种子……"

"今天胜利会师了，我们一、四方面军是一家人，要在党中央领导下为彻底消灭蒋介石反动派，赶走日本帝国主义而共同奋斗！”①

朱德在讲话中，谈到各地红军的历史作用、会师的意义和今后的任务。讲话结束后，由军委总政治部文工团演出简朴、欢快的文艺节目。

6月18日，中央领导人离开达维向懋功进发，当天到达懋功，受到热烈欢迎。在懋功担负接应任务的红三十军政委李先念后来回忆说：

六月十八日，我们在懋功迎接了党中央和一方面军。当时喜悦之情，难以言表。毛主席和中央几位领导同志住在一座法式建筑的天主教堂院内，我们住在小金川河边的新街。当天晚上，毛泽东、周恩来、朱德、张闻天等同志和一方面军的几位领导人，在天主教堂的东厢房里，亲切会见了我。我第一次见到这么多中央领导同志，心情特别激动，也有一点拘谨。毛泽东同志充分肯定了四方面军的战绩，给四方面军很高评价，并代表党中央和一方面军全体同志，对四方面军全体指战员表示亲切地关怀和慰问。毛主席说，过去两支红军独立作战，现在会合了。这样，我们的力量更大了。他打开地图，边看边问，岷（江）嘉（陵江）地区的气候怎样？地形怎样？人民群众的生活条件怎样？还能不能再打回去？我说，岷、嘉两江之间地区，大平坝子很多，物产丰富，人烟稠密，是汉族居住地区，部队的给养和兵源都不成问题。从战略地位看，东连川陕老根据地，北靠陕甘，南接成都平原，可攻可守，可进可退，回旋余地大。如红军进入这一地区，有了立足之地，可以很快休整补充，恢复体力，再图发展。而且这时茂县、北川还在我军控制之下，可以打回去，否则再打过岷江就难了。我还说，来懋功的一路上，只看到很少的藏族牧民，筹粮很难，大部队久住无法解决供给。大小金川和邛崃山脉一带高山连绵，谷深流急，大部队很难运动，不容易在这里站住脚，向西和

① 韩东山：《攻克懋功，会师达维》，《艰苦的历程》（下），第54页。

向北条件更差。总的思想是说明无论从地理条件、群众基础，还是从红军急需休整补充的实际情况和发展前途看，会师后向东北方向，首先是向岷嘉地区发展比较有利。早在川陕反六路围攻胜利后，向前同志同我们就议论过沿嘉陵江两岸作战和向甘南发展的问题。所以，当时心里是真想打回去。广大指战员也是这种心情。毛主席听我汇报情况时连连点头。这个时候，毛主席正在考虑全局的大问题。听取各方面的意见，准备制定会合后的战略方针。我还清楚地记得，那天晚上，大家兴致勃勃，一直谈到深夜。在懋功和中央领导同志的会见，使我终生不忘。①

懋功会师，使中央红军和红四方面军的指战员备受鼓舞。两支兄弟部队开展了互相慰劳的活动。会师后，当李先念得知聂荣臻骑的骡子在宝兴过铁索桥时损失了，就热情地送给聂荣臻一匹骡子，后来，聂荣臻就是靠这匹骡子的帮助，长征到达陕北。红九军司令部把十万分之一的四川地图送给中央红军红九军团司令部。红四方面军的部队还进行了慰劳中央红军的捐赠活动，从北川、茂县、理番至懋功的沿途，络绎不绝的马队、牦牛队把一批批慰劳品送到中央红军驻地。据统计，红三十一军捐赠衣服 495 套零 19 件，草鞋 1386 双，手巾 152 条，毛袜 419 双，毛毯 100 条，鞋子 169 双，袜底 191 双；红九军捐赠单衣 11 件，皮衣 47 件，袜子 357 双，袜底 37 双，鞋 20 双，草鞋 293 双，毯子四条，汗巾 203 条；红四军捐赠单衣 191 套，棉大衣 179 件，袜子 690 双，袜底 38 双，鞋 135 双，草鞋 120 余双，汗巾 171 条。②中央红军也开展了对红四方面军的捐赠活动。“坦克”部队一次就募捐了 790 余元。“太阳”纵队一次募捐 700 多元，其中“三科和野战医院为最多，刘光甫同志一个人捐了 20 元”。③

会师后，两支兄弟部队还广泛开展了互访、互学活动。朱德总司

---

① 李先念：《红军团结胜利的篇章——忆懋功会师》，《中国工农红军第四方面军战史资料选编》（长征时期），第 190 页。

② 《红星》报第 26 期，1935 年 8 月 3 日。

③ 《红星》报第 22 期，1935 年 6 月 20 日。

令亲自到红四方面军部队驻地，询问红四方面军部队休整的情况，介绍中央红军长征的经历，表达对红四方面军的关怀。各部队还举行体育比赛，编排节目，教唱歌曲，进行联欢。红四方面军的战士会唱的歌较少，李伯钊就到红三十军的部队教唱，使他们学会了不少新歌。

在懋功会师的日子里，各部队驻地处处是互相学习、互相帮助的动人场面，到处荡漾着《红军两大主力会合歌》的歌声：

两大主力军邛崃山脉胜利会合了，
欢迎四方面军百战百胜英勇兄弟！
团结中国苏维埃运动中的力量，唉！
团结中国苏维埃运动中的力量，
坚持赤化全四川！

万里长征经历八省险阻与山河，
铁的意志血的牺牲换得伟大的会合！
为着奠定赤化全国巩固的基础，唉！
为着奠定赤化全国巩固的基础，
高举红旗往前进！

毛泽东等中央领导人和中央红军领导人来到懋功后，为庆祝两大主力红军会师，总政治部召开联欢庆祝大会。在会上，红八十八师政委郑维山代表红四方面军致欢迎词，表示坚决听从党中央的指挥，一定虚心向中央红军学习，团结奋斗，并肩前进，争取新的胜利。中央红军的代表在讲话中说，两大主力红军会师，开创了中国革命史上的新纪录，是对国民党反动派的重大打击。过去就耳闻过红四方面军的光荣战绩，相信两军会合后，一定会打更多的胜仗，消灭刘湘、胡宗南、邓锡侯等军阀更多的部队，创造新的根据地。他们的讲话博得了热烈的掌声。“庆祝胜利翻越夹金山！”“庆祝一、四方面军两大主力胜利会师！”的口号声此起彼伏，气氛非常热烈，充满战友深情。

6 月 21 日，庆祝会师的活动达到了高潮。这一天，在懋功的天主教堂里，召开了中央红军和红四方面军干部同乐联欢会。《红星》报报道了这次大会的盛况：

> “太阳”纵队二十一日在懋功开了一次干部同乐会，四方面军驻懋功的干部亦全部参加。在未开会之先，唱歌呀，谈话呀，两方面军的干部互相谈说过去的战迹〔绩〕呀，整个的会场，充满着娱〔愉〕快的表情。
>
> 同乐大会正式开幕了，首先是党中央和总政治部的代表——博古同志与朱总司令的演说，告诉了全体干部的目前的有利的环境，两大主力会合的意义，与我们的战斗任务。接着，便是五大碗的会餐。这时有同志起来报告“猛进”剧社到了，掌声大起，表示了欢（迎）他们的热意。会餐以后，晚会开始，首先有“火线”剧社的小同志的唱歌和跳舞，接着有“火线”剧社与“太阳”纵队的一些名角表演“十七个”的名剧。最后，“猛进”剧社表演“破草鞋”。这两剧戏无论在剧(情)上或者在艺术上都是成功的。边章武同志的京调，李伯钊同志的跳舞，都博得了大家的各处的掌声。会场空气盛极一时，为反攻以来第一次！①

毛泽东等中央领导人在懋功休整了三天以后，又沿抚边河北上，向两河口进发了。李先念率红四方面军的部分部队继续留在懋功和达维，负责后卫和东面防御，并派出一部分部队沿小金川河西进，再沿大金川河北进，以保障党中央北上的左翼安全。

懋功会师时，红四方面军总指挥徐向前正在理番。会师的喜讯，同样使他心中充满着欢乐。他不断发出指令，要求前线部队坚守阵地，以杀敌立功的实际行动欢迎中央红军。他热切地祈盼着早一天与中央红军会面。在维古河畔，他与红三军团军团长彭德怀的会见，成为两军会师中的一段佳话。

---

① 《红星》报第 23 期，1935 年 6 月 27 日。

那是在懋功会师 20 多天后，徐向前接到彭德怀发来的一份电报，说红三军团已进抵黑水，为迎接红四方面军，他已带部队上来。徐向前接电后非常高兴，立即发报表示热烈欢迎，并约请彭德怀到维古河的渡口会面。翌日清晨，徐向前和通讯排骑马向维古河畔飞驰而去。

维古河是岷江的支流之一，宽二三十米，水深流急，难以徒涉。平时人来人往，仅靠铁索桥。徐向前来到桥头一看，桥索已被破坏，难以渡河。正在这时，河对岸走来一支队伍。走在最前面的一个人身材粗壮，头戴斗笠，到岸边后不停地挥手呼喊，徐向前也挥动帽子答话，但因流水声太大，谁也听不清对方在说什么。过了一会儿，对岸的人扔过来一块小石头，徐向前捡起来一看，石头上用小绳拴了一张纸条，上面写着："我带三军团之一部，在此迎接你们！——彭德怀。"徐向前一看十分高兴，马上从笔记本上撕下一页纸，写上："我是徐向前，感谢你们前来迎接！"写完，也拴在石头上扔过河去。彭德怀得知是徐向前在对岸，高兴地挥动斗笠，亲切致意。

当天，通讯部队在河面上拉起了一条电话线，徐向前和彭德怀在电话中互致问候，并约定次日在维古河上游一个叫亦念的地点相见。第二天，徐向前和彭德怀几乎同时到达亦念。不料，此处的铁索桥也遭破坏。正在焦急时，徐向前的随行人员找到了另一种渡河工具——溜索。徐向前坐在竹筐里，滑向对岸。到达对岸后，彭德怀快步迎上，两双手紧紧地握在了一起。彭德怀风趣地说："徐总指挥，还不知道你有这种本事。"徐向前说："我这是大姑娘上轿头一回呀！"随后，他们谈了些敌情和沿途见闻，还商谈了部队架桥事宜。这两位威震敌胆的红军高级将领传奇式的会见，成为两军会师中团结一致、争取胜利的一段生动插曲。

懋功会师，使两支红军主力走到了一起。两个方面军的指战员，来自山南海北，四面八方，操着不同的乡音。他们素昧平生，萍水相逢，各自的经历不同。但是，战友的情意，共同的理想，使他们一见如故，胜似亲人。这充分表达了两支兄弟部队之间的团结和友谊，体现了革命军队之间的良好关系。红军指战员以自己的行动，谱写了一曲团结互助、胜利会师的凯歌。正如懋功会师的见证人李先念所说："懋功会师，标志着我们党和我们军队团结胜利的一个新开端，在我党、我军历史上写下了光辉的篇章。”①

懋功会师是一个伟大的胜利，具有重大的历史意义。它粉碎了蒋介石妄图阻止中央红军和红四方面军会师、各个消灭红军的计划。对于这一点，就连国民党的一位高级将领也意识到了，不得不哀叹：“国军防止朱毛西窜之声，早已传之数年，今朱毛毕竟西窜，而达其预定之目的矣，在朱毛西窜当中，行营三令五申严防朱毛与徐匪向前会合，声犹在耳，墨尚未干，而朱毛毕竟与徐匪向前张匪国焘会合矣。然而全川之六路大军，不能拒堵徐匪之南窜，中央与各省数十万劲旅，不能截拒朱毛之西奔，中间虽有河山之险隔，给养之困难，病疫之交侵，霜雪之严冷，均不足以慑匪胆，而刺激其改变初衷，两大洪流，竟于中华民国二十四年六月十有六日（应为六月十二日——引者注），在懋功之达维合拢，查国军电令，一再言曰，须收聚歼之效，今使之聚矣，何以不歼，然在分窜之中，各个尚不能击破，今即会合，则已蔓不可图，尚可聚歼大言不惭哉。”②

懋功会师的重大意义还远不止于此。两大红军主力会师，壮大了红军的力量，为日后统一在中共中央和中革军委的直接领导下，开创新的局面，创造了十分有利的条件。

二、北上战略方针的确定

中央红军和红四方面军在懋功会师，实现了中共中央和中革军委制定的与红四方面军会合的战略任务。会师后，如何正确分析形势，尽快确定新的战略方针，打破蒋介石的围堵计划，建立新的根据地，成为党和红军面临的首要问题。

---

① 李先念：《红军团结胜利的篇章——忆懋功会师》，《中国工农红军第四方面军战史资料选编》（长征时期），第 191 页。

② 胡羽高：《共匪西窜记》，第 481 页。

还在两军会师前夕，红四方面军的领导人就在考虑下一步的战略行动方针问题。徐向前回忆说：

“对于战略发展方向问题，方面军总部那时没有讨论过。当然，领导层里并不是毫无考虑。我军刚进入川西北地区，张国焘就宣布成立苏维埃西北联邦政府，出布告，写条例，发指示，建立各级地方人民政府，忙得不亦乐乎。表面看来，似乎要铺开摊子，在这带立脚生根。其实不然，大家都在考虑下一步向哪个方向发展。因为谁都清楚，川西北山大地广，人稀粮少，不适合大部队久驻。又是少数民族地区，历史上形成的隔阂不易消除，红军要建立革命根据地，谈何容易呀！我和李先念同志交换过意见，认为还是原来的川陕甘计划比较好。如果中央红军上来，两军的力量加在一起，北上消灭胡宗南一部分主力，争取在川陕甘边创造根据地，与通南巴的游击区打通联系，再图发展，似为上策。而张国焘、陈昌浩呢？据我观察，是个举棋不定的态度。有时说北取陕甘，有时说南下川西南边，拿不出个成熟的方案来。当时，迎接中央红军是当务之急，战略发展方向问题亦需两军会合后才能决定，大家都有等待的思想，想等党中央上来后再说。”①

“我对战略行动方针问题，是焦急与等待的心情，交织在一起的。”

正是在这种考虑和心情之下，当两军的先头部队一经会师，红四方面军的领导人立即电请中央，速决今后两军行动大计。

这时，中共中央、中革军委也根据对全国政治形势和两军即将会师这一新情况的分析，着手制定下一步的战略行动方针。

两军会师正值日本帝国主义向华北步步进逼的紧急关头。1935 年 5 月 29 日，日本借口所谓中国破坏《塘沽协定》，向南京国民政府提出对华北统治权的无理要求，并从东北调集大批军队入关，进一步威胁

① 徐向前：《历史的回顾》（中），第 422、423 页。

平津。在民族危机日益加深的形势下，国民政府坚持“攘外必先安内”的政策，一面加紧“围剿”红军和镇压抗日救亡运动，一面对日妥协退让。6 月 10 日，国民政府颁布《敦睦邦交令》，公开宣称要严惩一切反日的言论、行动和团体。7 月 6 日，又以承诺日本方面 6 月 9 日“觉书”的形式，达成“何梅协定”，使中国在冀察两省的控制权大部丧失。接着，按照日军的要求，把驻河北省的东北军于学忠等部调往西北“剿共”前线。日本的加紧入侵和蒋介石的倒行逆施，激起了全国人民的极大愤慨，抗日反蒋的新高潮即将到来。这表明，中国的政治形势正向有利于革命的方向发展。

两军会师后，总兵力达十余万人，士气高涨，战斗力大为增强。红四方面军主力正位于岷江两岸之镇江关、片口、北川、茂县等地，可随时向东向北出动。红二、红六军团在湘鄂川黔、西北红军在陕甘的反“围剿”作战都已取得了胜利，红二十五军在鄂豫陕边创建了新的根据地，并粉碎了敌人的第一次“围剿”，留在长江中下游的红军和游击队坚持开展游击战争，他们的行动都在战略上配合着中央红军和红四方面军的行动。尽管蒋介石还在部署对红军的围追堵截，但是，追击中央红军的国民党军主力薛岳等部尚在川西地区，北面胡宗南部 20 余个团尚未全部集结。由于其远离统治中心，交通不便，补给困难，战斗力大为下降。四川军阀屡遭重创，减员较大，士气颓丧。同时，川陕甘地区的国民党军队派系庞杂，内部矛盾重重，不易协同作战。这些情况表明，中央红军和红四方面军会师后，存在着使中国革命在川陕甘地区胜利发展的有利条件。

中共中央和中革军委原计划在川西北地区建立根据地，但在两军会师前后，发现川西北地区地广人稀，山高地瘠，贫穷落后，给养困难，又多系少数民族聚居区，不利于红军的生存和发展，不适宜建立根据地。这也要求中央尽快寻找和确定新的落脚点。

根据对当时形势和所处地理环境的分析，中共中央和中革军委决定放弃遵义会议制定的关于在川西北建立根据地的计划，集中力量向东、向北发展，在川陕甘建立根据地。6 月 16 日，中共中央、中革军委领导人朱德、毛泽东、周恩来、张闻天就两军会师后的战略方针问题，致电红四方面军领导人张国焘、徐向前、陈昌浩，指出：

> 甲、为着把苏维埃运动之发展放在更巩固更有力的基础之上，今后我一、四方面军总的方针就是占领川陕甘三省，建立三省苏维埃政权，并于适当时期以一部组织远征军占领新疆。
>
> 乙、目前计划则兄方全部及我野战军主力均宜在岷江以东，对于即将到来的敌人新的大举进攻给以坚决的打破，向着岷、嘉两江之间发展。至发展受限制时，则以陕、甘各一部为战略机动地区。因此坚决的巩固茂县、北川、威州在我手中，并击破胡宗南之南进是这一计划的枢纽。
>
> 丙、以懋功为中心之地区纵横千余里，均深山穷谷，人口稀少，给养困难。大渡河两岸直至峨眉山附近情形略同。至于西康情形更差。敌始封锁岷江上游（敌正进行此计划），则北出机动极感困难。因此邛崃山脉区域只能使用小部队活动，主力出此似非良策。①

中央制定的这一战略方针，红四方面军总指挥徐向前是赞同的，因为这一方针与他设想的“川陕甘计划”有相似之处。但是，张国焘、陈昌浩的态度不同。住在茂县的张国焘、陈昌浩没有同住在理番的徐向前商量，就于6月17日复电中央，虽然表示“同时〔意〕向川陕甘发展，组织远征军，占领青海、新疆，首先集主力打”，但又提出：“北川一带地形给养均不利大部队行动；再者水深流急，敌已有准备，不易过”。由岷江向东打条件不具备，“沿岷江北打松潘，地形粮食绝无”。主张中央红军大部沿大金川北上占阿坝，红四方面军北折茂县、北川等地，并进至松潘以西地区，或“暂时利〔向〕南进攻”。② 这实际上提出了一个与中共中央不同的战略方针。

两种战略方针存在着严重的分歧。中共中央和中革军委的领导人继续通过电讯联系，同张国焘耐心地交换意见。6月18日，中共中央

① 《中国工农红军第四方面军战史资料选编》（长征时期），第58页。

② 《中国工农红军第四方面军战史资料选编》（长征时期），第59页。

复电张国焘、陈昌浩、徐向前，强调指出："目前形势须集中火力首先突破平武，以为向北转移枢纽。其已过理番部队，速经马塘绕攻松潘，力求得手。否则兄我如此大部队经阿坝与草原游牧区域入甘、青，将感绝大困难，甚至不可能。向雅（安）、名（山）、邛（崃）、大（邑）南出，即一时得手，亦少继进前途。因此力攻平武、松潘，是此时主要一着，望即下决心为要。"①19 日，张国焘又以张国焘、徐向前的名义致电中央，提出平武地形不利我方进攻，同意打松潘。主张"一方面军南打大包山，北取阿坝，以一部向西康发展；四方面军北打松潘，东扣岷江，南掠天（全）、卢（芦）（山）、灌（县）、邛（崃）、大（邑）、名（山）"，并认为"目前给养困难，除此似别无良策"。②20 日，中央再次致电张国焘，指出："从整个战略形势着想，如从胡宗南或田颂尧防线突破任何一点，均较西移作战为有利，请你再过细考虑！""如认为绝无办法，则需暂时抛弃川陕甘方针，改变为向川西南发展。"中央认为，这一方针关系全局，要张国焘"立即赶来懋功，以便商决一切"。③

这时，毛泽东、张闻天、周恩来、朱德等中央领导人都在懋功。为了统一思想，解决意见分歧，中共中央政治局决定在两河口开会，商决两军会师后的战略方针。6 月 23 日，中央领导人到达两河口。24 日，中共中央负责人张闻天写了《夺取松潘，赤化川陕甘！》一文，并立即在当天油印出版的《前进报》第一期上发表。文章深刻论述了北上建立川陕甘根据地的可能性和必要性，明确指出："我们现在必须集中我们的全部力量，首先突破敌人北面的防线，将红军主力转入川陕甘的广大地区内寻求在运动战中大量的消灭敌人。因此夺取松潘控制松潘以北的地区，消灭胡宗南的部队，目前成为整个野战军与四方面军创立川陕甘新苏区的最重要的关键，也是我们工农红军目前的紧急任务。"还提出："同一切右倾机会主义的动摇做斗争，是目前整个党与工农红军的严重任务。"④张闻天的这篇文章，反映了党中央对下一步战略

---

① 《中国工农红军第四方面军战史资料选编》（长征时期），第 60 页。
② 《中国工农红军第四方面军战史资料选编》（长征时期），第 62 页。
③ 《中国工农红军第四方面军战史资料选编》（长征时期），第 63 页。
④ 《张闻天文集》第 1 卷，中共党史资料出版社 1990 年版，第 546、548 页。

发展方向的考虑。

6月25日，张国焘在骑兵护卫下到达两河口，毛泽东、张闻天、周恩来、朱德等几十人冒雨站在路旁，欢迎他的到来。随后，召开会师大会，朱德、张国焘先后讲话，气氛热烈而欢欣。晚上，毛泽东等设宴招待张国焘，请他喝了当地出产的青稞酒。

6月26日，中央政治局在两河口召开扩大会议，讨论战略方针问题。会议由张闻天主持。出席会议的有张闻天、毛泽东、周恩来、朱德、博古、王稼祥、张国焘、刘少奇、邓发、凯丰，以及刘伯承、李富春、林彪、聂荣臻、彭德怀、林伯渠等。

周恩来在会上作目前战略方针的报告。他首先回顾了中央红军撤离中央苏区后战略方针的几度变化。接着，围绕目前行动方针问题，阐述了在松潘、理番、茂县一带不利于建立根据地，必须北上川陕甘建立根据地的理由，指出："一、地域宽大，好机动。"松潘、理番、懋功地域虽大，但多是狭路，敌人易封锁，想在这些地方逼死我们，我们也不易反攻。"二、群众条件，人口较多。"过去两个方面军的根据地，人口都比较多，要扩大红军，必须在人口多的地方才好，松潘、理番、懋功、温川、抚边这一带，人口只有20万，又是少数民族区域，不利于红军扩充。"三、经济条件。"这一带人烟稀少，粮食缺乏，有些地方甚至还不能自给。草原上的牛羊也有数。生活习惯也不适宜。其他物资如布、皮等，都不容易解决。基于这种分析，他得出结论说：懋、松、理这一地区的地域虽大，却不利于建立根据地，"我们如陷在懋、松、理，就没有前途"。因此，必须迅速前进，去"川陕甘"。而回头向南是不可能的；东过岷江，敌人在东岸有130个团，对我不利；向西北，是一片广漠的草原；可走的只有一条路，就是北向甘肃。在那里，"道路多，人口多，山少。在此必定会遇到敌人，我可用运动（战）消灭敌人"。如果敌人前进得慢，我们可以在这个广阔的地区前进，并向陕西迎击敌人。四川方面的现有地区，可以作为游击区。至于到那里后是否还要扩大地区，要在到达那里后再决定。为了实现这个战略方针，目前要迅速向松潘同胡宗南作战，这样才能向西北突破；要高度机动，使敌人对我们的估计发生动摇，使其部署赶不上我们，我们不被牵制，才能消灭他；要坚决统一意志，两个方面军部队大，要统一指挥，集中于军委。以上是最高原则，必须实现。

周恩来报告以后，张国焘发言。他首先讲了红四方面军离开鄂豫皖根据地以后的作战情况。在谈到战略方针问题时，他一方面表示同意政治局关于在川陕甘建立根据地的方针，另一方面却鼓吹其南下的主张。他说，目前接近我们的敌人主要是胡宗南和刘湘，其他都是配角。如果我们的战略方针是向南，向成都打，这些敌人是不成问题的。向东打地势限制。向西要过草地，冬天没有帐篷，冷得很，夏天是雨季，长途行军会大减员。松潘北边的情况还没有确切调查。发展条件虽然甘南于我有利，但一定要打下胡宗南。胡敌一定会来追我，至少以 15 至 20 个团的兵力牵制我，还有蒋介石的其他部队。我们去甘南还是站不稳的，还是要移动地区，还是要减员。所以，要向甘南发展，一定要打下胡敌几个团，才能立稳。两大主力会合以后，力量增加，指挥统一了，经验增加了，但另一方面，敌人也不会让我们很容易地占领大的区域。

毛泽东在发言中，同意周恩来的报告，并提出五点意见：（一）要用全力到新的地区发展根据地。在川陕甘建立根据地，可以把创造苏区运动放在更加巩固的基础上，这是向前的方针。要对四方面军同志作解释，他们是要打成都的。一、四方面军会合后有实现向北发展的可能。（二）战争性质不是决战防御，不是跑，而是进攻。根据地是依靠进攻发展起来的。我们过山战胜胡宗南，占取甘南，迅速向北发展，以建立新的根据地。（三）应看到哪些地方是蒋介石制我命的，应先打破它。我须高度机动，这就有走路的问题，要选好向北发展的路线，先机夺人。（四）集中兵力于主攻方面，如攻松潘。胡宗南如与我打野战，我有 20 个团以上，是够的；如不与我打野战，守堡垒，就一定要打破驻点，牵制敌人。现在就是迅速打破胡敌向前夺取松潘。今天决定，明天即须行动。这里人口稀少，天冷衣食困难，应力争在 6 月突破，经松潘到决定地区去。（五）责成常委、军委解决统一指挥问题。

朱德发言说，同意周恩来的报告，背靠西北，面向东南这一总的战略方针应决定下来。要迅速打出松潘，进占甘南，打下敌人，建立根据地。

会上，彭德怀、林彪、博古、王稼祥、邓发、刘伯承、聂荣臻、凯丰、刘少奇等也都发了言，一致同意周恩来报告中提出的北上方针，认为当前最关键的是从松潘打出去。

张闻天在周恩来作结论之前作总结发言。他指出，在战略方针问题上大家既然意见一致，就应团结一致来实现。目前这个战略方针是前进的、唯一正确的。要实现这个战略方针，首先要进攻或控制松潘。他批评了避免战争、退却逃跑的倾向，强调创造川陕甘苏区只有依靠决战胜利，应用尽力量克服困难。他还特别强调在组织上应该统一。

周恩来在作结论时说，各位同志都是同意的意见。我们的战争方针当然是进攻的。过去在路上也讨论过，但那时是无后方的运动战。现在不同了，要转入反攻，建立根据地，进入更广大的地区同敌人战斗。从两个主力会合至到达预定地区，口号是赤化川甘陕。各部队要行动，行动应迅速。

最后，会议全体通过了周恩来报告中提出的战略方针，并委托张闻天起草一个决定。

6月28日，中央政治局作出了《中共中央政治局决定——关于一、四方面军会合后的战略方针》。决定指出：

一、在一、四方面军会合后，我们的战略方针是集中主力向北进攻，在运动战中大量消灭敌人。首先取得甘肃南部以创造川陕甘苏区根据地，使中国苏维埃运动放在更巩固、更广大的基础上，以争取中国西北各省以至全中国的胜利。

二、为了实现这一战略方针，在战役上必须首先集中主力消灭或打击胡宗南军，夺取松潘与控制松潘以北地区，使主力能够胜利的向甘南前进。

三、必须派出一个支队向洮河夏河活动，控制这一地带，使我们能够背靠于甘青新宁四省的广大地区有利的向东发展。

四、大小金川流域在军事政治经济条件上均不利于大红军的活动与发展。但必须留下小部分力量，发展游击战争，使这一地区变为川陕甘苏区之一部。

五、为了实现这一战略方针，必须坚决反对避免战争退却逃跑，以及保守偷安停止不动的倾向，这些右倾机会主义的动摇是目前创造新苏区的斗争中的主要危险。①

两河口会议是两大红军主力会师后的一次重要会议。会议正确地分析了两军会师后的形势和川陕甘、川康边的实际情况，确定了两军共同北上，在川陕甘创建根据地的战略方针，为两个方面军的行动指明了方向。

根据两河口会议所确定的战略方针，中革军委于 6 月 29 日制定了《松潘战役计划》。

这时，蒋介石判断红一、红四方面军会合后，可能入西康、青海或北上陕甘，故集结川军主力刘湘、孙震、李家钰等部约 90 个团，固守江油（不含）、汶川地带，以阻止红军东进。以胡宗南所部 27 个团，固守甘肃文县和四川松潘、平武、江油地区，阻止红军北上。以杨森、邓锡侯等部约 50 个团，由宝兴、大川、牛头山地段向北筑垒推进，阻止红军南进。以刘文辉、李抱冰等部约 15 个团，在康定、丹巴、泸定地域筑垒并扼守大渡河右岸，阻止红军向川康边发展。以薛岳部周浑元、吴奇伟两纵队向绵阳集中；郭勋祺部集结新津，均策应岷江东岸的行动。万耀煌部留清溪、雅州筑垒待机。同时，调于学忠为川陕甘"剿匪"总司令。

中革军委估计，敌军的这一部署是企图阻止红军入甘南和岷江东岸，并防堵红军复渡大渡河，及利用西北广大的草原以封锁和困饿红军。如果发现红军进攻松潘并向甘南发展时，胡宗南部将首先向南坪、松潘集中兵力，以扼阻和截击红军，川军和薛岳部将以主力出剑门、昭化、广元，一部出碧口、文县沿陕甘南部侧击红军，以配合由潼关、汉中、西安西进之敌和甘肃五马，与红军作战。

基于上述敌情和估计，《松潘战役计划》确定，红一、红四方面军

① 《中共中央文件选集》第 10 册，第 516—517 页。

根据目前的战略方针，以运动战消灭敌人的手段，北取甘南为根据地，以达赤化川陕甘之目的，首先进行的战役，就是要迅速、机动、坚决地消灭松潘地区的胡宗南部，并控制松潘以北及东北各道路，以利北向作战和发展。计划规定，岷江西岸为进攻松潘的主力，由两个方面军的主力组成左、中、右三路军北进，其中，中心在左路及中路。另以 12 个团组成岷江支队和懋功支队，钳制敌人，掩护主力北进，并适时北撤跟进。

就在《松潘战役计划》制定的同一天，中共中央政治局常委召开会议，通过了这一计划，并决定增补张国焘为中革军委副主席，徐向前、陈昌浩为中革军委委员，为解决两军会合后的统一指挥，实现北上战略方针，提供了组织上的保证。

按照《松潘战役计划》规定的进军路线，红军迅速向松潘开进。从 6 月 29 日起，岷江、懋功两支队分别集中于岷江东岸平夷堡、大石桥和清夷堡、懋功地区，钳制东、南两面之敌，掩护主力北进和后方安全。中央红军和红四方面军第三十军第八十九师共 16 个团编为左路军，林彪任司令员，彭德怀任副司令员，聂荣臻任政治委员，杨尚昆任副政治委员，由卓克基、康猫寺、马塘等地出发，向松潘西北黄胜关、两河口地区开进，协同红四方面军主力进攻松潘。7 月 6 日，由红四方面军十个团组成的中路军，在司令员兼政委徐向前的率领下，从理番出发，计划经马塘、壤口、墨洼、洞垭向黄胜关前进。同一天，由红四方面军八个团组成的右路军，在司令员兼政委陈昌浩的率领下，也从茂县出发，计划经黑水、芦花、毛儿盖向松潘前进。王树声率领由红四方面军八个团组成的岷江支队，则控制北川至茂县一线阵地，继续阻止和牵制川军，并吸引胡宗南部南向。红一军团和红八十九师一部于7月 2 日翻越长板山雪山，进至芦花、黑水地区。接着，翻越打鼓山、拖罗冈（又名仓德山）雪山，于 10 日进到松潘以西的毛儿盖地区，并于 11 日攻占哈龙，16 日攻占毛儿盖，歼灭胡宗南部第一师补充旅约一个营，俘敌 300 余人，缴获长短枪 200 余支，轻重机枪 19 挺，电台一部，并击落敌机一架。与此同时，红三、红五、红九军团也进至黑水、党坝地区。

6 月 30 日前后，毛泽东、张闻天、周恩来、朱德等中共中央和中革军委领导人离开两河口北进。此后，连续翻越梦笔山等大雪山，于 7 月 10 日到达上芦花（今黑水县）。在这里，一面筹备粮食，一面耐心地等待张国焘执行两河口会议决定，率军北上，会攻松潘。

三、北上与南下之争

松潘，是四川西北部的重要城镇，控制着由四川北出甘南的交通要道。红军占领这个地区，可以避免西绕茫茫草地，直出甘南。这时，胡宗南部仍分散在松潘、平武、文县地区，尚未集中，碉堡也未筑成，且缺乏粮食。红军如果集中力量向东突进，攻占松潘，将会迅速取得松潘地区，打通进入甘南的道路。这对于红军主力迅速北上，创建新的根据地，是十分有利的。

然而，这种有利的形势，却因张国焘日益膨胀起来的争权野心和坚持其南下主张，被蒙上一层浓重的阴影。

在两河口会议上，张国焘虽然同意中共中央提出的北上战略方针，但在实际上他还是惧怕敌人，想避开敌人主力，南下四川、西康。

张国焘从两河口返回茂县途中，在下东门见到徐向前。他对会见中央领导人及两河口会议的情况不愿多谈，只是说，中央红军一路很辛苦，减员很大，和我们刚到通南巴时的情形差不多。徐向前问他下一步向哪个方向打，他说，中央的意见，要北出平武、松潘，扣住甘南，徐图发展。我看还是先取川西南比较好，否则，粮食、给养都不好办。徐向前说，北打有北打的困难，南打也有南打的困难。平武那边，地形不利，硬攻不是办法；松潘地区不利大部队展开，我和昌浩商量，准备扣住黑水，分路迂回突击，或许能够取胜。南下固然能解决目前供应上的困难，但一则兵力有限，二要翻越雪山，且不是长久立脚之地，万一拿不下来，北出将会遇到更大的困难。张国焘最后表示同意先打松潘，但仍坚持南取邛崃山脉地区的意见，并要徐向前第二天赶去懋功，当面向中央陈述他的意见。徐向前因战局紧张，无法脱身，没有去成。张国焘回到茂县后，又打电话给徐向前，要求按照中央决定，攻打松潘。但是，当各路红军开始行动时，张国焘又借口所谓“统一指挥”和“组织问题”没有解决，延宕红军的北上行动。

还在两河口会师大会后，张国焘就向周恩来询问中央红军的实力。周恩来坦率地告诉他，遵义会议时有3万多人，现在可能不到了。张国焘一听，脸色就变了。他自恃红四方面军有8万多人，比中央红军多得多，个人野心进一步膨胀起来。6月29日中央政治局常委会决定他担任中革军委副主席后，他并不满足，一再要求中央改组中革军委和红军总司令部。

为了实现其争权野心，张国焘暗中进行了一些活动。红一军团和红三军团是中央红军的两大主力，张国焘首先把手伸向了这两个军团。当时任红一军团政委的聂荣臻后来回忆说：

> 在两河口会议结束后的第二天，有这么一件事，引起我警惕。张国焘忽然请我和彭德怀同志两人去吃饭。席上，开始他东拉西扯，说我们“很疲劳”，称赞我们“干劲很大”。最后说，他决定拨两个团给我们补充部队，而实际上不过是相当于两个营的兵力，一千人左右。我们从张国焘住处出来，我问彭德怀同志，他为什么请我们两人吃饭？彭老总笑笑说，拨兵给你，你还不要？我说，我也要。往下我再没有说下去，因为我那时脑子里正在打转转。①

张国焘特别“关心”彭德怀。当时任红三军团军团长的彭德怀后来回忆说：

> 张国焘派秘书黄超来亦念，住在我处。说此地给养艰难，特来慰劳。送来几斤牛肉干和几升大米，还送来二三百元银洋。我想这是干吗？黄住下就问会理会议情形。我说，仗没打好，有点

① 《聂荣臻回忆录》(上)，第279页。

右倾情绪，这也没有什么。他们为什么知道会理会议？是不是中央同他们谈的呢？如果是中央谈的，又问我干什么？……他又说到当前的战略方针，什么“欲北伐必先南征”。我说，那是孔明巩固蜀国后方。他又说，西北马家骑兵如何厉害。把上面这些综合起来，知来意非善，黄是来当说客的。不同意中央北上的战略方针，挑拨一方面军内部关系，阴谋破坏党内团结。把全国形势看成黑漆一团，这是明显的。……送了一点点吃的这倒不稀奇，送二三百元银洋引起我很高警惕：完全是旧军阀卑鄙的手法。

……

……在亦念时，黄超谈话就说出来了，他说，实际主事人是毛而不是张闻天（当时张闻天是总书记，他们并没放在眼下）。这话当然不是一个年不满三十的黄超所能理解的，而是老奸巨滑的张国焘口里吐出来的。①

聂荣臻和彭德怀都没有被张国焘拉动。张国焘的幕后活动没有奏效，便迫不及待地公开向中央提出无理要求了。

7 月 1 日，张国焘致电中央，借口毛儿盖战斗开始，胡宗南将集结兵力于松潘及其东北地区，提出，为了将主力迅速开到毛儿盖东北地带，消灭胡宗南部，“我军宜速决统一指挥的组织问题，反对右倾”。②

这时，中共中央派出由李富春、林伯渠、李维汉、刘伯承等组成的慰问团，到杂谷脑（今理县县城）慰问红四方面军，并传达两河口会议精神。张国焘赶忙来到杂谷脑，限制慰问团的行动，对慰问团实行封锁。同时向李富春表示非常关心“统一组织问题”，提出要充实红军总司令部，徐向前、陈昌浩参加总司令部的工作，以徐向前为副总司令，陈昌浩为总政委。并建议军委设常委，决定战略问题。李富春鉴于此事重大，于 7 月 6 日电告中共中央。

7 月 8 日，张国焘抓住凯丰在《前进报》上发表《列宁论联邦》一

---

① 《彭德怀自述》，第 200—202 页。

② 《中国工农红军第四方面军战史资料选编》（长征时期），第 81 页。《红军长征•文献》注明该电日期为 7 月 10 日，从内容看，似应为 10 日。

文，批评“西北联邦政府”这件事，大做文章，专门召开中共西北特委第二次常委会议。他在会上散布对中央的不满情绪，攻击中央一些同志对他的批评。他围绕红四方面军过去的领导和组织是否正确这个总题目，讲了四个问题，大意是说：第一，红四方面军离开鄂豫皖是正确的,没有原则上的错误。后来从川陕根据地撤出来,也是对的。第二，肃反路线是正确的。第三，红四方面军党的领导和提拔工农干部的政策也是正确的。第四，特委对政权问题的了解是列宁主义的，成立西北联邦政府是正确的。中共中央政治局应当反对那种说红四方面军作战英勇,但领导是不正确的企图,应当打击这种企图。张国焘讲话以后，一些同志发言要求中央政治局召集会议，统一认识。会议还拟定了致中共中央电的要点。同一天，中共川陕省委致电中共中央，认为成立西北联邦政府在理论上、组织上都是正确的。而凯丰的批评是不正确的。①

7 月 9 日，中共川陕省委再次致电中共中央，建议加强总司令部，徐向前任副总司令，陈昌浩任总政委，周恩来任参谋长。军委设主席一人，仍由朱德兼任，下设常委，决定军事策略问题。并请中央政治局速决速行。②

7 月 16 日,陈昌浩致电中革军委,称“浩甚望指挥统一”③。18 日，他又致电张国焘、徐向前并转朱德，建议由张国焘任军委主席，朱德任前敌总指挥，周恩来兼参谋长。提出：“中政局决大方针后，给军委独断决行。”并声称:“职坚决主张集中军事领导,不然无法顺利灭敌。”④

张国焘的这些活动，实质上是要攫取更大的权力，取毛泽东等的领导地位而代之。他派人找中央红军的同志了解会理会议、遵义会议的情况，实际上是搜集攻击中央的材料。他在公开场合和私下谈话中，散布“中央政治路线有问题”、“一方面军的损失和减员应由中央负责”、“遵义会议是不合法的”、“军事指挥不统一”等，进行挑拨和煽动。

---

① 《中国工农红军第四方面军战史资料选编》（长征时期），第 84 页。

② 《中国工农红军第四方面军战史资料选编》（长征时期），第 85 页。

③ 《中国工农红军第四方面军战史资料选编》（长征时期），第 88 页。

④ 《中国工农红军第四方面军战史资料选编》（长征时期），第 89 页。

张国焘是中央政治局委员和中央书记处书记，红四方面军中只有他能出席中央政治局会议，他又是红四方面军的最高领导人，因此，他散布的话很容易迷惑和欺骗一些人。在此期间，张国焘唯恐他的一贯错误行为被揭露，竟下令将一直同他的错误作斗争的原西北革命军事委员会参谋长曾中生在卓克基秘密处死，事后造谣说曾中生已“逃跑投敌”，以欺骗群众。

曾中生，原名曾钟圣，湖南资兴县人。1925 年加入中国共产党。黄埔军校第四期毕业。1926 年参加北伐战争。1930 年 6 月调任中共鄂豫皖特委书记兼军委主席，为鄂豫皖根据地和红军的巩固和发展，做出重大的贡献。1931 年 4 月中共鄂豫皖中央分局成立后，任分局委员和军委副主席，同时被调任红四军政治委员。他坚决反对张国焘推行“左”倾冒险主义和“肃反”扩大化的错误，因而屡遭打击，曾被降为独立第一师师长。1932 年 12 月进入川陕地区后，又调任西北革命军事委员会参谋长。他在极为困难的处境中，系统总结红四方面军反“围剿”作战的经验，写下《与川军作战要点》、《游击击战争要诀》、《与“剿赤”军作战要诀》等军事著作，在军事理论方面颇多建树，对提高干部的指挥能力和战术水平起了重要的作用。1933 年 9 月被监禁。他的被杀，是红四方面军乃至整个红军的一个重大损失。

对于张国焘的争权活动，徐向前有许多事并不知道，他耳闻目睹不利于两军团结的现象日渐增多，心里很不痛快。他认为，张国焘怀有野心，想当头头，一再制造分歧，破坏了两军会合后的团结局面。而博古、凯丰等对红四方面军吹毛求疵，横加指责，也起了不好的作用，给了张国焘以挑拨的借口。尽管如此，他还是要求下属顾大局，讲团结，相信中央会妥善处理和解决。在芦花、黑水，徐向前主动建议调中央红军的一些干部到红四方面军担任参谋长，调红四方面军的三个建制团共 3700 多人充实中央红军，以便两军互相学习，取长补短。中共中央采纳了徐向前的建议。随后，中央红军抽调张宗逊、陈伯钧、李天佑、李聚奎、李荣等一批干部到红四方面军各军任职，红四方面军也抽调三个建制团支援中央红军。两大主力红军指战员的交流，促进了两军的团结和部队建设，增强了中央红军的战斗力。当 7 月中旬徐向前在芦花第一次见到毛泽东、周恩来、朱德、张闻天等中央领导人时，毛泽东详细询问了敌情，并对徐向前说：今后红一、红四方面军的行动方针，就是北上抗日，建立川陕甘革命根据地，促进全国抗日高潮的发展。红一、红四方面军要在党中央的统一领导下，互相学习，亲密团结，完成党交给的任务。毛泽东还代表中华苏维埃中央政府授予徐向前一枚五星金质奖章，以表彰他在红四方面军的贡献。这使徐向前和红四方面军的指战员受到很大鼓舞。

中共中央对于张国焘延宕红军北上的错误，始终采取党内斗争的正确方针，希望他能够觉悟过来，服从中央领导，加强两支主力红军的团结，共同北上。7月10日，朱德、毛泽东、周恩来致电张国焘，指出："分路迅速北上原则，早经确定，后勿〔忽〕延迟致无后续部队跟进，切盼如来电所指，各部真能速调速进，勿再延迟坐令敌占先机。"并提出："弟等今抵上芦花，急盼兄及徐陈迅速集中指挥。"①

对于张国焘提出的改组中革军委和红军总司令部的要求，中共中央在坚持组织原则的前提下，从团结的愿望出发，在一定程度上予以考虑。毛泽东和张闻天、周恩来等就中央的人事安排问题，进行了反复磋商。张闻天顾全团结北上的大局，主动表示自愿让出自己在中共中央负总责的位置。当时担任中央队秘书长的刘英回忆道：

> 毛泽东、张闻天等同志一直商量怎样使一、四方面军团结一致，统一行动，认为关键就在张国焘。恩来同志发高烧，病中仍为此事烦心。我听到毛主席和闻天反复商量，谈得很具体。毛主席说："张国焘是个实力派，他有野心，我看不给他一个相当的职位，一、四方面军很难合成一股绳。"毛主席分析，张国焘想当军委主席，这个职务现在由朱总司令担任，他没法取代。但只当副主席，同恩来、稼祥平起平坐，他不甘心。闻天跟毛主席说："我这个总书记的位子让给他好了。"毛主席说："不行，他要抓军权，你给他做总书记，他说不定还不满意，但真让他坐上这个宝座，

① 《中国工农红军第四方面军战史资料选编》（长征时期），第85页。

可又麻烦了。”考虑来考虑去，毛主席说：“让他当总政委吧。”毛主席的意思是尽量考虑他的要求，但军权又不能让他全抓去，同担任总政委的恩来商量，恩来一点也不计较个人地位，觉得这样安排好，表示赞同。①

在经过充分酝酿后，7 月 18 日，中央政治局常委会在芦花召开扩大会议，讨论组织问题。张闻天主持会议并提出关于人事安排的意见："军委设总司令，国焘同志担任总政治委员，军委的总负责者。军委下设小军委（军委常委），过去是四人，现增为五人，陈昌浩同志参加进来，主要负责还是国焘同志。恩来同志调到中央常委工作，但国焘同志尚未熟习前,恩来暂帮助之。这是军委的分工。”② 张国焘在讨论中提出要提拔新干部，有的可到军委，并要向中央委员会增补人员。毛泽东说，提拔干部是需要的，但不需要这么多人集中到军委，下面也需要人。会议最后决定，张国焘任红军总政治委员，增补陈昌浩为中革军委常委，博古任红军总政治部主任。同一天，中革军委发出通知："奉苏维埃中央政府命令：一、四方面军会合后，一切军队均由中国工农红军总司令、总政委直接统率指挥。仍以中革军委主席朱德同志兼总司令，并任张国焘同志任总政治委员。”③

在初步解决了组织问题之后，7 月 19 日，中革军委制定了《松潘战役第二步计划》。计划指出："依据目前敌情的变化，证明军委 6 月 29 日松潘战役计划中关于敌情的判断，是完全正确和适用的。”然而，"由于我军调动未能高度迅速，及地理、气候、番民关系，致先遣部队与后续部队相隔过远，各方面的配合亦尚未完全协调”。因此，计划将中央红军和红四方面军混编为五个纵队和一个支队，继续北进，夺取松潘。7 月 21 日，中革军委又发出《关于一、四方面军组织番号及干部任免的决定》。决定组织前敌总指挥部，以徐向前兼任总指挥，陈昌浩兼任政委，叶剑英任参谋长。中央红军第一、第三、第五、第九

① 《在历史的激流中——刘英回忆录》，中共党史出版社 1992 年版，第 79 页。

② 转引自程中原：《张闻天传》，当代中国出版社 1993 年版，第 241 页。

③ 《红军长征 · 文献》，第 585 页。

军团依次改为第一、第三、第五、第三十二军。第一军由林彪任军长，聂荣臻任政治委员，左权任参谋长；第三军由彭德怀任军长，杨尚昆任政治委员，萧劲光任参谋长；第五军由董振堂任军长，曾日三代理政治委员，曹里槐（怀）代理参谋长；第三十二军由罗炳辉任军长，何长工任政治委员，郭天民任参谋长。红四方面军第四、第九、第三十、第三十一、第三十三军番号不变。第四军由许世友任军长，王建安任政治委员，张宗逊任参谋长；第九军由孙玉清任军长，陈海松任政治委员，陈伯钧任参谋长；第三十军由程世才任军长，李先念任政治委员，李天佑任参谋长；第三十一军由余天云任军长，詹才芳任政治委员，李聚奎任参谋长；第三十三军由罗南辉任军长，张广才任政治委员，李荣任参谋长。①

为了分清一些大的是非问题，统一认识，促进两个方面军的团结，从 7 月 21 日到 22 日，中央政治局又在芦花召开扩大会议，集中讨论红四方面军的工作。会议由博古主持。出席会议的有张闻天、毛泽东、周恩来、朱德、王稼祥、凯丰、邓发、李富春、刘伯承、张国焘、徐向前、陈昌浩等。会议的第一天，张国焘首先报告了红四方面军从鄂豫皖第四次反“围剿”以来的发展情况，他的评价是：总地说，红四方面军的战略战术一般是正确的，缺点错误是有的，但不承认在鄂豫皖和川陕苏区有路线问题。他还对放弃鄂豫皖和通南巴根据地进行了辩解。接着，徐向前、陈昌浩分别介绍了红四方面军军事方面的特点和政治工作情况。会议的第二天，徐向前、陈昌浩因指挥部队行动，未参加会议。邓发、朱德、凯丰、周恩来、张闻天、毛泽东相继在会上发言，肯定红四方面军各项工作的成绩，肯定自张国焘到鄂豫皖后红四方面军执行了中央的正确路线，因此，才有胜利和发展。同时，也指出了红四方面军领导工作中的某些错误。毛泽东发言说，红四方面军从鄂豫皖起，关于红军的扩大巩固，两个苏区的发展和巩固，无数次击破敌人，总的看国焘领导是没有问题的，路线是正确的，其他个别问题不正确。军事指挥上的缺点，军委将另行讨论。在鄂豫皖粉碎敌人第四次“围剿”

① 《中国工农红军第四方面军战史资料选编》（长征时期），第 90 页。

时，没有充分准备，没有准备打，又打得不好。在通南巴打退了刘湘部队，胜利后又放弃是个严重错误，找不出任何理由说明为何要放弃。在鄂豫皖几次没有打退敌人，因为没有准备，那时退出是正确的，但在通南巴是打退了刘湘，在胜利后进攻中放弃的，是不对的。毛泽东还指出，红四方面军领导对建立政权有不足和错误的地方，没有严格了解建立政权与建立红军的密切关系，提出西北联邦政府在组织上、理论上都是错误的。周恩来在发言中充分肯定了红四方面军的长处，也批评了张国焘的错误，指出轻敌、分散兵力是第四次反“围剿”失利的主要原因，撤出鄂豫皖是不对的；撤出通南巴是为了与中央红军配合，是对的，但退出后缺乏明确的发展方向；在少数民族未发动的情况下成立西北联邦政府是不妥的。张闻天在发言中指出，退出鄂豫皖是不妥的。没有能够粉碎第四次“围剿”是因为开始时领导对形势估计上有“左”的倾向，认为那时蒋介石不是对付我们，所以，在战略方面没有准备，很仓促地跑上去。鄂豫皖退出以后，在通南巴打了胜仗还是放弃了，反映对根据地的重要了解不够。退出通南巴时，把所有干部、游击队统统带走也是不好的。退出通南巴后缺乏明确的战略方针，没有一定的发展方向，造成了现在一些困难。在西北联邦政府问题上，少数民族还没有发动就成立联邦，结果必将是徒劳的。博古最后作结论说，同意总的估计，国焘执行了第四次“围剿”后党的路线。芦花会议在指出张国焘领导红四方面军工作中某些错误的同时，肯定红四方面军英勇奋斗的成绩，肯定红四方面军是执行中央路线的，对促进两个方面军的团结，有着重要的作用。这也表明，中央对张国焘仍是采取积极团结的方针。

芦花会议进行当中，徐向前、陈昌浩即于 7 月 22 日率军从芦花出发，向松潘县毛儿盖地区进军。进占毛儿盖后，一面了解敌情，做攻取松潘的准备，一面为中央领导人准备住处。中共中央和中革军委的领导人在会议结束后，也离开芦花，翻越仓德山和打鼓山，于 28 日到达毛儿盖。

还在 7 月中旬，蒋介石就在成都召开了薛岳部师以上将领参加的军事会议，部署新的围堵计划。蒋介石在会上说，根据胡宗南纵队情报，红军先头部队已抵毛儿盖。他判断红军主力可能向西北移动，但松潘西北是草地不能行动，其突围路线可能是两条，一条是从毛儿盖、松潘经腊子口出甘南；一条是从理番出平武、青川、碧口，沿阴平故道再出文县、武都。而在甘陕边之凤县、两当地区活动的徐海东部，有进军甘南接应红军主力之企图。7 月 18 日，敌在《川甘边歼匪计划大纲》中判断红军的企图是以一部袭取松潘；“以大部经毛儿盖，进窜岷县；一部经阿坝，进窜夏河；期达越过洮、黄两河，接通‘国际路线’，或由陇中窜向陕北、宁夏，与陕匪合股；如其不成，仍回窜川北”。① 根据上述判断，蒋介石调整了各部的位置，对围堵红军北上进行了重新部署。到 8 月初，胡宗南部主力已在松潘地区完成集结，并在松潘城北的漳腊修建了飞机场，配置了战斗机。薛岳部已由雅安进抵文县、平武地区，与胡部靠拢。川军已先后占领懋功、绥靖（今金川）、北川、茂县、威州及岷江东岸地区，正逐步紧缩对红军的包围，并利用土司藏兵阻止红军北上，企图将红军围困和消灭于岷江以西、懋功以北地区。

在这种形势下，中革军委被迫放弃原定的《松潘战役计划》。8 月初，中革军委召集会议，朱德、毛泽东、张闻天、博古、王稼祥、张国焘、刘伯承、陈昌浩、徐向前、叶剑英出席会议。会议研究了敌情，决定改为执行夏洮战役计划，迅速北进向夏河流域发展。为实现这一新的计划，徐向前和陈昌浩建议集中红军主力，向一个方向突击。张国焘主张分左、右两路军行动，会议采纳了他的意见。8 月 3 日，红军总部制定《夏洮战役计划》。计划提出：“攻占阿坝，迅速北进夏河流域，突击敌包围线之右侧背，向东压迫敌人，以期于洮河流域消灭遭遇之蒋敌主力，形成在甘南广大区域发展之局势，为这一新的战役目标。”② 计划规定：以中央红军第五、第三十二军和红四方面军第九、第三十一、第三十三军组成左路军，由朱德总司令、张国焘总政委率领，以马塘、卓克基为中心集结，向阿坝地区开进；以中央红军第一军和红四方面军第四、第三十军组成右路军，由前敌总指挥部徐向前总指挥、陈昌浩

① 《国民政府军事委员会委员长行营参谋团大事记》，《中国工农红军第四方面军战史资料选编》（附卷），第 551 页。

② 《中国工农红军第四方面军战史资料选编》（长征时期），第 95 页。

政委指挥，以毛儿盖为中心集结，向班佑、巴西地区开进，万一无路可走，可改道阿坝前进；以彭德怀率第三军和第四军一部作总预备队，掩护中央机关前进。

《夏洮战役计划》制定后，部队开始做北上准备，派人侦察行进道路，但是，张国焘又节外生枝，要求中央召开政治局会议，解决“政治路线”问题。为了统一认识，毛泽东、张闻天等分别找张国焘、陈昌浩做工作。毛泽东找张国焘谈话，张国焘反复说，对工农干部，我是很重视他们的啊，他们打仗勇敢，有经验。毛泽东从张国焘的谈话中，了解到他要把红四方面军的干部尽可能多地提到中央委员会和中央政治局的意图。陈昌浩、傅钟也来找张闻天谈话。张闻天了解到问题后也及时同毛泽东商量。张闻天对毛泽东说，傅钟拿了一个名单来，上面写着红四方面军哪些人进中央委员会，哪些人进政治局，说是张国焘提出的名单。毛泽东看了名单之后说：中央委员可以增加几个，政治局委员不能增加那么多。张闻天同意毛泽东的意见。随后，毛泽东、张闻天又找其他同志商量，取得了一致意见。

8 月 4 日至 6 日，中共中央政治局在毛儿盖十八寨之一的沙窝寨召开扩大会议。出席会议的有张闻天、毛泽东、周恩来、博古、朱德、张国焘、邓发、凯丰，以及刘伯承、陈昌浩、傅钟共 11 人。会议的议程有两项：(一)红一、红四方面军会合后的形势和任务。(二)组织问题。

会议开始即由张闻天就第一项议程作报告。他根据已起草好的《中央关于一、四方面军会合后的形势与任务的决议草案》，对形势与任务作了系统的分析和阐述。张闻天报告后，进行了两天的讨论，最后通过了这一决议。决议重申了两河口会议创造川陕甘苏区的决定，指出：红二十五、红二十六军等活跃在这一地区，红一、红四方面军会合后力量增大；西北几省反动统治薄弱，又接近苏联、蒙古；这些都是有利条件。决议指出：“创造川陕甘的苏区根据地，是放在一、四方面军前面的历史任务。”为此，要加强党在红军中的领导，提高党中央在红军中的威信。决议强调了红一、红四方面军团结的重要性，指出两个方面军的团结是创造苏区、建立中华苏维埃共和国的历史任务的必要条件，“一切有意无意的破坏一、四方面军团结一致的倾向，都是对于红军有害，对于敌人有利的”，申明“一、四方面军都是中国工农红军的一部分，都是中国共产党中央所领导的。在我们中间只有阶级的友爱与互助而没有分歧和对立”。决议提出要在部队中坚决反对右倾机会主义的动摇，并指出其“具体的表现在对于党中央所决定的战略方针表现怀疑”，在于“对于一、四方面军力量的不信任”，在于“碰到某些困难即表示失去信心，消极怠工，不负责任，与自暴自弃”，在于“对于目前时局的估计不正确，怀疑到革命形势的存在，推想到苏维埃运动的低落，因而对革命前途失去信心”。决议明确提出：“开展反右倾机会主义的斗争，是目前中心任务之一。”决议针对张国焘要求清算中央政治路线的问题，申明了遵义会议对这个问题所作的结论，即中央的政治总路线是正确的，没有粉碎敌人第五次“围剿”的主要原因是军事路线上的错误，经遵义会议已得到了纠正。①

会上，张国焘在发言中继续对中央确定的建立川陕甘根据地的方针提出反对意见。他说，政治局决定整个革命问题不能偏向西北一边。从西北发展到东南是可能的，但不能限于一种因素。他提出，一方面军的领导应检查自己的缺点错误。一方面军退出中央苏区后，是打掩护战，受了很多损失。而且有失败情绪，部队疲劳，纪律松弛。他还说，红四方面军西征是运动战，怎么说成是逃跑？退出通南巴是否轻视根据地？这些提法都是不对的。到了少数民族区域一定要组织政府，不管你叫不叫联邦。西北特委所领导的少数民族工作原则上是正确的。陈昌浩在发言中也说，退出通南巴没有错。张国焘的发言受到与会者的批评。

会议在进行第二项议程时，张闻天代表中央政治局提出预先经过磋商的名单，提升红四方面军的徐向前、陈昌浩、周纯全为中央委员，何畏、李先念、傅钟为中央候补委员；两位同志进政治局，陈昌浩为委员，周纯全为候补委员。在讨论中张国焘先后两次发言。他提出在坚决提拔工农干部上还可以多提几个人嘛。针对他的发言，毛泽东说，四方面军中的干部有很多好的干部，我们只提出补几个同志为中央委

① 见《中共中央文件选集》第10册，第526—540页。

员，这是很慎重的。本来政治局不能决定中央委员，现只是在特别情况下这样做。其他干部可以吸收到各军事、政治领导机关工作。张国焘又提出，本来我们的意见，要提这几个同志都到政治局的，这样可以提拔工农干部，他们有实际经验，又可以学习领导工作。毛泽东一方面肯定“国焘同志的意见是很好的”，一方面说红四方面军的好干部将来很可以吸收到中央机关及其他部门来。会议经过讨论，坚持不增加人数，但为了顾全大局，搞好团结，也作了一些让步，决定进政治局的两位同志都是正式委员。同时还任命陈昌浩为红军总政治部主任，周纯全为红军总政治部副主任。会议还决定，恢复红一方面军番号，成立红一方面军总司令部，由周恩来兼任红一方面军司令员兼政治委员。

沙窝会议后，张国焘因未达到全部目的，且受到批评，脸色阴沉，不愿说话。陈昌浩也向徐向前发泄不满，说中央听不进国焘的意见，会上吵得很凶。徐向前说：这些事情我管不了，现在的问题是部队在这里没有粮食吃，吃黄麻吃得嘴都肿了，我们不能待在这里挨饿，得赶快走。等找到有粮吃的地方，你们再争吵去！

为执行《夏洮战役计划》，前敌总指挥部徐向前总指挥、陈昌浩总政委于 8 月 10 日发布《右路军行动计划》，决定右路军分三个梯队蝉联北进，并以有力的先遣兵团两个团向班佑侦察前进，占领班佑、撒路、包座地域，以其主力控制之，掩护右路主力北上；以一部向松潘之敌佯攻，以吸引胡宗南部大部于松潘城附近；岷江两岸的牵制部队殿后，逐段掩护，适时向主力靠拢，衔接前进。8 月 13 日，前敌总指挥部将右路军的行动计划电告了张国焘。

张国焘带着满腹的不高兴回到毛儿盖后，立即召开军以上干部会议，再次提出要西出阿坝，占领青海、甘肃边远地区，而不是经阿坝北进东出。他甚至还要抽兵南下，出击抚边、理番。

针对张国焘的错误主张，8 月 15 日，中共中央致电张国焘，指出：“不论从敌情、地形、气候、粮食任何方面计算，均须即时以主力从班佑向夏河急进。右路军及一方面军全部，应即日开始出动。”“目前应专力北上，万不宜抽兵回击抚边、理番之敌。”该电还提出变更行进部署，要求“一、四两方面军主力，均宜走右路。左路阿坝，只出支队，掩护后方前进”。[1] 同一天，张国焘派出左路军先头纵队，从卓克基向阿坝前进，但仍不按中央电示向班佑行动。直到 8 月 19 日，才一面令红五军主力由查理寺向班佑探查道路，一面坚持夺取阿坝。

8 月 19 日，中共中央政治局在沙窝召开常委会议，研究常委的分工问题，同时也讨论了对待张国焘错误的方针问题。会议决定，王稼祥负责政治部工作，张闻天负责组织部工作，博古负责宣传部工作，毛泽东负责军事工作，凯丰负责少数民族委员会工作。会上，王稼祥提出要同张国焘作斗争的问题，毛泽东说，在毛儿盖时已经说过，斗争是需要的，但目前开展斗争是不适宜的。目前我们应采取教育的方式。写文章，不指名，不引证。可指定专人搜集材料，研究这个问题。

8 月 20 日，中共中央政治局在毛儿盖再次召开会议，着重讨论红军的行动方向问题。张闻天、毛泽东、博古、王稼祥、陈昌浩、凯丰、邓发以及非政治局成员徐向前、李富春、聂荣臻、林彪、李先念出席会议。周恩来因病，朱德、张国焘、周纯全因随左路军行动而缺席。毛泽东在会上作关于夏洮战役后的行动方针的报告。他提出，我们的行动方向，一是向东（陕西），一是向西（青海、新疆）。红军主力应向东，向陕、甘边界发展，不应向黄河以西。目前我们的根据地应以洮河流域为基础，将来向东发展，后方移至甘肃东部与陕西交界地区。陈昌浩、王稼祥、凯丰、林彪、博古、徐向前相继在会上发言，一致赞同毛泽东的报告，主张红军向东发展，并指出，目前左路军应迅速向右路军靠拢，左路军的行动应以右路军的进展为转移。徐向前完全赞同毛泽东的意见，并说：原则上的问题，中央早已决定，战略方针当然是向东。我军北出甘南后，应坚决沿洮河右岸东向，突破岷州王均部的防线，向东发展。万一不成，再从河左岸向东突击。陈昌浩也主张快速北进，集结最大兵力，向东突击，以实现中央的既定方针。会议气氛良好，意见一致，毛泽东为之欣慰，特地表扬了陈昌浩的发言。毛泽东在作会议结论时说：向东还是向西，是一个关键问题，应采取积

① 《中共中央文件选集》第 10 册，第 541 页。

极向东发展的方针。夏洮战役应采取向包座至岷州的路线，可集中三个军，甚至全部集中走这条路线。左路军应向右路军靠拢。阿坝要迅速打一下。应坚持向东打，不应以一些困难转而向西。会议决定由毛泽东起草一个决议，以补充6月28日中央政治局关于战略方针的决定。

同一天，中央政治局通过了毛泽东起草的《中央政治局关于目前战略方针之补充决定》。决定指出："为实现六月廿八日关于目前战略方针之基本的决定，要求我们的主力，迅速占取以岷州为中心之洮河流域（主要是洮河东岸）地区，并依据这个地区，向东进攻，以便取得陕甘之广大地区，为中国苏维埃运动继进发展之有力支柱与根据地。"当前战役一个有决定意义的关键，应力争控制洮河，首先是其东岸地区，"集结最大限度的主力于这个主要方向，坚决与果敢（的）作战，灵活与巧妙的机动，是这个战役胜利之保证"。决定针对张国焘要红军主力西进的主张，明确指出："政治局认为在目前我们的主力西渡黄河，深入青宁新僻地，是不适当的，是极不利的（但政治局并不拒绝并认为必须派遣一个支队到这个地区去活动）。""政治局认为目前采取这种方针是错误的，是一个危险的退却方针。这个方针之政治的来源是畏惧敌人夸大敌人力量，失去对自己力量及胜利的信心的右倾机会主义。"①

毛儿盖会议是一次重要的会议。它改变了夏洮战役计划的具体部署，变右路军为北进主力，具有重大的历史意义。后来的历史发展证明了这一改变的正确。

从懋功会师到毛儿盖会议的三个多月时间里，中共中央和张国焘之间展开了反反复复的北上与南下之争。究其原因，主要是由于张国焘对敌人的恐惧心理，对前途的悲观失望情绪，以及急剧膨胀的个人野心所造成的。对于这时张国焘的心态，朱德的分析入木三分，他说：

> 当时他愿意北上，又不愿意北上的原因，就是想争官坐……到了毛儿盖后，他悲观失望了，他感觉革命没有前途，拼命想往西，

① 《中共中央文件选集》第10册，第543—546页。

到西藏、青海，远远的去躲避战争，他却不晓得，在那里人口稀少，地理条件虽然好，只想取巧，采用脱离群众的办法。他最错误的观念是想到一个偏僻最落后的地方去建立根据地。中央完全否决了他这些意见，中央决定还是北上。①

张国焘没有参加毛儿盖会议。会后，徐向前、陈昌浩立即于8月20日晚将会议决定的内容电告朱德、张国焘，说："中政局议定：夏洮战役前途主要向东发展，拟右路主要由洮右岸捷路向岷州、哈达铺进，争取洮河东岸，洮西及夏河县用一部力量，免大部放在洮、黄二河之间不利，不宜分兵出西宁。左路主力应速攻取阿坝，不然则向右路靠近以便集中灭敌。"② 8月21日，陈昌浩、徐向前又致电朱德、张国焘，提出："左路可以一部经阿坝，不必肃清该敌，只可迅速向目的地前进。""目前主力西向或争取西宁不当。"③

毛儿盖会议后，徐向前、陈昌浩下令右路军出动，兵分两路，向北进发。中共中央和中革军委随右路军行动。英勇的红军踏上了征服大草原的艰难途程。

四、草地跋涉

川西北草原，历史上一直为松潘所辖，故有松潘草地之称。它位于青藏高原与四川盆地的连接地段，纵横几百公里，面积约15200平方公里，海拔在3000至4000米以上。其地势由东、南、西三面向北倾斜，起伏不大，为典型的平坦高原。远远望去，像一片灰绿色的海洋，不见山丘，不见林木，没有村舍，没有道路，东西南北，茫茫无际。白河（即噶曲河）和黑河（即墨曲河）由南而北纵贯其间，河道迂回曲折，

① 朱德自传，转引自《朱德传》，第353页。

② 《中国工农红军第四方面军战史资料选编》（长征时期），第128页。

③ 《中国工农红军第四方面军战史资料选编》（长征时期），第129页。

叉河横生,水流迟缓。由于排水不良,潴水而成大片的沼泽。漫漫泽国,经年水草,盘根错节,结络而成片片草甸,覆盖于沼泽之上。草甸之下,积水淤黑,腐草堆积,泥泞不堪,如胶似漆,浅处齐膝,深处没顶。人畜在草地上行走,须脚踏草丛根部,沿草甸前进。否则,稍有不慎,就会陷入泥潭。一旦陷入,如无人救助,则越陷越深,难以自拔,甚至遭灭顶之灾。草地水质恶劣,不仅无法饮用,而且稍有不慎,刺破皮肤,泡水后即红肿溃烂,难以医治。草地的气候极为恶劣,年平均气温在摄氏零度以下,昼夜温差很大。雨雪风雹来去无常,变幻莫测,时而晴空万里,骄阳似火;时而迷雾重重,方向莫辨;时而阴云密布,风雨交加;时而电闪雷鸣,冰雹骤下;时而雪花飞舞,漫天银色。每年的 5 月至 9 月是草地的雨季,年降水量的 90% 在此期间注入地表,使本已泥泞滞水的草地,更显出“沧海横流”的景象。这种恶劣的自然条件,使得这块草地人迹罕至,只是在每年的 5 月至 9 月才有牧骑纳足其间。

这片草地是险恶的。早在《松潘战役计划》制定后,为探明道路,红一军团第二师第六团在军团政治部主任朱瑞率领下,曾由康猫寺进入草地。由于对草地情况不明,所带粮食不多,饥寒交迫,再加上遭遇千余藏族反动骑兵,缺乏与骑兵作战的经验,致使第六团损失惨重。在撤出战斗向长板山、黑山方向靠拢的四天里,粮食已绝,红军战士茹草饮雪,无法充饥,冻饿而死者触目皆是。幸得运粮队赶到,才使全团免于覆没。

有了对草地的初步了解和红六团草地失利的教训,中共中央和中革军委对征服草地的准备工作极为重视。右路军各部队也进行了多方面的准备。

筹集粮食和御寒衣物是准备工作的重要一环。8 月 3 日,《红星》报发表题为《为筹集充足粮食而斗争》的社论,指出筹集充足的粮食,是当前的极重要的战斗任务;要求克服侥幸心理,准备克服可能的最坏的环境。8 月 10 日,前敌总指挥部发布的《右路军行动计划》指出:“必须了解从(物)质上来保障夏洮战役的胜利比从前任何时候更有决定意义”,要求“各兵团粮食、衣服、鞋袜,准备一面由总供给部统一筹办,一面责成各兵团首长应在自己驻地范围内积极搜集，并督促各战士迅速制成”。[①]8 月 11 日，红一方面军司令员兼政委周恩来致电红一、红三军领导人，要求努力筹粮，改善给养，每人带足 15 天的粮食，并收集布、羊毛等，做到每人有皮衣，每连有帐篷。按照统一部署，各部队上上下下，全面投入筹粮工作，除自己解决部分粮食外，设在各地的筹粮委员会也筹集到大量粮食，仅设在芦花的筹粮委员会就完成了 60 万斤的筹粮任务。各地的革命政权也发动群众,给部队以大力支援。此外，各部队还组织有经验的同志尝百草，挑出无毒可食的野菜食用，以积累草地就地取食的经验;同时，还尽量减少坐骑，腾出马匹、牦牛，宰杀后做成肉干，以备食用。

除做好物资准备外，各部队还加强军事训练，做好军事上的准备。其中，主要进行了打骑兵的战术训练。8 月 6 日，中革军委发出《关于对敌人骑兵战斗的指示》，对骑兵的特点和对骑兵作战的原则，以及在各种情况下对骑兵战斗的方法、要求、战术等，作了详细的解释和规定。各部队按照这一指示，开展了打骑兵的训练。前敌总指挥部参谋长叶剑英亲自到红三十军，为部队详细讲解骑兵的特点和战术，以及步兵与骑兵作战的战术原则。各部队通过训练，都掌握了一定的打骑兵的战术。在打骑兵训练中，由陆定一等创作的《打骑兵歌》发表在《红星》报上，并迅速在部队中传唱开来。李伯钊还创编了《打骑兵舞》，并亲自教各部队的宣传队员学跳。这些都有力地配合了训练任务的完成。此外，各部队还进行了寻找既熟悉路线，又懂得汉语的向导的工作，并在生活上给他们以优待。

在进行物资准备和军事训练的同时，各部队还开展思想动员，注重政治保障工作。8 月 2 日，红军总政治部发布《夏洮战役政治保障计划》，对实现夏洮战役的政治准备和动员工作，战时的政治工作，以及对敌军和地方居民的工作，都作了具体的规定。8 月 10 日发布的《右路军行动计划》，要求各级政治机关，必须依总政治部所发夏洮战役的政治保障计划，具体布置政治工作，立即进行广泛而深入的战斗动员，

① 《中国工农红军第四方面军战史资料选编》（长征时期），第 122 页。

克服一切困难与动摇，集中红一、红四方面军全部力量，完成党和军委给予的任务。8月20日，红一方面军司令员兼政委周恩来、政治部主任李富春发布《北进前的政治工作保障计划》，要求在北进前，各级政治机关必须在部队中进行充分的政治动员与必要的物资补充，各部队要召开班以上干部会，给战士上政治课，深入解释北上过草地的意义与过草地的战斗准备，以及必要的物资携带和防空问题。在政治保障准备过程中，各级政治机关人员深入基层，做好思想教育和政治动员工作，并健全和加强了连队中的党支部工作。

能否顺利地通过草地，牵动着中央领导人的心。负责军事工作的毛泽东，更是极为重视这次行军。他来到前敌总指挥部，与徐向前、陈昌浩、叶剑英一起研究右路军北上的具体部署和行军路线，决定由叶剑英担任过草地的先遣司令。

草地探路这一艰巨任务，又一次交给了英勇善战的红四团。8月17日清晨，红四团政委杨成武奉命从驻地波罗子采到毛儿盖，从毛泽东那里领受任务。然后，按照毛泽东的要求，到徐向前总指挥的住处，接受具体指示。随后迅速返回部队驻地，准备向草地进军。

8月18日，右路军先头部队三个团在前敌总指挥部参谋长叶剑英和红三十军军长程世才的率领下，从毛儿盖出发，进军草地。21日，红一军军长林彪率领红一军第二师从毛儿盖地区出发，经腊子塘、色既坝等地，向班佑开进。红四团作为先头团，在前面开路。22日，中共中央领导人张闻天、毛泽东、博古等，与前敌总指挥部随红三十、红四军北进。23日拂晓，红一军主力北上；军委纵队、红三军、红军大学随后跟进。

一场征服川西北草地的行军，终于开始了。

8月的草地，野草丛生，郁郁葱葱，繁花似锦，但在这绿草和鲜花之下，处处隐藏着大自然的邪恶和死神的狞笑。难怪在50年以后，当来自美国的著名作家兼记者哈里森·索尔兹伯里慕名踏上这块神秘的草地时，也不得不惊呼：“夏日里，一望无际的草地是一副鲜花织成的魔毯。"[①] 当红军踏上这块"魔毯"时,面对的是来自大自然的严重挑战。

茫茫草地，无路可走。红四团依靠藏族向导的指引，才踏着千年沼泽的草甸，在水草深处寻找出一条曲折的小路来。但是，由于红军进入草地后，连日阴雨不断，雨水不仅湿透了战士们的衣衫，而且淹没了先头部队设置的路标和部队行进的路线。在草地的有些地段，连续几十里水深没膝，甚至藏族向导也难以找到过去牧骑留下的过路痕迹，有些战士因此而身陷淤泥。有时，当一个战士腿陷泥潭，身旁的战士急忙伸手去拉，由于用力过猛，自己也陷了进去；另一个战士奋不顾身上去抢救，结果还是陷了进去。其余的战士赶忙解下几条绑腿带，将带头抛给陷进泥潭的战士，让他们缠在腰间，才把他们逐个拉上来。更糟的情况是，当一个战士陷进泥潭，还来不及抢救，就已没顶，被污泥所吞噬了。红军战士们只好一个紧跟一个，从一个草甸跨到另一个草甸，跳跃前进。可是，有些骡马牲口陷入泥潭后，拼命挣扎，结果越陷越深，庞大的身躯很快就被淹没了，水面上留下的只是一串串水泡。红军战士们行进在茫茫草地，除偶见零星的灌木丛出现于缓坡平岗外，连一株树木也见不到。缺乏判定方向的参照物，常常使人难以辨别方向，以至于有时艰难地行进了半天，才发觉仍旧回到了原地。

饥饿，时时困扰着疲惫不堪的红军战士，成为草地行军中最大的威胁。进入草地前，各部队虽然开展了筹粮工作，但在川西北物产不丰的贫瘠之地，难以达到每人备粮5—7.5公斤的要求，有的部队甚至只筹到两天的干粮。进入草地后，战士们身上背的一小袋青稞麦粒或青稞麦粉成为他们的第二生命，麦粒一颗颗地数着吃，麦粉一小把一小把地省着吃。当麦粉被无情的雨水淋湿后，便成了粘疙瘩，更是难以下咽。如果有战士不慎摔了跤，有毒的污水浸泡了干粮，那将是他最大的不幸，立即陷入断粮的绝境。尽管红军战士们视粮食如生命，尽量节省，但由于准备不足，又无法补充，行程未及一半，有的部队即告断粮。为了维持生存，战士们不得不在草地里寻找野菜来充饥，有的战士甚至因误食有毒的野菜而牺牲了生命。为此，卫生部门挑选

① 〔美〕哈里森·索尔兹伯里：《长征——前所未闻的故事》，第304页。

指定了几十种可食的野菜，以供部队寻找食用；当可食的野菜吃完后，便不得不宰杀坐骑或其他牲口；当牲口不能再宰杀了，战士们只好煮食自己身上穿用的皮带、皮鞋等，甚至只是烧一点开水充饥。红军战士们一面忍饥挨饿，一面还要艰难地在草地上跋涉，体力渐渐不支，不少战士走着走着，突然倒在野草鲜花之中，便再也起不来了。

高原的寒冷，侵袭着衣衫褴褛的红军战士们。草地的 8 月，本是最暖和的季节，白天最高气温可达摄氏 30 度，但一到夜间，温差却在摄氏 25 度以上，气温骤然降至摄氏零度左右。红军是远征之师，战士们体弱衣单，疲病交加；内无果腹之食，外无御寒之衣，饥寒交迫。为了抵御草地的寒冷，战士们只好穿戴起各色各样的衣服鞋帽。身上有的穿着单衣或夹衣，有的穿着毛衣或棉衣，有的裹着毯子，有的则披着羊皮、狗皮、驼皮等各种兽皮；头上有的戴着斗笠或草帽，有的顶着油布，有的打着雨伞；脚上有的穿着稻草或布条打的草鞋，有的穿着羊皮或其他兽皮制作的靴子，有的甚至赤着脚。经过一天的行军，到了宿营地，既无避寒之处，又无干柴可供烤火，战士们只能找一块比较干的地方，或拣一些草叶铺在湿地上，几个人背靠背地互相用体温来取暖，稍稍休息一会儿。夜晚来临，强劲的高原风裹着雪花，向露营在草坡上的战士们袭来，寒彻体腑。每当黑夜过去，宿营地上便留下许多长眠的英灵。

在这恶劣的自然环境和饥寒交迫之中，许多红军战士满怀着对生存的希望和对未来的憧憬，渐渐地体力不支，默默地倒下了。

来自江西石城的小宣传队员郑金煜，在刚开始草地行军时，精神抖擞，不知疲劳，讲故事，唱山歌，柴禾拣重的背，工作拣难的做，生龙活虎，忙个不停，但在进入草地不久，他突然发起高烧，病倒了。尽管团政委杨成武把马让给他骑，把干粮匀给他吃，但他的病情还是恶化了。临终前，他用微弱的声音对杨成武说：“政治委员！我不行了，感谢你对我的照顾。我知道党的事业一定会胜利！革命一定会胜利！……政治委员，我确实不行了，我看不到胜利那一天了。”说到这里，他的眼泪夺眶而出，周围的战友们也都泣不成声。最后，经过一阵急促的喘息以后，他声音微弱地说：“希望党的路线胜利，革命快胜利，胜利后，如果有可能，请告诉我家里，我是为执行党的路线，为了革命的胜利牺牲的！”郑金煜临终前用最后的气力把他用油布包裹的四根火柴递给了战友，实际是把温暖和光明留给了战友。郑金煜就是后来的小说《七根火柴》中的人物原型。战友们怀着无比悲痛的心情，告别了这位年轻的共产党员。

戴天福进入草地后不久，在过大渡河时染上的疟疾又复发了。他在临终前，委托卫生员钟福昌带给毛泽东一个纸包，里面包着发给重病号的一小块马肉。钟福昌流着眼泪对毛泽东说：“戴天福同志临死的时候，让我把这块马肉，一定要交给毛主席！他说，他没有什么牵挂的，只盼望革命成功。请您多多保重身体。还让我转告吴吉清、黄亚堂、王七九以及警卫班的其他同志好好照顾您！”与戴天福朝夕相处的战友们都哭了，毛泽东也为之动容，陷入深深的悲痛之中。

红一团的一个班，在大雨中露宿了一夜。第二天吃早饭时，连长见这个班的战士没有来，扯着嗓子喊，可还是没有一个人答应，走过去一看，已全部停止了呼吸。

……

残酷无情的草地，不知夺去了多少红军战士的生命。仅据红一军的统计，牺牲者和掉队者就有 500 多人。但是英勇的红军战士们并没有被困难和牺牲所吓倒，他们前仆后继，义无反顾地向着既定的目标前进。他们默默地掩埋好战友的尸体，又继续无畏地向草地深处走去。红三军某连的炊事班共有九个人。进入草地后，为使全连同志有热水饮用和烫脚用，炊事员轮流挑着那口沉重的铜锅。有一天，一个炊事员倒下了，第二个炊事员含泪挑起铜锅，继续走下去。清晨，炊事班长老钱一大早起来为战士们烧开水，倒在了铜锅旁。这样，一个接着一个倒下去，最后这口铜锅挑在了司务长的肩上。炊事班的同志全部牺牲了。

生命是宝贵的。红军战士同样珍惜生命，但是，当生与死的考验毫不留情地摆在他们面前时，战士们会毫不犹豫地把生的希望留给他人，把牺牲留给自己，瞬间，红色战士的灵与肉得到了升华。先头部队无线电队进入草地的第一天，就把所带的粮食吃光了。第四天，挑夫老周倒在地上再也站不起来了。恰在这时，部队遇到了敌人的骑兵，战斗在激烈地进行。政委决定抬着老周走，老周对政委说："政委，……不要管我，你们走吧！"他沉默了一会儿，脸上挂着泪珠，继续说："我不能抬电台，已经对不起党了，再不能把你们也拖住呵！政委，电台重要啊！"当政委坚决要抬着老周走时，他忽然猛一使劲，从政委和其他战士的手中挣脱，重重地跌在地上，再也没有起来。红军战士谢益先在刚进草地时，碰到了一个面黄肌瘦的妇女带着两个忍受着饥饿折磨的孩子，就把自己仅有的一袋干粮悄悄地留了下来。在以后的几天里，一到吃饭时，他就避开大家，去找野菜吃，遇到没有野菜的地方，他就喝点凉水充饥。终于有一天，他支持不住了，倒了下去。临终前，他还喃喃地说："那两个孩子不知怎么样了？"

牺牲在草地上的红军战士已无法计数，他们的英灵长存，精神永驻，激励着活下来的战友们。

在艰苦的草地行军中，无论是干部是战士，无论年老年少，无论是男是女，无论是有着何种阅历，都以坚韧不拔的毅力、团结互助的友爱和乐观主义的精神，同困难作着顽强的搏斗。

有一天夜晚，战士们在露营地上点燃起一堆篝火。篝火旁，围坐着经过一天行军的干部战士。他们边烤火边吃饭，有说有笑。一会儿，毛泽东、彭德怀来了，著名文学家成仿吾也来了。他们坐下来后，彭德怀提议请毛泽东讲故事。一阵热烈的掌声之后，毛泽东用生动风趣的语言，讲述了几年来红军同国民党军队作战迭克强敌的故事，使指战员们受到了很大的鼓舞。毛泽东讲完后，说："我们请成仿吾同志讲讲他留学的故事吧！"成仿吾是红军中的大知识分子。他讲述了自己早年留学日本，后又留学德国的经历，讲述了他开始学习机械工程，转而学习小说、诗歌创作，最后走上革命道路的经过。他现身说法，讲述了一个知识分子走上献身中华民族解放事业的道路，逐步成长为一个坚定的共产主义战士的过程，使大家受到了很大的教育和启发。

像这样的篝火晚会在这草地中处处可见。每当夜晚来临，到达宿营地后，战士们总要点起篝火，驱赶行军的疲劳和寒冷。战士们有的唱歌，有的讲故事，有的在吟诵着自己编的顺口溜和诗歌。"身无御寒衣，肚内饥，晕倒爬起来，跟上去，走到宿营地。”“天当被，地当床，暴雨来了当蚊帐。”“天上无飞鸟，地上无人烟，茫茫草原，蓝蓝的天，只有红军亲眼见。”这些出自红军战士之口的诗篇，不仅是对草地行军的真实写照，也反映出身处困境的红军战士的精神风貌。篝火旁，洋溢着热烈的气氛，战士们好像忘记了疲劳和饥寒。不知是谁，低声唱起了《国际歌》，随后大家跟着唱了起来，由小到大，由近而远。簇簇篝火，飘动着红色的火焰，映红了夜空，映红了红军战士兴奋的脸庞；阵阵歌声，流淌着战斗的音符，冲破了长夜，汇成了一曲曲雄壮的大合唱，震撼着战士们的心灵，激励着战士们的斗志。

周恩来在过草地之前，因劳累过度，突然病倒了。他患的是阿米巴肝脓肿，来势凶猛，连续几天高烧，五六天没有进食。经过治疗，高烧虽然退下来了，但身体极为虚弱。开始过草地了，周恩来随红三军殿后。彭德怀军长要萧劲光参谋长负责组织担架队，抬着重病中的周恩来、王稼祥等向草地进发。陈赓自告奋勇担任担架队队长，兵站部部长兼政委杨立三坚持要给周恩来抬担架。杨立三和战士们挺着本已虚弱的身体，抬着担架，深一脚浅一脚地走着，双肩磨破了，渗出殷红的鲜血，脖子一动就疼痛难忍。周恩来看在眼里，疼在心里，多次挣扎着从担架上爬起来。就这样，经过六天六夜，终于走出了草地。周恩来牢记着这战友深情。19 年后，杨立三去世，担任着国务院总理的周恩来，坚持要给他抬棺送葬。这是一种多么深厚而又诚挚的同志之情啊！

素有党内“四老”之称的林伯渠、董必武、徐特立、谢觉哉等老战士，也精神抖擞、步履坚实地踏进了草地。年近 60 岁的徐特立徒步行军途中，碰上了毛泽东。毛泽东问他为什么不骑马，他笑着说：我给马找到了工作，让它给红军大学三个生病的学员驮行李了。谢觉哉正患感冒，脚也肿了，还拄着拐棍，坚持步行。当他断粮后，徐特立立即送来了自己节省下来的二三斤干粮。高度近视的林伯渠担负着红军供给的工作。他总是左手提一盏马灯，右手拄着拐棍，跑前跑后，忙个不停。董必武安步当车，坚持拄着拐棍步行，还热心帮助同志。谢觉哉为减轻负担，扔掉了心爱的毛毯。董必武捡到后，认出是谢老的毛毯，就背在身上继续赶路。到了宿营地，物归原主，将毛毯还给了谢老。谢老深受感动，到延安后，将这条毛毯送给董老作为纪念。“四老”还时时鼓励战士们继续前进，说：“同志！努力跟上呀！快到宿营地了”，“坚持到底，就是胜利！”他们用自己的模范行动，鼓舞着年轻的红军战士们。

那些身着戎装、英姿飒爽的巾帼英雄们，也和男同志一样，笑迎困难，勇往直前。蔡畅，这位曾赴法国勤工俭学的女革命者，是红军战士们尊敬的一位大姐。在草地里，她和战士们一样步行，一样挖野菜。她还经常给战士们讲故事，唱歌，以鼓舞士气。一次等待过河时，战士们看见蔡畅，高兴地喊叫起来，欢迎蔡大姐唱法国的《马赛曲》。蔡畅笑着说：好，不要闹，我唱。顿时，草地上响起了《马赛曲》那激昂的歌声，深深地扣动着战士们的心田。因患肺结核而吐血的邓颖超，身存多块弹片的贺子珍，也拖着伤病之躯踏进了茫茫草地。只要身体稍有好转，她们就从担架上下来，坚持步行。她们还经常鼓励其他伤病员，克服困难，坚持到底。她们这种不屈的精神，赢得了战士们的尊敬。曾在莫斯科中山大学学习过的李伯钊，是红军中的歌唱家和戏剧家。在草地中，她以动人的歌声，激励着战士们去克服困难，深受战士们的爱戴。

还有那些活泼可爱的“红小鬼”们，不叫苦，不怕累，草地的磨炼使他们稚气的脸上平添了几分刚毅，使他们幼小的身躯和心灵增添了几分坚强。红三十军第二六七团的宣传队里有一群“娃娃兵”，他们同大哥哥们一样吃野菜，一样徒步行军。他们在行军中，勒紧腰带，边走边唱，开展宣传鼓动工作。一天，在宿营地的篝火旁，慰问演唱开始了。第一个节目是“童子舞”，五个小宣传队员兜了几个“8”字形，边跳边唱道：“牛皮本是好东西，哟嗨！吃多了就要胀肚皮，好东西，哟嗬嗨！”这歌声给战士们带来了欢乐，他们纷纷走上去和小宣传队员握手。一个大个子战士把一个外号叫“小皮球”的小队员拉过去，从自己的口袋里掏出一小把青稞麦，递给“小皮球”，说：“拿着吧，小兄弟！”“小皮球”看着这比生命还宝贵的东西，问道：“你吃什么？”大个子回答说：“没关系，还能顶几天！……”“小皮球”无可奈何地收下了那一小把青稞麦。这个“小皮球”，名叫侯登囊，个子矮矮的，很结实，所以战士们都亲切地叫他“小皮球”。这时，他才12岁。“小皮球”很懂事，大个子送给他的青稞麦，他没有吃。他把青稞麦交给了组长，煮了一盆米汤，大家喝了个痛快。

经过六七天的行军，右路军终于跨越了“魔毯”，先后走出了草地，到达班佑。中共中央和前敌总指挥部领导人来到班佑后，听取了先遣司令叶剑英关于先遣部队行军情况的汇报，并采纳他的建议，决定取消原定向拉卜楞寺前进的计划，转经巴西、阿西、包座向俄界前进。随后，中央领导机关进驻阿西，前敌总指挥部进驻巴西。此前，左路军也于8月21日占领了阿坝地区。

横跨草地，是中外军事史上的一大奇迹。草地行军遇到的困难是难以想象的，几乎超越了人体所能承受的生存极限。在极端艰难困苦面前，红军指战员始终保持着高昂的激情，将困难和艰险甩在身后，前仆后继，一往无前。他们依靠的是团结互助的高尚情操，依靠的是坚韧不拔的钢铁意志，依靠的是乐观进取的革命精神，依靠的是对理想信念的执著追求。他们以自己的鲜血和生命，在亘古荒原上奏响了团结奋斗、人定胜天的壮丽凯歌，谱写了不怕困难、视死如归的慷慨悲歌，写下了“革命理想高于天”的不朽篇章。

红军经过草地北上，出乎敌人的预料。8月26日，胡宗南发现红军北上，即令其第四十九师于8月27日由漳腊向包座疾进，企图会同其已控制包座地区的一个团，在上下包座至阿西茸一线堵截红军北上。

上包座位于四川省松潘县北部，是进入甘南的必经之地，也是胡宗南部补给线上的一个重要地点。该地处于群山之间，地形十分险要。在其南部的大戒寺驻有敌军一个营，其北的求吉寺驻有两个营。

右路军到达班佑、巴西地区后，为开辟前进道路，决定歼灭当面之敌，夺取上包座。鉴于红三军因殿后尚未通过草地，红一军在长征途中减员太多，徐向前、陈昌浩向中共中央建议，攻打包座的任务由红四方面军的第三十、第四军承担。中央批准了这一建议。前敌总指挥部随即制定了作战部署：以红三十军第八十九师第二六七团攻击大戒寺之敌；以第八十八师两个团和第八十九师两个团位于上包座西北地区，准备打敌援兵；以红四军一部攻击求吉寺之敌。红一军作预备队，集结于巴西和班佑地区待机，并负责保护中央机关的安全。徐向前的指挥所，设在上下包座之间的一座山头上。毛泽东在战斗开始前，亲自向红三十军军长程世才、政委李先念交代了任务。

8 月 29 日，徐向前命令部队发起攻击。红三十军的战士忍着饥饿和疲劳，连续作战，英勇突击，到 31 日，攻占了上包座，并歼灭敌援军第四十九师大部。与此同时，第四军一部也向求吉寺之敌发起猛烈攻击，歼敌一个营。是役，共毙、伤敌师长伍诚仁（伤）以下 4000 余人，俘敌 800 余人，缴获长短枪 1500 余支，轻机枪 50 余挺，电台一部，以及大批粮食、牦牛和马匹。战斗中，红四军第十师师长王友钧把机枪架在警卫员的肩上，向敌人猛烈扫射，掩护部队攻击，不幸中弹牺牲。他牺牲时，年仅 24 岁。

包座战斗的胜利，是红一、红四方面军会师后，红四方面军在党中央直接领导下取得的一次重大胜利。这次战斗取得了歼敌一个师的重大战果，打开了红军北上向甘南进军的门户，为实现中共中央北上战略方针创造了有利的条件。

五、中共中央先行北上

包座战斗之后，右路军红一军由阿西进到拉界地区，红三军位于班佑、巴西、阿西地区，红四、红三十军位于求吉寺、上包座地区，中共中央、中革军委机关和前敌总指挥部驻潘州。按照中央政治局的决定，红一方面军在这里进行了整顿工作。右路军在党中央的直接领导下，一面休整，一面等待左路军向班佑地区集中，共同北上。

这时，位于松潘、漳腊地区之敌胡宗南部，因其第四十九师大部被歼，持重不出。蒋介石令其绕道文县开赴西固（今舟曲）堵截红军，胡宗南则要求待薛岳部到达松潘、漳腊、南坪接防后才能开动。东北方向之敌于学忠部，尚远在陕甘交界的徽县、两当地区。甘肃南部之文县、武都、西固、岷州等广大地区，敌人兵力空虚。红军如从巴西地区到西固、岷州，仅有五六天的路程，而且多为汉族聚居区，路大、粮丰、房多。在这种情况下，如果左路军能够执行中央指示，迅速向东与右路军靠拢，集中全力向东北开进，将会迅速开创一个新的局面。

北上的通路已经打开，有利的形势出现在面前，但是，严重的党内斗争却又爆发了。

还在右路军进入草地的同时，左路军先头部队于 8 月 21 日占领了阿坝。但张国焘到达阿坝后，却坚持左路军以阿坝为后方，出夏河、洮河地区，左右两路分兵北进的主张，按兵不动。

为催促张国焘迅速北进，并向右路军靠拢，8 月 24 日，中央政治局在草地致电张国焘，通报毛儿盖会议《关于目前战略方针之补充决定》的主要精神。电报指出："我军到甘南后，应迅以主力出洮河东岸，占领岷州、天水间地区，打破敌人兰州、松潘封锁计划；并依据以岷州为中心之洮河地区，有计划地大胆地向东进攻，以便取得甘、陕两省广大地区，为中国苏维埃运动的有力根据地。""若不如此，而以主力向洮河以西，令敌沿洮河封锁则我被迫向黄河以西，然后敌沿黄河东岸向我封锁，则我将处于地形上、经济上、居民条件上比较大不利之地位。因这一区域，合甘、青、宁三十余县，计人口共不过三百万，汉人不及半数。较之黄河以东，大相悬殊。而新疆之上，宜以支队，不应以主力前往。""目前应令右路军全力迅速夺取哈达铺，控制西固、岷州间地段，并相机夺取岷州为第一要务。左路军则迅速出墨洼、班佑，出洮河左岸，然后并肩东进。"①

徐向前和陈昌浩经过商量，认为张国焘总和中央闹别扭不好，而且从军事上看，左右两路军集中兵力出甘南是上策。因而，他们也于 8 月 24 日致电朱德、张国焘，陈说利害："目前箭已在弦，非进不可。""弟意右路军单独行动不能彻底消灭已备之敌，必须左路马上向右路靠近，或速走班佑，以便两路集中向夏、洮、岷前进。主力合而后分，兵家大

① 《中国工农红军第四方面军战史资料选编》（长征时期），第 132—133 页。

忌，前途所关，盼立决立复示，迟疑则误尽中国革命大事。”①

在中共中央一再电示和徐向前、陈昌浩的劝告之下，张国焘才开始令左路军向班佑行动。8月27日，红军总部决定左路军向班佑开进，与右路军靠拢。28日和29日，第五军、第九十三师先后由查理寺地区出发；30日，第二十五师、红军总部也分别由阿坝和查理寺向东北前进。31日，朱德、张国焘致电倪志亮、周纯全，令左路军第二纵队北进，规定第七十三、第八十一、第二六二、第二六九团和红军大学及供给部，于9月8日集中箭步塘向班佑前进；第二十七师和第三十二军及独立团，于9月12日和13日，先后集中查理寺向班佑前进。9月1日，左路军第一纵队东进到噶曲河。

8月底，中共中央也在考虑走出草地和占领包座后的行动计划。毛泽东找徐向前和陈昌浩，商量如何做张国焘的工作，催他带左路军向右路军靠拢的问题。徐向前说，如果他们过草地困难，我们可以派出一个团，带上马匹、牦牛、粮食，去接应他们。毛泽东说，这个办法好，一发电报催，二派部队接，就这么办。随后，他们一面令红四军第三十一团准备粮食，待命出动；一面以徐向前、陈昌浩、毛泽东的名义致电朱德、张国焘，告之以目前的行动计划，指出：目前情况极有利于向前发展。提出右路军以主力向前推进，以第一、第三两军控制罗达地区，第四、第三十两军主力控制白骨寺地区，其一部控制包座，平行向东推进，以便随时与胡宗南部进行有把握的作战。待左路军到达，即以两个支队分别向东南之南坪佯动，而集中主力向东北武都、西固、岷州间打出去。②

然而，这一重要的计划，却又遭到了张国焘的抵制和破坏。他在率左路军东进到噶曲河后，很快变卦，再次主张南下。9月3日，他致电徐向前、陈昌浩并转呈中央，称：“（噶曲河）上游侦察七十里，亦不能徒涉和架桥，各部粮只能吃三天，二十五师只二天，电台已绝粮，茫茫草地，前进不能，坐待自毙，无向导，结果痛苦如此，决于明晨

① 《中国工农红军第四方面军战史资料选编》（长征时期），第133页。

② 《中国工农红军第四方面军战史资料选编》（长征时期），第133页。

分三天全部赶回阿坝。”“如此影响整个战局，上次毛儿盖绝粮，部队受大损；这次又强向班佑进，结果如此。再北进，不但时机已失，恐亦多阻碍。”“拟乘势诱敌北进，右路军即乘胜回击松潘敌，左路备粮后亦向松潘进。时机迫切，须即决即行。”① 9月5日，张国焘致电倪志亮、周纯全，说左路军先头兵团决定转移阿坝，令第二纵队现地筹粮待命。

这样，张国焘就再次提出了他的南下主张。北上与南下之争，再次成为牵动全局部署和有关红军前途、命运的斗争焦点。张国焘提出的“理由”，实际上是他坚持南下的借口。徐向前评论说：

> 这时张国焘连北进的方针也不同意了，实际上是要南下。他的“理由”，并不能成立。一是所谓葛曲河涨水，无法徒涉和架桥。其实，四方面军有支一百多人的造船队，就在左路军，就地取材，营造简便渡河工具，不成问题。二是所谓粮食缺乏。其实，阿坝那带，粮米较毛儿盖地区要多，张国焘以前来电也说过。我们从毛儿盖出发，每人只带了供两、三天食用的炒青稞，还不是通过了草地？他们的粮食，绝不会比我们少，过草地有什么不行？更何况我们还要派部队带粮去接应他们呢！所以，张国焘这是找借口，与中央的北进方针相抗衡。②

中共中央和前敌总指挥部领导人面对这突如其来的变化，甚为焦虑。此时，前敌总指挥部已命令红一军向俄界地区探路前进。9月6日，红一方面军司令员兼政委周恩来等致电林彪、聂荣臻，令红一军主力集结俄界，并派部队向罗达侦察前进。而这时敌人在文县、武都、西固、岷州一线兵力不多，碉堡尚未筑成，难以阻我突击。为不失良机，中共中央一方面部署早日北进，一方面也在反复讨论如何使张国焘放弃其错误主张，转而北上。毛泽东、张闻天、周恩来等几乎天天开会研究，并多次同陈昌浩谈话，希望能找出妥善的解决办法。徐向前和陈昌浩

① 《中国工农红军第四方面军战史资料选编》（长征时期），第139页。

② 徐向前：《历史的回顾》（中），第447页。

也多次商量，认为既然北进是毛儿盖会议政治局讨论决定的方针，且右路军占领包座后又打开了北进通道，无论如何，都不应变更原决定。于是，他们商定发电报陈述意见，劝说张国焘执行中央的决定。

9月8日9时，徐向前、陈昌浩致电朱德、张国焘，在通报了敌情和红一军的位置以后，请示："胡不开岷，目前突击南（坪）、岷（州）时间甚易。总的行动究竟如何？一军是否速占罗达？三军是否跟进？敌人是否快打？飞示，再延实令人痛心。"并指出："中政局正考虑是否南进。毛、张皆言只有（要）南进便有利，可以交换意见；周意北进便有出路；我们意以不分散主力为原则，左路速来北进为上策，右路南去南进为下策，万一左路若无法北进，只有实行下策。如能乘（敌）向北调时（取）松潘、南坪仍为上策。请即明电中央局商议，我们决执行。"①

张国焘接电后，仍坚持南下主张，并开始调动部队。当天，他电令左路军中红四方面军驻马尔康地区的红三十一军政委詹才芳：

> 九十一师两团，即经梭磨直到马尔康、卓克基待命，须经之桥则修复之。望梭磨、康猫寺路，飞令军委纵队政委蔡树藩将所率人员移到马尔康待命。如其听则将其扣留，电复处置。②

面对日益严重的局面，当晚，中共中央领导人张闻天、毛泽东、博古、王稼祥在周恩来的住处召开非正式会议，通知徐向前、陈昌浩参加。会前，毛泽东等拟好了一份电文。会上念了一下，征求徐向前和陈昌浩的意见。陈昌浩表示同意电报的内容，建议力争左右两路军一道北上；如果不成，是否可以考虑南下。徐向前表示同意中央的意见，对南下问题考虑不成熟，没有表态。会议一致通过，向左路军领导人发出这份电报。当晚22时，该电以与会七人的名义发出。全文如下：

---

① 《中国工农红军第四方面军战史资料选编》（长征时期），第141页。

② 《红军长征·文献》，第669页，最后一句档案原文如此。

朱、张、刘（伯承）三同志：

目前红军行动是处在最严重关头，须要我们慎重而又迅速地考虑与决定这个问题。弟等仔细考虑的结果认为：

（一）左路军如果向南行动，则前途将极端不利，因为：

（甲）地形利于敌封锁，而不利于我攻击，丹巴南千余里，懋功南七百余里均雪山，老林，隘路。康□天芦雅名邛大直至懋抚一带，敌垒已成，我军绝无攻取可能。

（乙）经济条件，绝不能供养大军，大渡河流域千余里间，术[求]如毛儿盖者，仅一磨西面而已，绥崇人口八千余，粮本极少，懋抚粮已尽，大军处此有绝粮之虞。

（丙）阿坝南至冕宁，均少数民族，我军处此区域，有消耗无补充，此事目前已极严重，决难继续下去。

（丁）北面被敌封锁，无战略退路。

（二）因此务望兄等熟思深虑，立下决心，在阿坝、卓克基补充粮食后，改道北进，行军中即有较大之减员，然甘南富庶之区，补充有望。在地形上、经济上、居民上、战略退路上，均有胜利前途。即以往青宁新说，已远胜西康地区。

（三）目前胡敌不敢动，周、王两部到达需时，北面仍空虚，弟等并拟于右路军抽出一部，先行出动，与二十五、（二十）六军配合行动，吸引敌人追随他们，以利我左路军进入甘肃，开展新局（面）。

以上所陈，纯从大局前途及利害关系上着想，万望兄等当即立断，则革命之福。

恩来、洛甫、博古、向前、昌浩、泽东、稼祥[1]

① 《中国工农红军第四方面军战史资料选编》（长征时期），第 142 页。

与此同时，即9月8日22时，张国焘以朱德、张国焘的名义[1]电令徐向前、陈昌浩：

> 一、三军暂停留向罗达进，右路军即准备南下，立即设法解（决）南下的问题，右路皮衣已备否。即复。[2]

这封电报，标志着中共中央的北上方针和张国焘的南下方针之争，达到了针锋相对的明朗化地步。接到这封电报后，陈昌浩改变了态度，同意南下。徐向前不愿把红四方面军的部队分开，也只好表示南下。陈昌浩去中央驻地反映这一意见，受到中央领导人的批评。

9月9日，中共中央致电张国焘并致徐向前、陈昌浩，指出：

> 陈谈右路军南下电令，中央认为是完全不适宜的。中央现恳切的指出，目前方针只有向北是出路，向南则敌情、地形、居民、给养都对我极端不利，将要使红军受空前未有之困难环境。中央认为：北上方针绝对不应改变，左路军应速即北上，在东出不利时，可以西渡黄河占领甘、青交通新地区，再行向东发展。如何速复。[3]

对于中共中央的一再电示和劝告，张国焘竟置若罔闻，一意孤行。9月9日，他致电陈昌浩，令其率右路军南下。据毛泽东在1937年3月中共中央政治局扩大会议上说，他从叶剑英的报告中得知了这一电报的内容，“这电报上说：‘南下，彻底开展党内斗争’”。

鉴于张国焘一再违抗中央指示，顽固坚持南下，在巴西的毛泽东、

---

① 当时张国焘违背中共中央战略方针的指示和电报，大都是以朱德、张国焘的名义联署的。中共中央在1936年7月14日致共产国际书记处的报告中指出：“朱德同志过去与中央完全一致，分离以来受国焘挟制，已没有单独发表意见的自由，但我们相信基本上也是不会赞助国焘的。”朱德在1960年11月9日的谈话中也指出：“到阿坝时，张就变了，不要北上，要全部南下，并发电报要把北上的队伍调回南下，我不同意，反对他，没有签字。”

② 《中国工农红军第四方面军战史资料选编》（长征时期），第141页。

③ 《中国工农红军第四方面军战史资料选编》（长征时期），第143页。

张闻天、博古等紧急磋商，认为张国焘有分裂和危害中央的企图。当晚，毛泽东到徐向前的住处，站在院子里问：向前同志，你的意见怎么样？徐向前回答说：两军既然已经会合，就不宜再分开，四方面军如分成两半恐怕不好。毛泽东听后，要徐向前早点休息，遂告辞而归。接着，毛泽东、张闻天、博古三人赶到红三军驻地阿西，与在此养病的周恩来、王稼祥举行紧急会议，决定连夜率红三军和军委纵队先行北上。并通知在俄界的林彪、聂荣臻，行动方针有变，要红一军在原地待命。随后，进行了秘密准备。

就在党中央准备先行北上之际，张国焘于 9 月 9 日 24 时再次致电徐向前、陈昌浩并转中央，坚持其南下主张。电报称：

(甲)时至今日，请你们平心估计敌力和位置，我军减员、弹药和被服等情形，能否一举破敌，或与敌作持久战而击破之；敌是否是（有）续增可能。

(乙)左路二十五、九十三两师，每团不到千人，每师至多千五百战斗员，内中病脚者占三分之二。再北进，右路经过继续十天行军，左路二十天，减员将在半数以上。

(丙)那时可能有下列情况：

1. 向东突出蒙（岷）西封锁线，是否将成无止境的运动战，冬天下〔不〕停留行军，前途如何？

2. 若停夏、洮是否能立稳脚跟？

3. 若向东非停夏、洮不可，再无南返之机。背靠黄河，能不受阻碍否？上三项诸兄熟思明告。

4. 川敌弱，不善守碉，山地隘路战为我特长。懋、丹、绥一带地形少岩，不如通、南、巴地形险。南方粮不缺。弟亲详问二十五、九十三等师各级干部，均言之甚确。阿坝沿大金川河东岸到松岗，约六天行程，沿途有二千户人家，每日都有房宿营。河西四大坝、卓木碉粮、房较多，绥、崇有六千户口，包谷已熟。据可靠向导称：丹巴、甘孜、道孚、天、芦均优于洮、夏，邛、大更好。北进，则阿西以南彩病号均需抛弃；南打，尽能照顾。

若不图战胜敌人，空言鄙弃少数民族区，亦甚无益。

5. 现宜以一部向东北佯动，诱敌北进，我则乘势南下。如此对二、六军团为绝好配合。我看蒋与川敌间矛盾极多，南打又为真正进攻，决不会做瓮中之鳖。

6. 左右两路决不可分开行动，弟忠诚为党、为革命，自信不会胡说，如何？立候示遵。①

在张国焘发出这封电报不久，9 月 10 日凌晨，中共中央率红三军和红军大学离开巴西、阿西等地，向俄界进发。同时，叶剑英也以“打粮准备南下”的名义，带走了军委纵队，并带走了一份十万分之一的甘肃省地图。

当天早晨，徐向前和陈昌浩得知了中央率红一方面军部队单独北进的消息。徐向前回忆说：

那天早晨，我刚刚起床，底下就来报告，说叶剑英同志不见了，指挥部的军用地图也不见了。我和陈昌浩大吃一惊。接着，前面的部队打来电话，说中央红军已经连夜出走，还放了警戒哨。何畏当时在红军大学，他跑来问：是不是有命令叫走？陈昌浩说：我们没下命令，赶紧叫他们回来！发生了如此重大的意外事件，使我愣了神，坐在床板上，半个钟头说不出话来。心想这是怎么搞的呀，走也不告诉我们一声呀，我们毫无思想准备呀，感到心情沉重，很受刺激，脑袋麻木得很。前面有人不明真相，打电话来请示：中央红军走了，还对我们警戒，打不打？陈昌浩拿着电话筒，问我怎么办？我说：哪有红军打红军的道理！叫他们听指挥，无论如何不能打！陈昌浩不错，当时完全同意我的意见，作了答复，避免了事态的进一步恶化。他是政治委员，有最后决定权，假如他感情用事，下决心打，我是很难阻止的。在这点上，不能否认陈昌浩同志维护团结的作用。那天上午，前敌指挥部开了锅，

① 《中国工农红军第四方面军战史资料选编》（长征时期），第 144 页。

人来人往，乱哄哄的。我心情极坏，躺在床板上，蒙起头来，不想说一句话。陈昌浩十分激动，说了些难听的话，还给张国焘写了报告。①

随后，陈昌浩派人送信给彭德怀，要他停止北进，回头南下，遭到彭德怀的拒绝。他还派李特带一队骑兵追赶中央，“劝说”中央领导人率军南下，受到毛泽东的严厉批评和拒绝。李特带回了红军大学中大部分红四方面军的人员。

中共中央率红三军等部于9月10日当天到达拉界。是日，中央政治局发出在阿西所拟的给徐向前、陈昌浩的指令，指出：

（一）目前战略方针之唯一正确的决定，为向北急进，其多方考虑之理由，已详屡次决定及电文。

（二）八日朱张电令你们南下，显系违背中央累次之决定及电文，中央已另电朱张取消该电。

（三）为不失时机的实现自己的战略计划，中央已令一方面军向罗达拉界前进，四、三十军归你们指挥，应于日内尾一、三军后前进，有策应一、三军之任务。以后右路军统归军委副主席周恩来同志指挥之。

（四）本指令因张总政治委员不能实行政治委员之责任，违背中央战略方针，中央为贯彻自己之决定，特直接指令前敌指挥员（党员）及其政委并责成实现之。②

徐向前、陈昌浩接到该指令后，没有北上。陈昌浩的态度很坚决，指责中央是“右倾机会主义”、“逃跑主义”，决心南下。徐向前也决定和红四方面军部队在一起。

同日，中共中央致电张国焘，其内容与9日致张国焘并致徐向前、

① 徐向前：《历史的回顾》（中），第452—453页。

② 《中国工农红军第四方面军战史资料选编》（长征时期），第145页。

陈昌浩电基本相同。电报指出：

> 阅致徐、陈调右路军南下电令，中央认为完全不适宜的。中央现在恳切的指出，目前方针只有向北，才是出路。向南则敌情、地形、居民、给养都对我极端不利，将使红军陷于空前未有之困难环境。中央认为：北上方针绝对不应该改变，左路军应速即北上。在东出不利时，可以西渡黄河，占领甘、青、宁、新地区，再行向东发展。①

同一天，中共中央还发布了《为执行北上方针告同志书》，指出：目前形势完全有利于我们，无论如何不应该再退回原路。“南下是草地、雪山、老林；南下人口稀少、粮食缺乏；南下是少数民族的地区，红军只有减员，没有补充。敌人在那里的堡垒线已经完成，我们无法突破。南下不能到四川去，南下只能到西藏、西康，南下只能是挨饿挨冻，白白地牺牲生命，对革命没有一点利益。对于红军，南下是没有出路的，南下是断路。”“只有中央的战略方针是唯一正确的，中央反对南下，主张北上，为红军为中国革命，取得胜利。你们应该坚持拥护中央的战略方针，迅速北上，创造川陕甘新苏区去！”②

9 月 11 日，中共中央率红三军、军委纵队等部继续北进，于当晚陆续到达甘南的俄界，与先期到达的红一军会合。当天，中共中央再次致电张国焘，令其立即率左路军北上。电报指出：

> （甲）中央为贯彻自己的战略方针，再一次指令张总政委立刻率左路军向班佑、巴西开进，不得违误。
>
> （乙）中央已决定右路军统归军委副主席周恩来同志指导，并已令一、三军团在罗达、俄界集中。③

---

① 《红军长征·文献》，第 676 页。

② 《中国工农红军第四方面军战史资料选编》（长征时期），第 146 页。

③ 《中国工农红军第四方面军战史资料选编》（长征时期），第 148 页。

张国焘再次拒绝了中央的命令。9月12日，他又致电中央，指责说："诸兄不图领导全部红军，竟率一部秘密出走，其何以对国际和诸先烈。"声称："弟自信能以革命利益为前提，虽至最严重关头，只须事实上能团结对敌,无不乐从。诸兄其何以至此,反(？)造分裂重反团结，敬候明教。"[①]同日，他还致电林彪、聂荣臻、彭德怀、李富春，诱令红一、红三军南下。电报称："一、三军团单独东出，将成无止境的逃跑,将来真会悔之无及。""望速归来受徐、陈指挥,南下首先赤化四川，该省终是我们的根据地。""诸兄不看战士无冬衣，不拖死也会冻死。不图以战胜敌人为先决条件，只想转移较好地区。自欺欺人，真会断送一、三军团。请诸兄其细思吾言。"[②]这样,张国焘在反对中央北上战略方针，分裂党和红军的道路上越走越远了。

为了揭露和批判张国焘的分裂主义，确定下一步的行动方针，中共中央于9月12日在俄界召开了政治局扩大会议。出席会议的有张闻天、博古、毛泽东、王稼祥、凯丰、刘少奇、邓发。非政治局成员参加的有蔡树藩、叶剑英、林伯渠、李维汉、杨尚昆、李德;红一军的林彪、聂荣臻、朱瑞、罗瑞卿;红三军的彭德怀、李富春、袁国平、张纯清。

会议首先由毛泽东作关于同红四方面军领导人张国焘的争论与目前行动方针的报告。报告说，中央常委决定的向北发展的战略方针，请政治局批准。有同志反对这个方针，有他机会主义的方针，代表是张国焘。中央同张国焘作过许多斗争，想了许多办法与他们的干部接近，纠正其军阀主义倾向，但是没有结果。对于张国焘，要尽可能做工作，争取他。最后作组织结论是必要的，但不应马上作。中央应继续坚持北上的方针。红一、红四方面军会合后，是应该在川、陕、甘创建苏区。但现在只有红一方面军主力红一、红三军，所以，当前的基本方针，是要经过游击战争，打通同国际的联系，整顿休养兵力，扩大队伍，首先在与苏联接近的地方创造一个根据地，将来向东发展。报告还讲到加强党内团结问题，以及与红四方面军的关系问题。毛泽

① 《中国工农红军第四方面军战史资料选编》（长征时期），第148页。

② 《中国工农红军第四方面军战史资料选编》（长征时期），第149页。

东报告以后，彭德怀报告了改变军队编制等问题。

随后，会议进行了讨论。邓发、李富春、李德、李维汉、王稼祥、聂荣臻、杨尚昆、林彪、博古等发言，一致同意中央对这次事件的处理，拥护中央断然率红一、红三军北上和统一改编军队。大家在发言中还揭露了张国焘制造分裂、争夺权力的阴谋活动。张闻天在作总结性发言时指出，中央同张国焘的斗争，是两条路线的斗争。一条是中央的路线，一条是右倾的军阀主义——张国焘主义。张国焘错误的发展前途，必然是组织第二党。但是，只要还有一线可能我们还要争取他。

毛泽东在结论中指出，同张国焘的斗争，是两条路线的分歧，是布尔什维主义与军阀主义倾向的斗争。张国焘是发展着的军阀主义倾向，将来可能发展到叛变革命，这是党内空前未有的。关于目前的战略方针，同在川、陕、甘创造根据地的计划是有变更的，因红一、红四方面军已经分开，张国焘南下，使中国革命受到相当严重损失。但是我们并不是走向低落，而是经过游击战争，大规模地打过去。一省数省首先胜利，是不能否认的，现在如此，将来也是如此，不过不是在江西，而是在陕、甘。

会议决定，红一、红三军和军委纵队编为中国工农红军陕甘支队，彭德怀为司令员，林彪为副司令员，毛泽东为政治委员，王稼祥为政治部主任，杨尚昆为政治部副主任；由毛泽东、周恩来、彭德怀、林彪、王稼祥组成五人团，负责军事领导；由李德、叶剑英、邓发、蔡树藩、李维汉组成编制委员会，主持部队整编工作。

会议根据毛泽东所作的报告和结论的精神，作出《关于张国焘同志的错误的决定》①。决定指出：张国焘与中央争论的实质是对目前政治形势与敌我力量对比估计上有着原则的分歧。张国焘夸大敌人的力量，轻视自己的力量，以致丧失了在抗日前线的中国西北部创造新苏区的信心，主张向川、康边界地区退却。决定揭露了张国焘分裂

① 因时间紧迫，该决定在俄界会议上只是原则通过。北上到达哈达铺以后，在9月20日召开的中央政治局常委会上，决定“关于国焘问题的决议的起草，由洛甫负责”。这一决定由张闻天写成并获通过以后，没有立即公布。直到1935年12月，才在中央委员范围内公布，在红一方面军高级干部中口头传达。该决定见《中共中央文件选集》第10册，第556—558页。

党、分裂红军的严重错误，指出：张国焘的机会主义和军阀主义倾向，使“他对于中央的耐心的说服、解释、劝告和诱导，不但表示完全的拒绝，而且自己组织反党的小团体同中央进行公开的斗争，否认党的民主集中制的基本组织原则，漠视党的一切纪律，在群众面前任意破坏中央的威信”，“这种倾向的发展与坚持，会使张国焘同志离开党”。决定提出，必须采取一切具体办法去纠正张国焘的错误，并号召红四方面军中全体忠实于共产党的同志团结在党中央的周围，同张国焘的错误倾向作坚决的斗争，以巩固党与红军。

俄界会议后，中共中央率陕甘支队迅速北上了。根据俄界会议的精神，党中央对于张国焘的错误，仍然坚持党内斗争的方针。在严肃指出他的错误的同时，希望他悬崖勒马，幡然悔悟。为此，9 月 14 日，中共中央在北上途中再次致电张国焘、徐向前、陈昌浩，指出：

（一）一、四方面军目前行动不一致，而发生分离行动的危险的原因，是由于总政委拒绝执行中央的战略方针，违抗中央的屡次调令与电令。总政委对自己行为所产生的一切恶果，应该负绝对的责任。只有总政委放弃自己的错误立场，坚决执行中央的路线时，才说得上内部团结与一致。一切外交的辞句，决不能掩饰这一真理更欺骗不了全党与共产国际。

（二）中央率领一、三军北上，只是为了实现自己的战略方针，并企图以自己的艰苦斗争，为左路军及右路军五〔之〕四军、三十军开辟道路，以便利于他们的北上。一、三军的首长与全体指战员不顾一切困难，坚决负担起实现中央的战略方针的先锋队的严重任务，是中国工农红军的模范。

（三）张总政委不得中央的同意，私自把部队向对于红军极端危险的方向（阿坝及大小金川）调走，是逃跑主义最实际的表现，是使红军陷于日益削弱，而没有战略出路的罪恶行动。

（四）中央为了中国苏维埃革命的利益，再一次的要求张总政委立即取消南下的决心及命令，服从中央电令，具体部署左路军与四军、三十军之继续北进。

（五）此电必须转达朱、刘。立复。[1]

但是，张国焘再一次拒绝了中央的劝告和挽救，继续顽固地坚持其南下的错误主张，率左路军和右路军的红四、红三十军南下了。毛泽东多次说过，南下是绝路。后来的事实，完全证明了这一判断的正确性。

① 《中国工农红军第四方面军战史资料选编》（长征时期），第155页。

第 六 章

红二十五军的长征

一、向豫陕边转移

1934 年 11 月 16 日，红二十五军高举着“中国工农红军北上抗日第二先遣队”的旗帜，告别战斗了多年的大别山区，向西踏上了战略转移的征途。

这支红军部队，是 1932 年 10 月红四方面军主力撤离鄂豫皖根据地后，中共鄂豫皖省委将留在根据地的红军部队集中起来，于 11 月 30 日在湖北省黄安县檀树岗重新组建的。军长吴焕先，政治委员王平章，下辖两个师和一个特务营。全军约 7000 人。第七十四师师长徐海东，政治委员戴季英；第七十五师师长姚家芳，政治委员高敬亭。

重建后的红二十五军，立即成为国民党军“围剿”的重点。从 1932 年 12 月到 1934 年 10 月，蒋介石连续不断地向鄂豫皖根据地发动大规模的划区“清剿”和“围剿”，每次调集的兵力都在 80 个团左右。反“清剿”斗争开始时，红二十五军在中共鄂豫皖省委的领导下，同来势凶猛的敌人展开游击战争，先后取得郭家河、潘家河、杨泗寨等战斗的胜利。红二十五军在战斗中不断发展壮大，曾一度扩大到 1.2 万余人，辖第七十三、第七十四、第七十五师。根据地也有所恢复。

但是，1933 年 5 月以后，由于省委在郭家河等战斗胜利的影响下，错误地估计当时的敌我形势，盲目地执行“左”倾冒险主义的军事战略方针，以内线单纯防御来保卫中心苏区，致使红二十五军在反“围剿”斗争中接连失利。43 天的七里坪围攻战，使红二十五军锐减至约 6000 人。由于部队减员太大，红二十五军进行了整编。全军缩编为第七十四、第七十五两个师，共六个团。军长吴焕先，政治委员戴季英，副军长徐海东。接着，红二十五军又连续进行了三个月的鄂东北中心区保卫战和皖西北中心区保卫战。到 9 月下旬，全军只剩下 3000 余人。

9 月 27 日，红二十五军从皖西北大埠口附近出发，返回鄂东北。10 月 2 日黎明前，他们穿越潢（川）麻（城）公路时，遭敌堵截，吴焕先、戴季英率领第七十五师大部和第七十四师一部共 2000 余人冲过公路，到达鄂东北地区。这时，省委仍把被敌人占领的根据地空隙地区，作为中心区来巩固和保卫，命令红二十五军在内线分兵进行游击活动，结果被敌人各个击破，最后剩下 1000 余人突围到天台山、老君山地区，反“围剿”斗争从此进入非常困难的时期。

这时的鄂豫皖根据地，在敌人多次重兵“围剿”、大肆烧杀抢掠之下，也受到严重摧残。军民已到了无法生存的境地，党政组织几乎全部被破坏，县、区干部只剩下几十人，党员只剩下 200 多人。

面对红军和根据地所遭受的严重损失，中共鄂豫皖省委不得不重新考虑斗争方针问题。1933 年 10 月 16 日，省委在黄安紫云寨召开第三次扩大会议，对转变斗争方针问题进行了初步研究，决定以游击战方式，打击敌人，恢复和发展苏区。此后，红二十五军按照省委制定的新的斗争方针，在天台山、老君山周围开展游击战争，逐步恢复了以老君山、天台山和东高山、西高山为中心的两小块游击根据地。

与此同时，在过潢麻公路中被敌分割于皖西北地区的红二十五军一部分，在徐海东的率领下，已与当地的第八十二师会合，组成红二十八军，军长徐海东，政治委员郭述申。他们在皖西北地区，积极开展外线游击，寻机歼灭敌人，胜利地坚持了皖西北地区的反“围剿”斗争。

1934 年 3 月中旬，省委收到了中共中央批转的“中央军委的一个同志”写的《关于鄂豫皖苏区战争经验的研究及今后作战的建议》。《建议》中提出红二十五军应当实行战略退却，转移到平汉铁路以西桐柏山区建立新的根据地。4 月 10 日，省委开会讨论了这个建议。会后向中央报告说：桐柏山“离我们原区域较远隔”，过平汉路较困难，建议红二十五军暂不离开鄂豫皖，改向老苏区的边沿恢复、开辟新的根据地。

在等待中共中央的指示期间，省委得知蒋介石任命张学良为“豫鄂皖三省剿匪副总司令”，并准备将东北军从华北调到鄂豫皖地区。于是，省委决定乘东北军布防尚未就绪之机，红二十五军开赴皖西北，同红二十八军会合，以集中力量，加强对敌斗争。4 月 16 日，红二十五军和红二十八军在商城东南的豹子岩会师。次日，两军合编为红二十五军，军长徐海东，政治委员吴焕先，辖第七十四、第七十五师，全军 3000 余人。此后，红二十五军转战于鄂东北和皖西北，开始恢复和开辟根据地的工作。

7 月 1 日，省委又收到 1934 年 2 月 12 日中共中央《给鄂豫皖省委的指示信》和 6 月 13 日中共中央及中革军委《给鄂豫皖苏区的军事训令》。中央在指示信中指出：“省委当前的任务，在于保全我们的活力，保全我们的队伍，去创造新的苏区，新的根据地，整理、锻炼和强固我们的力量，创造新的主力红军。同时，广泛开展游击战争，为恢复原有苏区而斗争。”① 中央及中革军委的《军事训令》对省委 4 月 13 日的报告，表示“原则上同意”，提议“红军主力仍留在原来苏区继续行动”。并指出目前鄂豫皖党及红军的基本任务是：“一、在老苏区及边区苏区，最高度的发展游击战争，以吸收广大群众参加为基础。二、保持现有苏区中心及根据地，逐步巩固和向外扩大，并创造新的行动中心及根据地。三、最高度的钳制和吸引敌人兵力于鄂豫皖方面，使敌人无力再调军队来赣，以协助中区和在主要方向作战。但在执行这一任务时，必须严格注意保持和扩大我兵力及搜集物质资材。”《军事训令》同时也提出积极地向外线发展的问题，指出：“在红军及游击队的加强和巩固中间，你们应创造一个较强的独立团到平汉路西桐柏、随县地域去活动。在该地域已有游击运动的初步发展，如能继续将游击斗争掀动起来，则必能使敌人抽调军队西去，这将更有助于主要根据

① 中国工农红军第二十五军战史编审委员会：《中国工农红军第二十五军战史资料选编》，解放军出版社 1991 年版，第 144 页。

地的活动。”[1] 此后，省委根据中央指示和《军事训令》精神，继续在鄂豫皖根据地坚持斗争，战略转移问题暂时被搁置下来。

这时，敌人的三个月“围剿”部署基本就绪，7 月初开始行动。红二十五军为打破敌人的“围剿”，进一步转向敌人占领区，灵活机动地开展游击战争。但是，鄂豫皖地区总的斗争形势仍很严重。因此，红二十五军是继续坚持鄂豫皖地区的斗争，还是实行战略转移，亟待省委作出决定。

正在这时，红一方面军第二十二师师长程子华于 8 月 28 日来到鄂东北道委驻地卡房。他是受中革军委副主席周恩来的派遣到此地工作的。临行前，周恩来同程子华就鄂豫皖根据地的形势和红军行动问题谈了话。程子华后来回忆道：

> 他（指周恩来——引者注）说：当前在鄂豫皖地区，敌人用碉堡、封锁线，以驻“剿”和追“剿”部队对我交替地攻击、堵击、追击，把我根据地压缩分割成小块。根据地缩小了，红军不断伤亡，难以得到人力、物力的补充。如果继续削弱，以至被消灭，那么根据地也就没有了。出路是什么呢？他说：中央决定红军主力要作战略转移，建立新的根据地。这样，部队才能得到发展。把敌军主力引走了，减轻鄂豫皖根据地的压力。留下的部分武装就能长期坚持，也就能够保存老根据地。周副主席讲如何建立新区时指出：根据地要选择在敌人力量较为薄弱的地方；我党在群众中有较大的革命影响，或者是那里的群众容易争取；地形要便于我军作战。另外，还应该有比较丰足的粮食和其他物质条件。[2]

程子华来到卡房后，见到了鄂东北道委书记郑位三。这时，其他领导人在一个多月前，随着红二十五军转战到皖西北去了。为了尽快地贯彻中央的决定，郑位三当即写信，将程子华到达卡房的消息报告

---

① 《中国工农红军第二十五军战史资料选编》，第 212 页。

② 《程子华回忆录》，解放军出版社 1987 年版，第 62—63 页。

了省委，建议省委率领红二十五军迅速赶回鄂东北，研究下一步的行动计划。

在等待省委回鄂东北的40多天里，程子华和郑位三及程坦、刘华清等经常在一起交谈，互相介绍情况，研究行动方针问题。交谈中，大家的看法渐趋一致：到远处去，到伏牛山去。不久，他们又从国民党的报纸上，发现了中央红军长征到达湖南的消息，这就更进一步坚定了到远处去创建根据地的想法。

省委于11月4日收到郑位三的来信后，当即决定率红二十五军赶赴鄂东北。11月6日晚，红二十五军从葛藤山地区出发，一天两夜急行军100多公里，突破了敌人四道封锁线，于8日取得了扶山寨战斗的胜利，随后继续西进，在河南省光山县西南部的花山寨与鄂东北道委会合。

这时，省委收到了1934年7月26日中共中央关于红军北上抗日的通知、7月29日中央书记处《关于敌人进攻的军事、政治行动方针给鄂豫皖省委的补充训令》等文件。

11月11日，省委在花山寨举行了第十四次常委会议。程子华由于当时不是省委委员，因而没有参加会议。会上，由郑位三转达了周恩来的口头指示。会议根据中共中央的指示精神和周恩来的指示，结合鄂豫皖根据地的斗争实际，讨论了红二十五军实行战略转移的问题。会议整整开了一夜，经过充分讨论，作出了一系列决定：一是在走不走的问题上，定下了实行战略转移的决心。决定省委立即率领红二十五军实行战略转移，为发展红军和创建新根据地而斗争。二是在转移方向上，认为向东、向南、向北都不适宜，向西则比较容易发展。于是初步决定以平汉铁路以西鄂豫边界的桐柏山区或豫西的伏牛山区为目标。三是决定红二十五军对外称“中国工农红军北上抗日第二先遣队”。四是留一部分武装重新组建红二十八军，坚持鄂豫皖根据地的武装斗争。会议还讨论了部队整编和红二十五军领导人的变动及省委成员的补充、工作安排等问题。徐海东军长得知程子华在红一方面军当过师长，又在黄埔军校武汉分校学习过，参加过广州起义，便主动提出让程子华担任军长，自己改任副军长。省委讨论后，同意了他的建议，决定由程子华任红二十五军军长，徐海东改任副军长，吴焕先仍任政治委员。整编后的红二十五军撤销了师一级建制，军直辖第二二三、第二二四、第二二五团和手枪团，共 2980 余人。会议还决定，补选程子华为省委常委；省委常委高敬亭留在鄂豫皖根据地领导红二十八军坚持斗争。花山寨会议，对红二十五军以后的行动作出了果断的决定。

11 月 16 日，红二十五军在省委书记徐宝珊、军长程子华、政治委员吴焕先和副军长徐海东的率领下，由河南省罗山县何家冲出发，向桐柏山进军。

部队出发前，进行了政治动员；实行轻装，减少了不必要的辎重，妥善安置了伤病员；准备了行军物资，每人准备三天的干粮，两双草鞋。出发时，省委根据党中央关于北上抗日的通知精神，对外发布了《中国工农红军北上抗日第二先遣队出发宣言》，号召一切不愿意做亡国奴的中国人，不分政治倾向，武装起来，一致抗日。同时声明：北上沿途，国民党军如加阻拦，本军定将坚决扫除之。

此时，张学良的东北军九个师和以上官云相为总指挥的“豫鄂皖三省追剿纵队”五个支队，共 40 多个团，已麇集于鄂东北。

11 月 17 日，红二十五军在罗山县朱堂店以南的罗古寨击退国民党“追剿纵队”第五支队的进攻后，于当晚在信阳以南的东双河、柳林之间越过平汉铁路。接着，又以两天的急行军，经青石桥、黄龙寺、月河店、金桥等地，于 19 日进入桐柏山区。

蒋介石得悉红二十五军已突围至桐柏山区后，急令“追剿纵队”五个支队和东北军第一一五师跟踪追击；又令驻河南南阳、泌阳、方城、叶县等地的庞炳勋部第四十军和驻湖北老河口（今光化）一带的萧之楚部第四十四师迎头堵截。企图以 30 多个团的优势兵力，将红二十五军围歼于桐柏山区。

桐柏山位于河南与湖北交界处。红二十五军到达后，省委经过实地考察和听取中共鄂豫边工委书记张星江介绍情况后，认为此地东有平汉路，西临汉水，距交通要道太近，回旋范围狭小，又有敌重兵追堵，不易立足发展。于是省委果断地决定，迅速掉头北上，跳出敌人的合围，向豫西的伏牛山挺进，在那里相机创建根据地。

为了隐蔽北上意图，迷惑和调动敌人，红二十五军继续向西行进，直抵桐柏县城以西25公里的洪仪河、太白岭、界牌口一带，并派少数部队佯攻枣阳县城，以调敌西援。各路追堵之敌果然纷纷向枣阳一带集中。红二十五军乘机于11月22日突然从枣阳县城以北的韩庄掉头东去，并在保安寨冲破敌人“追剿纵队”第五支队的堵截，然后向东北前进。23日，又在桐柏山以西的歇马岭、栗园一带击退了敌“追剿纵队”第二支队的进攻。

这天晚上，部队准备在离湖阳镇15公里的桐柏县境宿营，突然得知在湖阳镇以北不远的祁仪镇和平氏镇两地都驻扎有敌军。省委几个同志立即分析了敌情：西面驻老河口的第四十四师已进到枣阳县城附近，东面第一一五师和“追剿纵队”主力已先后到达桐柏县城以西地区，北面第四十军已由叶县、方城推进到赊旗镇（今社旗）、唐河、新野一线，前后夹击之势正在形成，形势相当危急。省委认为，在西有敌军堵击，东有敌军追击的危险处境下，红二十五军必须立即离开此地。那么，向什么地方行动呢？省委从30年代初出版的袖珍地图上，发现驻马店西北有一块山地，当即决定连夜绕过平氏镇，从泌阳城东经马谷田、刘庄铺、贾楼等地，尽快进入这块山地。

从泌阳城东向北，沿途地势平坦，村落稠密，围寨林立。许多较大的围寨，都是高墙耸立，栅垒重叠，为地主豪绅们所盘踞，封建势力雄厚。每一座围寨内，都拥有相当数量的武装，多者有枪数百支，并配以土炮防守。有的围寨四周，还筑有外壕，深水环绕。红二十五军在急进中，不时遭到围寨武装势力的骚扰阻拦，行动十分缓慢，且有零星伤亡。面对这些地主武装盘踞的“拦路虎”，攻不易攻破，过又不便通过，即使绕道而行，也难以摆脱冷枪冷炮的骚扰。为了争取时间迅速北上，吴焕先等军领导人决定，要举起北上抗日的旗帜，利用地方党组织和开明士绅的关系与围寨头目谈判，说明红军只是借道通过，北上抗日，绝不侵犯他们的寨子，以争取他们的同情。当时担任红二十五军共青团团委书记的黎光，后来回忆红军过围寨时的情景说：

出发前吴政委在连以上干部会上作了动员，他说，这一带围寨很多很大，地主土豪的武装很强。小寨子有几十、几百条枪，大的有二、三千条枪，轻重机枪和迫击炮都有。据说，当年国民党唐生智部队路过这里，有的全军覆没。我们是抗日先遣队，听说他们把我们称为“奉军”，“奉军”也好，红军也好，反正我们是北上抗日的队伍。我们在这里不能打土豪，不能进寨子，决不能违犯群众纪律。吴政委还说：“我们能否顺利通过还不知道，我们既要争取和平通过，也要作好战斗准备。”并要求政治部在大部队到达之前，写信给寨子的头目，先打招呼，取得同意后部队再通过。由于事先做了工作，大小寨子都顺利通过了。有的寨门大开，城墙上架着机枪、土炮，我们就在寨边通过。还有的把饭菜、烟茶送出寨门招待我们。记得有个叫王家大寨的，有两千多条枪，每年收一千七八百担租子，是那一带最大的地主，城墙都是石头砌的，外边还有护城河，是很威风的。我们路过时，他们友好招待，我们需要的东西他们给送出来。由于部队纪律严明，秋毫无犯，走了两天没有发生问题，顺利通过这个地区。①

红二十五军很快到达驻马店西北地区的山地，跳出了敌人的前后夹击圈。而后，准备由象河关转向西北，越过许（昌）南（阳）公路，向伏牛山区前进。

红二十五军由桐柏山转而北上后，庞炳勋即判断红军“似有经象河关及叶县、方城间独树镇、保安寨西窜模样，仍为西窜企图”。并认为“方城以北防务空虚。而匪又逃窜甚速，非大迂回截击不为功”。②于是，急忙调整兵力部署：令第四十军第一一五旅由赊旗镇北返方城之独树镇、七里岗、砚山铺一带，迎头堵击；驻叶县之第四十军骑兵团也南下保安寨配合堵击；第一一六旅则由新野北上南召，以阻止红二十五军进入伏牛山区；“追剿纵队”五个支队和第四十军骑兵第五师，均随

① 黎光：《杰出的青年政委吴焕先》，中共新县县委党史资料征集委员会编：《卓越的青年将领——纪念吴焕先同志牺牲五十周年专辑》，河南人民出版社1985年版，第170页。

② 《第四十军庞炳勋部在河南追堵红二十五军战斗详报》(1934年11月17日至30日)，《中国工农红军第二十五战史资料选编》，第762页。

后紧迫。形势对红二十五军十分不利。

11 月 25 日，红二十五军到达象河关西北的王店、土风园、小张庄一带。当晚，敌“追剿纵队”第二支队跟踪而至，并向土风园发动进攻。驻土风园的红二十五军直属队和第二二五团与敌激战后，迅速由小路赶到王店，与主力会合。26 日拂晓，敌“追剿纵队”又尾追而来。这时，红二十五军距许南公路仅有 20 余公里。军领导为了争取时间，迅速穿越公路，当即决定第二二四、第二二五团和军直属队为前梯队，先行出发；第二二三团为后梯队，占领王店、赵庄，阻击尾追之敌，掩护全军行进。

这天，恰遇寒流到来，气温骤降，凛冽的北风呼啸着，风雪交加，一片混沌迷茫。这突如其来的寒流天气，就像一张无形的网，严密地笼罩着挣扎在风雪中的红军队伍。红二十五军供给部的张希才后来对风雪中艰难行进的红军战士们作了如下描述：

> 凛冽的北风刮来，裸露的手和脸像刀割般的钻心疼；冰冷透湿的单军装紧紧贴在身上，冻得浑身哆嗦，牙齿打颤。最苦的是那些被烂泥粘掉草鞋的同志，冻成紫红色的赤脚上，被冰碴、石块和荆棘划开一道道口子，挂着血迹。此时，饥饿、疲劳、寒冷一齐袭来，同志们咬紧牙关硬撑着，拖着沉重的双腿，艰难地向前移动。大家心里只有一个愿望：坚持下去！过了公路就能休息一下，弄点东西填肚子了。①

下午 1 时，红二十五军前梯队第二二四团进至方城独树镇附近，正准备由七里岗通过公路时，突然遭到敌人的猛烈狙击。

独树镇是豫南平原上一个较大的镇子，从这里向东有三条大道，西去伏牛山只有一条通路。敌人估计红军要从这里通过，其第四十军第一一五旅和骑兵团已抢先到达，占领了有利地形，构筑好工事，准

---

① 张希才：《忆红二十五军吴焕先政委》，《卓越的青年将领——纪念吴焕先同志牺牲五十周年专辑》，第 47 页。

备待红军到来时，发起突然袭击。

在敌人早有准备的情况下，红军先头部队因气候恶劣，能见度低，发现敌人较迟，又无战斗准备，一时陷入被动。加上天气寒冷，战士们的手指被冻僵，一时拉不开枪栓，反击不及，以致被迫后撤。敌人乘机发起冲击，并从两翼实施包围，情况极为险恶。

就在这紧要关头，吴焕先赶来了。他一面指挥部队就地反击，一面大声喊道："同志们，就地卧倒，坚决顶住敌人，决不能后退！"战士们立即趴在泥泞的地上，各自利用地形地物，顽强抗击敌人。吴焕先随即又从交通员身上抽出一把大刀，高声呼喊："同志们，现在是生死存亡的关头，决不能后退！共产党员跟我来！"头也不回地向前冲去。这激昂的声音，震撼着每个战士的心。顿时，战士们热血沸腾，勇气倍增，端起刺刀，挥舞大刀，冒着敌人密集的火力，奋不顾身地冲上去与敌人展开肉搏。有的刺刀折断了，用枪托砸；有的武器坏了，就抱住敌人扭打。

这时，徐海东率领后梯队第二二三团跑步赶到。他一面指挥部队就地坚守，一面沉着地同程子华、吴焕先商量对策。他们设法找来了一盒干火柴，点燃了小草垛，战士们轮换着烘手烤枪。不一会儿，红军向敌人发起进攻，顿时，几十挺机枪、数百支步枪一起怒吼起来，枪声、喊杀声响成一片。

经过一番激战，终于打退了敌人的进攻，但险情依然存在。吴焕先、程子华、徐海东等仔细观察敌情，迅速制定了突围方案。先是组织部分红军向七里岗之敌发起进攻，以图打开缺口，冲过公路，但未能奏效。于是，转入防守，固守在七里岗、砚山铺以南的赵庄、焦庄、袁五岗、上曹屯等村庄，组织反冲击，打退敌人多次进攻。

天黑以后，风雪大作，接着转为大雨。红二十五军乘机后撤到五公里外的村子里躲避风雨，并准备吃饭休息。进村后，军部立即召开会议，研究下一步行动方案。与会者认为敌军前堵后追，红军腹背受敌，而且又是孤军奋战，如果不迅速脱离这个危险区，红军就会在这地形平坦、人地生疏的敌占区里被迫与数万敌军进行决战，其后果将不堪设想。会议决定部队连夜突出重围。于是，紧急集合部队，准备出发。

这时候，绝大多数同志还没有吃上饭。极度疲劳、饥饿的战士，留在群众家里躲雨不想出来。焦急万分的干部，只好挨家挨户地叫，才把部队集合起来。

突围前，吴焕先再一次向几个群众详细询问了这一带的地形和道路，又和其他领导同志一起仔细对照了地图。经过反复研究，最后确定了行动路线。

突围开始了。由军领导亲自挑选的六七十名机枪手组成突击队走在前面，随时准备战斗。大部队紧随其后，穿过敌人空隙，绕道急行，从叶县保安寨以北的沈庄附近，越过许南公路。11 月 27 日拂晓，红军进抵伏牛山东麓。

这时，几座山峰朦朦胧胧地映入战士们的眼帘。徐海东边走边同吴焕先开玩笑说:“这下好了，来了三个团的援兵。”吴焕先急忙问:“在哪里？”徐海东指着前面三座大山说:“那不是援兵，一个团、二个团、三个团，进了山我们就有办法了。”吴焕先听了笑起来。①

当日上午，敌第四十军第一一五旅和骑兵团又尾追而来。红二十五军立即占领五里坡、高老山一带高地，将敌击退。接着，沿叶县、方城边界西进。28 日，当红军前卫部队由拐河镇东北的孤石滩通过澧河时，敌第四十军骑兵第五师和第一一五旅、骑兵团，又分别从拐河、常村奔袭而来，由南北两面向红军夹击。徐海东当即命令前卫第二二三团强渡澧河，攻占纸房以东高地，击退敌骑兵第五师的进攻，控制了入山要道。与此同时，第二二五团也迅速渡过澧河。吴焕先命令第二二五团三营九连连长韩先楚带该连迅速抢占上马村以北山上的围寨，击退敌骑兵团和第一一五旅的进攻，掩护军直属队和第二二四团过河。而后，红二十五军又在古木庄、交界岭击退尾追之敌，由神林、熊背、下汤等地继续西进。29 日，全军进入伏牛山区。

这时，“天放晴了，一轮红日从东方冉冉升起，全军上下一片欢腾，大家抱着，跳啊，笑啊。我们终于胜利地冲出了重围，敌人围歼我军

① 《徐海东关于红二十五军若干史实问题的谈话纪要》（1962 年 10 月 5 日至 7 日），《中国工农红军第二十五军战史资料选编》，第 454 页。

的阴谋又一次彻底破产了！”[①]

进入伏牛山区后，省委在部队行进的沿途，经过认真勘察和调查，很快就发现这里不适宜创建根据地。这一带人烟稀少，地域狭窄，粮食和其他物资都很缺乏。豫西“内乡王”别庭芳在这里经营多年，反动统治十分严密，盗匪出没无常，凭险据守的围寨很多，群众被圈在里面，红军无法接近，发动群众、开展工作、创建根据地都比较困难。另外，敌第四十军和“追剿纵队”主力又相继追来，红军一时难以立足发展。省委经过研究，决定到陕西南部去开辟根据地。于是，红二十五军又昼夜兼程，向西挺进了。

二、创建鄂豫陕根据地

从伏牛山进入陕西，必须经过两个隘口，一是朱阳关，一是卢氏县的五里川。蒋介石为防堵红二十五军入陕，早在红军进入桐柏山之时，就将驻开封的陈沛部第六十师调至卢氏县城以南的朱阳关、五里川一带，控制入陕要道，企图堵歼红军。西安绥靖公署主任杨虎城，也判断红二十五军有入陕之企图，遂令庞炳勋派步兵两个旅及骑兵第五师跟踪迂回“追剿”；第六十师在卢氏以南地区“堵剿”；第十七路军所属特务第三团在山阳、龙驹寨各驻兵一个营，余驻商县严密布防，并令雒南（今洛南）保安团先行扼要布防。同时强调：“雒南方面有增驻重兵之必要”[②]。敌人在通往入陕的要道上已严密布防。

12 月 4 日，红二十五军到达卢氏的叫河附近，发现敌第六十师已在卢氏县城以南的五里川、朱阳关、黄沙镇一带构筑工事。显然，红军已不可能从此处入陕。这时，敌“追剿纵队”第一、第二、第三支

① 张希才：《忆红二十五军吴焕先政委》，《卓越的青年将领——纪念吴焕先同志牺牲五十周年专辑》，第 49 页。

② 《杨虎城关于防堵红二十五军入陕给冯钦哉的三则文电》（1934 年 12 月 1 日至 5 日），《中国工农红军第二十五军战史资料选编》，第 778 页。

队共五个旅十个团的兵力，经由信阳、许昌、鲁山等地，也相继跟踪到庙子、栾川一带，红二十五军已处于前堵后追的境地，情况万分危急。军部当即决定改变入陕路线，另择小路，进入陕南。恰在此时，遇到一个叫陈廷献的货郎小贩。据他说，还有一条很少有人知道的入陕小道。他还告诉军领导人，卢氏城里没有敌人的正规部队，可以从卢氏城南与洛河之间的隘路插过去。12 月 5 日，红二十五军先派手枪团到朱阳关以东七公里处“号房子”，虚张声势，迷惑敌人，主力部队则在陈廷献的带领下，沿着一条“七十二道水峪河，二十五里脚不干”的深山峡谷，隐蔽前进，直插卢氏县城。当晚，红二十五军从卢氏城南经过时，城里的民团十分惊慌，紧闭城门，在城墙上点燃灯笼、火把壮胆，不敢轻举妄动。红军利用城内守敌空虚和秘密狭窄小道，避开了敌人的堵击，直奔豫陕交界的铁锁关（即箭杆岭）。

12 月 8 日，红二十五军在豫陕交界处的铁锁关击溃守关民团后，进入陕南。这时，由潼关、华阴仓促调来的陕军冯钦哉部第四十二师第二四八、第二五二团，已进至雒南县城和景村、三要司等地，准备迎面堵截红二十五军。当日下午，红二十五军先头部队进至三要司，与敌第二四八团第三营接触，经过激战，红军全歼该敌。12 月 9 日，红二十五军翻越蟒岭，到达雒南县的庾家河宿营。

庾家河地处秦岭山区，地势险峻，是个深山峡谷中的小镇，一条弯曲的小街上，住着三十几户人家，开有几处杂货店铺。这是个南北通商的必经之地，南通商县的龙驹寨（今丹凤县），以至湖北境内；北可抵达西安、华县、潼关等地。许多南来北往的商客，也多在此歇脚住宿。每到一、四、七逢集之日，周围几十公里以内的山民都到此赶集，别有一番山乡风情。

红军到达庾家河后，省委和红二十五军领导人住在小镇拐弯处的一家中药铺子里，店名“春永茂”。当年担任红二十五军第二二四团政治处主任的郭述申，后来回忆起红军刚到庾家河时发生的一桩有趣的事情：

“春永茂”药铺掌柜杨春荣，在红军进入小镇之前，听信了一些谣言，以为红军都是些“血脸红头发的怪物”，就躲到附近山林里去了，压根就没敢露面。当晚，偏又被红军抓住。此人三十五六岁，头戴一顶皮帽，身着棉袍，战士们都认定是个“大土豪”，马上就扣押起来。过后经过一番了解，街民们都说：“药铺的杨掌柜，是个大善人，好得很！”这才弄清此人自小在药店当过学徒，懂得一点医道，因为生活所迫，曾挑着一根扁担到潼关等地跑过几年山货买卖，随后在此地开了个中药小铺，为人老实厚道，也没啥政治嫌疑。军政委吴焕先听说这事以后，忍不住呵呵笑道：“开上个中药铺子，也是救死扶伤的慈善事业。我们就住在人家铺子，还把掌柜的扣留起来，实在不够意思啰，赶快放了，放了，莫把个‘善人’当成大土豪！”马上就叫人为之松绑，并向其作了一番解释，表示歉意。杨春荣对红军有了认识，又出于对红军的感激之情，当时还从家里拿出好几斗包谷，资助远道而来的红军。听说杨春荣随后还掩护红军伤员，配制了专治红伤的药物，为革命做过许多有益的工作。

放了一个“杨善人”，在小镇上引起很大反响。人们都说红军的好话，能把好坏分清，没有冤枉“杨掌柜”！可是，吴焕先心里却感到是个事儿，当晚就跟军政治部主任郑位三进行商量，决定由郑位三起草一份张贴传单，借以安定民心，使群众真正了解红军队伍。第二天，《什么是红军》的油印传单，就在街头上张贴出来。几百字的一页传单，把红军的性质、宗旨、任务以及有关政策，都写得一目了然。记得末尾还有两句十分自豪的话：“中国有红军已经八年了。现在中国的红军总计有好几十万，……全国红军的总司令是朱德同志！”①

12月10日上午，省委在庾家河的“春永茂”药铺召开了第十八次常委会议，研究在鄂豫陕边区创建新的根据地问题。

本来，省委并未打算在这里开会，因为敌人还在跟踪追击，不允

① 郭述申：《寄语商山忆英烈——缅怀吴焕先同志》，芦振国、姜为民编：《红二十五军长征纪实》，河南人民出版社1986年版，第226—227页。

许大家坐下来开会。但是，这天吃完早饭，省委几个人碰在一起，你一言，我一语，说着说着，会就开起来了。大家通过交流近几天行军途中的见闻，对鄂豫陕地区的情况进行了分析，认为这个地区北靠秦岭，南濒汉江，峰峦峻叠，悬崖陡峭，山势比南方险峻，山里交通条件很差，敌军行动困难，统治力量薄弱，便于红军活动；这里的人民深受封建势力和反动政府的残酷剥削和压迫，山地和山林大部分掌握在地主手里，苛捐杂税多达数十种，抓丁、派夫、高利贷盘剥和兵灾匪祸连年不断，人民苦难深重，反抗强烈；红二十五军到此之前，党和红军已在这一带有广泛的革命影响。1928 年 5 月,参加渭（南）华（县）起义的部队，曾在蓝田、雒南地区组织过农民协会，打击土豪劣绅。1932 年冬，红四方面军、红三军先后两次由此经过。1933 年 5 月，陕北红二十六军南下也到过这里，人民群众对党和红军有一定的认识。应该利用这难得的时机和条件，发动群众，建立革命根据地。

就在大家讨论得热烈的时候，突然从庾家河东北方向传来了枪声，并且愈来愈激烈，敌军的机枪子弹和迫击炮弹落到了军部附近。一听枪声，就可判断出是遇上了敌人的精锐部队。原来，敌第六十师突然从鸡头关方向奔袭而来。红二十五军在庾家河东山坳口的排哨，由于过度疲劳，警戒疏忽，发现敌情较迟。因此，战斗一开始，敌第三六〇团就夺占了东山坳口的有利地形，向红军猛烈攻击。省委立即中断会议，进入阵地，指挥战斗。徐海东当即率领第二二三团，勇猛冲入敌群，用刺刀、手榴弹，硬是从敌人手里夺回了东山坳口。接着，第二二四团和第二二五团跑步抢占了坳口南北两侧的高地，配合第二二三团将敌人的进攻打退。激战中，一颗子弹从徐海东的左眼底下穿过，又从颈后飞出，徐海东负重伤。这时，敌第三五五团、第三五七团相继增援上来，再次向红军发起冲击。于是，全线展开了争夺坳口和两侧高地的激烈战斗。一时间，满山遍野，刀光剑影，杀声震天，步枪、机关枪对射，手榴弹轰鸣。在反复冲杀中，程子华也身负重伤。红军指战员在吴焕先的指挥下,英勇反击,殊死奋战,以刺刀、手榴弹与敌拼杀，许多干部、战士战斗到生命的最后一刻。第二二四团团长叶光宏,在同敌人拼杀时,一条腿被敌人打断,仍坚持指挥战斗。

该团第七连一挺机枪在和敌人对射中，第一名射手倒下去，第二名射手接着打，第二名射手倒下去，第三名射手又接着打起来，终于把敌人的火力压倒了。军部司号长程玉林，下腭负伤，不能吹号，就利用一个小土地庙作掩护，接连投出几十颗手榴弹，敌人集中火力向他射击，他始终坚守阵地，没有后退一步，最后壮烈牺牲。战斗直至黄昏，红军经过 20 多次反复冲杀，终于将敌人打垮。这次战斗，共毙伤敌人 300 余名，红军亦伤亡 100 余名。

省委庾家河会议，虽然由于敌第六十师的进攻而中断，未能进行充分讨论，但仍及时作出了《关于创建新苏区、新的革命根据地的决议草案》，确定了建立新区的方针、任务等重大问题。决议认为，鄂豫陕边界地区存在着敌人力量薄弱，群众生活贫苦，容易发动，能与川陕红军相配合，以及山大沟深，丛林茂密，回旋余地较大，便于红军开展活动等有利条件，基本符合中共中央 1934 年 2 月 12 日给省委指示信中关于创建新根据地的原则。因此，决定在此地创建新的根据地，并提出摆在党当前的紧急任务是：加强红二十五军，加强争取群众的工作，首先打破敌人的追击和堵击计划，迅速创造新苏区；在新的任务与困难面前，既要反对悲观失望、消极退却的右倾思想，又要反对那些“死守”拼命的情绪，坚定胜利的信心。在这次会议上，中共鄂豫皖省委改为中共鄂豫陕省委，其组成人员不变。

庾家河会议的第二天，红二十五军在雒南蔡家川（亦称蔡川）进行了整编，撤销了第二二四团番号，将人员分别编入第二二三团和第二二五团。军领导人的职务作了个别调整，军政治部主任戴季英改任军参谋长，省委秘书长郑位三任军政治部主任。此后，红二十五军在中共鄂豫陕省委的领导下，开始了创建鄂豫陕根据地的斗争。

鄂豫陕三省边界地区，包括陕西南部的雒南、蓝田、商县、商南、山阳、镇安、柞水、洵阳（今旬阳）、宁陕、佛坪、洋县等县，湖北西北部的郧西、郧县等县，河南西部的卢氏、淅川等县。当时，陕西省是杨虎城的势力范围，他并非蒋介石的嫡系，与蒋介石矛盾很深。他在 1930 年 10 月率领第十七路军入陕后，蒋介石担心他的势力向西发展，占据西北与自己抗衡，因此极力加以控制。此时，红二十五军进入陕南，蒋介石因未能统一鄂豫陕三省边界地区军队的指挥，致使追堵红二十五军的部队，大部没有进入陕西境内。而杨虎城这时又忙于北攻陕北红军，南拒川陕红四方面军，西与蒋介石嫡系朱绍良、胡宗南等钩心斗角，一时尚未集中更多的兵力对付红二十五军。这样，就造成了红二十五军开辟根据地的好时机。

这时，红二十五军军长程子华和副军长徐海东，因负重伤，都躺在担架上；省委书记徐宝珊由于重病缠身，也在担架上随军行动，指挥行军打仗、领导开辟新根据地的重任落在了军政委吴焕先的肩上。吴焕先毅然挑起了这副重担，率领红二十五军，按照庾家河会议精神，采取大回旋的军事行动，先南下郧西，继北返雒南，再东到卢氏，又西进蓝田，纵横驰骋。他一方面调查了解这一地区的地形和社会情况，一方面率部以武装斗争为先导，扫除民团武装和反动政权，摧毁国民党在广大农村的统治基础；根据广大群众反抗捐税的迫切要求，提出“抗捐、抗债、抗粮、抗夫、抗丁”的“五抗”斗争口号，发动群众，扩大共产党和红军的政治影响。

12 月 20 日，红二十五军以中国工农红军北上抗日先遣队司令部、政治部名义，发布了《关于商业政策问题》的布告，宣布党的商业政策原则是：保证贸易自由，反对奸商，取消一切苛捐杂税、厘金关卡，实行统一的累进税。同时提出，只没收军阀、官僚、卖国汉奸、民团首领以及反革命分子所开的商店，保证正当经商和行商，对资本在 300 元以下的小商户实行免税等规定。这些政策，对于开辟新根据地，稳定民心，促进物资交流等起到了一定的积极作用。

经过一段时间的实地调查，省委确定首先在鄂陕边界的镇安、山阳、洵阳、郧西四县边界地区发动群众，开展斗争，创建根据地。

1935 年 1 月 9 日，红二十五军一举攻克镇安县城，歼敌保安队一部，救出大批“抗捐犯”，并缴获了许多布匹和棉花，解决了全军的冬衣问题。同日，发布了《中国工农红军第二十五军为占领镇安县告群众书》，号召群众赶快起来，打土豪分田地，生产兴业，造成工农群众自己的镇安县。很快，红军主力部队遍及于镇安、洵阳、郧西、山阳四县边界地区。他们横扫地方民团，广泛宣传“五抗”，发动群众镇压豪绅恶霸，没收、分配地主的土地、粮食、财物，使一些“吃饭照影影，睡觉看星星”的贫苦群众，分得了粮食和住房，许多衣不遮体，“白天钻草窝，晚上去干活”的人家，也分得了衣物。在郧西一、二、三天门地区，当地贫苦农民分得土地的有500多户，分得粮食、衣物的有1000多户。少数群众害怕地主报复，不敢公开接受斗争果实，红军就在夜间将粮、物送到他们家里。与此同时，红军还在镇安店垭子对“大刀会”武装进行了团结改造工作，将他们编成抗捐军，并派去红军干部以加强领导。这样，经过努力，红军的各项工作得到了群众的拥护，在镇安县的白塔、茅坪、大小米粮川，郧西的一、二、三天门和丁家坪等地，成立了第一批区、乡苏维埃政权，部队还吸收了400余名新战士。到1月底，红二十五军在郧西、洵阳、镇安、山阳四县边区创建了第一块革命根据地，红军战士又有了“家”。

这时，蒋介石命令驻河南的第四十军第一一五旅两个团开入陕南，驻湖北均县的第四十四师第一三〇旅三个团推进到上津、白河，统由杨虎城指挥，配合陕军第一二六旅、警备第二旅、警卫团对红二十五军发动了第一次“围剿”，企图在红二十五军立足未稳之时加以歼灭。

1月下旬，陕军第一二六旅、警备第二旅进至镇安县城以东、以南地区，逼近红二十五军。红二十五军为争取主动，各个击破来犯之敌，遂由山阳、郧西交界地区北上袁家沟口，再转至凤凰嘴，突然出现在敌人背后。敌第一二六旅和警备第二旅急忙掉头尾追，而红二十五军已进至柞水县蔡玉窑。为了调动敌人，创造战机，1月31日，红二十五军以一部兵力袭占柞水县城，吸引敌警二旅西进，分散尾追之敌。2月1日，当敌“围剿”主力柳彦彪部第一二六旅第二五二团单独追到蔡玉窑时，红二十五军主力突然予以打击，击溃敌两个营，歼敌一个多营。

随后，红二十五军向北转移到蓝田葛牌镇。2月5日，敌第一二六旅两个团向葛牌镇进攻。红二十五军得到群众报告，冒雪事先占领了葛牌镇以南的文公岭一带高地。下午2时，敌第二五一团首先向红二十五军发起进攻，被红军阻于阵地前沿。接着，敌第二四八团增援上来，红军集中火力，猛烈压制，阻止了增援的敌人。同时，红二十五军分别由正面和左翼向敌发起猛烈反击，歼敌两个多营，余敌向南溃退。

蔡玉窑、文公岭两次战斗，敌第一二六旅损失严重，一时不敢再来进攻。红二十五军则就势在陕东南的蓝田、商县、山阳、镇安、柞水五县边界地区开展群众工作，打土豪分田地，建立地方游击队和抗捐军，并再次发布了《关于商业政策问题》的布告。在扩大红军的工作中，当地许多贫苦群众踊跃报名参军。红四方面军在两年前转战到陕南时，留在柞水地区的伤员明道和，听说红二十五军到了红岩寺，立即领着十五六个放牛娃，跑来参加红军。这一群可爱的牧童小兄弟，刚好组成一个班，由明道和担任班长，被编到学兵连进行训练。还有山阳县袁家沟口的曾兆文、曾兆祥兄弟二人，带着他们的三个儿子，全家五口人参加了红军。当时，仅柞水县红岩寺区就有 300 多人参加红军。红二十五军经过努力工作，先后在蓝田县葛牌镇、柞水县红岩寺、曹家坪、山阳县小河口、袁家沟口、牛耳川、杜家沟等地，建立了一批区、乡苏维埃政权，开辟了第二块革命根据地。此后，红二十五军南下郧西地区。

2 月 19 日，省委在郧西二天门召开了第二十次常委会议。会议认为，红二十五军入陕两个多月以来，虽然连续开辟了两块根据地，取得了很大的成绩，但是“离着新苏区实际的造成，相差得如何的远”[①]。因此会议再次提出：要大量地扩大红军；要建立地方武装，大力发展群众的武装斗争，开展广泛的游击战争，有计划地消灭反动武装，推翻当地的反动统治，建立苏维埃政权；要立刻解决土地问题，把地主豪绅的田地、粮食、物件分配给贫苦群众；要建立赤区，至少建立三个县城的初步根据地；要在赤区建立地方党的领导，要以阶级路线做基础，运用下层统一战线的策略，利用可以利用的乡绅（不是首领）掩护我们党的秘密工作；要重视少数民族的工作，首先做好根据地内回族群众的工作；等等。

---

① 《中共鄂豫陕省委为完全打破敌人进攻，争取春荒斗争的彻底胜利，创造新苏区的决议案》，《中国工农红军第二十五军战史资料选编》，第 297 页。

会议还就红二十五军能否在鄂豫陕边区单独创建根据地问题，展开一场思想斗争。自从庾家河战斗后，省委内部一直存在着意见分歧。有少数同志认为，陕南是山区，地盘小而且穷，红军补给困难；经过长途行军和连续作战，干部伤亡较大，创建根据地需要有党的、行政的干部，缺乏干部创建不起来，即便是创建起来了也不易坚持。因此，仅以红二十五军的力量单独创建新根据地有困难，主张入川会合红四方面军。而大多数同志则认为，陕南的敌情、地形、群众条件都适合创造根据地，在陕南可牵制杨虎城，东面对鄂豫皖老区，西南面对川陕苏区，北面与陕甘刘志丹部配合作用大，入川的作用小。但是，随着敌人进攻的开始，加上春荒的到来，给部队的行动和补给都增添了新的困难，这就更助长了主张入川同志的意见。

为了统一思想，坚定反“围剿”斗争和创建新根据地的决心，会议对创建新根据地存在着畏难情绪的同志给予了批评，仍然坚持庾家河会议决定的方针，并作出《中共鄂豫陕省委为完全打破敌人进攻，争取春荒斗争的彻底胜利，创造新苏区的决议案》。

会后，省委决定建立鄂陕特委和鄂陕游击司令部，统一领导鄂陕地区的郧西、洵阳、镇安、山阳四县边界地区和陕东南的镇安、山阳、商县、柞水、蓝田五县边界地区的工作。同时，将镇安、郧西、山阳等地的抗捐军和游击队分别编为第五、第六、第七、第九路游击师，将第二二三团第七连扩编为战斗营，坚持对敌斗争。

这时，红二十五军得知红四方面军发动陕南战役，前锋已抵汉中的消息。为配合红四方面军，红二十五军于 2 月下旬由郧西地区西进，一路上连克宁陕、佛坪两座县城。3 月 8 日，进到洋县华阳镇。此时，由郧西尾追而来的陕军警备第二旅也追到华阳镇以东地区。3 月 10 日拂晓，红二十五军在石塔寺附近设伏，将敌警二旅两个团全部击溃，毙伤敌 200 余名，俘敌团长以下 400 余名。敌旅长张飞生亦被击伤，藏匿在敌尸堆里装死，后乘夜逃走。

此战后，红二十五军乘胜在华阳地区发动群众，没收土豪劣绅的财产，将 60 户地主恶霸的 3200 多亩土地，分给 1000 多户农民，将没收地主的 900 多石粮食分给贫苦群众。在很短的时间内，建立起华阳、石塔寺、商家坝、吊坝河、瓦子沟、红石窑、小华阳七个乡的革命政权，并成立了华阳革命委员会。红军还派出几十名干部战士到地方工作，组建了华阳、茅坪两支游击队和数百人的抗捐军。至此，红二十五军建立了第三块革命根据地。当时，群众高兴地唱道：

二月初六①炮声响，
警备二旅垮个光；
华阳建起苏维埃，
土豪恶霸一扫光；
分田分地又分粮，
穷人开始把家当；
吃饭莫忘红廿五，
翻身全靠共产党。

华阳，位于汉中以北地区，周围群山环抱，地形很好，便于小部队开展游击活动。华阳根据地的建立，不仅扩大了红二十五军在鄂豫陕边的回旋区域，而且有利于发展汉中以北、太白山以南山区的游击战争。但是，与华阳邻近的汉中地区，敌人的兵力较强大，而华阳地区又人烟稀少，物资、粮食十分缺乏，不便于大部队活动。因此，省委认为红军主力还是应以陕东南地区为中心，向豫西、鄂西北发展为好。于是决定留下游击队坚持华阳地区斗争，主力返回东部地区活动。

3 月下旬，红军东返葛牌镇。陕军警备第三旅一直紧追不舍。4 月 9 日，红二十五军在葛牌镇以南的九间房设伏，将敌警备第三旅大部歼灭。至此，红二十五军彻底粉碎了敌人的第一次“围剿”。

九间房战斗后，临近的鄂陕与豫陕几块根据地已连成一片。红二十五军以袁家沟口、红岩寺为中心，建立了中共五星县委和两个区工委，统一领导这一地区的工作。4 月中旬，省委在葛牌镇召开扩大会议。会议对主张入川的少数同志进行了批评教育和组织处理，进一步

---

① 二月初六为农历，公历为 3 月 10 日。

坚定了创建鄂豫陕根据地的决心。会议改选了省委，新的省委由11人组成，徐宝珊为书记，吴焕先为副书记。会后，红二十五军继续东进。4月18日傍晚，一举攻克雒南县城。随后，进入豫陕边的雒南、商县、商南、卢氏四县边界地区，进行开辟根据地的工作，先后在孙家山、北宽坪、桃坪、峦庄、庾家河、留仙坪、灰池子、七盘磨、刘家花屋、梨园岔、腰庄等地建立了一批区、乡苏维埃政权，并建立地方武装，创建了第四块革命根据地。5月初，省委为巩固和发展豫陕边根据地，决定建立中共豫陕特委和豫陕游击师，统一领导豫陕革命根据地的工作。

红二十五军入陕五个多月来，经过艰苦斗争，取得重大胜利。全军已发展到3700多人，地方武装发展到2000多人。成立了鄂陕边、豫陕边两个特委和五个县工委，还先后成立了鄂陕边区苏维埃政府和两个县、13个区、40多个乡、300多个村的苏维埃政权。一个拥有人口近50万、耕地面积90多万亩的鄂豫陕根据地初步形成。

红二十五军的胜利，震动了蒋介石。4月20日，蒋介石又调集30多个团的兵力，由杨虎城指挥，向红二十五军发动第二次更大规模的“围剿”，并限令在五、六、七三个月内将红二十五军全部消灭。

为了做好反“围剿”的准备，省委决定利用敌人第二次“围剿”尚未到来的间隙，抓紧时间进行战备整训。5月4日，整训开始。在商县龙驹寨（今丹凤县城），各部队向全体指战员进行形势教育和反“围剿”的政治动员，开展射击、投弹、刺杀等战术训练，还结合总结工作，整顿支部，改进作风，进一步加强了连队和机关建设。通过整训，增强了战胜敌人、夺取新胜利的信心。

就在这时，中共鄂豫陕省委书记徐宝珊因患肺病，于5月9日在龙驹寨逝世。

徐宝珊是湖北省汉川县许家村人。1929年被党组织派到鄂豫革命根据地工作，先后任中共黄安中心县委书记，鄂豫边特委和鄂豫皖特委委员，鄂豫皖省委委员、省委组织部长兼鄂东北道委书记，鄂豫皖省委代理书记、书记，鄂豫陕省委书记。他是鄂豫皖根据地和鄂豫陕根据地的主要领导人之一，在领导红二十五军实行战略转移、创建鄂豫陕根据地的斗争中，发挥了重要作用。他从鄂豫皖到鄂豫陕，病情加剧，病体难支，但始终与同志们相依为伍，纵横千里，坚持斗争。他的逝世，使省委和红二十五军失去一位重要的领导人。

徐宝珊逝世后，中共鄂豫陕省委书记由吴焕先代理。

此时，敌人的第二次“围剿”开始了。原进攻鄂豫皖根据地的东北军王以哲部第六十七军三个师和驻郑州的唐俊德部第九十五师，开入雒南城以东以北地区，由北向南进攻，萧之楚部第二十六军第四十四师由郧西县的上津向北进攻；庞炳勋部第四十军和陕军第三十八军各一部，配置于安康、镇安、蓝田一线，在西面堵截，以形成分进合击之势，企图聚歼红二十五军于商雒地区。红二十五军觉察敌人的动向后，于 5 月 11 日结束整训，南下郧西地区。

5 月下旬，省委在郧西地区召开会议，研究反“围剿”的作战方针和计划。军长程子华因伤势较重没有参加会议，但他将中央苏区第三次反“围剿”时，毛泽东运用诱敌深入、先拖后打的作战方针，取得反“围剿”斗争胜利的经验及一些战例，在会前向吴焕先作了介绍。会上，徐海东提出“先疲后打”作战方针的建议。省委经过充分讨论，认为陕南山大沟深，又无公路，人口也少，敌军后方补给困难，必然采取速战速决的作战方针。于是决定：各游击师就地坚持，发动群众坚壁清野，广泛开展游击战争；红二十五军主力则乘东北军刚到，首先北上，争取歼其一部，然后再采取“诱敌深入，先拖后打”的方针，寻机歼敌一二个师（旅），以运动战和游击战相结合，打破敌人的“围剿”。

6 月初，红二十五军由郧西县二天门出发，向北直插商县地区。4 日夜和 5 日晨，先后在商县的商雒镇附近，与敌第一一〇师、第一二九师遭遇，毙伤敌团长以下 200 余人，并缴获部分武器。随后，红二十五军继续北上，直插敌第六十七军背后，敌第一一〇师尾追而来。红二十五军拟在苍龙岭伏击该敌，因被敌发觉，遂东转庾家河地区。红二十五军向北跳到外线后，敌原来部署的北面敌军向南、南面敌军向北合击红军的矛头，不得不改为都向北。敌第一〇七师由商县迂回到雒南县城东南，迎头堵击红军；第一一〇师和第一二九师跟踪尾追；第四十四师由山阳继续北上。红军见各路敌军密集，决心放弃先打东北军的计划，掉头向东南大踏步前进，继续在外线活动，以调动、分散和疲惫敌人，创造战机。

6月10日，红二十五军从庾家河出发奔向东南。13日，包围商南县城。14日，打下富水关，继而进占青山街，俘敌第四十四师营长以下官兵170多人。红二十五军这一突然行动，使北顾商县、雒南之敌又被牵向东南，纷纷尾追而来。红二十五军决定继续向东南行动，远程奔袭荆紫关。

荆紫关为鄂豫陕三省边界要地，有敌第四十四师后方临时补给站，守敌比较薄弱。为出敌不意，红二十五军以手枪团化装成敌四十四师的部队，于6月15日下午4时出发，急行军65公里，16日逼近荆紫关。敌人外围警戒分队以为是自己的部队，列队迎接。红军不费一枪一弹就解除了该敌武装，顺利地通过敌人的警戒线，迅速逼近城下。城中守敌发觉，立即关闭城门，向红军开火。这时，红二十五军第二二三团跑步赶到，搭人梯强行登城，占领全城，残敌向东南逃去。

荆紫关战斗，红军歼敌一个多连，活捉敌第四十四师军需处长，缴获了大批军用物资。其中有很多白面、猪肉、白糖，还有弹药、军衣、鞋子、绑腿，等等，仅上等布料就有3000多匹。

这场战斗结束后，敌第六十七军、第四十四师和陕军警一旅等部，闻悉又向荆紫关蜂拥而来。此时，敌军的部署已被红军全部打乱，部队也被拖得相当疲惫，士无斗志，锐气大减。敌第四十四师因疾病和逃亡，多数连队已减员三分之一以上。红二十五军为了继续分散和疲劳敌人，决定挥师西进，诱敌深入到根据地中心区域，选择有利战场，歼其一股。

6月17日，红二十五军离开荆紫关，沿着鄂陕交界的崇山峻岭急速西进。敌第六十七军、第四十四师和警一旅急忙掉头追踪，第三十八军四个团、第四十军第一一五旅进到漫川关、上津一带，迎头堵截。

6月的天气，说变就变。部队在行进中，不是烈日当头，就是暴雨淋身，路途极为艰难。但是，为了调动和拖垮敌人，红军指战员们不怕山高路险，不顾日晒雨淋，渴了喝口山泉水，饿了吃口干粮，靠两条腿，日夜兼程，牵着敌人的鼻子走。

6月22日，红军在山阳县姚家湾击退敌第四十军第一一五旅一部的阻拦，而后冒着大雨由西岔河转向西北，25日回到根据地边沿的商县黑山街。这时，各路敌人均被甩在后面，距红军最近的陕军警一旅，也有四天的路程。红二十五军决定以伏击战消灭敌人，初步选定山阳县小河口为战场，并提出：哪一股敌人先到，就坚决消灭哪一股。29日，敌警一旅追到黑山街附近，红二十五军为了诱敌深入，稍与之接触后，即向小河口撤退，当即发现该地区地形较开阔，不便伏击，遂向西退到袁家沟口。

从袁家沟口往西到桃园岭一带，有一条长约十几里的深山沟。沟两旁，高山入云，杂草丛生，栗树成林。沟心，一条小路，伴着一条小河，蜿蜒而行。小河里，流水潺潺，清澈见底。从山顶上看下去，整个山沟如同一条长长的口袋，摆在万山丛中。这里还是开辟较早的根据地，群众基础好。军领导立即决定以这里为战场，作为埋葬敌人的坟墓。

6月30日，敌警一旅追到小河口。红二十五军为诱敌进入预设的伏击战场，佯进柞水县红岩寺。7月1日，敌警一旅追到袁家沟口，红军连夜循来路返回桃园岭，布置好兵力，等待敌人自投罗网。陈先瑞后来对这场战斗作了如下描述：

> 部队进入指定位置后；天已经亮了。清晨，大雾弥漫，敌人正在袁家沟口集合，尖兵已经向西出发。军领导立即发出攻击命令。冲锋号一响，我军各种火器突然向密集之敌猛烈射击，敌人顿时乱成一团。我二二三团首先从北面发起冲击，猛扑敌群，敌人慌忙向西逃跑，又遇我二二五团居高临下迎头打击。这时，群山号响，满谷杀声，我军战士像一把把尖刀插向敌群，同敌人展开白刃格斗。经过一番激战，敌大部被缴械。旅长唐嗣桐率残部向南突围，遭我二二五团一部和第三路游击师阻击，便占据一个小寨子顽抗。经我军多次猛攻，残敌全部被歼。这一仗，毙伤敌300余人，俘旅长唐嗣桐以下1400余人，缴各种枪千余支。这是

一次极为出色的歼灭战，充分反映出红二十五军这支英勇善战的部队，在战略和战术运用上的成熟和提高。

战后，主力部队进行休整，游击师打扫战场，附近各村的群众，敲锣打鼓把猪羊送到军政治部，热情慰劳红军。袁家沟口区苏维埃政府还召开了祝捷大会，军民共庆袁家沟口战斗的巨大胜利。①

此战后，为继续掌握主动，把敌人调出根据地，寻机歼敌，同时补充兵员和物资，省委决定红二十五军再次转到外线作战，北出终南山，威逼西安。

“六月十三，红军出山”。这是当年流传在长安县引驾回等地区的一句民谣。农历六月十三，正是公历7月13日。这天，恰是蓝田县焦岱、长安县引驾回两地逢集之日。来自四乡的农夫山民，提篮的，挑担的，推着小车的，一路上络绎不绝，潮水般地涌向集镇。街面上人来人往，闹声嚷嚷。也就在这一天，活跃在商雒山中的红二十五军及第四路游击师，以极其突然的行动，经由商县杨家斜、蓝田县石嘴子等地，北出终南山，横扫蓝田县焦岱和长安县引驾回两地民团，前锋直抵西安城南十余公里的韦曲、杜曲，威逼西安。当地群众奔走相告：“红军出了终南山，一天赶了两个县的大集，老百姓都开眼啦。”

此后，红二十五军在终南山附近的村庄暂时住下，军部设在终南山下子午峪北口的子午镇。这个拥有百十户商号的峪口乡镇，又是进出终南山的必经之地，许多南来北往的商客，也多在此住宿。红二十五军立即在引驾回、子午镇、秦渡镇一带，开展群众工作，发动贫苦群众分粮、分盐、分衣物，动员青壮年参军。

红二十五军这一出敌不意的行动，使省城西安大为震动。谁也想象不到，这支刚在山阳县袁家沟口歼灭陕军警一旅的红军部队，置30多个团的“围剿”兵力于商雒山中，此时竟以迅雷不及掩耳之势，北出终南山，直抵西安近郊。这时，城内的敌人惶惶不安，正准备由西安开往天水的东北军第五十一军被迫停止了行动。至此，蒋介石企图

① 陈先瑞:《鄂豫陕革命根据地的创建》，《红军长征·回忆史料》（一），第221—222页。

在三个月内消灭红二十五军的计划宣告彻底破产，红二十五军取得第二次反“围剿”的胜利。

打破了敌人的两次“围剿”，鄂豫陕根据地已初具规模。随后，红二十五军又在省委的领导下向着新的目标前进了。

三、策应红一、红四方面军

威逼西安，红二十五军得到了意外的收获，在长安县引驾回捉住一个敌区长，在区公所里徐海东等人看到一张《大公报》，报上载有一条消息：“共军一、四方面军在川西会师后，继续向北逃窜，先头部队到达松潘……”

这一重要收获，对于红二十五军来说是十分难得的。因为红二十五军自从撤离鄂豫皖根据地之后，由于没有电台联络，即与党中央失去联系。中央红军到底到了哪里，无法知道，完全处于一种“与世隔绝”的状态。这一信息的获得，虽然是来自敌方，但为红二十五军提供了红一、红四方面军的大致行动方向。

恰在这时，红二十五军得到了更可靠的消息。那是红军威逼西安的第三天，即 1935 年 7 月 15 日，原鄂豫皖省委的老交通员石健民，冒着生命危险，通过敌人的重重关卡，不失时机地找到红二十五军军部驻地子午镇。他为红二十五军送来中共中央数月前发出的几份文件和党中央的指示，带来中央红军与红四方面军已在川西会师，并继续北上的确切消息。

在石健民到达军部的当天晚上，代理省委书记吴焕先在长安县丰裕口主持召开省委紧急会议。会议根据中央文件精神、报纸消息和敌情动态，对红二十五军在鄂豫陕根据地的实际斗争状况进行了深入的分析，决定立即率领“二十五军到陕甘苏区会合红二十六军，首先争取陕甘苏区的巩固，集中力量以新的进攻策略消灭敌人，直接有力地配合红军主力，创造新的伟大红军与准备直接与帝国主义作战的阵地。

在这种新的策略方针之下,具〔决〕定了二十五军的西征北上的行动”①。同时决定合并鄂陕、豫陕两特委，组成新的鄂豫陕特委，统一领导各路游击武装力量，继续坚持鄂豫陕根据地的革命斗争。

7 月 16 日拂晓，红二十五军在鄂豫陕省委的率领下，从丰裕口地区出发，踏上西征北上的道路。

红二十五军这次出征，广大指战员的心情与半年前离开大别山时大不一样了。那时，为了“打远游击”，是进行无目的的转移。如今，却是目的明确，为了配合主力红军北上，与陕甘红军会师。因此，红军指战员的心情无比喜悦，他们经鄠县（今户县）、盩厔（今周至县境），沿秦岭北麓冒雨向西前进。途中，在盩厔县店子头和马召镇，两次打退陕军骑兵团的尾追。后由于敌第五十一军第一一三师紧追不舍，为了迷惑和摆脱敌人，调动敌人南进，红军遂由辛口子向南折入秦岭山中，经青岗砭、宽台子、厚畛子、佛坪旧城、二郎坝等地向南疾进。部队在经过佛坪旧城时，省委又召开一次会议，进一步肯定了红二十五军西征北上的方针。

7 月 27 日，红二十五军到达留坝县的江口镇，击退当地民团。由于连续行军作战十几天，部队相当疲劳，省委和军领导决定在江口镇休整两天，进行西征北上的思想动员和物资准备工作。在休整期间，部队进行了整编，将一直跟随红军部队行动的第四路游击师 280 余人，分别编入各团，并且把沿途收容的游击队员和伤病员也补入连队。整编后，红二十五军辖第二二三、第二二五团和手枪团，连同机关和直属分队，全军共 4000 余人。

7 月 30 日，红二十五军从江口镇出发转向西北。31 日，担任前卫的第二二三团第一营，轻装奔袭，一举歼灭胡宗南部别动队四个连，占领了川陕边界公路要地双石铺（今凤县县城）。当日黄昏，第一营第三连设在双石铺东北的警戒排哨，截俘了一名敌少将参议。经过搜查，发现他随身带有许多文件和报纸。这个及时送上门来的俘虏，意外地

---

① 《原中共鄂豫陕省委关于离开鄂豫陕苏区会合陕甘红军之决定经过的报告》（1935 年 9 月 27 日），《中国工农红军第二十五军战史资料选编》，第 338 页。

为红军提供了许多至关重要的军事情报。

从敌少将参议的口供中得知，红一、红四方面军正越过川西草地继续北上，而敌胡宗南纵队、鲁大昌新编第十四师、王均第三军、邓宝珊新编第一军和马鸿宾第三十五师，都已分别部署在四川省西北部、甘肃省南部边境、渭河沿线和西（安）兰（州）公路上，企图堵截红一、红四方面军北上。同时，这位少将参议还供出，胡宗南的主力部队已经全部西调去堵截北上红军，其后方留守处设在天水。

从截获的报纸中，也获得重要信息。其中，7 月 16 日《大公报》报道："松潘西南连日有激战"。22 日，该报又报道：红军"朱、毛部已越过六千公尺的巴郎山，向北进行，……似有窥甘青交界之洮州、岷县、西固等处"。

根据敌人的口供和文件、报纸所提供的情报，更加证实红一、红四方面军正在北上，可能很快就会与红二十五军会合了，这是多么难得而又振奋人心的喜讯啊！指战员们奔走相告，喜形于色。于是，军领导决定，部队立即进入甘肃境内，并袭击天水县城，以威胁敌人后方，配合红一、红四方面军的北上行动。

8 月 1 日，红二十五军在双石铺休息一天，召开纪念"八一"建军节的大会，做好了出发的准备。

这时，蒋介石也在窥测着红二十五军的动向。他判断"徐海东股西窜，确有接应川匪威胁我防填侧背之趋势"。于是，他电令陕甘各追剿军除"跟踪追剿及赴筑碉线施行坚壁清野外，应另增筑自南郑经留坝至宝鸡，沿渭水至西安之碉堡封锁线"，以"防川陕两匪合股"①。据此，杨虎城立即制定了追堵红军的方针。其方针是："本部为预防朱、毛、徐等股侵入陇南或汉中方面时，得以全力迎击起见，决于朱、毛、徐股匪未侵入陕甘地境之前，以最大努力，于最短时间，先将徐海东股粉碎而歼灭之，以除后患。倘匪万一向东回窜或北窜时，则派队穷追，不灭不止。并派有力部队于陕、甘边境及汉水流域各地严防固守。"同

① 《蒋介石关于筑碉封锁之部署电》（1935 年 7 月 26 日），《中国工农红军第二十五军战史资料选编》，第 856 页。

时命令：赵寿山纵队附张飞生旅为追剿队，不论地域，不分天候，极力穷追；王毅武旅移驻西原公附近，详探匪踪，联系友军，相机协剿，并随时注意汉江以南防务;第十七师所余各部队，应分布于汉江沿岸沔县、南郑、褒城、城固、洋县等处各重要城镇，扼要固守；第六十七军全部应即速经盩（厔）郿（县）大道，向宝鸡、凤县之线推进，唯于凤县、留坝间须以有力之一部严行警戒；孙友仁纵队暂控置于盩郿一带，防匪北窜①。为防堵追剿红二十五军，敌人进行了严密布防。

而此时的红军指战员们却异常兴奋。徐海东后来对当时红军指战员的心情作了如下描述：

当时，我们的决心：即使我们这三千多人都牺牲了，也要把党中央和一、四方面军迎接过来。我们向全军提出了一个响亮的口号：“积极前进，迎接中央，迎接一、四方面军。”②

就这样，在敌人多路追击堵截下，红二十五军像一条游龙，活跃在陇南地区。8月2日，红二十五军从双石铺出发，直奔甘肃两当。3日，红二十五军以手枪团和军部交通队一部化装潜入两当县城，配合先头部队攻占该城，俘敌保安队官兵数十名。军政治部就地发动群众，开仓济贫，镇压了当地罪大恶极的反动官吏。街头巷尾，到处都张贴了红军的标语、布告，县城飘起了红二十五军的战旗。

而后，红二十五军由两当县城以北的利桥镇转向西北，翻越麦积山，直逼天水城下。9日晚，徐海东带领第二二三团第二营，一举攻占天水县城北关，歼敌一部，缴获一批军用物资。由于红二十五军直捣敌人后方，敌朱绍良急调第三军第十二师一部，从武山、陇西回援。同红二十五军一水相隔的敌第五十一军第一一四师，滞留在渭河北岸的清水地区，踌躇不前。在这种情况下，蒋介石接连发出电令。8月6日电令于学忠，要第五十一军派一部向凤（县）徽（县）方向轻装截堵，

① 《杨虎关于追堵红二十五军及“清剿”鄂豫陕革命根据地之部署》（1935年7月31日），《中国工农红军第二十五军战史资料选编》，第858页。

② 徐海东：《会师陕北》，《星火燎原》选编之三，第224—225页。

大部务向天水、徽县、略阳硐堡线疾进，主力置于天水。9日电示杨虎城：“希督饬与匪接触，不分省界，跟踪追击。”[1] 10日又电：“查徐海东匪西窜原因，在策应朱、毛，我军应采用内线作战要领，先以优势兵力迅速解决徐匪，再行以全力回击朱匪。”并令薛岳、王均、杨虎城、于学忠等部，各抽调一部分兵力，“统归朱主任绍良负责统一指挥”。同日，还电令毛炳文，将其第三十七军轻装步兵提前运输至西安后，兼程到平凉。蒋介石的一系列命令，目的是将红二十五军“于天水、成县、略阳以东、渭水以南地区聚而歼灭之”。[2] 由此，敌一部由四川江油北上甘肃文县，一部东移天水，准备南下的第六十师和中央补充第一旅不得不暂时滞留在文县、碧口一带。显然，红二十五军的这一战略行动，有力地钳制和吸引了川、陕、甘边界的敌人，在一定时期内减轻了红一、红四方面军的压力，起到了配合红一、红四方面军北上的作用。

为了继续配合红一、红四方面军的北上行动，红二十五军决定向敌人纵深发展，从新阳镇北渡渭河，攻占秦安县城，切断西（安）兰（州）公路，继续钳制敌人。

8月11日，红二十五军来到渭河边上。浑浊而湍急的渭河水，像一条狂怒的巨蟒，沿陇山峪峡谷奔腾着，咆哮着，由西向东而去，把红军阻挡在它的南面。幸好这时没遇到狂风暴雨，绝大部分战士攀着牵在河面上的几条绳索，把武器弹药顶在头上，徒涉而过。当时，全军只找到一条小木船，军领导决定让给全军仅有的人称“七仙女”的七位女同志和几个重伤员坐着，从浊浪翻滚的河水中从容渡过。

红二十五军渡过渭河后，面对这滔滔的渭河水，徐海东开始考虑下一步的行动。他对吴焕先说：“政委，我们能接到中央就好，如果接不到，这条水可是个大害，往回走准带尾巴，就是背水作战。这次过河要是有敌人堵上，过来就不会这么容易。现在如果要转回去，孤军

① 《蒋介石关于围追堵截红二十五军的四则文电》（1935年8月6日至10日），《中国工农红军第二十五军战史资料选编》，第861页。

② 《蒋介石关于围追堵截红二十五军的四则文电》（1935年8月6日至10日），《中国工农红军第二十五军战史资料选编》，第861—862页。

一支，可不会那么太平了，搞不好甚至有全军覆没的危险。石达开的教训就是这样，他人多，可在大渡河上被敌人全部消灭掉了。”吴焕先接着说：“我对渭水也考虑，假如是遇上敌人，怎么好过啊？”①

当日，红二十五军一举攻破秦安县城。第二天，徐海东和吴焕先继续着昨日的谈话。吴焕先对徐海东说：“现在要动动脑子，假如接不到中央怎么办？”徐海东说：“能接到中央更好，接不到中央就进陕北，去和刘志丹同志会合，到哪里都是革命。我们现在和陕南隔开，是敌人封锁加上渭水隔断的；回陕南，是下策，肯定有尾巴，再过渭水，可能会损失很大，不回陕南不是不要陕南，从古至今，天上的牛郎织女也不愿意隔开的。真接不到中央，为保存革命力量，到陕北和刘志丹同志会合。”吴焕先紧接着说：“我同意你的看法。这渭水很讨厌，往下游水会更大，根本不能徒涉。我们继续西进，接到中央更好，接不到中央我们再渡河去陕北。”最后，徐海东幽默地说：“红一、四方面军是大会合，我们和刘志丹也来个小会合。”②

两位军领导人的决心已定。当日黄昏，部队从秦安县城出发，经魏店北进。8 月 14 日，红二十五军逼近静宁县城，毙伤敌数十名。守敌新一军第十一旅惊恐异常，急电求援。至此，横贯陕、甘两省的交通大动脉西兰公路被红二十五军拦腰切断，打乱了敌军围堵红军的部署，配合了红一、红四方面军的行动。

此后，省委决定部队到静宁县城以北 25 公里的兴隆镇、单家集（今属宁夏）等地休整三天，做好继续行动的准备。

兴隆镇一带是回民聚居的地区。广大回族群众和汉族劳动人民一样，深受国民党贪官污吏、地主豪绅的压迫剥削，另外还受到大汉族主义的歧视。加之这里山大沟深，消息闭塞，经济、文化极为落后。在红军到来之前，由于敌人的反动宣传，这里的回族群众对红军存在着怀疑和恐惧心理。当听到红军要来这里的消息后，村里的青年人、

① 《徐海东关于红二十五军若干史实问题的谈话纪要》（1962 年 10 月 5 日至 7 日），《中国工农红军第二十五军战史资料选编》，第 457 页。

② 《徐海东关于红二十五军若干史实问题的谈话纪要》（1962 年 10 月 5 日至 7 日），《中国工农红军第二十五军战史资料选编》，第 458 页。

妇女都纷纷逃进深山。

一向重视群众工作的军政委吴焕先，在部队进驻兴隆镇前夕，专门找了几个贫苦群众、地方乡绅、小学教员和货郎小贩，在一起促膝谈心，进行了细致地调查研究工作。他根据所了解到的情况，在部队中进行了党的民族政策、群众纪律的教育，介绍了回族人民的信仰、生活特点和风俗习惯，教育部队要团结和发动回族兄弟共同抗日。同时，部队制定了“三大禁令、四项注意”：即禁止驻扎清真寺，禁止打回族中的土豪，禁止在回民家中吃大荤；注意回族的风俗习惯，注意要用回民水桶在井里打水，注意回避青年妇女，注意实行公买公卖和不准在回民面前说猪骂猪等。按照省委和军领导的要求与规定，许多连队在进入回民地区之前，自动把一些没有吃完的猪肉做了处理。军领导还派手枪团和少数回民战士先期进入兴隆镇，把事先写好印好的标语、传单、布告广为张贴，进行宣传。

8 月 15 日，红二十五军进入兴隆镇。红军干部和战士不仅严格遵守纪律，还主动帮助回族群众扫院、担水、干活，在街巷、院落向回族群众宣传红军对待回民的政策，宣传回汉军民团结，共同抗日救国的政治主张。军医院的医护人员热情为群众治病，院长钱信忠亲自为一腹胀病患者扎针治疗。红军以实际行动揭穿了敌人的反动宣传，很快得到群众的热情欢迎和大力支持，躲进深山的回族群众也都陆续回到村里，“红军好”的消息迅速传遍兴隆镇、单家集等附近的回民村镇。为了尽快团结回族上层人士，吴焕先政委亲自召集当地的知名人士和阿訇开座谈会，宣传党的抗日救国主张和红军的政策纪律，讲明红军只是稍作停留，不征粮派款，不拉夫抓丁，以解除他们的思想顾虑，稳定人心。随后，吴焕先等领导人在一派欢腾的军号、锣鼓、鞭炮声中，热烈而隆重地到清真寺拜访，并赠送了匾额和礼品。当地一个回族老人捋着胡子说：“我的胡子都白了，还是头一回见到这样的仁义之师！”清真寺的阿訇也按照民族礼节宴请了红二十五军的领导人。事后，还赶着一群染成了红色的肥羊送到军部作回拜。许多回民群众还积极为红军做事。当地有两位回族妇女，看到山顶上的红军哨兵没法做饭，就提着一篮馒头，拎着汤罐，上山送饭。

这时，还发生了一件意外的事情：供给部长刘炳华是河南人，他见这一带的“狗尾巴草”长得旺盛，很高兴地叫马夫们放马，结果损坏了回民的庄稼。原来这一带的谷苗未出穗之前，长得和河南的狗尾巴草差不多。事情传到徐海东那里，他立刻把刘炳华叫去，进行了严肃的批评。

> 刘炳华听了吓了一大跳。徐海东同志决定给他严重的处分。消息传出去，回族群众选派几位老人前来求情。老人们对徐海东同志说：“这位长官不晓得是庄稼，不能怪他。千万不要给他处分呀！”求了半天情，徐海东同志才说：“那就这么办，我们牲口吃了你们多少庄稼，你们就要收下我们多少粮食。”他还叫刘炳华带着马夫拿着粮食赔了礼，道了歉。①

由于红军严格地执行党的民族政策和铁的纪律，回族群众深为感动。当红军离开兴隆镇时，全镇男女老少齐集街头，敲锣打鼓，在道路两旁摆设香案、茶桌、果品，依依不舍地为红军送行。马青年等十几名回族青年高高兴兴地参加了红军，被编在军政治部，负责沿途带路联络，做宣传群众的工作。后来，红一方面军长征经过这里时，也受到回民群众的热烈欢迎。到达陕北后，毛泽东在接见徐海东和程子华时，还夸奖红二十五军路过陇东回民地区时留下的良好影响，说他们政策水平很高，民族政策执行得很好。

部队在兴隆镇休整期间，仍未得到党中央和红一、红四方面军的消息，省委开会决定，再在西兰公路上钳制敌人半个月，接不到中央，再去陕北。

红二十五军离开兴隆镇后，从 8 月 17 日开始沿西兰公路东进，一举攻克隆德县城，歼守敌第十一旅第二团第一营大部，活捉敌县长和保安团长，并以缴获的部分衣物被服救济贫苦百姓。这时，敌第六师

---

① 八一〇四三部队：《我们的老军长》，《忆徐海东》编辑组编：《忆徐海东》，河南人民出版社 1981 年版，第 95—96 页。

第十七旅由兰州乘70余辆汽车,沿西兰公路向东驰援,遭到红军阻击,不能前进。当日黄昏，红二十五军连夜翻过六盘山，继续沿西兰公路向东挺进。18日进至瓦亭附近时，与由固原赶来的堵截之敌第三十五师第一〇五旅一部遭遇。红二十五军立即占领几座山头，经过激战，将敌击退,毙伤敌数十名,缴获战马17匹，并相继占领瓦亭、三关口、蒿店等地。19日，乘胜逼近平凉县城。平凉县城位于六盘山以东，是西兰大道上的重镇之一，敌第三十五师马鸿宾部盘踞于此。这时，马鸿宾一面令第一〇五旅一部增援平凉，一面令师属骑兵团及第一〇四旅第二〇八团，分别由庆阳西峰镇、宁县早胜镇，向泾川县城集中，企图将红二十五军逐出陇东地区。

其实,红二十五军的主要目的是袭扰并钳制敌人,并未计划攻城，遂于20日绕过平凉县城，由该城以东的四十里铺附近南渡泾河，沿西兰公路进至白水镇。这时，敌第三十五师第一〇五旅三个步兵营尾追而来。军领导决心消灭这股敌人。傍晚时分，红二十五军又冒着大雨掉头进到马莲铺以东，抢占打虎沟两侧的高地，将敌全部打垮，歼敌一个多营。天黑以后，红二十五军返回白水镇。

8月21日拂晓，红二十五军继续冒雨东进，沿泾河南岸的泥泞公路急行军20余公里，到达泾川县城以西五公里多的王村。这时，敌三十五师骑兵团和第一〇四旅第二〇八团，分别由庆阳西峰镇、宁县早胜镇赶到了泾川县城，迎面进行堵击。在马莲铺吃了败仗的第三十五师第一〇五旅，也尾追而来。敌人前堵后追，红军的处境十分危急。而此时又连日暴雨，公路北侧的泾河河水猛涨，红军再北渡泾河已很困难。公路南侧，又被一道几十公里宽的高塬所阻，回旋余地很小。军领导果断决定部队暂时离开公路，翻过南面的王母宫塬，南渡泾河支流汭河，摆出一副佯攻灵台的态势，给敌人造成红军将转回陕西的错觉，实则西去威逼崇信县城，继续切断西兰公路，并积极探听红一、红四方面军的行动消息。

于是,部队由王村爬上王母宫塬。这是一座地势突兀的黄土高原，位于泾河与汭河之间。在汭河与泾河的汇合处，形成一座圆锥形状的高岭。山嘴上,有座建筑于北魏永平三年(公元510年)的王母宫石窟。

翻过王母宫塬，陡峭的断崖底下便是奔流不息的汭河水。汭河水平时流动缓慢，深不过膝，可以徒涉而过，眼下大雨滂沱，平静的河面上卷起浑浊的浪涛，给部队渡河造成很大困难。军政委吴焕先亲自在岸边指挥部队渡河。他的衣服全部被雨水湿透，紧紧贴在身上，满脸滚着水珠，面孔变得铁青。他指挥手枪团和第二二五团抢先渡过河去，占领南岸高地，并向泾川方向实行警戒，防止敌人突袭。恰到军供给部和军医院过河时，突然山洪暴发，河水骤涨，咆哮的洪水卷着泥浆奔泻而来，有几个战士不幸被洪峰卷走。吴焕先见情况严重，立即命令停止渡河，抢救落水的战士。这时，全军的骡马担架、行李挑担、医疗药品、军械修理器材，以及随同医院行动的伤病员全都拥挤在汭河北岸。

就在这时，王母宫塬上忽然响起了枪声。敌第三十五师第一〇四旅第二〇八团1000余人，在一个连的骑兵配合下，由泾川县城沿着王母宫塬向红二十五军突袭而来。在塬上四坡村担任掩护任务的红二十五军第二二三团第三营，首先与敌接火，当即凭借房屋、土墙和窑洞与敌展开激战。为配合第三营抗击敌人，第二二三团重机枪连连长戴德归，奋不顾身地把一挺重机枪架在窑洞顶上，向蜂拥而来的敌人猛烈射击，压住了敌人的进攻势头。这时，红军先头部队已经渡过汭河，难以回援，担任后卫掩护的第二二三团，完全处于背水作战的不利形势。

在这紧要关头，徐海东副军长赶到了第二二三团团部。第二二三团通讯员关盛志后来回忆道：

> 徐海东副军长拿起望远镜观察敌情。子弹“嗖嗖”地从头顶上飞过，打在身后的墙壁上，土坯纷纷脱落下来。他仍然站在那里，仔细地观察着。
>
> 敌人又组织冲锋了。在机枪的掩护下，个个如亡命之徒，杀气腾腾地狂叫着，手上的马刀闪着凶光。敌人像潮水一样向我压来，我军的处境相当危险。徐副军长看到了情况的严重性，放下望远镜，沉着地对团里领导说：“一定要顶住。”敌人越冲越近，

当他们冲到我轻重火器的有效射程以内的时候，徐副军长喊声“打！”我们集中所有的重机枪、轻机枪、步枪、手枪一齐向敌人射击。

子弹像雨点一样落在敌群里，冲在前面的一连骑兵一个个被打倒了。后面的敌人又拥上来，但是立刻又被打回去。敌人的督战队举着明晃晃的马刀，逼着匪兵们往前冲。四坡村被淹没在一片叫骂声、冲杀声之中。

突然，一阵激烈的枪声在敌侧后响起，给了正向我扑来的敌人以很大杀伤。与此同时，又传来一阵熟悉的号音。

“是吴政委他们！”大家非常激动地说。[①]

原来，战斗打响后，吴焕先政委带领军部交通队和学兵连100余人，从右翼截击敌人。

他们抄着一条隐蔽小路，一鼓作气地从河边奔上塬顶，恰好插入敌人的尾部，切断了敌人的后路。战士们不顾泥泞路滑，迅速占领几座高地，从侧后向敌人发起攻击。吴焕先政委向战士们大声疾呼：“同志们，压住敌人就是胜利，决不能让敌人逼近河边！一定要坚决地打，狠狠地打！”……只顾向四坡村发动围攻的敌人，没想到忽然从背后杀出一支奇兵，在我前后夹击之下，敌人顿时乱作一团，纷纷夺路逃窜，……

战斗正在激烈进行时，亲临前线指挥作战的军政委吴焕先，身上负了重伤。指战员听到军政委负伤的消息，更加激起对敌人的无比仇恨，一个个悲痛至极，怒火万丈，奋不顾身地冲上前去，与敌人拼刺刀肉搏。最后终将敌人压到一条烂泥沟里，全部予以歼灭，毙敌团长马开基。

王母宫塬上的一场恶战，就这样胜利结束了。但是，指战员们并没有感到胜利后的喜悦，而是处于万分悲痛之中，无不捶胸

① 关盛志：《四城村反击战》，《忆徐海东》，第209—210页。

顿足，热泪盈眶。因为战斗即将结束的时刻，年仅二十八岁的军政委吴焕先同志，就停止了呼吸……①

吴焕先，湖北省黄安县人，是鄂豫皖革命根据地的创始人之一，历任红四军第十二师政治部主任、红二十五军第七十三师政治委员、红四军政治部主任、鄂东北游击总司令、红二十五军军长、政治委员和中共鄂豫皖省委常委、鄂豫陕省委副书记、代理书记等职。他在创建鄂豫皖根据地和重建红二十五军，以及领导红二十五军坚持鄂豫皖革命根据地的斗争中，在长征入陕、开辟鄂豫陕革命根据地时期，在为迎接党中央和红一、红四方面军而西征北上途中，都建立了不可磨灭的功绩，是鄂豫皖省委、鄂豫陕省委和红二十五军的卓越领导者。他的牺牲，是红二十五军的一个重大损失。

吴焕先牺牲后，指战员怀着极其悲痛的心情，抬着他的遗体渡过泾河。徐海东亲自为他擦洗了满身血迹，穿上他最心爱的呢大氅，当晚买来一口油漆棺材，把他埋葬在陇东高原。随后，省委常委临时商定，由于程子华负伤未愈，军政委和省委书记均由徐海东兼任，待以后有机会再开省委扩大会议选举。

为了继续牵制和迷惑敌人，红二十五军直逼灵台方向。敌人原以为这支“疲惫之师”在到达泾河两岸时，必然要夺路进入陕北，不想却掉头南下，进入灵台县境。红二十五军的这一行动，使敌人错误地认为：扰乱之师，飘忽不定。8 月 29 日，杨虎城为“严堵该匪窜陕”，命令赵寿山部移驻宝鸡防堵。

红二十五军此时除以少数部队在灵台附近虚张声势之外，主力则在灵台与崇信之间的上良镇、梁原镇、赤城镇等地积极活动。部队所到之地，徐海东每天都派手枪团到处搜集报纸，访问客商，从中打探有关红一、红四方面军北上的消息。由于当时条件所限，又没有电台联络，关于红一、红四方面军的行动消息一无所获。

---

① 戴季英、韩先楚、刘震：《配合主力红军北上，先期到达陕北》，《红二十五军长征纪实》，第 95—96 页。

就在这时，敌情起了变化。敌毛炳文部第六师第十七旅乘着汽车，从兰州到达泾川县城；敌第三十五师继续向泾川方向集结；陕甘边之敌第五十一军第一一三师，则由凤翔、清水向北推进到陇县、马鹿镇一带；敌第三军第十二师也由武山、甘谷等地向华亭方向尾追而来。各路敌军日益逼近，对红二十五军形成合围夹击之势。省委和军领导考虑到一时难以获得红一、红四方面军的确实消息，而敌军又步步紧逼，部队连日在大雨和泥泞中行军作战已很疲劳，伤病员也难以安置，继续在此孤军作战，又无后方依托，处境十分不利。于是决定按照沣峪口、佛坪两次会议确定的北上方针，立即进入陕北与刘志丹率领的陕甘红军会合。

8 月 30 日，红二十五军经华亭县安口窑转而北上。31 日晚，由平凉县城以东的四十里铺再渡泾河，继经镇原、庆阳县境，翻沟跨塬，兼程前进。这时，敌第三十五师骑兵团和步兵第二〇一团，一路跟踪追击。红二十五军先后在经过西峰镇和翻越赤城塬时，两次打退敌骑兵的尾追。9 月 4 日晨，红二十五军由合水县板桥镇出发时，担任后卫的第二二五团第三营遭到敌骑兵团突然袭击，在此危急时刻，徐海东从前卫赶到后尾，指挥该团第二营投入战斗，掩护第三营突围。但因敌众我寡，也陷入敌人的包围之中。恰在这时，第二二五团第一营，迅速抢占一座山头，以猛烈火力阻止了敌人的进攻，掩护徐海东飞马突出重围。这次战斗，红二十五军损失 200 余人，第二二五团团长方炳仁壮烈牺牲。

此后，红二十五军在东华池、太白镇之间渡过葫芦河，沿陕甘边界的崇山峻岭继续向北前进。由于这一带是红区和白区交界的地方，人烟稀少，沿途无粮可筹，部队饥疲不堪，许多同志走着走着就昏倒在路上。不少营以上干部，把自己的坐骑杀掉，为战士果腹充饥。正在十分困难之时，恰遇上一个赶有 500 多只羊的商贩，军领导和贩羊人商量一番，他便把羊卖给了红军。幸亏这群羊，解除了红军面临的严重饥饿威胁，使部队得以继续前进。

9 月 7 日，红二十五军到达陕甘交界的豹子川（今属华池）。省委在此召开会议，决定由程子华代理中共鄂豫陕省委书记兼军政治委员，徐海东任军长，戴季英任参谋长，郭述申任政治部主任。全军总计3400多人。会后，军领导对部队作了关于进入陕甘根据地、同陕甘红军会师的政治动员，要求部队整顿军容，遵守纪律，注意团结，讲究礼节，尊重地方政府，虚心向兄弟的陕甘红军学习，向根据地人民学习。全体指战员得知将要进入根据地，与他们日夜盼望的陕甘红军会师，人人兴高采烈，欣喜万分。

此后，省委率领红二十五军继续北进。部队刚刚跨进根据地时，由于口音不对，有些群众不知是什么队伍，纷纷逃走。但不久群众得知这支队伍是从南方老根据地远道而来的红军时，就相继归来，分外亲切。9月9日，红二十五军进至保安县（后改志丹县）永宁山，同陕甘根据地党组织取得了联系。中共陕甘边特委、陕甘边军委得悉红二十五军到达永宁山的消息后，立即报告了中共西北工委。陕甘边苏维埃政府主席习仲勋和陕甘边军委主席刘景范，专程赶来迎接红二十五军。中共西北工委为了热情欢迎红二十五军，由组织部印发了《为迎接红二十五军北上给各级党支部的紧急通知》，要求各级党组织立刻动员起来，举行各种形式的欢迎会与庆祝会，散发传单，张贴标语，欢迎红二十五军，并发动群众自动地捐助各种食品与鞋袜，派代表慰问劳苦远征的红二十五军。

红二十五军在永宁山稍作休整后，即向延川县永坪镇开进。一路上，人民群众送水送饭，送鞋送袜，到处看见的是根据地人民欢迎红二十五军的标语，听到的是亲切热烈的欢迎口号。红二十五军的战士们更是精神焕发，喜气洋洋，一路行军一路歌，行军速度大大加快。经过四天行军，于9月15日胜利到达永坪镇。这天，永坪镇附近的红军和群众，一大早就从四面八方涌到永坪镇的河道上，十多里长的道路两旁，整整齐齐地排列着欢迎的人群。他们在翘首盼望着经过长途跋涉，冲破层层封锁，战胜了无数艰难险阻，终于到达陕北的红二十五军。一位亲历者后来回忆道：

庄头上出现了一杆迎风招展的红旗，后边是黑压压看不到头的队伍。立刻，河道里也响起了锣鼓声、歌声和口号声。正在田里干活的老乡们，听到锣鼓响，也扛着锄头跑来了。

徐海东同志走在队伍的最前面。他身材高大结实，穿着一身青色军装。八角形的军帽上，还钉着一颗红五星。他一边走，一边笑着挥手向我们问好。紧跟在首长们后面的是骑兵警卫排，再后边是手枪团。手枪团大多数同志都穿着黑军装，腰里缠着“九龙袋”，每人背着一把盒子枪和几颗手榴弹，身后还斜插着一把大刀。他们排成四路纵队，整齐地走了过去。我们一个劲地喊口号、唱歌，他们一个个精神奕奕，笑容满面，也唱着歌来回答我们。手枪团的后面是八十来个人组成的司号连，吹打得哇哇响。再后面是几十个十五六岁的宣传员，没有化妆就又唱又舞地走了过去。

在一些抬着伤员的担架过去以后，战斗部队过来了。先是二二三团。嗬！一个连就有五挺轻机枪，每个营还有六挺重机枪。步兵分成三路纵队行进，都扛着一色的马步枪，有的还上着明晃晃的刺刀。当中还夹杂着一些挑夫，竹扁担颤悠悠地闪动着。他们照样唱歌、喊口号，有时趁着换肩的机会，还连连朝我们招手。

……

一直把红二十五军的同志送到了“红大”休息，欢迎的人们才各自回家去。①

至此，红二十五军打破了敌人的围追堵截，胜利地完成了战略大转移，成为先期到达陕北的第一支红军队伍。

四、与西北红军胜利会师

西北红军是陕甘边红军和陕北红军的统称。这两支活跃在西北黄土高原中部的红军队伍，从它的创建到逐步发展壮大，以致成为具有相当规模的正规红军部队，经历了极为艰难曲折的斗争历程。

---

① 霍春华：《永平会师》，《回顾长征》，第 436—437 页。

1927 年 7 月，大革命失败后，陕西的革命运动也同全国一样，遭到失败。9 月初，奉命去武汉向中共中央汇报工作、请求指示的中共陕西省委委员、组织部长李子洲，携带党的八七会议文件和中央关于陕西工作的指示，回到了腥风血雨的古城西安。

9 月 26 日，中共陕西省委在西安秘密召开了第一次扩大会议，传达讨论了党的八七会议决议和中央对陕西工作的指示。会议明确指出："在西北上培植革命的军事基础，是中国共产党目前重要任务之一，更是党在陕西的特要任务。"① 因此，会议要求党必须到军队中去，到农民中去，掌握武装力量，开展武装斗争。

会后，省委于 10 月和 1928 年 5 月，先后组织了由谢子长、刘志丹等领导的清涧起义、渭华起义和栒邑（今旬邑）起义。尽管这些起义在敌人强大兵力的进攻下，相继遭到失败，但它表明陕西革命群众在中国共产党的领导下，已经走上了武装斗争的道路。同时，也为后来在西北建立红军部队和革命根据地积累了经验，打下了基础。

1931 年 10 月，刘志丹领导的队伍在甘肃合水县灵锦庙，同杨重远、阎红彦率领来此地的晋西游击队会合。1932 年 1 月，陕西省委决定将两支队伍合编为西北抗日反帝同盟军，谢子长任总指挥，刘志丹任副总指挥。部队经过一段时间的整训，即根据省委指示，于 2 月 12 日在甘肃正宁县三嘉原改编为中国工农红军陕甘游击队，谢子长、刘志丹、阎红彦先后任总指挥，李杰夫任政治委员。在成立大会上，栒邑县委代表地方党和群众将一面标有镰刀斧头和"中国工农红军陕甘游击队"的红旗授给了谢子长。人们望着这面飘扬的红旗，眼睛都湿润了，西北高原第一次打出了工农武装的旗帜。②

陕甘游击队成立后，南下渭北地区，接连取得阳坡头伏击战、栒邑奔袭战等战斗的胜利。5 月，敌人组织"进剿"，陕甘游击队在反"进剿"中，半个月内转战 5 个县，连打 9 仗，歼敌 1400 余人，缴枪 1200

① 《军事运动决议案》（1927 年 9 月 26 日），中共陕西省委党史研究室编：《土地革命战争时期的中共陕西省委》，陕西人民出版社 1991 年版，第 137 页。

② 贺晋年、吴岱峰：《民族英雄，虽死犹生》，中共延安地委党史办公室编印：《谢子长烈士专辑》，1985 年版，第 117 页。

余支，粉碎了敌人的“进剿”，游击队自身发展到1000余人。但是，从6月到12月，游击队多次作战失利，部队锐减至200余人。12月下旬，省委根据中共临时中央《关于陕甘边游击队的工作及创建陕甘边新苏区的决议》，将陕甘游击队改编为中国工农红军第二十六军（初期只编第二团），杜衡任军政治委员兼团政治委员，王世泰任团长。

红二团成立后，即在省委领导下，着手创建以照金为中心的陕甘边根据地。照金，位于耀县、三原、淳化、栒邑、宜君、同官（今铜川）六县之交，是桥山南端的一座山村小镇。这里沟壑纵横，山峦重叠，地势险峻，便于开展游击战争。红二团为迅速打开建立根据地的局面，首先集中力量消灭各地民团，而后分兵发动群众，并帮助淳化、栒邑、宜君、照金等地建立地方游击队。1933年3月，中共陕甘边特委在照金成立，书记金理科，军委书记习仲勋。4月5日，特委在照金召开了陕甘边工农兵代表大会，成立了陕甘边革命委员会，主席周冬至，副主席习仲勋。此后，根据地军民粉碎了敌人多次“围剿”和进攻，根据地逐步发展到东西20余公里，南北40余公里的区域。以照金为中心的西北地区第一个比较巩固的山区根据地初步形成。

5月，陕敌调集四个团和栒邑、淳化、耀县、三原、宜君、同官六县民团，分四路“进剿”照金根据地。在执行“左”倾冒险政策的杜衡一再严令下，红二团撤出根据地，南下到敌人统治力量较强的渭华地区创建新根据地。结果，红二团渡过渭水，进入临潼、蓝田地区时，遭到敌人约两个旅的围追堵截，红二团作战失利，最后只剩下刘志丹等领导干部和战士70余人，于10月分散回到照金。

红二团南下后，陕甘边特委将渭北游击队改编为红二十六军第四团，在照金根据地继续坚持斗争。8月14日，陕甘边特委召开党政军联席会议，决定成立陕甘边红军临时总指挥部，统一指挥红四团、西北民众抗日义勇军及各游击队。10月上旬，敌人又集中正规军和反动民团共6000余人，对照金根据地再次发动“进剿”。中共陕甘边特委决定留游击队在苏区内坚持斗争，红四团转至外线寻机歼敌，内外配合，以打退敌人的“进剿”。10月17日，红四团攻占合水县城，歼敌正规军一个连和民团一部。接着又在合水县毛家沟门击溃追敌一个团，俘敌100余人。坚持照金根据地斗争的游击队，积极打击进攻之敌，消灭了一些敌军后，分路突围北上，在合水以南同红四团会合，照金根据地随之被敌占领。

照金根据地丧失后，陕甘边红军失去立足之地。1933年11月上旬，陕甘边特委和陕甘边红军临时总指挥部在合水县包家寨召开联席会议，讨论了部队改编，根据地建设及行动方针问题。会议决定撤销陕甘边红军临时总指挥部，将所辖部队改编为中国工农红军第二十六军第四十二师，王泰吉任师长，高岗任政治委员。不久，刘志丹、杨森分别接任师长、政治委员。同时决定建立以安定为中心的陕北第一路游击区，以南梁为中心的陇东第二路游击区，以照金为中心的关中第三路游击区，并开辟以南梁为中心的新根据地。

红四十二师成立后，立即进行开辟以南梁为中心的新根据地的工作。南梁位于甘肃省合水县境，地处合水、庆阳和陕西保安、甘泉四县之交。境内山大沟深，丛林茂密，地形复杂，是一个居住有八九户人家的小山村。该地远离陕、甘、宁三省的西安、兰州、银川统治中心，敌人统治力量薄弱，是红军进行游击活动，建立根据地的理想之地。

红四十二师出发后，分别从东北和西北主动出击，横扫附近的反动民团，在洛河川的葡萄沟门击退了来犯之敌一个营，又在梨园堡、阎家洼子袭击敌人两个新兵连，而后全师会合于东华池西北的二将川地区。随后，红四十二师分兵发动群众，组织群众，打土豪，分粮食，在南梁附近农村建立农会组织和村苏维埃政权，成立赤卫队、游击队，广泛开展游击战争。到1934年1月，创建了以南梁为中心纵横各70多公里的陕甘边根据地。此后，红四十二师和游击队、赤卫队，经过大小战斗30多次，歼敌3000余人，粉碎了敌人多次“进剿”，进一步扩大了根据地,并先后组建了红四十二师第一团和第二团。11月7日，陕甘边苏维埃政府、革命军事委员会成立，习仲勋任苏维埃政府主席，刘志丹任军事委员会主席，以南梁为中心的陕甘边根据地日益巩固，红军和游击队不断壮大。

在陕甘边根据地创建的同时，陕北地区的游击战争在中共陕北特委的领导下也逐步开展起来。1932年3月，中共延川县委组织领导的延川游击队成立，4 月改编为西北先锋队，11 月又改编为中国工农红军陕北游击队第九支队，高朗亭为支队长，艾龙飞为政委。第九支队成立后，即在安定、清涧、延川、延长一带开展群众工作，打击土豪劣绅。1933 年 4 月，根据陕北特委决定，第九支队改编为中国工农红军陕北游击队第一支队。支队长强世清，艾龙飞、杨重远、李成荣、魏武先后任政委。第一支队成立后，活动于安定、横山、靖边三县交界地区，发动群众，开展武装斗争。7 月，中共陕北特委在葭县（今佳县）高祁家洼召开扩大会议，决定扩大第一支队，在绥（德）清（涧）和神（木）府（谷）地区分别建立第二和第三支队；同时决定在安定、绥清、神府等地区建立游击根据地。这次会议对创建陕北红军、开展陕北游击战争和建立陕北根据地，起了重要作用。

会后，从 8 月到 1934 年 7 月，陕北游击队第二、第三、第四、第五支队相继建立，并根据陕北特委的决定，成立了陕北红军游击队总指挥部，谢子长任总指挥，郭洪涛任政治委员，贺晋年任参谋长。陕北的游击战争在府谷、神木、横山、靖边、安定、延川、清涧、吴堡、绥德、米脂、葭县等县境展开，形成一些红色村庄或小块游击根据地，并逐渐形成上百个村庄连成一片的大片游击根据地。8 月，在陕甘边红军的支援下，陕北红军经过英勇顽强的战斗，打破了敌人对根据地的第一次“围剿”。但是，在红军攻打清涧县河口镇的战斗中，谢子长不幸胸部中弹，但他仍以惊人的毅力，坚持指挥战斗，直到胜利。

第一次反“围剿”胜利后，陕北根据地迅速扩大，各地游击队发展到 20 多支。9 月，陕北游击队第一、第三支队分别扩编为陕北红军第一、第三团。不久，第二支队扩编为第二团。各团在各自的活动区域积极开展游击战争。1935 年 1 月，第一、第二、第三团合编为中国工农红军第二十七军第八十四师，师长杨琪，政治委员张达志。此时，陕北根据地进一步巩固和扩大，安定、延川、绥德、清涧、吴堡、葭县、神木、府谷地区，相继成立了革命委员会。同月，陕北第一次工农兵代表大会在安定县白庙岔村召开，陕北苏维埃政府成立，马明方为主席。此后，陕北根据地各项建设逐步展开。

陕甘边和陕北红军及游击队的发展，两块根据地的建立，引起了敌人的极大恐慌。1934 年 10 月，蒋介石增调第八十四师进入陕北，会同陕、甘、宁、晋四省军阀部队，共 20 多个团 4 万余人，对陕甘边和陕北根据地发动第二次“围剿”，并以陕北根据地为进攻重点。

为了粉碎敌人的“围剿”，1935 年 2 月 5 日，中共陕甘边和陕北两特委在赤源（今属子长）县周家崄召开联席会议，决定成立中共西北工作委员会（简称西北工委）和中国工农红军西北革命军事委员会（简称西北军委），统一领导两苏区和红军的斗争。同时决定集中红二十六军第四十二师一部和红二十七军第八十四师主力，在陕北地区作战，先打击深入陕北根据地中心区域之敌第八十四师高桂滋部，以求打通与陕甘边根据地的联系，使两块根据地连成一片。从这时起，陕甘边红军和陕北红军统称西北红军。

2 月 21 日，西北红军和陕甘边、陕北两根据地的创始人之一谢子长，由于伤情恶化，不幸与世长辞。

谢子长，1897 年 1 月 19 日生于陕西省安定县枣树坪。1927 年 10 月发动清涧起义，接着又参与了渭华起义的组织领导工作。此后，他与刘志丹、阎红彦等一起创建了中国工农红军陕甘游击队，开辟了陕甘革命根据地；恢复了红一支队，组建了陕北游击队总指挥部及红二十七军。他驰骋疆场，英勇奋斗，胜不矜功，败不丧志，对党和人民的革命事业作出了重要贡献，在西北党组织和人民群众中享有崇高的威望，受到党和人民的高度赞颂。为了纪念谢子长，1935 年西北工委决定改他的家乡安定县为子长县。1939 年，中共陕甘宁边区党委和政府，决定将他的遗骨移葬于他的家乡枣树坪，并修建了谢子长烈士墓。

谢子长逝世后，红军战士怀着极其悲痛的心情，奔向了反“围剿”的战场，他们决心英勇杀敌，坚决粉碎敌人的“围剿”，以告慰英魂。1935 年 5 月 1 日，红二十六军第四十二师与红二十七军第八十四师在赤源县白庙岔会师。4 日，在秀延县玉家湾成立西北军委前敌总指挥部，刘志丹任总指挥，高岗任政治委员。西北红军在前敌总指挥部的领导指挥下，三战三捷，取得吴家寨子、马家坪、张家圪台战斗的胜利，歼灭敌高桂滋部两个营又两个连，占领了安定县城。而后又攻克延长，进占延川，迫使高桥镇守镇民团向红军投降，并拔除敌军在陕甘边与陕北根据地来往必经之路设置的李家塔据点，奔袭靖边，取得第二次反“围剿”的胜利。

这次反“围剿”作战，西北红军共歼国民党军及民团约5000余人。此时，红军主力部队已发展到5000余人，游击队发展到4000余人，陕甘边和陕北两根据地得到较大发展，并在20余县范围内建立了革命政权。西北革命根据地的发展，为中共中央率领红一方面军主力与西北红军会合，并为红二十五军及红二、红四方面军进行的战略转移，提供了落脚点。

敌人“围剿”陕北根据地遭到失败后，蒋介石又于7月下旬调集10万人的兵力，采取南进北堵、东西夹击的方针，向陕甘根据地发动第三次“围剿”。为了粉碎敌人的这次“围剿”，西北军委决定采取集中兵力、各个击破的方针，先打东线、北线的晋军和敌第八十六师，然后寻歼南线之敌。8月中、下旬，红军在东线的绥德、吴堡一带，首先打垮了刚渡过黄河的敌第二〇六旅一个团又四个连，俘敌1800余人，迫使敌晋绥军主力退回黄河以东。接着，又集中兵力进攻北线敌人。正在这时，徐海东、程子华等率领红二十五军到达延川永坪镇的消息传到西北红军中，红军指战员极为振奋，积极准备迎接红二十五军。

9月16日，刘志丹率领西北红军到达永坪镇，两军胜利会师。第二天，在中共中央驻北方代表派驻西北代表团的主持下，中共西北工委和中共鄂豫陕省委举行联席会议，决定撤销原西北工委和鄂豫陕省委，组建中共陕甘晋省委，由朱理治任书记，郭洪涛任副书记。会议还决定，红二十五军与红二十六、红二十七军合编为红十五军团。

9月18日，为庆祝两军胜利会师，在永坪镇举行了盛大的军民联欢大会。老红军战士霍春华回忆了联欢大会的热烈场面：

陕北的红军部队、赤卫军都赶到永平〔坪〕来了。在石油厂左边的河滩上搭了一个大台子，上面横挂着“欢迎红二十五军”的标语。台子顶上插满了红旗。会场当中用石灰划了一条粗粗的白线，左边坐着红二十五军，右边坐着我们陕北红军。满场都飘扬着红旗，旗杆上的黄铜帽在太阳底下闪耀着金光，从高处望去，简直是一片旗海。两边的部队都有啦啦队，歌声和哄笑声，此起彼伏，真是热闹极了。①

会上，徐海东和各部队、妇女会、赤卫军等的代表先后讲话。在会议将要结束时，刘志丹说："红二十五军的同志们带来了很多枪支，现在需要的是有更多的人来背它，谁愿意来背呀！"②这一问，台下的群众轰动起来了，特别是年轻人更加热情积极，当场就有许多人参加了红二十五军。

会后，红二十五军和红二十六、红二十七军在中共中央西北代表团和陕甘晋省委的主持下，合编为红十五军团。军团长徐海东，政治委员程子华，副军团长兼参谋长刘志丹，政治部主任高岗，副主任郭述申。下辖第七十五、第七十八、第八十一师。第七十五师由红二十五军编成，张绍东任师长，赵凌波任政治委员；第七十八师由红二十六军编成，杨森任师长，张明先任政治委员；第八十一师由红二十七军编成，贺晋年任师长，张达志任政治委员。全军团共7000余人。

在红二十五军到达陕甘根据地的同时，中共中央率领陕甘支队也正向陕甘地区开进。鉴于这种情况，蒋介石于9月26日在西安设立了"西北剿匪总司令部"，自兼总司令，张学良任副总司令并代行总司令职权，统一指挥陕、甘、宁、青、晋五省国民党军队"围剿"红军的作战。这时，南线之敌东北军第六十七军军部及第一〇七师已进驻洛川，并派第一〇七师第六一九团一个营进占羊泉塬；第一一〇师、第一二九师（欠第六八五团）沿洛（川）延（安）公路推进至延安；第六八五团进驻甘泉，负责维护南北交通线。

为了打破敌军进攻，红十五军团成立后，立即召开军事会议，徐海东、程子华、刘志丹等人共同分析敌情，商讨继续反"围剿"的作战计划。会议认为"敌军都筑有坚固碉堡，我军处在内线，缺乏攻坚

① 霍春华：《永平会师》，《回顾长征》，第438页。

② 霍春华：《永平会师》，《回顾长征》，第439页。

武器，不宜在内线作战。南线东北军是进攻根据地的主力，但因日本占领东北，政治情绪低沉，战斗力弱，比较好打，他们武器好，战斗胜利后缴获多，决定集中主力打东北军。如何打法？确定的方针是：转到外线包围甘泉，切断延安敌军后方补给线，调动延安敌人增援，在运动战中歼灭敌人”。①

根据会议的决定，9 月下旬，红十五军团从永坪地区出发，经过三天的急行军，到达甘泉以西的下寺湾、王家坪一带集结。在什么地方围歼敌人呢？陕北的“活地图”刘志丹提出一个十分理想的设伏区——劳山。这里距离延安 30 公里，山势向南绵延到 15 公里的甘泉。东西群山耸立，树林茂密，地势险要。一条南北公路把延安和甘泉连在一起，蜿蜒于两山之中。公路两旁山岭起伏，是红军设伏歼敌的较好战场。徐海东、刘志丹率领团以上干部到这里观察地形后，徐海东高兴地赞道：“如果把敌人放进来，真如同把狐狸装进口袋里。”②

地形选好后，9 月 28 日，红八十一师第二四三团包围了甘泉县城。翌日拂晓前，伏击部队进入大小劳山地域。10 月 1 日拂晓，敌第一一〇师师长何立中率部从延安出动，开始时怕中红军的埋伏，沿公路小心谨慎地向甘泉前进。途中，何立中将第六三〇团留在四十里铺策应，第六二八、第六二九团沿公路两侧山头搜索前进。当部队通过最险要的地带九沿山后，何立中放松了警惕，命令部队改为四路加速行进，公路两侧山林也不再派兵搜索了。

当日下午 2 时，敌军进至甘泉北六公里的白土坡，埋伏在该地的红八十一师第二四一团突然向敌开火，堵击敌人前进。同时，位于劳山北阳台的红七十八师骑兵团，也适时出击，截断敌人的退路。敌首尾受击，遂自动向中心靠拢。这时，敌人已完全陷入红军包围之中。当年亲自参加指挥这场战斗的红八十一师师长贺晋年等人后来回忆说：

> 敌人首先进行疯狂的反扑，集中力量攻击我阻击部队，子弹、

① 《程子华回忆录》，第 101 页。

② 徐海东：《会师陕北》，《星火燎原》选编之三，第 229 页。

炮弹像暴风骤雨倾到二四一团的战斗集团中；同时组织兵力反复与我争夺公路两旁的高地。师指挥员观察到敌人一部正在抢占小劳山对面的几个山头，便直接命令二四一团二营夺回来。战斗打响后，军团政治部的两位负责同志跟随着二营，有力地促成了这一战斗行动。奔向东山的二营，机动地绕过了几条山沟，首先与敌争夺一二一二高地，把敌人压下去，堵到小劳山村东山，敌多次反攻，想打开通路未成。尔后，二营又越过一条山沟，将敌堵在小劳山正对面的东山一个山头上；我多次组织进攻，均遭到敌人顽抗。

川道里敌我形成对峙。由于东、西山尚未完全被我控制，因此对我正面堵击的部队形成了一定的压力。庄稼地里的小麻杆〔秆〕叶子都打光了，只剩下一些光杆。但是，我英雄的红军指战员用自己的血肉之躯，筑成了一道敌人无法逾越的钢铁屏障，让敌人的血染红公路旁的溪水，让敌人的尸体在公路上堆成一座座小山！①

时间一分一秒地过去，红军与敌人争夺东山、西山的战斗十分激烈。东山那边，第二营同敌人鏖战，经过反复争夺，终于攻上了山嘴，把敌人压到小劳山村，时近傍晚，西山那边的红军也把敌人压到村里。第二四一团团长率领第三营一部，经过三次进攻，终于攻占一二一二高地，从东山把敌人压了下来。尔后，在红军的猛烈攻击下，敌人全部被压缩在小劳山西南的一条山沟和小劳山村，天黑前，敌第一一〇师第六二八、第六二九团及师直属队被红军全部歼灭。这次战役，红军共毙伤敌师长何立中、师参谋长范驭州、团长杨德新以下 1000 余人，俘敌团长裴焕彩以下 3700 余人，缴获战马 300 余匹，七五山炮四门，八二迫击炮八门，重机枪 24 挺，轻机枪 162 挺，长短枪 3000 余支，电台一部。这是红十五军团成立后打的第一个大胜仗。

① 贺晋年、李赤然、刘明山:《劳山伏击战》，中国人民解放军历史资料丛书编审委员会编:《红军长征·回忆史料》(2)，解放军出版社 1992 年版，第 38 页。

敌人在劳山战斗中遭到沉重打击后，遂改变战术，采取步步为营的堡垒政策。10月20日，东北军第一〇七师第六一九团及加强第六二〇团一个营进驻榆林桥。红十五军团决定乘敌设防工事尚未构成、立足未稳之际将其消灭。于是，仍以红八十一师第二四三团围困甘泉，以军团主力逼近榆林桥，军团指挥机关由王家坪向前移至道佐铺。

榆林桥位于甘泉县南，鄜县（今富县）以北，洛河以东。该镇东西两面是山，中间是洛河，河川宽百米左右，是个易守难攻的地方。10月25日拂晓，红七十五师与红七十八师乘晨雾茫茫、视度不良之机，分别由东、西两面同时向榆林桥守敌发起攻击。红七十五师迅速突破敌人的外围防御，占领制高点，歼敌大部，残敌向镇内溃退。此时，红七十八师在消灭洛河西皑子山之敌后，其第二三二团由西向东涉水向榆林桥据点发起进攻。担任预备队的红八十一师，也顺洛河左岸开阔川道向榆林桥西门及其两侧进攻。部队迅速突破敌人的防御，进入榆林桥镇，经过反复争夺，激战至下午，将敌全歼。这次战斗共毙伤敌300余人，俘敌团长高福元以下1800余人。高福元经过教育，拥护中国共产党的抗日民族统一战线政策，后被派回东北军做争取抗日的工作，对促进张学良同意停止内战、一致抗日，起了一定的作用。

劳山、榆林桥两战，共歼敌第六十七军一个师部、三个整团和一个整营，沉重地打击了东北军的气焰，为彻底粉碎敌人第三次“围剿”打下了坚实的基础。同时也为迎接中共中央和红一方面军主力的到来创造了条件。

后来黄镇写的《红二十五军十五个月斗争歌》中，也说到劳山、榆林桥两次战役。歌中说：

十月里来天气冷，
何立中劳山丧了命，
无敌的红军百战百胜，
榆林桥再消灭四个整营。[1]

---

① 《党的文献》1994年第3期。

榆林桥战斗后，红十五军团得知红一方面军主力已到达陕北吴起镇，备感振奋。部队上下，热切盼望着党中央和红一方面军的到来。

红二十五军经过千辛万苦，终于转战到达陕北，完成了战略大转移。这支英雄部队的远征，是可歌可泣的。1936 年《共产国际》第七卷第三期刊载的《中国红军第二十五军底远征》一文，曾赞扬道：

> “中国红军第二十五军的荣誉，犹如一颗新出现的明星，灿烂闪耀，光被四表！”
>
> “最堪注意的就是这支队伍差不多没有年逾十八岁以上的战斗员。从前的鄂豫皖苏区里，遭受异常残酷的白色恐怖，那些在战斗中牺牲者的孤儿，那些在一九三二年随红四方面军远征到四川的红军战斗员的子弟，便在这种恐怖条件下建立起游击队，从游击队变为现在以‘儿童军’著名的红二十五军。”
>
> “这一军大多数战斗员的年龄，只是从十三到十八岁。”①

就是这样一支年轻的红军队伍，在与党中央失去联系的情况下，孤军奋战，英勇顽强，经过整整十个月的艰苦转战，行程近万里，途经四个省，沉重地打击了敌人，创建了鄂豫陕根据地，保存和壮大了红军的有生力量，队伍人数由出发时的 2980 余人发展到 3400 余人，并在战略上配合了红一、红四方面军的长征，对红军长征的胜利乃至对中国革命作出重大的贡献。正如党中央到达陕北后，毛泽东对徐海东、程子华所说：红二十五军“为革命立了大功”。②

① 转引自黎光：《长征路上的年轻人》，《红二十五军长征纪实》，第 113—114 页。

② 程子华等：《记吴焕先同志》，《艰苦的历程》（下），第 179 页。

第 七 章

革命大本营奠基西北

一、突破天险腊子口

俄界会议后，红一方面军主力按照会议决定，于9月13日冒着雨雪交加的严寒，从俄界、罗达地区出发，继续北上，向甘南腊子口前进。

从俄界到腊子口，要经过藏族聚居区和原始森林区。由于藏族上层反动分子的造谣和威胁，早在红军到来之前，不少人就藏匿粮食，赶着牛羊，逃离村庄，躲进树木蔽日的山林。红军来到这里，人地两生，语言不通，吃住都遇到极大的困难。为了生存下去，继续前进，红军指战员每天都要花费很多时间，寻找野果、野菜吃。藏族上层分子还唆使一些不明真相的藏兵和居民，隐藏在栈道和隘路两旁的丛林中，以枪弹、弓弩和石块袭击红军，企图迟滞和阻止红军前进。他们武器落后，战斗力不强，但熟悉地形，善于攀缘，并且又是躲在暗处放冷枪，红军很难提防他们的袭击，几乎每天都要失去几十名战士。

原始森林地带也给红军的行军造成很大困难。这些地区峰峦起伏，森林茂密，道路崎岖，行军十分困难。9月13日，红三军和军委纵队从俄界起程到瓦藏寺，仅百十里路，竟然整整走了两天。16日，他们由崔古仓向腊子口前进，路过一片原始森林时，忽然浓云迷茫，暴雨如注，入夜后更是漆黑一团，人马咫尺亦不能辨认，结果迷失了方向，只好在森林的泥水里一直坐到天亮。[①]

与此同时，敌人也在红军前进的路上，加强了堵截的力量。

这时，甘南之西固、岷县、临潭一线，由鲁大昌的新编第十四师以及王均的第三军第十二师防守。第一路军总司令朱绍良还急转蒋介石关于悬赏缉拿毛泽东等红军领导人电给各县县长，不惜重金，企图捕害中共中央和红军领导人等。原文是：

奉委员长蒋阳亥蓉行参战电开：据报，北窜之匪毛、彭、林等均在内，饥疲不堪，不难消灭。兹再申擒斩匪首赏格如下：

（1）毛匪泽东生擒者奖十万元，献首级者奖八万元；

（2）林匪彪、彭匪德怀生擒者各奖六万元，献首级者各奖四万元；

（3）博古、周恩来二匪生擒者各奖五万元，献首级者各奖三万元；

（4）凡伪中央委员、伪军团政委、伪军（团）长及伪一、三军团之伪师长等各匪首生擒者各奖三万元，献首级者各奖二万元；

（5）其他各著名匪首，凡能生擒或献首级者，仍照前颁赏格各给0172[②]。希通饬各县及地方军民人等，一体知照。等因。

特电遵照[③]

根据上述情况，红一方面军主力乘敌人在甘南兵力比较薄弱，西固到岷县的封锁线尚未筑成之机，即乘虚疾进。9月16日，击溃敌第十四师第六团拦阻，逼近要隘腊子口。

腊子口位于甘肃迭部县境，是四川通往甘肃的重要隘口，素有天险之称。隘口两边是悬崖峭壁，中间是一条水深流急的腊子河，河上

① 甘肃省军区党史资料征集办公室编：《三军大会师》上册，甘肃人民出版社1987年版，第29—30页。

② 此系原件留下的电话，但未译。

③ 《红军长征·参考资料》，第704页。

架有一座木桥，桥头筑有碉堡，这是进入腊子口的唯一通道。敌人在这里布置了两个营的兵力，从山口往里，直到岷县，纵深配置三个团的兵力，严密封锁红军北上的去路。

夺取腊子口，是突破敌人封锁，进入甘南的关键性一仗。9月16日，毛泽东与第一军军长林彪、政治委员聂荣臻，联名致电彭德怀："顷据二师报告，腊子口之敌约一营踞守未退，该处是隘路，非消灭该敌不能前进。"① 并决定以先头部队第一军第四团迅速夺取腊子口，为红军北上打开一条通路。第四团受命后，向腊子口兼程疾进，并连续打垮敌鲁大昌第十四师两个营的堵击，歼敌一部，至下午4时，先头营开始在腊子口接敌，但被敌人的机枪火力和下冰雹似的手榴弹挡了回来。

这时，团长王开湘、政委杨成武赶到。他们立即率领全团营、连干部，到前面察看地形，重新组织战斗。后来，杨成武回忆说：

> 我们来到前沿，用望远镜抬头一看，果然这里地形险峻极了。沿沟两边的山头，仿佛是一座大山被一把巨型的大刀劈开了似的，既高又陡。周围全是崇山峻岭，无路可通。从下往上斜视山口只有三十来米宽，又像是一道用厚厚的石壁构成的长廊。两边绝壁峭立，腊子河从沟底流出，水流湍急，浪花激荡，汇成飞速转动的漩涡，水深虽不没顶，但不能徒涉。在腊子口前沿，两山之间横架一座东西走向的木桥，把两边绝壁连接起来，要经过腊子口，除了通过这个小桥别无他路。桥东头顶端丈把高悬崖上筑着好几个碉堡，据俘虏称，这个工事里有一个机枪排防守，四挺重机枪对着我们进攻必须经过的三四十米宽、百十米长的一小片开阔地，因为视距很近，可以清楚地看到射口里的枪管。这个重兵把守的碉堡，成了我们前进的拦路虎。石堡下面，还筑有工事，与石堡互为依托。透过两山之间三十米的空间，可以看到口子后面是一个三角形的谷地，山坡上筑有不少的工事。就在这两处方圆不过几百米的复杂地形上，敌人有两营之众，此外还有白天被我们击

① 《红军长征·文献》，第696页。

溃逃到这里的敌人。

口子后面的腊子山，横空出世，山顶积着一层白雪，山脉纵横。据确切的情报，鲁大昌以一个旅部率三个团的重兵，扼守着口子至后面高山之间的峡谷，组成交叉火力网，严密封锁着我们的去路。

经过反复缜密的侦察，和我一营攻击时敌人暴露的火力，我们发现敌人有两个弱点：一是敌人的炮楼没有顶盖；二是口子上敌人的兵力集中在正面，凭借沟口天险进行防御，两侧因为都是耸入云霄的高山，敌人设防薄弱，山顶上没有发现敌人。

我们又把望远镜对向敌人石堡旁边的悬崖峭壁：

这一面石壁，从山脚到顶端，约有七八十米高，几乎成仰角八九十度，山顶端倒是圆的，而石壁既直又陡连猴子也难爬上去，石缝里零零星星地歪出几株弯弯扭扭的古松。敌人似乎没有设防，可能是因为它太陡太险。团长和我边观察边研究，觉得倘若能组织一支迂回部队从这里翻越上去，就能踞〔居〕高临下地用手榴弹轰击敌人的碉堡，配合正面进攻，还可以向东出击，压向口子那边的三角地带。可这面绝壁看着叫人眼晕。如何上得去?

……

在这关键时刻，我们又召集连队的士兵开了大会，讨论的中心议题是如何打下腊子口，要大家献计献策。哪知，一个贵州入伍的苗族小战士来了个“毛遂自荐”，说他能爬上去。大家都惊奇地望着他。当然，只要有一个人能上去，就可以上去一个连，一个营。可是，他怎么能爬得上去呢？①

这个战士外号叫“云贵川”，作战非常勇敢。他说：在家采药、打柴，经常爬大山，攀陡壁，眼下这个悬崖绝壁，只要用一根长竿子，竿头绑上结实的钩子，用它钩住悬崖上的树根、崖缝、石嘴，一段一段地往上爬，就能爬到山顶上去。于是，他们把希望寄托在这个苗族小战士的身上，决心做一次大胆的试验。

---

① 《杨成武回忆录》（上），第251—253页。

天将黄昏时，他们做好了两面出击，即翻山迂回和正面强攻的准备工作。迂回部队由侦察队、信号组和第一、第二连组成，由团长王开湘率领；正面强攻的任务由第二营担任，第六连是主攻连，由团政委杨成武指挥。

天擦黑时，王开湘率迂回部队过了腊子河，开始向绝壁上攀登。那个苗族小战士捷足先登爬了上去，将随身携带的长绳从上面放下来，后面的人一个一个顺着长绳爬了上去。与此同时，担任正面强攻的第六连选择20名战士组成突击队，由连长杨信义和指导员胡炳云指挥，乘着朦胧夜色向敌人的桥头阵地接近，从正面展开了猛烈的进攻，以掩护迂回部队的行动。但攻了几次都没有攻上去，直到凌晨3时，他们才偷偷地涉水过河占了桥的另一端。

担任迂回的第一连在毛振华率领下首先爬到山顶，但到处都是悬崖陡壁，找不到往前和往左的去路，当时又不能照明，只好摸着黑找，直到天亮前，他们才找到了道路，立即发出一红一绿两颗信号弹。这是进攻的信号！杨成武在山下看到以后，命令立即发出三颗红色信号弹，向敌人发起总攻。他后来回忆说：

> 晨曦中，总攻部队开始过河了，全团的轻、重机枪也一齐向隘口炮楼逃出来的敌人扫射。六连的同志更是威风，现在连步枪也不用射击了，一个个身背马枪，抡起雪亮的大刀，冲向独木桥，向敌人左砍右杀，只看到峡谷里刀光闪闪，鲜血四溅。没用多久，我们就抢占了独木桥，控制了隘口上的两个炮楼。我见初战获胜，便命令总攻部队分兵两路，沿着河的两岸向峡谷纵深扩大战果。
>
> ……
>
> 经过两个小时的冲杀，我们突破了敌人设在口子后面三角地带的防御体系，夺下了一群炮楼，占领了几个敌人的预设阵地和几个堆满弹药、物资的仓库。全团一边作战一边就地补充弹药，随后向敌人发起了更加猛烈的攻击。
>
> 敌人退至峡谷后段的第二道险要阵地后，又集结兵力，扎下阵脚，顽固抵抗，企图等待援兵到来之后一齐向我反扑。被我迂

回部队截断的一营敌人，这时也疯狂地向我侧射击。我立即命令第五连配合我崖上的第一、二连，消灭这股敌人。经过连续冲锋，我们把他们压在悬崖绝壁上，随后就缴了他们的枪。与此同时，我们还集中其余所有的兵力向敌人的第二道阵地冲击。在我炮火、机枪的猛烈射击下，经过我二营近一小时的连续冲锋，敌人终于全部溃败了。我们便全部占领了天险腊子口。

……

腊子口一战，是长征途中少见的硬仗之一，也是出奇制胜的一仗。这一仗打出了红军的威风，显示了红军战士智勇双全，一不怕苦、二不怕死的硬骨头精神，彻底粉碎了蒋介石企图把红军困死、饿死在雪山草地的罪恶计划。①

顺利占领天险腊子口的意义确实是重大的，正如聂荣臻在回忆中所说："腊子口一战，北上的通道打开了。如果腊子口打不开，我军往南不好回，往北又出不去，无论军事上政治上，都会处于进退失据的境地。现在好了，腊子口一打开，全盘棋都走活了。"②

二、胜利到达吴起镇

红一方面军在攻占腊子口后，继续北进，越过岷山。岷山是青海、甘肃、陕西和四川分界的名山，上山下山 25 余公里，前卫部队在山腰上遭敌机的袭击，所幸没有什么损失，下了岷山进占大草滩，脱离了藏族聚居区。接着，继续北进，9 月 18 日先头部队占领哈达铺，主力随后跟进，并在哈达铺地区进行了短暂的休整。

哈达铺是甘肃岷县南部（今属宕昌县）的一个镇子。当地盛产药材当归，回民占一半以上，据说越往北走，回民越多。中革军委考虑

---

① 《杨成武回忆录》（上），第 265、268 页。

② 《聂荣臻回忆录》（上），第 289 页。

到红军进入了回民聚居地区，为认真贯彻党的民族政策，特颁发《回民地区守则》。这个守则条目很多也很细，除了规定不得擅入清真寺，不得任意借用回民器皿、用具外，还规定不得在回民住家杀猪和吃猪肉。

9月22日，中共中央在哈达铺召开红一、红三军团以上干部大会，毛泽东在会上作了报告。他说："目前，日本帝国主义侵略中国，我们就是要北上抗日。首先要到陕北去，那里有刘志丹的红军。我们的路线是正确的，现在我们北上先遣队人数是少一点，但是目标也就小一点，不张扬，大家用不着悲观，我们现在比一九二九年初红四军下井冈山时的人数还多哩！"①按中央政治局俄界会议决定，军委纵队和红一方面军主力整编为中国工农红军陕甘支队，彭德怀为司令员，毛泽东为政治委员，林彪为副司令员，叶剑英为参谋长，王稼祥为政治部主任，杨尚昆为政治部副主任。下辖三个纵队：第一纵队以红一军为基础，共编五个大队，把红三军十三团编入第一纵队，司令员林彪，政治委员聂荣臻，参谋长左权，政治部主任朱瑞；第二纵队以红三军为基础，共编三个大队，彭德怀兼司令员（不久彭雪枫接任），政治委员李富春，副司令员刘亚楼，参谋长萧劲光，政治部主任罗瑞卿；军委纵队编为第三纵队，司令员叶剑英，政治委员邓发，红三军教导营编入第三纵队。每个大队基本上是原来团的建制，取消了营级建制，每个大队辖五个步兵连，一个机关枪连，团的侦察排、工兵队和卫生队全部集中到纵队。全支队共7000余人。会议还决定派谢觉哉、毛泽民去新疆建立交通站，设法打通国际关系。

陕甘支队进驻哈达铺后，震惊了蒋介石，他害怕红军东进天水，威胁西安，遂将其主力向天水集结，并以一部兵力占领渭河附近的武山、漳县两城，防红军东进。

这时，中共中央搜集到《大公报》等报纸，得知陕甘苏区正处在蓬勃发展之势。1935年7月29日《大公报》社评说：

> 徐向前朱毛之趋向，尚不尽明，今姑暂不论甘，而专就陕事一言。第一：国人应注意者，现在不独陕北有匪，陕南亦然，徐海

① 转引自《聂荣臻回忆录》（上），第290页。

东一股，猖獗已久，迄未扑灭，故论陕乱，不能专看北部。第二：过去所谓陕北，系指旧榆林、绥德、延安属，近则韩城一带亦睹匪踪，是由陕北而关中矣。……第三：就陕北言，兵队确不为多，就全陕论，则目下集中之军队，殆不下十师以上，而匪方总数，通南北计之，有械者当不过万余。由第一、二两点，可知陕乱严重之轮廓，由第三点，可知迄今为止，军事效率之不良，证明此后应努力之点，不仅军事上之问题而已也。

关于农村赤化问题，陕北确甚于陕南。陕南匪区小，为时亦暂，陕北则有广大之区域，与较久之根据（地）故也。……

……大体言之，陕北二十三县中，近惟井岳秀师担任之旧榆林府属五县及米脂县，情形较安。绥德以南，迄延安、鄜州（即鄜县）一带，七八百里间，路早不通，多不可问。近月陷城之县有六，即延长、延川、安塞、保安、安定、靖边。高桂滋师驻绥德，目下可维持两三县，余不可及。近时最危者，为延安城之运命，驻有井、高两师部队，已月余不通音耗，延安以南，情况更不可知。要之纵横数百里间，殆尽成赤化，较之赣事紧急时，其区域之广大相若。

7 月 23 日《大公报》刊载阎锡山 7 月 22 日晨在绥靖公署及省府纪念周报告，说：

陕北匪共甚为猖獗，全陕北二十三县几无一县非赤化，完全赤化者有八县，半赤化者十余县，现在共党力量，已有不用武力即能扩大区域威势。……全陕北赤化人民七十余万，编为赤卫军者二十万，赤军者二万。

8 月 1 日《大公报》援引敌八十四师师长高桂滋的话，说：

盘踞陕北者为红军二十六军，其确实人数究有若干，现无从统计，但知其枪支不过万余。……匪军军长刘子丹（即刘志丹——引者注）辖三师，……为匪军主力部队，其下尚有十四个游击支队。

> 此外各种小组如赤卫队等则甚多。匪军现完全占领者有五县城，为延川、延长、保安、安塞、安定等。靖边一度陷落，顷已收复。……所部自去岁开到陕北接防，担任剿匪后，与匪大小战不下百余次。其后因扰乱绥远之杨猴小匪部窜至陕境，本人抽兵前往堵剿，同时冯钦哉部又调至陕南镇摄，以防范徐海东匪部，官军之力量薄弱，匪军之防地乃愈扩大。当时曾被占有十县之地，防线延长，交通不便；如是剿匪更为不易。现在陕北状况，正与民国二十年之江西情形相彷佛。

关于红二十五军徐海东部，《大公报》8月1日还有这样的记载：

> 徐海东于七月中旬率悍匪三千余众，由商（县）、雒（南）、镇（安）、柞（水）等县突围而出，是役追击徐匪之警备第一旅唐嗣桐旅，有两团覆没，唐旅长被俘，终以身殉。其后匪部即过蓝田出终南山口窜长安县境之引驾回镇，……另有一股由子午口窜出，两地距省城均四五十里之谱。

阅读这些报纸后，张闻天于9月22日欣然命笔，写下了题为《发展着的陕甘苏维埃革命运动》的读报笔记，其中说："不论敌人怎样拼命，然而他们无法消灭，甚至防止苏维埃革命运动的发展。西北各省的苏维埃革命运动更是在大踏步的前进中。""让那些没有气节的机会主义者去悲叹中国苏维埃革命运动的低落，去歌颂反动统治的日益巩固吧。能够解决产生中国革命基本矛盾的力量，只有中国共产党与他所领导的苏维埃政权。我们将踢掉这些障碍物，肃清自己前进的道路，为创造川陕甘新苏区而斗争！"①

9月23日，陕甘支队遵照中共中央的指示，以一部兵力东进闾井镇，佯攻天水，以调动敌人向该地集中，主力乘机以急行军突然折向西北；摆脱敌重兵阻击，通过了敌武山、漳县间的封锁线，并在鸳鸯镇

① 《红军长征·文献》，第703页。

和山丹镇之间渡过渭河，于9月27日到达通渭县的榜罗镇。28日，中央政治局在此召开常委会，根据在哈达铺从报纸上了解到的情况，决定放弃俄界会议确定的行动方针，率领陕甘支队迅速北上，同西北红军和红二十五军会合，“在陕北保卫和扩大苏区”。随即，陕甘支队召开干部大会，传达榜罗镇会议精神，部署与陕甘苏区红军会合。

28日清晨，灰蒙蒙的天空飘着零星小雨。在榜罗镇小学门前的打麦场上，召开全军连以上军政干部大会，毛泽东、彭德怀、张闻天、林彪分别讲话。“庄严的空气，团结一致的精神，笼罩着整个会场，这个露天的，毫无装饰的，风和雨在飞舞着的会场。人人在谛听着领袖们的讲话，热血沸腾着，寒冷悄悄地逃走了。”①

9月29日，陕甘支队按照中共中央确定的新方针，由榜罗镇地区出发北进，当日攻占通渭城。通渭东邻静宁，西接陇西，北靠会宁，南通渭水，是陕甘支队进入甘肃后打下的第一座县城。红军入城后，即打开县监狱，释放了被关押的群众，接着在大街小巷张贴布告和标语，向群众宣传红军的主张，要求群众安居乐业，支持红军北上抗日，不要听信谣言，自相惊扰。县城居民看到红军军纪严明，热爱群众，很快打消了疑虑，城内秩序很快恢复了正常。

9月30日下午，毛泽东在伪县政府大厅里主持召开了领导干部会议，再次作了关于目前形势和任务的报告，提出部队进入陕甘苏区的注意事项。政治部也发出通知，要求各部队检查行军纪律，深入开展越过西兰大道，进军陕甘苏区的政治动员，并根据报纸上“提供”的情况，编写了《会合红二十五、二十六军，在陕北创立根据地讨论大纲》，绘制了《陕甘苏区略图》，发到各连队，作为进行动员的教材。②

10月2日，陕甘支队在静宁以西击溃敌人一部，缴获汽车十余辆，控制了西（安）兰（州）公路东西五公里。3日，中央机关到达静宁县的界石铺。4日在界石铺打了一个漂亮的伏击战，截获了敌人十余辆汽车上的物资。5日，到达隆德县的单家集，击溃敌人一个营，进抵六盘

① 定一：《榜罗镇》，《中国工农红军第一方面军长征记》，第414页。

② 《三军大会师》上册，第41—42页。

山麓。

六盘山，位于宁夏南部甘肃东部，海拔 2928 米，由此向南，逶迤 240 余公里，为陕北和陇中高原界山，渭河和泾河分水岭。山路曲折盘旋，六重始达山顶，由此得名。10 月 5 日至 7 日，陕甘支队以“不到长城非好汉”的英雄气概，越过六盘山，第一纵队在固原县的青石嘴消灭东北军何柱国部骑兵两个连，缴获战马 100 余匹。红军用这批马装备侦察连，从此有了自己的骑兵部队。后来，聂荣臻欣慰地说：“我们用缴获的马匹装备了纵队的侦察连，我们也开始有自己的骑兵部队了。第一任骑兵侦察连连长是梁兴初，副连长就是日后驰骋在晋察冀根据地的骑兵团长刘云彪。”①

就在上述战斗结束以后，红军第一纵队第十三大队，在青石嘴附近被东北军大约两个团的骑兵截断去路。大队长陈赓、政委邓富连等为了减少部队的伤亡，决定给敌人以突然袭击，乘敌混乱之机突围出去。下午 2 时，由参谋长彭雄率领的前卫连突然冲了上去。敌人发现他们人数不多，便编好队举着马刀冲过来，战斗进行得非常激烈。直到下午 4 时多，第二、第三、第四连才冲出去。这时，敌毛炳文部第三十七军的两个步兵团也追了上来，红军腹背受敌，情况十分危急，剩余部队如不能赶快突围出去，就有可能被敌人消灭或造成大量伤亡。于是，邓富连要第二、第三排迅速突围，自己率第一排在后阻敌。战斗打到 6 点多钟，他才带着最后留下的一个班撤出阵地。敌骑兵仍挥着马刀乱砍一气，一道寒光从他头上边闪过，帽子都被砍飞了，终于摆脱了敌人的围追。这一次战斗，第十三大队有 30 多人伤亡，而敌人却有近 200 多骑兵、步兵和 100 多匹战马被打死，因而受到了纵队长的表扬。②

在这之后，陕甘支队向环县方向疾进。战士们举着的红旗在迎风招展，红军队伍像奔腾的铁流涌向前方，此情此景，真是壮观万分。当时，毛泽东感到“豁然开朗”，“柳暗花明又一村”了，即兴赋词《清

---

① 《聂荣臻回忆录》(上)，第 284 页。

② 邓飞：《青石嘴突围战》，中共宁夏回族自治区党史资料征集委员会，中国人民解放军宁夏军区政治部：《红旗漫卷》，宁夏人民出版社 1989 年版，第 63—67 页。

平乐·六盘山》，抒发了自己的革命自豪感和对中国革命胜利的自信心。词文是：

天高云淡，
望断南飞雁。
不到长城非好汉，
屈指行程二万。

六盘山上高峰，
红旗漫卷西风。
今日长缨在手，
何时缚住苍龙。

在翻越六盘山时，曾发生了一起严重的红军命案：一夜之间竟无声无息突然死了300余人。为此，组织了专门力量进行侦破，也抓了一些可疑的人，但经过立案调查数月，最终没有找到任何线索和确凿证据。这一谜案，直到54年后，才终于揭开了谜底。原来红军从六盘山上下来后，部队又累、又渴、又饿，许多人饥渴难忍，就到沟谷找清澈的泉水喝，万没想到，这里的泉水带有大量氰气。氰与钾、钠最具亲和力，首先与钾结合生成“氰化钾”，其次与钠结合生成“氰化钠”。这是两种毒性极强的物质，人体若摄入50微克，即可造成中枢神经阻断型死亡，而且无任何知觉。①

然后，红军绕道环县、曲子镇，晓行夜宿，长驱东进。当到达河连湾宿营时，突破乌江、腊子口的英雄，赫赫有名的战将毛振华不幸牺牲。后来，杨成武含泪回忆说：“毛振华连长，是我们的好连长！他渡乌江立了大功，得了奖。腊子口一仗他又立了大功。他是带兵的模范，打仗的英雄。他的牺牲，是我们这支队伍的损失！我们失去了一个好

① 《六盘山揭疑》，《解放军报》1993年9月7日。

战友，党失去了一个忠诚战士。”①

红军指战员怀着悲愤的心情，继续向东疾进。10月19日，胜利到达陕甘根据地的吴起镇。

原干部团的红军老战士、著名作家成仿吾，回忆起当时到达吴起镇的情景时说：

> 下午在距离吴起镇约二十里的一些村庄宿营。傍晚，刚吃过晚饭，司令部命令各纵队都进驻吴起镇及附近村落。大家听到这个命令，莫不十分高兴，因为就要回到红区了。很多人忘记了几天行军的疲劳，像小孩一样，连跳带跑，直往吴起镇跑去。但是当我们进入吴起镇时，群众误以为是匪军又来骚扰，仓惶〔皇〕逃避一空。我们在街上与窑洞内外，到处发现“中国共产党万岁！”“拥护刘志丹”的标语，确定这已是陕北红区的地方了。大家兴奋地不约而同地说：“我们真的回到自己家了！”于是四出去找群众，半天找着几个老头、老太太，却语言不通，讲什么都说：“解不下”，我们的同志误以为群众“害怕”，因为音很相近。战士们首先把街道打扫干净，贴上各种标语，如“北上抗日，收复失地！”“与二十五、六、七军会合，一致抗日救国！”不久那些老人又找来了一些群众。很快当地的支部书记与乡政府主席回来了，他们和战士们热烈握手，战士们把乡干部们围起来，差一点把他们举上天空，口里说着南腔北调，但一张张的脸上表现出十分激动的心情，有的人热泪久久挂在脸上。乡干部们很热情地和部队的负责同志研究解决各种需要。第二天早晨，全镇的男女老少都回来了，见了我们一个个笑容满面，不断地说：“啊！原来是咱们自己人！”②

这时，敌骑兵四个团追了上来，其一部向吴起镇以北迂回，主力

---

① 《杨成武回忆录》（上），第297—298页。

② 成仿吾：《长征回忆录》，人民出版社1977年版，第163—164页。

在二道川的唐儿湾、刘家亭子一带。毛泽东说:“我们打退追敌，不要把敌人带进根据地。”[①]这句话成为红军的动员令。彭德怀按照毛泽东的决心，具体地部署和指挥了这次战斗。他利用吴起镇一带的有利地形，在塬上的深沟内设伏，并以第二纵队在左翼，第一纵队在正面，于21日晨首先向迂回吴起镇西北之敌马鸿宾部发起攻击，经数小时激战，将敌击溃。接着，又乘胜在杨城子以西，在齐桥、李新庄之间地区，分别击溃东北军白凤翔部另两个骑兵团，从而迫使敌追击部队停止“追剿”。

当时担任敌马鸿宾部骑兵团团长的马培清，记述东北军白凤翔部骑兵第三、第六师两个团被红军歼灭的情景时说:

> ……白凤翔部的骑兵第三师和骑兵第六师浩浩荡荡，顺头道川奔驰而来。白部当时自以为人多势众，装备精良，所以气焰嚣张，根本就没有料到红军会在这里组织伏击。……一时枪声炮声，回荡山间，震耳欲聋，战斗十分激烈。我亲眼目睹了这一场战斗，看到了红军战士的英勇顽强，知道白部正陷重围，只好命令部队向前面一座山头发起攻击。……（不久）白部第十七团已经被歼，十八团正在与红军激战。经与白凤翔联系，知道白部当时伤亡已将近四五百人。
>
> ……
>
> 事后，据白凤翔谈，该部所有山炮、迫击炮、重机枪等重型武器都在这次战役中丢弃，另外还损失驮马、战马各八百余匹……[②]

吴起镇战斗，击溃敌骑兵四个团，歼敌数百人，俘敌官兵200余人，缴获战马200匹。

这时，毛泽东十分高兴，赋诗赞扬彭德怀的卓越军事指挥才能和无畏的作战精神。诗文是:

---

① 转引自《彭德怀传》，第144页。

② 马培清:《东北军骑兵师吴起镇被歼目睹记》，载《全国文史资料》第62期，第202—203页。

山高路远坑深，
大军纵横驰奔。
谁敢横刀立马？
唯我彭大将军！①

后来，彭德怀看到毛泽东写给他的这首诗后，曾将末句改为“唯我英勇红军”，然后将诗送还毛泽东。这首诗今天已被人们广泛传诵，成为不仅是当年的彭德怀，也是对彭德怀一生的最简洁又最鲜明、生动的写照。②

这一仗之后，吴起镇声名大振，敌人一时不敢前来进犯了，于是红军按计划在吴起镇休息了七天。在这七天之内，红军不仅完成休息整理计划，并且攻破为患保安县属人民多年之千佛山反动寨堡。该堡内集中了全县最反动的地主豪绅，驻有数千匪化之反动民团，地方人民被其掳掠劫夺和奸淫者不可胜数，人民视为心腹之患。这次红军将他们斩草除根，民团全部被红军缴械后遣散，反动土豪则将其罚款后驱逐出境。千佛山被攻破后，周围民众莫不表示欣幸，男女老幼送东西来慰劳红军者，络绎不绝，战士们大有应接不暇之势。③

中共中央率领陕甘支队胜利到达陕甘苏区吴起镇，宣告中央红军历时一年，纵横福建、江西、广东、湖南、广西、贵州、云南、四川、西康、甘肃、陕西 11 省，长驱二万五千里的长征胜利结束，从而完成了艰苦卓绝的战略转移任务。红一方面军主力长征的胜利，标志着蒋介石企图消灭中共中央和红一方面军狂妄计划的破产，充分显示了共产主义运动无比强大的生命力，证明了中国共产党领导下的人民军队是不可战胜的。这是以毛泽东为核心的中共中央正确领导的结果，是

① 中共中央文献研究室编：《毛泽东年谱（1893—1949 年）》上卷，中央文献出版社 1993 年版，第 481 页。《彭德怀传》与此所载不同。

② 《彭德怀传》，第 144 页。

③ 杨定华：《从甘肃到陕西——抗日人民红军北上长征的最后阶段》，《中国工农红军第一方面军长征记》，第 410 页。

广大指战员前赴后继、英勇奋战的结果，是北上方针的伟大胜利。

三、奠基礼

1935 年 10 月 22 日，中共中央在吴起镇召开政治局扩大会议，出席会议的有张闻天、毛泽东、周恩来、博古、王稼祥、邓发、刘少奇、凯丰以及彭德怀、李富春、聂荣臻、叶剑英、贾拓夫等，毛泽东在会上作关于目前行动方针的报告。他说：陕甘支队自俄界出发已走 1000 公里，到达这一地区的任务已经完成。现在全国革命总指挥部到这里，成为反革命进攻的中心。我们的任务是保卫和扩大陕北苏区，以陕北苏区领导全国革命。会议一致认为榜罗镇常委会的决定是正确的，通过了毛泽东的报告，宣告红一方面军长征胜利结束，决定党和红军今后的战略任务是“建立西北苏区，领导全国大革命”。至此，中共中央开始了领导陕甘军民开创中国革命和革命战争新局面的伟大斗争。随后，即派白区工作部部长贾拓夫作为先遣队，前往寻找陕甘红军和刘志丹。

10 月 24 日，陕甘支队政治部主任王稼祥、副主任杨尚昆，发出《关于禁止焚毁农具和打土豪事的命令》，指出本地已是苏区，已有苏维埃政府与群众团体，本地居民的阶级成分，政府已经确定；同时，本地牛力与驴子对于生产十分重要，因此本部特决定：“禁止杀牛和驴子，禁止焚毁农具”。①

10 月 29 日，陕甘支队又发出《告红二十五、二十六军全体指战员书》，赞扬了红二十五、红二十六军的斗争业绩，表示愿“亲密的团结起来，为保卫扩大陕北苏区，粉碎敌人新的围剿，开展西北苏维埃运动的大局面，开展神圣的民族革命战争”而斗争。②

这些命令和文件，表明了陕甘支队尊重当地政府、团结当地红军，

---

① 《三大会师》下册，第 581 页。

② 《三大会师》下册，第 582—583 页。

着眼于巩固、扩大和建设陕甘革命根据地的政策和愿望。

但是，这时陕甘苏区正面临着外有国民党军的第三次“围剿”，内有“左”倾冒险主义干扰的困难局面。

1935 年 7 月，执行“左”倾冒险主义的“中央代表”到达陕甘苏区后，同原在该地区执行“左”倾冒险主义的中共北方局代表相结合，形成“左”倾冒险主义在党内的统治。他们鼓吹全国形势和陕甘形势都正在“伟大阶级决斗的前夜”，革命力量与反革命力量相比已占了“绝对优势”，红军必须实行“全线出击”，“不让敌人蹂躏苏区一寸土地”，要攻打延安等城市，反对所谓“取消主义”，并认为刘志丹等是右倾。红二十五军到达陕甘苏区后，那些在鄂豫皖苏区随张国焘搞“肃反”扩大化的人，与陕甘苏区的“左”倾冒险主义领导人结合，把张国焘编写的一本名叫《肃反》的小册子拿来照搬照抄。陕甘晋省委成立后，9 月 21 日发出指示，决定建立政治保卫系统，颁布赤色戒严令，实行“肃反”，逮捕大批干部，陕甘红军营以上党政干部被错杀者达 200 余人。这次“肃反”的目标首先是对着红十五军团副军团长兼参谋长、陕甘苏区和西北红军主要创始人之一刘志丹的。10 月 6 日，他们骗刘志丹去瓦窑堡开会，秘密命令逮捕刘志丹。恰好这天刘志丹因公要去瓦窑堡，路上遇见了传递命令的通讯员，通讯员不明信的内容，把信交给刘志丹。刘志丹看到逮捕令，仍坦然前往瓦窑堡，立刻被捕入狱。从 9 月下旬至 10 月上旬，陕甘苏区许多党、政、军领导干部如习仲勋、高岗、张秀山、马文瑞等被捕入狱，使陕甘苏区处于内忧外患的境地，形势十分危险。

中共中央了解到上述情况后，立即召开会议，下令停止“肃反”，停止捕人，要刀下留人。毛泽东、周恩来、彭德怀联名指出，陕甘晋省委在“肃反”中“错捕一批人，定系事实”。为了纠正“左”倾冒险主义，制止错误“肃反”，中央派王首道、贾拓夫等去瓦窑堡释放被关押的刘志丹等。中央还决定成立以董必武为书记的五人领导小组，负责审查“肃反”扩大化错误。在中共中央的直接领导下，陕甘晋省委把刘志丹等一批领导干部释放出狱，予以平反，恢复其工作，从而稳定了干部队伍，挽救了陕甘苏区的危局。

与此同时，陕甘支队在吴起镇短期休整后，于10月底经保安东进，11月2日，在甘泉地区的象鼻子湾同红十五军团会师。毛泽东、彭德怀立即赶到红十五军团司令部，会见红十五军团的领导人。当时红十五军团军团长徐海东正在前线，得知后快马加鞭往回赶，67.5公里中间还有两座山，三个钟头就赶到了。毛泽东向他们表示慰问，并送给他们一部电台。①

中共中央和毛泽东到达红十五军团司令部的消息很快在前方部队中传开，红军指战员十分高兴。在“打个大胜仗，迎接党中央”，“打下张村驿，迎接毛主席”的口号下，向敌人发起猛烈攻击，一举拿下张村驿等据点，缴获了大批粮食和物资。

张村驿战斗后，在鄜县以北地区召开了欢迎红一方面军第一军团和红十五军团会师大会。萧华和郭述申分别代表两军指战员讲话。

为了加强红十五军团的各级领导，中央先后派周士第、王首道、陈奇涵、冯文彬、张纯清、宋时轮、黄镇、唐天际、杨奇清、周碧泉、伍修权、毕士悌等一批军政干部到红十五军团工作。红十五军团领导对这些同志的到来表示热烈欢迎，除中央直接任命的以外，其他同志都安排到了各级领导工作岗位上，一视同仁，团结战斗。徐海东了解到中央和红一军团经济困难时，立即让军团供给部从积蓄的7000元中取出5000元送给中央。同时，还从各连队抽出部分枪支、弹药，供给部、卫生部还抽出部分衣物、布匹、医药等用品，送给了红一军团。红军供给部长叶季壮连声说：这真是雪中送炭啊！红十五军团的这种精神受到了中央领导的高度赞扬。毛泽东曾称赞徐海东是对中国革命有大功的人，是工人阶级的一面旗帜。

在此期间，中共中央于11月3日在甘泉下寺湾召开政治局常委会议，听取了陕甘晋省委副书记郭洪涛、西北军委主席聂洪钧关于陕甘苏区情况的汇报。接着，召开政治局常委扩大会议，确定对外用中共西北中央局和中央政府办事处的名义，待打破“围剿”后再公开使用中共中央和中央政府名义；由毛泽东、周恩来、刘少奇、凯丰分别负责

① 徐海东：《会师陕北》，《忆徐海东》，第353—354页。

军事、组织、工会、少共工作，并决定任命王稼祥为总政治部主任，李维汉为中央组织部部长，同时确定了西北革命军事委员会组成名单。

同日，中华苏维埃共和国中央政府决定，成立中国工农红军西北革命军事委员会[①]，毛泽东、周恩来、彭德怀、王稼祥、聂洪钧、林彪、徐海东、程子华、郭洪涛为军事委员会委员，毛泽东为主席，周恩来、彭德怀为副主席；后来，又增补叶剑英、聂荣臻、刘志丹为军委委员。同时，西北革命军事委员会发布命令：宣布恢复红军第一方面军番号，红十五军团编入红一方面军序列。彭德怀任方面军司令员，毛泽东任政治委员，叶剑英任参谋长，王稼祥任政治部主任。原第一、第三军合编为红军第一军团，林彪任军团长，聂荣臻任政治委员，辖第二、第四师和第一、第十三团。红十五军团，徐海东任军团长，程子华任政治委员，辖第七十五、第七十八、第八十一师和一个骑兵团。全军共 1 万余人。11 月 5 日，西北革命军事委员会后方办事处成立，周恩来任主任，聂洪钧任副主任，张云逸任参谋长。

中共中央到达陕甘苏区和红一方面军主力同红十五军团的胜利会师，对国民党是一个巨大的威胁。10 月 28 日，国民党“西北剿总”即决定重新调整“围剿”部署：以五个师的兵力，分别由鄜县、合水东西对进，企图乘红军立足未稳，围歼中共中央机关和红一方面军于洛水以西葫芦河以北地区。其具体部署是：以东北军第五十七军四个师，由甘肃的庆阳、合水地区，经太白镇沿葫芦河东进；第六十七军之第一一七师由洛川北进鄜县，而后西进，首先打通由合水至鄜县的交通联系，以实现其构成葫芦河东西封锁线的第一步计划。

11 月 1 日，敌第五十七军在军长董英斌指挥下，采取稳扎稳进、步步为营的方针，由西向东推进，其先头第一〇九、第一一一师当日进占太白镇，第一〇六、第一〇八师随后跟进；第六十七军第一一七师，在军长王以哲指挥下，于 6 日由洛川到达鄜县。两路敌军总兵力 3 万余人，红一方面军只有 1.2 万人，敌军在兵力和武器装备上都占很大优势。

---

① 西北革命军事委员会，在中共中央直接领导下，实际上是中央革命军事委员会。

西北革命军事委员会分析了当时敌我双方的情况，认为敌人新的进攻形势是严重的，敌兵力大于我一倍以上，如果让敌人构成合水至鄜县、鄜县至延安的东西、南北封锁线，敌人对陕甘苏区的第三次“围剿”便无法打破，而且现有的苏区也不能巩固，中共中央在陕甘地区立足也是困难的。这是对红军不利的方面。同时，也存在有利条件。东北军广大官兵对蒋介石对日妥协、对内“剿共”的反动政策颇为不满，士气低落；中共中央和红一方面军主力到达陕甘，极大地鼓舞了陕甘苏区全体军民的胜利信心，增强了反“围剿”的军事力量，红军全体指战员士气高涨，一致要求以打胜仗来庆祝陕甘支队同红十五军团的胜利会师；广大群众拥护红军；直罗镇地区的地形对红军作战有利。为此，军委决定：抓住葫芦河这一战略与战役枢纽，集中全军大部兵力，力求歼灭沿葫芦河东进之敌一至二个师，再视情况转移兵力，各个歼灭敌人，以打破敌人“围剿”，并向洛川、中部（今黄陵县）、宜君、宜川、韩城以及关中、陇东一带发展。11 月 6 日和 7 日，红一军团由甘泉以西的定边集、下寺湾，先后进抵鄜县西北之秋林子和甘泉西南的老人仓地区；红十五军团攻占了直罗镇以东的张村驿、东村等据点。与此同时，毛泽东、彭德怀致电徐海东：“调查直罗镇以北地区及以南地区之道路、地形、人家情况，葫芦河能否徒涉，电告。”

11 月初，东北军第五十七军到达太白镇地区后，犹疑徘徊，停止不进达半月之久。毛泽东、彭德怀为调动该敌迅速东进，决定加紧对甘泉之敌的围攻，以造成敌人判断失误。敌“西北剿总”果真上当，即命令第五十七军立即东进。11 月 17 日，第五十七军以一个师留守太白镇，主力继续沿葫芦河向鄜县方向前进。19 日，敌第一〇九师附第一一一师第六三二团进至黑水寺，军部及第一一一师主力、第一〇六师进至张家湾东西地区。

根据敌军进展情况，毛泽东、彭德怀决定红一方面军主力集结待机，并以红十五军团一个营连夜平毁直罗镇东南端之土围子，防止敌人利用；以一个连在阎家村北山担任警戒，与敌接触后，节节抵抗，把敌人先头部队第一〇九师引进直罗镇，求歼该敌于直罗镇地区。

直罗镇是一个不过百户人家的小镇，三面环山，一条小路穿镇而过。它的地形有如一个口袋，正是打伏击战的好战场。19日下午，红一军团进至直罗镇东北的石嘴、凤凰头、上下莫河地区集结，并于安家川、直罗镇以北山地布设观察哨，直接观察敌人行动；红十五军团仍位于张村驿、东村地区，进行战前准备；红一方面军指挥所进至张村驿。

11月20日晨，敌先头部队第一〇九师，在四架飞机掩护下，分三路沿葫芦河谷及南北山地向直罗镇推进，在阎家村北山担任警戒任务的红军部队节节抗击下，于16时进入直罗镇，军部率第一〇六、第一一一师进至黑水寺地区。敌军开始行动比较谨慎，一路未遇抵抗，逐渐松懈。到达黑水寺、直罗镇后，杀鸡宰羊，大吃大喝，疏于戒备。

同日6时，毛泽东、彭德怀致电林彪、聂荣臻："方面军明（廿一）日有消灭直罗镇一带之敌一师至两师之任务。""一军团于明4时出发，主力进至袁家山、直罗镇以北地区，由北向南突击之，以一个团进至老人山附近钳制敌后续队，于敌溃退时截击之，以侦察连向黑水寺佯动。""十五军团由药铺头以北地区由南向北突击。"据此，红一方面军决定以红一军团于21日拂晓前到达袁家山附近展开，首先以第二、第四师自北向南进行主要突击。第一步攻占直罗镇北山，歼灭该处之敌，而后协同红十五军团夺取直罗镇。另以一个团在直罗镇东北，协同葫芦河以南之红十五军团一部，阻止敌军沿葫芦河东窜；以一个团进至老人山方向，断敌先头师与安家川后续部队的联系，阻敌西逃，并打击可能来援之敌，以侦察连向黑水寺佯动。第二步视战役发展情况，准备歼敌后续部队。红十五军团主力（欠第八十一师），于21日拂晓前到达直罗镇以南地区展开。第一步自南向北进行突击，歼灭直罗镇南山敌人后，立即向直罗镇发起进攻，协同红一军团歼灭该敌。第二步视情况发展，准备协同红一军团作战。红十五军团第八十一师，除以第二四一团及军团一个骑兵连，继续围困甘泉之敌外，师部率第二四三团在中（部）宜（君）独立营、地方游击队配合下，积极钳制鄜县、中部等处之敌，阻止东路敌军之可能增援，方面军指挥所进驻吴家塔。

21日拂晓，红一军团第二师、第四师主力和第十三团自北、西北、东北三个方向向直罗镇之敌展开猛攻，第四师一个团插向安家川以东高地，断敌退路，第一团位于直罗镇西北高地，担任军团预备队。红十五军团第七十五师两个团及第七十八师一个团为第一梯队，自西南、南、东南方向分三路向直罗镇之敌发起进攻。

东北军第一〇九师在红军的突然攻击下，从睡梦中惊醒，左冲右突，均不得脱。激战至14时，该敌大部被歼，师长牛元峰率残部500余人，退入镇东南之土寨内，固守待援。红十五军团军团长徐海东后来回忆说：

> 这个小寨虽被我军事先拆毁，但敌人昨天下午到达后又连夜改修，加上地形复杂，易守不易攻。我们派了一支小部队攻了一次，没能打上去。正组织第二次猛攻，通讯员报告说：“周副主席来了。”
>
> 这时太阳已升起了老高。我们向山上看去，只见周副主席同其他同志从山上走下来。他们都拿着望远镜，边走边向敌人固守的小寨子观察。等走到我们近前时，周副主席和干部一一握手，详细地询问了第一次攻击的情况。最后周副主席指示：敌人已经成了瓮中之鳖，不好攻暂且围着算了。寨子里既没粮，又没水，他们总是要逃跑的，争取在运动中消灭它。[①]

根据上述情况，毛泽东、彭德怀即决定红十五军团以一部兵力予以包围，待敌逃跑时于运动中歼灭之；主力部队立即集结，准备打敌增援部队。

在红军围攻直罗镇期间，东北军第一一一师第六三一团由黑水寺向直罗镇增援，当该团进到安家川以东地区时，即为红一军团第一团及第四师第十团击退，连夜逃回黑水寺。

21日22时，国民党军“西北剿总”决定：以第五十七军率第一一一师、第一〇六师速向直罗镇增援，以解第一〇九师之围；令由鄜县西进的第一一七师加紧向羊泉镇、张村驿前进；令中部地区的第十七路军第三十八军第十七师进至公家原、丁家原，策应第五十七军及第

① 徐海东：《奠基礼》，《回顾长征》，第364页。

一一七师作战。

22 日上午，东北军第一一一师开始沿安家川北山向红军进攻；第一〇六师由黑水寺、沿老人山向红军右翼实施迂回。但其余两路军则未按计划行动。

这时，毛泽东、彭德怀决心抓住敌军协同较差，便于红军各个击破的有利战机，集中主力，坚决歼灭西线增援之敌。敌增援部队第一一一师（实际只第六三二团）在安家川以东地区遭到红一军团的迎头痛击后，立即向西溃退。敌其余部队亦未敢再进，并于当日下午逃回黑水寺，红军求歼援敌的计划未能实现。

23 日 8 时，毛泽东根据两天来的战况，为迅速抓住战机，乘胜扩大战果，致电彭德怀、周恩来："在包围黑水寺、整个解决董英斌的基本方针下，决以一军团主力进至韩家河、甘沟门、王家庄地区"，准备对黑水寺实施进攻；"由荣臻率第一团、第十三团及侦察连进至龙义〔益〕湾、王家角及其以北地区"，阻敌西逃，并打击由西来援之敌；"十五军团应以一部包围直罗镇，保证消灭此敌，而以主力于明（廿四）日一时出发，秘密离开现地，移至下瓦房、孟家油房、水磨上、孟坪寺、月亮山、二十里排、马渠寺沟地区，配合第一团、第十三团夺取黑水寺、太白镇两点中间之三四十里地区，准备打击西面增援之敌。"[①] 另外，以羊泉镇、道佐铺两游击队逼近鄜县，佯称红军即打鄜县，以牵制、迷惑敌人，袭扰敌第六十七军的后方，阻止其可能的西援。

正当红军调整部署时，董英斌率第一〇六、第一一一师及军部向太白镇逃跑，红军立即分三路追击。24 日，在张家湾至羊角台途中，歼敌第一〇六师第六一七团，其余敌军退入太白镇。

这时，被红军包围在直罗镇土寨内之敌第一〇九师残部，见增援无望，于 23 日午夜突围，被红军全歼，师长牛元峰被击毙。

24 日下午，董英斌已集中全力固守太白镇，该地工事坚固，红军一时不易攻克。因此，毛泽东指示聂荣臻在前线释放几个俘虏军官，让他们转告东北军领导人，只要东北军同意反蒋反日，与红军停战，

---

① 《红军长征・文献》，第 765 页。

红军俘虏的人枪，可以如数归还。与此同时，毛泽东决定红一方面军追击部队挥师向东，配合红一军团寻歼第一一七师，红一方面军指挥机关开始向东村转移。

在红军东进途中，东北军第一一七师于26日退回鄜县城。至此，红一方面军主力集结羊泉镇以北地区转入休整，战役遂告结束。

直罗镇战役，红一方面军共歼敌一个师又一个团，毙敌师长牛元峰，团长石世安、郑树藩以下官兵1000余人，俘虏5367人。这些被俘人员中，有些经过教育被释放回去后，对红军以后同东北军建立抗日民族统一战线起了积极作用。

直罗镇战役的胜利，打破了国民党军对陕甘苏区的第三次“围剿”，为中共中央把全国革命大本营放在西北的任务，举行了一个奠基礼。

后来，徐海东回忆起直罗镇战役时，说：

> 直罗镇战役，又一次证明了毛主席伟大的、正确的军事思想，一〇九师全师和一〇六师的一个团覆灭，彻底打乱了敌人进攻陕北的部署。迫使敌一〇八师、一一一师不得不退回甘肃境内；东路侵入杨泉源的一一七师也退出了鄜县。陕北根据地出现了一个新的局面。①

11月30日，红一方面军在东村举行干部大会。毛泽东在会上作《直罗镇战役同目前形势与任务》的报告。他讲到直罗镇战役的意义时说：这次胜利，彻底粉碎了敌人对陕北的第三次围攻。为党中央和红军在西北建立广大的根据地，推动全国抗战，举行了奠基礼。胜利的原因有四个：一、两个军团的会合与团结（这是基本的）；二、抓住了战略与战役的枢纽（葫芦河与直罗镇）；三、战斗准备的充足；四、群众与我们一致。②

在这一战役中，红军优秀的指挥员黄甦英勇牺牲。

---

① 徐海东：《奠基礼》，《回顾长征》，第365页。

② 徐海东：《奠基礼》，《回顾长征》，第366页。

黄甦，广东省南海县人。1925 年 6 月参加省港大罢工，同年 10 月加入中国共产党。1927 年 12 月参加广州起义，是工人赤卫队敢死队队长。1930 年 12 月被派往闽西任红军第十二军政委，在中共六届四中全会上被补选为中央委员，两次担任中华苏维埃共和国中央执行委员。后任红八军团政委、红一师政委。参加了长征中的一系列重要战斗，为长征的胜利做出了重要贡献。萧锋在 11 月 18 日的日记中即悲痛地说："前天他还对我说，中央调他到陕南第七十三师（应为第七十四师——作者注）当政委，直罗镇战役传到他耳边，他坚决要求等打完这一仗后再去任职，现在却不幸中弹牺牲了。黄甦同志是红军的好指挥员，中国共产党的优秀儿子。"①

四、巩固和扩大陕甘根据地

红一方面军在进行直罗镇战役时，中国政治形势已发生急剧的变化。日本帝国主义占领华北，要变全中国为其殖民地，中华民族面临着亡国灭种的严重危险。

但是，蒋介石置民族危亡于不顾，一面屈从于日本帝国主义的压力，一面继续坚持其"攘外必先安内"的政策；调集重兵进行反共内战，疯狂镇压抗日救国运动，使民族危机更加严重。民族危机的加深和蒋介石的卖国内战政策，促使国内各阶级、阶层和政治团体的政治态度日益发生重大的变化。

中国共产党和工农红军到达陕甘苏区以后，立即根据国内政治形势的变化，更加明确地提出了抗日民族统一战线的政策，决定实行战略策略的转变。1935 年 11 月 13 日，张闻天主持中共西北中央局会议，明确提出实现战略转变的任务和灵活运用广泛的统一战线策略。同一天，党中央还发出《为日本帝国主义并吞华北及蒋介石出卖华北出卖中国宣言》、《关于开展抗日反蒋运动工作的决定》。《宣言》指出："抗

① 萧锋：《长征日记》，第 138 页。

日反蒋是全中国民众救国图存的唯一出路”，“抗日”与“反蒋”的关系是“不可分离两位一体的任务”。“一切抗日反蒋的中国人民与武装队伍，不论他们的党派、信仰、性别、职业、年龄有如何的不同，都应该联合起来，为打倒日本帝国主义与蒋介石国民党而血战”。①《决定》指出：“陕甘苏区是处在反对日本帝国主义侵掠的前卫地位”，“目前陕甘苏区党面前最迫切的任务”，是“扩大与巩固陕甘苏区，准备同日本帝国主义直接作战”。②

在这之后不久，即大约 11 月 17 日至 19 日间，由共产国际派遣回国传达第七次代表大会精神的张浩（林育英），到达了瓦窑堡。他原在莫斯科担任中共驻共产国际代表团成员、中华全国总工会驻赤色职工国际代表，会议没开完就被派遣回国。他取道蒙古，风餐露宿，跨越沙漠。为应付盘查，他穿一件光板皮袄，挑一副货筐，装扮成货郎，沿途打听消息。经过三个月的长途跋涉，终于找到同共产国际失去电讯联系的中共中央。到瓦窑堡后，他立即传达共产国际七大关于建立反法西斯统一战线和人民阵线，不再将中间力量看作危险敌人等精神，以及由中共驻共产国际代表团起草，以中华苏维埃共和国中央政府、中共中央名义发表的《为抗日救国告全体同胞书》（即“八一宣言”）的内容。③他的到来，对于中国共产党战略策略的转变，起了重要作用。11 月 28 日，中华苏维埃共和国中央政府、中国工农红军革命军事委员会即发表《抗日救国宣言》，更加明确地提出：“不论任何政治派别、任何武装队伍、任何社会团体、任何个人类别，只要他们愿意抗日反蒋者，我们不但愿意同他们订立抗日反蒋的作战协定，而且愿意更进一步地同他们组织抗日联军与国防政府。”④

中国共产党的正确主张得到全国各界人士的拥护和支持，抗日反蒋浪潮在全国迅速掀起。12 月 9 日，北平爱国学生在中共北平临时工作委员会的组织和领导下，冲破国民党的重重阻挠和镇压，举行声势

① 《中共中央文件选集》第 10 册，中共中央党校出版社 1991 年版，第 574—575 页。

② 《中共中央文件选集》第 9 册，第 564 页。

③ 参见《张闻天传》，第 271 页。

④ 《红军长征·文献》，第 875 页。

浩大的游行示威，高呼“反对华北自治运动”、“打倒日本帝国主义”、“停止内战，一致对外”等口号。这一英勇的抗日救国运动（史称一二·九运动），迅速地扩展到全国许多大中城市，得到广大爱国学生的积极响应和全国人民的支持。中华全国总工会发布为援助北平学生运动告工友书；上海文化界280余人发表救国运动宣言；上海还相继成立以抗日救国为宗旨的各界救国会、妇女救国会等组织、团体，开展抗日救国活动；北平、天津等地爱国学生深入工厂、农村进行抗日救国宣传，有力地推动了广大城乡抗日救国运动的深入发展。一二·九运动标志着全国抗日救国运动进入一个新的高潮。

但是，在“左”倾教条主义的长期干扰下，当时中国共产党内仍存在着严重的关门主义倾向。一些人错误地认为，民族资产阶级是永世的反革命，不可能与工人、农民联合抗日；帝国主义和地主买办营垒是完全统一的，不可能分裂；统一战线的政策是“机会主义”的政策，等等。为彻底克服这种关门主义错误，适应形势的要求和切实有效地发展和巩固自己的力量，迅速开创抗日民族统一战线的新局面，中共中央于12月17日至25日，在陕北瓦窑堡召开政治局扩大会议。出席会议的有毛泽东、张闻天、周恩来、博古、邓发、刘少奇、凯丰，以及张浩、杨尚昆、郭洪涛等。会议全面分析中国政治形势的发展和变化，着重批评那种认为中国民族资产阶级不能同中国工人、农民、城市小资产阶级联合的关门主义倾向，确定建立抗日民族统一战线的总政策，并相应地调整党的各项具体政策。25日，会议通过《中共中央关于目前政治形势与党的任务的决议》。决议指出：“日本帝国主义并吞东北四省之后，现在又并吞了整个华北，而且正准备并吞全中国，把全中国从各帝国主义的半殖民地，变为日本的殖民地。这是目前时局的最基本的特点。”同时指出：“日本帝国主义吞并中国的行动，重新推醒了全中国人民，懂得了亡国灭种大祸临头的危险形势，掀起了新的民族革命高潮”。“一部分民族资产阶级，许多的乡村富农，与小地主，以至一部分军阀，对于目前开始的新的民族运动，是有采取同情、中立，以至参加的可能的。民族革命战线是扩大了”。“我们的任务，是在不但团结一切可能的反日的基本力量，而且要团结一切可能的反日同盟者，是在使全国人民有力出力，有钱出钱，有枪出枪，有知识出知识，不使一个爱国的中国人，不参加到反日的战线上去。这就是党的最广泛的民族统一战线策略的总路线。”

决议还明确指出：“在目前形势下，关门主义是党内的主要危险”，决定将中华苏维埃工农共和国改为苏维埃人民共和国，与一切抗日的力量共同组成国防政府和抗日联军。中共中央号召全党克服关门主义，为坚决贯彻党的策略路线而斗争，“把统一战线用到全国去，把国防政府与抗日联军建立起来，把苏维埃人民共和国变成全民族的国家，把红军变成全民族的武装队伍，把党变成伟大的群众党，把土地革命与民族革命结合起来，把国内战争与民族战争结合起来。”①

会后，毛泽东于 12 月 27 日在党的活动分子会上作《论反对日本帝国主义的策略》的报告，对于党的抗日民族统一战线的策略路线作了全面深刻的阐述，充分地阐明和民族资产阶级在抗日的条件下重新建立统一战线的可能性和重要性，并着重地指出共产党和红军在这个统一战线中具有决定意义的领导作用。

瓦窑堡会议的另一个重要议题，是关于党在新的形势下的军事战略问题。当时，中共中央和红军正面临着一些实际困难。红二、红六军团和红四方面军还在长征途中，红军主力尚未集中，红一方面军在直罗镇战役后，虽经过近一个月的休整训练，部队有所壮大，后勤供应有所改善，但还不适应形势发展的需要，部队亟待扩充。而陕甘苏区虽经过发展已经比较稳固，党的各级组织和苏维埃政权建设都得到加强，并撤销陕甘晋省委，建立陕北省、陕甘省、神府特区和关中特区；地方武装亦得到发展，并成立了绥吴、东北、东南、西北、西南、关中六个军区，但苏区的面积狭小，人口稀少，土地贫瘠，经济落后，粮食和工业品缺乏，又受到国民党军的封锁和围困，红一方面军在此长期坚持斗争，给养困难，扩军不易。同时，苏区周围的敌情仍较严重：北面有第八十四、第八十六师和阎锡山晋绥军五个旅，且临近长城

① 《红军长征・文献》，第 884—899 页。

和长城外荒无人烟的沙漠，对红军发展极为不利；西面是宁夏、甘肃边境地区，敌人兵力总共不过两个师，但也是地瘠民贫，且是人口不多的回民聚居区；南面的关中、渭北地区，物产、人口条件都比较优越，但靠近国民党军的西北大本营西安，有东北军和第十七路军八个多师驻守，蒋介石的“中央军”一部正向西兰公路两侧集中，敌人统治力量较强，红军发展比较困难。

这时，只有东面的山西有利于红军的发展。因为统治山西的军阀阎锡山虽拥有号称 10 万的晋绥军，但分布在晋绥两省，兵力不集中，且缺乏同红军作战的经验，特别是晋绥地区已成为日本帝国主义进一步渗透侵略的重要目标。红军东渡黄河入晋，打击阎锡山及其所部，在政治上有理有力，并可以实现直接对日作战，挽救华北危局。同时，可以实际行动支援全国工人、农民、学生、革命知识分子和其他爱国人士的抗日民族统一战线的建立。此外，山西人口稠密，物产丰富，对于扩大红军、扩大陕甘苏区，解决红军给养十分有利。只是陕甘苏区与山西有着天险黄河所阻隔，对红军东征造成一定的困难。

在蓬勃发展的抗日形势下，红军向何方发展，是党中央亟待解决的重要战略问题。

在瓦窑堡会议前，党和红军领导人围绕军事战略问题，特别是红一方面军的发展方向问题，曾提出各种不同的设想和意见。有的主张，红军应采取“巩固向前发展”的战略方针，以巩固陕甘苏区为主，逐步向南发展，寻机同国民党“中央军”和东北军、十七路军作战；有的主张，红军北出宁夏或五原、包头，与日军争先机，并可打通与苏联的联系，取得国际支援；毛泽东则在分析形势后主张，红一方面军应乘全国抗日高潮的形势，先向南发展，力争夺取甘泉、宜川，巩固南面阵地，同时以一部兵力打击北面敌军的袭扰部队，保障陕甘苏区西北部安全；而后集中红军主力渡黄河东征，在发展中求得苏区的巩固。毛泽东在阐述这一主张时曾指出，目前形势正处在全国大变动的前夜，有利于革命力量发展，苏区必须迅速向外发展，红军必须迅速得到扩大，而“东讨之利益是很大的”。东征山西，可以进一步向北转进绥远，或东进河北，开赴抗日前线，争取对日直接作战，把国内革命战争同抗日民族战争结合起来，推动华北乃至全国抗日运动走向新的高潮；可以避免同有抗日要求的国民党东北军、第十七路军作战，有利于同他们建立抗日民族统一战线；进攻山西，威胁阎锡山的老巢，可以把入陕的晋绥军调回山西，以缓解陕北苏区的军事威胁；山西人口稠密，物产丰富，便于红军扩大兵员，解决给养以及筹款和征集作战物资。

在瓦窑堡会议上，毛泽东作关于军事战略问题的报告，阐述了他的上述思想。会议经过充分讨论，接受毛泽东的正确主张，并于 12 月 23 日通过了《中央关于军事战略问题的决议》。

为贯彻上述战略方针和中心任务，决议把红一方面军与苏区发展的主要方向，确定在东边的山西和北边的绥远等省。并拟分三个步骤：第一步，在陕西，为巩固陕甘苏区和确保东征山西时后方的安全，给北面和南面进攻之敌以打击，迫其停止进攻；扩大红军 5000 人，组建第二十八、第二十九军，扩大整理游击队、赤卫队等群众武装，并着手组织骑兵旅、蒙古游击队；完成东渡黄河的政治上、军事上和组织上的准备工作等。以上限于 1936 年 2 月 5 日前完成。第二步，东征作战，准备以六个月完成下列主要任务：击破阎锡山之晋绥军主力，消灭其一部；开辟晋西五个县以上地区为初步的苏区；扩大红军，筹措资财；调动入陕之晋绥军回山西，恢复陕北苏区已失的土地；完成北出绥远的各项准备；保证必要时回陕所需的船只；加强对河北与陕南等地的游击战争的指导，沟通与苏联和红二、红六军团的通讯联络。第三步，依日本帝国主义对绥远之进攻程度，决定红军由山西向绥远进军的时机。

决议还对红军第二、第六军团和第四方面军，以及各地游击战争的战略作用作了充分估计；要求长江南北原有苏区的游击战争恢复到发展的形势；在日本占领区、“自治”区应扩大与联合一切抗日武装力量，发动和开展游击战争；规定“一切游击队以民族战争的面目出现”，“土地革命在民族战争的口号与策略之下执行”。决议对于在民族革命战争旗帜下，开展白军士兵革命运动，开展蒙、回两个少数民族的武装斗争，执行“抗日联军”策略问题，都作了具体规定；并总结九年来指导革命战争的经验，系统地阐述了“作战指挥上的基本原则”。瓦窑堡会议是中国共产党在中华民族危亡关头、中国革命转折时期，召开的一次极为重要的会议。会议科学地分析了中国的政治形势，适时地制定了抗日民族统一战线的总政策和军事战略，向全党全军规定了明确的战略任务，指明了前进的方向。从此，中国革命开始由国内革命战争向抗日民族战争转变。

瓦窑堡会议后，红一方面军按照会议决定的策略路线和战略方针，同陕甘苏区军民一道，展开了东征的准备。1936 年 2 月 20 日，东征战役开始，至 5 月 5 日，红一方面军历时 75 天的东征作战，在军事上、政治上都取得重大胜利。在军事上，给阎锡山的晋绥军以严重打击，共消灭敌人七个团，俘其官兵 4000 余人，缴获各种枪 4000 余支（挺）、火炮 20 余门，迫使"进剿"陕北的晋绥军撤回山西，恢复和巩固了陕北苏区；有 8000 多青壮年参加红军，壮大了红军的力量；筹款 30 余万元，缓解了红军抗日经费缺乏的困难；部队经受了作战锻炼，特别是取得渡河作战的宝贵经验，提高了战斗力。在政治上，红军以实际行动宣传了中国共产党的抗日救国主张，激起山西乃至全国人民的抗日救国热情，推动了西北乃至全国抗日民族统一战线工作的开展；在山西 20 多个县播下抗日的种子，发展了抗日和革命力量，给予阎锡山的封建统治，及其推行的反共媚日政策以沉重打击。但是，红二十八军军长刘志丹在东征中不幸牺牲。

刘志丹，陕西保安人。1925 年春加入中国共产党，同年考入黄埔军官学校学习。1928 年 5 月领导渭（南）华（县）起义，任西北工农革命军军委主席。起义失败后，任中共陕北特委军委书记。1932 年开始领导创建陕甘苏区和红军，后任西北抗日反帝同盟军副总指挥、总指挥，红二十六军师长，陕甘边临时革命委员会主席、革命军事委员会主席，陕北省苏维埃主席，中共西北工委委员、革命军事委员会主席，前敌总指挥部指挥等职。他是西北红军和陕甘苏区主要创建人之一，深受陕北人民爱戴。为纪念刘志丹烈士，中共中央与陕甘苏区政府于 1936 年决定，将烈士故乡陕西保安，改名为志丹县。

5 月 5 日，中华苏维埃人民共和国中央政府主席毛泽东和中国人民红军革命军事委员会主席朱德联名发出《停战议和，一致抗日通电》，说明为了避免内战，保存抗日力量，并促进抗日民族统一战线的开展，中共中央决定将红军撤回河西；并号召全国凡属不愿意做亡国奴的团体、人民、党派，赞助我们停战议和一致抗日的主张，组织停止内战的促进会，派遣代表，隔断双方火线，督促并监视这一主张的完全实现。

但是，蒋介石不顾日益严重的民族危机，无视中国共产党提出的“停战议和，一致抗日”的倡议，顽固地坚持其“攘外必先安内”的政策，着手成立以陈诚为总指挥的晋陕绥宁四省边区“剿共”总指挥部，指挥入晋的“中央军”和晋绥军各一部，以及东北军、第十七路军等部共 16 个师又三个旅，对陕甘苏区和红一方面军发动新的“进剿”，重点是陕北苏区。其中，以“中央军”第十三军之第四、第八十九师和晋绥军第七十二师、第二〇九旅及一个炮兵团，拟由军渡西渡黄河入陕，协同原驻陕北的第八十四、第八十六师，进攻陕甘苏区东北部；以“中央军”第二十一、第二十五师和晋绥军的两个旅为预备队，在晋西、晋南地区集结待命；以东北军第六十七军三个师、第一〇五师主力（两个旅）及第十七路军第十七、第五十七军三个师，由合水、西峰一带向陕甘苏区西南部及关中苏区“进剿”。此外，在黄河东岸的晋西、晋西北地区，另有晋绥军四个多师，其主要任务是防备红军再次东渡入晋；在陕甘宁三省边境地区及宁夏腹地，有宁夏军阀马鸿逵、马鸿宾部两个师，防堵红军西进；东北军骑兵军主力及第五十一军等部则驻防于甘肃境内待机。

这时，由于东北军与第十七路军已经同共产党初步建立了秘密的统战关系，广大官兵不愿同红军作战；由于阎锡山与蒋介石存在矛盾，只求自保不愿再以大量兵力投入“剿共”，所以，实际上“中央军”第十三军汤恩伯部成为“进剿”的主力。而在陕甘宁三省边境地区，仅有马鸿宾第三十五师，步骑兵共八个团，驻守在环县、庆阳、镇原一带；第十五路军总指挥兼新编第七师师长马鸿逵部共有步骑兵 12 个团，主力集中在黄河以西的宁夏腹地，一部兵力驻守在定边、盐池、豫旺等地，“二马”虽然反共坚决，但防区广大，兵力分散，对红军的发展是个较有利的方向。

中共中央考虑到全国政治、军事形势的发展和陕甘苏区面临的情况，确定党的政治任务是：扩大巩固西北抗日根据地与抗日红军，努力争取西北地区抗日力量的大联合，争取迅速直接对日作战，推动全国国防政府和抗日联军的建立。在军事战略上，避免与当前敌人决战。并由此确定陕甘地区党和红军的战略任务是：第一，造成广大的陕甘宁抗日根据地，进而向北打通与苏联、蒙古的联系，向南策应红二、红六军团和红四方面军北上；第二，争取东北军及其他可以联合的友军；第三，坚决地进行陕甘苏区的游击战争。执行这三项任务的目的，是争取时间，争取空间，争取力量，为发动全国抗战和发展革命力量创造条件。

据此，中共中央、西北革命军事委员会为适应向西开辟新的抗日根据地的需要，决定撤销陕甘省委，成立陕甘宁省委，李富春任书记，辖区为保安、三边、庆（阳）北、华池地区，并在关中、韩城分别成立特委，以加强对游击战争等项工作的领导。同时，针对甘肃、宁夏地区多为回、蒙少数民族，中共中央、西北革命军事委员会还制定了对少数民族实行民族自决的基本原则及相关政策，并决定设立以周恩来、张浩为首的东北军工作委员会，指导对东北军及其他国民党军队的统战工作；为适应即将来到的大发展形势，决定开办抗日红军大学，培训高中级干部；以及克服当前的粮食困难，保证部队的供应，等等。

根据中共中央的决定和敌军分布情况，西北革命军事委员会决定，以红一方面军第一、第十五军团、第八十一师、骑兵团组成西方野战军，共 1.3 万余人，彭德怀任司令员兼政治委员，进行西征战役，向敌人兵力薄弱的陕甘宁边区进攻，开辟陕甘宁抗日根据地，策应红二、红六军团及红四方面军北上；以红二十九军主力、红三十军、陕北地方部队和群众武装，在东线坚持游击战争，阻扰“中央军”和晋绥军西渡黄河及陕北、渭北敌军的进攻，保卫陕甘苏区的安全；以红二十八军（后因情况变化参加西征）准备出陕南，协同在陕南坚持斗争的红七十四师，巩固与扩大鄂豫陕苏区，吸引蒋介石“中央军”主力军南下，策应西方野战军作战。

5 月 14 日，红一方面军在陕北延长县大相寺召开团以上干部会议，中共中央和军委领导人毛泽东、张闻天、博古、彭德怀等出席会议。毛泽东作关于目前形势与任务的报告，总结东征作战的经验，进行西征战役的动员。会后，西方野战军各部立即投入西征作战的准备工作。首先，对广大指战员进行形势教育，解释西征作战的意义，并针对部分新战士怕丢掉老苏区、怕远离家乡等顾虑，加强思想教育工作。其次，根据中共中央和军委的指示，在部队中进行少数民族政策教育。总政治部下发《关于回民工作的指示》，制定禁止驻扎清真寺、禁止吃大荤、禁止毁坏回文经典和注意讲究清洁、尊重回民风俗习惯、不准乱用回民器具、注意回汉两族团结的三大禁令和四大注意，要求各部队严格执行。最后，组织战场侦察，比较详细地掌握对面敌军的部署情况，周密地选定行动路线。各部队还进行以打敌骑兵和防敌飞机空袭为重点的临战训练。

5月19日，西方野战军开始西征战役。与此同时，红一方面军一部兵力在地方武装的支持下，在东线展开游击战争，积极配合西方野战军的行动。至7月下旬，由红一方面军主力组成的西方野战军，胜利地进行了西征战役，给予坚决反共的宁夏军阀马鸿逵、马鸿宾部很大打击，除杀伤大量敌军外，俘获其官兵2000余人，缴获各种枪2000余支、战马500余匹，解放环县、定边、盐池、豫旺四座县城，开辟了纵横200公里的陕甘宁新根据地；红二十九军主力、红三十军和陕北苏区地方武装等部，坚持东线游击战争，保卫了老苏区，牵制了敌军主力，有力地支援和配合了红一方面军主力的西征作战。这就为下一步迎接红二、红四方面军，实现三大主力红军会师，发展西北抗日的新局面，创造了有利条件。

在东征、西征期间，中共中央还同东北军、第十七路军积极展开统战工作，取得很大进展。

东北军原是以军阀张作霖为首、封建割据色彩十分浓厚的地方武装集团。它一方面与占领东北的日本帝国主义存在着尖锐的矛盾，另一方面又与企图兼并和消灭东北军的蒋介石集团存在着尖锐矛盾。因此，在东北军中存在着深刻的抗日反蒋的积极因素。1928年皇姑屯事件，张作霖被日本关东军炸死后，其子张学良举起帅旗，并易帜归蒋。1931年九一八事变后，在蒋介石的不抵抗政策之下，东北三省很快被日本帝国主义侵占，张学良只得率部流亡关内。后来，蒋介石又把东北军推向反共的第一线，企图在内战中加以削弱或消灭。东北军 1935 年入陕时有五个军又一个师，号称 20 万人，在与红军作战中，被消灭三个师，损失严重，蒋介石不予补充，使东北军广大官兵与蒋介石的矛盾日益加深，反蒋情绪日益发展。他们背井离乡，怀念故土，厌恶内战，不愿当亡国奴，迫切要求打回老家去。家仇国恨集于一身的张学良，受中国共产党“八一宣言”和统一战线政策的影响，早有抗日救国、收复失地、报仇雪耻的要求。

根据上述情况，中共中央为适应形势的发展，推动东北军迅速走上抗日救亡的道路，停止内战，共图民族大业，在 1935 年 12 月瓦窑堡会议上，就决定成立东北军工作委员会，周恩来任书记，叶剑英任副书记，并确定彭德怀、李克农、朱理治、萧劲光、欧阳钦、聂洪钧等参加此项领导工作；朱理治、萧劲光负责日常领导工作。

1936 年 1 月上旬，中共中央指示中央联络局局长李克农释放榆林桥战斗中俘虏的东北军团长高福元，请其为红军与东北军开展和平谈判事宜进行联系。当时，对东北军俘虏的管教工作由叶剑英负责。高福元在红军中生活两个月，在彭德怀、叶剑英等的耐心开导教育下，思想起了很大变化，愿意回去劝说张学良同红军联合抗日。彭德怀后来在自述中说：

> 高福原〔元〕系北京的大学生，东北讲武堂毕业，和张学良关系好，有相当强烈的抗日要求。我们待之如宾，同他多次谈抗日救国的道理，谈蒋介石不抵抗主义，利用“剿共”削弱东北军，以至消灭东北军。请他参观我们红军，观看我军演出话剧、抗日歌曲。他认为我们抗日是真的，但他对共产党抗日有许多疑问，最主要的是：国际主义与爱国主义怎样结合？我根据毛主席在瓦窑堡会议讲话的精神，采取民主讨论方式，同他谈了两天一晚。他要求去被围在甘泉的一一〇师，我同意他去。数天后，他从甘泉城内回来了。他对我说，抗日救亡大事依靠共产党和红军。红军与人民的关系，表现了共产党是真正爱国爱民。某晚，他又来我处，谈到张学良、王以哲等都要求抗日，东北军要求打回东北

去是普遍的，关键在张学良。如张能了解红军的真实情况，在抗日问题上是可以合作的。我说，你就回西安去，做这件工作。他高兴极了，问："你们真敢于放我去吗？我若回去，一定不辜负红军对我的优待。"我说："你什么时候去都可以。"他说："明早？"我说："好吧！欢送你。"送给他二百元，派骑兵送他到王以哲军防线以外。

约过一星期，他乘运送给养的飞机到甘泉，在我司令部附近，掷下大批报纸刊物。从此，红军即同东北军搭起抗日民族统一战线的桥了。外面抗日形势发展很快，高以后表现很好，加入了共产党，在张学良送蒋介石回南京后被杀害。[①]

红军在同东北军建立抗日民族统一战线问题上，高福元起了重要作用。1936 年 1 月 16 日，高福元由洛川回到瓦窑堡，当面向毛泽东和周恩来汇报张学良对联共抗日的态度，并请红军方面派一位正式代表，与张正式商谈。中共中央了解到这一情况后，随即决定派李克农去洛川同张学良谈判。19 日，李克农由瓦窑堡出发，前往洛川与张学良谈判。张学良表示愿为成立国防政府和抗日联军奔走。

1 月 25 日，中共中央以毛泽东、周恩来、彭德怀、叶剑英、聂荣臻、刘志丹等红军将领名义发出《红军为愿意同东北军联合抗日致东北军全体将士书》，再次重申：中华苏维埃政府与中国工农红军愿与任何抗日武装队伍联合起来，组织国防政府与抗日联军，同日本帝国主义直接作战，收复失地。并表示：我们愿意首先同东北军来共同实现这一主张，成为中国人民抗日的先锋。

接着，李克农与中共中央北方局代表王世英分别到洛川、西安，与东北军第六十七军军长王以哲和第十七路军总指挥杨虎城谈判，达成初步协定。4 月 9 日晚，周恩来亲赴延安，与张学良就抗日救国问题举行会谈，双方达成联合抗日的协议。

为了加强对党的统一战线工作的领导，毛泽东于 7 月 9 日致电周

---

① 《彭德怀自述》，第 208—209 页。

恩来，要叶剑英到安塞指导工作。随后，叶剑英来到安塞领导东线工作委员会（简称东线工委），就近做陕北前线东北军的工作，争取他们联合抗日。对此，《叶剑英传》有一段精彩记载：

> 在叶剑英主持下，东线工委还开办了杨家沟、枣园两个市场，发展集市贸易，恢复“红白通商”。当时东北军驻防陕北，人地两生，交通不便，粮草紧张，蒋介石对“杂牌军”又不及时供应，使东北军部队生活供给发生不少困难。在这种情况下，东线工委开设贸易市场，允许东北军官兵来市场购物，或到苏区采办货物，帮助他们解决粮、柴、肉、马料等物资匮乏问题，这实际上是一种十分有效的统战工作形式。在市场上，工委工作人员主动与东北军官兵接触，向他们宣传停止内战、一致抗日的道理。彼此之间思想感情进一步得到交流。叶剑英还请周恩来派人民剧社到安塞市场演出。这个由危拱之担任团长的剧团，第一次来演出，就吸引了大批东北军的士兵和群众的观看，受到热烈欢迎。当东北军官兵看到剧社演出《亡国恨》这幕悲剧时，许多人当场流下热泪，泣不成声。剧社共演出6场，场场爆满。演员及工委人员借演出之机与东北军官兵谈话，并散发《打回老家去》等宣传品。东北军官兵不顾国民党政训处人员的破坏，坚持看戏联欢，效果极好。①

东北军第六十七军西移后，杨虎城第十七路军调往延安。为了打通与杨部的关系，做好该部的工作，叶剑英还同边章五、王立人、吕继才等进到延安城，分别开展活动，并利用东北军的关系，与杨虎城进行沟通，动员他们共同抗日。同时以安塞边防司令部中央红军警备团团长时文平的名义写信给杨虎城部程鹏九团长，建议双方休战，彼此通商，并提请对方约束民团。为争取杨部，叶剑英在军事方面也做了对付国民党军进攻的相应准备。

在叶剑英直接领导下，东线工委经过艰苦细致的工作，取得显著

---

① 《叶剑英传》编写组：《叶剑英传》，当代中国出版社1995年版，第216页。

成效。由于抗日救亡形势的发展和党的统战工作的深入开展，东北军、第十七路军与红军不仅停止了敌对行动，而且和睦相处，互派代表，互通情报，互送礼品，使原来的“敌军”变成了“友好的邻居”，为巩固和扩大陕甘根据地，开创西北地区抗日统一战线新局面，奠定了坚实基础。

第八章

红四方面军的南下

一、张国焘另立“中央”

1935 年 9 月，中共中央率红一、红三军和军委纵队一部先行北上后，张国焘置党中央的一再电示和耐心挽救于不顾，在加紧南下部署的同时，进行了一系列分裂党、分裂红军的活动。

初秋的阿坝，寒冷好像过早地降临到这座川西北的小镇。张国焘从噶曲河折回阿坝后，立即大造反对党中央的舆论，并开始对朱德等人的围攻。他先派人同朱德谈话，要朱德写反对中央北上的文章，被朱德坚决拒绝。

9 月 13 日，张国焘在阿坝格尔登寺大殿内召开川康省委及红军中党的活动分子会议。张国焘要省委、省苏维埃、法院、保卫局、妇女部和儿童团的负责人都来参加会议，以壮声势。会场外悬挂着写有“反对毛、周、张、博北上逃跑”的大横幅。张国焘首先在会上讲话，说：毛儿盖会议是错误的，北上是行不通的，还是要南下，建立天（全）芦（山）雅（安）根据地，相机向四川发展。他还大肆攻击中央率红一、红三军北上是“逃跑主义”，极力鼓吹其南下主张是“进攻路线”，并扬言要对“经过斗争和教育仍不转变的分子”给予“纪律制裁”。

接着，一些人逼迫朱德当场表态“同毛泽东向北逃跑的错误划清界限”，“反对北上，拥护南下”。朱德稳坐在会场里，不予理睬。张国焘说："总司令，你可以讲讲嘛，你对这个问题的认识怎样？是南下，是北上？"朱德从容不迫地说：北上决议，我在政治局会议上是举过手的，我不能出尔反尔。我是共产党员，我的义务是执行党的决定。"南下是没有出路的！"这时，会场的气氛更加紧张。有人对着朱德喊叫：既然你拥护北上，那你现在就走，快走！朱德说：我是中央派到这里工作的，既然你们坚持南下，我只好跟你们去。刘伯承见一部分人蛮横地围攻朱德，便说：现在不是开党的会议吗？你们怎么能这样对待朱总司令！这样一来，一些人的攻击目标就转移到刘伯承身上。刘伯承和朱德一样表明了拥护中央北上方针的坚定立场。他说：我同意北上，从全国形势来看，北上有利，南下是要碰钉子的。薛岳、李抱冰并没有走，向南走，就会碰到薛岳和川军，打得好可以蹲一段，打不好还得转移北上。

最后，会议在张国焘的操纵下，通过决议，指责党中央先行北上是"右倾机会主义逃跑路线"，是"破坏红军的指挥系统，破坏主力红军的团结"。决议坚持张国焘的南下方针，提出只有南下打击敌人，建立苏区，才是唯一正确的进攻路线。会后，迅速在各军中传达了这一决议。

在阿坝会议前后，张国焘还以总政治部、总司令部党总支等名义，召开一系列会议，并在会上大讲反对逃跑主义和今后向南行动等问题，宣扬反对"右倾机会主义的向北逃跑"，只有南下"才是真正的进攻路线"等思想，并提出"打到成都吃大米"的口号，以期扩大其错误主张的影响。

10月初，张国焘南下到达卓木碉（今马尔康县脚木足）后，加紧分裂党的活动。10月5日，在卓木碉白赊喇嘛寺内，张国焘主持召开高级干部会议。出席会议的有朱德、刘伯承、徐向前、陈昌浩、王树声、周纯全、李卓然、罗南辉、余天云等军以上干部四五十人。在这次会议上，张国焘公然宣布另立"中央"，打出分裂主义的旗帜。徐向前在《历史的回顾》中记述了这次会议的情况：

会议由张国焘主持。他的发言，蛊惑人心，欺骗性很大。大意是：中央没有粉碎敌人的第五次“围剿”，实行战略退却，是“政治路线的错误”，而不单是军事路线问题。一、四方面军的会合，终止了这种退却，但中央拒不承认自己的错误，反而无端指责四方面军。南下是终止退却的战略反攻，是进攻路线，而中央领导人被敌人的飞机、大炮“吓破了胆”，对革命前途“丧失信心”，继续其北上的“右倾逃跑主义路线”，直至发展到“私自率一、三军团秘密出走”，这是“分裂红军的最大罪恶行为”。他攻击中央领导人是什么“吹牛皮的大家”，“‘左’倾空谈主义”，说他们有篮球打、有馆子进、有捷报看、有香烟抽、有人伺候才来参加革命；一旦革命困难，就要“悲观”、“逃跑”等等。他宣布中央已经“威信扫地”，“失去领导全党的资格”，提倡仿效列宁和第二国际决裂的办法，组成新的“临时中央”，要大家表态。

另立“中央”的事，来得这么突然，人们都傻了眼。就连南下以来，一路上尽说中央如何如何的陈昌浩，似乎也无思想准备，没有立即发言表态支持张国焘。会场的气氛既紧张又沉闷，谁都不想开“头一炮”。张国焘于是先指定一方面军的一位军干部发言。这位同志长征途中，一直对中央领导有意见，列举了一些具体事例，讲得很激动。四方面军的同志闻所未闻，不禁为之哗然。大家你一言，我一语，责备和埋怨中央的气氛，达到了高潮。

张国焘得意洋洋，要朱德同志表态。朱总的发言心平气和，语重心长。他说：大敌当前，要讲团结嘛！天下红军是一家。中国工农红军在党中央统一领导下，是个整体。大家都知道，我们这个“朱毛”，在一起好多年，全国和全世界都闻名。要我这个“朱”去反“毛”，我可做不到呀！不论发生多大的事，都是红军内部的问题，大家要冷静，要找出解决办法来，可不能叫蒋介石看我们的热闹！

张国焘又让刘伯承表态。刘讲了一通革命形势相当困难的话，弦外之音是要讲团结，不能搞分裂。张国焘为此怀恨在心。不久，便将刘的参谋长职务免去，调他去红军大学工作。

张国焘见朱德、刘伯承都不支持他，脸色阴沉，但不便发作。

接着，就宣布了“临时中央”的名单，以多数通过的名义，形成了决议。①

为了壮大声势，会议通过的另立“中央”的组织决议，擅自将许多头衔强加给一大批拥护党中央的同志，宣布：以红军各方面军、南方红军游击队的领导人和中共驻共产国际代表团的负责人共38人组成“中央委员会”；以任弼时、陈绍禹、项英、陈云、朱德、张国焘、陈昌浩、周纯全、徐向前、李维汉、曾传六组成“中央政治局”；以朱德、张国焘、陈昌浩、周纯全、徐向前组成“中央书记处”；以朱德、张国焘、陈昌浩、徐向前、林彪、彭德怀、刘伯承、周纯全、倪志亮、王树声、董振堂组成“军事委员会”，以朱德、张国焘、徐向前、陈昌浩、周纯全为常务委员。决议还宣布：“毛泽东、周恩来、博古、洛甫应撤销工作，开除中央委员及党籍，并下令通缉。杨尚昆、叶剑英应免职查办。”②

到这时，张国焘基于对形势的错误估计和其政治野心的急剧膨胀，逐步将同党中央在战略方针上的分歧，激化到在政治上、组织上同党中央的尖锐对立；从抗拒中央指令坚持南下，发展到另立“中央”。张国焘分裂党、分裂红军的活动，发展到了登峰造极的地步。

卓木碉会议后，朱德、刘伯承等同张国焘另立“中央”的分裂主义行为进行了不懈的斗争。朱德后来回忆说：

“那段时间张国焘造反。我们当时的处境很困难，但碰上困难有什么办法呢？坚持吧！”

“他那几天想叫下边互相打架，下边有人要打架，我反对。我对他说：我们现在是如何支持下去，下面再打架，就活不下去了。要不要命？我们都要命。我威胁他，打架被制止了。”

“这时他又搞了个‘中央’，我说：要搞，你搞你的，我不赞成。我按党员规矩，保留意见，以个人名义做革命工作，不能反中央。

---

① 徐向前：《历史的回顾》（中），第458—460页。

② 《中国工农红军第四方面军战史资料选编》（长征时期），第230页。

一直和他斗，我们人少，但理直气壮。我们的办法是，他搞他的，我们做我们的工作。只要革命，总会到一块的。”①

张国焘另立“中央”、率军南下的分裂活动，在随左路军南下的红一方面军部队中引起了不满。由红一方面军调任红四方面军第九军参谋长的陈伯钧就曾直接找张国焘谈话，坚持原则，陈述己见，呼吁团结，反对分裂。他被调到红军大学任教期间，一面培训干部，一面积极支持刘伯承同张国焘的斗争。红五军（原红五军团）、红三十二军（原红九军团）的一些干部、战士对张国焘的分裂行为很不满，有的提出：单独北上，找党中央去！有的说：如果张国焘要阻拦我们，就跟他干！

对于这些坚持原则、反对分裂和南下的指战员，张国焘肆意进行打击迫害，有的甚至遭到逮捕或杀害。红军总部侦察科长胡底，因反对张国焘的分裂活动，并说了“张国焘是军阀”、“张国焘是法西斯”等话，被秘密毒死。

面对张国焘的高压政策，朱德、刘伯承等人一面同张国焘斗争，一面利用同部队接触的机会，耐心地教育红一方面军的指战员顾全大局，掌握正确的斗争方针和策略。朱德对红五军团的营以上干部说：我们一定要坚持真理，坚持斗争，坚决拥护中央北上抗日的路线，但要有正确的斗争方法，要顾全大局，讲革命，讲团结。红四方面军广大干部战士都是好的，革命的，都是我们的阶级兄弟。他们有许多优点，英勇善战，吃苦耐劳，你们应该很好地向他们学习。你们五军团能攻善守，英勇顽强，优点也不少，但你们人少嘛，光有你们也不行。所以同志们要注意和他们搞好团结，切不要上少数人破坏团结的当。团结就是力量，只有加强全体红军的团结，才能克服一切困难，争取革命事业的胜利。②

胡底牺牲后，朱德找红军总部三局局长伍云甫谈话，叮嘱他：注意不要闹，注意团结红四方面军的同志。不要性急，斗争是要斗争，不

① 朱德与红二方面军战史编写组的谈话，转引自《徐向前传》，第 232—233 页。
② 欧阳毅：《朱总司令和我们在一起》，《星火燎原》选编之三，第 377—378 页。

过是又要团结又要斗争，胡底同志就是因为过于性急，张国焘就把他陷害死了。[1]

刘伯承也对陈伯钧说：伯钧同志，你还年轻，斗争可要注意方法呀！不要以为张国焘不杀人！张国焘是要杀人的！[2]

在朱德、刘伯承等的引导下，红一方面军干部、战士的情绪逐渐稳定下来，增强了信心，相信只要坚持团结，掌握正确的斗争方法，眼前的曲折是能够克服的。

为了避免不必要的牺牲，朱德还尽一切可能保护遭到迫害的干部、战士。红五军参谋长曹里怀因对张国焘不满，被调任红军总部一局局长。他从机要科得知红一方面军主力已胜利到达陕北吴起镇的消息，悄悄告诉了两个盼望北上的同志，不料被张国焘发现了，遂把他关押起来。张国焘召开紧急会议，说曹里怀泄露军事机密，要严加惩处。朱德担心曹里怀会被处死，立即说：曹里怀就讲了那么几句，你安他反革命够不上。他这红小鬼我知道，井冈山时期就跟我们在一起，你有什么理由乱杀人呢？这样，曹里怀才免遭毒手。

红三十军参谋长彭绍辉写了一封不赞成南下错误方针的长信给朱德，不料这封信落到张国焘手中。张国焘把彭绍辉找来谈话。彭绍辉一进门，有人就上前打了他一个嘴巴，厉声问道："为什么反对南下，反张主席？"并拔出驳壳枪，把枪顶在彭绍辉的胸口上。朱德见状，急忙上前把枪夺下来，气愤地说："打人是不对的，这是党内斗争，应该允许同志讲话！"又说："这样谈话怎么行呢？"他让彭绍辉"回去吧"，使彭幸免于难。

总卫生部部长贺诚、红军大学教育科长郭天民和长征途中一直被关押着的廖承志等，都是由于受到朱德的保护而免遭不测。

还有一次，红五军的20多个掉队人员被张国焘派人抓住，强加给他们的罪名是"一股有组织的反革命武装，抢老百姓的东西，准备武装叛乱"。红五军保卫局局长欧阳毅说明这是些零星的掉队人员，不是

① 伍云甫：《战士的伟大榜样》，《红旗飘飘》第17辑。

② 谢良：《骡子的故事》，《红旗飘飘》第21辑。

一个单位的,不是有组织的反革命武装。张国焘的追随者说欧阳毅是“假革命”、“反革命”,掏出手枪对准了他。又是朱德挺身而出,加以制止,才避免了一场悲剧的发生,被抓的 20 多人也安全回到了红五军。①

张国焘对朱德、刘伯承等人反对分裂、反对南下的立场和活动甚为恼火,但是,由于朱德、刘伯承在红军中有很高的威望,红一方面军留下来的部队和红四方面军徐向前等许多同志也多方关心他们,张国焘出于种种顾虑,终于未敢对他们采取极端措施。朱德等的处境虽然非常艰难,但他们仍坚持工作,在逆境中不当“空头司令”,尽量发挥自己的作用。

朱德非常关心红四方面军的干部、战士,经常利用各种机会同他们接触、谈心,了解他们的想法,解释中央的北上方针,循循善诱,以诚待人,赢得了广大干部、战士的尊重。就是一些一时不明真相,当面围攻辱骂过他的人,也逐渐改变了对他的态度。

张国焘另立“中央”、公开分裂党的行为,在红四方面军的广大干部、战士中也引起了疑问。他们同样珍视党和红军的团结,渴望党和红军的团结。

作为红四方面军总指挥的徐向前,就对张国焘在卓木碉会议上另立“中央”的做法,表明了自己的态度。他在《历史的回顾》中这样写道:

> 这次会议,明显带有突然袭击的性质。所谓“决议”,并未经郑重讨论,不过是一哄而起罢了。我在会上没有发言,也没有举手表决,对眼前发生的一切,既不理解,又很痛心。拥护吧,没有多少道理,原来就有党中央,这边又成立一个,算什么名堂?反对吧,自己有些事还没想清楚,说不出个所以然来。我当时就是那样的水平,头一回遇上如此严重的党内斗争,左右为难,只好持沉默态度。会后,张国焘找我谈话,我明确表示,不赞成这种做法。我说:党内有分歧,谁是谁非,可以慢慢地谈,总会谈

---

① 欧阳毅:《朱总司令和我们在一起》,《星火燎原》选编之三,第 372—377 页。

通的。把中央骂得一钱不值，开除这个，通缉那个，只能使亲者痛，仇者快，既〔即〕便是中央有些做法欠妥，我们也不能这样搞。现在弄成两个中央，如被敌人知道有什么好处嘛！我的主导思想是希望团结，不要感情用事，免得越弄越僵，将来不堪收拾。张国焘呢？大言不惭地以列宁反对第二国际、成立第三国际的事例为自己辩解，根本听不进我的劝告。①

同张国焘的恶劣态度相反，徐向前对朱德非常尊重。他经常向经理部交代，要照顾好朱总司令的生活。每次重要的战役、战斗，他都要直接向朱德请示汇报。他还一直支持朱德反对张国焘另立“中央”的斗争。徐向前和朱德在非常困难的环境中，互相信赖，互相支持，建立了深厚的友谊。

在朱德、徐向前等的教育和影响下，红四方面军的不少同志，脑子里都打了问号：“这样做对吗？”“符合党章要求吗？”“有利于一致对敌吗？”在张国焘的高压之下，他们虽然不敢公开表示自己的意见，但对张国焘的盲目崇拜心理，开始发生动摇，窃窃私议之风，不可遏止。其中有些人对张国焘的分裂活动深感痛心和忧虑。红三十三军军长罗南辉就曾对调到该军工作的原红一方面军电台政委袁光说：“张国焘的搞法是错误的，搞两个中央，不是分裂是什么？共产党怎么能做出这样的事来？党内从来没有这样搞过。这样做法，亲痛仇快，是国民党、蒋介石求之不得的。”②

张国焘另立“中央”的活动所以能够一时得逞，原因是多方面的。其中，张国焘长期在红四方面军中推行高压政策和愚民政策，实行个人独裁，是重要的原因之一。朱德曾这样评论说：“张国焘的领导四方面军是一贯以个人为出发点，因此党的组织、军事上的组织也就很薄弱了。总之，一切都从个人出发，凡是反对他的，都会遭到他的征服，或者被赶走了，或者被杀掉了。这种机会主义路线和正确的路线是势

① 徐向前：《历史的回顾》（中），第460页。

② 袁光：《风烟滚滚的岁月》，战士出版社1982年版，第201页。

不两立的，结果，他搞的党、政、军都集中在他一个人手里，成为一个独裁者。”[①]张国焘正是利用党组织的薄弱和一些党员对党的知识缺乏了解，利用其高压政策的威慑作用，并利用一些党员对他的盲目崇拜，以售其奸。

尽管如此，张国焘另立“中央”的分裂活动是注定要破产的。朱德、刘伯承等人的坚持斗争，徐向前等人的不懈努力，广大干部、战士的怀疑和觉醒，成为后来党中央战胜张国焘分裂活动的重要因素之一。

二、转战川康边

两大红军主力会师三个月后，又因张国焘坚持其分裂主义和南下方针，暂时分离了。红四方面军和红一方面军留下来的部队的指战员，怀着迷茫的心情，开始踏上前途未卜的南下征程。

阿坝会议结束后，张国焘又于 9 月 15 日以“中国工农红军总政治部”的名义，发布了《大举南进政治保障计划》。计划继续对党中央进行攻击，坚持南下方针，指出：“由于中央政治局中个别右倾分子的逃跑路线，断送了我们大举北进进攻敌人的时机。右倾机会主义故意迟延我们北进中必要的准备工作。目前北方天气渐寒，草地不易通过，敌人在我们的北面已集结相当兵力，碉堡已完成一部，这种情况下，北进是显然不利的。”“因此我们目前的战略方针是集中主力，大举向南进攻，消灭川敌残部，在广大地区内建立巩固的根据地，首先赤化全川，这是消灭蒋介石主力，赤化川陕甘的先决条件。”“只有大举南进，消灭川敌残部，才是真正的进攻路线。”计划提出：“必须坚决执行党的进攻路线，反对右倾机会主义的逃跑路线，才能顺利完成我们南进的战略方针。”[②] 9 月 17 日，张国焘又发布了南下命令。

就在《大举南进政治保障计划》制定的同时，位于包座、班佑地

---

① 朱德自传，转引自《朱德传》，第 353 页。

② 《中国工农红军第四方面军战史资料选编》（长征时期），第 223 页。

区的红四、红三十军及红军大学的部分人员，在徐向前、陈昌浩的率领下，奉张国焘的命令南下，回头再次穿越草地。“浩渺沉寂的大草原，黄草漫漫，寒气凛冽，弥漫着深秋的肃杀气氛。红军第一次过草地时留下的行军、宿营痕迹，还很清楚。有些用树枝搭成的‘人’字棚里，堆着些无法掩埋的红军尸体。衣衫单薄的我军指战员，顶风雨，履泥沼，熬饥寒，再次同草地的恶劣自然条件搏斗，又有一批同志献出了宝贵生命。”① 经过几天的艰苦行军，红三十军和红四军分别于 9 月 17 日和 18 日返回毛儿盖，随后继续南进，沿黑水、芦花以西的山路向党坝、松岗开进。

在右路军南进的同时，红军总部机关和左路军也奉张国焘的命令，从阿坝、马尔康等地出发南下。到 9 月底，两路南下部队分别集结于马塘、松岗、党坝一带。

徐向前、陈昌浩等来到党坝后，又同朱德、张国焘、刘伯承、王树声等领导人见面了。南下路上心情抑郁、懒得说话的徐向前，见朱德面色黧黑，目光炯炯，步履稳健，有说有笑，一如往常，似乎天塌下来，也没放在心上一样，自己的心里好像也稍稍轻松了一些。徐向前是这样回忆当时的朱德的：“朱德总司令虽不同意张国焘的分裂主义行为，但认为部队既然已经南下，就应打开战局，找块立脚生存的地方。那么多红军，没有地盘，没有饭吃，无异于不战而自毙。同时，他又坚信，只要大家是革命的，最后总会走到一起的。因而，在军事行动方面，积极行使总司令的职权，及时了解敌情，研究作战部署，定下决心。”②

这时，蒋介石的行营参谋团和四川“剿匪”总司令刘湘见红军一部北上、大部突然南下，遂对留在川西北的红军意图作出了两种估计：一是渡岷江向东攻击；一是袭取懋功、丹巴向南进攻。根据这种估计，立即沿大小金川布阵防堵，对在川各军作了部署。刘文辉第二十四军两个旅，位于大金川沿岸之绥靖、崇化（今安宁）、丹巴一线；杨森第

① 徐向前：《历史的回顾》（中），第 457 页。

② 徐向前：《历史的回顾》（中），第 461—462 页。

二十军四个旅又一个团，布于小金川沿岸之懋功、抚边、达维一线；邓锡侯第二十八军一个团，扼守抚边以东之日隆关等地，企图凭借高山峡谷，阻止红军南下。

张国焘在10月5日卓木碉会议另立“中央”后，为贯彻其南下方针，打开通往天全、芦山的通道，实现在川康边创建根据地的计划，立即以“中革军委主席”的名义，于10月7日发布了《绥（靖）崇（化）丹（巴）懋（功）战役计划》。计划规定：以第九军第二十五师、第三十一军第九十三师及第五军组成右纵队，由王树声率领，沿大金川右岸前进，抢占绥靖、丹巴；以第四、第三十、第三十二军及第九军第二十七师大部组成左纵队，由徐向前、陈昌浩率领，从大金川以东地区进攻，夺取崇化、懋功；以第三十三军及第九军第二十七师一个团，驻守马塘、梦笔山地区，屏障红军总司令部驻地卓木碉；以第三十一军第九十一师师部及第二七七团、红军大学留驻阿坝，组成阿坝警备区掩护后方。

10月8日，左、右两路纵队按预定计划开始行动，先后向大小金川沿岸疾进。

大小金川地区，地形复杂，利守难攻。沿途多深山绝壁，峡谷激流，不便大部队展开。战役开始后，右纵队第九军第二十五师首先向绰斯甲附近的观音河铁索桥强攻，以便渡河后，左右两军夹河而进，隔岸呼应。但守敌刘文辉部事先已将铁索桥砍断，并筑有防御工事，凭坚固守。红军遂改以乘船在下游三公里处强渡，又因敌人火力猛烈，河流湍急，渡船触石翻沉，强渡未能奏效。右纵队渡河受阻，延迟了出动时间。

鉴于这种情况，总部临时调整部署，令左纵队之第四军从党坝地区出动，西渡大金川，沿西岸袭取绥靖、丹巴；第三十军由大金川东岸进取崇化，转攻懋功；第九军第二十七师向两河口、达维进击。这样，整个战役的进攻任务，几乎全由左纵队承担了。

按照这一新的部署，第四军于10月11日渡河成功后，沿右岸疾进，12日克绥靖，击溃守敌刘文辉部两个团后，继续向南猛进，16日占领西康之丹巴县城。与此同时，第三十军也沿大金川东岸向南进攻，经一路战斗，于15日攻占崇化，随后以一部继续向懋功方向发展。第九军第二十七师也同时向南疾进，于15日夜间对绥靖以东之两河口守敌杨森部第七旅发起攻击，经三个小时激战，将敌击溃，继而连夜跟踪追击，于16日攻克抚边，歼敌两个营大部。接着，又于19日夜袭占达维，击溃杨森部第四旅。第三十军占崇化后，即兵分两路，挥师东进，其中一路于20日攻克懋功，守敌杨森部两个旅向夹金山以南逃窜。进占达维之第二十七师当即主动截击这股逃窜之敌，俘获一部。该师继而迅速向东南发展，攻克日隆关、巴郎关、火烧坪、邓生等地，此后，与邓锡侯部守敌相持于牛头山一带。至此，历时15天的绥崇丹懋战役以击溃杨森、刘文辉所部六个旅，毙、俘敌3000余人的战果而告结束。红军占领了丹巴、懋功两县城，抚边、绥靖、崇化三屯以及达维、日隆关、绰斯甲等要镇，达到了主要的战役目的。

绥崇丹懋战役是红军以两过草地的疲劳之师，在地形十分复杂的条件下进行的，充分表现了红军指战员不怕困难、英勇顽强的战斗作风。当时身为红四方面军总指挥的徐向前这样评论这次战役：

> 这一仗是山地隘路战，很难打。我军机智英勇，灵活迅速，充分发挥夜摸、奇袭和小部队大胆迂回穿插等战术特长，渡激流，穿峡谷，破敌垒，夺要隘，表现了红军坚无不摧的优良战斗素质。九军二十七师连续作战，疾进五百余里，打得最出色。夜袭达维之战，行动秘密、神速，当部队摸进街里时，敌人还在睡大觉。敌第四旅旅长高德州惊醒后，顾不上穿衣服，仓惶〔皇〕逃走。战后，朱德总司令高度评价红四方面军的战斗力，认为是一支过得硬的红军队伍，继承了叶挺独立团的铁军传统。这次战役的主要缺点是右纵队渡河受阻后，未能及时转移兵力，配合左纵行动，致使近半数兵力陷于无用武之地的状态；追击不力，对溃逃进山林的残敌搜索不够，影响了扩大战果。[①]

---

① 徐向前：《历史的回顾》（中），第463—464页。

红四方面军南下川西南作战，引起了蒋介石的高度重视。他将在西南地区“围剿”红军的军事重心移至重庆，正式成立“重庆行营”，派大批军政官员入川，并对川军进行了整编。整编后的川军，虽紧缩了约三分之一的名额，但充实了建制，补充了武器弹药，战斗力有所增强。这时，蒋介石令川军集中力量对付南下的红四方面军；胡宗南部北向甘南，对付北上的红一方面军主力；吴奇伟部南下，对付红二、红六军团；李抱冰部则扼守西康一带。

绥崇丹懋战役后，川敌为扼阻红军前进，在自南而东加强兵力，筑碉堡封锁的同时，再次调整部署：以刘文辉部防守金汤、泸定至汉源、雅安一线；以杨森部防守宝兴至大硗碛一线；以邓锡侯部防守宝兴以东大川场至水磨沟一线；以刘湘之模范师九个团集中天全；另从绵竹等地抽调 18 个团，向西增援，企图力拒南下红军于天全、芦山、宝兴西北山区，确保川西平原，进而消灭红军。

根据上述敌情，红军总部和红四方面军总指挥部估计，趁势南攻，打击川敌，夺取天全、芦山、名山、雅安、邛崃、大邑地区，有较大把握，遂制定了《天芦名雅邛大战役计划》，并于 10 月 20 日由张国焘以“军委主席”的名义发布。计划规定的战役纲领是：以主力乘胜速向天、芦、名出动，彻底消灭杨森、刘文辉部，并迎击主要的敌人刘湘、邓锡侯部，取得天全、芦山、名山、雅安、邛崃、大邑广大的根据地为目的；对康定、汉源、荥经、灌县方向，采取佯攻姿态，配合主力行动。具体的作战部署是：以第四、第三十二军为右纵队，由丹巴经金汤攻取天全，并以一部向汉源、荥经活动；以第三十军、第三十一军第九十三师及第九十一师两个团、第九军第二十五师为中纵队，先进占宝兴、芦山，得手后向名山、雅安及其东北地区进攻；以第九军第二十七师为左纵队，除以一部巩固抚边、懋功、达维外，主力向东伸进，威胁灌县、大邑之敌。另以第五军为右支队，巩固丹巴地区；以第三十三军为左支队，留住马塘、两河口，相机威胁理番，占领威州；以第三十一军第九十一师师部率第二七七团驻守达维、懋功。

按照这一部署，10 月 24 日，战役开始。中纵队在红四方面军总指挥部的率领下，翻越终年积雪的夹金山，以迅猛之势向宝兴进击。11

月 1 日，一举攻占宝兴县城，击溃杨森第二十军之第一、第五、第六等三个旅，乘胜进占灵关镇、双河场，连续打垮刘湘教导师的一个旅和一个团的阻击，直逼芦山城下。沿途共俘敌千余人，缴获步枪 2000 余支，轻重机枪 50 余挺。与此同时，左、右两纵队亦从两翼日夜兼程，长驱疾进。左纵队翻越夹金山后，于 11 月 7 日攻占大川场，歼敌邓锡侯部第七旅一部，前锋进抵邛崃县境。右纵队于 10 月 28 日攻克西康金汤设置局所在地金汤镇后，旋即攻克天全以西之紫石关、大岗山，击溃刘湘模范师的一个旅，于 11 月 10 日占领天全县城。随即向东迂回，协同中纵队包围芦山。刘湘为解芦山之围，急令其独立旅向名山地区增援，遭红三十、红九军各一部钳击，全部被歼。11 月 12 日，红军向芦山城发起攻击，守敌弃城逃跑，该城遂被红军占领。至此，红军在十余日内连下宝兴、天全、芦山等县城，占领了邛崃以西，大渡河以东，青衣江以北，懋功以南之川康边广大地区，共毙、伤、俘敌 1 万余人，击落敌机一架，造成了红军进则可以东下，横扫川西平原的战略态势。

战役进行过程中，张国焘和红四方面军总部在是以红军主力西取康定、泸定，还是东进川西平原问题上，发生了意见分歧。张国焘提议，重点夺取康、泸，将来以道孚为战略后方，在西康地区发展。10 月 31 日，张国焘致电陈昌浩、徐向前，称："西康为我唯一后路，不可以西康落后说自误。……在敌能守住邛、大、名、天、芦一带碉堡线时，即宜不失时机取康定为好。"[①]11 月 6 日，张国焘再次致电徐向前、陈昌浩，要求他们"查明沿金川两岸转移兵力即取康泸办法"[②]。徐向前和陈昌浩则认为，还是按原定的作战计划，重点加强左翼的攻击，夺取天、芦、名、雅地带为上策。理由一是这一带人口和粮食较多，部队易于补充；二是与川敌作战，较易得手，如能乘胜东下川西平原，可获更大的补充，利于过冬；三是距离转战于川黔边的红二、红六军团较近，能对他们起到有力的策应作用。11 月 7 日，徐向前、陈昌浩致电张国焘，指出："如能多集中兵力在这带打，甚有把握。如马上进西康，补难，减

① 《中国工农红军第四方面军战史资料选编》（长征时期），第 255 页。

② 《中国工农红军第四方面军战史资料选编》（长征时期），第 260 页。

员更大，力分散，天气极冷。对二、六军团配合无力。”“弟意目前仍在此寻机打敌，先打开左翼局势，然后配合四军夹击天全。……此地决战得手，则截东或西进均易，西进只是万一之路。”①张国焘接电后，未再坚持他的意见。徐向前、陈昌浩遂挥军向名山、邛崃地区进击。

恰在此时，北上到达陕北的中共中央于11月12日来电指示：“关于方针你们目前应坚决向天全、芦山、邛崃、大邑、雅安发展，消灭刘、邓、杨部队，求得四方面军的壮大，牵制川敌主力残部，(以利)川、陕、甘、晋、绥、宁西北五省局面的大发展。”②这与徐向前、陈昌浩的主张正好相似。

红军南下的初步胜利，给蒋介石、刘湘以极大的震动。蒋介石急调薛岳部增援，并令其空军频繁出动配合。刘湘急调其主力王瓒绪、唐式遵、范绍曾等部以及李家钰部，星夜兼程，集结于名山及其东北地区之夹门关、太和场、石碑岗地区，企图阻止红军攻势，屏障成都平原。敌军兵力合计达到80余个团。

11月13日，红军集中中纵队全部及右纵队第四军计15个团的兵力，向朱家场、太和场发起猛攻，14日占领该地，击溃敌暂编第二师两个团。接着，乘胜前进，于16日攻占邛崃、名山大路上的重镇百丈。敌赶忙出动六个旅的兵力，进行反扑，激战半日，被击退。红九军第二十七师乘胜沿百丈通邛崃的大路进击，势如破竹，仅第七十五团一个营即连破敌堡200多个。当天下午，相继占领了黑竹关、治安场、王店子。这时，徐向前、陈昌浩令部队停止前进，主力向百丈周围靠近，以第九十三师围攻名山，以第三十二军向名山至洪雅的大路突击，吸引邛崃方向的援敌出动。

11月19日拂晓，敌人十几个旅在飞机、大炮的掩护下，从东、北、南三面向突出于百丈地区五公里余长的弧形红军阵地，发起了猛烈进攻。红军指战员忍着疲劳、寒冷和饥饿，与优势之敌展开了浴血苦战，从而拉开了百丈决战的战幕。徐向前在《历史的回顾》中记述了战斗

---

① 《中国工农红军第四方面军战史资料选编》(长征时期)，第261页。

② 《中国工农红军第四方面军战史资料选编》(长征时期)，第267页。

的激烈场面：

据俘虏供称：刘湘下了死命令，要川军拼死夺回百丈，援救名山守敌，临阵不前者，一律就地枪决。战斗一打响，敌人即集中强大炮火，向我阵地猛烈轰击。成批敌机盘旋上空，疯狂施行轰炸。整营整团的敌军，轮番向我阵地猛攻。从黑竹关到百丈十多里的战线上，处处是战火硝烟、刀光血影，是爆炸声、枪炮声、喊杀声，是敌我双方的殊死搏斗。

百丈一带，地势开阔，多丘陵、树丛、深沟、水田。战斗开始后，我骑马赶到这里，观察情况，现地指挥。三十军指挥所设在百丈附近一座小山包上，我绕来绕去，好不容易才摸到。见了李先念他们，简单问了问情况。我们当时判断，刘湘是狗急跳墙，孤注一掷，如果我军顶住敌人的攻势，灭敌一部，有可能胜利转入反攻，直下岷江西岸。唯敌机太讨厌，对我前沿至纵深轮番轰炸，威胁甚大。部队在开阔地带运动和作战，不易隐蔽，对付敌机又缺炮火，伤亡增大，叫人很伤脑筋。我军坚守在月儿山、胡大林、鹤林场及黑竹关至百丈公路沿线的山岗丛林地带，与敌反复拉锯，血战三昼夜。敌用两旅兵力企图通过水田进占百丈，在我几十挺机枪扫射下，整营整连的敌军，被击毙在稻田里，横七竖八，躺倒一大片。但因该地交通方便，敌人调兵迅速，后续力量不断增加，攻势并未减弱。21日，我黑竹关一带的前锋部队被迫后撤，敌跟踪前进。22日，百丈被敌突入，我军与敌展开激烈巷战。我到百丈的街上看了下，有些房屋已经着火，部队冒着浓烟烈火，与敌拼搏，打得十分英勇。百丈附近的水田、山丘、深沟，都成了敌我相搏的战场，杀声震野，尸骨错列，血流满地。指战员子弹打光，就同敌人反复白刃格斗；身负重伤，仍坚持战斗，拉响手榴弹，与冲上来的敌人同归于尽。百丈战斗，是一场空前剧烈的恶战，打了七天七夜，我军共毙伤敌一万五千余人，自身伤亡亦近万人。

敌我双方，都打到了筋疲力尽的地步。①

百丈决战，红军指战员虽英勇顽强，浴血奋战，歼灭了大量敌人，但自己也付出了很大的代价。由于敌我力量悬殊，红军如长期固守，与敌人拼消耗，显然不利。在这种情况下，红四方面军总部决定放弃原定计划，从进攻转入防御。11 月下旬，红三十、红九军撤出百丈一带，转移到北起九顶山，南经天品山、五家口，至名山西北附近之莲花山一线，据险防守。至此，天芦名雅邛大战役被迫中止。

在百丈战斗进行的同时，红三十二军和红四军一部分别在天全、飞仙关渡过青衣江南进，于 11 月 25 日占领荥经，继占汉源，歼守敌一部。12 月初，敌薛岳部由东面向荥经进攻，红军在予敌以杀伤后，于 12 月中旬撤出荥、汉地区，移至青衣江以北地区。在西面大炮山之红三十三军，则继续巩固阵地，与李抱冰部对峙。

百丈战斗失利，在军事上的教训是深刻的。徐向前后来总结说："第一，对川军死保川西平原的决心和作战能力，估计不足，口张得太大。""第二，与此相联系，我军高度集中兵力不够。""第三，战场的选择失当。""另外，部队习惯于山地战、隘路战，而对平地、水田、村落战斗，则缺乏经验。"这些"都与我们在战役指导思想上的急躁和轻敌有关"。②

南下红军自 9 月中旬从草地南返，连续作战两个多月，广大指战员经历了种种艰险，克服了重重困难，以英勇顽强、不怕牺牲的精神，浴血奋战，取得了许多战役战斗的胜利，吸引、牵制和消灭了敌人的大批有生力量，在战略上对北上中央红军和红二、红六军团起到配合作用。但是，南下红军依然没有能够取得决定性的胜利，百丈一战又遭受重大损失，不得不转入防御。因此，百丈战斗，是南下红军由战略进攻转入战略防御的转折点，也是张国焘南下错误方针碰壁的主要标志。

---

① 徐向前：《历史的回顾》（中），第 470—471 页。

② 徐向前：《历史的回顾》（中），第 471—472 页。

百丈战斗后，四川军阀主力集中于东面的名山、邛崃地区，薛岳部六个师向南面的雅安、天全地区集结，第五十三师李抱冰部则部署于西南的康定、泸定地区。各部敌人采取堡垒战术，稳扎稳打，加强封锁，在巩固既有阵地的基础上步步推进。这样，红军东进、南出均不可能，处境被动，日渐不利。红军只好以巩固天全、芦山、宝兴、丹巴地区为中心任务，在大川场、天台山、五家口、莲花山、姚桔、金鸡关直到雅安、荥经、天全三县交界之山区地带，构成一条自东北向西南的防御线，与敌对峙，并发动群众，准备过冬。红军总部和红四方面军总部移驻芦山城北的任家坝。随后，进行了红军内部的训练、补充和整理工作，并将红五军和红三十三军合编为红五军，由董振堂任军长，黄超任政治委员，罗南辉任副军长，杨克明任政治部主任，李屏仁任参谋长。

在南下转战川康边的同时，红军各部和随军行动的原川陕地方党政机关派出大批政治工作和地方工作干部，开展发动群众，建立党、政、军组织的工作。经过艰苦努力，在懋功、丹巴、宝兴、天全、芦山地区建立了一些地方党的组织和工农政权。以邵式平为书记的中共金川省委、以傅钟为书记的中共四川省委以及四川省苏维埃政府相继建立后，发动群众开展了支援战争的工作。11 月中旬，还帮助藏族人民成立格勒得沙革命政府。同时，还先后建立大金独立第一师、第二师及宝兴、芦山两个独立团等地方武装，配合红军主力作战。

尽管发动群众，建立党、政、军地方组织的工作取得一定的成效，支援了红军的作战，但是，由于这些地区多为藏族居住区和汉藏杂居区，情况非常复杂，加之历代反动政府长期推行大汉族主义统治，民族之间的隔阂甚深；红军数万大军集中该地区，势必造成与民争粮的矛盾；而藏族上层反动分子，不仅组织反动武装反对红军，而且利用一切机会煽动和威胁群众，不与红军合作。因此，在这一带发动群众遇到了很大的困难。这样，也就很难在这一带形成一块根据地。没有巩固的根据地，红军的生存受到很大的威胁。

百丈战斗后，进入了隆冬季节，寒冷异常，风雪连绵。位于折多山和夹金山附近的丹巴、懋功地区，更是下了十几年不遇的大雪，漫山皆白，地冻三尺。这对于处在困境中的红军来说，无异于雪上加霜。粮食没有来源，部队经常以野菜、土豆充饥，最好的时候也只能每日吃到两稀一干，时间一长，更难以为继。派出去筹集粮食和打野牦牛的人员，不仅收获不大，而且大都得了雪盲症，有些战士甚至被冻死在雪地里。由于当地不产棉花，衣着单薄的红军战士不得不用棕榈制成衣服，以抵御高原隆冬的严寒。在这种恶劣的条件下，红军战士还要经常与敌人战斗，伤病增多，造成大量减员，有生力量日渐削减。由于这一带人口稀少，经过发动群众，虽有些人参军，但为数寥寥，难以弥补部队的减员。

南下以来的严酷现实，深深地教育了广大的红军指战员，在他们中间，日益增长着怀疑和不满。越来越多的人清楚地认识到，中央关于“南下是绝路”的预见是英明的，张国焘的南下方针是错误的。

三、张国焘南下方针的破产

正当张国焘率红四方面军南下碰壁、处境艰难的时候，中共中央率红一、红三军坚持北上，已于10月间胜利到达陕北，并初步打开局面。

在此期间，全国的政治形势也发生着急剧的变化。日本帝国主义侵占冀东和察哈尔北部后，又酝酿“华北五省自治”，促使民族矛盾进一步激化。12月，北平爆发的一二·九运动，迅速席卷全国，标志着全国抗日民主运动新高潮的到来。面对这种形势，12月25日，中共中央在陕北瓦窑堡召开政治局会议，作出《关于目前政治形势与党的任务的决议》，确立了抗日民族统一战线的策略方针。

中共中央先行北上以后，一直与南下的红军总司令部和红四方面军保持着电台联系，一方面转告敌情、北上红军的情况以及全国的政治形势，指示行动方针，另一方面在继续对张国焘的南下错误方针进行批评、斗争的同时，也尽力对他进行教育、挽救，以维护党和红军的团结。中央到达瓦窑堡后，即于11月12日向红四方面军发出指示电，告诉他们“我一、三军团已同二十五、二十六、二十七军在陕北会合，现缩编进行粉碎敌人围攻的战斗”，并“正与白区党及国际取得联系”，要求红四方面军将“战况及工作情形，应随时电告党中央”。[①]

北上红军胜利的消息传到红四方面军，在红军总司令部编印的半月刊《红色战场》上连续登载后，广大指战员受到很大的鼓舞，也引起更多的人从南下与北上的鲜明对照中去思考。有不少人私下议论：“还是中央的北上方针对头”，“南下没有出路”，“我们也该北上才对”。

当中共中央先行北上时，张国焘曾断言中央“率孤军北上，不拖死也会冻死”，“至多剩下几个中央委员到得陕北”。然而，中央率军北上的胜利，无疑使他的断言不攻自破。当初他极力宣扬南下“进攻路线”，但南下以来的活生生的事实，证明了南下方针是行不通的。何去何从？这时的张国焘陷入了进退两难的境地。但是，张国焘并没有就此悬崖勒马，回心转意，他一面坚持宣扬其南下“进攻路线”的正确，一面继续进行分裂党的活动。11 月 12 日，他在致中央的电报中，已不把中央称为中央，而是称为“毛、张、周、王、博”了。在这封电报中，他通报南下红军已占领天全、芦山，吹嘘“这一胜利打开了川西门户，奠定了建立川康苏区胜利的基础，证明了向南不利的胡说，达到了配合长江一带的苏区红军发展的战略任务，这是进攻路线的胜利”。他还俨然以“中央”的口吻指示：“甚望你们在现地区坚决灭敌，立即巩固扩大苏区和红军。并将详情电告。”[②]

张国焘虽然狂妄地在卓木碉会议上另立了“中央”，但在会后的一段时间里，他并没有对中共中央公开宣布。对张国焘这时的做法、心理以及原因，徐向前在《历史的回顾》中这样记述了自己的观感：

> 张国焘虽然挂起了分裂党的伪中央招牌，但一直不敢对外公开宣布，也没有中断同党中央的电台联系。据我观察，他是做贼

① 《中国工农红军第四方面军战史资料选编》（长征时期），第 267 页。

② 《中国工农红军第四方面军战史资料选编》（长征时期），第 266 页。

心虚，骑虎难下。

张国焘的“中央”，完全是自封的，并不合法。既未按党规党法，经民主选举产生，又未向共产国际报告，得到批准。那时，中国共产党是隶属共产国际的支部之一，一切重大问题的决定，必须经共产国际认可，方能生效。张国焘是老资格的政治局委员，当然更明白这一点。他深怕公开打出另立“中央”的旗号后，一旦被斯大林和共产国际否决，局面将不堪收拾。特别是王明、博古等人，都是共产国际的“宠儿”，斯大林决不会轻易否定他们。张国焘对此颇有顾虑，要给自己留条退路，便不敢把事情做得太绝。

朱德同志坚决反对另立“中央”，对张国焘也起了有力的制约作用。朱德总司令在党和红军中的巨大声望，人所共知。也只有他，才能同张国焘平起平坐，使之不敢为所欲为。自从张国焘另立“中央”起，朱德同志就和他唱对台戏。他同张国焘的斗争，绝不像“左”倾教条主义者那样，牙齿露得越长越好，而是心平气和，以理服人，一只手讲斗争，一只手讲团结。我去红军总部汇报工作时，曾不止一次地见过他同张国焘谈论另立“中央”的问题。他总是耐心规劝张国焘，说你这个“中央”不是中央，你要服从党中央的领导，不能另起炉灶，闹独立性。张国焘就劝朱德同志出面，帮他做党中央的工作，要中央承认他的“中央”是合法的，是全党的唯一领导。俩人的意见，针锋相对，谁也说不服谁，但又不妨碍商量其他军事行动问题。张国焘理不直，气不壮，矮一截子，拿朱老总没办法。朱总司令的地位和份〔分〕量，张国焘是掂量过的。没有朱德的支持，他的“中央”也好，“军委”也好，都成不了气候。张国焘是个老机会主义者，没有一定的原则，没有一定的方向。办起事来，忽“左”忽右。前脚迈出一步，后脚说不定就打哆嗦。朱总司令看透了他，一直在警告他，开导他，制约他。因而张国焘心里老是打鼓，不敢走得更远。

南下以来，我一直支持朱总司令的意见，几次劝张国焘放弃第二“中央”，但他就是不听。我毫无办法，心里很不痛快，常常借口军事工作忙或身体不适，不去参加总部的会议。有段插曲，我印象很深。百丈战斗后，我们前敌指挥部收到党中央发来的一份电报，说中央红军在陕北打了个大胜仗，全歼敌军一个师。这就是直罗镇战役。我很高兴，拿着电报去找张国焘。我说：中央红军打了大胜仗，咱们出个捷报，发给部队，鼓舞鼓舞士气吧！张国焘态度很冷淡，说：消灭敌人一个师有什么了不起，用不着宣传。我碰了一鼻子灰，转身就走了。心想：这个人真不地道，连兄弟部队打胜仗的消息，都不让下面知道。可是，没过几天，张国焘又准许在小报上登出了这条消息。从这个小小的侧面，也能反映出他那种七上八下的心理状态。①

张国焘在这种心态中度过了两个月后，不顾朱德、徐向前等人的一再劝告，终于在 12 月 5 日以“党团中央”的名义致电彭德怀、毛泽东等，公开提出：

甲、此间已用党中央、少共中央、中央政府、中革军委、总司令部等名义对外发表文件，并和你发生关系。

乙、你们应以党北方局、陕甘政府和北路军，不得再冒用党中央名义。

丙、一、四两方面军名义已取消。

丁、你们应将北方局、北路军的政权组织状况报告前来，以便批准。②

中共中央在得知张国焘另立“中央”的消息后，经分析认为，一方面应同张国焘分裂党的行为作坚决的斗争；另一方面应以最大的耐心，采取恰当的方法教育、挽救他。同时，估计到在这时仅靠党中央对张国焘进行教育、挽救，不足以使他回心转意，取消另立的“中央”，还需要借助共产国际的权威同他进行斗争。恰好在这时，中共驻共产

---

① 徐向前：《历史的回顾》（中），第 474—476 页。

② 《中国工农红军第四方面军战史资料选编》（长征时期），第 286 页。

国际代表团成员林育英（即张浩），为传达共产国际七大关于建立国际反法西斯统一战线的精神，于11月中旬辗转来到陕北，与中共中央取得了联系。于是，中央决定由林育英利用从共产国际回来的有利条件，以“共产国际代表”的身份，出面做张国焘的工作；在党中央和张国焘之间的组织关系问题上，也可以采取变通的办法处理。林育英支持党中央的决定，接受了这一任务。

12月22日，林育英致电张国焘，劝告他注意党内团结，并就组织统一问题，提出：“可以组织中共中央北方局、上海局、广州局、满洲局、西北局、西南局等，根据各种关系，有的直属中央，有的可由驻莫中共代表团代管，此或为目前使全党统一的一种方法”，要张国焘“熟思见复”。①

与此同时，中共中央也通过朱德做张国焘的工作。12月30日，朱德致电毛泽东、彭德怀等并转林育英，通报四川、青海的敌情，提出红一方面军与红四方面军应互通情报。由于自南下以来，红军总部的通讯联络机构被张国焘控制着，这是朱德第一次以个人署名发电报给中央。毛泽东接电后，于1936年1月1日复电朱德，通报了中央到达陕北后的情况和所了解的国际国内时局动向，并告诉他：“国际除派林育英来外，又有阎红雁（指阎红彦）同志续来，据云中国党在国际有很高地位，被称为除苏联外之第一党，中国党已完成了布尔什维克化，全苏欧、全世界都称赞我们的长征。”对张国焘另立“中央”问题，提出：“兄处发展方针须随时报告中央得到批准，即对党内过去争论可待国际及七大解决，但组织上决不可愈〔逾〕越轨道致自弃于党。”②

然而，张国焘对中央的劝告仍置若罔闻，1月6日，他复电林育英，继续自称“党中央”，攻击中共中央的路线是“反党的机会主义路线”。电报称：

为党的统一和一致对敌，必须坚决反对反党的机会主义路线，

① 《红军长征·文献》，第845—846页。
② 《红军长征·文献》，第848—849页。

这种机会主义在于：

（甲）将五次“围剿”估计为决定胜负的战争，在受一挫折的条件下，必然成为失败主义的严重右倾。

（乙）防御路线代替进攻路线。

（丙）在过去福建和北方事变中，和全国抗日反蒋运动中，都因错误策略放弃无产阶级领导的争取。

（丁）机械地了解巩固根据地，因此不能学习四次“围剿”在鄂豫皖红军在强大敌力压迫下退出苏区的教训。

（戊）忽视川陕苏区和整个川、陕、甘的革命局势，因此对川陕赤区的没有帮助和指导，影响到苏、红在西北的发展。过低估计少数民族的革命作用，对革命在西北首先胜利的可能表示怀疑。

（己）一、四方面军会合后，放弃向南发展，惧怕反攻敌人。后来又将党（向）北进攻的路线曲解成为向北逃跑，最后走到分裂党和红军。上述的一贯机会主义路线，若不揭发，就不能成为列宁主义的党。

最后，党中央表示一切服从共产国际的指示。①

针对张国焘坚持分裂党的错误，1月13日，张闻天致电张国焘，劝诫他“自动取消”另立的“中央”。电报指出：

我们间的政治原则上争论，可待将来作最后的解决，但别立中央妨碍统一，徒为敌人所快，决非革命之利。此间对兄错误，未作任何组织结论，诚以兄是党与中国革命领导者之一，党应以慎重态度出之。但对兄之政治上错误，不能缄默，不日有电致兄，根本用意是望兄改正，使四方面军进入正轨。兄之临时中央，望自动取消。否则长此下去，不但全党不以为然，即国际亦必不以

① 《中国工农红军第四方面军战史资料选编》（长征时期），第311页。

为然，尚祈三思为幸。①

1月16日，林育英致电张国焘，说明“共产国际派我来解决一、四方面军的问题，我已会着毛泽东同志”，并告诉他：“我已带有密码与国际通电，兄如有电交国际，弟可代转。”②同一天，中共中央秘书处将瓦窑堡会议通过的决议内容，摘要电告张国焘。然而，张国焘仍执迷不悟，一意孤行，竟于1月20日致电林育英，称中共中央是“假冒党中央”，要求“自动取消中央名义，党内争论请国际解决”。③

在多次电示、耐心教育挽救无效的情况下，1月22日，中共中央政治局作出《关于张国焘同志成立“第二中央”的决定》，严肃指出：

张国焘同志自同中央决裂后，最近在红四方面军中公开的成立了他自己的“党的中央”、“中央政府”、“中央革命军事委员会”与“团的中央”。张国焘同志这种成立第二党的倾向，无异于自绝于党，自绝于中国革命。党中央除去电命令张国焘同志立刻取消他的一切“中央”，放弃一切反党的倾向外，特决定在党内公布一九三五年九月十二日中央政治局在俄界的决定。④

中共中央在严肃批评张国焘分裂党的错误行为的同时，在党的组织关系问题上仍采取变通方式。中央同意朱德的提议⑤，在张国焘取消其另立的“中央”后，可成立西南局，直属中共驻共产国际代表团，暂时与陕北党中央发生横的关系。1月24日，林育英致电张国焘、朱德，指出：

---

① 《张闻天选集》，人民出版社1985年版，第80—81页。

② 《中国工农红军第四方面军战史资料选编》（长征时期），第321页。

③ 《红军长征·文献》，第852页。

④ 《中国工农红军第四方面军战史资料选编》（长征时期），第328页。

⑤ 1936年1月23日朱德致电张闻天，提出：“党内急谋统一”，“提议暂时此处以南方局，兄处以北方局名义行使职权，以国际代表团暂代中央职务，统一领导”。

甲、共产国际完全同意于中国党中央的政治路线，并认为中国党在共产国际队伍中，除联共外是属于第一位。中国革命已成为世界革命伟大因素，中国红军在世界上有很高的地位，中央红军的万里长征是胜利了。

乙、兄处可即成立西南局，直属代表团。兄等对中央的原则上争论可提交国际解决。①

同一天，张闻天也为党内统一和解决党的组织关系问题致电朱德，提出：

（甲）党内统一一致，才能挽救殖民地危险，才有（利）于中国革命。接读来电至为欢迎，兄与国焘兄均党内有数同志，北局同志均取尊重态度。弟等所争持者为政治路线与组织路线之最高原则，好在国际联络已成，尽可从容解决。既愿放弃第二党，则他事更好商量。

（乙）兄处组织仿东北局例，成立西南局直属国际代表团，暂与此间发生横的关系，弟等可以同意。原有之西北局、北方局、上海局、南方局的组织关系照旧，对内对外均无不妥。②

共产国际的指示和中共中央的坚定态度，对张国焘来说，不啻当头一棒。这时，陈昌浩也改变了态度，表示服从共产国际的决定。张国焘成了孤家寡人，不得不在政治上表示接受抗日民族统一战线的策略路线，在组织上表示“急谋党内统一”。朱德等人趁机做他的工作，要他取消自立的“中央”，成立西南局，服从党中央的领导，其他分歧意见，待日后慢慢解决。

中共中央对张国焘的斗争和对红四方面军的关怀，在部队中也引起了强烈的反响。中央正确路线的胜利鼓舞着广大的指战员，而张国

① 《中国工农红军第四方面军战史资料选编》（长征时期），第 328 页。

② 《中国工农红军第四方面军战史资料选编》（长征时期），第 329 页。

焘分裂党和红军所造成的恶果，以及南下碰壁的活生生事实，也从反面教育了广大指战员。因此，要求维护党和红军的团结，要求北上与中央会合的情绪和呼声，日渐高涨。

在这种情况下，张国焘于 1 月下旬在任家坝召集会议，讨论中共中央发来的瓦窑堡会议决议的要点。朱德、徐向前、陈昌浩、周纯全、傅钟等人参加会议。与会者在发言中表示一致拥护中央的决议，并表示应在党的新的策略路线的基础上，团结起来，一致对敌。张国焘虽然百般为自己的错误辩解，但同时也表示同意抗日民族统一战线的新策略。1 月 27 日，张国焘将会议讨论的情况及提出的“补充与修改”意见，电告“育英、闻天并转各中委同志”。他在电报中用这样的称呼，表示他仍不承认党中央，但他对瓦窑堡会议决议表示“原则上”的赞同。①

同一天，张国焘还致电林育英、张闻天，表示：“对目前策略路线既渐趋一致，应急谋党内统一。”但同时他又提出：“强迫此间承认兄处中央和正统，不过在党史中留下一个不良痕迹。一方让步，必是种下派别痕迹的恶根。互相坚持必是互相把对方往托陈派、罗章龙派路上推。”他声称：“此间对兄处领导同志不但未作任何组织结论，也没有将兄等原则上错误和分裂党和红军的事实告知二、六军团。对兄处中央委员同样表示尊重态度，对外仍然用毛主席名义。”接着，他又提出解决党内统一问题的办法：“党中央此时最好能在白区，但不知条件允许否？此时或由国际代表团暂代中央，如一时不能召集七次大会，由国际和代表团商同我们双方意见，重新宣布政治局的组成和指导方法，亦可兄处和此间同时改为西北局和西南局。”② 这说明，张国焘仍旧坚持不承认陕北党中央。

1 月 28 日，张国焘在各机关活动分子会议上作《关于民族革命的高潮与党的策略路线的报告》。在这一报告中，他虽然继续宣扬“南下之后的伟大胜利”，但也在一定程度上接受了中央政治局瓦窑堡会议的策略路线。在谈到组织问题时，他继续对党中央进行攻击，坚持要中

① 《中国工农红军第四方面军战史资料选编》（长征时期），第 330 页。

② 《中国工农红军第四方面军战史资料选编》（长征时期），第 331—332 页。

央改为西北局，自己成立西南局，而另外建立一个“中央”。他说：“关于以前党在政治上组织上意见的分歧，可以提交党的第七次大会来解决，我们不能如陕北的同志们采取各干各的、互不相管的态度，现在执行新的策略路线中，过去的分歧固然可以提到七次大会上解决，是党在政治上的团结，组织上的统一，这是绝对必要的。所以我们正在具体提议，解决办法目前应在适当地区内建立中央，陕北方面成立西北局，我们成立西南局。这并不是对反倾向斗争的让步，而是目前执行党的历史伟大任务所必需的。”①

由此可见，中共中央虽对张国焘作了一定的让步，但张国焘并没有放弃反对党中央的错误主张。他提出要中央改为西北局的无理要求，实际上是要取消党中央的领导。鉴于这种情况，党中央断然否定张国焘所提出的办法。2 月 14 日，林育英、张闻天致电朱德、张国焘，明确指出：“兄等对政治决议既原则上同意组织上亦用西南局则对内对外均告就一，自是党与革命的利益，弟等一致欢迎。”“关于党的最高领导机关问题，已见弟等前电所述，此外办法国际都不能同意。”②

在中共中央通过电报往来，劝告张国焘取消另立的“中央”的同时，确定南下红军的战略行动方针，亦成为迫在眉睫的任务。面对南下红军的不利局面，1 月 28 日，朱德、张国焘致电林育英转国际代表团，提出：“目前为一致对敌，夺取战争胜利，应有统一战略方针方不致有利于敌。”③

2 月初，天全、芦山地区的形势日趋恶化，战局发生对红四方面军更为不利的变化。敌人集中了薛岳等部六七个师和川军主力，开始向天全、芦山地区大举进攻。红军处于前有强敌、后无根据地、部队饥寒交迫而又得不到补充的困境。经一周激战，红军被迫撤离天全、芦山等地。红军总部由芦山任家坝转移到宝兴灵关。

在川康边无法建立根据地，已为事实所证明。徐向前见战局日益严重，红军愈加被动，遂向朱德提出建议：“红军不能再继续与敌人长

① 盛仁学编：《张国焘问题研究资料》，四川人民出版社 1982 年版，第 513 页。

② 《中国工农红军第四方面军战史资料选编》（长征时期），第 371 页。

③ 《红军长征·文献》，第 859 页。

期相对峙消耗了，而应迅速撤离川西，到夹金山以西休整，然后北上与一方面军会师。”[①] 朱德同徐向前的想法完全一致,因此一起提出放弃建立川康边根据地的计划，主动撤离宝兴、丹巴、懋功地区，转移到康定、道孚、炉霍一带。

2月上旬，红四方面军制定了《康道炉战役计划》。计划规定，以一部兵力位于大硗碛、邓生、达维、抚边地区，钳制东南之敌，而以主力迅速西进，经懋功、金汤、丹巴，取得道孚、炉霍、康定地区，以便尔后发展。

2月14日，朱德、张国焘接到林育英、张闻天的来电。电报提出：

关于战略方针弟等有如下意见。

（1）育英动身时曾得斯大林同志同意，主力红军可向西北及北方发展，并不反对接近苏联。四方面军及二、六军如能一过岷江一过长江，第一步向川北；二步向陕甘。为在北方建立广大根据地，为使国内战争与民族战争联成一片，为使红军真正的抗日先遣队，为与苏联红军联合反对共同敌人——日本，为提高红军技术条件，这一方针自是上策。但须由兄等估计敌情地形等具体条件的可能性。

（2）二、四方面军现在地巩固的向前发展，粉碎围剿，第一步把苏区迫近岷江，第二步进入岷沱两江之间，这是夺取四川计划。但需估计堡垒主义对我们的限制，需不失时机以主力跃入堡垒线外，在外消灭敌人，发展苏区。二、六军则靠近川南，苏区在云贵川三省之交建立根据地与四方面军互相呼应。

（3）四方面军南渡大渡河与金沙江，与二、六军取得近距离会合，甚至转向云贵滇〔川〕发展，寻求机会的前进，以上三种方针请兄等者考虑选择之。[②]

---

① 张继争：《在跟随徐总北上的日子里》，《艰苦的历程》（下），第 144 页。

② 《中国工农红军第四方面军战史资料选编》（长征时期），第 371—372 页。

接到来电后，红军总部和红四方面军总部进行了认真的讨论，一致认为，三种方案中，第二种方案夺取四川和第三种方案南下云贵川，因敌情、我情及地形等条件不允许，难以实现，只有第一种方案是上策。于是，一致赞同北上陕甘的第一种方案。关于策应红二、红六军团北进的任务，一致认为应由红四方面军承担，视发展情况再作决定。张国焘在南下碰壁，广大指战员的不满情绪日益增长的情况下，又见斯大林、共产国际同意红军主力北上靠近苏联，准备与苏联红军联合反对日本，也就顺水推舟，同意了北上的方案。3月2日，他在给中共金川省委书记邵式平的电报中称："我军在天、芦已成持久战，因决以主力首先灭李抱冰取康定，为将来向西北发展的准备。""这次行动的意义，主要是须建立西北抗日根据地，同时使之与全国抗日反蒋运动联系起来。"①

3月上旬，红四方面军又制定了《康道炉战役补充计划》，判断在红军自天、芦转移兵力到懋、丹地区，并进占道孚后，敌人方面或估计红四方面军会西进康定，企图与红二、红六军团会合；或估计红军北上进入川陕甘地区，因此，各部敌人均在重新集结，处在待命状态中。但是，"川敌在目前因受地区及粮食限制，并与蒋之嫡系部队的冲突"，因此，对红军"只能起牵制作用，蒋之嫡系部队或有增援康定的可能"。基于这种判断，补充计划规定，以"主力进出于道炉、甘一带，相机取康定。准备消灭由康定方面进攻之敌，并肃清西北一带之藏反。争取这一广大地区中部队之补充、整理、休息，待机行动。派一部出观音河地区活动，以开通将来主力北进之道路"。②红四方面军西进康北、准备北上战略方针的确定，标志着张国焘南下建立川康边根据地方针的破产。

红四方面军南下以来的事实证明，张国焘的南下方针是完全错误的。从政治上看，它与中共中央的北上方针相对立，完全脱离了波澜壮阔的全国抗日救亡运动，只能使红军陷入越来越狭小的范围，处于

---

① 《中国工农红军第四方面军战史资料选编》（长征时期），第386页。

② 《中国工农红军第四方面军战史资料选编》（长征时期），第389页。

愈来愈孤立的境地。从军事上看，红军南下遇到的敌人，并不是什么“川敌残部”，而是蒋介石围追红军的几十万大军，因而只能使红军面对数倍于己的强敌，不断遭受重大损失。从根据地的条件看，所选择的川康边地区，是少数民族杂居区域，地瘠民穷，人烟稀少，物资匮乏，环境险恶，不利于红军的生存和发展，只能使红军得不到兵员、物资的保障和补充。因此，张国焘南下方针的碰壁和破产是必然的，是不可避免的。

四、西进康北

初春的川康边，天寒地冻，没有一丝春意。远远望去，一座座雪山，漫山皆白，呈现出一片银色的世界。英勇的红军战士们拖着疲惫的身躯，迈着沉重的脚步，又踏上了西进的征程。这时，支撑他们的是一颗颗火热的心和钢铁般的意志，鼓舞他们的是中央的关怀和北上的希望。

1936 年 2 月 11 日至 23 日，红四方面军按照《康道炉战役计划》及《补充计划》，陆续撤离天全、芦山、宝兴地区，分为三个纵队向西康省北部的道孚、炉霍、甘孜进军。先遣司令员刘伯承和李先念率红三十军第八十九师先行，为全军开路。红军总部和红四方面军总部从宝兴出发，随第一纵队行动。

进军路上，首先要翻越位于宝兴和懋功之间的海拔 3000 多米高的夹金山。翻越这座雪山，对于红四方面军来说是第二次，对于原红一方面军的部队来说，已经是第三次了。前两次翻越此山是在夏、秋季，而这次却是在冬末春初时节。当地流传着这样的歌谣：“正二三，雪封山，鸟儿飞不过，神仙也不攀。”这首歌谣，道出了在这一季节要翻越它，更是难上加难。然而，红军战士们凭着坚强的意志，借鉴前两次翻山的经验，第三次征服了这座雪山。

从丹巴向道孚进军途中，横亘着大雪山脉中段海拔 5000 多米的折多山，其主峰党岭山顶天矗立，直插云间，有“万年雪山”之称，当地藏族人把它奉为“神山”。红军战士们并没有被它吓倒，他们脚踏草鞋，身着单衣，向着它挺进了。徐向前后来回忆了翻越这座雪山的情景：

山上积雪终年，空气稀薄，风暴、雪崩不断，在附近老百姓的心目中，就像一道噬人生命的鬼门关。好在刘伯承、李先念带领前锋部队开路，已经翻过这座雪山，为后续部队提供了经验。我们住在丹巴的一个村子里，又向藏民作了调查。他们说：翻越党岭山，必须赶在中午十二点钟以前。每天下午要起风暴，人到那里，就别想活命。我们令部队充分做好征服大雪山的准备工作。规定每人带足三天以上的干粮；备有两双草鞋和一副铁脚码子；尽量筹集御寒取暖的衣被、毛皮、辣椒、生姜、青稞酒、干柴；每个班、排配有刨冰攀崖用的铁锹、绳索等。各级政治机关大力进行思想动员，号召发扬不怕艰难困苦和团结友爱的精神，万众一心，向雪山进军。

总指挥部和七十六团一起行动。头天下午出发，在半山腰过夜，以便翌日上午通过党岭山。高原地带，爬山特别费劲。越往上走，越觉得头晕脑涨，四肢无力，气都喘不过来，只能一步一步地挪。夜间，寒风怒号，大雪弥漫，气温达零下二三十度。指战员们的衣服冻成了冰筒，眉毛、胡子结满冰霜。有些同志被冻僵在雪堆里，长眠在折多山上。牦牛是个宝，数量虽少，但出了大力气。这种动物，不仅肉可食，皮可衣，而且适应高原的恶劣自然条件，驮运物资，爬山履雪，比马匹还顶用。我们通过党岭山后，那些驮着辎重的牦牛，把四肢收起，扒〔趴〕在雪地上下滑，一气就能滑下山去。同志们都风趣地把它们称作“革命牛”、“救命牛”。①

徐向前和战士们一样，拄着木棍，顶着风暴，终于和先头部队一

① 徐向前：《历史的回顾》（中），第480—481页。

起胜利地翻越党岭山。他下令把一面红旗插在顶峰，让鲜艳夺目的红旗在风雪中飘扬，为后续部队指引前进的目标。

50 岁的朱德，迎着风雪，迈着稳健的步伐，同战士们一起跨过了党岭山。徐向前回忆说：“翻越大雪山党岭时，我们为保证他的安全，令部队给他备好坐骑、担架，他都让给伤病员用，自己坚持步行。夜晚宿营在半山腰，冻得无法睡觉，就给大家讲故事，话革命，鼓舞同志们战胜风暴雪山，胜利实现北上计划。”①

征服险恶的党岭山，又夺去了许多红军战士的生命。这时任兵站部部长的吴先恩，后来在《党岭山上》的回忆录中记述了这样一个动人的故事：

> 我们正研究明天爬山的事，突然背后传来一个声音：“部长——政委——”我们回头一看，见一个身上缠满了绷带的伤员爬到我们身旁；他那露在帐篷外的半截身子仍被埋在雪里。他吃力地抬起头，仰面看着我们。借着篝火的光亮，我们认出他是张营长。
>
> 我们赶快把他搀了进来，用身子顶住他坐在篝火旁边。
>
> “他带着这样重的伤，深夜从雪里爬来干什么呢？”我心里反复地这样想着。
>
> “部长，政委！”他瞪着两只深陷的眼睛，看了看我，又看了看政委，“你们刚才的话，我都听见了……眼前的情况我们都很清楚，我想过了，把我们扔掉吧！”他怕我们打断了他的话，赶忙抢了一句，“这是为了革命着想呀！”
>
> “每个红军战士，都是革命的种子，只要我们活着，决不能把你们丢掉！”政委刚刚把话说完，又不住声地咳嗽起来。
>
> “首长！我想过了，为了好好保存革命的力量，我才……”他的话突然停住了。他咬着牙关，忍着伤口剧烈的疼痛，汗水从两颊流到腮旁。他用手狠狠地抹了抹汗水：“我什么都想过了，从四川把我们抬到这里，一路上，给同志增加了多少负担，累死

① 徐向前：《民族的骄傲，人民的光荣》，《回忆朱德》，中央文献出版社 1992 年版，第 3 页。

了多少同志啊！……我不忍心眼看同志们为我倒下去！留着你们……留着同志们革命吧！”他慢慢闭上了眼睛。

“张营长，张营长！”我俩齐声惊叫起来。

……

雪还在成团地落着，篝火只剩下几颗火星在闪烁。

度过了漫长的黑夜，掩埋了同志的尸体，我们又踏上了征途。久病缠身的张政委仍是打起精神走在前面，每到坡滑路陡的地方，他就挥着双手喊：“同志们，走稳点！不要慌！”可是每次都被剧烈的咳嗽打断了。

走到昨天前卫营宿营的山崖下，发现有许多冻僵了的战友的遗体，被埋在雪里。我们发现了露在雪外的一只胳膊，他的拳头紧握着。跑上去掰开一看，里面是一张党证和一块白洋，党证上写着：

“刘志海，中共正式党员，一九三三年三月入党。”

我取过党证和白洋，默默地低下了头：“志海同志，你的党证和最后一次党费，一定替你转交给党。安息吧，同志！”

张政委站在悬崖峭壁的边缘上，检查由面前走过的每一副担架，伤员们看到虚弱的张政委，站在这样危险的地方，无微不至地关怀他们，有的感激得流出泪来，担架员们也都说：“首长放心，保证完成任务。”

队伍不停地前进，张政委依旧顶着寒风站在高地上。他一边咳嗽，一边喊话，每吐一个字都要用尽全身气力，“同志们！努力！前进，前……进……”

忽然他的沙哑的声音中断了，身子一歪倒在雪地上，警卫员吃惊地叫着：“政委，政委，醒一醒！”张政委慢慢地睁开眼睛，看看周围的人们，又看看行进的队伍，吃力地站了起来，勉强笑了笑说：“你们走吧！我……我不行了！同志们！……全国人民在盼望我们……”他转身把脸紧紧贴在警卫员的脸上，而后又扑在我的身上，紧紧地和我握了一下手，无力地倒了下去。……

我们扒开积雪，含着泪掩埋了张政委，把他留下的那只怀表上紧了发条，迎着北风，踏着战友们没走完的路，继续向山上走去。[①]

红军指战员以大无畏的英雄气概，征服了这座长征途中遇到的最大的雪山。翻越党岭山后，红军先头部队红三十军于3月1日一举攻占道孚，继于3月15日占领炉霍，随后乘胜前进，占领西康省东北部重镇甘孜。红四军经炉霍向西南疾进，攻占瞻化（今新龙），俘国民党西康宣慰使诺那喇嘛以下100余人，缴枪100余支，电台一部。红三十一军及红九军第二十五师，分别由丹巴、道孚南下，钳击泰宁（今乾宁），守敌李抱冰第五十三师一部弃城南逃康定。红三十二军及红九军第二十七师在懋功以南完成掩护主力转移任务后，跟进到道孚、炉霍。红三十一军第九十一师在宝兴南关、大垭口多次与追敌激战，击溃敌两个团，完成后卫任务后，也向炉霍地区转移。

红军总部和红四方面军总部于3月15日抵达道孚，随后进驻炉霍。在到达道孚的当天晚上，张国焘在团以上干部会议上作了《关于中国苏维埃运动发展前途的报告》。面对南下碰壁的事实和红四方面军中日益增长的不满情绪，他在报告中一面继续对党中央进行攻击，吹嘘南下是“胜利”的，百般为其南下错误方针辩解；一面对部队中的不满言论和批评横加压制，说：“有了政权和红军的党”，批评要受“相当限制”，“任何一种暗中三五成群议论党的决议而发生破坏作用的现象，都要遭到铁锤的打击”。同时，他在南下碰壁、走投无路的情况下，不得不公开提出向西北转进，“会合二、六军来顺利的进行夺取西北，创造西北抗日根据地的战略方针”。[②]

到4月上旬，西进红军在康北控制了东起丹巴，西至甘孜，南达瞻化，北连草地的大片地区。

康北原是四川军阀刘文辉的地盘，是以藏民为主的藏汉杂居地区。藏族的土司、喇嘛权力很大，是实际上的统治者。这里喇嘛庙林立，尤其是县城的庙宇更是金碧辉煌，气势非凡，象征着佛教的显赫地位。

---

① 载《星火燎原》选编之三，第388—390页。

② 《中国工农红军第四方面军战史资料选编》（长征时期），第393—400页。

这里是一片平均海拔3000米以上的高原，虽地域辽阔，但物产贫瘠，人烟稀少，再加上气候寒冷，对于红军的生存和发展都很不利。红四方面军原不打算在这一带久留，只想筹集到必要的粮食、物资后，即刻北上。然而，就在这时，红二、红六军团北上的消息传来，策应他们北进的任务，提上了日程。根据朱德的提议，红四方面军改变原定计划，决定在这一地区停留下来，现地休整补充，接应红二、红六军团北上。

朱德、张国焘要红二、红六军团北上，是各有各的考虑的。朱德后来在同原红二方面军的同志谈起这次决策经过时，说：张国焘“没有决定北上前，是想叫二方面军在江南配合他，他好在甘孜呆下来保存实力，他的中央就搞成了。他想北上时，才希望二方面军渡江北上”。而“我想二方面军过江对我们就气壮了，所以总想你们早点过来好”；“过江不是中央指示，是我们从中抓的，抓过来好，团结就搞起来了”；“二方面军过江，我们气壮了，北上就有把握了”。①

在朱德、张国焘一再电示红二、红六军团北上的时候，一件意想不到的事情的发生，几乎改变了这一决定。4月1日，林育英来电，不同意这个计划，指出：“二、六军团在云贵之间创立根据地，是完全正确的”，“将二、六军团引入西康的计划，坚决不能同意”。又指出：四方面军既已失去北出陕甘的机会，应争取先机南出，切勿失去南下的机会。② 林育英的这一电报，使红四方面军的领导人不知所措。只是由于朱德坚定不移的态度，才使红四方面军留在康北策应红二、红六军团北上的决策没有动摇。徐向前回忆说：“形势错综复杂，方针变来变去，我们感到迷惑不解。多亏朱总司令决心不变，坚持四方面军仍在现地休整训练，待与二、六军团会合后，共同北上。”③

就在决定红四方面军留在康北等待红二、红六军团北上后，张国焘于4月1日在机关活动分子会上，作了《中国苏维埃运动发展的前

① 《朱德委员长谈二方面军渡江同四方面军会合前后的经过情况纪要》（1960年11月9日），转引自《朱德传》，第371页。

② 转引自徐向前：《历史的回顾》（中），第482—483页。

③ 徐向前：《历史的回顾》（中），第483页。

途和我们当前任务》的报告。他在报告中虽然继续鼓吹“南下是苏维埃运动终止退却，反攻敌人强有力的行动”，“达到了我们预定的目的”，继续攻击“毛、周、张、博的错误”是“退却逃跑”和“分裂红军”，但是，他同时也提出：“现在我们要用主力红军来准备自己的力量，来争取少数民族，争取西北抗日根据地的胜利，争取相机消灭李抱冰，拿下康定任务的完成，与二、六军的行动互相呼应”，“艰苦卓绝地为创造西北广大抗日根据地而斗争。”①

同一天，红军总部和红四方面军总部接连发布了《关于目前我军行动任务的指示》、《关于目前战斗准备工作给各军的指示》、《战斗准备时期政治保证计划》等文件，并于4月制定了《四、五两月战斗准备工作计划》。4月12日，朱德、张国焘致电陈昌浩，告诉他“二、六军北上已成事实，四十日内可接通”。要求红四方面军“努力筹集资粮，完成四、五两月战斗准备工作”，这样“必能争取会合二、六军和实现北上的胜利”。②随后，红四方面军在“迎接二、六军团”、“北上创造西北广大的抗日根据地”的口号下，积极开展了整编、训练、筹集粮食和衣物等项工作。

红四方面军自南下以来，多次往返雪山草地，连续进行激烈战斗，部队减员很大，从原来的8万多人减至4万多人。为充实连队，提高部队战斗力，以适应新的任务的要求，红四方面军进行了整编。总指挥徐向前，政治委员陈昌浩，副总指挥王树声，参谋长李特，政治部主任周纯全，副主任李卓然。第四军军长王宏坤，政治委员王建安，参谋长陈伯钧，政治部主任洪学智，辖第十、第十一、第十二师和独立师。第九军军长孙玉清，政治委员陈海松，参谋长陈伯稚，政治部主任曾日三，辖第二十五、第二十六、第二十七师和教导师。第三十军代军长程世才，政治委员李先念，参谋长黄鹄显，政治部主任李天焕，辖第八十八、第八十九师，第九十师暂缺。第三十一军军长王树声兼，政治委员詹才芳，参谋长李聚奎，政治部主任朱良才，辖第九十一、

① 《中国工农红军第四方面军战史资料选编》（长征时期），第414—426页。

② 《中国工农红军第四方面军战史资料选编》（长征时期），第427页。

第九十三师，第九十二师暂缺。第五军军长董振堂，政治委员黄超，副军长罗南辉，参谋长李屏仁，政治部主任杨克明，辖第十三、第十五师。第三十二军军长罗炳辉，政治委员李干辉，辖第九十四、第九十六师。另有直辖骑兵师，师长许世友，全师200余人；直辖妇女独立团，团长张琴秋；四川抗日义勇军总指挥部，总指挥王维舟，辖第一、第二、第三、第六路；金川省军区，司令员倪志亮兼，政治委员邵式平，辖独立第一、第二师；红军大学，校长刘伯承，政治委员何畏，参谋长张宗逊，政治部主任王新亭；共产主义学校，校长刘希平。全军共有六个军19个师。

部队整编之后，立即展开了紧张的军事训练。为准备北上，各部队有针对性地进行打骑兵、打堡垒、夜间战斗和强渡江河等战术训练。刘伯承主持红军大学的教学工作，亲自给干部讲授打骑兵的战术问题，还编写了深入浅出的专门教材。徐向前亲自抓部队的军事训练，并到红军大学听刘伯承讲课。在军事训练的同时，各部队还大力加强思想政治工作，开展文化教育和文化娱乐活动。红四方面军还成立了专门领导体育、文化娱乐活动的“红场委员会”。在五一国际劳动节和五卅运动纪念日，红军总部举行纪念大会，并由朱德倡议，举行运动会、展览会。运动会上，最别出心裁的项目是朱德提议增设的烧干牛粪比赛，这是为北上过草地所做的必要训练。红军战士们在娱乐中得到锻炼，增长了知识，积累了经验。

在进行军事训练的同时，各部队还开展地方群众工作。红军刚来到这一地区时，藏民们由于受当地土司和国民党地方当局的煽动和欺骗，大都躲到深山里去了。朱德一面要求部队严格执行党的民族政策，用实际行动教育藏族同胞；一面找随红军行动的通司谈话，请他带人上山寻找藏民，做宣传解释工作，动员大家回来。朱德见一片片土地急需春耕，就发动并带领总部机关和一些部队帮助藏民把地种上。不久，藏民们陆续回来了，疑雾也逐渐消除了。随后，各部队派出一批党政干部协助地方工作人员建党建政。5月1日，甘孜、道孚、丹巴等县藏族人民成立了“波巴依得瓦”政府（藏族人民政府）。在一些地方，红军还帮助建立藏民地方武装，建立百姓联合会、青年队、姊妹团等群众组织，并帮助群众发展生产。各部队还大力开展群众性的清洁卫生工作，向藏民传授卫生知识，帮助群众治疗各种疾病。红军执行正确的统一战线政策和宗教政策，也收到了一定的成效。红军对大部分的土司、喇嘛，尽量通过和平谈判，令其停止武装抵抗，并用借贷方式，取得急需的物资。只是对顽固抵抗者，才以武力解决之。雄踞甘孜西部的大土司德格，就于4月22日同红军签订了互不侵犯协定，还捐献了一批粮食和牛羊，慰问红军。红军则派人送去一些武器、弹药，作为谢礼。白利寺的第五世格达活佛被红军的宗教政策和“解救穷人”的宗旨所感动，亲自出面召回逃匿深山的村民，并动员藏民和其他寺庙尽力支援红军。朱德得知这个情况后，亲自到白利寺去看望格达活佛，向他说明红军长征的目的和意义，鼓励他多为贫苦的藏民谋利益。这次会面后，格达活佛更加积极地支持红军的工作，并担任甘孜地区波巴政府中的重要职务。红军北上后，他还保护了大批留下来的红军伤病员。经过多方面的工作，红军在康北地区传播了革命影响，与藏民建立了良好的关系，保证了筹集物资任务的完成。

筹集粮食和衣物，是北上准备工作的又一项重要任务。3月初，红三十军刚占道孚，红军总部即指定由何长工、李先念、李天焕、曾日三等组成粮食委员会，负责筹集粮食和牛羊肉，并将牛羊肉制成肉干。但由于这一带物产不丰，能筹集到的食物仍很有限。因此，部队严格控制在康北期间的粮食消耗，每人每天只分配几两粮食，不足的部分以野菜等来代替。朱德亲自领导了一个由当地老农和医生组成的野菜委员会，并带队在漫山遍野的野草中，找出20多种可食的野菜，然后编写出一本《吃野菜须知》的小册子，发到连队。各连队也成立了野菜组、捕鱼组、打猎组等，千方百计节约粮食。各部队为解决御寒衣物问题，自己动手，买羊毛，捻毛线，编织毛衣、毛裤、手套、袜子等。经过几个月的努力，不仅解决了自己需要的大部分御寒装备，而且还给即将到来的红二、红六军团的战友们编织了两万多件羊毛衣裤。

在做好北上准备工作的同时，红军总部、红四方面军总部还开展了迎接红二、红六军团的动员和组织准备工作。徐向前在一次动员会上深情地说：“红军是一家人，我们和中央红军与二方面军的关系，好比老四与老大、老二之间的兄弟关系。上次我们和老大的关系没搞好，要接受教训。‘兄弟阋于墙，外御其侮’。吵架归吵架，团结归团结，不能分家。现在老二就要上来，再搞不好关系，是说不过去的。每个部队都有自己的长处、短处，方针是互相学习，取长补短，加强团结，一致对敌。”[①] 4月中旬，徐向前、陈昌浩派红三十二军和红四军一部，由道孚南下。16日占领东俄洛，19日逼近雅江，守敌两个团逃窜。红三十二军占领雅江后，在追击中歼敌一部，继占西俄洛，将康定之敌李抱冰部阻止于雅江以东，保证了红二、红六军团北进的侧翼安全。20日，张国焘、朱德致电徐向前和王树声，对迎接红二、红六军团作了进一步部署，指出："会合二、六军为目前主要任务。必须确阻止敌人的截断，相机消灭雅江李敌，并伸到稻城以及金沙江边去迎接二、六军。"[②] 21日，徐向前复电张国焘、朱德，提出："与二、六军会合后主要目的是北上。"[③] 同一天，张国焘又致电徐向前："北上当以快为好，主要计算粮食状况。"会合后，"因粮关系，或须在稻城、雅、理间休息一时"[④]。27日，朱德、张国焘致电徐向前，指出："二、六军今明可全渡江，会合已无大障碍，全军雀跃。""此后重心为北进及对康定和懋、丹两方。"[⑤]

这时，红二、红六军团在任弼时、贺龙、关向应等率领下，已胜利地渡过金沙江，翻越大雪山，进入康南地区。奉命迎接红二、红六军团的红三十二军也向西发展，攻占了理化（今理塘）。两军会合指日可待，朱德立即召集会议，布置迎接工作，要求各部队在会师后，互相学习，切实保证两军之间的团结。

在两军即将会师的形势下，促使张国焘取消其"中央"，实现党的统一，也成为当务之急的工作。

5月间，红一方面军结束东征，回师陕甘根据地，开始西征。这时，

---

① 徐向前：《历史的回顾》（中），第486页。

② 《中国工农红军第四方面军战史资料选编》（长征时期），第433页。

③ 《中国工农红军第四方面军战史资料选编》（长征时期），第435页。

④ 《中国工农红军第四方面军战史资料选编》（长征时期），第436页。

⑤ 《中国工农红军第四方面军战史资料选编》（长征时期），第442页。

中共中央制定的抗日民族统一战线政策，已在全国各阶级、各阶层中引起强烈反响。尤其是在西北地区，已得到东北军、西北军和各阶层爱国人士的支持和赞同。红一方面军同张学良的东北军达成秘密的团结抗日协定，与西北军也建立了联系。国内的政治形势正急剧地发展变化着。在这种情况下，中共中央一面将对形势的分析电告红四方面军，指示行动方针，一面继续做团结、争取张国焘的工作。

5月20日，林育英、张闻天、毛泽东、周恩来等中共中央和红一、红十五军团领导人联名致电朱德、张国焘、刘伯承和红四方面军及红二、红六军团领导人，通报全国的政治形势以及红军与东北军密切合作等情况。对于张国焘，电报指出：

> 弟等与国焘同志之间现在已经没有政治上与战略上的分歧，过去的分歧不必谈。唯一任务是全党全军团结一致，反对日帝与蒋介石，弟等对于兄等及二、四两方面军全体同志之艰苦奋斗表示无限敬意，对于采取北上方针一致欢迎。中央与四方面军的关系，可如焘兄之意暂时采用协商方式，总之为求革命胜利，应改变过去一切不适合的观点与关系，抛弃任何成见，而以和协团结努力奋斗为目标，希兄等共鉴之。①

5月28日，中共中央政治局在瓦窑堡召开会议。会议估计张国焘有改变错误之可能。为了团结他，争取他，使红四方面军和红二、红六军团顺利北进，与会者同意毛泽东的意见，确定“组织上可以让步到不一定受我们指挥”②。

就这样，在5月下旬，中共中央通过电报往来对张国焘进行了说服教育，并对他作了一定的让步。迫于红二、红六军团即将到来的形势，又得到中央同他“暂时采用协商方式”的允诺，以及朱德、刘伯承、徐向前等人的一再敦促、劝告，张国焘另立的“中央”再也不能继续

① 《中国工农红军第四方面军战史资料选编》（长征时期），第520页。

② 转引自《张闻天传》，第311页。

维持下去了。尽管如此，5 月 30 日，张国焘仍致电林育英，称中共中央为“北方局”，不承认陕北党中央。他提出：

> （一）兄是否确与国际经常通电？国际代表团现如何代表中央职权？有何指示？对白区党如何领导及发展情况如何？对军事和政权机关各种名义，军委、总司令部、总政由何人负责？如何行使职权？对二方面军如何领导？
>
> （二）我们赞成此间对一方面军暂取协商关系，对北方局取横的关系，原则上争论由国际或七次大会解决。[1]

6 月 3 日，红六军团先头部队在甲洼与红四方面军第三十二军会师。消息传来，张国焘迫于形势，不得不取消他的“中央”了。6 月 6 日，张国焘在炉霍召开党的活动分子会议。他在报告中宣布“取消中央的名义”，成立西北局，在组织上“归于统一”，并说“我们对陕北方面的同志们不一定用命令的方式，就是用互相协商的形式也还是可以的”。但在同时，他擅自宣称党中央也“同时取消中央的名义”，陕北方面设“北方局”，中央的职权由中共驻共产国际代表团暂时行使。他在报告中还宣布军事上依旧按红一、红四方面军会合时的编制来划归。军委主席兼总司令朱德，军委副主席兼总政委张国焘，政治部主任陈昌浩。组织三个方面军，陕北为第一方面军，总指挥彭德怀；红二、红六军团为第二方面军，总指挥贺龙；第四、第五、第九、第三十一、第三十三军仍为第四方面军，总指挥徐向前，总政委陈昌浩兼。[2] 至此，张国焘进行了九个多月的分裂党、分裂红军的活动，终告失败。张国焘分裂主义的破产，原因是多方面的。其中，中共中央维护党的团结的诚意和所采取的正确措施，以及共产国际对中共中央的支持，是具有决定意义的因素。

中共中央在解决张国焘分裂党的问题的同时，依据对形势发展的

---

① 《中国工农红军第四方面军战史资料选编》（长征时期），第 526 页。

② 《中国工农红军第四方面军战史资料选编》（长征时期），第 533—540 页。

分析，提出红四方面军和红二、红六军团迅速北进的战略方针。5月25日，林育英、张闻天、毛泽东、周恩来、博古、彭德怀、林彪、徐海东联名致电朱德、张国焘、刘伯承、徐向前、陈昌浩并转红二、红六军团领导人，进一步分析了全国和西北地区的有利形势，并告知：红一方面军西征，“向陕甘、宁发展，策应四方面军与二方面军，猛力发展苏区，渐次接近外蒙。外蒙与苏联订立了军事互助条约，国际盼望红军靠近外蒙、新疆”。对于下一步的战略方针，电报提出：“四方面军与二方面军，宜趁此十分有利时机与有利天候，速定大计，或出甘肃，或出青海。在兄等大计决定之后，一方面军适时向天水、兰州出动，进一步策应兄等，使蒋军不能拦阻，至于奉军已与秘密约定不加拦阻。”①

接电后，红军总部和红四方面军总部一致决定，全军于6月底北出夏、洮地区。6月10日，张国焘、朱德和红四方面军领导人陈昌浩、徐向前等复电林育英、张闻天、毛泽东、周恩来、博古、彭德怀、林彪、徐海东，表示“一致同意”来电，并“拟于六月底出动，向夏、洮西北行动，大约七月二十日前后可达夏、洮。二方面军大约六月二十号前后集甘孜休息十天跟进”。②

就在此时，全国形势发生了重大变化，出现了红四方面军和红二、红六军团北上的有利时机。6月初，两广事变爆发。广东军阀陈济棠和广西军阀李宗仁、白崇禧宣布要北上抗日，联合出兵湖南。蒋介石调胡宗南等部南下，向两广军队施加压力，造成甘南地区敌人力量薄弱的形势。根据新的情况，6月19日，林育英、张闻天、周恩来、博古、毛泽东、彭德怀致电朱德、张国焘并转任弼时，提出：“关于二、四方面军的部署我们以为宜出至甘肃南部而不宜向夏洮地域。”③ 6月25日，毛泽东、周恩来、彭德怀又致电朱德、张国焘，询问：“兄等何日开始北上？经何路？何日可达何处？敌情如何？我陕甘应如何策应？均请电告。”同时指出：“胡宗南业已南调，空军亦大部调去。兄等如能

---

① 《中国工农红军第四方面军战史资料选编》（长征时期），第524页。
② 《中国工农红军第四方面军战史资料选编》（长征时期），第540页。
③ 《中国工农红军第四方面军战史资料选编》（长征时期），第543页。

迅出甘南，对时局助益匪浅。”[①]

红军总部和红四方面军总部经过讨论后，改变了北出方向。6月25日，作出了分左、中、右三个纵队，向松潘、包座一线前进的部署。[②]26日，红四方面军令李先念率领第八十九师和骑兵师组成的先遣队，经西倾寺先出阿坝，为后续部队筹集粮食、牛、羊，做过草地的准备。27日，左纵队一部攻占崇化。28日，张国焘、陈昌浩、李卓然用电报向徐向前、周纯全及各军首长发布了《四方面军二次北上政治命令》，指出："党目前战略方针是在创造西北广大与巩固抗日根据地任务之下，主力红军首先向松潘、甘南行动，消灭该地区之敌王均、毛炳文等部；进而与一方面军呼应，横扫而东援，（策）应两广坚决抗日扩大与加深民族革命战争，争取全中国人民苏维埃的胜利。”[③]

红四方面军南下九个多月后，终于再次决定北上了。

---

① 《中国工农红军第四方面军战史资料选编》（长征时期），第544页。

② 《中国工农红军第四方面军战史资料选编》（长征时期），第544—545页。

③ 《中国工农红军第四方面军战史资料选编》（长征时期），第557页。

第九章

红二、红六军团的长征

一、湘鄂川黔根据地的建立

1934年10月红二、红六军团会师以后，在确定下一步的战略行动方向时，同中革军委产生分歧。中革军委的意图是要两军分开行动，红二军团留在黔东根据地内活动，红六军团则“在松桃、乾城、凤凰地域建立苏区，发展游击战争”①。任弼时、贺龙等经过分析研究，认为地处梵净山区的黔东根据地创建不足半年，很不巩固。这里地域狭小，人口不过10万，加之自然条件差，粮食缺乏，部队给养和兵员补充均有很大困难，不利于今后红军的发展。因此，两军会合后，还须创造更大的根据地。另外，两军团目前都受到很大削弱，枪支、弹药也很缺乏，如果分开行动，不仅力量单薄，容易被敌人各个击破，也难以取得对全局有重大影响的战绩，完成策应中央红军行动的战略任务。因此，于1934年10月25日致电中革军委，在汇报了两军团会师的情况后提出：“以目前敌情及二、六军团力量，两个军团应集中行动。我们决定加强苏区党和武装的领导，开展游击战争，巩固发展原有苏区，主力由松桃、秀山间伸出乾、松、凤地区活动，建立新的根据地。”②

但贺龙认为：乾城、凤凰是湘西军阀陈渠珍的老窝，经营多年，反

① 《红军在黔东》，第188页。

② 《红军在黔东》，第190页。

动势力比较强大，到那些地方活动很困难。他建议：去湘西北的桑植、大庸、永顺、石门、慈利一带，那里不是陈渠珍的老地盘，群众也支持我们党和红军。我们出兵湘西北，可以牵制住湖南、湖北一大批敌人，能够支援中央红军。两军团领导人赞同这个主张，决定先到酉阳、龙山、永顺、保靖、永绥之间的地区，再向乾城、凤凰一带发展。

10 月 28 日，任弼时、贺龙率部进到酉阳、龙山道上的蚂蝗井，接到中革军委 26 日发出的复电。李德操纵下的中革军委对任弼时、贺龙 25 日电报中“两个军团应集中行动”等建议大为恼火，提出严厉批评并责令：“六军团应速依军委累次电令，向规定地域行动，勿再延误。”[①]

接到中革军委的电令后，红二、红六军团领导人面临着严峻的考验，是盲目执行，还是从实际出发，坚持自己的正确意见？任弼时、贺龙以高度的革命责任感，同两军团的其他领导人进行了慎重研究，于 10 月 28 日再次致电中革军委，陈述了两军团统一行动及发动湘西攻势的理由，说两军团暂时集中行动，可以“消灭敌一二个支队，开展新的更有利于两军团将来分开行动的局面。目前分开，敌必取各个击破之策；……且两军在军事、政治上十分迫切要求互相帮助”[②]。然后，冒着“抗命”的风险率领部队从南腰界出发，向湘西的永顺、保靖、龙山、桑植地区挺进。

红二、红六军团会师后，川黔军阀即急调十多个团的兵力前来“围剿”。川军刘湘命其第五师达凤岗旅和田冠五旅火速开到川黔边境，阻止红二、红六军团入川；黔军王家烈兵分两路，一路由李成章率三个团进至松桃红石板一线；另一路由王天锡率三个团进至印江县天堂至松桃火烧桥一线。此外，王家烈还派一个团驻守印江刀坝，确保李、王两部后方交通安全。其如意算盘是与川军、湘军一起，围歼红二、红六军团于湘川黔边。

为了甩开敌军，任弼时、贺龙等决定首先进攻川东的酉阳；将敌军西调。10 月 30 日，红二、红六军团逼近酉阳城。酉阳守敌弃城而逃，

① 全荣阶主编：《湘鄂川黔革命根据地》，中共党史资料出版社 1989 年版，第 160 页。

② 《红军长征・文献》，第 75 页。

红二、红六军团顺利通过酉阳。

湘西军阀陈渠珍得知红二、红六军团占领酉阳，害怕红军返回湘西，急令周燮卿、龚仁杰、杨其昌三个旅共万余人，从永绥、保靖向北移动，企图阻截红二、红六军团进入湘西。此着正中任弼时、贺龙等人下怀，红二、红六军团虚晃一枪，避开敌人，先经湖北西南角来凤县的百福司，渡酉水，抵达龙山招头寨，然后突然转折南下，挺进湘西北永顺。时至深秋，秋雨霏霏，红军战士们踩着山间崎岖不平的小道，冒雨行军，九天行程350余公里，出敌不意，于11月7日一举占领永顺县城。

永顺县城依山傍水，是湘西北要冲。红军在这里进行了为期一周的休整，在此期间，任弼时、贺龙、关向应等召开团以上干部会议，初步批评了夏曦过去执行“左”倾冒险主义、大搞“肃反”扩大化的错误，陆续起用红二军团过去因遭到错误处理而被撤销职务的干部，恢复他们的党籍。经过永顺休整，红二、红六军团面貌焕然一新。

红二、红六军团攻占永顺后，湘鄂两省敌人为之震动。湖北军阀徐源泉急调原驻湖北藕池的张万信师和周万仞师全部开赴津市、澧县，与常德警备司令刘运乾联络，企图堵截红二、红六军团东进；湖南军阀何键严令陈渠珍派兵“围剿”。陈渠珍受命后，立即在凤凰召开“剿匪”会议，成立“剿匪指挥部”，委派龚仁杰、周燮卿为正副指挥官，以龚仁杰为第一纵队司令，周燮卿为第二纵队司令，杨其昌为第三纵队司令，皮德沛为第四纵队司令，共十个团约万余人，气势汹汹向永顺扑来，企图将红二、红六军团逼出湘西。

任弼时、贺龙等认真分析敌情，认为何键的主要兵力此时正在湘南堵截中央红军，徐源泉的兵力大部分散在鄂西和洞庭湖滨一带，当面的陈渠珍部虽号称万人之众，但内部派系林立，指挥不统一，多数官兵是“大烟鬼”，战斗力不强，且该部纪律极差，群众对其深恶痛绝。而红二、红六军团会师后，两军团结，士气高涨，如果能歼灭这股敌人，就能在湘西站住脚，不但可以策应中央红军长征，而且能开辟新的根据地。因此，任弼时、贺龙等人最后决定，诱敌深入，在运动中利用有利地形，寻机歼灭该敌或敌之大部，打好两军会师后的第一仗。

11 月 13 日上午 10 时，在敌军兵临永顺城时，红二、红六军团主动撤出北走，将猛洞河上的大木桥烧毁，还把灶具、杂物扔得满街都是，给敌人造成红军不敢作战、仓皇撤退的假象。敌人果然中计，加紧尾追红军。11 月 14 日，敌人主力全部出城，急不可耐地寻找红军决战。而红二、红六军团仅以一小部分兵力和敌人接触，且战且退，牵住敌人的鼻子，和敌人周旋，同时寻找伏击的战机。最后，选定了永顺城北 45 余公里的龙家寨十万坪地区。

十万坪是一条南北走向的狭长谷地，杉木河纵贯其间，南北长约八公里，东西最宽约二公里。谷底平坦，村庄较多，可容纳大量敌人，而且村庄里多是木头房子，不利于防守，敌人进村后，便于消灭。谷地两侧，山势低缓，树木茂密，杂草丛生，大部队隐蔽其间，不易暴露，也利于展开出击，是一个理想的伏击战场。

11 月 15 日下午，红二、红六军团由龙家寨向北转移，设伏于十万坪地区，并马上做好战斗准备。红二军团埋伏在正面的杉木村一带山上，红六军团分布在杉木村的东山和北山，布成了一个口袋阵，等待敌人往口袋里钻。关于这次战斗的经过，当时担任战斗前线指挥的萧克后来回忆说：

> 11 月 16 日下午 4 时左右，敌前军龚仁杰、周燮卿两个旅进入我伏击圈，当他们准备在碑里坪宿营时，我们乘敌立足未稳，六军团从侧翼向敌本队发起猛烈攻击，二军团从正面猛打敌前卫龚仁杰旅。敌在运动中突然遭我猛烈冲击，兵多摆不开，枪多不能发扬火力，无法构成有力的防御配系。只两个钟头，龚仁杰、周燮卿两部就被我们打垮了。我们立即向前追击。追了五公里多，发现杨其昌旅在距龙家寨北二公里左右的把总河构筑工事，企图顽抗。六军团第五十一团和二军团第十八团，立即准备夜战。经简短的火线动员，第十八团从右侧攻击，五十一团从正面攻击，不到两小时，就把敌人大部消灭。第二天追到永顺城，敌狼狈南窜。这一仗是一个漂亮的伏击战，缴枪二千支，打垮了长期盘踞湘西

的地方军阀陈渠珍。①

十万坪一战，是红二、红六军团会师后的第一个大胜仗。这次战斗的胜利，是红二军团离开湘鄂西根据地及红六军团西征以来扭转困局的一个转折点，为创建湘鄂川黔根据地举行了奠基礼。战斗结束后，红二、红六军团乘胜收复永顺，并相继占领桑植、大庸两县。

红二、红六军团在湘西北取得一系列胜利，证明两军团集中挺进湘西北是正确的，这使中革军委也逐渐转变了原先的态度。11 月 13 日和 16 日，中革军委和中央书记处先后致电红二、红六军团，同意向湘西北发展的战略方向，并说："中央决定建立湘鄂川黔边省委，以弼时为书记，贺、夏、关、萧、王等为委员。……二军团长由贺龙同志任之，政委由弼时兼，六军团（首长）为萧、王。两军团均直受军委领导，但在两军团共同行动时由贺、任统一指挥之。为加强现有苏区之地方武装及游击战争之领导，组织黔川湘〔鄂〕边军区，司令员及政委由贺、任兼任。"②

11 月 25 日，朱德代表中革军委又电令红二、红六军团："我西方军（即中央红军——引者）已过潇水，正向全州上游急进军。你们应该利用最近几次胜利湘西敌情的空虚，坚决深入到湖南的中部及西部行动，并积极协助我西方军。首先你们应前出到湘敌交通经济命脉之沅水地域，主力应力求占沅陵，向常德、桃源方向应派出得力的游击队，积极活动……为巩固新的苏区，应留下二军团一部分及随六军团行动的党的干部来完成这一任务。二军团主力及六军团全部应集结一起，以便突击遭遇的（敌人）正规部队。"③ 至此，红二、红六军团和中革军委在战略行动方向和两军统一行动问题上的争论宣告结束。

11 月 26 日，根据中共中央 16 日的指示，中共湘鄂川黔边临时省委在大庸县城宣告成立，任弼时任省委书记，贺龙、关向应、夏曦、王震、萧克、张子意等为委员。省委发布了第一号通知，成立湘鄂川黔边军区，

---

① 萧克：《红二、六军团会师前后》，《近代史研究》1980 年第 1 期。

② 转引自贺彪：《红二方面军从湘鄂边到陕北长征纪实》，华夏出版社 1990 年版，第 47 页。

③ 《贺龙年谱》编写组编：《贺龙年谱》，中共中央党校出版社 1988 年版，第 172 页。

贺龙任司令员，任弼时任政治委员。同时成立湘鄂川黔省革命委员会，以贺龙为主席，夏曦、朱长清为副主席。

然后，红二、红六军团根据中革军委的电令，决定由任弼时、王震、张子意等带领红六军团的第四十九、第五十三团、红二军团的第十六团及随红六军团行动的地方工作干部，留在新区内恢复和建设根据地；由贺龙、关向应、萧克等率领红二军团主力和红六军团的第五十一团，继续发展湘西攻势。

12 月 5 日，贺龙、关向应、萧克率部从大庸出发，准备先夺取沅陵城。湖南军阀何键害怕沅陵失守，急令陈渠珍调兵遣将，加强该城防守。陈渠珍不敢怠慢，一面命其部廖怀中第八师防守沅陵，一面又调戴季韬、周燮卿旅赴凉水井等地布防。12 月 7 日中午，红二、红六军团主力抵达沅陵城外东北方鸳鸯山、丁公庙一带，与守敌激战一夜，敌人不支，退入县城。红二、红六军团攻城三日不克，且敌援兵快到，形势不利，不宜继续强攻，遂改变计划，于 10 日沿沅江东下，乘虚向常德、桃源地区进攻。

红二、红六军团在湘西的凌厉攻势，使蒋介石非常震惊，急调罗启疆独立第三十四旅，由湖北黄陂乘轮船赶到常德、桃源一带布防。针对敌人布防比较分散，战时难以相互及时支援，利于红军各个击破的弱点，贺龙、关向应、萧克决定首先集中力量奔袭浯溪河，尔后击破其他敌军。

12 月 15 日夜，红二、红六军团急行军 50 余公里，神不知鬼不觉地进至浯溪河附近。16 日拂晓，前卫部队红二军团第四师第十二团首先突入浯溪河西山敌人阵地，控制了白洋河有利地形，形成了对浯溪河的包围态势。敌人发现红军控制了制高点，便利用红军后续部队尚未跟上，一时还不能投入战斗的机会，向红十二团的阵地发起猛烈的反扑。红十二团坚守阵地，打退了敌人的数次冲锋，终因伤亡过大，开始后撤。敌人离开阵地，向红十二团追击。就在这时，红二、红六军团主力赶到，抓住敌人脱离阵地的有利时机，向敌人发起反击。这股敌人开始还想挣扎一下，可是当战斗突然在他们后侧打响的时候，再也顶不住前后的夹击，一下子失去抵抗能力，慌乱地四处溃逃。

得知浯溪河遭到红军攻击的消息后，驻守桃源的敌军派两个营赶来增援。他们刚到浯溪河南边，就被溃退下来的敌兵冲乱。贺龙一面命令部队猛追猛打，一面以一部兵力占领陬市，直取河洑。在攻打河洑时，河洑守敌与从常德来援的敌旅教导队向红四师反击，战斗一时呈胶着状态。入夜，红六军团第五十一团从右翼攻击，红二军团第四师和第六师第十八团从正面攻击，河洑守敌不支，退入常德。驻守桃源的敌人害怕被歼，也从沅水南岸逃回常德。12 月 17 日，红二、红六军团占领桃源县城。这一战，歼敌一个整团又两个营，击溃敌人一个团，取得湘西攻势的第二个大胜利。

红二、红六军团主力占领桃源后，于 12 月 18 日围攻常德。常德城内守敌为罗启疆独立第三十四旅残部和一个保安团。何键深怕红二、红六军团主力攻下常德，南渡沅水，直取益阳和安化，威胁长沙，一日数电，向蒋介石求援，说“贺、肖股匪乘我正在追剿朱毛，大股窜扰湘西，既陷数县”，他“虽多方筹虑，而力不从心，迨陷桃源，围常德……情势紧张，全湘震撼”，还说“共军围攻常城甚急，势难固守，请飞兵救援”。[①] 同时还急电湖北省主席、湘鄂边“剿匪”总司令徐源泉求援，急令远在湘南拦阻中央红军的李觉第十九师、章亮基第十六师、陶广第六十二师日夜兼程，回援常德；令陈渠珍速出大庸，断红军归路；令罗启疆和常德警备司令刘运乾固守待援。蒋介石接何键电后，命令在江西的第二十六师火速驰援常德，还令追堵中央红军的李云杰、李韫珩两个纵队共四个师开到湘黔边境，防止中央红军与红二、红六军团会合。徐源泉与贺龙交锋多年，深知贺龙善于用兵，害怕红二、红六军团进入湖北，威胁长江交通，自行改变了蒋介石要他率部入川“追剿”中央红军的计划，将其第四十八、第三十四、第五十八师和新三、新四旅等部，分别部署于湘鄂边、鄂西地区及湘西津、澧一带，防止红二、红六军团进入鄂境。

红二、红六军团主力围困常德两昼夜，由于敌人援兵接踵而至，

---

① 何键呈蒋介石巧已电，1934 年 12 月 18 日，转引自贺彪：《红二方面军从湘鄂边到陕北长征纪实》，第 55 页。

再攻下去于红军不利，贺龙等决定于 12 月 20 日主动撤围常德，移兵于桃源、陬市、溪河、漆家河一带休整。

就在贺龙、关向应、萧克率领红二、红六军团主力开始围困常德的同一天，中共中央政治局在贵州黎平召开会议，决定放弃中央红军北上同红二、红六军团会合的原定计划，转向贵州进军。12 月 19 日，中革军委致电红二、红六军团领导人，指出中央红军正在向贵州挺进，红二、红六军团“目前应在常德地区积极行动，以便调动湘军；当湘军北援时，应乘机向永顺、黔东急进，牵制在铜仁的薛岳部队及在印江、思南的黔军”①。

遵照中革军委的电示，红二、红六军团主力于 12 月 24 日主动退出常、桃地区，向慈利、黄市、二坊坪、龙潭河开进。26 日，红军分别在黄市、溪口歼敌一部。慈利县城守敌吓破了胆，望风而逃，红军乘胜占领慈利县城。30 日，红军又主动退出慈利县城，西返大庸、永顺休整。至此，红二、红六军团的湘西攻势胜利结束。

红二、红六军团的湘西攻势历时两个月，先后攻占了永顺、桑植、大庸、桃源等地，消灭了敌人大量有生力量，调动和牵制了敌人 11 个师又两个旅的兵力，部分打乱了蒋介石的作战部署，有力地配合了中央红军在湘黔地区的行动；同时，发动起了湘鄂川黔边区约百万群众，使红军得到发展壮大，打开了新局面，为开辟湘鄂川黔革命根据地创造了有利的条件。

贺龙、关向应、萧克率红二、红六军团主力挺进沅陵、常德、桃源地区后，任弼时、王震、张子意率领留下来的部分红军及地方工作干部，积极进行根据地建设工作。12 月 10 日，在任弼时等的带领下，省委、省军区、省革命委员会机关由大庸县城永定镇迁至永顺塔卧。12 月 16 日，湘鄂川黔边临时省委作出《创造湘鄂川黔边苏维埃新根据地任务决议》。在省委的领导下，留下来的红军部队和地方工作干部迅速组成工作队，广泛发动群众，打土豪、分田地，开展土地革命，扩

---

① 中共中央文献研究室编：《任弼时传》，中央文献出版社、人民出版社 1994 年版，第 297 页。

大红军，组织地方武装，肃清地主武装和土匪；加强党的建设和政权建设，组织各种群众组织；保护民族工商业，发展经济。经过一番艰苦的创业和建设，到 1935 年 1 月，湘鄂川黔根据地已初具规模。根据地区域从大庸的溪口到永顺的洗车河东西 200 余公里，从桑植北到永顺的石堤溪南北 120 余公里，人口约 50 万，共建立九个县级政权，51 个区级政权，230 个乡政权。

在加紧进行根据地建设的同时，省委、省军区还着重抓对广大红军指战员的思想教育工作。1935 年 1 月 27 日，省委在大庸县丁家溶召开红二军团党的积极分子会议。在这次会议上，任弼时、贺龙、关向应、卢冬生等，对夏曦在湘鄂西苏区工作中的严重错误进行严肃的批评。夏曦在会议上检讨了自己的错误，对在湘鄂西执行“左”倾冒险主义，大搞“肃反”扩大化，以及由此而造成的严重后果，表示承担主要责任。尽管他对某些问题仍然想不通，但态度是诚恳的，并以积极主动的工作，表示自己决心改正错误的诚意。

这是红二、红六军团历史上的一次重要会议。通过对夏曦的批评，澄清了是非，在一定程度上肃清了六届四中全会以来王明“左”倾教条主义对部队的影响，统一了思想，教育了同志，达到了消除顾虑，增强团结的目的。同时，会议还对红军以后的发展和建设指明了方向，为红二、红六军团发展成为红军三大主力之一奠定了基础。由于当时全党对王明“左”倾教条主义还没有系统的认识，在批评夏曦错误时，没有从统治全党的“左”倾路线上找原因，而是过多地把责任归结到夏曦个人身上。同时，对夏曦的组织处理也欠妥，一度撤销了夏曦的职务。3 月 31 日，中共中央来电肯定批评夏曦的错误“是应该的”，同时指出“反倾向斗争的主要目的是教育犯错误的同志。夏曦应继续在领导机关工作，在实际工作中纠正他的错误”。5 月，任弼时调夏曦任红六军团政治部主任。

红二、红六军团在湘西攻势中的胜利，湘鄂川黔根据地的建立，使蒋介石坐卧不安，急忙纠集湘鄂两省兵力，向湘鄂川黔根据地发动“围剿”。1935 年 1 月 23 日，何键、徐源泉经过一番讨价还价之后，制定出“协剿”计划，集中 11 个师又四个旅，合计 81 个团约 11 万人的兵力，并配有两队战斗飞机，分六路向湘鄂川黔根据地分进合击。敌人这次“围剿”的战略目的，在西线是要阻止红二、红六军团与中央红军会合，东南线是防止红军入湘中攻其长沙地区，北面是堵红军渡过长江，总的企图是彻底摧毁刚建立的革命根据地。敌人除了进行军事进攻之外，还对苏区实行经济封锁，严禁药品、布匹、粮食和食盐等货物运入苏区。

此时，红二、红六军团虽已扩大到1.17万人，新组建的地方武装3000余人，军区机关、学校、医院、兵工厂等共有1150人，共计有1.6万人，但同敌人的进攻兵力比较起来，相差是十分悬殊的。因此，形势仍十分严峻。

面对敌人即将开始的“围剿”，红二、红六军团领导人召开会议，讨论反“围剿”作战计划。贺龙根据湘鄂西根据地初期反“围剿”作战的经验，提出红军主力应充分利用敌人内部派系倾轧、指挥不统一，以及敌人包围圈空隙大和后方空虚等弱点，伸出到慈利、桃源、沅陵之间地区，或前出至石门以北，突入敌人侧后活动，调动、疲惫敌人，迫使敌人同我作运动战。争取打几个胜仗，消灭敌一两个师，就可以粉碎敌人“围剿”。但是，贺龙的主张没有得到与会多数人的同意。经过集体讨论，最后确定正面迎击敌人，而未考虑积极主动转移到敌人的侧后方，寻找打击消灭敌人的战机，从而导致反“围剿”初期作战的失利。

反“围剿”作战是从2月8日开始的。是日，敌郭汝栋纵队推进至慈利县溪口以南地区，红二、红六军团主力在溪口与郭部激战。敌军采取步步为营的战术，红军却正面迎堵，仓促应战，结果损失很大，未收到歼敌制胜的效果。溪口之战后，红二、红六军团主力移至永顺、大庸交界地区。

2月11日，遵义会议后的中共中央和中革军委电示红二、红六军团：“你们应利用湘鄂敌人指挥上的不统一与何键部的疲惫，于敌人离开堡垒前进时，集结红军主力，选择敌人弱点，不失时机，在运动战中各个击破之。总的方针是决战防御而不是单纯防御，是运动战而不是阵地战。”“你们主要活动地区是湘西及鄂西，次是川黔一部。当必要时，主力红军可以突破敌人的围攻线，向川黔广大地区活动，甚至渡过乌江。但须在斗争确实不利时，方才采取此种步骤。”为了建立军事上的集体领导，电报还指示：“应组织革命军事委员会的分会，以贺、任、关、夏、肖〔萧〕、王为委员，贺为主席，讨论战略战术的原则问题及红军的行动方针。”①

中共中央的指示体现了遵义会议后红军新的战略战术原则，无疑是正确的。但由于当时遵义会议的精神还未传达到湘鄂川黔根据地，因而，对这个指示一时还难以领会，红二、红六军团在作战中仍采用以正面去迎堵敌人的消极防御方针。

2 月 18 日，任弼时致电中共中央，要求将遵义会议主要精神电告。2 月 28 日，中共中央书记处给红二、红六军团发来了一份长电——《中共中央政治局扩大会议总结粉碎五次“围剿”战争中经验教训决议大纲》。恰在这时，红二、红六军团得知何键限令陶广、章亮基、李觉、陈耀汉四个纵队于 3 月 1 日向根据地进攻的消息。军情紧急。因此，红二、红六军团领导人没有顾得上及时学习、贯彻《决议大纲》，即决定集结大庸、永顺之间的主力，继续按原计划打击南来之敌陶、章两纵队。

3 月 13 日，敌陶广纵队第十六师一部和两个保安团由王村北渡西水，向永顺方向进犯。14 日，红二、红六军团主力在高梁坪先后击溃敌人两个保安团和前来增援的第十六师的两个团。但在此时，敌李觉、郭汝栋、陈耀汉、张振汉等纵队分路向根据地进攻，于 15 日占领大庸，并企图进占永顺、桑植、塔卧等地，将红二、红六军团压缩于狭小地区，然后集结兵力与红军主力决战，一举摧毁湘鄂川黔根据地。

前两次战斗未取得理想战果，军分会为扭转困难局面，又组织一次后坪伏击战。但在执行过程中，由于疏忽、指挥失误等原因，红军虽毙伤敌人近千，但本身伤亡也很大，歼灭敌李觉部的作战目标没有实现。

后坪战斗后，敌李觉部与陶广部迅速在石堤溪会合，威胁永顺县城；敌郭汝栋部逼近塔卧地区；敌陈耀汉部攻陷桑植县城；西线敌张振汉部亦从茨岩塘扑向塔卧；陈渠珍部抵达永顺和龙山之间。这时，红

① 《湘鄂川黔革命根据地》，第 257—258 页。

二、红六军团已减员至9000余人，根据地的处境非常困难。在此情况下，任弼时代表省委和军分会于3月22日致电中共中央和中革军委，报告了红二、红六军团下一步的行动方案：力争在原地区坚持斗争，打破敌人“围剿”；万一红二、红六军团被迫转移，准备北渡长江，到鄂西南漳、兴山、远安一带开辟根据地。

4月5日，中共中央书记处回电：“目前，你们那里胜利还是存在着的，仍应尽力在原有地区争取胜利。至于现在提出以后可能转移地区的前途问题，我们认为是适当的。如果渡江对于你们不成一个困难问题时，我们可同意你们渡江的意图，但这只是你们认为在原地区不利于作战，且红军主力非转移地区不足以保持有生力量时，才可实行。”①

接到中共中央书记处的指示后，省委和军分会决定：暂时放弃塔卧、龙家寨基本地区；集中全部主力，并将大部地方武装编入以增强主力；立即转移到外线，从敌人侧翼后方坚决突击来击破其对红军的包围、封锁与合击计划，力争继续留在长江以南采取运动战、游击战的战术，开展新的胜利局面。接着，任弼时向红二、红六军团团以上干部传达了遵义会议精神和省委、军分会的决定。4月12日，红二、红六军团主力有秩序地撤离塔卧、龙家寨，向北转移，计划经过陈家河、仓官峪、香溪，北渡长江去鄂西。

4月13日下午，红二、红六军团前锋在桑植县城西30公里的陈家河附近，同敌人警戒搜索分队遭遇，当即消灭了这股敌人，并决定消灭孤军深入的陈耀汉部第一七二旅。是日深夜，军分会下达命令，兵分三路，完成对敌第一七二旅的包围。14日，红二、红六军团经过一天激战，除少数残敌逃跑外，敌第一七二旅大部被歼，敌旅长李延龄被击毙。

陈家河一战，红二、红六军团一扫前几战失利的阴云，士气大增。军分会在战斗结束后分析敌情，认为敌第五十八师第一七四旅有可能前来增援，也有可能因敌第一七二旅被歼向塔卧方向逃跑，红军应抓住这个机会，再打一个歼灭战。于是当即决定：乘胜南下，歼灭敌第

① 《湘鄂黔革命根据地》，第275页。

五十八师余部。

4 月 15 日，红二、红六军团冒着滂沱大雨，沿澧水北岸，经两河口、南岔，直逼桃子溪，正好碰上慌忙南逃的陈耀汉部。贺龙、任弼时、关向应立即决定采取奇袭的手段，将敌人加以歼灭。王震随即命令第十七师绕到敌人背后，主力则从正面发起猛攻。敌人猝不及防，顿时陷入混乱，仅用两个多小时，除陈耀汉和他的特务连的一部跑掉外，共消灭敌人一个师部、一个旅部、一个整团和一个山炮营，并缴获两门日本造的山炮。事后陈耀汉在给其上司的报告中也承认，当时“情危势急，无可如何”，特务连“已伤亡三分之二，随从勤务未受伤者仅余一人，迫不得已，遂令分向塔卧大庸节节引退”。①

4 月 16 日，红二、红六军团主力北进，一举夺回桑植县城，并恢复了塔卧以北的大块根据地。此时，敌各路“围剿”部队惊闻陈耀汉第五十八师覆灭，纷纷后撤，被迫由进攻转入防御。军分会遂决定放弃北渡长江到鄂西的计划，在原地区坚持斗争，发展已经开始的战略反攻。

4 月下旬，军分会根据当时的有利形势，决定以部分兵力留在根据地内钳制敌人和掩护地方工作，主力则从东北面进入敌人侧后，以期调动湖南敌军撤退，相机消灭敌人有生力量，从而恢复全部根据地；同时在澧水以北地区发动群众，筹款筹粮，扩大红军。4 月底，红二、红六军团主力大踏步东进，占象耳桥、江垭，出慈利城北，故作取慈利、石门，进攻津市、澧县，然后横渡长江的姿态。敌人果然中计，何键急令李觉纵队和陶广纵队一部回师东援慈利；徐源泉急调龙山、来凤的两个纵队去固守长江防务，并将驻塔卧的郭汝栋纵队东撤。这样一来，何键苦心经营的合围计划化为泡影。

中央红军四渡赤水后，于 5 月初渡过金沙江，战场形势发生很大的变化。5 月 9 日，军分会对反“围剿”的形势进一步作了分析研究，认为红二、红六军团进入湘西北后，先后把十多万国民党军吸引到自己周围，减轻了中央红军的压力，这一任务已经完成，当前的中心任

① 转引自贺彪：《红二方面军从湘鄂边到陕北长征纪实》，第 124 页。

务是保存壮大力量，坚持在长江以南进一步打击湘鄂两敌的有生力量，恢复和发展苏区。根据湘敌强、鄂敌弱，两敌又互不统属的情况，军分会决定对鄂敌展开攻势，对湘敌取守势，主动打到外线去，开创反“围剿”战争新局面。

6月9日，军分会取围城打援的战术，以红六军团突然包围宣恩县城，红二军团则隐蔽在宣恩城南十公里处，随时准备打击前来增援的敌军。宣恩城内只有敌第四十八师一个团和保安旅一个团，徐源泉害怕宣恩县城失守，危及他的司令部所在地恩施，急令纵队司令兼第四十一师师长张振汉率部从来凤、李家河驰援。张振汉深得蒋介石的赏识，曾吹嘘要“活捉贺龙”。6月12日，军分会当即命令一个团继续佯攻宣恩，监视和迷惑敌人，以主力赶往来凤通往宣恩的必经之路忠堡截击敌人。

红二、红六军团以每小时六七公里的急行军，在下午3时赶到忠堡东面附近，完成了设伏的各种准备。这时，敌人主力已进入忠堡，中路和左路支队离忠堡只有几里路了。为了防止敌军全部进入忠堡和靠拢在一起，贺龙命令红二军团第四师首先发起攻击，很快在忠堡东南的构皮岭山坳里，截住和包围了由张振汉亲自率领的左路支队大部。敌人遭到分割包围后，被围的敌人拼命突围，外面的敌人则企图打通与被围敌人的联系，战斗十分激烈。13日，双方继续激战一天。14日晨，贺龙一声令下，红军第十、第十六、第四十九、第五十一团和第十八团一部，同时向构皮岭敌人阵地发起猛攻。霎时间，四周响起了冲锋号，红军战士发起冲锋，同敌人展开白刃战。至下午3时，红二、红六军团歼灭敌第四十一师师部、第一二一旅和一个特务营，活捉敌纵队司令张振汉。张部其余六个团，均遭到红军沉重打击。

扬言要活捉贺龙的人，却被贺龙所活捉。当张振汉见到贺龙的时候，羞愧难言。然而，这次兵败对张振汉来说，并非坏事。输给贺龙，他口服心服，这位国民党军的纵队司令兼师长从此参加红军。贺龙让卫生部用最好的药给张振汉治伤，并安排他到红军学校高级班任战术教员。后来，张振汉和红二、红六军团一起长征到延安。新中国成立后，他曾任湖南省政协常委、全国政协委员。

忠堡大捷后，军分会决定，一部红军休整补充，一部红军围困龙山县城，打算攻下龙山，逼退来凤守敌，开辟来龙根据地。

就在红二、红六军团围攻龙山的时候，蒋介石调兵遣将，命令徐源泉集中兵力与何键部协同夹击红二、红六军团。7 月 30 日和 8 月 1 日，徐源泉先后命令各路部队向红军驻地开进。

敌人的调动情况很快就被红二、红六军团掌握。贺龙同任弼时、关向应等人商议后，决定集中主力，采取“声东击西”的战术，迷惑敌人，然后出其不意，伏击敌人第八十五师。

敌第八十五师装备精良，战斗力强，贺龙等人为什么这次偏要啃“硬骨头”呢？据当年任红五十一团团长的贺庆积说：

> 师长谢彬是一个心狠手毒的反共老手，在江西“围剿”红军中，杀害了不少红军指战员和革命群众，双手沾满了烈士的鲜血。他骄纵自傲，不把红军放在眼里，像是一块茅坑里的石头，又臭又硬。但是，谢彬自有他的弱点，他奉蒋介石之命调防鄂西，初来乍到，地形民风不熟；他手下的北方兵，耐不得南方的炎热气候，行起军来，被烈日一烤，锐气自然减了大半。再加上骄兵必败的常理，所以贺老总选中了这只纸老虎。①

8 月 2 日，徐源泉命三个师分头南进。红二、红六军团由龙山兴隆街向北开进，给敌第八十五师造成一种红军要去进攻向沙道沟运动的敌第三十四师和第四十八师第一四二旅的错觉。当日下午，敌第八十五师抵达宣恩县上洞坪地区，孤军突出，为红二、红六军团歼灭该部提供了一个极好机会。

8 月 3 日凌晨，红二、红六军团突然改变行动方向，从沙道沟附近掉头向西，神不知鬼不觉地从高罗、李家河之间插向敌人纵深。上午 11 时许，红二军团第四、第六师到达利夫田谷地。这里两侧是山，

① 贺庆积：《板栗园伏击战》，《红六军团征战记》（下），解放军出版社 1994 年版，第 100—101 页。

林木茂密，一条小溪弯弯曲曲向山外流去。在小溪旁边有几十户人家，这就是利夫田村。红二军团到达后，即隐蔽在谷地两侧山头上。红四师在谷地南端，扎住“口袋”；红六师在西北，切断敌人的退路。贺龙把指挥部设在板栗园最高点安家坡，站在那里用望远镜观察，整个谷地一览无余。

时近中午，敌人终于出现了。由于正值盛暑，敌人在烈日下长距离行军，十分疲劳，一个个无精打采，慢吞吞走着。看到敌人已完全进入伏击圈，贺龙立刻下达攻击命令。红四师首先向敌前卫第五〇一团第一营猛烈开火，随即向该团发起多路突击。经过一番拼杀，红四师将敌第五〇一团大部歼灭，牢牢地扎紧了“口袋”。

经过一个多小时的战斗，敌第八十五师大半已被歼灭，唯谢彬率领第五〇五团第一、第二营和师炮兵连占领巴里核高地的一个土围子，负隅顽抗。为了迅速歼灭敌人，贺龙命令红二军团的第四师和红六军团第十七师协同作战，把土围子包围起来，向土围子发起总攻。敌人看到大势已去，纷纷缴枪投降，谢彬受伤后自杀身亡。

这次战斗，红二、红六军团歼灭敌第八十五师师部、两个团和一个特务营，俘敌千余人，并缴获大批战利品。

8 月 8 日，红二、红六军团又在龙山芭蕉坨一举击溃敌陶广纵队十个团，迫使“围剿”红军的湘鄂各路敌人转入防御。至此，湘鄂川黔根据地军民胜利地粉碎了敌人的“围剿”。

红二、红六军团在取得反“围剿”胜利后，又在 8 月 20 日至 27 日东进，先后击溃了孙连仲师、庄文枢旅和王育英团，相继占领石门、澧县、津市和临澧等城镇。红军所到之处广泛发动群众，没收和分配土豪劣绅的财物，宣传红军的主张，赶做冬衣。在短短半个月中，扩充了新战士 3000 余人，并筹集到大批的粮食、药品和十多万银元。

这次东进，还开辟了广大的游击区，将敌人的“围剿”线从慈利的江垭附近，往东推进了 100 余公里，使湘鄂川黔根据地更加广阔，人口约有百万以上。这种新的局面的出现，为红二、红六军团打破即将到来的新的“围剿”开辟了广阔的回旋余地。

在反“围剿”的半年时间里，红二、红六军团英勇善战，总共进行大小战斗 30 余次，先后与敌人 86 个团直接作战；前后占领过七座县城。共歼灭国民党军两个师、一个旅、一个师部，毙伤敌人 1 万人以上，生俘敌人 8000 余人。在战斗中，红二、红六军团扩大到 2.1 万人，并成立了红十八师和红十一、红十七团。

通过这次反“围剿”，进一步锻炼了根据地的军民，扩大了红军的政治影响。当时，在群众中流传着这么两句话：“下雨有贺龙，天晴有萧克。”说是活〔贺〕龙喜欢水，下雨保打胜仗，硝〔萧〕克喜欢太阳，天晴也打胜仗。总的意思就是，不管天晴下雨，红军天天都打胜仗。还有一首民谣唱道：“红军红军，天降神兵，来无声响，去无踪影，个个都是飞毛腿，翻山越岭风赶云。”① 这充分反映了广大人民群众对红军的尊敬和爱戴，对国民党反动派的憎恨和蔑视。

红二、红六军团在湘鄂川黔反“围剿”的胜利，不仅钳制了敌人六个纵队的兵力，使其不能进攻中央红军，而且把准备进攻中央红军的一部分兵力也吸引过来，为配合中央红军和其他苏区的斗争，做出了重要贡献。

二、向湘黔边转移

红二、红六军团取得反“围剿”的胜利，湘鄂川黔革命根据地的扩大，使蒋介石极为震动。这时中央红军已经北上，在长江以南，湘鄂川黔苏区成了唯一规模较大的革命根据地，因此，蒋介石把湘鄂川黔根据地视为心腹之患，积极部署新的“围剿”。

蒋介石认为，湘鄂两省军队“围剿”红军失败的原因是兵力不足和指挥上的不统一。因此，他在部署新的“围剿”时，除了何键、徐源泉两部外，又从江西、湖北增调了孙连仲部第二十六路军、樊崧甫纵队和汤恩伯纵队，使总兵力达到 130 多个团，20 余万人。为了改变各部互不相属、各自为战而造成的指挥不统一的状况，蒋介石下令于

① 晏福生：《回忆湘鄂川黔边的斗争》，《红六军团征战记》（下），第 28 页。

1935年10月10日成立宜昌行辕,以陈诚为参谋长,代行蒋介石的职权,统一指挥湘鄂川黔边区的军事行动。行辕之下，由何键任第一路军总司令，刘建绪任前敌总指挥；薛岳任第二路军总指挥；徐源泉任湘鄂川边区“剿匪”总司令兼第十军军长；陈继承任湘鄂边区“剿匪”总指挥；孙连仲为第二十六路军总指挥。陈诚还将所属部队分为“进剿军”和“堵剿军”。“进剿军”基本上是“中央军”，装备精良；“堵剿军”为湘鄂两省军阀部队，在原防地构筑堡垒，配合“进剿军”堵截红军。陈诚的具体作战部署为：将何键部和徐源泉部置于大庸、永顺、龙山、来凤、鹤峰、走马坪一线，从根据地的南、西、北三面来限制红军机动；以孙连仲、汤恩伯等部，从津市、澧县及其以北地区，由东往西筑垒推进，企图将红二、红六军团逐步压缩至龙山、永顺和桑植狭小地区聚歼之。

为了做好反对敌人新的“围剿”的准备，红二、红六军团在9月上旬停止东进，主动从津市、澧县撤回，到石门西北的维新、仙阳、大兴、磨岗隘、南岳等地进行休整。9月29日，红二、红六军团在磨岗隘召开了积极分子会议。任弼时在会上作了《冲破敌人“围剿”的经验教训与粉碎敌人新的大举“围剿”》的报告，以遵义会议决议精神为指导,认真总结了反“围剿”的经验和教训,分析了国民党新“围剿”的军事部署及特点，明确提出红二、红六军团当前的首要任务是提高广大指战员的军事技术和加强部队中的政治教育。这次会议为红二、红六军团打破敌人新的军事进攻，胜利地进行战略转移，做了思想上、政治上的准备，具有重要意义。

就在会议召开的同一天，任弼时收到周恩来发来的明码电报，询问红二、红六军团的情况，并告知联络密码留在红四方面军那里。

红二、红六军团和中共中央中断联络已有三个多月了，接到周恩来的电报，真是喜出望外，任弼时立即用密码致电周恩来。这一电报被张国焘处电台所截获。张国焘收到电报后，立即以朱德和他两人的名义，于9月30日回电红二、红六军团：“一、四两方面军六月中旬在懋功会合行动,中央任国焘为总政委。……我们今后应互相密切连〔联〕

络。”①

任弼时、贺龙、关向应等人不知道红一、红四方面军会师后张国焘的分裂活动，更不知道这时中共中央已率红一方面军主力先行北上，接到来电后，认为与中革军委的电讯联络已经恢复。至于与中共中央的联系，则是请“朱张”转报，所以在很长一段时间里给中共中央的电报，都是发给朱德、张国焘的。

10月9日，贺龙、任弼时、关向应联名致电朱德、张国焘并转中共中央，报告了红二、红六军团反“围剿”斗争的计划。10月15日，朱德、张国焘回电指示：“在狭小地区内固守固为失策，决战防御亦不宜轻于尝试，远征，减员必大。可否在敌包围线外原有苏区附近诱敌出堡垒，用进攻路线集中兵力以击破之。”②

10月19日，朱德、张国焘再次电示红二、红六军团：“取守势是最失策，远征损失大，可否在赤区外围和附近地区诱敌，各个击破之。”③

军情紧急，需要立即作出决断。军分会根据敌我态势，认为敌人以绝对优势的兵力向根据地逼近，红二、红六军团在根据地固守是不利的，“在赤区外围和附近地区诱敌，各个击破之”也是行不通的。因为当时苏区北面除敌人封锁外，地形极坏，且有清江、长江天险；西有乌江，敌人有重兵防守，并构筑了坚固的堡垒；东边是狭小的湖区，河湖港汊，部队机动受到限制；南部地区是敌人防守兵力较弱的地方，但有澧水、沅水之隔。红军主力若到外线作战，敌必乘虚而进入苏区，并在苏区内构筑堡垒，使红军不易恢复原有苏区。在这种情况下，红军虽有可能在苏区附近取得一些战斗的胜利，但由于无根据地作战，很难持久，甚至有遭受失败的可能。为此，省委和军分会11月4日在桑植刘家坪召开会议，决定按照中共中央和中革军委2月11日电报中关于“当必要时，主力红军可以突破敌人的围攻线，向川黔广大地区活动，甚至渡过乌江”的指示精神，转移到湘黔边广大地区，争取在敌军防守薄弱的贵州石阡、镇远、黄平一带相机建立新的根据地。

---

① 《湘鄂川黔革命根据地》，第289页。

② 《红军长征·文献》，第982页。

③ 《红军长征·文献》，第983页。

红二、红六军团这次战略转移吸取中央红军及红六军团西征时的经验教训，不是单纯军事行动，也不是搬家式的消极逃跑，而是做了一系列的周密的准备工作。

11月上旬，红二、红六军团集中在桑植，进行突围转移前的各种准备。

首先，对广大指战员进行广泛的思想动员工作。各部队普遍召开党的积极分子大会和红军大会，利用各种形式进行动员。任弼时、贺龙、关向应等人亲自到红军基层作报告，宣传党的方针、政策，说明中央红军北上抗日的伟大意义，提出红二、红六军团当前的任务。针对湘西北籍的战士可能出现不想离开故土的想法，政治工作部门认真做好他们的思想工作，以保证红军突围时，他们能跟随部队前进。

其次，主力红军进行整编和充实，妥善安置伤病员。将鄂川边独立团、龙桑独立团和龙山独立团等地方武装合编为第五师，属红二军团建制。成立师政治部，补充各级政治工作干部。将第十八师的第五十二、第五十四团改为第四十六、第四十七团；红六军团警卫营及龙永独立团、永顺独立团，编为第四十八团，上述三个团编为第十六师，属红六军团建制。第十八师则重新组建第五十二、第五十三团。经过整编后，红二军团下辖三个师，即第四、第五、第六师；红六军团下辖三个师，即第十六、第十七、第十八师。两军团共六个师，近2万人。在整编的同时，对于老弱妇幼及重伤病号等不宜长途行军人员，进行妥善安置。对遣散回家的，发放适当路费，对于坚决留队的，转送省苏维埃政府机关和红十八师，留守后方。对伤病员，发放养伤费等，由当地党组织安排到可靠的群众家里养伤。

最后，精简行装。每人只带三天的粮食和必要的枪支弹药。草鞋每人也只能带三至六双。带不动的笨重物资，或掩埋或送当地群众。

通过各项准备工作，红军部队人心稳定，目的明确，机动力、战斗力加强。这就为顺利完成战略转移打下了基础。

11月18日，贺龙下达南下突围的命令。

突围方向选择在哪里，这是关系到红二、红六军团前途和命运的问题。这步棋若走不对，就有满盘皆输的危险。为此，军分会成员反复进行了研究和讨论。11 月 17 日，朱德、张国焘来电建议，如对敌不好打，“则转入通道、黎平击敌也可，但此在敌意料中，应为适当佯攻，使敌疑我向东南转移以便达到转向通、黎之目的”。但又说，“这是建议，望参酌实际情况相机断行之”[①]。最初，军分会也曾设想从根据地西南方向突围，但不是到通道、黎平，而是取捷径到黔东的石阡、镇远、黄平地区。然而侦察发现，在这个方向上，敌人防守兵力有四个师，分别配置在龙山、永顺一线。在纵深的百户司、龙潭、秀山等地，敌人还部署有三个师的兵力。走这个方向，路程虽近，但突破敌人七个师兵力的封锁线，代价肯定是惨重的。因此贺龙建议，先到湘中，调动敌人，然后再转入贵州。他说：“敌人追来了，我们再拖他一阵。我们分兵两路向东南兜个大圈子，索性把这帮敌人全部吸引过来。让他们跟在我们屁股后头追，弄得他们人困马乏，我们再调头去贵州。”[②] 大家都同意这个拖着敌人兜圈子的办法。经过分析，军分会决定把突围方向选择在南面。这个方向虽路途较远，江河纵横，会给红军行动造成一定困难，但敌人在澧、沅水的防守比较薄弱。军分会计划，红二、红六军团首先突破澧水、沅水，迅速占领湘中交通重镇，争取将敌人的主力调到湘中，然后寻机打击蒋介石的嫡系部队樊崧甫纵队。若能歼灭樊崧甫纵队大部或将其他敌军调到湘中，红军就立即回师原来根据地坚持斗争；若达不到上述目的，就继续向石阡、镇远、黄平地区活动。

为了配合红二、红六军团主力转移，军分会决定红十八师留在根据地内坚持斗争，向西佯攻，吸引迷惑敌人。红十八师的任务相当艰巨，为此，王震亲到红十八师看望全体指战员，并指示：如斗争确实不利时，就主动放弃根据地，相机突围出去，向湘黔边界转移，与主力会合。

11 月 19 日，红二、红六军团分别在桑植刘家坪的干田坝和瑞塔铺的枫树塔举行突围誓师大会。当日晚，在贺龙、任弼时、关向应等人率领下，红二、红六军团告别了他们经过艰苦斗争创建的湘鄂川黔

---

① 转引自力平、余熙山、志咸：《红军长征简史》，湖北人民出版社 1986 年版，第 217 页。

② 《贺龙传》编写组：《贺龙传》，当代中国出版社 1993 年版，第 186 页。

根据地，告别了患难与共的父老乡亲，踏上战略转移的漫漫征程。

红二、红六军团以第十七师为先头部队，第四十九团为先头团，任务是：抢渡澧水、沅水，把敌人沿江构筑的双重封锁线打开一个缺口，为全军开辟前进的通道。

11 月 20 日下午 4 时，红军先头部队到达澧水北岸大庸、慈利交界的安坝、杨林渡、张家湾一带。这里是湘敌李觉和保安团防区的结合部，他们想不到红军会走人迹罕至的险路，所以防守很麻痹。红四十九团在出发前已得知，澧水沿岸的船只早已被敌军控制或破坏了，于是，他们除了随身的枪、弹以外，还带有绳子、斧头、锯等，以便赶制渡河工具。当他们到达澧水北岸的潭口后，立即在团长王烈的指挥下，隐蔽在一片竹林子里，砍伐竹子，捆扎竹筏。随后，王烈又挑选 30 余名年轻力壮水性好的战士，组成渡河突击队。突击队每人都配上好武器，并带上八颗手榴弹，轻装精干。王烈还把全团的轻重机枪都集中起来，在岸边山梁上排开，瞄准对岸敌人的碉堡。

一切都准备就绪之后，夜幕渐渐降临。待天完全黑下来之后，王烈下达了突击队出击的命令。突击队员跑步前进，迅速扑向江边。正当突击队到达江边，把竹筏推进水里时，敌人发觉了，顿时枪声大作。突击队顽强地向江对面冲过去。红四十九团的机枪阵地也开了火，掩护王烈率第一营在突击队后跟进，进行抢渡。突击队到达对岸后，敌人发觉过江来的红军人数不多，便从碉堡中出来，企图乘突击队立足未稳，以反冲锋把突击队压回江中。幸好这时王烈率第一营赶到，一齐开火，又将敌人赶回碉堡中。于是，双方在滩头展开争夺战，战斗处于胶着状态。尽管第一营伤亡很大，王烈在战斗中负伤，处境艰难，但他们顽强地守住这个突破口，吸引了大量敌人。

乘着敌人被第一营吸引的时候，红四十九团的侦察排在下游二三公里远的地方，测出了一个徒涉点，于是红四十九团的第二、第三营在红十七师参谋长刘转连的指挥下，急速赶往徒涉点。由于敌人都被第一营吸引，这里的守备十分空虚，第二营和第三营在夜幕的掩护下，很快涉水过江，一下子扑到敌人碉堡前。敌人碉堡的顶部是用稻草搭成的，里面也铺满了稻草，红军一颗手榴弹甩进去，便立刻燃烧起来。

他们打一个，烧一个，敌人的十几个碉堡很快就被烧毁了，形成了一条长长的火龙。敌人乱了阵脚，争相逃窜。第一营趁势反击，和第二、第三营胜利会合。晚 10 时左右，敌人增援的一个营赶到，企图夺回红四十九团已控制的渡口。增援敌人遭到红军迎头痛击，大部被歼，其余仓皇逃走。滩头战斗结束之后，红四十九团着手在几处同时架设浮桥，主力部队到达后，立即从安坝、杨林渡等地跨越澧水。

抢渡澧水战斗，红四十九团歼敌两个营，击溃敌人一个营。然而，红四十九团也付出了很大代价，团长王烈先是负伤，后又中弹壮烈牺牲。此外，还有十几名战士长眠在这里。

红二、红六军团突破澧水之后，仍以红四十九团为先头团，当夜即向沅水前进。尽管红四十九团已十分疲劳，但他们连续行军 100 公里，于 11 月 21 日晚 8 时赶到沅江渡口洞庭溪。在此之前，红四十九团的侦察排在黄昏时便赶到了。他们到达渡口时，了解到这个渡口只有 16 个地方团丁把守，还不知道红军已突破澧水的消息。机不可失！侦察排悄悄摸进村子，首先干掉敌人哨兵，然后闯入营房，一枪未放，就把团丁们全部缴了械。接着，侦察排又割断电话线，封锁消息，并找到部队过江用的木筏。红四十九团全部到达后，立即以前卫部队换下侦察排。侦察排又悄悄过江，以同样突然的动作，解决了南岸渡口的敌人。随后，红四十九团第三营也渡过江去，筹备木料，为架设浮桥做准备。

红四十九团控制洞庭溪渡口后，又获得一个意外的战果，没有费力便俘虏了 300 多敌人，还得到几只大船，为部队渡河又增加了便利条件。

在红四十九团占领洞庭溪渡口的同时，红军另一支先头部队也袭占上游的大晏溪渡口。后续部队赶到后，迅速跨过沅江，继续向湘中挺进。

红二、红六军团抢渡澧、沅两水，冲破敌李觉吹嘘的“可保无虞”的封锁线，使陈诚的第一期“进剿”计划化为乌有。蒋介石曾有令，红军在哪个防线突破，就杀哪个防守的师长。李觉本该处死，经樊崧甫为之求情，方才记一大过，要其戴罪立功。

红二、红六军团渡过沅江后，立即按照原定计划，实行战役展开，兵分两路：红二军团相继夺取辰溪、溆浦、浦市等城镇；红六军团东渡资水，先后占领了锡矿山、新化、蓝田、冷水江等，从而控制了湘中广大地区，并开展各种政治攻势，宣传党的主张，发动群众，筹粮筹款。

这年秋天，湘中收成很好，稻谷饱满，黄澄澄的橘子压弯了树枝。土豪劣绅刚把剥削来的稻谷装进粮仓，想不到红军如从天降，吓得这些吸血鬼躲的躲，逃的逃，如丧家之犬。红军每到一处，就没收地主豪绅的粮食，分给当地的贫苦农民，深得当地人民群众的拥护。据统计，红军在湘中各县共捉土豪500多人，镇压了其中民愤极大的50余人，饱受压迫剥削的人民群众，无不拍手称快，扬眉吐气。

红十六师在军团政委王震的带领下，在锡矿山还严格执行了保护民族工商业的政策，解除了工商业者的疑虑，他们很快开门营业，市场重新活跃起来。

在红军的广泛宣传、发动和感召下，大批青年纷纷报名参军，仅红六军团在锡矿山一带，就吸收2000名新战士入伍，其中红十六师在四天中，就扩大红军800多人。与此同时，他们还在湘中建立了38支“抗日游击队”；并建立了“抗日大同盟”、“抗日义勇军”、“职工联合会”、“工人纠察队”、“工人团”等组织。

在湘中的短短时间里，红二、红六军团共筹款数万元，扩大红军8000余人，壮大了自己，并在当地播下了火种。

红二、红六军团南下湘中后，敌樊崧甫、李觉、陶广、郭汝栋、汤恩伯等部纷纷向湘中扑来，12月初，李觉部先头逼近浦市、辰溪，樊崧甫部进至新化、溆浦以北地带。红二、红六军团放弃辰溪、新化，集结第四、第五、第六及第十七师，准备远出迎击樊崧甫纵队，调集第十六师牵制李觉纵队。这时，敌人七八个师已逼近红军。东面，汤恩伯的两个师经湘潭、湘乡向宝庆急进；西面，陶广两个师沿沅水南下；郭汝栋一个师又一个旅从沅陵向南伸展。敌人的如意算盘是：以孙连仲第二十六路军和鄂敌徐源泉部在北面堵截，以阻止红二、红六军团重返湘鄂川黔苏区，其他各路部队从东西两侧迂回包围，将红军主力限制在溆浦一带狭小地区，然后集中绝对优势兵力，将红军消灭于沅水、资水之间。针对敌人的意图，军分会认为红二、红六军团挺进湘中的战略任务已经完成，决定退出湘中，向贵州石阡、镇远、黄平地区转移。

为了调动敌人，红二、红六军团采取声东击西战术。12 月 11 日，他们从溆浦附近的柳溪出发，向东南方向疾进，作出再渡资水的姿态，21 日又进至湘南高沙市、洞口地区，引诱广西军阀调兵北上，然后突然掉头西进，挺进黔东。22 日，红二、红六军团在瓦屋塘侧击敌陶广纵队第六十二师，目的是打开入黔的通道。由于敌人先于红军占领有利地形，红二、红六军团伤亡 300 余人，仍未攻下。在这次战斗中，红五师师长贺炳炎身受重伤，被截去右臂，成为红二、红六军团长征中出现的第一位独臂将军。在这之后，红军改道南走武阳。24 日经绥宁、洪江间的竹舟口渡过巫水，然后迅速北上，于 27 日在黔阳的江西街、托口一带渡过清水江。至月底，红二、红六军团到达芷江以西的冷水铺地区，终于把尾追的敌人全部甩掉。红二、红六军团从挺进湘中到这时甩掉敌人，被称为长征初期军事指挥上的神来之笔。

在冷水铺，红二、红六军团迎来 1936 年元旦。利用短暂的休息时间，军分会召开两军团政治工作干部会议，初步检查远征中的政治工作，进行新的一年的战斗动员，提出在湘黔边创造新苏区的任务。1 月 2 日、3 日，相继占领晃县、龙溪口和波州等地。

为了达到在湘黔边创建新根据地的目的，红二、红六军团决心在晃县和芷江间反击尾追之敌。这时，敌军总指挥刘建绪远驻洪江；郭汝栋纵队刚进麻阳，正沿辰水向湘黔边堵截；樊崧甫纵队的先头才进至榆树湾；陈渠珍师集中在永绥、保靖一线，与红军相距约有四天的路程。对红军追得最紧的是李觉、陶广两个纵队。李觉因在澧、沅二水“守备不力”，险些掉了脑袋，所以追得格外卖力，以期挽回自己的面子。其中章亮基的第十六师追得最为突出，单独从芷江竹坪铺、冷水铺一带向晃县伸进。1 月 4 日，军分会在龙溪口开会，决定抓住章亮基师孤军突前的有利时机，组织便水战斗，消灭这部分敌人。贺龙当日命令红五师进占贵州玉屏，作为临时后方，并以小股部队向北活动，给敌军造成红军主力北上的错觉。

1月5日，红十六、红十七师由晃县、波州出发，下午进至芷江上坪一带树林，迅速占领茅庵界、云寨坡、花棚界等高地，做好战斗准备。下午2时，章亮基前卫第四十七旅两个团与红军遭遇。敌人受到突然的打击，急忙抢占大坡、尖坡、掌架坡等高地，被红军集中火力猛烈扫射，死伤甚众。这时，章亮基率其后续和四十六旅两个团，从新店坪赶到了荷叶塘、岩禾塘。

为了参加消灭章亮基师的战斗，红四、红六师从龙溪口、晃县赶到涧溪。然后，红六师赶向新店坪、便水，阻敌增援，不料在新店坪西北地区，与敌第九十团相遇；红四师迂回到敌第九十三团右翼，准备切断上坪与新店坪两处敌人的联络。由于红军是先后投入战斗的，兵力不集中，没有达到消灭章亮基师的目的。1月6日凌晨，李觉指挥第十九师赶来增援，接替章亮基部第九十五团的阵地。随后，敌人第六十三师也赶来增援。这样，原来计划打章亮基一个师，发展到打敌人三个师，使这场战斗成为消耗战，敌我双方伤亡均在千人以上。随着敌人增援源源不断地到来，歼敌已不可能，红二、红六军团在1月6日黄昏以后相继撤出战斗。

便水战斗，红二、红六军团虽未能大量消灭敌人有生力量，但也狠狠教训了李觉一下，使其不敢再紧追红军。贺龙风趣地说："人怕老虎，不知道老虎也怕人。"① 便水战斗后，红二、红六军团即于9至12日先后从容转移，进占江口、石阡城。至此，红二、红六军团顺利完成了向石阡、镇远、黄平地区转移的战略任务。

这时，原先奉命留守湘鄂川黔根据地的红十八师，也突破重重包围，于1月9日在江口同红六军团主力会合。红十八师是一支英雄的部队，师长张振坤在中央苏区就是有名的"游击专家"，在红二、红六军团主力撤出湘鄂川黔根据地后，面对极端险恶的局面，他沉着冷静，运用多变的游击战术，同敌人进行周旋。从1935年11月下旬到12月中旬，红十八师3000余人在根据地进行了近一个月的艰苦斗争，吸引了约10万敌人，为主力南下湘中创造了有利条件。在完成牵制敌人、

① 贺龙：《回忆红二方面军》，《近代史研究》1981年第1期。

掩护主力转移的任务后，他们遵照贺龙、任弼时的指示，于12月16日突围，踏上与主力会合的凶险路程。

一路上，红十八师真是历尽艰险。12月21日①他们前进到招头寨以北的马鬃岭时，即遇到敌人周燮卿部的严密封锁和包围。老红军战士彭湘臣回忆说：

……部队进到蓼芭洞，村外有碉堡封锁；右边是无法攀援的悬崖绝壁；左边是高耸入云的马鬃岭。部队处于进退维谷的困境。张师长决定，强登马鬃岭，视机突围。部队在荒山野岭的荆棘丛中，一面开路，一面上爬。天明时，敌人发现了我们，以重机枪、迫击炮组织猛烈的火力追击。部队连续四个多昼夜东奔西突，疲惫不堪，饥渴交加。但是，为了赢得突围胜利，大家咬紧牙关，挪动沉重的腿脚，继续一步一步地爬着……②

当时第五十三团和师部通过了敌人的封锁线，走在后边的电台队、野战医院和殿后的第五十二团等，却被敌人重重包围，形势真是万分危急。老红军战士梅兴无回忆说：天已经亮了，被隔断的队伍腹背受敌，加之红五十二团是由游击队改编不久的部队，武器装备不好，又缺乏战斗经验，尽管他们在强敌面前十分勇敢，毫不屈服，但终因敌我力量悬殊而大部分壮烈牺牲。电台队和警卫连不顾危险，硬是冲过了近千米长的裸露的开阔地，终于冲了出来，赶上了主力部队。③其后，红十八师又历经凶险，迭遭激战，到最后与红二、红六军团会师时，全师只剩下六七百人。

为了欢迎红十八师胜利返回，红二、红六军团召开了部分师以上干部会议。贺龙在会上对红十八师师长张振坤说：

---

① 此处时间据贺彪的《红二方面军从湘鄂边到陕北长征纪实》和梅兴无的《红十八师留守根据地纪实》，有的回忆录时间与此不同，如彭湘臣的《红十八师单独突围长征》说是12月8日。

② 彭湘臣：《红十八师单独突围长征》，《红六军团征战记》（下），第142页。

③ 梅兴无：《红十八师留守根据地纪实》，《红六军团征战记》（下），第163页。

你们是有功劳的，你们的行动牵制了敌人，使主力行动没有后顾之忧。你们胜利地完成了总指挥部交给的光荣而又艰巨的任务。虽然你们的人数不多了，但是，能从敌人的心脏里打出来，表明了你们的坚强、勇敢！红军是打不垮的，同志们，你们了不起啊！①

三、进军黔西

红二、红六军团在江口、石阡地区进行了为期一周的休整。在此期间，任弼时在石阡天主教堂主持召开两军团党的积极分子大会，分析了当时全国的形势和这次长征的意义，解释了党的统一战线政策、纲领，提出建立新根据地的任务。这次会议对提高部队的战斗情绪和统一思想起了重要作用。自此以后，部队都很注意做统一战线工作，也取得不少成效。

红二、红六军团在江口、石阡一带停留，蒋介石认为可能是在寻机返回湘鄂川黔根据地，于是命令刘建绪指挥樊崧甫、李觉、郭汝栋等纵队仍跟在后面“追剿”；陶广纵队移至保靖、永绥、秀山，构筑碉堡，堵截红军北上；郝梦龄纵队进至后坪、思南一带，沿乌江堵阻红军西进；许绍宗部除一部分构筑秀山、沿河间碉堡线外，主力集结于秀山附近；汤恩伯纵队在宝庆集结待命；邹洪、孔令恂两师向泸溪集中待命，企图趁红二、红六军团向北运动时，聚歼红军于乌江以东，松桃以西地区。②如果上述目的达不到时，则将红军南压至广西，借桂军的力量与红军厮杀，坐收渔利。

红二、红六军团原计划在湘黔边建立新根据地，因便水战斗未能达到预期目的，而敌人又以 15 个师的兵力日益逼近；且石阡、江口一带人烟稀少，粮秣匮乏，红军处于狭小的地区，不利于展开运动战。

---

① 刘成达：《转战湘鄂川黔边》，《红六军团征战记》（下），第 126 页。

② 见贵州省档案馆：《红军转战贵州》，贵州人民出版社 1984 年版，第 244—245 页。

因此，军分会在1月19日石阡会议上决定，放弃原定在湘黔边建立根据地计划，红二、红六军团继续西进，到乌江以西、长江以南的广大地区活动，争取在贵州西部的黔西、大定、毕节地区建立新的根据地。

1月20日，红二、红六军团从石阡地区出发，开始西进。为了迷惑敌人，部队先向南行，进入余庆县境。21日，在龙溪口附近突破敌李必蕃第二十三师的封锁线，然后连克瓮安、平越县城。23日，朱德致电贺龙、任弼时、关向应："应以佯攻贵阳姿势，速转黔西、大达〔定〕、毕节地区，群众、地形均可作暂时根据地。"① 遵照朱德的指示，红二、红六军团以多路纵队，向贵阳东北开进。这时，敌人估计红二、红六军团可能要步中央红军后尘，北渡乌江，于是在乌江两岸赶筑工事。可是，红二、红六军团却转而南下，威逼贵阳，直插黔西北。左齐在回忆这段经历时说：

> 他（指敌人——引者注）想我们北渡，我们偏不北渡，他不防我们南下，我们偏要南下。部队折向西南，日夜兼程，取瓮安，下牛场，直捣龙里，威逼贵阳。这一来，形势可就大变了：敌人由乐观一变而为慌乱，我们由被动一变而为主动。要知道，这时的贵阳乃是一座空城，我军倘有兴趣，闯进去逛逛，不是不可能的。对于敌人说来，贵阳是贵州的政治、经济中心，又是大官僚们安身立命之所，此城万万不可有失；可是，从湘北到湘中，从湘中到贵州，追来追去，就是为了凭借乌江天险来消灭我们，一旦放过，十分可惜。江防不可不守，贵阳也要保卫。一身岂能二任焉？一时间，调兵遣将，手忙脚乱，紧张万分。但是我们没去打贵阳，却从从容容地经扎佐，过修文，进抵乌江上游的鸭池河边……②

扎佐，位于贵阳、息烽之间，是贯通东西南北的交通要道，也是红军西征、北上的必经之地。敌人为防止红军通过扎佐，派出保安团

---

① 《红军长征·文献》，第995页。

② 左齐：《八千里路云和月》，《回顾长征》，第480—481页。

两个营在这里防守。1 月 31 日夜，红六军团前卫第四十九团，发扬“夜老虎”的精神，利用夜色作掩护，将守敌的碉堡一个个炸毁，全歼敌人，打下扎佐。红军不但打开了通道，而且得到弹药和粮食补充。2 月 1 日，红军袭占修文县城，旋又疾进鸭池河。

鸭池河为乌江上游河段，两岸山石壁立，河水落差大，水深浪急，十分险要，是通往黔西的必经之路。由于敌人收缩守卫贵阳，这里防守空虚，只有一个营的敌人驻守。2 月 1 日傍晚，红二、红六军团侦察大队奔袭鸭池河渡口。经过 60 余公里的急行军，于 2 日拂晓赶到鸭池河东岸。守敌还在睡大觉，便糊里糊涂做了俘虏。侦察员立即请船工帮忙，从一个伪区长家中抄来备用电线，拧成铁绳，拴在河的两边，把摆在河上的小船固定在铁绳上，用木板连接船只搭成一座浮桥，红六师先遣队率先过河，占领北岸 7.5 公里外的烂泥沟。午后，红五师和第十七团也赶到渡口，大军云集于狭窄的陡岸，渡河速度缓慢。而敌第九十九师和第二十三师从后面全速追赶而来，气焰嚣张，形势对红军极为不利。当时指挥渡河的谭友林后来回忆说：

> 贺炳炎师长在瓦屋塘战斗后右臂负伤，师里的担子落在我的肩上。我心里十分着急。有些会水的同志性急下河泅渡，水急浪猛，寒冷彻骨，泅渡的同志被浪头打倒后，再也没有钻出水面。河面只有百把米宽，我们拿出在湘中打土豪时弄来的布匹拧成一条柔韧的绳索，往河面一绷，大家抓着绳索下水过河，脱离了险境。[①]

当日下午，红二、红六军团全部渡过鸭池河天险。黄昏时分，敌人增援的第九十九、第二十三师赶到鸭池河东岸，然而，他们只是捡到了红军扔下的烂鞋子和烟头。这样，蒋介石消灭红二、红六军团于乌江东岸的计划遂化为泡影。

红二、红六军团渡过鸭池河之后，马不停蹄赶往黔西城，侦察大

---

① 谭友林:《红旗卷过黔大毕——红二、六军团长征片断》，《红军长征·回忆史料》(2)，第 163 页。

队一个排于当夜首先到达黔西城外。2 月 3 日凌晨，红军利用当地一个保董喊开城北门。同时，由红六师向城东门发起攻击。城内守敌是只有六七百人的保安队，一触即溃，县长林雁峰带着几个贴身随从从城西门逃窜，红军顺利占领黔西县城。至此，红二、红六军团打开进入黔西、大定、毕节地区的大门，开始创建新根据地的斗争。

黔西、大定、毕节地区，系云、贵、川三省要冲。毕节在西，与云南东北部毗邻，向北则可通往川南地区，是黔西北的政治、经济、文化中心；黔西在东，是黔西北的东大门，境内烂泥沟设有四川省盐务局，管理八大盐号，存盐数十万斤，是川盐在黔的集散地；大定位于黔西和毕节中间。黔西北在国民党的统治之下，苛捐杂税多如牛毛，人民处于水深火热之中，许多十几岁的姑娘，穷得连裤子都穿不上，只好在腰间围一块破布。一年以前，中央红军曾经过这里，播下了革命火种。当时中共中央批准建立中共贵州省工委，领导这一带的武装斗争。此外，这里还有不少农民武装和黔军残部，中共地下组织开展工作，使这些武装成为反蒋力量。上述情况对于红二、红六军团在黔西北建立根据地是有利的。

红二、红六军团转移到黔西北后，敌第九十九师和第二十三师被阻在鸭池河东南岸；樊崧甫、郭汝栋两纵队远在思南一带；第九十三师和新八师被吴忠信留在贵阳守城；前线总指挥刘建绪力图保存实力，其指挥的陶广纵队追到湘黔边境后即返回湖南，李觉纵队向远离红军的织金前进；川军杨森的第二十军和滇军孙渡纵队各守地域，以图自保。只有乌江西岸的蒋介石嫡系郝梦龄、万耀煌两纵队共三个师的兵力，依托遵义，经打鼓新场向黔西疾进。

1 月 28 日，即红二、红六军团正在向黔、大、毕地区进军的途中，收到朱德、张国焘的电报，建议红二、红六军团“在黔滇川境广大区域与敌人在运动战中消灭敌之一部，争取根据地与我们配合作战”，或入川“与我们直接会合作战”，并说“目前你们战略当以第一项为宜”①。2 月 5 日上午，军分会在黔西县城召开会议，研究以后战略方针问题。

① 《任弼时选集》，人民出版社 1987 年版，第 123 页。

根据敌情分析及上述电报指示精神，决定红二、红六军团继续留在长江以南活动，立即在黔、大、毕地区实施战略展开，创建新的根据地。鉴于红二、红六军团已远离湘鄂川黔根据地，会议决定结束湘鄂川黔革命委员会的历史任务，成立新的政权机构。为了尽快创建新的根据地，会议决定：任弼时、关向应、王震、夏曦、甘泗淇等率领红六军团机关及第十六、第五两个师向大定、毕节进军；贺龙、萧克、李达率第四、第六、第十七师三个师打击向黔西疾进的敌第十三师；红十八师在黔西方向担任牵制任务。

2月5日当天，红五师从黔西出发，沿黔西至大定的公路疾进，在两县交界的甘荫棠打退敌人的一个保安旅，于6日进抵大定县城。这时，敌人已弃城而逃，在群众的热烈欢迎中，红军浩浩荡荡地列队入城。随后，红十六师及红六军团直属队也进入大定。

2月7日，红二、红六军团根据黔西会议的决定，在大定县城孔庙召开群众大会，正式成立“中华苏维埃人民共和国川滇黔省革命委员会”。贺龙任革命委员会主席，朱长清任副主席；因贺龙要指挥部队作战，由陈希云代理主席之职。会上还颁布《中华苏维埃人民共和国川滇黔省革命委员会布告》，明确指出：“川滇黔省革命委员会是抗日救国政府的中坚支柱，是川滇黔边广大民众的临时革命政府。”“其战斗任务是：发动、团结、组织全民族一切反日、反卖国贼的力量，参加抗日反蒋的民族革命战争和反封建的土地革命，以打倒中国民众当前最主要的敌人——日本帝国主义、蒋介石和封建地主阶级，求得中华民族的彻底解放！”并号召“一切反日反蒋的武装队伍……一律联合起来，组织抗日救国军”。省革命委员会机关的办公地点，设在大定县城西门福音堂。

红军占领大定后，在毕节搞兵运工作的中共贵州省工委委员邓止戈，一面派人通知与共产党有联系的农民武装来毕节迎接红军；一面派人携带他的亲笔信到大定与红军联系，报告毕节地区地下党掌握的武装情况，说已安排彝族反蒋武装席大明部协助红军攻取毕节。任弼时、王震、夏曦等人接信后，当即研究决定：红十六师速向毕节进军，红六军团部随后跟进。2月9日，当红十六师进至离毕节不远的头步桥时，席大明部按约定出示彝族人穿的红披毯，从占领的山包上退下来，引导红军冲向毕节城。这时，邓止戈已安排席大明的弟弟席大方，带部队占领城郊制高点虎踞山。在席大明部的配合下，红十六师第四十七团向城东南敌阵地发起猛攻，第四十六团和第四十八团则直插城西山梁。国民党毕节专员兼保安司令莫雄见势不妙，立即溜之大吉，红军顺利占领毕节城，并俘敌300余名。至此，红二、红六军团胜利地实现了向黔、大、毕战略转移的目的。

红二、红六军团占领整个黔、大、毕地区后，立即抓紧开展建设根据地的各项工作，相继建立了各级革命政权。大定县成立“拥护红军委员会”，代行县革命委员会职权，由开明人士彭新民任主任。在毕节，成立了县革命委员会，朱志清被选为主任。除上述两个县级政权外，据不完全统计，还建立了八个区苏维埃临时政权，95个乡、村苏维埃政权，95个地方游击团队。

各级政权建立之后，领导人民群众广泛开展了打土豪、分浮财运动。据不完全统计，在黔西县打土豪140余家；在大定县打土豪500余家；在毕节打土豪近百家。没收的财产、粮食、盐等，多数分给当地的群众，少部分留作红军粮饷。

对于民族工商业，苏维埃临时政权采取了保护政策，只要工商业者遵守苏维埃政府的法令，就让他们大胆做生意。同时，还欢迎外地商人到苏区做买卖。由于红军纪律严明，买卖公平，苏区的各个商号纷纷开门营业，市场很快繁荣、活跃起来。

红军还派出许多宣传队，开展抗日救国、扩大红军的宣传工作。在毕节，红十六师政治部主任李铨和各团副政委，分别率师、团抗日宣传队，与毕节地下党领导的“毕节草原艺术研究社”及学校的进步师生等组成的群众宣传队一起，在街头巷尾张贴苏维埃政府布告，书写革命标语、口号，用唱歌、演戏、演讲等多种形式，宣传共产党的主张、红军的宗旨、苏维埃政府的纲领等。经过红军的宣传，人民群众奔走相告，都知道红军是穷人的队伍，是专打蒋介石和抗日的。原先受到国民党反动派欺骗宣传躲入深山老林的群众，都纷纷返回家园。

由于宣传工作做得好，扩红工作进展也很顺利。在短短的20多天里，红二、红六军团在黔、大、毕地区就扩大红军5000余人。

黔西北是少数民族聚居的地区，红军在这里十分注意对少数民族的工作。红六军团政委王震亲自和14位苗族群众谈话，对他们说："我们这个队伍里有很多人都是被地主老财逼得走投无路才出来当红军的，我们红军是为天下受苦受难的穷苦百姓求解放的队伍。"还说："你们苗族有土司，我们汉族有地主，他们都是靠吸我们穷人血汗养肥的。虽然我们的民族不同，但天下的受苦人都是一家人，地主、土司才是我们共同的敌人。"王震的话，深入浅出，说得苗族群众连连点头，说："过去，在我们的眼里，汉人中是没有好人的。现在看来，汉人中的穷人也是和我们苗家一样苦。……真是苗山的树林根连根，苗汉穷人心连心啊！"中午，王震特地叫炊事员加了几个菜，陪他们吃了饭，还从县城请来照相的师傅，在他住的屋子外边的天井里，和那14位苗族群众合了影，这就是至今我们还能见到的那张珍贵的历史照片。苗族群众离开时，王震还让人送他们30支步枪和两支手枪，叮嘱他们尽快武装起来，同国民党反动派作斗争。①

由于红军坚决贯彻党的民族政策，少数民族的广大贫苦群众同红军产生了深厚的感情，革命的种子在他们的心中深深扎下了根。

红二、红六军团不仅大力做好工农群众的工作，还积极开展了统一战线工作。

大定开明绅士彭新民曾参加过五四爱国运动，大革命时期拥护孙中山的三大政策。在外游学期间，他目睹国民党政府的腐败，逐渐产生了同情中国共产党的思想。红军到大定后，他出任"拥红会"主任，在省革命委员会代主席陈希云的支持下，积极动员青壮年参加红军，协助红军筹粮筹款。红二、红六军团领导人对彭新民的工作给予了充分的肯定。贺龙路过大定时，亲自到他家去看望，鼓励他为劳苦大众的利益继续奋斗。后来，红二、红六军团撤出黔、大、毕地区时，彭新民因其妻刚生完小孩，为照顾妻子没有及时转移，不幸被国民党万耀煌部抓住。敌人对他进行严刑拷打，他坚贞不屈，死不投降，最后

---

① 谢中光：《苗汉一家亲》，《回顾长征》，第522—524页。

从容就义，年仅 34 岁。

毕节名流周素园，曾是清末秀才，《黔报》的创办者，贵州辛亥革命的元老，任过贵州军政府行政总理，不但在黔西北有很高的声望，在贵州的威望也很高。1925 年，他因不满新军阀的统治，拒绝国民党委以的要职，回到故乡毕节，搜集了不少马克思、列宁的书，认真地探索、研究。红军快到毕节时，国民党毕节专员莫雄劝他到外面去躲一躲，他断然予以拒绝，说："我没有多少财产，不必走。"并劝莫雄不要与红军对抗。红军攻下毕节后，工作队打土豪到周素园家，发现有许多马列著作，上面还有不少圈圈点点和批注，立即回去把这一情况向王震、夏曦等领导人作了汇报。王震、夏曦找来邓止戈了解情况后，亲自到周家去拜访。交谈中，当问到他为什么没有走，为什么看马克思主义的书籍时，他说："我研究马克思主义十年了，我觉得马克思主义讲得对，我相信马克思主义。你们共产党、红军，是讲马克思主义的，所以我用不着走……"当问到他赞不赞成共产党的抗日反蒋政策时，他说："赞成，完全赞成。"双方谈得很投机，大有相见恨晚之意。王震和夏曦当即邀请周素园出山与共产党合作，携手共建抗日反蒋根据地。周素园高兴地说："我已年近花甲，息政多年，承蒙贵党邀请，使我在有生之年能为国家民族尽力，这是我的光荣。"周素园此后多方奔走，宣传共产党的抗日反蒋主张。2 月 12 日，以周素园为首的"毕节抗日救国会"成立，这是毕节地区各阶级、各阶层的抗日反蒋统一战线组织。

在红军进入毕节前，地下党掌握和联系的地方武装有三支：一支是阮俊臣领导的川滇黔边游击纵队毕节支队；一支是席大明领导的彝族人民反蒋武装；再一支就是周质夫领导的川黔边团队武装。王震把这三支队伍编成统一的贵州抗日救国军，请周素园出任司令员。周素园欣然答应。2 月 14 日，在毕节城小校场，举行了贵州抗日救国军成立大会。毕节抗日救国会和贵州抗日救国军的办公地点，都设在周素园的家里。

为了使红军能在黔、大、毕地区站住脚，周素园利用他与龙云、孙渡等滇军将领的关系，给他们写信，用"假道灭虢"的典故说服龙云、孙渡在云南按兵不动，减轻红军的压力，以集中力量对付东面进攻之敌。

红军后来撤出毕节时，周素园毅然抛家舍业，跟随红二、红六军团一起参加长征。到达延安后，受到毛泽东、周恩来的亲切欢迎。毛泽东称赞这位意志坚强的老人是“我们的一个十分亲切而又可敬的朋友与革命的同志”。①

红二、红六军团进入黔、大、毕地区后，敌人又对“追剿”红军作了新的部署，即以万耀煌、郝梦龄两个纵队为主力，配合樊崧甫、郭汝栋纵队由遵义向黔西逼近；以第九十九、第二十三师及李觉纵队布置乌江上游防堵，以川军30个团位于赤水河北岸及长江一带防止红军入川，以滇军孙渡纵队八个团在威宁、宣威地带堵截红军入滇。企图将红二、红六军团包围消灭于黔、大、毕地区。

针对敌人的部署，红二、红六军团的作战方针是：“除以小部任钳制方面并担任掩护地方工作外，集结主力迎击东面急进之敌，争取在运动战中各个击灭东面敌人，消灭其一部，以开展有利局势。”②

根据军分会制定的作战方针，2月6日，贺龙、萧克等率红四、红六、红十七师由黔西出发，向三重堰一带迎敌。当红军主力进至牛场堡、新开田、大协厂一线时，估计敌万耀煌部已占领三重堰，并会南移，所以中止行动，将红军主力部署于樱桃坪以北一带，准备伏击敌人。但万耀煌第十三师占领三重堰等地后，未再向南移动，而是构筑工事固守，因此红军打伏击的计划落了空。

为了调动敌人，创造在运动中消灭敌人的条件，2月9日，萧克率红十七师深入敌后，向驾木迂回；贺龙命令红四、红六师绕道向三重堰地区开进，准备在三重堰东北地区相机歼敌一部。当日，红十七师在驾木与敌交战。由于红军没有集中优势兵力，战斗成胶着状态，敌我伤亡相当。2月10日，红十七师攻占打鼓新场，切断敌人同郝梦龄纵队的联系，并向大岭坡守敌发起进攻。大岭坡的守敌预先有准备，工事修得十分坚固，红十七师猛攻不下，部队伤亡严重。尤其是红十七师师长吴正卿不幸牺牲，红六军团失去一位英勇善战的将领。吴正卿牺牲后，由原师参谋长刘转连接任师长。

---

① 萧克：《红二、六军团会师前后》，《近代史研究》1980年第1期；张铚秀、颜金生：《长征途中创建的苏维埃政权》，《红六军团征战记》（下），第185、266页。

② 《任弼时选集》，第123页。

敌第十三师十分狡猾，不急于同红军主力作战，而是抢占要地，等待自己的主力到达。所以并没有在红十七师占领打鼓新场后进行反扑，而是乘红军主力转到他们的东北方之后，正面兵力薄弱的机会，于2月14日袭占黔西县城，把被红军阻在乌江南岸的敌第九十九、第二十三师接应过江，敌情进一步严重了。

2月16日，敌第十三师经狗场向大定推进，在乌溪遭到红十八师顽强阻击。2月18日，敌万耀煌、郝梦龄两纵队分两路向大定推进。郝梦龄纵队由煤洞进窥六龙场，红二军团急向革左进发，迎击该敌。萧克率红十七师由白腊场向拱直疾进，计划夹击郝梦龄纵队。待红十七师赶到六龙场时，万耀煌部已占领大定。当日黄昏，红二军团第六师在黄家坝重创郝梦龄部第五十四师先头部队，缴获步枪60余支。

这时，敌人已开始威胁毕节，军分会电告萧克，要红十七师在大定以西适当地点伏击万耀煌部，阻止敌人攻击行动，以掩护毕节方面。2月19日凌晨，红十七师踩着月光从六龙场出发，在向导的带领下，于拂晓时进抵将军山。

将军山在大定以西十余公里处，位于六龙山南麓，山势呈南北走向。其东坡面向大定，坡势平缓，长满松树和灌木丛；西坡陡峭，到处都是悬崖绝壁。站在将军山上向东南远眺，可见一条公路蜿蜒穿行于山间。将军山就像一扇巨大的石门，卡在大定通往毕节的路上，这里是打伏击战的好地方。

将军山之战是刘转连任红十七师师长后指挥打的第一仗。他带领部队埋伏好以后，就等着敌人的到来。当敌第十三师的两个团接近埋伏点时，前进的速度突然放慢了，他焦急万分。多年后，他回忆说：

> 突然，敌人前进的速度放慢了。……是发现了我们的埋伏，还是改变了行动计划？怎么办？面对战场上瞬息万变的情况，我紧张地思考着：敌人先头部队已接近我军阵地，不能让他们缩回去。只要打得狠，打得准，就一定跑不掉。……我马上通过电话迅速地调整了一下部署。……
>
> 这时，敌先头部队已进入我五十团正面阵地。刹那间，上下

冲锋号吹响了，顿时，手榴弹的爆炸声，步枪、机枪、迫击炮声响成一片，团团硝烟夹着碎石、土块、树枝，伴着敌人的惨叫声腾空而起。敌军受到这意外打击，惊慌失措，前拥后挤，首尾不能相顾，队伍乱成一团。我军战士同仇敌忾，高喊着冲下山来，把敌人压制在公路两旁。

……

战士们带着对敌人的无比仇恨，如猛虎下山一样冲上山坡公路，与敌人短兵相接展开肉搏，长枪、大刀、匕首各显神通，直杀得敌人血肉横飞，抱头鼠窜。一排手榴弹在战壕里爆炸后，战士们冲上了阵地，敌人被炸得死的死、伤的伤，躲在堑壕里喊爹叫娘，一副狼狈相。……经过 1 个多小时的战斗，我们消灭了敌人 1 个团，敌人后面的部队被打得缩回大定去了。①

将军山伏击战，打出了红十七师的威风，使万耀煌部一听到红十七师就胆战心惊。此后，红十七师沿将军山一带高地设防，阻敌七天。

将军山战斗后，红军主力先后在羊场、乌溪西、沙窝寨等地寻机歼敌，但因敌人吃过苦头后，行动更加谨慎，采取稳扎稳打、步步为营的战术，红军未达歼敌一部的作战目的。由于敌我力量相差太大，照此下去，红军将越来越陷于被动的境地。2 月 25 日，军分会在毕节城内召开会议，分析形势，认为因未能给敌人以致命的打击，东面之敌已占黔西、大定，三路靠拢，逼近毕节城；周围敌人约有 120 个团的兵力，毕节地区活动范围狭小，给养困难，因此决定主动退出毕节城，再一次作战略转移。还在 2 月 12 日，朱德、张国焘曾致电贺龙、任弼时、关向应，指示："（甲）目前时局将有大变动，日在华北月内将武力夺取华北五省。（乙）你们即应单独行动，暂不宜渡江，即在黔滇川湘鄂广大区域作运动战，争取你们的新根据地。"② 根据这个指示精神，军分会决定向安顺地区转移，进行运动战，创立暂时根据地，准备在时局大

① 刘转连：《将军山战斗的回忆》，《红军长征·回忆史料》（2），第 159—161 页。

② 《任弼时选集》，第 124 页。

变动时再向湘黔边转移。

2月26日晚上，毕节城小校场里灯火通明，军分会在这里主持召开军民大会。贺龙登台讲话，他分析了全国的形势，号召黔、大、毕各族人民加强团结，挽救民族危亡，坚持抗日反蒋斗争。这次大会，既是红二、红六军团向黔、大、毕地区人民的告别会，又是向乌蒙山进军的誓师大会。会后，贺龙、任弼时、关向应等领导人同群众一起，举着熊熊火炬，进行了游行。

红二、红六军团在黔、大、毕期间，成绩显著，部队已发展到2万余人。抗日救国军的第二支队编入红六军团第十八师第五十二团；红二军团第五师新组建了第十四团。从桑植长征到黔、大、毕，行程3050余公里，部队不但没有减员，反而增加3000人，这不能不说是个奇迹！许多红二、红六军团的老同志后来回忆时常说："中华苏维埃川黔滇委员会是红二、红六军团长征途中创建的唯一根据地，这段时间是我们长征途中的黄金时代。"①

红二、红六军团继续长征后，黔、大、毕地区的抗日救国军还在坚持斗争。

第一支队司令员席大明所部，继续在赫章城、平山堡、杨家湾一带坚持了半年多的游击战争，以后在反动派的重兵围困下被打散，席大明在毕节被捕后，壮烈牺牲。

第二支队司令员周质夫率领的一部分游击队员，随即返回毕节，继续在滇黔边境坚持斗争，周质夫后来在云南镇雄病逝。

第三支队司令员阮俊臣所部，也继续在川黔边境坚持斗争。后来阮俊臣同政治部主任欧阳崇廷发动毕节驻军的一位连长陶树清起义，陶率300多人枪同阮部一起，到云南镇雄加入了中国工农红军川滇黔游击纵队，一直坚持到1942年，最后在国民党军川滇黔三省"会剿"中失败，阮俊臣、欧阳崇廷、陶树清都英勇献身。②

---

① 张铚秀、颜金生:《长征途中创建的苏维埃政权》,《红六军团征战记》(下),第268页。

② 邓止戈:《忆贵州抗日救国军》,《红军长征・回忆史料》(2),第180页。

四、转战滇黔边

1936 年 2 月 27 日，红二、红六军团在贺龙、任弼时、关向应等的率领下，从毕节出发，沿毕（节）、威（宁）大道西进，向贵阳西南的安顺地区转移。当日下午，敌万耀煌纵队占领毕节城。

红二、红六军团西进后，贺龙估计万耀煌纵队可能从杨家湾尾追，郝梦龄可能向大兔场一带追来，便命令红六军团在梅花菁一带设伏，红二军团在高山铺地区待敌，以便给追敌重重一击，打开通往安顺的道路，顺利转移到滇黔边。多次吃过红军苦头的敌人缓慢移动，等待后续，不敢冒进。因此，红军伏击计划未得实现。伏击不成，只好继续西行，红二军团在前，红六军团殿后，经杨家湾、七星关，进入野马川一带。

走在后面的红六军团，在经过七星关时，夏曦不幸溺水身亡。当时夏曦正同周素园等人在一条河边暂时休息，抗日救国军第一支队政委李国斌向夏曦报告，席大明的彝族队伍不愿随红军转移，请夏曦去做说服工作。周素园了解席大明，对夏曦说：席大明的武器是当地几千户彝族百姓出资购买的，用来同国民党、土匪作斗争。席大明如果将武装全部带走，他们的身家性命就没有保障了，他们不愿意同红军一起转移是意料中的事。但李国斌坚持要夏曦再去做做工作。夏曦便带了几个人涉水过河，寻找席大明。过河之后，得知席大明已经带领队伍远去，夏曦让人去追，自己涉水回来时，由于水流很急，加上他连日劳累，身体虚弱，被卷入漩涡中而牺牲。

夏曦，湖南人，1921 年加入中国共产党，1927 年在中共五大上当选为中央委员，会后任中共湖南省委书记，不久参加南昌起义。1931 年 1 月在中共六届四中全会上被增补为候补中央委员，同年 3 月任中共湘鄂西中央分局书记，随后在湘鄂西革命根据地积极推行“左”倾冒险主义，大搞“肃反”扩大化，给湘鄂西革命根据地和红军造成严重损失。1934 年 6 月开始认识到自己的错误，两军会师后到红六军团任政治部主任，不久任湘鄂川黔省革命委员会副主席等职，做了不少工作，特别是政治工作和统战工作做得比较有成绩。后来，萧克在回忆中说：“革命者犯错误是难免的。对于一个同志的功过，应当根据历史事实，作出实事求是的、公正的评价。对夏曦也是一样，应当从他一生的革命活动中来评价。我认为他的一生是两头好，中间错。”①

红二、红六军团西进后，受蒋介石命暂时指挥对红二、红六军团“追剿”的重庆行营主任顾祝同，急令樊崧甫、郝梦龄两纵队沿毕节大道平行向西逼进，李觉纵队抢占威宁和水城一带，堵截红军南进安顺的道路。滇军龙云既怕红军入滇，又怕蒋介石重演“假道灭虢”的故伎，使自己步王家烈后尘，所以力图自保云南，将孙渡纵队部署于昭通、威宁地区，与蒋系追击部队形成两路夹击之势，逼迫红军北走入川。川军刘湘则深恐红军入川，与红四方面军会合，共图川西，所以将杨森、李家钰等部约十个团分别在川西南重镇和金沙江北岸布防，防堵红军入川。敌人各怀鬼胎，但对于消灭红军则是一致的，企图通过前堵后追，左右夹击，将红二、红六军团围歼于金沙江以东，毕节、威宁以北的川黔滇狭小地区。

在这种情况下，军分会于3月2日在野马川召开会议，决定改变原来的行军路线，放弃去安顺的计划，改向乌蒙山北麓的镇雄、彝良、盐津方向前进，在乌蒙山区与敌人展开回旋战。

乌蒙山气势磅礴，海拔2300多米，层峦叠嶂，逶迤千里，连绵于云南东北和贵州西部，形成一个高原地带。这里是金沙江和南北盘江的分水岭，红军在此有较大的回旋余地。当红二、红六军团到这里时，高山顶上还覆盖着皑皑白雪，寒气未消。

3月3日，红军主力进至麻姑地区，随后经回水塘，向北面的奎香大踏步前进。果然不出贺龙、任弼时等人所料，敌人误认为红军要经镇雄向彝良、盐津方向突围，渡过金沙江，进入四川与红四方面军会合，顾祝同随即命令各路敌军，改变原定部署，向北直奔镇雄、彝良堵截红军。由于打乱了敌人的部署，各路敌军大多离红军较远，只有樊崧

① 萧克：《红二、六军团会师前后》，《近代史研究》1980年第1期。

甫部第二十八师想抢头功，尾追红军不舍。贺龙决定利用敌第二十八师突前的机会，杀敌人一个回马枪。

3 月 7 日，红二、红六军团进抵奎香一带。贺龙命令红四、红十七师从奎香返回到以则河、法冲一带伏击敌人；另派红五师到恒底一带，牵制樊崧甫部第七十九师。接到命令后，红军各部星夜出发，赶往指定地点。

3 月 8 日早晨，天刚蒙蒙亮，敌先头部队约两个加强连便进入红十七师早已布好的伏击圈，与红军的警戒哨交上了火。敌人的后续部队虽然还没有上来，但不打已经不行了，红十七师当机立断，决定歼灭这股敌人。伏击部队早已按捺不住，听到令下，机枪、步枪、手榴弹，劈头盖脑朝敌人打去。300 余名敌人除死伤 30 余名外，其余被红军俘虏。敌后续部队听到前面发生激战，不敢救援，就地构筑工事，准备抵抗红军进攻。

红军完成伏击任务后，遂撤出阵地，回到奎香。敌人遭到重击后，不敢再追击红军。3 月 9 日，红军主力向滇东镇雄进军。在牛场、寸田坝附近的广德关遭到地主武装的阻击。广德关是通往黔西北的必经要道，山势险要，有“一夫当关，万夫莫开”之势。这股地主武装不自量力，扼住要隘南天门，吹嘘红军“插翅难过”。3 月 11 日拂晓，红六师派一部在正面佯攻，吸引敌人注意力，另派突击队在向导带领下，神不知鬼不觉攀上悬崖绝壁，如天兵天将一样突然出现在守关敌人面前。这股地主武装乃乌合之众，本想据险顽守，看到红军突然降临，纷纷逃窜。民团指挥安问石逃跑时，慌得只穿了一件衬衫，鞋子也跑丢了。他的勤务兵慌慌张张地把他的衣服、铺盖塞到背兜里背起就跑，跑到很远以后听到里面有猫叫的声音，原来他在慌乱中把睡在铺盖上的猫也一起背起来跑了。至今，这里还流传着“猫受困”的笑话。①

红二、红六军团袭占广德关后，即掉头向东，直奔沙沟。不想敌人已先到沙沟，占据有利地形，堵住红军前进的道路。红军遂又绕过沙沟，进入梅东、青山地区，在乌蒙山展开回旋战，一会儿向西，一

---

① 中共镇雄县委党史办公室：《征战乌蒙片断》，《红军长征过云南》，第 288 页。

会儿向南，一会儿又向东，搞得敌人晕头转向。顾祝同一会儿命令部队向这里开，一会儿又命令向那里开，使其部下不知所措，怨言颇多。李觉在回忆这段经历时说：

> 我们完全知道顾祝同的指挥作风，他本人毫无办法，一切听参谋摆布。国民党军队的参谋，大部分是陆军大学毕业的，他们是纸上谈兵出身，没有带兵和战场的实际经验。当时国民党部队里有这样一句话：“参谋画一笔，部队跑一七。”图上作业是非常容易的，实际行动起来问题就大了。①

红二、红六军团牵着敌人的鼻子走，狂傲的顾祝同却认为红军已陷入绝境，国民党的报纸也大肆吹嘘红二、红六军团被他们打得溃不成军，四处流窜。顾祝同乐观地估计，消灭红军于镇雄以南山区指日可待了，于是急令樊崧甫纵队紧跟在红军后边追击，又令郝梦龄、万耀煌两纵队火速赶到镇雄及其以南堵截红军北进；其余各路敌军则走大路，取捷径向红军左右两翼靠拢。

3 月 12 日，红二、红六军团先头部队进至坝柳，得知敌郝梦龄、万耀煌两纵队先头已达镇雄，万耀煌的后卫第十三师正向得章坝②开进。贺龙等决定，在得章坝一带设伏，消灭敌第十三师，以期打开南进之路。当日午后，敌第十三师进入红军伏击阵地，万耀煌也在第十三师中督阵。红军主力早已严阵以待，一阵猛烈的射击压向敌人。经过一个多小时的战斗，红军消灭敌人近 200 名，缴获轻重机关枪八挺，几乎将万耀煌活捉。这时，敌第九十九师赶到，郝梦龄部也向这里移动，战斗再继续下去，对红军不利，贺龙遂命令红军撤出战斗。对于当时的战斗情景，朱家胜后来回忆说：

> 我红二军团赶到敌必经之山上设伏时，敌前卫部队已经走过

---

① 《围追堵截红军长征亲历记》下册，第 142 页。

② 有的材料记为则章坝、哲庄坝等。

去了，后面是否还有敌军经过一时难以判定，是否设伏，也在徘徊之际。这时对面山上灰溜溜的人头隐隐约约晃动，敌人的后续部队来了。当敌人气喘吁吁地追到伏击地时，我军吹响了冲锋号，经过一番激烈战斗，打垮了敌人，缴获了轻机枪七挺，长枪短枪三百余支。后来由于敌人的增援，战斗无进展，打成相持局面，到深夜，我军撤出战斗。据俘虏说，刚才我们打的是敌纵队司令万耀煌的行军纵队；万耀煌听到枪声就连滚带爬滚下山，才免于当俘虏。①

正是在这次战斗中，第十八团政治委员余秋里左臂负伤，因缺少医药，一直坚持到过草地后，因伤口感染，不得不截去左臂，成为红二、六军团长征中第二位独臂将军。

对于这次战斗，4 月 30 日《云南国民日报》第七版的《镇雄通讯》，承认国民党军损失巨大。通讯说：“我中央军万纵队十三师两个旅过桃园时，遭匪军袭击，其火力之猛为追剿以来各次之冠；继因李纵队从后方赶到增援，始反危为安，然辎重弹药为匪夺去者，约在三百余挑。”国民党镇雄县党部 3 月 15 日呈云南省党部的报告也说：“三月十二日，我十三师（万纵队）从哲庄坝侧击，被匪从中腰断，两旅失去联络，匪全部合围，激战终日，幸郭纵队从后方支援，匪乃退。”②

得章坝战斗后，3 月 13 日凌晨，红二、红六军团行至赫章北部财神堂时，又与敌郭汝栋纵队遭遇。红军先头部队发挥近战、夜战的特长，用刺刀、手榴弹杀出一条血路，并俘获敌人 30 余名。从俘获的一个敌人参谋口中得知，围堵红军的敌人达五个纵队。另外，据侦察员报告，在附近几个山头上，敌人都构筑了防御工事。军分会据此判断，敌人企图在镇雄以南山区围歼红军的部署基本就绪。这一带尽是崇山峻岭，人烟稀少，山路狭窄，不利于红军大踏步迂回行动，红军处境非常险恶。面对严峻的情况，军分会决定深夜突围，突破口选择在樊嵩甫与郭汝

① 朱家胜：《撤出毕节，征战乌蒙山》，《红军长征过云南》，第 177 页。

② 中共镇雄县委党史办公室：《征战乌蒙片断》，《红军长征过云南》，第 289—290 页。

栋两纵队的结合部，并号召共产党员发挥模范带头作用，克服种种困难，英勇战斗，突出敌人的包围圈就是胜利！为了便于快速行军，部队进行了轻装。在突围途中，红十七师与郝梦龄纵队发生了一场激战，歼敌 200 余人。3 月 14 日上午，红二、红六军团胜利突出重围，把敌人远远甩在后面。16 日，红军又进入奎香地区。

顾祝同得知红军又回到奎香地区后，急命滇军孙渡纵队向威宁地区集结，堵住红军南进道路；郝梦龄纵队推进到沙沟至镇雄一线，防止红军向北突围；郭汝栋纵队向威宁以北布防，协助孙渡纵队；其他各部敌军，在红军以南地区防堵。

红二、红六军团进入奎香后，乘敌人进行兵力调整、防守有所松懈之机，立即日夜兼程南下，沿乌蒙山东麓直趋滇东。3 月 22 日，分别进入云南宣威境内的徐屯、来宾铺地区。

宣威是云南东北部的重镇，又是川黔两省通向云南的要冲。1935 年春，中央红军曾在宣威进行过战斗。因此，滇军对此地的防守有了很大的加强。红二、红六军团进入宣威境内以后，国民党云南省主席龙云立即命令滇军第一旅旅长刘正富，率部由会泽方向折向宣威城防堵红军南下。龙云估计，红二、红六军团可能按中央红军路线渡江北上，所以把刘正富旅放在了昭通沿线。这是一个失算。当刘正富部向宣威开进时，殊不知红军大部队已进入宣威。

红二、红六军团进入宣威境内后，本拟在此休整几日，不料当日接到侦察员报告：滇军第一旅将于明日扑来，企图阻止我军南下。贺龙、任弼时、关向应等商议后决定：在来宾铺迎击该旅，杀杀滇军气焰，为进入盘江地区打开通道。为此，贺龙命令红六军团担负主要歼敌任务，红五师担任阻击郭汝栋纵队增援任务，红四师占领东山，掩护战场左翼，其余部队在核桃园附近集结，作为预备队。

3 月 23 日晨，大雾弥漫。立功心切的刘正富，亲率其部出宣威城，向来宾铺扑来。红六军团将红十七师部署在堰塘一带，红十六师部署在梨家寨一线，以红十八师位于红十七师左翼策应。然后，派出小股部队，和刘正富的先头首先交火，边打边退，将敌诱至红军伏击阵地。红十七师面对的是刘正富亲自指挥的两个主力团。战斗一打响，立即给以沉重的打击。慌乱之中，刘正富忙令其部抢占制高点虎头山。这时，红十六、红十八师也投入战斗，向南线敌人发起猛攻。红十七师一鼓作气，冲上虎头山，同敌人展开肉搏。敌人不支，向宣威方向溃逃。红十七师遂占领虎头山，并在此构筑工事，准备迎击敌人的反击。

在红六军团同刘正富旅激战的同时，红五师在北线与郭汝栋纵队先头部队展开激战。敌人的多次密集冲锋，均被红五师击退。在消灭敌人一个营后，红五师主动撤至陡山坡垭口，构筑工事，阻击郭汝栋部。在东山掩护的红四师，也击退了敌人保安团的进攻，策应了红六军团的战斗。

下午 1 时许，刘正富重新组织兵力，对红军实施反击，双方在虎头山展开争夺战。由于孙渡的另外两个旅赶来增援，敌人越来越多，战斗形成胶着状态。孙渡企图“吸住红军，等第二旅明日到达后，再举全力与红军决战”①。但这一企图被贺龙识破，命令红军发动几次火力袭击后，于深夜撤出战斗。

对于这次战斗，当时担任红十六师第四十七团第一营营长的张铚秀回忆说：

> 当刘正富主力一、二团进入我们阵地后，四十七团在团长覃国翰、政委刘礼年的指挥下，猛烈开火，由于战前的周密部署，兵力虽然很隐蔽，但火力十分密集，给了刘正富主力狠狠一击。
>
> 接着红十六师、十七师对占据虎头山的敌人进行全线反击。但敌军依托虎头山主峰部署了机枪阵地，封锁我军的冲锋道路。……覃团长亲率我营从虎头山与紫灰山结合部的凹地直冲到山顶。占领阵地后，发觉是敌旅部指挥所。……侦察得知，刘正富在红军接近山头时乘马脱逃了……不多久，敌人的增援部队从我左侧和四师右侧发起攻击，我决定收缩，守卫我们的既得阵地。从 3 月 23 日午后至深夜，滇军刘正富所属的两个团，并配属地方两个保安团和广富、个旧两个独立营，前后被我红二军团四师

① 孙渡 :《滇军入黔防堵红军长征亲历记》，《文史资料选辑》第 62 辑，第 143 页。

十一团、十二团的战友们击溃和歼灭一部。①

这次战斗，敌我双方投入的兵力都在万人以上，是红二、红六军团入滇后第一次大规模战斗。此战使红二、红六军团声威大震，滇军气焰受到沉重打击。国民党《云南日报》对这次战斗报道说："计自午前九时起至午后二时正〔整〕，激战五小时，枪声之密，胜过除夕爆竹，血肉满地，尸横枕藉，加以天候阴雾，愁云惨淡……战场景象，令人觫栗！"这段文字，确实写出了国民党军失败的惨状。当时群众中也有许多夸张的传说，说："红军有一种神药，顺腿打几针就可以行千里"（指行动神速）。"红军打起仗来，胸脯都会走路"（指匍匐前进）。"红军的战术是波浪式的（指运动战），蒋介石的兵力再多也斗不过红军……"

红二、红六军团自这次战斗后，分兵两路，于3月28日、29日先后进占黔西南的盘县、亦资孔地区。至此，红二、红六军团转战千里的乌蒙山回旋战宣告结束。历时一个月的乌蒙山回旋战，被认为是贺龙在长征中指挥艺术的又一次神来之笔。后来到达陕北保安以后，毛泽东在与红二、红四方面军部分领导人会晤时称赞说："二、六军团在乌蒙山打转转，不要说敌人，连我们也被你们转昏了头。硬是转出来了嘛！出贵州、过乌江，我们一方面军付出了大代价，二、六军团讨了巧，就没有吃亏。你们一万人，走过来还是一万人，没有蚀本，是个了不起的奇迹，是一个大经验，要总结，要大家学。"②

黔西南的盘县、兴义地区，地处黔、滇、桂三省交界，东隔北盘江与安顺相邻；南临南盘江，是黔桂两省的界河；西接云南，有乌蒙山为天然屏障。红二、红六军团进入盘县、亦资孔地区后，敌军四个纵队进至北盘江左岸，沿江布防，滇军一个纵队扼守云南边境，与红军形成对峙局面。这时，敌军五个纵队50多个团，大多已被红军拖得疲惫不堪，急欲休整。实力较强的滇军孙渡纵队，其目的也仅在于阻止

① 张铚秀：《从乌蒙山到金沙江》，《红六军团征战记》（下），第315—316页。

② 转引自中国工农红军第二方面军战史编审委员会：《中国工农红军第二方面军战史》，解放军出版社1992年版，第508页。

红军入滇，不敢突出冒进同红军作战。而红二、红六军团却仍有 1.7 万人，保持着相当于从桑植出发时的兵力。在到达滇黔边境以后，红军生活得到了改善，体力也有所恢复，士气旺盛。这一带的政治、经济以及自然条件有利于红军开展活动。军分会进驻盘县之后，召开会议讨论部队的行动计划，最后决定："在滇黔边活动，并创立根据地"；"集全力首先击溃孙、郭两敌，以开展新的局势，创立根据地"[①]。根据军分会的决定，红二、红六军团各部队立即在盘县周围派出工作队，深入农村打土豪，分财物，筹粮、筹款。

3 月 23 日，也就是红二、红六军团进行来宾铺战斗的同时，收到朱德、张国焘发来的电报，主要内容如下：

> ……
>
> 戊、我们建议：在你们渡河技术有把握条件下及旧历三月水涨前，设法渡金沙江。
>
> 1. 在蒙、昭一带渡河，该处渡船多、渡口多，但须先抢到。早经会理，经盐边、盐源到雅江与我们会合，大举北进。
>
> 2. 第二渡河区在绞〔皎〕平渡，鲁连渡渡河亦可，但船少。
>
> 3. 源〔元〕谋、龙街亦可渡。
>
> 4. 如上述三处不能渡河时，直经禄劝、武定、元谋，进姚安、大姚、盐丰一带设法渡河，到华平、永北一带更为稳妥。
>
> 5. 若西上，即到邓川、鹤庆、丽江，过维西、中甸、阿墩子，经德荣、定乡可到巴安与我们会合。
>
> 己、此道即署〔暑〕天亦应多备冬衣。
>
> 庚、过金沙江后即可休息、整理、缓进。
>
> 辛、如果你们决定后，我们即布置接应你们。
>
> 壬、如你军并不十分疲劳，有把握进行运动战时，则在滇黔边活动亦好。[②]

---

① 《任弼时选集》，第 125、126 页。

② 《红军长征·文献》，第 1013—1014 页。

对于红二、红六军团是否应渡江北上，这个电报说得并不十分明确、肯定，于是贺龙、任弼时、关向应于3月29日致电朱德、张国焘询问，说在目前敌我力量下，红二、红六军团“于滇黔川广大地区内，求得运动战中战胜敌人创建根据地的可能，我们认为还是有的”；“我们渡河技术是很幼稚，但如在第三渡河点或最后路线通过，在春水未涨之前或不致感受大的困难”。电报提出：“最近国际国内事变新发展情况，我们不甚明了。及在整个战略上，我军是否应即北进，及一、四方面军将来大举北进后，我军在长江以南活动是否孤立和困难，均难明确估计。因此，我军究应此时北进与主力会合，抑或应留在滇黔川边活动之问题，请军委决定。以上望在一、二天内电告。”①

3月30日，朱德、张国焘复电，更加明显地表示了要红二、红六军团北上会师的倾向。

接到朱德、张国焘电报的当日，军分会立即在盘县召开会议，讨论下一步如何行动。在讨论时，有的同志不愿意渡江。经过分析研究，军分会取得了比较一致的意见：朱德、张国焘电报中明显希望红二、红六军团北上，而且认为最好从第三渡河点北上，这是中革军委的意图。在全国民众抗日救国的呼声日益高涨的情况下，红二、红六军团北上，与主力会合，开创西北革命的新局面，将更有利于全国的抗日反蒋斗争，也便于红军直接开赴抗日前线，同日本侵略军作战，担负起挽救中华民族危亡的重任。这是当前的最重要的政治任务，红二、红六军团的战略方向应服从于这个政治任务。尽管军分会确定了在滇黔边创建根据地的战略方针，但作为红军主力之一的红二、红六军团，应服从中革军委的部署。会议最后决定，放弃在滇黔边创建根据地的方针，北上与红四方面军会合。萧克后来回忆说：“这是盘县会议最重要的决定。”②

会后，贺龙、任弼时、关向应即致电朱德、张国焘：“我们决经华坪之路线北进，四月一日前后开（始）向滇西方向移动，望在适当时

① 《红军长征·文献》，第1016页。

② 《萧克同志在云南丽江谈红二、六军团长征》（1984年1月16日），《红军长征过云南》，第158页。

派队接应。”[①]

确定北上方针之后，军分会立即命令红五、红六师向平彝方向警戒，准备迎击敌郭汝栋纵队，其他部队抓紧时间，做好北上的各种准备工作。

五、渡江北上

1936 年 3 月 31 日，红二、红六军团兵分两路，从盘县、亦资孔地区撤出，又一次开始战略转移。在平彝附近，红军冲破滇军孙渡纵队的防线，向滇中大踏步前进。4 月 6 日，红二军团攻占寻甸。8 日，红二军团先头第四师抢占普渡河的铁索桥；红六军团则经马龙、羊街、可郎，向普渡河前进。

红二、红六军团突然疾进滇中，蒋介石觉察出红军的意图是北渡金沙江，不是返回湘黔边，遂急令刘建绪率领樊崧甫、李觉、郭汝栋三个纵队入滇“追剿”。这时，刘建绪生病回湘休养，其前敌总指挥一职由彭松龄代理。彭松龄数电龙云，言及率部入滇“追剿”红军之事，虽然用词极为客气，但均未得到回复。原来，龙云害怕“中央军”入滇，威胁到自己在云南的统治地位，所以对彭松龄来电采取不理睬的态度，并把从平彝到昆明公路上的一切汽车予以扣留，断绝这条路的交通运输。同时，龙云还提高了滇币的币值，与“法币”相抗衡。龙云的态度使彭松龄意识到，不得到这位“云南王”的允许，自己是不能带兵入滇的，于是，不得不暂时把其部队停留于滇黔边境。在贵阳的顾祝同得知此消息后，急电彭松龄，说他本人即日飞赴昆明同龙云会商“剿共”事宜，要彭率部继续前进，彭松龄这才率部入滇。几天以后，蒋介石又亲飞昆明，任命龙云为“滇黔剿共军总司令”，李觉、郭汝栋、樊崧甫三个纵队均归其指挥，以示对其信任和器重。龙云受宠，行动积极起来，立即命令滇军全力堵截红军。

① 《红军长征·文献》，第 1018 页。

4 月 8 日，当红四师刚刚到普渡河铁索桥时，孙渡纵队的一个旅就赶到河对岸，封锁了渡口。与此同时，红六军团一部在小松园也与增援普渡河的滇军遭遇。由于滇军的阻击，红军大部队未能渡河，关于这次战斗，萧克后来回忆说：

> 在普渡河，我们有个很紧张的几天。二军团四师已过了普渡河，后来又叫他们回来，六军团快过普渡河，在富民县款庄坝的小松园同敌人打了一仗。敌人堵住了我们的路。这次战斗，敌人还有飞机助战。飞机是从昆明飞来的，因为很近，一会又来一会又来。蒋介石专门调了一个飞行中队到昆明，他自己也来到昆明坐镇指挥。从上午十点前后打起来，打到下午四时，四师回来了，我就叫四师赶紧归还建制。我们快到黄昏才撤退。这时，敌人打不动我们了，我们也打不动他们。那天，是多少敌人我们也搞不清，总数可能在三、四个团以上……①

龙云看到红军渡河受阻，企图拖住红军于普渡河东岸，待李觉、郭汝栋、樊崧甫三个纵队上来之后，将红军围歼在普渡河以东、功山以南地区。

贺龙、任弼时等人识破了龙云的企图，果断决定红军停止渡河，争取转移到普渡河上游过河，然后挺进滇西，抢渡金沙江。这时，滇军孙渡纵队第七旅从羊街方向逼近红军，贺龙命令红六师返回25公里，到六甲一带阻击敌人，掩护其他部队转移。红六师师长郭鹏和政委廖汉生接受任务后，即以红十八团为先头，急速返回六甲地区。

六甲位于寻甸羊街与可郎之间，山势险要，灌木丛生，易守难攻。4 月 9 日上午 10 时，红十八团先头第一营刚刚赶到石腊它垭口，就与孙渡第七旅的前锋接火。红军出乎意料地出现在六甲，一下子把敌人给打晕了，很快消灭敌人一个营，其余敌人落荒而逃。这时，红六师

① 《萧克同志在云南丽江谈红二、六军团长征》（1984 年 1 月 16 日），《红军长征过云南》，第 158 页。

的其他部队也赶到，立即抢占有利地形，构筑工事。红十六团控制左侧制高点，红十七团在大公山、碾子山构成第二道防线，红十八团控制正面。

敌人遭到打击后，开始组织兵力，一次次地进行疯狂的反扑。敌人的冲锋每失败一次，紧跟着必然是一阵猛烈的炮轰；而每一次炮轰之后，就又是一次更疯狂的冲锋。就这样，英雄的红十八团连续打退了敌人十几次大规模的猛扑，自己的伤亡也很大，不得不后撤到预设的第二道防线，而由红十七团抽调一个营补了上去。附近的老百姓得知红军没有吃上饭，及时地将热气腾腾的饭菜送上阵地。得到人民群众的支持，红军指战员士气更旺了。

天色将黑时，敌人竭尽全力发动了一次进攻，战斗到了最困难的时刻。郭鹏回忆说：

> 在雨点般的炮火掩护下，敌人正在运动部队。黑鸦鸦的一片，像是冲完了这一次就再也不打算冲锋了似的。敌人这种破釜沉舟、孤注一掷的做法……是在急切地想要把这一场战斗结束。我军只要能咬牙抗住这最后的一击，敌人那脆弱的神经就会断折。这是一场关键性的决斗，要么就是敌人把我军冲乱，抓到我军主力，要么就是我们坚守阵地，挫净敌人的锐气。
>
> 十八团经过整理，也已加强了正面的防御；能用的力量，我们也全用上了。眼看敌人越离越近了，这时在十七团阵地上指挥的参谋长常德善同志，便发出了“开火”的命令。但是，敌人并没有后退，稍一停歇，又继续向上冲了。……就这样一次又一次，持续了很久很久……
>
> ……这期间敌人冲上了十八团阵地的前沿，双方拼起了刺刀，接着十七团阵地上也展开了肉搏。十六团因为子弹打光了，不得不让敌人爬上山来，现在正用枪托一个一个地往下掀。敌人这时真是疯狂极了，“冲上去啦”的声音叫得震天响，仿佛他们已经胜利了似的。可是，忽然，五师十四团在他们背后打响了！一直就扑到了他们的指挥所跟前。这是敌人做梦也没有想到的。突如其

> 来的打击，完全摧毁了敌人的神经，打乱了他们的计划，他们后撤了。我们阵地上的战士一看，好啊！端起刺刀跟踪追了下去。我身旁有一个湖南战士，一条胳臂负了重伤，这时也咬着牙，手里握着一把刺刀，摇摇晃晃地冲下山去。……①

六甲阻击战，红军歼敌700余名，给滇军重重的一击，使其不敢继续追逼。龙云妄图歼灭红二、红六军团于普渡河以东、功山以南地区的计划，遂成泡影。

六甲战斗后，军分会根据敌人各路纵队尾追的形势和敌人在元谋、龙街一带的兵力部署，决定放弃原定在那里渡江的计划，改由丽江石鼓一带渡口渡江。

从普渡河到丽江石鼓渡口，行程比到元谋、龙街一带要远得多，且要穿越云南腹地，困难确实很大。贺龙认为：龙云把其精锐拿出来派到普渡河，昆明必定空虚。红军佯攻昆明，龙云肯定会调兵守卫昆明。我们在昆明虚晃一枪，然后突然掉头，甩下敌人，到石鼓渡江。这样，虽然路多走一些，但甩开了强敌尾追，红军渡江会更顺利些。贺龙的意见得到了军分会其他领导人的一致同意。

4月10日凌晨，红二、红六军团急速南下，直奔龙云的老巢昆明。11日夜，红六师先头第十八团一举攻占距昆明仅20公里的富民县城。

红军摆出要攻昆明的架势，龙云大惊失色，他万万没有想到红军竟来攻昆明。昆明城中空虚，龙云把军官学校的学生全部拉出来守城，同时急调滇军第九旅回防昆明。此时昆明城内乱作一团，不少达官贵人，收拾细软，准备出逃。红军乘敌回援昆明之机，突然挥师西进，于当日涉水渡过普渡河。渡河之后，为了缩短进军时间，争取早日渡过金沙江，红二、红六军团兵分两路，日夜兼程西进。

为了督促滇军追击红军，蒋介石拉上龙云，乘飞机由昆明飞往滇西上空，观察军队行动情形。孙渡回忆说：

---

① 郭鹏：《六甲之战》，《回顾长征》，第531—532页。

龙云坐上飞机好久后，因对地面上的道路城镇等辨认不清，疑为已飞出滇境，有为王家烈第二的危险，顿时心情紧张，惶恐异常。后见蒋介石将所写的信由飞机投下给我，始知飞机仍在滇境，于是才松了一口气，特别感到高兴。但又忽然呵欠连天，眼泪鼻涕交流，烟瘾大发起来，简直无法抑制。蒋介石还认为龙是坐飞机不惯所致，乃以飞机上的热汽管向龙云头部熏来熏去，殊不知龙正在演出一幕鸦片烟鬼的活剧，不是热汽管所能为力的。①

红二、红六军团开动“铁脚板”，把尾追的滇军孙渡纵队远远地甩在后面。4 月 20 日，两军团在宾川会合，23 日，占领鹤庆县城，休整一天两夜。军分会在此召开了会议，确定渡江部署。4 月 25 日，红二、红六军团按照军分会的计划，分别由鹤庆进至丽江县城和石鼓镇渡口，准备渡江。

丽江位于玉龙雪山脚下，是一个风景秀丽的山城，纳西族人民的聚居区。纳西族民风淳朴，汉文化传播较久，不少人会讲汉语，久有礼仪之邦的美称。红二、红六军团进入滇西以来救济贫苦百姓、尊重少数民族习俗等行动，早已在群众中传播。所以，当红军前卫部队到达丽江时，丽江人民推举出数百名群众代表，在城南东元桥“接官亭”欢迎红军。他们手持彩旗，路边摆着香案，打着欢迎“文军”的横幅，以表示对文明之师的敬意。有的红军老战士回忆说：“这是部队离开湘鄂川黔根据地之后，在新区第一次见到这样鱼水交融的场面。”②

石鼓距丽江约 50 公里，是位于丽江县中部的一个小镇，坐落在玉龙雪山西麓的山坡上。来自青藏高原的万里长江奔腾南下，到石鼓突然急转成“V”字形向东北流去，这就是著名的“长江第一湾”。左右两侧，是绵延数百公里的玉龙雪山与云岭山脉，山高涧深，因此，石鼓自古以来就是北进藏区、南出滇西的唯一通道。1253 年，忽必烈“革囊渡江”，南征大理，给石鼓留下了千古流传的佳话。

① 孙渡：《滇军入黔防堵红军长征亲历记》，《文史资料选辑》第 62 辑，第 145 页。

② 黄新廷：《夜渡金沙》，《红军长征过云南》，第 218—219 页。

蒋介石得知红二、红六军团在石鼓渡江的情报后，一面命令空军出动飞机，到石鼓一带沿江轰炸；一面命令地面部队全速追击。滇军孙渡奉命率四个旅向丽江尾追，原来向鹤庆包抄的刘正富旅向石鼓迫近，李觉纵队沿滇西大道向大理、邓川一线急追。

强敌压来，时间就是胜利。红二、红六军团从 4 月 25 日开始抢渡金沙江。当时，红二军团第四师第十二团担任前卫，团长黄新廷到达江边时，看到民团首领汪学鼎已将渡船全部撤到北岸，将民团散布在北岸一带山上，只在渡口的海洛塘一处找到一只未来得及撤走的木船。于是决定由他率一个加强班，利用这条木船到上游木瓜寨渡口先行渡江，占领对岸滩头，寻找船只，勘察渡口，为大部队过江创造条件。

随后，他们又在松坪子找到一条木船，分出一部分部队在离木瓜寨三公里的木取独渡口过江。经过一夜奋战，全团于 4 月 25 日全部渡江，无一伤亡。26 日，又征得几条木船和若干木筏，在木瓜寨、木取独、士可、格子四个渡口同时渡江，军团部和第四师全部，第五、第六师一部顺利过江。27 日，又扩大了巨甸余化达渡口。这样，就在石鼓以上 60 公里的地段，从五个渡口、用七条木船同时抢渡，形成渡江高潮。至 28 日，两个军团的主力大部渡江。为了跟敌人抢时间，有水性的同志拉着骡马的尾巴游过了江，还有的抱着木头，拖在船后过江。

红六军团第十六师是 28 日从巨甸渡江的，他们成功地将 100 多匹骡马带过了江。师长周仁杰后来回忆说：

> 组织骡马渡江是我最担心的事。为了解决好这一问题，我亲自组织后勤干部、驭手进行骡马泅渡的适应性操练。……此后，我又召集师运输队、各营、团的驭手，现场研究、传授骡马泅渡的要领和注意事项，让他们充分了解骡马泅渡的程序，切忌蛮干和瞎指挥，宣布了泅渡纪律。
>
> 全师的一百多匹骡马是分几批渡江的，每批之间还有半小时间隔，以避免在岸边拥挤而发生混乱，对于调皮的骡马，还要设法制服它。骡马泅渡完，即使是较有经验的驭手，也累得筋疲力尽。这些湘西、黔、滇产的骡马是我们的亲密伙伴。它运载能力较强，

行走灵活，善于爬山越岭，在长征中，特别是〔在〕过雪山草地中发挥了很大作用。①

这样，短短的四天时间里，红二、红六军团 1.8 万余人及数百匹骡马，全部渡过金沙江天堑，创造了一大奇迹。滇军刘正富旅追到石鼓时，已看不到一个红军的影子，迎接他们的只是红军留下的带有嘲弄口吻的巨幅标语："接宣威，送石鼓，多谢，多谢！""来时接到宣威城，走时送到石鼓渡，费心，费心，请回，请回！"敌人看到这些标语哭笑不得，只好隔江胡乱放一阵枪了事。

红二、红六军团顺利渡过金沙江，朱德、张国焘发来贺电："金沙既渡，会合有期，捷报传来，全军欢跃；谨向横扫湘、黔、滇，万里转战的我二、六军团致以热烈的祝贺和革命的敬礼！"②

渡江胜利结束后，红六军团军团长萧克兴奋之余，欣然命笔，赋诗《北过金沙江》一首，形象地概括了红二、红六军团长征过云南的光辉历程：

盘江三月燧烽飏，
铁马西驰调敌忙。
炮火横飞普渡水，
红旗直指金沙江。
后闻金鼓诚为虑，
前得轻舟喜欲狂。
遥望玉龙舒鳞甲，
会师康藏向北方。③

为了策应红二、红六军团抢渡金沙江，张国焘、朱德于 4 月 20 日致电徐向前、王树声，指出"应以足够兵力扼住雅江要点，确实保障

① 周仁杰：《抢渡金沙江》，《红六军团征战记》（下），第 329—330 页。
② 转引自《朱德传》，第 373 页。
③ 转引自丽江：《石彭渡江》，《红六军团征战记》（下），第 336 页。

瞻（即瞻化，今新龙）、理（即理化，今理塘）、乡（即定乡，今乡城）交通”[①]，准备迎接红二、红六军团。于是，徐向前、王树声即派红四方面军第三十二军和第四军一部，由道孚南下，进占雅江、理化，有力地配合了红二、红六军团的渡江北上。

红二、红六军团渡过金沙江后，便沿着金沙江东岸往北走，至格鲁湾开始翻越玉龙雪山。

玉龙雪山是横断山中段的一个支脉，海拔 5300 多米，山上空气稀薄，积雪终年不化，并且山高谷深，素有“关山险阻，羊肠百转”之称。红军到滇西北的中甸地区，必须翻越这座雪山，别无他路可走。

红二、红六军团指战员多是江南人，习惯于南方的气候，翻越雪山对于他们来说，是长征途中遇到的恶劣自然环境的第一次严峻考验。刚爬山时，天气还很热，人人汗流浃背，衣服湿透，但中午过后，爬到半山腰，已进入积雪线，只见白茫茫一片，好似严冬一样冷，寒气浸骨。谭善和后来回忆说：

> 大家仍然穿着平时行军的草鞋和短裤，浑身发冷，牙齿得得地颤抖着。前进的道路，全被积雪覆盖了，连一条羊肠小道都没有。我们在向导的带领下，一个紧跟一个，深一脚浅一脚地艰难行进着。有的地方，雪深过膝，不易通过，前面的同志就踏出一条“雪胡同”，后边的跟着走。有的地方，坡陡路滑，摔倒容易爬起来难，稍不留神，就会连人带物一齐滚下山去，掉进万丈深谷。
>
> 越往上走，山势越陡，积雪越深，行进更加艰难。特别是空气稀薄，使全体指战员出现了高山反应：呼吸困难、头晕、脑胀〔涨〕、恶心呕吐，腰酸腿软、无力走路……胸口好像压上了千斤巨石，透不过气来，每挪动一步，都要使出全身的力气。走累了，也不敢坐下来休息，一坐下来就再也站不起来了。同时，气候瞬息万变，一会狂风卷着大雪呼啸而来，一会大雨夹着冰雹倾泻而下，战士们浑身粘着一层冰花。但是，大家志坚如钢，纷纷表示，

---

① 《红军长征·文献》，第 1024 页。

红军战士是英雄汉，打不垮，拖不烂，只要有一口气，就要战胜困难，翻过大雪山。于是，大家忍着痛楚，互相拉手拽衣，顽强地向前移动。

……

登上山顶后，天气更冷，它决不允许你在这里停留一步。这时，饥饿、疲惫和寒冷，确实难耐。大家互相鼓励着，搀扶着，依偎着向山下走去。①

在这样的严重困难面前，广大红军指战员不但表现出英勇顽强的意志，还表现出团结互助的高尚风格。李立在回忆中说：当时“有的争着抬担架，护送照顾伤病员；有的搀扶着体弱的同志一道前进，自己宁愿扛双枪，背双背包；干部十分关心爱护战士，主动让出自己的乘马给伤病员和体弱走不动的同志。全军上下，团结一致，互相关心，互相照顾，互相帮助，互相鼓励，大家都感到生活在这样一个战斗集体里的温暖”②。萧新书在回忆录中，还写了他们收容队不顾自己的困难，在雪山上收容、救护掉队战友的生动事迹③。正是靠这种英勇顽强的精神和同志之间的团结互助，红军指战员们征服了这座人迹罕至的大雪山。

翻越玉龙雪山后，5 月 1 日，红二军团进抵中甸县城及附近地区。稍后几日，红六军团也陆续到达。

中甸是康藏高原南部的一个小城，已有数百年的历史。名义上它属于云南省，实际上由于藏族居民居多而归西藏噶厦政府治理。这里平均海拔都在 3000 米以上，人烟稀少，虽说是个县城，却只有几百户人家。藏族居民信奉喇嘛教，城外二三里处的归化寺，是云南最大的喇嘛寺。

红二、红六军团是首次进入藏族聚居区，对这里的一切都很陌生。因此，同藏族同胞搞好关系，顺利通过藏族区，成为红二、红六军团面临的新考验。

---

① 谭善和：《长征纪事》，《红六军团征战记》（下），第 357、358 页。

② 李立：《翻越玉龙雪山》，《红六军团征战记》（下），第 462 页。

③ 萧新书：《收容队》，《星火燎原》选编之三，第 300—302 页。

由于受到国民党的欺骗宣传，红军来到之前，藏民大都躲藏起来。军分会要求红军指战员严格执行党的民族政策，尊重藏族同胞的生活习俗和宗教信仰，保护寺庙，并以军分会主席贺龙的名义发布告示，阐明红军的性质、纪律、政策，使藏族同胞消除疑虑。

红军大部队齐集在中甸，不杀、不抢、不拉夫，对待群众一团和气，还积极为藏族人民做好事，和藏民交朋友，这和国民党军队形成鲜明的对比。藏族居民看到红军确实和其他军队不一样，渐渐地也敢和红军接触了，还帮助红军做糌粑、打草鞋。

中甸的真正统治者是归化寺。红军初到时，寺里喇嘛十分害怕，紧闭寺门。后来看到红军对藏族同胞很好，便派出代表夏那古瓦喇嘛与红军谈判。贺龙热情地接见了夏那古瓦，向他耐心地解释中国共产党的民族政策和宗教政策，说明红军保护喇嘛寺和僧侣的生命财产，请寺院帮助红军筹办粮秣。贺龙还亲自写了一封信，请夏那古瓦转交给归化寺的掌教八大老僧。信中这样写道：

> 掌教八大老僧台鉴：一、贵代表前来，不胜欣幸。二、红军允许人民宗教信仰自由，因此对贵喇嘛寺所有僧侣生命财产绝不加以侵犯，并负责保护。三、你们须即回寺照安生业，并要所有民众，一概回家，切不要轻信谣言，自造恐慌。四、本军粮秣请帮助操办，决照价支付金钱。五、请即派代表前来接洽。①

夏那古瓦携贺龙的信回到归化寺，八大老僧阅后十分高兴。他们即以归化寺的名义，帮助红军购买粮秣。在归化寺的帮助下，红军两天中就筹集到 10 万斤青稞。此外，归化寺还支援红军一些红糖。中甸是不产糖的，糖在康藏高原十分珍贵，归化寺拿出糖来支援红军，表明对红军怀有很高的敬意。

为了欢迎红军，归化寺还专门为红军举行了一次“跳神”活动。“跳神”在藏族人民中是一个十分隆重的活动，每年冬月举行一次，庆祝

① 转引自《贺龙年谱》，第 196 页。

丰收和吉祥如意。贺龙、任弼时、关向应等40余名红军代表应邀出席。双方互献了哈达。贺龙代表红军指战员讲了话，向喇嘛们表示感谢，并向八大老僧赠送了写有“兴盛番族”的锦幛。接着,“跳神”开始了，寺内几十名喇嘛戴着各种面具，随着有节奏的锣鼓声，跳起了各种各样的舞蹈。贺龙、任弼时、关向应等怀着很大的兴趣，观看了喇嘛们的表演。

尽管红军在中甸和藏族居民相处得很好，得到他们的大力支持，并筹到一些粮秣，但中甸毕竟是个小城，人烟稀少，土地荒凉，红军1万多人马是不宜在此过多停留的。因此，红二、红六军团在中甸仅休整了几天，便于5月5日出发继续北上。

由于考虑到今后行军所经过的地方大多是比较贫穷、荒凉的少数民族聚居区，部队筹粮将会遇到更大的困难，所以，红二、红六军团从中甸出发时兵分两路：红二军团为左路纵队，经德荣、巴塘、白玉向甘孜前进，军分会随红二军团行动；红六军团为右路纵队，由萧克、王震率领，经定乡、稻城、理化、瞻化向甘孜前进。不久，两路大军分别进入西康省，踏上了与红四方面军会师的路程。

第 十 章
长征的胜利结束

一、甘孜会师

1936 年 7 月 1 日[①]，红二、红六军团齐集甘孜，同红四方面军胜利会师。这两大主力红军历经千难万险，终于会合了。

首先同红四方面军部队会师的，是从右路即定乡、理化一线北上的红六军团。

5 月 9 日，红六军团在萧克、王震率领下，离开中甸向定乡城进发。第二天，即开始翻越雪山。12 日，抵达定乡县城，受到桑披喇嘛寺代表的欢迎。在他们到来之前，红四方面军已通过瞻化的喇嘛寺，致信定乡、稻城的喇嘛寺和当地头人，宣传党的宗教信仰自由、保护喇嘛寺和汉藏团结平等的政策，同时告知红军兵力强大，希望他们识时务，明大义，不要与红军为敌。因此，定乡寺庙的喇嘛和当地头人，对红军采取了友好合作的态度。

红六军团进入定乡城以后，严格遵守纪律和党的民族政策，萧克、王震等军团领导人还亲自到喇嘛寺内拜访。喇嘛们为红军的行动所感动，真诚与红军合作，桑披喇嘛寺还派人到深山中通知藏身密林的藏民回村，动员他们把粮食集中送到寺庙，卖给红军。于是，当地寺庙及群众筹集了大批小麦、大麦、青稞、荞子，红军照价支付了银元。

---

① 一说 7 月 2 日。

为了表示感谢，萧克、王震代表红六军团，亲送一面绣有“扶助番民，独立解放”字样的锦旗、25 公斤白银和一把银水壶给桑披喇嘛寺。

5 月 17 日，红六军团在定乡召开党的积极分子会议，王震在报告中分析了形势，阐述了北上创建西北革命根据地的重大意义，明确红六军团干部战士面临的任务，对北上行军中的政治工作提出要求，鼓励全军团结一心，战胜困难，争取早日同红四方面军会师。

红六军团在定乡休息了六天。5 月 20 日，他们在群众的欢送中离开定乡，向稻城前进。

从中甸经定乡到稻城是多雪山区，红六军团翻越了一座又一座雪山。据王恩茂回忆，他们 5 月 12 日翻越了中甸从翁水到易窝的 4000 多米高的大雪山，上下 50 多公里；21 日翻越稻城从百根到桑川的 3000 多米高的大雪山，上下 30 多公里；6 月 2 日翻越稻城从拉波到藏坝的 4000 多米高的大雪山，上下 50 多公里；此外，还翻越了几座小雪山。[①]翻越这些雪山，同他们过金沙江后翻越第一座大雪山时一样困难，只是因为有了经验，准备较充分，才减少了伤亡。

5 月 22 日，红六军团进抵稻城。稻城位于无名山以北、无量河西岸，城内并没有像样的街道，只有几十栋零散的房屋。红六军团到达这里时，干部战士十分疲劳，体力严重下降，军团领导人决定在这里再次进行休整，并加强部队中的政治工作。他们在这里召开了团以上干部会议，分析了部队中的不良倾向，提出与红四方面军会师以前部队政治工作的要求，号召各级干部发挥模范带头作用，和战士们同甘共苦，共渡难关。这里的雄登、桑堆等喇嘛寺，因事先接到来信，也像定乡的喇嘛寺一样，对红军采取了友好的态度，帮助红军筹集了一批粮食。

5 月 30 日，红六军团离开稻城向北进发。当天早晨出发时，王震在队前讲话：“同志们，告诉大家一个好消息，红四方面军就在甘孜，他们已派三十二军到理化接我们来了。同志们加把劲，到甘孜与四方面军会师去！”[②]

---

① 王恩茂：《在雪山草地的艰难日子里》，《红六军团征战记》（下），第 453—454 页。

② 贺彪：《红二方面军从湘鄂边到陕北长征纪实》，第 247 页。

即将会师的喜讯，鼓舞着每一个干部战士，加上这一带自然条件比较好，红军指战员们更加高兴。

6月3日，红六军团先头部队第十六师进抵理化以南的甲洼，与前来接应的红四方面军第三十二军胜利会师。第二天，红六军团全部到达甲洼，受到红三十二军和藏族同胞的热烈欢迎。当两支部队汇聚到一起时，部队沸腾起来，战士们再也顾不得队形是否整齐，“大家簇拥在一起，热烈握手，互相拥抱。有的同志高举着枪支，挥舞着红旗，跳着、唱着、喊着”，“震耳欲聋的口号声、欢呼声，此起彼落”，“每个人都热泪盈眶，尽情地享受这会师的欢乐”①。

红四方面军得知红六军团先头部队到来后，十分高兴。3日这天，朱德、张国焘、徐向前、陈昌浩、李卓然联名致电红四方面军各军领导人转全体指战员：“六军团长肖克、政委王震率光荣长征的二、六军之先头十六师已于今日与我主力红军会合于理化南之甲洼。捷电飞来，全军欢呼。务速猛烈动员，完成六月突击计划，以迎接我英勇弟兄二、六军，坚决灭蒋，创造西北抗日根据地。”②红五军团参谋长陈伯钧在第二天的日记中也写道：“是日辰得电，我二、六军之先头十六师由军团长萧克、政委王震率领，于昨日与我三十二军会合于理化南七十里之甲洼寺。近日来连得各方好消息，其是年来所未有的快事，所以近来心气亦较开阔，精神亦为之健旺。”③

红六军团与红三十二军会师后，两军领导人在甲洼向阳喇嘛寺召开了中共西康南路工作会议。红三十二军领导人在会上介绍了红一、红四方面军会师后，张国焘同党中央发生分裂的一些情况。这是红二、红六军团领导人第一次了解这些情况。据贺彪说：“由于红三十二军领导人受自己当时认识的局限，介绍的情况不实事求是，而将责任全部推到党中央身上，一度在我军个别领导人中造成思想混乱。”④

6月9日，红六军团和红三十二军直奔理化县城。理化是康南重镇，

① 谭尚维：《甘孜会师》，《红军长征·回忆史料》(2)，第207页。

② 《中国工农红军第四方面军战史资料选编》(长征时期)，第532页。

③ 《陈伯钧日记》，上海人民出版社1981年版，第533页。

④ 贺彪：《红二方面军从湘鄂边到陕北长征纪实》，第247页。

城内长青春科耳寺是康南较大的喇嘛寺，拥有一支 3000 多人、700 多支枪的武装。因在红军到来之前他们接到瞻化、甘孜喇嘛寺的来信，又看到红军纪律严明，尊重藏族宗教信仰和风俗习惯，遂放弃抵抗，红军顺利进入城内。该寺喇嘛主动支援了红军一批粮食、牲畜和酥油，萧克、王震也派人送了一些银钱和其他物品作为酬谢。

6 月 13 日，红六军团和红三十二军离开理化，于 17 日进抵瞻化县城，与红四方面军第四军胜利会合，受到红四军的热烈欢迎，两军举行盛况空前的联欢大会。红四军还从甘孜运来六驮食盐，送给红六军团。然后，红三十二军留在瞻化休整，红六军团单独离开瞻化，沿雅砻江北上，于 22 日到达甘孜附近的普玉隆，受到红四方面军和当地藏族群众的热烈欢迎。朱德、张国焘、刘伯承等立即会见萧克、王震等红六军团领导人。24 日，在普玉隆召开两军会师大会，朱德在会上作了重要讲话，热烈欢迎红六军团的到来。

在红六军团与红四方面军会师不久，红二军团也在甘孜附近与红四方面军胜利会师。

5 月 5 日，左路的红二军团先于红六军团离开中甸向康南的德荣县进发，于 7 日抵达德荣境内的扎拉亚卡山。这里怪石林立，陡峭险峻，东面是刀劈斧削般的绝壁，西面是万丈深渊，一条羊肠小道直通扎拉亚卡山口。红军到来之前，云南德钦县东竹喇嘛寺的水边活佛，打着西藏噶厦政府的旗号，写信给德荣阿村的头人络绒喜饶，令他率领武装阻止红军入境。络绒喜饶接到信后，便纠合了一支百余人的藏民武装，埋伏在山上。7 日晨，红四师先头部队抵达山口时，他们便突然发起袭击，从高处推下一块块巨大的石头，并开枪射击。半山腰上，顿时礌石翻滚，枪弹呼啸，硝烟弥漫。红四师先头部队正沿山路逶迤而上，毫无防备，师参谋长汤福林当场阵亡，部队伤亡近 30 人。在紧急情况下，师长卢冬生一面命令部队就地隐蔽，一面抢占有利地形，迅速打垮了这支反动武装，络绒喜饶等首要分子被击毙，从而打开了北上途中的又一道险关。①

---

① 贺彪：《红二方面军从湘鄂边到陕北长征纪实》，第 239—240 页。

5月10日，红二军团进至德荣县城。这里只不过是一个有几栋房子的小村子，人烟稀少，十分荒凉。群众由于受到国民党反动派的欺骗宣传，在红军未来之前，就已逃入深山。部队在中甸筹集的粮食，没几天就吃完了，由于在德荣筹不到粮食，全军陷于绝粮的境地。县城附近有一个喇嘛寺，得知红军来了，很是害怕，派一个年老的喇嘛前来探听消息。关向应亲自接待他，耐心地给他解释：红军是穷人的队伍，对寺院僧侣是保护的，并请他帮助红军筹集些粮食。关向应的话和蔼可亲，消除了这位老喇嘛的顾虑，他回去后向喇嘛寺的管事如实汇报了情况。寺院管事当即召开会议，决定赠送红军青稞7500公斤。同时，寺院还派出喇嘛，到附近村庄帮助红军筹粮。在德荣县，红二军团共筹粮3万多公斤，使部队的粮荒得到缓解。贺龙亲自到寺院向管事的老喇嘛们致谢，并以黄金和白银支付粮款。

5月14日，红二军团离开德荣，向巴安前进，途中又翻越一座大雪山。20日，红二军团前卫抵达巴安仁波寺、兹乌一带。

仁波寺是当地一座规模较大的寺院，有500多位喇嘛，还有护寺的武装。该寺位于兹乌与中咱之间，是北上的唯一通道。由于该寺对红军不了解，利用坚固的防御设施做掩护，用火力封锁了路口，阻止红军北上。红军没有还击，而是通过和平谈判的方式，向仁波寺的住持老僧说明，红军北上是为反蒋抗日，不伤害喇嘛，不侵扰寺院。仁波寺住持老僧看到红军确有诚意，同意让路，而且卖给红军一些粮食和牲畜。红军照价付给仁波寺一些银元。5月24日，红二军团经仁波寺进抵中咱、兹乌一带，并在这里休整几日，才又向巴安前进。当时为红军担任翻译的喇嘛拉波，是一位富有正义感、颇孚众望的宗教人士，在红军和仁波寺的谈判中起了很大的作用。后来随红军北上甘孜，在返回途中被敌军李抱冰部以“通匪”罪名逮捕，后来被杀害于理化城中，为藏汉人民的团结和红军的长征献出自己的生命。

6月6日，红二军团翻过藏巴拉大雪山后到达巴安县城附近。巴安县城是康南重镇，为川军刘文辉的势力范围。国民党李抱冰部进占康定后，派参谋长沈凤威率工兵部队协助刘文辉部傅德全团在巴安修筑碉堡。5月25日，蒋介石任命沈凤威为巴安警备司令，要他在巴安及其附近堵截红军。红二军团到达巴安时，沈凤威、傅德全将部队全部收缩于城内。贺龙见巴安城敌军防守很严，而红军战士也很疲劳，便决定不强攻该城，只留一部兵力监视敌人，主力则绕过县城，开到城东北党村一带进行筹粮。红军用现金买下一片地里长着的麦子，战士们就用手搓着吃，解决了几天的粮食。6 月 13 日，他们开始离开巴安北进，于 19 日抵达白玉县城。

白玉是德格土司的辖地。德格土司泽旺登登是西康地区最大的世袭封建土司，势力达白玉、昌都等五县。这年 4 月，他在国民党的挑唆下，曾同进占甘孜的红四方面军第三十军交战，结果被打败。经过谈判，双方于 4 月 23 日签订了《互不侵犯条约》。5 月初，红四方面军在甘孜成立中央博巴政府时，泽旺登登派他的军事涅巴（头）参加，并担任领导职务。因此，红四方面军已在白玉地区创造了较好的群众基础，当地僧俗群众对红军很友好。6 月 21 日，白玉喇嘛寺的代表前往红二军团驻地，欢迎红军入城，支援了红军一些粮食，并且挑选三匹好马送给贺龙。贺龙也向白玉喇嘛寺回赠了一些黄金和其他物品。红二军团在白玉休整几天后,仍以红四师为前卫,兵分两路向甘孜前进。

为了迎接同红二、红六军团的会合，红四方面军做了大量的准备工作。除派红四军和红三十二军南下接应外，还多次电令各部队加紧准备房屋和粮食。为了具体做好迎接红二、红六军团的工作，红四方面军领导人在炉霍召开会议，专门就会师问题进行了研究，并决定成立慰问团，由红四方面军政治部主任傅钟任团长，邵式平、曾传六、张琴秋、余洪远任副团长。

红四方面军各部队坚决执行方面军总部的指示，一方面对广大指战员进行团结友爱、遵守纪律的教育，要求全体人员在会师后主动搞好团结，向红二、红六军团学习；另一方面，各部队以实际行动迎接红二、红六军团的到来。尽管红四方面军自己的物资也很紧缺，但他们宁愿自己忍饥挨饿，也尽量为红二、红六军团筹集到一批粮食、食盐、牛羊等。他们考虑到红二、红六军团从江南远道而来，对康藏高原的气候不适应，便人人动手，织厂一些毛衣、毛裤、毛袜、毛手套，有的还将牛羊皮做成皮衣、皮鞋，准备在会师后作为礼物送给红二、红六军团。红四方面军的各卫生机关一面动员轻伤病员提前出院归队，以便为红二、红六军团伤病员治疗；一面克服各种困难，为红二、红六军团准备一批药品。红四方面军各部队还把最好的房子腾出来，打扫得干干净净，并铺上又松又软的麦秸，等待红二、红六军团来到之后住宿。此外，红四方面军的文艺工作者还专门编写了欢迎红二、红六军团的歌曲，在部队中教唱。

红二军团离开白玉后，日夜兼程，于6月25日到达呷拖。这里的喇嘛寺是德格土司的五大家庙之一，喇嘛们热情欢迎红军，并为红二军团筹集到一批粮食、酥油及衣服。30日，红二军团直属机关和红四师进到绒坝岔，终于与红四方面军当地驻军会合了。

绒坝岔在甘孜以西约35公里，是甘孜县的一个重镇。这里地形开阔，是一片茫茫的大草原，夹有一些起伏的丘陵，镇子就坐落在起伏地的低洼处。居民大都是藏族牧民，只有少数汉人，住房都很简陋。为迎接红二军团，红四方面军第三十军第八十八师政治委员郑维山，早在5月中旬就率第二六五团到达这里，做了充分的准备工作。6月30日这天，红二军团的部队一到，两支英雄的部队立即沉浸在一片欢乐之中。郑维山后来回忆起会师时的情景说：

> 盼呀，望呀，终于迎来了老大哥部队。……两支从未见过面的兄弟部队，在艰苦的长征中相逢，谁能抑制住内心的激情，那股亲热劲儿，比懋功会师更为动人。记得那天，风和日丽，草原上充满了欢乐的节日气氛。指战员们远远望见红二军团的队伍，像条巨龙朝着绒坝岔飞腾而来时，便飞也似地奔向前去，抢过战友们的行装背在自己的身上，再紧紧地握着手，打量着，问候着，叙长道短，显得格外亲切。许多藏族同胞也簇拥路旁，捧着酥油糌粑夹道欢迎。口里还不住赞叹："耶莫！耶莫！"（顶呱呱的意思）。到了宿营地，炊事班同志立即打来热气腾腾的开水，让战友洗脚解乏，有的看到二军团战友的衣服已经破烂不堪了，不等我们统一安排，就先拿出亲手打好的毛衣、毛袜，让战友们赶快换上……往日寂静的绒坝岔，顿时沸腾了，处处洋溢着欢笑声，回

响着嘹亮的歌声。①

7月1日,红二、红六军团集结于甘孜附近的甘海子。朱德、张国焘、陈昌浩从炉霍赶到甘孜,会见贺龙、任弼时、关向应、萧克、王震等人。在陕北的林育英、张闻天、毛泽东、周恩来、博古、彭德怀、王稼祥、林彪、凯丰等68名党政军领导人,也发来贺电,庆祝两大主力红军的会师。电报说:"我们以无限的热忱庆祝你们的胜利的会合,欢迎你们继续英勇地进军,北出陕甘与一方面军配合以至会合。"②

这天,两军还举行会师大会。红二、红六军团排成整齐的队伍,分四路纵队进入会场。在喇嘛寺红色的墙上,悬挂着"向英勇善战的二、六军团致敬"的大幅标语。广场上还集合着许多红四方面军的部队,他们挥臂高呼"欢迎转战湘鄂川黔滇的二、六军团!""中国工农红军万岁!"等口号,欢迎红二、红六军团。看到这热烈的欢迎场面,红二、红六军团的指战员们兴奋得将连续几个月长征行军的疲劳一扫而光。

在雷鸣般的掌声中,朱德总司令登台发表欢迎红二、红六军团的讲话,接着简单地介绍了甘孜地区的情况,并告诉大家一个好消息:中央已率领红一方面军胜利地通过草地,到达抗日前哨阵地陕甘地区。现在陕甘边根据地巩固、扩大了,红军也壮大了。他的讲话,使与会的两大主力红军全体指战员倍受鼓舞。

当晚,红四方面军政治部剧团还为红二、红六军团进行了慰问演出。红二、红六军团的官兵们数月来第一次安安稳稳地坐下来观看《迎亲人》、《红军舞》等精彩的文艺节目,心情十分激动。

但是,在红二、红六军团与红四方面军会师的欢乐声中,在领导层中也开始了尖锐的斗争。在此之前,朱德、张国焘虽然多次联名发电,共同催促红二、红六军团北上会师,但他们的目的是不同的。张国焘的目的,是想把红二、红六军团拉过来,壮大自己的力量。因此,当红二、红六军团到来以后,张国焘就积极活动,企图用他的错误的政治、军事主张影响红二、红六军团领导人,进而控制红二、红六军团。他

① 郑维山:《尝过分离苦,更觉会师甜》,《红军长征·回忆史料》(2),第203页。

② 《中国工农红军第四方面军战史资料选编》(长征时期),第569页。

向红二、红六军团派出工作组，并送来一批《干部必读》等文件、材料。在这些材料中，煽动对党中央的不满，污蔑党中央和红一方面军主力北上陕甘是“逃跑主义”，是“‘左’倾空谈掩盖下的退却路线”，并指名道姓地攻击毛泽东、周恩来、张闻天、博古等中央领导人。这些材料还竭力鼓吹，张国焘“和二、六军团没有任何政治上的分歧”，两军会师后“将要更大地增强我们的力量”，并且“有吸引陕北红军采取配合行动的可能”，等等。

张国焘还企图吞并红二、红六军团。就在红二军团到达甘孜的第一天晚上，张国焘同任弼时谈话时提出，要任弼时离开红二、红六军团，另派政委，提出要调换红二、红六军团的领导人。他还企图拉拢王震，分化红二、红六军团。1960 年 11 月 22 日王震在一次谈话中即说：“和四方面军会合后，张阴谋瓦解二、六军团……想把我和萧克及六军团买过去”；“在甘孜休息时，张一个一个把我们召去谈话，送给我四匹马，给我们戴高帽子，说我们勇敢、能打。他那个军阀主义呀，简直不像话。”①

与此同时，张国焘还企图召开党的会议，利用组织手段，迫使红二、红六军团领导人支持他的主张，受到任弼时等人的抵制。贺龙回忆说：“在甘孜，我们和张（国焘）、朱（德）、刘（伯承）见面时，张国焘要开党的会议，任弼时就向他提出：报告哪个作！有了争论，结论怎么作？把张顶了回去，党的会议没有开成。”②

两军会师后，朱德、刘伯承等人也在积极做红二、红六军团领导人的工作，向他们介绍张国焘搞分裂活动的真相。

朱德见到任弼时以后激动地说：“好哇！你们这一来，我的腰杆也硬啦！”③他立即和刘伯承同任弼时、贺龙、关向应等人进行秉烛长谈，把红一方面军与红四方面军会师的情况、分歧，以及张国焘另立“中央”，分裂党、分裂红军的活动，详细地告诉了任弼时、贺龙、关向应等人。朱德说：张国焘目前同意取消他另立的“中央”和北上是不得已，他还是反对毛泽东、周恩来、张闻天、博古的。但是，红四方面

---

① 转引自《任弼时传》，第 359 页。

② 贺龙：《回忆红二方面军》，《近代史研究》1981 年第 1 期。

③ 《朱德传》，第 376 页。

军广大指战员是好的，他们是拥护中央、拥护北上的。所以，此时，我们的工作是做团结工作，团结包括张国焘在内的广大红四方面军指战员，也就是如何想办法带他们去会合中央。我早就盼望着你们来，和我一起做这个工作。刘伯承也说：张国焘南下打了败仗，在西康也站不住脚。总司令说得对，我们现在要多做团结工作，说服他们北上。对张国焘可不能冒火，冒火要分裂。中央在前面，不在这里。

听了朱德、刘伯承的谈话，贺龙、任弼时、关向应等人心中有数了。与此同时，他们也多方面地了解情况。当贺龙、关向应到刘少文（博巴政府顾问）那里去时，刘少文告诉他们："我有全部纪录"，说着就从菩萨肚子里拿了出来，并向贺龙、关向应介绍了有关情况。[①] 这样，贺龙、任弼时、关向应等进一步了解了张国焘反对党中央、进行分裂活动的前后经过，心中更加清楚了。

为了维护党和红军的团结，贺龙、任弼时、关向应等人自觉地同朱德、刘伯承站在一起。在同张国焘的斗争中，他们既坚持原则，敢于斗争，又注意讲究方法策略，顾全大局，维护团结，推动张国焘北上。

针对张国焘的分裂活动，任弼时指示红二军团政治部主任甘泗淇：红四方面军来的干部，只准讲团结，介绍过草地的经验，不准进行反中央的宣传，送来的材料一律不准下发。当张国焘提出要开两军干部联席会议，以求"一致"时，任弼时也想法顶了回去。后来，任弼时在批判张国焘的会上说：

"我敢说，那时如果召集那样的会，那么争取四方面军的进步干部是没有问题的，但是我反对这会议的召集，因为造成上层的对立将要使工作更困难。但国焘就非开这会议不可。我就说：'如果二、四方面军态度尖锐，我不负责任'。国焘才吓倒，再不召集这会议了。"[②] 另一方面，任弼时还多次找红四方面军的领导人进行交谈，交流思想，以消除隔阂，促进团结。为了同党中央直接联系，他还从张国焘那里要来了同党中央联系的电报密码本，从此红二、红六军团同党中央的

① 贺龙：《回忆红二方面军》，《近代史研究》1981 年第 1 期。

② 任弼时在中共中央政治局扩大会议上的发言，1937 年 3 月 30 日，转引自《任弼时传》，第 360 页。

联系又恢复了。

贺龙也是既坚持斗争，又强调团结。他多次指出：要与红四方面军的同志友好相处，多讲人家的优点，缺点由人家自己讲。当他看到张国焘送来的《干部必读》后，说："张国焘分裂中央是错误的，这个材料不能发。"并立即打电话通知红二、红六军团各部队，把接到的《干部必读》统统收缴起来。各部队坚决执行了贺龙的指示，将张国焘送来的那些文件、材料只保留一份，其余的全部烧掉。

当时，朱德还同任弼时、贺龙商量，如何将部队分开行动，防止被张国焘控制；并给贺龙出主意，向张国焘要求支援。张国焘答应把红三十二军（原红九军团）和红二、红六军团编到一起行动。20多年后朱德回忆起这事时说："后来任、贺来了，我和他们背后说如何想办法去会合中央，如何将部队分开，不让他指挥。贺老总很聪明，向他要人要东西，把三十二军带过来了，虽然人数少，但搞了他一部分。"①

1961年，贺龙在谈到与张国焘的斗争时说：

> 朱老总、伯承向我们讲了张国焘搞分裂的事，我们以前并不知道。不过，张国焘这个人，我还是有所了解的。……到了甘孜，他人多，我们人少，我们又不听他的，得防备他脸色一变下狠手。我有我的办法，我让弼时、向应和朱老总、伯承、张国焘，都住在一幢两层的藏民楼里。那时，在甘孜组织了一个汉藏政府，叫"波巴依得瓦"。我们大家就住在主席府，整个住处的警卫是我亲自安排的，警卫员每人两支驳壳枪，子弹充足得很呢！你张国焘人多有个大圈圈，我贺龙人少，搞个小圈圈，他就是真有歹心也不敢下手！张国焘搞分裂，我们搞团结，可是对搞分裂的人不得不防嘛！还有开庆祝会师大会，张国焘是红军总政治委员，自然要讲话。在主席台上，我坐在他身旁。他刚刚站起身要讲话，我半开玩笑半认真地给了他一句悄悄话，我说："国焘啊，只讲团结，莫讲分裂，不然，小心老子打你的黑枪！"张国焘就没有敢讲不利

① 《朱德传》，第376—377页。

团结的话。其实，我哪里会打他黑枪，他自己心里有鬼么！[1]

红二、红六军团在甘孜期间，任弼时还巧妙地营救了被张国焘当作“改组派”分子关押着的廖承志等人，廖承志对此终生不忘。

7 月 6 日，任弼时向中共中央报告了红二、红六军团长征以来的大体情况，说他们费时七个多月，行军 5000 余公里，沿途大小战斗十余次，伤亡约 5300 人；出发时两个军团共 1.7 万人，到甘孜会合时共 1.45 万人，其中红二军团 9000 人，红六军团 5300 人，武器比从桑植出发时稍有增加。[2]

红二、红六军团在甘孜与红四方面军会师后，经过短暂的休整，便与红四方面军一起北上，踏上了长征的最后征程。

二、红二、红四方面军北上

就在红二、红六军团同红四方面军会师前后，国内政治形势发生了新的变化。中国共产党的抗日民族统一战线主张日益深入人心，全国抗日民主运动进一步发展。在西北地区，由于中国共产党卓有成效的统一战线工作，从 1936 年上半年开始，红军和东北军、第十七路军之间实际上停止了敌对状态，张学良和杨虎城主张联共抗日。在这同时，中国共产党对其他地方实力派的统战工作也在加紧进行之中，并取得进展。在国民党统治区，由于日本帝国主义的侵略进一步扩大，全国人民要求抗日的呼声日益高涨，国民党营垒内部矛盾也进一步激化。两广事变发生后，蒋介石将陕甘一带的“剿共”主力部队从西北地区调往湖南，从而使甘南地区的敌人兵力空虚。这样，就给红二、红六军团和红四方面军的北上，及红军三大主力的会师，创造了有利时机。

---

① 《贺龙传》，第 202—203 页。

② 《中国工农红军第四方面军战史资料选编》(长征时期)，第 572 页。

在红二、红六军团与红四方面军会师前，张国焘已向党中央表示6月底将率红四方面军北上。两军会师以后，党中央即催促抓紧有利时机，迅速北上。7月1日林育英、张闻天、毛泽东等致朱德、张国焘等祝贺两军会师的电报即指出："目前全国革命形势已经进入了一个新阶段"，"西北的政治环境是很好的"，欢迎你们"北出陕甘与一方面军配合以至会合。在中国的西北建立中国革命的大本营"，并说"我们是准备着庆祝你们北上抗日的伟大胜利"。①

为了加强对红二、红六军团的统一领导，适应斗争形势的需要，中央决定成立红二方面军。早在5月25日，中共中央为红四方面军和红二、红六军团迅速北进的战略方针致红军总部的电报中，便使用了"四、二方面军"的称谓。7月5日，中革军委命令："决以二军、六军、三十二军组织红二方面军，并任命贺龙为总指挥兼二军军长，任弼时为政委兼二军政委，萧克为副总指挥，关向应为副政委；陈伯钧为六军军长，王震为政委，即分别就职。"② 这样，由原红一方面军第九军团改成的红三十二军，就正式划归红二方面军序列，分别由罗炳辉和袁任远担任军长和政委。中央的这一决策，把红二方面军置于党中央的直接领导之下，杜绝了张国焘对这支英雄部队染指的企图。

7月上旬，红二、红四方面军按照既定的北上部署，分三路纵队陆续出发北上。集结在炉霍地区的红四方面军第九军、第四军第十二师和独立师、第三十一军第九十三师及方面军总部为中央纵队，由徐向前率领，于7月2日出发，经壤塘、查理寺、毛儿盖向包座前进；集结在甘孜地区的红四方面军第四军第十师和第十一师、第三十军第八十八师及第三十二军（后编入红二方面军）、红二方面军为左纵队，由朱德、张国焘率领，于7月3日出发，经东谷、西倾寺和青海班玛阿坝等地向包座、班佑前进；集结在绥靖、崇化地区的原红一方面军的第五军及红四方面军第三十一军第九十一师为右纵队，由董振堂率领，经卓克基、马塘向毛儿盖、包座前进。

---

① 《中国工农红军第四方面军战史资料选编》（长征时期），第569—570页。

② 转引自《贺龙传》，第203页。

由于这次北上目的明确，广大红军指战员兴高采烈，精神焕发，勇气倍增。

这次北上，首先要跨过茫茫草地。对于红四方面军许多指战员来说，这已经是第三次过草地了。由于有了前两次过草地的经验，各部队都做了充分的准备工作，筹集到一些粮食，炒熟后装进干粮袋中，这是每个红军指战员的必备行装。

为了能使红二、红四方面军各部队顺利通过草地，许世友率领红四方面军骑兵师已于6月27日出发打前站，为后续部队开路，筹集粮食。他们经色曲河、西坝寺、壤塘至阿坝，一路上经过数十次战斗，筹集了二三万头牛羊和大批粮食，为后续部队过草地提供了有利条件。

红二方面军是第一次过草地。贺龙在甘孜主持召开了红二方面军各师、团领导干部会议，传达党中央的军事战略方针，要求各部队召开党的积极分子会议和干部会议，搞好政治动员，加紧进行北上的各项准备工作。在短短的几天中，红二方面军每人准备了十天的干粮，并大部分解决了帐篷、骡马、草鞋等。考虑到重伤病员过草地将会遇到更大困难，经过当地党组织和政府，将他们寄养在可靠的群众家里。各部队卫生机关也进行积极的准备，筹集药品，制作简易担架，以便在行军途中收容、诊治伤病员。

继朱德、张国焘率领左纵队的红四方面军部队出发后，左纵队的红二方面军分两路，也出发北上。7月6日，陈伯钧、王震率红六军团从甘孜东谷出发，途中同红三十二军会合，向阿坝地区进发。贺龙率红二军团担负总断后和收容任务，于7月14日从甘孜的东谷出发，经西倾寺、壤塘向阿坝前进。为了能使红二方面军顺利走过草地，红四方面军在过草地时，特地把直属队所有的驮帐篷、行李的牦牛留了下来。

贺龙率领的红二军团于7月26日到达阿坝，同红六军团及红三十二军会合。在阿坝地区，红二方面军作了短期筹粮之后，便于7月30日至8月初相继进入茫茫无际的大草地。据王恩茂回忆："从甘孜到包座除了阿坝有人烟外，其余的地方都是没有人烟，我们行军20多天，行程1000多公里，都是一望无际荒无人烟的大草地"，特别是"从阿坝到包座一路基本上都是水草地。通过水草地比通过旱草地更困难”。“草地的气候恶劣，一日数变，一会儿天晴，一会儿乌云满天，一会儿刮大风，一会儿下大雨，一会儿下大冰雹，有的冰雹像大碗那样大，有的人被冰雹砸伤了，有的骡马被打死了。草地这样恶劣的天气，我们白天行军还能勉强承受，但夜晚露营就很难过了”，“有不少体弱的同志经过草地长期露营经受不住风吹雨打的折磨而死亡”；到了水草地，如果不小心，或者走错路，更“会掉下稀泥坑里去，遭受灭顶之灾，我们部队有的人和骡马走错了路，就掉进了稀泥坑里而死亡”。①

除了恶劣的天气和可怕的泥沼以外，当时对红军指战员的另外一个严重威胁，就是饥饿。在进入草地之初，每人每天还有三两青稞面粉，再拌上点野菜度日，但不久就断了粮。红军指战员只好依靠挖野菜、草根充饥，有的误食毒菜、毒草以后，全身浮肿，中毒身亡。到了后来，连野菜、草根也采不到了，甚至连皮带、枪带、皮鞋、马鞍也火烧水煮着吃了，有的甚至到牛粪里去拣那些牛没有消化的粮粒。据当时的材料说：

> ……特别是后卫部队更困难（如六师），到阿坝后还饿死了十余人，沿途饿死的很不少，死尸的口里是含着草的。特别掉队失了联络的战士，受饿的更多。虽然动员了一点粮食临时救济他们，但终于未得到完满的解决，沿途烧牛羊骨头、牛皮吃的常可看到。
>
> ……阿坝通包座路上有许多地方无野菜，或者很少，已被前头部队摘光了。所以最后几天既无粮食又无野菜，甚是很难支持下去。②

在这种情况下，很多指战员因饿、冻、病而死。据王恩茂回忆：“只是从甘孜到阿坝这一路，饿死、冻死、病死的就有750多人，从阿坝到包座饿死、冻死、病死的人就更多。”③尽管面临着严重的困难，红军战士还是始终保持着革命必胜的信心和高度的乐观主义精神。他

---

① 王恩茂：《在雪山草地的艰难日子里》，《红六军团征战记》（下），第456—457页。

② 《二、六军团长征的政治工作总结报告》（1936年12月19日），《湘鄂川黔革命根据地》，第381—382页。

③ 王恩茂：《在雪山草地的艰难日子里》，《红六军团征战记》（下），第457页。

们在茫茫的草地上，围着篝火，唱起了新编的《牛皮腰带歌》：

牛皮腰带三尺长，
草地荒原好干粮。
开水煮来别有味，
野火烧熟分外香。
一段用来煮野菜，
一段用来熬鲜汤。
有汤有菜花样多，
留下一段战友尝。①

为了战胜困难，贺龙组织大家想尽一切办法寻找吃的东西。他还亲自去到小河边钓鱼，把钓到的鱼分给伤病员吃。他说："只要是能吃的东西，都要抓来吃，不好吃也要吃。要革命就得吃！"贺龙骑的枣红马，随他转战南北多年，不光救过他的命，而且还救过许多伤病员，是他最心爱之物。望着战士们因饥饿而浮肿的脸庞，贺龙狠了狠心，让人把他的枣红马拉去杀了，把马肉分给战士们吃。当战士们后来发现贺龙的枣红马不见了，才知道他为了大家，把枣红马杀了，于是心里一阵难过。贺龙发现大家情绪不好，问道："同志们，为什么这么没精打采呀！是不是被困难吓倒啦！""不！不是怕困难，是大家吃了总司令的马，感到……"有人回答。贺龙笑着对大家说："同志们，吃了马肉，应该有精神才对呀！挺起胸膛，让我们一起前进吧！闯过草地胜利就是我们的！"② 贺龙的这些话，给战士们很大的鼓舞。

在草地行军中，除了饥饿、疾病的折磨外，红军指战员还经常遭到飘忽不定、出没无常的敌人骑兵的袭击。当红四师到达噶曲河边时，刚由师长调任红二方面军总指挥部参谋处长的郭鹏，于8月4日只身单骑赶到前边视察部队宿营地时，不幸被隐蔽在草丛中的敌人骑兵击

① 转引自贺彪：《红二方面军从湘鄂边到陕北长征纪实》，第281页。

② 李少卿口述：《在草地的日子里——长征的回忆》，中国社会科学院现代革命史研究室编：《回忆贺龙》，上海人民出版社1979年版，第454—455页。

中，倒在河里，等战友们闻讯赶到救援时，已昏迷不醒。当送到红四师卫生部时，发现子弹仍留在髋关节内，伤口已感染，发着高烧，伤势十分危险。如果不把子弹尽快取出来，伤势继续恶化，就有生命危险。郭鹏听说要动手术，坚定地表示："死，我不怕；但我现在不能死。我配合治疗，重新站起来，再返杀敌战场！"于是，医生们连夜将他体内的锡弹取了出来。第二天，战士们抬着他继续上路。当时负伤未愈的红四师政委方理明、政治部主任朱辉照，还在马背上编了一首顺口溜："师长探路遭枪击，落水漂流几十米，幸得战友来搭救，抬到师部宿营地；天是被褥床是地，医生摸黑做手术，相互配合手术好，伤愈归队去杀敌。"①

从甘孜出发以后，任弼时便按照朱德、刘伯承的意见，暂时离开红二方面军，随红军总部行动。在这期间，他为党和红军的团结，作了不懈的努力。在过草地时，他终于和一直在前线的徐向前会面。见面后，他就党和红军的团结问题，征求了徐向前的意见。徐向前说：中央和毛泽东同志的北上方针是正确的。自己当时没有跟中央走，是不想把四方面军分成两半。大敌当前，团结为重，张国焘另立"中央"很不应该，党内有分歧可以慢慢地谈嘛！但是我说话他不听，朱老总的话他也不听。现在取消了"中央"，对团结有利。北进期间，最好不谈往事，免得引起新的争端。②

7月10日，任弼时致电林育英、张闻天、周恩来、毛泽东、博古、邓发、刘少奇等，说："现在陕北和川康边同志对目前形势估计和党的策略路线已经一致。为着不放松目前全国极为有利局面，使我党担负起当前艰巨的历史任务，我深切感觉到党内团结一致，建立绝对统一集中的最高领导是万分迫切需要，而且是不能等待七次大会的"。为此，任弼时提出建议：在一、二、四方面军靠拢时，召集一次中央扩大会议，至少是中央政治局扩大会议，除中央政治局委员外，一、二、四方面军主要干部也要参加，并要求共产国际派负责代表出席这会议。会议

① 贺彪：《红二方面军从湘鄂边到陕北长征纪实》，第279—280页。

② 徐向前：《历史的回顾》（中），第489页。

应总结反第五次“围剿”斗争的经验教训和讨论党的目前紧急任务，产生统一集权的最高领导机关。万一对粉碎“围剿”斗争的经验教训不能在这一会议得到最后结论，则这一问题由七次大会或国际去解决。中共中央对任弼时的电报十分重视，7月12日张闻天复电表示同意，说中央正在考虑召开六中全会的问题。

后来，任弼时在致贺龙、关向应、萧克、甘泗淇等人的信中，谈到他这段工作时说：

>……我这次随朱、张等行动，力求了解过去一、四方面军会合时的党内争论问题，并努力促成我党的完全团结一致。我与朱、张、刘、昌浩、向前、傅钟、卓然等同志的谈话，大家对党在组织上的统一，建立最高集体集权领导，是认为迫切重要的问题。陕北同志亦同样是认为迫切需要的。在这一基础上，我党团结一致想可能得到顺利的成功。我对陕北同志建议召集中央全体会议（在一、二、四方面军靠近和会合时），已得到他们的同意。现国际正讨论这一问题，大概是可能批准这一会议的召集。我现正在这边同志中要求他们将来在六中全会上有很客观、冷静、正确的自我批评。……①

任弼时为了革命的大局所做的这些促进团结的工作，得到了许多人的高度评价。陈伯钧看了这封长信后，在8月10日的日记中写道：“……阅此，心中为之一爽。慨自去年北上以来，党内分歧久延未决，幸自二、四方面军会合后，得弼时同志之力，从中挽转，始有今日之新机，使有心人闻之其能无快于心乎！”②陈云说：“弼时同志直到过金沙江后才知道一、四方面军之分裂，他采取非常正确的立场。”③徐向前说：“他给我的印象，冷静、诚恳，对促进党和红军的团结，充满信

① 转引自《任弼时传》，第366页。

② 《陈伯钧日记》，第566页。

③ 史平（陈云）给中共驻共产国际代表团的信，1936年6月19日，转引自《任弼时传》，第367页。

心……弼时同志做的这些工作，对促进党和红军的团结，有重要作用。”①

中共中央对于红二、红四方面军迅速北上，实现三大主力红军会师，迎接抗日斗争的新高潮，寄予了厚望。因此，红二、红四方面军北上后，始终得到了中共中央的极大关心。中共中央不断地向北上途中的红二、红四方面军通报敌情，介绍全国革命形势的发展，鼓励两个方面军战胜一切困难，团结前进；同时还动员红一方面军和陕北苏区全体人民，粉碎敌人的进攻，配合、迎接红二、红四方面军北上。

7月27日，经中共中央正式批准，成立中共中央西北局，张国焘任书记，任弼时任副书记，朱德、贺龙、关向应、徐向前、王震、陈昌浩等为委员，吴溉之任秘书长，统一领导红二、红四方面军的北上行动。

7月28日，毛泽东、周恩来、彭德怀致电朱德、张国焘、任弼时，询问红二、红四方面军“粮食够用否？目前确至何地？八月中旬可出甘南否？”并告知“西北统一战线有了进步。三个方面军会合后，即能引起西北局面的大变化”。希望朱德等人将北上情况及时电告中央。②

7月底，红四方面军先头部队进占包座。8月1日，中共中央致电朱德、张国焘、任弼时，指示“四方面军到包座略作休息，宜迅速北进。二方面军随后跟进到哈达铺后再大休息，以免敌人封锁岷西线，北出发生困难”③。根据中共中央的指示，朱德、张国焘、任弼时于当日复电中央，表示：“我二、四两方面军全体指战员对三个方面军的大会合和配合行动，一致兴奋，并准备牺牲一切，谋西北首先胜利奋斗到底！”“俟兵力稍集结后即向洮、岷、西固，约八月中旬主力可向天水、兰州大道出击，以消灭毛炳文、于学忠部为目的来配合你军。”④

中共中央接到朱德等人的电报后，于8月3日复电：“接八月一号电，为之欣慰。团结一致，牺牲一切，实现西北抗日新局面的伟大任务，我们的心和你们的心是完全一致的。”“我们已将你们的来电通知

---

① 徐向前：《历史的回顾》（中），第489—490页。

② 《三军大会师》下册，第594—595页。

③ 《三军大会师》下册，第595页。

④ 《中国工农红军第四方面军战史资料选编》（长征时期），第611页。

全苏区红军，并号召他们以热烈的同志精神，准备一切条件欢迎你们，达到三个方面军的大会合。”①

蒋介石的重庆行营得知红二、红四方面军由松潘草地北上后，于7月29日和30日向川康甘青四省各部队发布命令，要其凭借天然险要及原有碉堡线，采取攻势防御，将红二、红四方面军封锁在草地内，阻止红军三大主力会师。敌人的具体部署为：在甘肃省内设两条封锁线。第一条封锁线沿黄河、洮河经岷县，西起临潭，南至踏藏，以兰州、临洮、岷县、西固（今舟曲）、南坪、文县为重点；第二条封锁线由兰州至天水以南，以定西、天水为重点。上述两条封锁线由朱绍良、于学忠分段指派负责指挥官，派兵驻守。青海省境内由马步芳负责，设两道封锁线。第一线为沿黄河从甘边到贵德；第二线为沿西宁自新城对岸至湟源。四川省境内设多道封锁线，第一线为松潘、漳腊、踏藏，由孙震率12个团兵力驻守小河营、水晶堡、平武等地。重庆行营还要求朱绍良速派兵向西固、文县、南坪推进，联络孙震部，相机夹击红军；要求刘湘、邓锡侯、刘文辉各派兵一部，分别出卓克基、马塘、丹巴追击红军。敌人围堵命令下达时，红四方面军已相继走出草地到达包座。稍后，红二方面军也在8月8日通过草地到达上包座。敌军各部接到命令后，仓促布防，加之两广事变后胡宗南部南调后甘南兵力空虚，因此，敌重庆行营的围堵部署实为纸上谈兵而已。

根据红二、红四方面军走出草地后的敌我形势和中共中央关于速出甘南、抢占腊子口、攻占岷县的指示，西北局于8月初在求吉寺召开会议，决定红二、红四方面军共同组织岷（州）、洮（州）、西（固）战役。

8月5日，朱德总司令签发《岷洮西固战役计划》，规定：“我军以迅雷手段在敌人主力尚未集中洮、岷之前，在运动战中大量的各个消灭敌人，先机取得洮、岷、西固地区，主力向天水、兰州方面进展，策应一方面军一致灭敌人为目的。”②《计划》将红二、红四方面军分为

---

① 《三军大会师》下册，第596页。

② 《三军大会师》下册，第597页。

三个纵队。以红三十、红九、红五军组成第一纵队，由徐向前任司令员，陈昌浩任政治委员，8 月 5 日至 10 日由求吉寺、包座出动，主力经瓦藏寺出哈达铺、岷县并攻击占领之。该纵队并以相当兵力组成右侧支队，取道白骨寺、爪咱之线，相机夺取西固并向武都敌人佯动。以红四、红三十一军为第二纵队，由王树声任司令员，詹才芳任政治委员，8 月 7 日、11 日分别由包座出动，以夺取洮州旧城，消灭该地敌人为目的。成功后主力向临洮方面活动，并以一部向夏河、临夏发展，以保障左翼安全。以红二方面军为第三纵队，由贺龙、萧克任司令员和副司令员，关向应任政治委员，8 月 12 日先头由包座出动，20 日以前到哈达铺附近集中待命，担任策应第一、第二纵队任务。《计划》还规定：第一、第二纵队归红四方面军首长徐向前、陈昌浩统一指挥，第三纵队归第二方面军首长贺龙、萧克、关向应指挥，军委纵队随第一纵队行进。

8 月 5 日，徐向前、陈昌浩率第一纵队由包座出发，向甘南地区挺进。8 月 9 日，红八十八师抢占天险腊子口。10 日，红八十九师攻占大草滩、哈达铺，歼敌千余人，随即开始了攻打岷县的战斗。

岷县古称岷州，为陇南重镇，东临迭藏河，西接子城后所，北俯深不可渡的洮河，南仰海拔 3000 多米的二郎山，地形险要，城墙坚固。这里是敌鲁大昌的老巢，他多年来苦心经营，除筑有坚固的城防工事外，还将二郎山与城连在一起，筑成了山城互相依托的较为完备的防御体系。经过一天的战斗，红三十军扫清了城外围的据点，从东、西、南三面包围了县城。当晚 8 时许，红三十军从东、西两面，同时架云梯猛烈攻城，一部分战士冲上城头，同敌人展开激烈搏斗，经过三个多小时的殊死争夺，歼敌 1400 多名，但终因敌居高临下，城防工事坚固，而红军缺乏重武器猛攻数次未破该城。18 日，红九军接替红三十军继续攻城，红八十九师离开岷县，于第二天攻克漳县，随后攻克渭源。23 日，红五军亦赶来参加攻城战斗，但终未攻破。后来鲁大昌看到自己已伤亡 3000 多人，不得不要求停战谈判，表示只要红军停止攻城，走哪条路他都不放一枪。于是，红九、红五军以部分兵力围困、监视敌人，大部兵力在城周围进行休整，发动群众，扩大红军，建立政权。

在第一纵队围攻岷县的同时，第二纵队从包座出发后，大举挥师北进，红四军第十师攻克临潭旧城，随后与前来进犯的马步芳骑兵第一旅苦战一周，打退敌人数十次进攻，20日拂晓前逼近洮州旧城。这是座很古老的县城，城防坚固。在妇女独立团一部的配合下，红十师不顾连日急行军的疲劳和饥饿，以迅雷不及掩耳之势一举攻克该城，全歼守敌一个营。9月7日，红三十一军第九十三师攻占通渭。

8月中旬，第三纵队在贺龙、萧克、关向应的率领下，由包座出发北进，9月1日到达哈达铺，随后由红六军团攻打礼县，继而向成（县）、徽（县）、两（当）、康（县）地区发展。

岷洮西战役从8月5日开始，至9月7日结束，历时34天，是红二、红四方面军走出草地后，进入甘南地区第一次大规模的作战行动。红军先后进占漳县、临潭、渭源、通渭四座县城及岷县、陇西、临洮、武山等县的广大地区，歼敌7000余人，有力地打击了敌人阻止红二、红四方面军北进的计划，为红军立足甘南和三大主力红军会师创造了条件。

三、三军大会师

1936年8月，日本帝国主义在华北继续扩大侵略，策动和支持伪蒙军对绥远发动进攻。日军的新的侵略行径激起中国人民的极大愤慨，以支援绥远抗战为起点，掀起抗日救亡运动新高潮。这时，中国共产党的“停战议和，一致抗日”的主张更加深入人心，党对各地方实力派的统战工作取得明显进展：张学良的东北军和杨虎城的西北军同红军关系更加密切；两广事变后李宗仁、白崇禧派代表到陕北，要求同红军订立抗日协定；华北的宋哲元、傅作义也相继同中共和红军商谈抗日问题；川军刘湘等也开始趋向抗日反蒋。在国际上，除共产国际和苏联积极支持中国的抗日斗争外，英、美等国政府从它们自己的利益出发，也更加趋于鼓励中国政府对日本采取比较强硬的政策。在上述情况下，蒋介石的对日态度也在逐渐发生转变，加强了对日作战的准备工作。

根据这种新的形势，中共中央政治局在8月10日举行的扩大会议上，根据毛泽东的提议，确定把开展统一战线工作放在党和红军的三大战略任务的首位，制定了“逼蒋抗日”的方针，决定以蒋介石政府为统战谈判的主要对手。为了贯彻这一方针，决心乘蒋介石正忙于解决两广事变，胡宗南主力南调之机，联合东北军，发展西北抗日局面，打通苏联，出兵绥远，以推动全国抗日局面的实现。

在与张学良等秘密协商后，中共中央于8月12日提出了夺取宁夏的战略计划，具体部署是分两步走：第一步，配合东北军进据甘西。红二、红四方面军尽可能夺取岷州，以甘南为临时根据地，休整补充。继而以有力一部出陇西，攻击毛炳文部，威胁兰州，以便东北军于学忠部三个师向兰州这一战略枢纽地带集中；另以有力一部出夏河，攻击河州，威胁青海，吸引河西走廊马步芳部东援，以便东北军乘虚接防甘、凉、肃三州，接通新疆。这一步骤要在一个半月内实现。第二步，三个方面军合力夺取宁夏。第一步骤实现后，红一、红二、红四方面军在甘北会合。12月起，以一个方面军留守陕甘宁苏区，两个方面军趁结冰期渡过黄河，消灭马鸿逵部，占领宁夏，完成从北面接通苏联的任务。与此同时，东北军与红军各出一部合组抗日联军先锋军，向绥远出动，抵御伪蒙军之进攻，以此行动号召全国抗日运动，使之进到更高的阶段。①

8月30日，中共中央考虑到蒋介石在解决两广事变后，可能会分化东北军，撤换张学良，同时，增调胡宗南部入甘。为了紧密地联合东北军，阻止胡宗南部入甘，发展甘南作为战略根据地之一，同时巩固与发展陕南苏区，使之与陕北、甘北相呼应，使党在同蒋介石政府的谈判中处于有利地位，中共中央对红军的作战部署进行了调整：红一方面军主力占领海原、靖远、固原及其以南地区，一部保卫定边、盐池、豫旺、环县苏区，一部保卫陕北苏区，另一部保卫关中苏区；红四方面军占领临潭、岷县、漳县、渭源、武山、通渭地区，尽可能取得岷、武、通三城；红二方面军速向陕甘边界出动，首先插入王均防线之后占

---

① 参见《中国工农红军第四方面军战史资料选编》（长征时期），第635—636页。

领凤县、宝鸡、两当、徽县、成县、康县地区，再与王均作战。[①]中共中央认为，在三个方面军的行动中，红二方面军向东行动最为重要，不但可以吸引胡宗南部钟松旅于陕甘边界，而且可以相机打击王均部，将陕南苏区与甘南苏区连接起来。

按照中共中央的部署，8月31日，红一方面军的第一军团和第十五军团由豫旺堡、同心城、黑城镇地区出发南下，迅速控制了中宁至固原大道以西、海原以东地区。随后，红一军团以第一师附骑兵第二团一部组成特别支队，在军团政委聂荣臻的率领下，经硝河城向南挺进，于9月14日占领将台堡；红十五军团以步骑兵各一个团组成特别支队，向靖远挺进，亦于9月14日占领打拉池。红四方面军则加紧进行岷洮西战役，占领甘南广大地区。

由于红二方面军在这次军事行动中担负的任务最重要，任弼时离开西北局，随红二方面军行动。刘伯承也随红二方面军行动。9月7日，任弼时、贺龙、关向应等在哈达铺召开会议，制定战役计划。8日，红二方面军总指挥部发布命令："决乘甘陕敌人分兵据城的弱点，透过其封锁线打击成县、徽县、凤县、略阳、康县之敌而袭取之。建立临时根据地……配合一、四方面军行动，求得三个方面军会合。"[②]总指挥部决定，将部队分为三个纵队：红六军团为左纵队，9月11日出发，向两当、凤县开进；红二军团第四师和红三十二军为中纵队，11日从荔川镇出发，向成县、徽县前进；红二军团第六师为右纵队，12日由宕昌出发，向康县、略阳前进。

按照总指挥部的命令，红二方面军各纵队于9月11日陆续出发，向预定地点开进。9月16日，中纵队攻下成县，歼灭敌王均部一个营。9月18日，左纵队攻下两当县城。次日，进占徽县县城。随后，又挥师东进，于20日包围凤县县城。右纵队红六师于9月19日攻占康县县城，然后向略阳前进。这样，红二方面军就与红一、红四方面军形成夹陕甘大道南北呼应，并可随时会师的有利局面。

---

① 参见《三军大会师》下册，第608页。

② 《三军大会师》下册，第613页。

在占领这些地区后，红二方面军广泛发动群众，建立革命政权和武装，迅速掀起了轰轰烈烈、热火朝天的革命运动。仅半个月时间，红二方面军就扩大红军2000多人，并筹集了大批物资。当时的情景，正如民谣中所说的：“红布条条胸前挂，一把马刀腰间挎。跟上红军闹革命，抗日救国打天下。”“矛子磨得锞灿明，马刀飞快映红绫；四路八乡打土豪，锦绣河山遍地红。”① 在此期间，红二、红四方面军还协助地方党组织成立了两个省委：一个以岷县为中心，名中共甘肃省委；一个以成县、徽县为中心，名中共陕甘边省委，占领区域人口达到约80万。

此时，蒋介石已解决两广事变，急令胡宗南第一军由湖南兼程北上，企图抢占西兰大道之静宁、会宁、定西段，以切断红军三个方面军会合的通路，也隔断东北军主力同其兰州驻军的联络；令驻守定西、陇西、武山地区的毛炳文第三十七军向陇西集结，驻守秦安、天水、西固、武都地区的王均第三军以主力向武山地区集结，川军孙震第四十一军由绵阳、碧口等地向北推进到武都、西固一带，准备协同青海马步芳部和东北军一部进攻红四方面军；令第二十五、第四十九、第五十一、第一四〇师，以及第三军、东北军、西北军和川军各一部，向陕甘交界的成县、凤县、略阳、康县地区推进，围攻红二方面军；令宁夏马鸿逵部向中宁以南推进，固原及其以北地区的何柱国部、马鸿宾部向北推进，夹击清水河以西的红一方面军主力。

这样，如何对付胡宗南等部，如何实现宁夏战役计划，占领宁夏和甘肃西部，成为摆在整个红军面前的迫在眉睫的问题。围绕这个问题，红军领导层内发生新的分歧。

当时，为配合红二方面军向陕甘边的行动，朱德、张国焘主张红四方面军先抽出两个军，东出西和、礼县，消灭王均部。陈昌浩认为这样作用不大，不如集中主力于现地区，伺机北出通渭、静宁、会宁，与红一方面军合力夹击西进的胡宗南部，更为有利，将来红四方面军主力再向陇东北发展，与陇东南的红二方面军呼应作战。为此，他从岷县前线赶回三十里堡与朱、张磋商，于9月13日共同向中央提

① 《三军大会师》上册，第64页。

出新的作战方案。电称:“我军为先要打破敌之既成计划，争取抗日友军，造成西北新局面，一、四方面军乘胡敌在西北公路上运动之时机，协同消灭其一部。二、四方面军尽力阻止和迟滞胡敌西进。”具体部署是:

(一)我一方面军主力由海原、固原地区向静宁、会宁以北地区活动，南同四方面军在静、会段以袭击方式侧击运动之胡敌，并阻止其停滞静宁以东。(二)我二方面军以主力在徽、两、凤以北地区，并以一部进到宝鸡活动，虚张声势……以牵制王均于天水地区和吸引胡敌不敢长驱西进为目的。二、四方面军除以九十三师主力即向静、会段以南地区活动外，以一部机动兵力集结陇西、武山，并适时以八团以上兵力打击静、会间之胡敌，相机打通一方面军。[①]

这个建议的核心思想，是主张红一方面军南下，与红四方面军协同消灭胡宗南部。当时住在漳县的徐向前接到这个方案后，觉得在西兰通道与敌决战不利，主张主力西渡黄河，控制兰州地区。他在回忆中说:

我仔细考虑了这个方案，认为主要问题是在西兰通道地区与敌决战，我们沾不到便宜。据情报说，胡宗南的第一师、第十八师[②]十八日即可抵咸阳，第四十三、四十七[③]两师随后跟进，再加上王均第三军和毛炳文师及川军的兵力，敌优我劣的态势相当明显。而战场选在西兰公路附近，敌人运输方便，调兵迅速，我军南北夹击不成，反会遭到敌人的左右夹击。同时，三个方面军都向陕甘北集中，那里人口稀少，就粮困难，不便大部队久驻，也是严重问题。因此，我向朱、张建议，以一部兵力速围马步芳的

---

① 《中国工农红军第四方面军战史资料选编》(长征时期)，第694页。

② 应为第七十八师。

③ 应为第四十九师。

家乡河州，吸引马敌，主力乘虚从永靖以南的莲花渡过黄河，进据古浪、永登、红城子一带，与兰州的东北军配合，控制这一战略枢纽地区，休整补充，为策应一方面军西渡黄河，共取宁夏，打通苏联，创造有利条件。但是，我的建议没有被接受。①

中革军委接到朱德、张国焘、陈昌浩9月13日的建议电后，认为“彼此意见大体一致”，但红一方面军主力不能南下，对胡宗南部作战应以红二、红四方面军为主力。当天，毛泽东、周恩来、彭德怀复电说：

我们意见四方面军宜迅以主力占领以界石铺为中心之隆、静、会、定段公路及其附近地区，不让胡敌占领该线，此是最重要着；……我们已派一个师向静宁线出动。如此当可滞阻胡宗南之西进，而便于四方面军之出到陇定大道，并准备作战。一方面军主力如南下作战，则定、盐、豫三城必被马敌夺去，于尔后向宁夏进攻不利，故在未给马敌以相当严重打击以前，不宜离甘宁边境。对东敌作战宜以二、四方面军为主力，一方面军在必要时可增至一个军协助之。②

9月14日18时，林育英、张闻天、周恩来、博古、毛泽东致电朱德、张国焘、任弼时，就打破敌人的围堵、占领宁夏作出部署，进一步阐述了13日电报中的主张。电文说：“国际来电同意占领宁夏及甘肃西部，我军占领宁夏地域后，即可给我们以帮助”，“为坚决贯彻国际指示，准备在两个月后占领宁夏，拟作如下部署”：

（1）一方面军主力九、十两个月仍在海原、固原地区，十月底或十一月初开始从同心城预〔豫〕旺之线攻取灵武、金积地区，以便十二月渡河占领宁夏北部，一方面军之其余部队保卫陕甘北

① 徐向前：《历史的回顾》（中），第496页。

② 《中国工农红军第四方面军战史资料选编》（长征时期），第695页。

苏区。

（2）四方面军以主力立即占领隆德、静宁、会宁、通渭地区，控制西兰大道，与一方面军在固原西部硝河城地区之部相当靠近，阻止胡宗南西进，并相机打击之，十月底或十一月初进取靖远、中卫南部及宁安堡之线，以便十二月渡河夺取宁夏南部。

（3）二方面军在陕甘边积极活动，吸引胡宗南于咸阳、平凉之线以南地区，与四方面军互相策应，并联络陕南游击区。

（4）由陕北派出游击支队，经关中苏区出至泾水以南活动，牵制胡宗南侧后。

电报还特别指出："以上部署主要是四方面军控制西兰大道，不使胡宗南切断并不使妨碍尔后一、四两方面军夺取宁夏之行动。"①

为贯彻这一方针，毛泽东、周恩来等于9月15日、16日、17日又连续致电朱德、张国焘等，要求红四方面军迅速占领西兰大道以界石铺为中心的静宁、会宁、定西段，否则，红一、红四方面军的联络将被切断。与此同时，红一方面军主力9月16日在固原以北的七营地区歼灭来犯的敌骑兵第六师两个团的大部。9月18日，红一军团特别支队占领静宁县的界石铺。红二方面军在进占成县、两当、徽县、康县之后，准备以红六军团向宝鸡地区前进。

然而，张国焘见红一方面军不能南下，只由红四方面军迎击胡宗南部，便心生胆怯，迟迟不予表态。经中央连电催促，他被迫于9月16日至18日，在岷县三十里铺召开西北局会议，讨论红四方面军的行动方向问题。在这次会议上，陈昌浩和张国焘的意见发生分歧。陈昌浩主张立即北上静、会地区，与红一方面军会合，与敌决战。张国焘却主张西进甘西，他认为红一方面军主力不能南下，红四方面军独自在西兰通道地区作战，十分不利。因此，提出西渡黄河，进据古浪、红城子一带，伺机策应一方面军渡河，夺取宁夏，实现冬季打通苏联的计划。陈昌浩的意见得到与会多数人的支持，张国焘的意见被否决。

---

① 《中国工农红军第四方面军战史资料选编》（长征时期），第696页。

9月18日，西北局以朱德、张国焘、陈昌浩的名义发布了静宁、会宁战役纲领，部署红四方面军各部向西兰大道静、会段前进。

红四方面军迟迟未有动作，中共中央于9月19日致电朱德、张国焘，就夺取宁夏和一、四方面军的行动问题，再次强调："向宁夏及甘西发展，重点在宁夏，不在甘西。"并指出："一方面军独攻宁夏有顾此失彼之虑，如使胡宗南确占静、会、定区会合毛炳文，彼既可加强马鸿逵，使我们攻宁夏计划失败，又可加强马步青，使你们攻甘西计划失败，如此有各个击破之虞，只有集中先占领宁夏方免此失。""夺取宁夏，打通苏联，不论在红军发展上，在全国统一战线、在西北新局面上，在作战上，都是决定的一环。在当前一瞬间则拒止胡军把一、四两方面军隔开，又是决定一环。时机迫促，稍纵即逝，千祈留意，至祷至盼。"①朱德接到电报后，即于9月20日复电中共中央，报告岷县会议决定："亲译密电悉，已释疑虑。现迅速取得会合在会宁道上以便消灭胡敌"。②

然而，张国焘于9月20日连夜骑马赶到漳县，仍然坚持要西渡黄河。徐向前回忆说：

> 我们正忙着调动部队北进，张国焘匆忙赶来漳县。进门就把周纯全、李特、李先念等同志找来，说：我这个主席干不了啦，让昌浩干吧！我们大吃一惊，莫名其妙。问了问情况，才知刚开完岷州会议。……这是张国焘与陈昌浩共事以来，第一次发生尖锐争论，加上他有个另立"中央"的包袱压在身上，所以情绪很激动，还掉了泪。他说："我是不行了，到陕北准备坐监狱，开除党籍，四方面军的事情，中央会交给陈昌浩搞的。"我觉得，陈昌浩在这个时候和"张主席"闹得这么僵，似乎有点想"取而代之"的味道，也不合适。大家你一言，我一语，劝了张国焘一通。关于军事行动方针问题，我们说，可以继续商量。

① 《中国工农红军第四方面军战史资料选编》（长征时期），第707—708页。

② 《中国工农红军第四方面军战史资料选编》（长征时期），第710页。

张国焘来了劲头，指着地图，边讲边比划。大意是说，四方面军北上静会地区，面临西兰通道，与敌决战不利，陕甘北地瘠民穷，不便大部队解决就粮问题，如果转移到河西兰州以北地带，情形会好得多。从军事观点看来，我们觉得张国焘的意见，并非没有道理。于是，当场制定了具体行动部署：四方面军以一个军从永靖、循化一带渡过黄河，抢占永登、红城子地区作立脚点；以一个军暂在黄河渡口附近活动，吸引和牵制青海的马步芳敌；以两个军继续布于漳县、岷州地带，吸引胡宗南部南下，而后这三个军再渡河北进。主力出靖远、中卫方向，配合一方面军西渡黄河，共取宁夏。这个方案，一是避免了在不利地区同敌人决战；二是吸引胡敌南向，减轻了对一方面军的压力；三是并不违背中央关于两军先取宁夏、后取甘西的战略企图；四是便于解决四方面军的就粮问题。部署既定，张国焘即电告朱德、陈昌浩，要他们来漳县会商。同时，令部队调动，准备从循化地区渡河。①

朱德原以为张国焘去漳县是组织部队执行静会战役计划的，接到电报后大吃一惊，没想到变化会这么快，当即在9月22日凌晨3时给张国焘复电：

（甲）国焘同志电悉，不胜诧异。为打通国际路线与全国红军大会合，似宜经静、会北进，忽闻兄等不加同意，深为可虑。昌浩今早可到漳，带有陕北来亲译长电，表示国际态度，望详加研究。

（乙）接到指示，已告各方停止一切行动。

（丙）弟等即日赶到漳县，并电告传六、何畏、长工也兼程赴漳，续商大计。

（丁）静、会战役各方面均表赞同，陕北与红二方面军也在

① 徐向前：《历史的回顾》（中），第497—499页。

用全力策应。希勿失良机，党国幸甚。①

在给张国焘拍发电报后，朱德又把静、会战役计划变故情况报告中共中央，并通报给红二方面军。朱德表示：“我是坚决遵守这一原案，如将此原案推翻，我不能负此责任。”②

9月22日，朱德、陈昌浩等赶往漳县。第二天，在漳县三岔召开中共中央西北局会议。在会上，朱德继续坚持北上与红一方面军会合的主张。但会议否决了北上的意见，决定西进，并将这一结果报告中央。随后，徐向前即带先头部队向洮州出发，调查行军路线。其他部队奉命迅速筹足八天干粮，待命行动。

9月26日，中共中央复电朱德、张国焘，不同意红四方面军西进方案，指出：

> 确息：胡宗南部在咸阳未动，其后续尚未到齐。四方面军有充分把握控制隆、静、会、定大道，不会有严重战斗。一方面军可以主力南下策应，二方面军亦可向北移动钳制之。北上后粮食不成问题。若西进到甘西则将被限制于青海一角，尔后行动困难。③

接到电报后，张国焘当日连续数次致电中共中央，力陈采取新方案的理由。并说：“如无党中央明令停止，决照原计实施，免西渡、北进两失时机。”④

对于张国焘坚持西进行动计划的问题，中共中央书记处及政治局召开会议，慎重地进行了讨论。9月27日，毛泽东、周恩来、彭德怀致电朱德、张国焘、徐向前、陈昌浩并贺龙、任弼时、刘伯承，明确指出：

> 中央认为：我一、四两方面军合则力厚；分则力薄。合则宁夏、

① 《三军大会师》下册，第620页。

② 《三军大会师》下册，第619—620页。

③ 《红军长征·文献》，第1149页。

④ 《中国工农红军第四方面军战史资料选编》（长征时期），第726页。

甘西均可占领，完成国际所示任务；分则两处均难占领，有事实上不能达到任务之危险。一、四方面军合力北进，则二方面军可在外翼制敌；一、四两方面军分开，二方面军北上，则外翼无力，将使三个方面军均处于一偏狭地区。敌凭黄河封锁，将来发展困难，且胡敌因西兰路断怕我攻击，又怕东北军不可靠，不敢向隆德、静宁，拟向天水靠近王均。如四方面军西渡，彼将以毛军先行，胡军随后，先堵击青、兰线，次堵击凉、兰线，尔后敌处中心，我处偏地，会合将不可能，有一着不慎，全局皆非之虞。

……因此，中央认为，四方面军仍宜依照朱、张、陈九月十八日之部署，迅从通渭、陇西线北上，不过半月左右即可到达靖远、海原地域，从靖远渡河；一方面军跟即渡河或合力先取宁夏，或分途并取宁夏、甘西。二方面军仍在外翼制敌，是万无一失。①

同日，中共中央再次致电朱德、张国焘、徐向前、陈昌浩："中央明令已下，请电令通渭部队仍回占通渭，其余跟即北上。"②

就在这时，先头调查行军路线的徐向前在洮州以北当地老乡那里得知，黄河对岸已进入大雪封山的季节，气候寒冷，道路难行。根据这样的地形、气候条件，徐向前认为渡河的计划难以实现。他即返回洮州，向朱德、张国焘汇报了情况。朱德、张国焘在洮州召开会议，讨论中共中央的指示。张国焘看到西渡黄河的计划无法实现，只好同意北上。洮州会议一致决定，放弃西渡计划。9 月 27 日当天，朱德、张国焘、徐向前、陈昌浩联名致电中共中央并贺龙、任弼时、关向应、刘伯承，表示执行中共中央的指示，按照原计划东出会宁，会合红一方面军，先头 10 月 8 日到达界石铺，决不再改变计划。9 月 28 日，朱德、张国焘发布《通庄静会战役计划》。9 月 29 日，红四方面军总指挥部向各部队下达北进静、会地区的命令。至此，这次关于进军方向的风波才告平息。

---

① 《中国工农红军第四方面军战史资料选编》（长征时期），第 772 页。

② 《中国工农红军第四方面军战史资料选编》（长征时期），第 728 页。

9 月 30 日，红四方面军 4 万多人，分为五路纵队，向通渭、庄浪、会宁、静宁疾进。第一纵队为红四军，经官堡、渭源、华家岭攻占青江驿、翟家所；第二纵队为红三十军，经鸳鸯铺、榆盘镇袭占通渭；第三纵队为红九军，经噎虎桥、中堡里至新市镇；第四纵队为红三十一军，进至通渭、马营一带；第五纵队为原红一方面军的红五军，随红九军之后向庄浪、威戎镇发展。徐向前和陈昌浩跟随第一纵队行动，红军总部及红四方面军直属队在红五军后跟进，并由红五军派相当兵力掩护。

中共中央得知红四方面军回师北进的消息后，立即部署兵力策应红四方面军北上。西方野战军司令员兼政治委员彭德怀命令红一军团第二师附骑兵第二团为左纵队，经硝河城、常家集、隆静间出庄浪，相机袭占、威胁秦安；红十五军团第七十三师为右纵队，于 9 月 29 日出郭城驿，击溃该地敌新十旅。10 月 1 日，红七十三师以一部向静宁前进，主力在郭城驿附近为红四方面军筹集粮食，骑兵第三团则向兰州方向游击。10 月 2 日，红十五军团独立支队袭占会宁县城。10 月 3 日，敌人又纠集两个团的兵力来反扑，企图把会宁夺回去。红一军团的第一、第二师赶到会宁，和红七十三师一起，在会宁城外将反扑之敌击溃，使会宁牢牢地控制在红军手里。这就为红一、红四方面军在会宁会师创造了条件。

10 月 5 日，红四方面军第三十一军占领通渭城。第四军先头部队于 10 月 7 日在会宁的青江驿与红七十三师会合。10 月 9 日，朱德、张国焘、徐向前、陈昌浩等率领红军总部和红四方面军直属队进入会宁城。红一军团代理军团长左权、政治委员聂荣臻由于有其他任务，没有和红四方面军的领导人会面，他们把第一师师长陈赓留了下来，做欢迎红四方面军的工作。陈赓组织部队和群众，腾房子，打扫院子和街道，张贴欢迎标语，把古城会宁打扮得面貌一新，像过盛大的节日。徐向前见到自己的老战友、老部下陈赓，格外高兴和亲切。陈赓曾在鄂豫皖苏区任红十二师师长，1932 年在反“围剿”作战中负伤后，先是到上海治疗，后又辗转到中央苏区。阔别四年多后在这里会师，彼此心中都有说不完的话。

会师的时刻是激动人心的。当时担任红四方面军直属纵队司令兼四局局长的杜义德，后来回忆说：

> 10月9日上午，碧空万里，阳光和煦，会宁城门楼前扎起了彩门，红旗招展，锣鼓喧天。夹道欢迎的人群，有部队，有群众，气氛非常热烈。我们自南门进入会宁城。会宁城内，万象更新，标语，人群，欢声笑语，使这座偏僻的小山城空前的热闹起来。与一方面军的部队会合了。多么激动人心的会师啊！同志们悲喜交集地拥抱起来，手挽手地走来走去，兴高采烈地互赠礼品，互相倾吐盼望之情，互相谈论一路来的艰辛，互相询问其他同志的下落……都为能够再次重逢而庆幸。这时，陈赓同志快步走向前来，抱住我热情地说："辛苦了，欢迎你们！"我连声说："谢谢！谢谢！"顿时，尝尽别离苦，倍觉会合甜的心情油然而起。……我当时只觉得，好像长期飘零在外的孩子又回到了父母的身边，有党中央领导了，有靠头了，有自由了，感到非常温暖。①

10月10日，红一、红四方面军在会宁文庙前的广场上举行庆祝会师大会。会场上歌声嘹亮，人群欢跃。大会由红四方面军政治部主任李卓然主持，徐向前总指挥首先讲话，他说："同志们！今天，我们一、二、四方面军经过千难万险，终于胜利会师了！"顿时，全场报以热烈的掌声。陈昌浩、陈赓也先后在会上作了热情洋溢的讲话。最后由朱德讲话，他阐述了长征胜利的伟大历史意义，强调了团结的重要性，号召部队会师以后"更要团结一心，互相尊重，并肩作战，战胜我们共同的敌人"。②

庆祝大会上，还宣读了中共中央、中革军委、中华苏维埃中央政府为红军三大主力会合给全军的贺电。贺电对全体指战员表示"热烈的敬意与欢跃的贺忱"，并说："我们即刻就要进入新阶段了，这就是抗日民族革命战争的新阶段"。"我们要在这个新阶段中，树立全国人民

---

① 杜义德：《欢庆会师》，《红军长征·回忆史科》(2)，第330—331页。

② 《中国工农红军第四方面军战史资料选编》(长征时期)，第334页。

的模范，树立抗日战线的模范，争取一切国民党军队加入抗日民族统一战线，开辟抗日前进道路，扩大抗日根据地，巩固抗日根据地，为保卫西北而战，保卫华北而战，保卫全国而战，为收复失地而战，为联合工农商学兵，联合各党各派各界各军，驱逐日本帝国主义出中国而战。”①

庆祝大会不久，红军总司令部机关、红军大学、红四方面军一部分部队北移到打拉池一带，并在这里召开与红十五军团会师联欢大会。在会上，由徐海东致欢迎词，朱德、彭德怀等先后讲话。红十五军团中的红二十五军，本来就是红四方面军的一部分，在鄂豫皖革命根据地共同度过了艰苦难忘的战斗岁月。这次会师，分别的战友、老乡重逢在一起，倍感亲切，欢声笑语阔谈别后往事，共同憧憬着美好的未来。②

红四方面军的长征，从 1935 年 3 月强渡嘉陵江西进开始，到 1936 年 10 月会宁会师结束，历时一年零七个月，途经川、康、青、甘四省，行程近万里。由于张国焘的错误，使红四方面军的长征经过了一个艰难曲折的过程。在朱德、徐向前、刘伯承等以及广大红军指战员的斗争下，红四方面军排除了张国焘的干扰，经历了无数次战斗，粉碎了数十万敌人的围追堵截，终于完成了北上的战略转移任务。

红四方面军北上静宁、会宁后，敌胡宗南、毛炳文、王均部一齐向红二方面军猛扑过来。各路敌军进一步靠拢，控制了西兰大道，企图将红二方面军堵截在渭河以南聚歼之。在这种形势下，如果红二方面军单独留在陕甘边界，就有被敌人分割包围、各个击破的危险。由于敌情骤然发生变化，贺龙、任弼时、关向应、刘伯承向中革军委提议，红二方面军放弃甘南各县，经天水、宝鸡间北渡渭河，转移到清水、张家川、莲花镇地域，一方面策应红一、红四方面军会合，同时背靠红一、红四方面军，争取部队休整、补充。10 月 2 日，毛泽东、周恩来复电，同意红二方面军向通渭转移。3 日，贺龙、任弼时、关向应发布命令，以红六军团为右纵队，红二军团及红三十二军为左纵队，从 4

① 《中国工农红军第四方面军战史资料选编》（长征时期），第 755—756 页。

② 刘华清、夏云飞：《烽火陕甘宁，忆昔话西征》，《红军长征·回忆史科》（2），第 322—323 页。

日起，陆续出发，经天水、甘谷与麻沿河、永兴镇、武山的中间地带向通渭地域开进。由于敌人集中了优势兵力进行追堵，所以这是红二方面军最危险的一次突围转移。

红二方面军一开始转移，敌武都守军趁机扑来，直逼康县。由于红军这次行动比较仓促，部队收拢不及，红六师第十七团在康县白马关地区遭到敌王均部的截击，全部损失。10 月 6 日，右纵队红六军团进至平南川，左纵队红二军团及红三十二军进至远门镇。

10 月 7 日，右纵队经过罗家堡一带时，突然遭到两路敌人的疯狂阻击和敌机的狂轰滥炸，部队受到很大损失。军团首长命令直属队坚决顶住，模范师冒着敌人的枪林弹雨拼死冲杀，突出了重围，而红十六师师长张辉在与敌激战中不幸牺牲。政委晏福生指挥部队向敌人冲锋，杀开一条血路，掩护军团部和红十七、红十八师转移。大部队通过后，晏福生身受重伤，同部队失去联系，后来经过千辛万苦，回到部队，被截去左臂，成为红二方面军在长征路上的第三位独臂将军。

10 月 9 日、10 日，红二方面军两路纵队分别抵达甘谷、武山一带，准备抢渡渭水。偏偏这几日天公不作美，连降大雨，渭水骤涨。而天水一带的敌人紧紧追来，敌人的飞机也一直紧跟着猛烈轰炸，疯狂扫射，所以是否能渡过渭水，又成为红二方面军的一大难关。但贺龙、任弼时、关向应等领导人处变不惊，亲自指挥渡河。许多战士冒着枪林弹雨，往返数次，将伤病员也全部送到了渭水北岸。但是，由于上游突发山洪，河水骤涨，有些体质较弱的战士，不幸被水冲走，这些参加万里长征的优秀战士，在大会师前不幸牺牲，使广大指战员无不悲痛万分。

部队渡过渭水之后，向会宁方向疾进。这时，天上有敌人的飞机侦察、轰炸，地上有敌人重兵追击。为了掩护主力顺利北进，贺龙亲自找红四师师长卢冬生谈话，要他带领红四师断后。10 月 16 日，红二方面军进至六盘山南脚下，骄狂的敌人派人送来恐吓信，声称在几小时之内，要把红军消灭在六盘山下。这时，敌人主力向红二方面军发起突然攻击，阻住红军去路。红四师奉命在六盘山南脚下阻击敌人，掩护全军从北山脚绕道转移。卢冬生对红四师指战员们说：“这是严重的任务！咱们是一个师，只不过一千多人，敌人是两个军，上有飞机，下有骑兵。只要咱们阻住敌人，主力就能顺利地从北山脚转移。这是关系全军的重要一仗，必须打好。”英勇的红四师，以“人在阵地在”的坚强决心，顶住了敌人飞机的狂轰滥炸和步兵、骑兵的轮番进攻，硬使敌人不得越过雷池一步。血战两天两夜之后，红四师胜利地完成阻击任务，在主力部队完全通过六盘山之后，他们趁着夜色，撤出阵地，兼程北上和主力会合。

这次夺路北进，是红二方面军长征中经历的最危险和损失最大的一次。随红二方面军行动的刘伯承和他的夫人汪荣华，都被敌人的飞机炸伤。贺龙后来回忆说：“四方面军一撤走，敌人就围拢来了。急行军，掉了几千人”；“四方面军走了，我们才请示”，“张国焘整了我们一手，损失相当大”，“部队搞得稀烂，后勤都搞完了”①。数千名红军战士，以及红十六师师长张辉、红十七师参谋长李科、红十八团政治委员周盛宏等优秀的红军将领，都把自己的鲜血洒在了甘南的土地上。

但是，不管多么危险，英勇的红二方面军，终于冲破了优势敌人的围追堵截。当他们历尽艰险即将与红一方面军会师时，真是高兴极了。

早在 9 月份，红一军团第一师第三团就奉命到达静宁一带，准备迎接红二、红四方面军。当红六军团的模范师将于 10 月 21 日到达兴隆镇的消息传来后，红三团和兴隆镇立刻沸腾起来，战士们和群众一起忙着打扫卫生，杀猪宰羊，家家户户张灯结彩，镇边的围墙上贴满了欢迎的大标语，在镇口扎起了高大的牌楼，在镇西北河滩上搭起了舞台，准备迎接红二方面军。

10 月 21 日，红六军团模范师到达甘肃、宁夏交界的兴隆镇；22 日，红二方面军总指挥部到达离此不远的将台堡（与兴隆镇现均属宁夏回族自治区西吉县），同红一军团的第一、第二师胜利会师。

两军会师以后，红一方面军送给红二方面军大批的物资和银元，以表示欢迎和慰问；红一军团第一师第三团与红六军团模范师，还于 21 日晚上举行了会师联欢大会。据当时担任红三团政委的萧锋回忆说：

① 贺龙：《回忆红二方面军》，《近代史研究》1980 年第 1 期。

晚7时，一、二方面军指战员在镇西北河滩开阔地集会，召开庆祝会师联欢大会。兴隆镇及附近村庄的群众也赶来参加，会场上挤满了四五千人。黄寿发团长首先致词热烈欢迎二方面军胜利北上，并简要地汇报了一方面军东征、西征取得的胜利。彭绍辉参谋长讲话介绍了二方面军在长征中的艰苦战斗历程。……

接着，三团演唱队演出了大合唱《长征歌》，还演出了几个小歌舞，模范师演出了两出独幕剧《粉碎围剿》和《北上抗日》。……

按照聂荣臻政委的指示，10月22日，我率一连将3万块现洋，1000双布鞋，300套棉衣，50件皮大衣，500匹土布及200只羊，50头猪送到将台堡交给二方面军首长。……贺总连声说："好！好！多年来盼望见到中央红军，今天终于实现了。一方面军生活也很艰苦，还给我们送来这么多东西，太感谢你们了！"①

10月24日，中共中央还派邓小平等前来慰问，并传达了瓦窑堡会议精神和毛泽东《论反对日本帝国主义的策略》的报告。接着，11月19日，中共中央又派周恩来带着人民剧社，到红二、红四方面军进行慰问，在洪德城为红二方面军进行了文艺演出。周恩来、贺龙这两位南昌起义的领导人，在阔别了八年之后又重逢了。②

红二方面军的长征，从1935年11月19日南下湘中开始，至1936年10月22日在将台堡与红一方面军会师止，历时11个月，行程8000余公里，转战湘、黔、滇、康、川、青、甘、陕八省，进行大小战斗110多次，攻克城市39座。沿途组织发动了群众，宣传了党的各项政策，播下了革命的种子。红二方面军长征比红一、红四方面军晚，这时敌人已有一些围追堵截的经验，因而，红二方面军的长征更困难些。但是，广大红军指战员怀着坚定的革命信念，战胜了数十万敌人的围追堵截，终于取得了长征的胜利。

---

① 萧锋：《迎接红二方面军》，《红军长征·回忆史科》(2)，第341—342页。

② 《贺龙传》，第209页。

以红军三大主力会宁、将台堡会师为标志，历时两年、长达数万里的红军长征，宣告胜利结束。

四、长征的最后一仗

红军三大主力在西北会师，对国民党在西北地区的统治造成严重的威胁。因此，两年来一直千方百计围追堵截红军长征的蒋介石，甚为恐慌。他不甘心于自己的失败，立即调集几十万大军，企图将红军在西北地区一举歼灭。

蒋介石的“剿共”部署分为两步：第一步，组织“通渭会战”。令胡宗南第一军进至秦安、清水地区，王均第三军及关麟征第二十五师向天水、甘谷集结，毛炳文第三十七军向陇西、武山、榆盘集结；东北军于学忠部从兰州抽两个师进至定西，王以哲部控制平凉、隆德、静宁，董英斌部抽两师至固原策应。目的是要在西兰大道地区，给红军主力以致命的打击，防止红军西渡黄河，进据河西地带。第二步，组织最后“围剿”。集中几十万大军，配属100架新式战斗轰炸机，采取稳扎稳打、步步为营战术，将红军主力压迫至黄河以东、西兰大道以北地区，一举消灭。同时，乘机观察张学良、杨虎城的动向，若张、杨拒绝“剿共”，则将其撤职查办，并将东北军、西北军调离西北地区，肢解消灭。

1936年10月上旬末，不愿打内战的张学良，就把蒋介石的“通渭会战”计划通报中共中央，提议红军及早进行宁夏战役，打通苏联。中共中央和中革军委在征求了各方面军领导人的意见之后，决定提前执行宁夏战役计划，于10月11日致电朱德、张国焘并告彭德怀、贺龙、任弼时、徐向前、陈昌浩等，提出《十月份作战纲领》，其主要内容如下：

> 甲、根据目前敌我情况，为着集中一切力量克服困难条件，完成基本战（略）任务起见，十月份作战纲领拟定如次。
>
> 乙、四方面军以一个军率造船技术部迅速进至靖远、中卫地

段，选择利于攻击中卫与定远营之渡河点，以加速的努力造船，十一月十号前完成一切渡河准备。四方面军主力在通马静会地区筹粮休整。派数支队组成扇形运动防御，直逼定西、陇西、武山、甘谷、秦安、庄浪、静宁各地敌军附近，与之保持接触，敌不进我不退，敌进节节抵抗，迟滞其前进时间，以期可能在十月份保持西兰大道于我手中。

丙、二方面军进至通渭、马营以北界石铺以南地区休息数日，转进至静宁、隆德线以北地区休整，派支队伸出静隆线以南，威胁胡敌侧翼，滞其西进，准备尔后以主力或一部接替一方面军在固原北部之防御任务。

丁、一方面军之西方野战军主力保持同心城间之枢纽地段及预〔豫〕旺城于手中，其第二师相机袭占庄浪，待二方面军到达静隆线后北上归还建制；第一师及陈支队暂在黄河海原间威胁与抑留于学忠部使不敢东进，尔后逐渐西移归还主力；二十八、二十九军集中定盐地域，一部逼近灵武，准备居民条件，完成侦察任务；独四师确保环曲苏区，其余东方部队任务不变。

戊、攻宁部队准备以一方面军西方野战军全部及定盐一部、四方面军之三个军组成之，其余两个军及二方面军全部，一方面军之独四师组成向南防御部队，可能于必要时，抽一部参加攻宁。

己、攻宁开始时机依造船情况决定，但至迟十一月十号前须完成一切攻宁准备。

庚、十一月十号前各部注重休息、补充、扩大，尤特别注意训练，以便有力地执行新任务。①

早在9月21日，中共中央接受任弼时、贺龙、关向应、刘伯承等的建议，组织中革军委主席团，确定毛泽东、彭德怀、王稼祥、朱德、张国焘、陈昌浩六人为主席团成员（周恩来因准备与蒋介石谈判，暂不参加），以统一指挥三个方面军。三军会师后，为了团结对敌，顺

---

① 《中国工农红军第四方面军战史资料选编》（长征时期），第813页。

利执行宁夏战役计划，中共中央决定朱德、张国焘分别以总司令、总政委的名义，依照中共中央和中革军委的决定指挥各军作战。《十月份作战纲领》的各项任务，亦由“朱张两总及各方面军首长以个别命令行之”。

《十月份作战纲领》发布后，各个方面军立即开始行动。红四方面军总部确定了如下部署：由红三十军开至靖远大芦子一带秘密造船，侦察渡河点，准备渡河事宜；以红四、红五、红三十一军，沿会宁、界石铺、华家岭、马营、通渭、宁远镇、葛家岔、静宁等地，梯次配备，抗击胡宗南、毛炳文、王均、关麟征等部的进攻；以红九军置于会宁至靖远之间，作为预备队。如红三十军渡河成功，红九军即迅速跟进；如渡河不成功而南敌突进，则以红四、红五军牵制敌之侧翼，而以红三十一、红九军反击南敌，为红三十军渡河争取时间。

红三十军在李先念的带领下，在离靖远约 40 里的大芦子一片柳树林里，隐蔽造船。并侦察渡河点，确定先头渡河部队，积极准备渡河事项。

10 月 16 日，蒋介石下达“进剿”命令。18 日，国民党西北“剿总”第一路军总司令朱绍良发布《剿匪计划纲要》，企图以胡宗南第一军及毛炳文第三十七军由东西方面夹击，以王均第三军由南往北推进，在会宁、静宁、通渭地区消灭红四方面军主力。

10 月 21 日，敌人发起攻击。次日，蒋介石由南京飞抵西安，督促东北军、西北军参战。敌人依仗优势兵力和步步为营的战术，向红军扑来，攻势凶猛。

10 月 22 日，毛炳文部攻占华家岭，23 日进占会宁后，继续向靖远方向进攻。红五军在会宁一带激战两昼夜，遭到七架敌机的轰炸，伤亡 800 多人，红五军副军长罗南辉也壮烈牺牲。王均部和关麟征部攻占通渭，经会宁向郭城驿、靖远方向进攻；胡宗南部进占静宁、界石铺，向打拉池、海原方向推进。宁夏战役计划还未实施，西北战场的形势就对红军越来越不利。

罗南辉，四川成都人，1927 年在川军中参加中国共产党，1929 年 6 月参加旷继勋领导的起义，1930 年 10 月领导汉州（今广汉）武装起义，1932 年 11 月又参与领导南部县升钟寺农民起义，1933 年春参加红军，同年10月任红三十三军副军长，参加了反“六路围攻”等战役。红一、红四方面军会师后任红三十三军军长，1936年1月该军与红五军团合编为红五军后任副军长。他的牺牲，是红军的一大损失。

面对敌人的强大攻势，中革军委决定红军各部队采取逐次转移，诱敌深入，伺机打击胡宗南部的方针；并指示朱德、张国焘赴打拉池，会见彭德怀，商讨宁夏战役的部署。

10月23日，朱德、张国焘率红军总部和彭德怀率领的西方野战军总部在打拉池会合。朱德、张国焘对彭德怀提出的宁夏战役计划要旨表示完全同意，电令徐向前、陈昌浩：红三十军首先渡河，红九军跟进；如渡河不成，南敌突进，则以红九军配合南线部队击敌。徐向前、陈昌浩接电后，即令红三十军渡河，同时，向中革军委及红军总部建议：为打开河西战局，红四方面军至少应以三个军以上的主力渡河，南拒兰州北进之敌，北进一条山及五佛寺，西控永登、红城子一带，以便有力策应红一方面军的渡河行动。阻击南线敌人的任务，请从兄弟部队中抽一部力量，协助红四方面军完成。

10月23日晚，红三十军先头部队第二六三团开始渡河。因为事先河道未侦察清楚，船行至河中心，遇到浅滩受阻，未能成功。24日，红三十军另寻渡河点，准备从虎豹口继续偷渡。25日凌晨，红三十军第二六三团一举突破黄河天险，在虎豹口偷渡成功。接着，后续部队迅速抢渡，锐不可当，摧毁马家军沿河防线，控制了上百里的沿河地带。红三十军渡河成功，令其他兄弟部队军心大振。

红三十军渡河成功的消息传到打拉池红军总部，朱德、张国焘、彭德怀关于部署下一步作战行动致电中革军委及红二、红四方面军，提出：“控制西兰大路十月份在我手中之任务已大体完成，三十军渡河成功，开辟了执行新任务的第一步胜利。”要求红四方面军迅速以主力渡河，抢占一条山、五佛寺、永登、红城堡、古浪一带，重点在控制五佛寺渡河点在红军手中，和对由兰州北进之敌的有力阻击。留出一部机动部队，于一条山、五佛寺之线，以便将来适时协助一方面军在中卫、灵武段渡河。河右岸郭城驿前线部队，尽量迟滞和吸引会宁方向之敌。该掩护部队将来如必须渡河时，其一部可于掩护任务完成后，在靖远下游到五佛寺段渡河。朱、张、彭还向中革军委建议：红一方面军将来主要在金积、灵武、中宁、中卫段渡河，必要时亦可以在五佛寺渡河；现应速集结同心城地区，准备渡河技术，11 月 10 日前，完成一切准备工作。①

根据红军总部的命令，红九军向河边开进，继红三十军后渡河。红五军从会宁前线撤下来，以一部监视靖远守敌，一部休整待命。南线阻敌任务，由红四、红三十一军负责。徐向前、陈昌浩率红四方面军总部随红三十、红九军渡河，指挥作战。

10 月 25 日，中革军委致电红军总部和红一、红二、红四方面军领导人，指出："根据敌向打拉池追击及三十军已渡黄河的情况，我们以为今后作战，第一步重点应集中注意力于击破南敌，停止追击之敌。我处南北两敌之间，北面作战带阵地战性质，需要准备至两个月时间，不停止南敌，将使尔后处于不利地位。第二步重点集注意力于向北。"为达到以上作战目的，中革军委作出以下部署：

> （一）以九军以外之一个军接三十军渡河后，两军迅速占领黄河湾〔弯〕曲处西岸头卢塘、眼井堡、大营盘、大塘驿地区之枢纽地带及向中卫方向延伸，侦察定远营与中卫情形，准备第二步，以一个军袭取战略要地之定远营。
>
> （二）四方面军除渡河之两个军外，尚余以九军为中心三个军，二方面军除派赴七营部队外，尚余其主力，对南敌不须多加抵抗，如在若干天内逐渐集结于打拉池南北地区对敌则坚壁清野诱其深入，对我则构筑阵地，鼓励士气，待敌前进时消灭其三四个团，即足以停止南敌矣。
>
> （三）一方面军之主力于四方面军两个军控制河西枢纽地带后开始行动，以突然手段占领金积、灵武地带，徐、陈拨造船技术队二分之一或更多些附属之，迅速造船准备渡河。
>
> （四）在南敌因受严重打击而停止前进后，第九军从中宁渡

① 《中国工农红军第四方面军战史资料选编》（长征时期），第 839—840 页。

河。此时整个战局进入以北面为重点之第二步，而以四方面军之两个军与二方面军全部防御南敌。①

10月26日1时半，中革军委电示朱德、张国焘、彭德怀：“三十军、九军过河后，可以三十军占领永登，九军必须强占红水以北之枢纽地带，并准备袭取定远营，此是极重要一着。”② 同日21时，毛泽东又致电彭德怀：“一、国焘有出凉州不愿出宁夏之意，望注意。二、目前以打击胡敌取定远营两着最为主要。三、三十军占领永登是对的，九军必须占定远营，这是接物攻宁的战略枢纽，不应以一方面军去，不便利不失时机。四、四、五、三十一军、二方面军应以打胡敌为中心，仅抗击是不够的，打法可采取诱敌深入。”③

10月27日凌晨，徐向前、陈昌浩向朱德、张国焘提议：“四方面军全部渡河，以一个军对付兰州之敌，四个军迅出中卫、宁夏，并放船到大庙及中卫，迎接一、二方面军。”④

朱德、张国焘接到徐、陈的电报后回电说：接中革军委电令，“目前作战重点，系在注重击破南敌，停止追击，我各部应即遵照这一指示执行。”“四方面军除三十、九两军及指挥部已过河外，其余各部应停止过河。”红四方面军的部署是：“（1）三十、九两军，即由你们中去一人指挥，迅速占领大芦塘、眼井堡、大营盘、三塘驿、五佛寺地区，以一个军向中卫延伸，一个军准备争取战略要地定远营。（2）四、三十一两军即以一部逐渐迟滞敌人，准备于郭城驿附近与敌决战，消灭敌之突进部队，而停止其前进。”⑤

朱德、张国焘的作战部署，得到中共中央及中革军委的批准。

这时，胡宗南第一军先头已进至硝河城地区，正向海原、打拉池出动；王均第三军和毛炳文第三十七军，先头进至马家堡、蒋家大路一

① 《中国工农红军第四方面军战史资料选编》（长征时期），第841页。

② 《中国工农红军第四方面军战史资料选编》（长征时期），第842页。

③ 《中国工农红军第四方面军战史资料选编》（长征时期），第844页。

④ 《中国工农红军第四方面军战史资料选编》（长征时期），第846页。

⑤ 《中国工农红军第四方面军战史资料选编》（长征时期），第845页。

线，正向靖远前进。蒋介石错误地认为，红军经其攻击后，已经溃不成军，正向西北撤退，于是命令各部疾进追击。中革军委为阻击南线敌人的猛追，加强三个方面军的协同作战，于10月28日任命彭德怀为前敌总指挥兼政治委员，刘伯承任参谋长，准备组织海（原）打（拉池）战役，重点打击蒋之嫡系胡宗南部。当日晚7时15分，朱德、张国焘致电中革军委，提议红三十一军跟在红三十、红九军后渡河。

10月29日，中革军委同意“三十一军可以立即渡河”。但彭德怀要求红三十一军在打拉池以东集中，准备协同红一方面军一起打击北进之敌。

10月30日，彭德怀下达《海打战役计划》，规定红一方面军主力六个师集结古西安州、麻春堡、陈家湾地区，红四方面军第三十一军集结于打拉池以东干盐池地域，以上两部为突击集团，准备从东西两面求歼胡宗南先头一至二个师。第四、第五军主力集中于郭城驿、靖远、打拉池之间占领地，钳制毛炳文、王均两敌，保障红军突击集团右翼安全；红二方面军主力转移到海原以北、西北地域，保障突击集团的左翼安全。中革军委批准了海打战役计划，要求参战各部坚决执行。

同一天，中革军委致电朱德、张国焘，要求红三十一军留在河东，按照彭德怀29日命令执行任务，胜利后再由中卫渡河。

海打战役计划，是红军为击破胡宗南部而部署的一场关键性战役，如果能够实现，就可以遏止它进攻的势头，为宁夏战役创造条件。张国焘虽表示同意，但实际上他并没有按照海打战役计划行事。10月30日，他命令红四军撤至贺家集、兴仁堡，红三十一军撤至同心城、王家团庄，红五军西渡黄河。由于担任重要作战任务的红四方面军三个军未到达指定位置，致使红一方面军主力的右翼完全暴露在敌人面前。10月31日，敌关麟征第二十五师已开进靖远，向东湾子追击；毛炳文、王均两部向打拉池方向进攻；胡宗南部已到达古西安州南的张家塘；马鸿宾部由海原西南的米家塘向红军进攻。面对这种情况，红军不得不放弃海打战役计划，主力由打拉池向东转移。红一军团和红十五军团在向海原以北转移时，敌第三十五师和骑兵第六师向红军侧后进行攻击。红一军团第一师和红十五军团第七十三师进行反击，俘敌千余人，其余敌人逃回海原。

海打战役计划未能实现，前敌总指挥部为贯彻中革军委继续争取实现夺取宁夏的计划，又在11月1日作了新的部署：为坚决打击胡宗南部消灭其二三个师，停止其向红军的追击，集中红一方面军、红四方面军的第三十一、第四军和红二方面军，由前敌总指挥统一调遣，在海打大道以北寻求战役机动，打击胡敌；同时，由红军总部电令河西方向徐向前、陈昌浩指挥的红五、红九、红三十军即在一条山、五佛寺、眼井堡、红水一带，乘胜向中卫方向相机进取，在不攻坚的条件下，消灭马敌。河东红军主力在麻春堡、关桥堡地区设伏诱歼胡宗南部，未达目的。而这时敌人已进至靖远、打拉池、中卫等地，打通了增援宁夏的通路，河东红军主力与河西徐向前、陈昌浩指挥的三个军联络被隔断了。这样，宁夏战役计划便无法实现了。

11月8日，中共中央根据情况的变化，放弃宁夏战役计划的执行，提出了一个新的战略计划设想，其主要内容为：三个方面军主力11月份继续在现地区作战，并以一部兵力佯示红军欲渡黄河，引敌北进宁夏。12月上旬后，红一方面军主力、红二方面军组成南路军，以红四方面军第四、第三十一军组成北路军，分别经陇东进陕西，于适当时机再渡河入晋，寻求直接对日作战，或在晋、冀、鲁、豫、皖、鄂、陕、甘等省机动作战，扩大党的政治影响，扩大红军，争取同南京政府订立共同的抗日协定。徐向前、陈昌浩指挥的已过黄河的红三十、红九、红五军组成西路军，在河西创立根据地，以直接打通苏联为任务，准备以一年完成之。后来，西路军两万余人挺进河西走廊，在极端困难的条件下孤军奋战，歼敌两万，有力地策应了河东红军的行动。但由于敌众我寡，于1937年3月失败，大部分红军指战员血染河西走廊，壮烈牺牲。

按照新的战略计划，红军主力于11月12日从同心城、王家团庄、李旺堡之线开始东移。这时已是初冬季节，天空飘起了雪花，红军务部队冒雪行军，奔赴各指定位置。至15日，红四方面军的第三十一、第四军分别移至萌城、甜水堡和石堂岭附近地区待机；红一方面军的第一军团、第十五军团、第八十一师移至豫旺堡东南、东北和以东地区待机；红二方面军全部移至环县以西地区。

这时，敌毛炳文第三十七军正准备西渡黄河，参加“追剿”红四方面军河西部队；驻甘肃平凉一带的东北军王以哲部与红军有统战关系，前进缓慢；王均第三军进占同心城之后，也停止前进；唯有骄纵的胡宗南第一军，仗着其是蒋介石的嫡系，武器装备精良，根本没把红军放在眼里，孤军深入，分三路向豫旺县进攻。

胡宗南部孤军突出，使原先海打战役计划消灭其部一至二个师的战机再度出现。中革军委主席团根据敌情及红军前敌总指挥部的建议，于11月15日向朱德、张国焘、彭德怀、贺龙、任弼时发出关于红军在豫旺县、洪德城间消灭敌军及作战部署的指示。中革军委认为：敌占豫旺县后有继续追击可能，红军主力应在豫旺、洪德城间各个击破该敌。不击破敌人红军就不能南进，因敌将继续穷追。“目前中心是打破敌之进攻，然后才能开展局面，才有利统一战线，否则敌以我为可欺，不但局面不能开展，（而且）与南京之统一战线也是不可能的”。而以洪德城为中心，豫旺、盐池、环县三角地区最有利于红军作战，为此，中革军委作出如下部署：

> “一、四、十五、三十一共四个军，应即在豫旺县城以东，向山城堡靠近，集结全力准备打第一仗，消灭敌之北路纵队。二方面军在环县附近休息，准备作打第二仗主力。”①

中革军委的指示还规定，各兵团作战由彭德怀统一指挥。11月16日，红军参战各部队开始向山城堡南北地区集结。同日，中革军委向红军各级军政领导人发出指示，要求立即进行政治动员，使广大指战员明白这一战役的重大意义。中革军委还向陕甘宁省委书记李富春和定边工作委员会主任李维汉发出指示，要他们动员工作人员及苏区群众援助红军，一致对敌，紧急筹集粮食一个月，并在敌人进犯地区实行坚壁清野。

① 《三军大会师》下册，第648、649页。

在中革军委的指示下，全苏区军民都动员起来，他们在地方党组织的带领下，坚壁粮食，封闭水井，封锁消息。经过动员，全苏区军民士气高涨，随时准备投入打击胡宗南部的战斗。

胡宗南部突入前后，遇到群众坚壁清野，找不到粮食，开始闹起粮荒，屡电蒋介石告急。蒋介石令其急占定边、盐池，解决给养，控制战略要点，并继续向东打通榆林。11月17日，胡宗南部分三路向定边、盐池前进：左路第一师第一旅由惠安堡东进，中路第一师第二旅向萌城、甜水堡前进，右路第七十八师由西田家原向山城堡前进。第九十七、第四十三师为第二梯队，进至豫旺县城及其附近地区。当日，敌人中路第二旅在萌城以西地区被红四、红三十一军击溃，伤亡团长以下600余人。

决战时刻到来了。11月18日，毛泽东、朱德、张国焘、周恩来、彭德怀、贺龙、任弼时联名下达《关于粉碎蒋介石进攻的决战动员令》，指出：

> 从明日起粉碎蒋介石进攻的决战，各首长务须以最坚决的决心，最负责的忠实与最吃苦耐劳的意志去执行。……当前的这一个战争，关系于苏维埃，关系于中国，都是非常之大的，而敌人的弱点我们的优点又都是很多的。我们一定要不怕疲劳，要勇敢冲锋，多捉俘虏，多缴枪炮，粉碎这一进攻，开展新的局面，以作三个方面军会合于西北苏区的第一个赠献给胜利的全苏区的人民的礼物。①

山城堡位于环县以北，洪德城和甜水堡中间，附近沟壑纵横，地形复杂，对红军设伏十分有利。11月19日，红军前敌总指挥部根据中革军委的指示，决定求歼胡宗南部右路向山城堡前进的第七十八师。部署如下：红一军团隐蔽于山城堡以南之罗家沟至于家湾之间地区待机出击；红十五军团以小部诱敌东进，主力隐蔽于山城堡以东及东北山地

① 《三军大会师》下册，第651页。

待机出击；红三十一军隐蔽于山城堡以北之田家庄附近待机出击；红四军主力隐蔽于山城堡东南地区待机出击；红二方面军主力在山城堡与洪德城之间的水头堡集结，准备策应各方；红二十八军在红井子一带，钳制敌人左路第一旅；红二方面军第六军团以及红一方面军第八十一师、特务团、教导营在洪德城、环县一线以西地区，迟滞东北军；红军前敌总指挥部设在山城堡东南的于家湾。

红军各部队隐蔽待机，敌机白天侦察时，没被发现。胡宗南狂妄地认为“红军不堪一击，已向盐池方向撤退”，即令所部向盐池方向开进。11 月 20 日，敌左路第一旅进占红井子，第九十七师跟进到大水坑；中路第二旅撤回豫旺县整理，第四十三师接任中路，向保牛堡前进；右路第七十八师进占山城堡、小台子、风台堡等地，并派出两个连沿山城堡至洪德城大道向南侦察，在八里铺以南遭红一军团一部的伏击，大部被歼，残余逃回山城堡。

敌第七十八师已钻入红军预先布置好的“口袋”，红军前敌总指挥部决定迅速发起歼敌战斗，尔后再向北横扫敌中路第四十三师等部，具体作战部署为：以红一军团第二师协同红十五军团向山城堡西北的哨马营方向进攻，截断敌之退路；红一军团之第一师和第四师由山城堡以南向北进攻；红三十一军一部由山城堡以北向南进攻；红四军由山城堡东南向西北进攻。

战斗从 11 月 21 日黄昏打起，一直打到第二天上午结束。红军先截断敌人西逃的退路，然后从东、南、北三个方向向敌人展开猛烈攻击。据聂荣臻回忆，战斗开始，红一军团第二师第五团政委陈雄同志亲自带领一排人，一下子就冲入敌人阵地。他们用手榴弹将敌人的临时堡垒一个一个地炸毁，一连占领十个堡垒，随后又把敌人几处主要阵地都拿下来，敌人就溃败下去了。夜晚打乱了敌人的部署，白天的仗就比较好打了。就在这次战斗中，陈雄同志英勇牺牲。①

当时的战斗是非常激烈的。正如当时的报道所说：“在此次战斗

---

① 参见《聂荣臻回忆录》（上），第 329—330 页。

中,确实的表示了红军指战员英勇杀敌的果敢精神。”① 据红一军团第一师第十三团的魏洪亮回忆，他们接连组织了两次冲锋，均未奏效，直到在红四师第十二团重机枪的配合下，他们发起第三次冲锋，才获成功。关于当时激烈战斗的情景，他回忆说：

几分钟后，胜利的号音在山头响起，成功了！这几分钟之内的激烈战斗，是任何人也看不见的。我们全团每人有一把马刀，突击队上去后，敌人也从工事里跳出来。混战激烈的时候，战士们一只手提刀，一只手往前摸，只要摸到人头上有个“圆巴巴”（反动派的帽徽），顺手就给一刀。一刀下去，不管他死活，又去摸另一个。

敌人开始拼命顽抗；几分钟后，变成拼命逃跑了。我登上山顶，敌人已经溃退到山腰了。就在这时，陈赓师长派警卫员跑上来，口传师长的命令：追！追！追！

陈赓师长在战场上下达命令明确、简洁，这三个“追”字，此时此刻，比任何字句，任何语言都有力，我立刻照样传达下去：追！追！追！

战士们如出山的夜老虎，挥着雪亮的马刀，不给敌人喘息的机会，猛追，猛追。我们这个团，班、排长以上的干部，绝大部分是老红军战士，他们熟悉夜战，更善于追击……

胡宗南的所谓“精锐”，白天打阵地战还有一套，可是，夜里碰上红军这些夜老虎，他们就绵羊也不如了。特别是被冲垮以后，兵离了官，官没了兵，完全变成了散沙一把，乱石一堆。有的士兵知道红军的俘虏政策，跑一阵，跑不动了，干脆找个坑坑蹲起来；有的夹在人群中，吁吁奔跑，不知天南地北。天亮，一看前后全是红军，把枪一丢，一屁股坐下去，不动了。战斗结束以后，我们回头搜索，拾到重机枪九挺，俘虏三百多名。所有的俘虏兵，个个脸发白，嘴唇出血，他们除了惊吓以外，据说已经是两天多

① 《山城堡的夜间战斗》,《红色中华》1936 年 12 月 13 日。

没喝一滴水了。①

经过激烈的战斗，红军将敌第七十八师第二三二旅及第二三四旅的两个团全部歼灭。② 与此同时，胡宗南派向盐池方向进攻的另外几个师被红二十八军击溃，迫使胡宗南部全线退至大水坑、萌城、甜水堡及其以西地区，从而停止了其对红军的进攻。

山城堡大捷消息传来，中共中央、中华苏维埃中央政府、中革军委立即于当日发表通令，将红军在山城堡打的第一个胜仗，消灭胡宗南部一个多旅的消息通告全体红军将士、全苏区人民，指出："这个胜利是粉碎蒋介石全部进攻的开始。"并号召："我全体红军战士要更加团结起来，吃苦耐劳，执行命令，勇敢作战。我全苏区人民要帮助红军输送粮食，转运伤兵，搬运胜利品。白军来时，用坚壁清野对付之。为保卫抗日根据地而战，为扩大抗日根据地而战，为消灭全部进攻之敌而战。"③

山城堡战役是三大主力红军会师后，相互配合作战，取得的第一次重大的军事胜利，也是长征胜利结束的最后一仗。山城堡战役的胜利，是中共中央、中革军委英明决策，红军各部队团结战斗的结果。这一仗挫败了蒋介石的军事进攻，稳定了陕甘宁根据地的局面，促进了国内和平的实现。

---

① 魏洪亮：《夜战山城堡》，《解放军报》1975 年 12 月 4 日。

② 此处据《聂荣臻回忆录》（上）。有的同志认为敌第二三四旅编制为两个团，红军实际上只消灭其一个团。

③ 《三军大会师》下册，第 652 页。

结束语

经过两年的殊死战斗，红一、红二、红四方面军和红二十五军，终于战胜了围追堵截的敌人，克服了数不清的艰难险阻，先后到达陕甘地区，胜利地结束了长征。长征的胜利，意义是巨大的，经验是丰富的，影响也是广泛而深远的。

一、红军长征胜利的伟大意义和深远影响

红军长征的胜利，意义是多方面的，而且随着时间的推移，越来越充分地显示出来。

首先，它宣告了国民党围追堵截红军的破产，宣传了中国共产党和红军的主张，并在沿途播下了革命的种子，鼓舞了广大的革命人民。

毛泽东在谈到红一方面军长征的意义时曾形象地说："长征是历史纪录上的第一次，长征是宣言书，长征是宣传队，长征是播种机。自从盘古开天地，三皇五帝到于今，历史上曾经有过我们这样的长征吗？十二个月光阴中间，天上每日几十架飞机侦察轰炸，地下几十万大军围追堵截，路上遇着了说不尽的艰难险阻，我们却开动了每人的两只脚，长驱二万余里，纵横十一个省。请问历史上曾有过我们这样的长征吗？没有，从来没有的。长征又是宣言书。它向全世界宣告，红军是英雄好汉，帝国主义者和他们的走狗蒋介石等辈则是完全无用的。长征宣告了帝国主义和蒋介石围追堵截的破产。长征又是宣传队。

它向十一个省内大约两万万人民宣布，只有红军的道路，才是解放他们的道路。不因此一举，那么广大的民众怎会如此迅速地知道世界上还有红军这样一篇大道理呢？长征又是播种机。它散布了许多种子在十一个省内，发芽、长叶、开花、结果，将来是会有收获的。总而言之，长征是以我们胜利、敌人失败的结果而告结束。”①

红一方面军的长征是如此，红二、红四方面军和红二十五军的长征也是如此。的确如毛泽东所说，长征是一篇宣言书。为了消灭长征中的红军，蒋介石调集了中央军、粤军、湘军、桂军、黔军、滇军、川军、东北军、西北军、马家军及少数民族中反动土司、头人的部队，千方百计地进行围追堵截，企图将各路红军逐次歼灭。红军在数万里转战中虽然受到很大的损失，但终于冲破国民党军队的一次次围追堵截，胜利地在陕甘地区大会师。它以铁的事实向全世界宣告，红军不愧是英雄好汉，而国民党上百万大军的围追堵截彻底破产。

长征又是宣传队，是一次最广泛、最有效的宣传。红军长征所经过 15 个省份、两亿多人口的地区，大部分是偏远的西南、西北地区，那里的大部分群众，从来没有见过共产党，没有见过红军。通过长征，他们不仅见到了共产党，见到了红军，还了解了他们的方针、政策和主张，从而使共产党和红军的影响扩大到了广大的西南、西北地区。斯诺在著名的《西行漫记》一书中就说：“红军经过的省份有二亿多人民。在战斗的间隙，他们每占一个城镇，就召开群众大会，举行戏剧演出，重‘征’富人，解放许多‘奴隶’（其中有些参加了红军），宣传‘自由、平等、民主’，没收‘卖国贼’（官僚、地主、税吏）的财产，把他们的财物分配给穷人。现在有千百万的农民看到了红军，听到了他们讲话，不再感到害怕了。红军解释了土地革命的目的，他们的抗日政策。”他认为：“在某种意义上来说，这次大规模的转移是历史上最盛大的武装巡回宣传。”②

不仅如此，红军长征的英雄事迹还传到了国民党统治的其他地区，

① 毛泽东：《论反对日本帝国主义的策略》，《毛泽东选集》第 1 卷，第 149—150 页。

② 〔美〕埃德加·斯诺：《西行漫记》，生活·读书·新知三联书店 1979 年版，第 180—181 页。

鼓舞了这些地方广大人民群众的斗志。根据红一方面军部分将士长征征文（后编为《红一方面军长征记》）编写的《红军二万五千里西行记》①全面介绍了红一方面军长征的经过。此文在上海《逸经》杂志发表后，使国民党统治区的许多人了解了红军。那些在国民党统治区坚持斗争甚至被关进监狱的革命者，在得知红军长征的消息后，更深受鼓舞。著名文学家鲁迅和茅盾在得知红军长征胜利到达陕北的消息后，立即写信祝贺说："英勇的红军将领和士兵们，你们的勇敢的斗争，你们的伟大胜利，是中华民族解放史上最光荣的一页，全国民众期待你们更大的胜利，全国民众正在努力奋斗，为你们的后盾，为你们的声援！你们的每一步前进，将遇到极热烈的欢迎与拥护。"②他们的这些话，代表了国民党统治区革命人民的共同的心声。

长征还是播种机，在沿途播下了革命的种子。红军在所经过的许多地区，帮助各民族群众建立了革命政权，组织了革命武装，而且留下许多红军干部和战士，与他们一起战斗。仅在少数民族地区建立的红色政权，著名的就有川黔边南腰界土家、苗、汉各族苏维埃，大凉山彝、汉人民联合政权——冕宁县革命委员会，茂县、理县、汶川县（羌、藏、汉族）工农兵苏维埃，茂县回族苏维埃，瓦钵梁子、周伞藏族苏维埃，绥崇地区的格勒格沙（藏语，意为嘉绒地区）政府，川边藏区的中华苏维埃波巴（藏人）自治政府，陕甘宁豫海县回民自治政府等。这些民族自治政权有许多都建立了革命武装，在红军走后仍然坚持斗争。如红二、红六军团长征到贵州黔西、大定、毕节地区后，迅速建立了抗日救国委员会和抗日救国军，在很短时间内，就发展到1000多人枪。红军长征走了以后，黔南的布依、苗、汉族人民同红军留下的60多名战士一起，在贞丰、紫云、望谟和罗甸四县边区的大小麻山一带坚持斗争，成为威胁国民党黔南统治的游击区。云南迪庆藏区的贫农张文耀和红军留下的伤病员，还领导群众进行暴动，联合维西、丽江、永胜、鹤庆、剑川等八县的彝、藏、白、纳西、汉族人民4000余人，在"杀

① 署名幽谷，载《逸经》第33、34期，上海人间书屋1937年7月5日出版。

② 载《红色中华》1936年10月28日。原注为"摘鲁迅来信"，实际为鲁迅和茅盾共同撰写。因当时茅盾还在上海，为保护他，故未注他的名字。

官安民”、“打富济贫”的口号下，占领金沙江东岸桥头和格鲁湾一带，沉重地打击了当地的统治者。[①]

其次，红军长征的胜利，保留了红军的骨干，锻炼和造就了大批的人才，集中了各路红军的经验和特长，使红军成为一支更加坚强的部队。

在长征的过程中，红军的力量受到了巨大的损失。红一、红二、红四方面军和红二十五军在长征出发前，共有 20 万余人，到达陕、甘地区时，只剩下了五六万人。其中红一方面军和中央军委机关及直属部队出发时有 8.6 万人，到达陕北时只剩下 7000 多人（与红四方面军在一起的红五、红九军团等未计算在内）。但是，各路红军的骨干保留下来了，而且经过长征的千锤百炼，保留下来的这些红军骨干大大地增长了才干。就连长征出发前才参军或长征路上才参军的许多新战士，经过艰难的万里转战，也都成了坚强的红军战士，甚至成了优秀的红军指挥员。

各路红军在出发以前，一直分散在各个革命根据地。他们在多年的征战中，都创造了丰富的经验，具备了自己的特长。在大会师以后，各路红军汇聚到了一起，他们的经验和特长也集中到了一起，这就更便于互相交流和学习，从而使红军的各方面建设大大增强。三大主力红军集中到一起以后，在中共中央的集中领导下，互相配合，统一行动，对于打开革命斗争的新局面，夺取即将到来的抗日战争的新胜利，也具有重要的意义。杨尚昆在 1936 年为迎接红军三大主力会师所写的《全国主力红军大会合》一文，就明确指出：“三大红军主力会合，在数量上固然会大大地增加起来，成为一极大的红军，同时质量上的加强，其程度是不可测量的。三个方面军都有极其丰富的斗争经验，有各种军事上的特长，会合之后，就将要融合为一，以这种九年国内战争的经验和全体健儿的集体意志，去战胜日本及一切汉奸卖国贼，这是有把握的”，因此，“这一伟大的会合，在红军本身上说来，也有极重要

① 周锡根：《论红军长征时期中国共产党的民族、统战和宗教政策》，军事科学院军事历史研究部等编：《历史的丰碑》，军事科学出版社 1987 年版，第 129—130 页。

的意义，在中国发展的历史上，将划出一个崭新的时期！”[①]中共中央、中华苏维埃中央政府、中革军委在庆祝三大主力红军会师的通电中进一步指出：“我们的这一在抗日前进阵地的会合，证明日本帝国主义的强盗侵略是决〔快〕要受到我们全民族最坚强的抗日先锋队的打击了，证明中国民族抗日统一战线与抗日联军是有了坚强的支柱了。证明处在水深火热之中的全国同胞是有了团结御侮的核心了，证明正在抗日前线的爱国工人，爱国农民，爱国学生，爱国军人，爱国记者，爱国商人，英勇的东北义勇军以及一切爱国志士是有了援助者与领导者了，总之全国主力红军的会合与进入抗日前进阵地，在中国与日本抗争的国际火线上，在全国国内政治关系上，将要起一个决定的作用了。”[②]

最后，红军长征的胜利，巩固和发展了陕甘革命根据地，使全国革命的重心移到了靠近抗日前线的西北，为革命新高潮的掀起、抗日战争时期的大发展和全国革命的胜利，奠定了重要的基础。

陕甘革命根据地，在红二十五军到达以后力量得到了壮大。但是，由于“左”倾冒险主义的影响，在1935年九十月间进行的错误的肃反，造成根据地的严重危机。中共中央到达以后，立即把被捕的刘志丹等人释放出来，及时停止和纠正了这个严重错误，并于11月间取得直罗镇战役的重大胜利，打破了国民党军队的第三次“围剿”，使陕甘革命根据地转危为安。1936年，红一方面军接连进行了东征和西征，开辟大片新区，使陕甘革命根据地得到了巩固和扩大，形成著名的陕甘宁革命根据地。三大主力红军会师以后，又取得山城堡战役的重大胜利，使陕甘宁革命根据地进一步得到巩固，从而形成了位于西北的全国革命的大本营。

不仅如此，南方的各路红军由南向西北的战略大迁徙，适应了20世纪30年代中国革命中心由南到北的历史变迁。中国革命领导核心和骨干力量的适时北移，为中共以陕甘宁根据地为大本营领导中国人民抗日战争和人民解放战争，创造了基本的前提条件。

---

① 《红军长征·回忆史料》(2)，第350页。

② 《红军长征·文献》，第1181—1182页。

在红军长征出发以前，革命根据地大多在长江流域，全国革命的重心在南方。国民党为了消除这心腹大患，调集了上百万大军向各个革命根据地进行“围剿”。在这种情况下，革命力量再在南方发展很不容易。而日本帝国主义发动九一八事变后，不仅迅速占领全东北，而且一步步向华北进逼，亡国灭种的危险摆在全国人民的面前。但由于中国共产党和红军的主要力量在南方，无法奔赴抗日前线。在中日民族矛盾成为中国社会主要矛盾的情况下，哪种政治力量能成为抗日的中坚，哪种政治力量就能得到全国人民的拥护，就能获得迅速的发展。因此，革命重心的北移，既是抗日斗争的需要，也是摆脱困境、发展革命力量的需要，是历史发展的必然趋势。红军长征的胜利，使各路红军集中到了离抗日前线较近的西北地区，恰好顺应了历史发展的要求。正因为如此，红军长征到达陕甘地区以后，就迅速打开中国革命的新局面，在抗日战争中发挥出重要的作用，自己的力量也获得迅速的发展。后来毛泽东在谈到红军长征胜利的重大意义时就说：“如果不到陕北，那怎么能到华北地区、华东地区、华中地区、东北地区呢？怎么能在抗日战争时期搞那么多根据地呢？”①

红军长征的胜利，为抗日战争时期中国共产党和人民军队的大发展创造了条件。中共中央等在为庆祝红一、红二、红四方面军大会合的通电中即指出：“我们即刻就要进入一个新阶段了，这就是抗日民族革命战争的阶段。”② 在这个新阶段中，中国共产党和人民军队都获得迅速的发展，从而为中国革命的胜利奠定了基础。抗日战争胜利以后，中国共产党就迅速地打败蒋介石，建立新中国，取得新民主主义革命的最后胜利。因此，长征胜利是中国革命第二次由失败走向胜利的重要转折，是此后中国革命胜利进军的前奏曲，在新中国成立以后，它仍然在鼓舞着亿万人民在社会主义革命和社会主义建设中、在建设中国特色社会主义和实现中华民族伟大复兴的奋斗历程中奋勇前进。

---

① 毛泽东：《在外地巡视期间同沿途各地负责同志的谈话》，1971年8月中旬至9月12日。

② 《红军长征·文献》，第1182页。

二、红军长征胜利的原因及丰富经验

在长征中，客观形势对红军是极为不利的。上百万国民党大军的围追堵截，无数道天然屏障的阻隔困厄，“左”倾冒险主义的错误领导和右倾分裂主义的危害，多次使力量已经比较弱小的红军濒于绝境。可是，在这种艰难而又危险的情况下，红军为什么能最终取得长征的胜利呢?

第一，及时地撤换了“左”倾冒险主义的错误领导，确立以毛泽东为代表的正确的中央领导。在长征初期，由于“左”倾冒险主义的错误领导，导致一系列的重大损失，特别是湘江战役的失败，使红一方面军损折过半。如果不撤换李德、博古的错误领导，长征就很难取得胜利。正是在这种情况下，党中央召开著名的遵义会议，总结第五次反“围剿”以来失败的教训，批判李德、博古在军事领导上的错误，并改变了中央和红军的领导，确立了以毛泽东为代表的正确的中央领导，从而使党和红军在极端险恶的情况下转危为安，保证了红军长征的胜利。正如周恩来 1943 年 11 月 27 日在延安中央政治局会议上的发言所说:“中央红军能不在李德的荒谬指挥下消灭,而能渡过长征困难，实因在遵义会议后得到毛主席的领导，以及一、三军团骨干的努力。”① 张闻天 1943 年 12 月 16 日在整风笔记中也写道:“遵义会议在我党历史上有决定转变的意义。没有遵义会议，红军在李德、博古领导下会被打散，党中央的领导及大批干部会遭受严重的损失。遵义会议在紧急关头挽救了党，挽救了红军。”②

第二，战胜了张国焘的右倾分裂主义，保持了党和红军的团结。红一、红四方面军会师以后，张国焘自恃人众枪多，个人野心大膨胀，企图夺取党和红军的最高领导权，并明目张胆地成立“第二中央”，分裂党和红军。党中央和毛泽东、张闻天、周恩来、王稼祥、朱德、彭

---

① 《遵义会议文献》，第 64—65 页。

② 《遵义会议文献》，第 79 页。

德怀、刘伯承、张浩、任弼时、贺龙、徐向前等领导成员及红一、红二、红四方面军的广大指战员，对此进行了坚决的斗争，终于战胜张国焘的分裂主义，有力地维护了党和红军的统一与团结。可以说，如果没有全党全军的这种统一与团结，就没有红军三大主力的大会师，就没有长征的胜利。

整个红军的长征是如此，各路红军的长征也是如此。正由于各路红军上下之间、官兵之间的紧密团结，才战胜了一个个困难，相继取得了长征的胜利。陈云在谈到红一方面军长征胜利的原因时，就说第一个原因是“红军兵心团结”，并认为“红军兵心之团结及士气之旺，为国内任何军队所不及”。①

党和红军统一与团结局面的出现，与党中央和毛泽东等对于党内矛盾、党内斗争的正确处理是分不开的。在遵义会议上，党中央及时地解决了当时最迫切的军事领导问题，而将政治路线问题留待以后再来解决,这样,既纠正了错误的军事指导,又团结了原来犯错误的同志。在与张国焘分裂主义的斗争中，党中央和毛泽东等也表现出高度的原则性和灵活性，采取了正确的态度和方针。正如彭德怀所说，如果不是采取了团结的方针，“就不会有以后二、四方面军在甘孜的会合，更不会有一、二、四方面军在陕北的大会合了”。②

第三，选择敌人力量较为薄弱的正确转移方向，并提出北上抗日的正确方针。红军的长征实际上是一次战略退却，选择什么样的方向，对于退却的成功至关重要。红一方面军向敌人力量较为薄弱的西南方向突围，应该说是正确的。但蒋介石窥破红军到湘西与红二、红六军团会师的企图，并调集大军等在红军前进路上的时候，红军如果不改变方向，就有全军覆没的危险。正是由于毛泽东及时地提出向敌人力量薄弱的贵州进军的建议，红军改变了战略方向，才避免了这场危机。当红军到达黔北以后，本想从这里北渡长江，与红四方面军会合，但这时刘湘已沿长江布置大军进行拦截，如果红军不能从战争实际出发，

---

① 廉臣（陈云）:《随军西行见闻录》,《红旗》1985 年第 1 期。

② 《彭德怀自述》，第 204 页。

改变战略行动方向，后果也不堪设想。由于红军及时地掉转方向，迂回前进，才从云南巧渡金沙江，再次使红军避免了危机。红二、红四方面军和红二十五军的成功西进，也是由于正确选择战略方向，并根据形势的变化不断加以修改，才得以实现的。

红军长征的胜利，与党中央坚持北上抗日的方针是分不开的。红一、红四方面军会师以后，张国焘坚持南下，党中央则坚决主张北上。事实证明，南下是没有出路的，北上才是正确的。正因为党中央坚持了北上的方针，继续选择了正确的战略方向，才有后来的三军大会师，有长征的胜利。因此，红军长征的胜利，也是党中央北上方针的胜利。

坚持北上抗日的方针，除了便利于参加即将爆发的抗日战争，掀起革命的新高潮，对于团结红军、鼓舞士气也起了重要的作用。斯诺在《西行漫记》一书中就说："共产党人认为，而且显然也这么相信，他们是在向抗日前线进军，而这是一个非常重要的心理因素。这帮助他们把原来可能是军心涣散的溃退变成一场精神抖擞的胜利进军。……这种宣传上的巧妙手法必须看成是杰出的政治战略。在很大程度上，这是造成英勇长征得以胜利结束的原因。"①

第四，实行高度灵活机动的战略战术，各路红军进行密切的战略配合。在长征过程中，到处困难重重，形势瞬息万变，没有灵活机动的战略战术是难以胜利前进的。红一方面军在长征之初，就是由于实行甬道式的大搬家，战术呆板，行动迟缓，受到严重的损失。遵义会议以后，由于撤换了"左"倾教条主义的错误领导，毛泽东回到军事领导岗位，红军成功地四渡赤水，直插云南，巧渡金沙江，抢渡大渡河，与红四方面军胜利会师。对于红军这种机动的战略战术，国民党的追剿部队也承认难于应付，认为"红军的神机妙算，出进无常，掌握了主动"，使"蒋介石和薛岳等莫名其妙，摸不清头脑"②。红二、红四方面军和红二十五军的长征，也同样依靠了各种灵活机动的战略战术。如王震在回忆贺龙领导红二、红六军团向湘黔边转移时的战斗

① 《西行漫记》，第180页。

② 《红军长征在贵州史料选辑》，第402、396页。

历程时说："这一个时期的战斗，打得机动灵活，有声有色，运用自如，所向披靡，是红二方面军战史上的光辉范例。"① 红四方面军在岷洮西战役中，也由于"采取灵活多变的战术，经过一周艰苦鏖战，重创了敌军"②，取得重大胜利。

各路红军的战略配合，对于长征的胜利进行也起了重要的作用。当时各路红军的长征虽然是分别进行的，但红七军团的北上，红六军团的西征，配合了红一方面军长征准备工作的进行；红一方面军长征后留下的部队，红十军团的北上，红二、红六军团的行动，都钳制了敌人的兵力，掩护和策应了红一方面军初期的转移；红二、红六军团和红四方面军的军事出击，配合了红一方面军在云贵川的胜利转战；红二十五军与陕甘红军的会师，为红军落脚西北准备了条件；红四方面军和红十五军团的策应，为红一方面军的胜利北上提供了帮助；红四方面军的接应，有力地配合了红二、红六军团在川康边的北上；红一方面军的接应，又配合了红二、红四方面军的北上。如果没有这些相互之间战略配合，长征的胜利就会更加困难。

第五，发扬了革命的英雄主义精神和英勇顽强的战斗作风。在长征过程中，红军面对的是众多的敌人和数不清的艰难险阻，如果没有革命的英雄主义精神和英勇顽强的战斗作风，后果是不可想象的。朱德在谈到"十七勇士"抢渡大渡河的事迹时说："红军体现了英雄主义的新观念。我们培养出革命的群众英雄，他们不自私自利，不为任何诱惑所动，决心为革命牺牲，一直战斗到我们的人民和国家获得解放为止。"③ 正是这种革命的英雄主义精神以及英勇顽强的战斗作风，使红军克服了千难万险，战胜了凶恶的敌人。

第六，实行正确的群众政策特别是民族和宗教政策，得到各族群众的支持和帮助。战争不仅是军队的拼杀，还是人心向背的较量。红军是人民的军队，即使是在长征的艰苦环境中，也时时关心群众的生活，宣传群众，组织群众，力所能及地帮助群众，因此得到了沿途广

① 王震：《忠诚的战士·革命的一生——纪念贺龙同志》，《解放军报》1977 年 7 月 28 日。

② 杜义德：《回顾岷洮西战役》，《红军长征·回忆史料》（2），第 272 页。

③ 《伟大的道路》，第 367 页。

大群众的拥护和支持。在红军经过的地方，不知留下了多少红军爱护和帮助群众、群众拥护和支持红军的动人故事。斯诺在《西行漫记》中，就曾生动地描绘了红一方面军沿途分发有钱人的财产给穷人的情景。他说红军沿途没收有钱人如地主、官吏、豪绅的财物，除作给养外便分配给当地的穷人，地契都烧毁了，捐税也取消了，贫农还发给了武装，除了川西的一些地方外，他们到处受到农民群众的欢迎。红军还未到，名声早就已经传到，常常有被压迫农民派代表团来要求红军绕道到他们乡里去“解放”他们。他们对红军的政纲虽然很少有什么概念，但“只知道这是一支‘穷人的军队’。这就够了”。①

红军长征所经过的地区，大都是西南、西北少数民族聚居区，不少少数民族有自己的独特的宗教信仰和风俗习惯。由于汉族统治者的长期压迫剥削，国民党当局的欺骗和对红军的不了解，他们往往对红军怀有疑惧，有的甚至进行对抗。而红军在经过各少数民族地区时，积极宣传和执行民族平等、民族团结和宗教信仰自由的政策，尊重少数民族的风俗习惯，认真保护群众的利益，努力争取上层民族宗教人士，所以很快得到了苗、瑶、壮、侗、彝、羌、藏、回、裕固等族人民的信任，他们自觉地为红军带路、送粮草、救护伤病员，协同红军作战，许多人还立即参加了红军。当红一方面军渡过金沙江后，蒋介石发誓要使红军成为“石达开第二”，但由于刘伯承和彝族沽基家支首领小叶丹的结盟，红军不但顺利通过彝族区，还胜利渡过大渡河，使蒋介石的梦想彻底破灭，留下了红军和彝族人民团结的佳话。红军在经过川康边藏族地区时，也得到了藏族人民的支持和帮助。他们把红军看作“菩萨兵”，把红军帮助他们建立的自治政府，称为“自己的政府”或“郎加尼玛夏”（天上出来的太阳），不少人拿出了自己本来很少的食物，还有许多藏族青年参加了红军。② 当红军经过豫旺堡一带回民区时，由于红军正确的民族宗教政策，回民群众完全相信了红军，自动地打开寨门，与红军联合，并慰劳红军许多东西，“回民那种热忱，

① 《西行漫记》，第175—176页。

② 天宝：《红军长征过藏区》，《红军长征·回忆史料》(2)，第95页。

对红军的拥护与爱戴的情形真是难以形容了”①。红军长征的胜利，与各族人民群众的支持和帮助是分不开的。

三、红军长征的世界影响

红军长征的英雄事迹不仅传遍了全中国，而且很快传到世界许多国家。80年来，外国的记者、作家、史学家等一直在不断地报道、研究、记述红军长征的光辉业绩，慕名前来参观、访问长征的人络绎不绝，有关红军长征的书不断在各国出版。可以毫不夸张地说，红军的长征是中国在世界上影响最大的重要事件之一，也是使他们感到震惊和赞叹不已的世界奇迹之一。

1936年8月，当红二、红六军团还在长征途中的时候，与他们一起生活了18个月的瑞士传教士勃沙特（全名鲁道夫·阿尔弗雷德·勃沙特·比亚吉特），就在英国出版了《抑制的手》②，记录了他在红军及长征中的奇异经历。1937年10月，美国著名记者埃德加·斯诺在英国出版了《红星照耀中国》即《西行漫记》，系统地介绍了红一方面军的长征，生动地描写了红军抢渡大渡河、爬雪山、过草地的动人情景。其后，美国记者艾格妮丝·史沫特莱、美国作家海伦·福斯特（笔名尼姆·韦尔斯）、德国友好人士王安娜等人，在他们写的《伟大的道路——朱德的生平和时代》、《红色中国内情》即《续西行漫记》、《中国——我的第二故乡》等书中，都介绍了红军长征中的事迹。20世纪70年代，美国和英国同时出版了英国人迪克·威尔逊写的《1935年的长征：中国共产党为生存而斗争的史诗》，美国出版了I.G.埃德蒙兹写的《毛泽东的长征：人类大无畏精神的史诗》。80年代，美国出版了著名记

---

① 《路程过回民区》，载《红色中华》1936年9月18日。

② 张国琦：《长征途中一个外国人的故事》，《瞭望》周刊1987年第33期。张注洪将《抑制的手》译为《神灵之手——一个为基督事业的中国被俘者的自述》，1936年12月由英国伦敦哈德尔和斯托顿公司出版发行，见《论〈西行漫记〉的历史影响》，载埃德加·斯诺：《红色中华散记》，江苏人民出版社1991年版，第24页。

者、作家哈里森•索尔兹伯里写的《长征——前所未闻的故事》，简•弗里茨写的《中国的长征：艰险的6000英里》，英国出版了安松•劳伦斯写的《中国：长征》。除此之外，还有英国杭尔德著《向自由的长征》，法国迪皮伊著《毛泽东领导的长征》，日本宾户宽著《中国红军——困难与险峻的二万五千里》，冈本隆三著《长征——中国革命锻炼的记录》，苏联尤里耶夫著《中国人民历史上的英勇篇章》等。新西兰、澳大利亚、瑞士等十几个国家的记者，还拍摄、出版了名为《中国——长征》的大型画册。在许多关于中共党史、中国革命史、毛泽东等人的传记等著作中，也都有关于红军长征的论述。特别是斯诺的《西行漫记》和索尔兹伯里的《长征——前所未闻的故事》，一出版便在许多国家引起轰动。

国外关于红军长征的这些著作，对一些具体问题的看法虽然不尽相同，但对许多重大问题的评价，如“左”倾冒险主义的危害，遵义会议及毛泽东的重要作用，张国焘分裂主义的错误，红军长征胜利的重大意义，等等，看法与我们比较一致，有的论述甚至比较深刻。综观这些书的内容，有以下几个突出的特点：

第一，不仅充分肯定长征在中共党史、中国革命史上的重要地位，而且从世界现代史、世界军事史、人类活动史的角度，充分肯定长征的重要历史地位。

首先对长征作出高度评价的是《西行漫记》。书中明确指出：“不论你对红军有什么看法，对他们的政治立场有什么看法（在这方面有很多辩论的余地！），但是不能不承认他们的长征是军事史上伟大的业绩之一。在亚洲，只有蒙古人曾经超过它，而在过去三个世纪中从来没有发生过类似的举国武装大迁移，也许除了惊人的土尔扈特部的迁徙以外……与此相比，汉尼拔经过阿尔卑斯山的行军看上去像一场假日远足。另外一个比较有意思的比较是拿破仑从莫斯科的溃败，但当时他的大军已完全溃不成军，军心涣散。”书中还说：“总有一天有人会把这部激动人心的远征史诗全部写下来。”[①] 史沫特莱在《伟大的道

---

① 《西行漫记》，第180—181页。

路》一书中，也认为长征是一部“史诗”，“事实、数字和一路上千山万水的名称，都不足以说明红军长征的历史性意义，它们更不能描绘出几十万参加长征的部队的不屈不挠的奋斗精神，以及他们所遭受的苦难”。里奥·胡柏曼、保罗·史威乔在此书的英文版序言中还说：“长征是军事史上独一无二的事件。与长征比较起来，汉尼拔的跨越阿尔卑斯山在‘历史的小剧院中’失掉了光彩，拿破仑自莫斯科的撤退也只是灾难性的失败，而长征则是最后胜利的前奏曲。”①

其他的许多著作，也都对长征作出很高的评价，认为“长征是中共党史上最壮丽的一页”②，是中国革命的“一个高峰”③；是“现代历史中最重要的事件”④；是“无与伦比的现代奥德赛史诗”，“是人类历史上一个伟大的业绩”⑤；是激动人心的“壮丽史诗”，“是一曲人类谋求生存的凯歌”，“在人类活动史上是无可比拟的”，“是举世无双的”⑥，等等。

第二，一致认为长征不仅锻炼了红军，保存了党的领导骨干，还在政治上取得成功，推动了革命运动的发展，导致了中国革命的胜利，对中国历史和世界前途都发生了深远的影响。

很多书认为：“长征的艰苦，锻炼了人们的纪律性和献身精神”⑦，在激烈的战火中把部队“锤炼成钢铁战士”⑧，部队到达西北地区以后，使它成了“历史上一支无与伦比的坚强队伍”⑨，长征“是锻炼以后的中

---

① 《伟大的道路》，第 351 页；“原出版者序言”第 23 页。

② 〔英〕迪克·威尔逊：《1935 年的长征：中国共产党为生存而斗争的史诗》，美国 1971 年英文版。

③ 〔美〕简·弗里茨：《中国的长征：艰险的 6000 英里》，伦敦 1986 年英文版。

④ 新西兰等国记者拍摄的大型画册《中国——长征》。

⑤ 〔德〕王安娜：《中国——我的第二故乡》，生活·读书·新知三联书店 1980 年版，第 140、143 页。

⑥ 《长征——前所未闻的故事》，“中文版自序”第 4 页、“《长征》及其由来”第 1、5 页。

⑦ 〔英〕迪克·威尔逊：《1935 年的长征：中国共产党为生存而斗争的史诗》。

⑧ 《中国——我的第二故乡》，第 143 页。

⑨ 《伟大的道路》，第 397 页。

国领导人的熔炉”[①],“中国革命的熔炉”[②],它“塑造了一代新人”[③],“锻造了在毛泽东的领导下打垮蒋介石、夺取全中国的整整一代的人和他们兄弟般的革命情谊”。[④]

有的书还指出:“长征不仅仅是一次杰出的军事成就，还是一个具有深远影响的政治活动，它保证了整个中国共产主义运动的生存”，即保存了党的上层机构和当时的所有军政领导人。[⑤]在长征中，共产党还终于摆脱了共产国际的压力，在未取得斯大林认可的情况下确立了毛泽东的领导地位，这在斯大林时代各国共产党的历史上，“是一个前所未有的事件”[⑥];“长征将毛‘造就’为一个把思想和行动结合在一起的人，将他推至于中国最有希望的政治领袖的地位边缘，而且给他提供了一支钢铁般的队伍”,他“在领导长征时充分显示了他的政治天才”[⑦]，善于“将客观机遇同英勇斗争结合起来”，从而使形势“迅猛向前发展”,“大步前进”[⑧],“使中国共产党重新获得活力”[⑨]。共产党和红军到达陕北以后，便“不仅赢得了巨大的声誉，而且获得了政治上的成功，在很大程度上促成了新的统一战线”[⑩],使革命运动迅速发展。有的书指出,正是由于上述军事上和政治上的成功,中国共产党在“十四年之后，就取得了全国胜利，把国民党赶下大海。这样，长征在性质上就由走投无路的撤退，变成走向胜利的序幕”[⑪];长征把1934年10月16日红军渡过浅浅的雩都河到1949年10月1日中华人民共和国成立，即共

---

① 大型画册《中国——长征》。

② 《长征——前所未闻的故事》,“《长征》及其由来”第5页。

③ 〔美〕威廉·莫尔伍德:《中原逐鹿:蒋介石和毛泽东为控制中国而进行的斗争》，美国1980年英文版。

④ 《长征——前所未闻的故事》,“《长征》及其由来”第5页。

⑤ 〔法〕吉耶马:《中共党史(1921—1949年)》，1972年纽约英文版。

⑥ 〔美〕莫里斯·梅斯纳:《毛泽东的中国及其发展——中华人民共和国史》，社会科学文献出版社1992年版，第38页。

⑦ 〔美〕R. 特里尔:《毛泽东传》(修订本),河北人民出版社1989年版,第166、167页。

⑧ 〔英〕迪克·威尔逊:《1935年的长征:中国共产党为生存而斗争的史诗》。

⑨ 〔美〕I.G. 埃德蒙兹:《毛泽东的长征:人类大无畏精神的史诗》,美国1973年英文版。

⑩ 〔法〕吉耶马:《中共党史(1921—1949年)》。

⑪ 〔英〕迪克·威尔逊:《1935年的长征:中国共产党为生存而斗争的史诗》。

产主义在地球四分之一人口生活的土地上取得胜利“这段历史紧紧地联系在一起”，“使毛泽东及其共产党人赢得了中国”，因此，“本世纪中没有什么比长征更令人神往和更为深远地影响世界前途的事件了”。[①]

关于长征和中国革命胜利之间的密切联系，有的书甚至指出：“如果没有长征，中国今天就不是共产党的天下”[②]，“长征简直是将革命划分为‘公元前’和‘公元后’的一条分界线。其后发生的一切事情，都要从这个举世无双的奇迹说起”[③]。有的书还说：长征的精神使中国克服了前进中的错误，“走上了一条崭新的道路”，这就是现在所进行的“新长征”[④]。

第三，高度赞扬红军在长征中所表现出来的高度的英雄主义精神和崇高的道德品质，认为这是中国人民的一笔宝贵的财富，直到现在仍在鼓舞着中国人民奋勇前进。

《西行漫记》一书指出：“这是一次丰富多彩、可歌可泣的远征……冒险、探索、发现、勇气和胆怯、胜利和狂喜、艰难困苦、英勇牺牲、忠心耿耿，这些千千万万青年人的经久不衰的热情、始终如一的希望、令人惊诧的革命乐观情绪，像一把烈焰，贯穿着这一切，他们不论在人力面前，或者在大自然面前，上帝面前，死亡面前都绝不承认失败——所有这一切以及还有更多的东西，都体现在现代史上无与伦比的一次远征的历史中了。”[⑤]

《中国——我的第二故乡》一书说：“长征是艰苦的冒险，长征是人类的勇气与怯懦、胜利与失败的搏斗”，并特别指出：“这一行动要战胜敌人和恶劣的自然条件，需有坚定不移的勇敢精神”，而红军“都是有坚定的政治信念和不屈不挠精神的人”。[⑥]

《长征——前所未闻的故事》多处谈到这个问题，认为长征“是

---

① 《长征——前所未闻的故事》，“《长征》及其由来”第 1 页。

② 〔美〕I.G. 埃德蒙兹：《毛泽东的长征：人类大无畏精神的史诗》。

③ 〔美〕威廉·莫尔伍德：《中原逐鹿：蒋介石和毛泽东为控制中国而进行的斗争》。

④ 《长征——前所未闻的故事》，第 404 页。

⑤ 《西行漫记》，第 163—164 页。

⑥ 《中国——我的第二故乡》，第 140—143 页。

考验中国红军男女战士的意志、勇气和力量的人类伟大史诗”，“是一次充满了集体英雄主义、献身精神和希望的举世无双的行动”，“是用热血和勇气谱写的史诗”，“这种传奇式的牺牲和坚忍不拔的精神是中国革命赖以成功的基础”；阅读关于长征的书，可以“了解那些为了中国革命事业而不惜牺牲的男男女女的品质”，“知道有文字记载以来最令人振奋的大无畏事迹”；长征“过去是激动人心的，现在它仍会引起世界各国人民的钦佩和激情”，“它将成为人类坚定无畏的丰碑，永远流传于世”，并说“阅读长征的故事将使人们再次认识到，人类的精神一旦唤起，其威力是无穷无尽的”。书中还说：“长征已给中国的面貌留下了不可磨灭的印记，它极大地改变了中国的意识，使这个国家出现了许多世纪以来所缺乏的精神与团结”，“它所表现的英雄主义精神激励着一个有十一亿人口的民族，使中国朝着一个无人能够预言的未来前进”。①

莫里斯·梅斯纳在《毛泽东的中国及其发展——中华人民共和国史》中，也论述了这个问题，说长征加深了人们的“使命感”，增强了人们实现其理想和使命的“希望和信心”，“人们现在所熟悉的毛泽东主义的下述美德：奋斗不息、英勇牺牲、自我克制、勤奋、勇敢和无私，不仅为毛泽东个人身体力行，而且为一切长征老战士所具有，因为这些都是他们规范自己行动的美德，而且他们认为这些美德对于他们的幸存，对于他们所献身的革命的延续都至关重要。这种禁欲主义的价值观构成了后来被赞颂为‘延安精神’的那种精神的核心”。②

总之，在许多国外记者、作家、学者的眼里，红军的长征是一个举世无双的伟大事件，它深刻地影响了中国现代的历史，现在仍在鼓舞着中国人民胜利前进，即使对于未来，它仍将会具有巨大的影响。他们的这些作品，向国外的读者介绍了红军长征的真实情况，使世界各国的人民了解了中国共产党和红军，扩大了中国共产党和红军在世界上的影响，其作用和价值是应该充分肯定的。

---

① 《长征——前所未闻的故事》，“《长征》及其由来”第 1 页，正文第 405、344 页，“中文版自序”第 4 页，正文第 404 页，“《长征》及其由来”第 5 页。

② 〔美〕莫里斯·梅斯纳：《毛泽东的中国及其发展——中华人民共和国史》，第 39 页。

那么，国外的这些记者、作家、学者，为什么会对长征作出这么高的评价，给予这么多的赞誉呢？这主要是由于长征本身的伟大、壮观、艰难、惊险所决定的，即使是政治观点不同的人，只要能稍微客观地来看待这一事件，也不能不为长征的难以令人想象的艰难行程、红军指战员们大无畏的英雄主义精神和气魄所感动、所折服。另外，红军长征是中国革命胜利的前奏曲，他们要探讨中国革命胜利的原因，不能不追溯到红军的长征，对长征作出客观而公正的评价。

红军长征胜利已经 80 年了。这一伟大壮举，在我们党、国家、军队发展史上具有十分伟大的意义，对中华民族历史进程具有十分深远的影响。这一惊天动地的革命壮举，是中国共产党和红军谱写的壮丽史诗，是中华民族伟大复兴历史进程中的巍峨丰碑。

长征是一次理想信念的伟大远征，是一次检验真理的伟大远征，是一次唤醒民众的伟大远征，是一次开创新局的伟大远征。长征这一人类历史上的伟大壮举，留给我们最可宝贵的精神财富，就是中国共产党人和红军将士用生命和热血铸就的伟大长征精神。

伟大长征精神，就是把全国人民和中华民族的根本利益看得高于一切，坚定革命的理想和信念，坚信正义事业必然胜利的精神；就是为了救国救民，不怕任何艰难险阻，不惜付出一切牺牲的精神；就是坚持独立自主、实事求是，一切从实际出发的精神；就是顾全大局、严守纪律、紧密团结的精神；就是紧紧依靠人民群众，同人民群众生死相依、患难与共、艰苦奋斗的精神。伟大长征精神，是中国共产党人及其领导的人民军队革命风范的生动反映，是中华民族自强不息的民族品格的集中展示，是以爱国主义为核心的民族精神的最高体现。

红军长征胜利 80 年来，中国共产党团结带领全国各族人民，不断推进革命、建设、改革伟大事业，进行了一次又一次波澜壮阔的伟大长征，夺取了一个又一个举世瞩目的伟大胜利。现在，我们的国家已经发生了翻天覆地的变化，与红军长征时的那种艰难困苦的条件大不一样了。但是，长征永远在路上。不论我们的事业发展到哪一步，不论我们取得了多大成就，我们都要大力弘扬伟大长征精神，在新的长征路上继续奋勇前进。正如习近平总书记在纪念红军长征胜利 80 周年大会上的讲话中所指出的："历史是不断向前的，要达到理想的彼岸，就要沿着我们确定的道路不断前进。每一代人有每一代人的长征路，每一代人都要走好自己的长征路。今天，我们这一代人的长征，就是要实现'两个一百年'奋斗目标、实现中华民族伟大复兴的中国梦。""前进道路上，我们要大力弘扬伟大长征精神，激励和鼓舞全党全军全国各族人民特别是青年一代发愤图强、奋发有为，继续把革命前辈开创的伟大事业推向前进，在实现'两个一百年'奋斗目标、实现中华民族伟大复兴中国梦新的长征路上续写新的篇章、创造新的辉煌！"①

① 习近平：《在纪念红军长征胜利80周年大会上的讲话》，2016年10月21日。

主要参考书目

1.《毛泽东选集》第 1 卷，人民出版社 1991 年版。

2.《毛泽东选集》第 2 卷，人民出版社 1991 年版。

3.《毛泽东军事文集》第 1 卷，军事科学出版社、中央文献出版社 1993 年版。

4.《周恩来选集》(上卷)，人民出版社 1980 年版。

5.《朱德选集》，人民出版社 1983 年版。

6.《张闻天选集》，人民出版社 1985 年版。

7.《张闻天文集》第 1 卷，中共党史出版社 1990 年版。

8.《任弼时选集》，人民出版社 1987 年版。

9. 中央档案馆:《中共中央文件选集》第 9 册、第 10 册，中共中央党校出版社 1991 年版。

10. 中国工农红军第一方面军史编审委员会:《中国工农红军第一方面军史》，解放军出版社 1993 年版。

11. 中国工农红军第二方面军史编审委员会:《中国工农红军第二方面军战史》，解放军出版社 1992 年版。

12. 中国工农红军第四方面军战史编审委员会:《中国工农红军第四方面军战史》，解放军出版社 1989 年版。

13. 中国工农红军第三军团史编委会:《中国工农红军第三军团史》，国防大学出版社 1992 年版。

14. 中国工农红军第二十五军战史编审委员会:《中国工农红军第二十五军战史》，解放军出版社 1990 年版。

15. 军事科学院军事历史研究部:《中国人民解放军战史》第 1

卷，军事科学出版社 1987 年版。

16. 中国工农红军第四方面军战史编辑委员会:《中国工农红军第四方面军战史资料选编》(川陕时期·下)，解放军出版社 1993 年版。

17. 中国工农红军第四方面军战史编辑委员会:《中国工农红军第四方面军战史资料选编》(长征时期)，解放军出版社 1992 年版。

18. 中国工农红军第四方面军战史编辑委员会:《中国工农红军第四方面军战史资料选编》(附卷)，解放军出版社 1993 年版。

19. 中国工农红军第二十五军战史编审委员会:《中国工农红军第二十五军战史资料选编》，解放军出版社 1991 年版。

20. 中国人民解放军历史资料丛书编审委员会:《红军反“围剿”回忆史料》，解放军出版社 1994 年版。

21. 中国人民解放军历史资料丛书编审委员会:《红军长征·综述·大事记·表册》，解放军出版社 1989 年版。

22. 中国人民解放军历史资料丛书编审委员会:《红军长征·回忆史料》(1)，解放军出版社 1990 年版。

23. 中国人民解放军历史资料丛书编审委员会:《红军长征·回忆史料》(2)，解放军出版社 1992 年版。

24. 中国人民解放军历史资料丛书编审委员会:《红军长征·文献》，解放军出版社 1995 年版。

25. 中国人民解放军历史资料丛书编审委员会:《红军长征·参考资料》，解放军出版社 1992 年版。

26. 中国人民解放军历史资料丛书编审委员会:《红军长征·图片》，解放军出版社 1993 年版。

27. 中共中央党史资料征集委员会、中央档案馆:《遵义会议文献》，人民出版社 1985 年版。

28.《中国共产党中央委员会关于建国以来党的若干历史问题的决议》，人民出版社 1981 年版。

29. 中共桂林地委《红军长征过广西》编写组:《红军长征过广西》，广西人民出版社 1986 年版。

30. 中共通道侗族自治县委党史办:《红军长征过通道》，1986

年版。

31.《贵州社会科学》编辑部、贵州省博物馆:《红军长征在贵州史料选辑》，1983 年版。

32. 贵州省档案馆:《红军转战贵州》，贵州人民出版社 1984 年版。

33. 中共铜仁地委党史资料征集办公室:《红军在黔东》，1986 年版。

34. 中共贵州省遵义地委党史工作委员会办公室:《红军在黔北》，中共中央党校出版社 1989 年版。

35. 中共云南省委党史资料征集委员会:《红军长征过云南》，云南民族出版社 1986 年版。

36. 中共四川省委党史工作委员会《红军长征在四川》编写组:《红军长征在四川》，四川省社会科学院出版社 1986 年版。

37. 中共陇南地委党史资料征集研究办公室:《红军长征在陇南》，1988 年版。

38. 中共宁夏回族自治区党史资料征集委员会等:《红旗漫卷——红军长征西征在宁夏》，宁夏人民出版社 1989 年版。

39. 中共延安地委党史办公室:《红军长征到延安》，1986 年版。

40. 甘肃省军区党史资料征集办公室:《三军大会师》(上、下册)，甘肃人民出版社 1987 年版。

41. 中国共产党历史资料丛书:《闽浙皖赣革命根据地》(上、下)，中共党史出版社 1991 年版。

42. 全荣阶主编:《湘鄂川黔革命根据地》，中共党史出版社 1989 年版。

43. 中共陕西省委党史研究室:《土地革命战争时期的中共陕西省委》，陕西人民出版社 1991 年版。

44. 中共中央文献研究室:《毛泽东年谱(1893—1949)》上卷，人民出版社、中央文献出版社 1993 年版。

45. 中共中央文献研究室:《周恩来年谱(1898—1949)》，人民出版社、中央文献出版社 1989 年版。

46. 中共中央文献研究室:《朱德年谱》，人民出版社 1986 年版。

47.《贺龙年谱》编写组:《贺龙年谱》，中共中央党校出版社 1988 年版。

48. 中共中央文献研究室:《任弼时年谱》，人民出版社、中央文献出版社 1994 年版。

49. 刘树发主编:《陈毅年谱》，人民出版社 1995 年版。

50. 中共中央文献研究室:《周恩来传（1898—1949）》，人民出版社、中央文献出版社 1989 年版。

51. 中共中央文献研究室:《朱德传》，人民出版社、中央文献出版社 1993 年版。

52. 中共中央文献研究室:《任弼时传》，中央文献出版社、人民出版社 1994 年版。

53. 程中原:《张闻天传》，当代中国出版社 1993 年版。

54.《徐向前传》编写组:《徐向前传》,当代中国出版社 1991 年版。

55.《聂荣臻传》编写组:《聂荣臻传》,当代中国出版社 1991 年版。

56.《罗荣桓传》编写组:《罗荣桓传》,当代中国出版社 1991 年版。

57.《刘伯承传》编写组:《刘伯承传》,当代中国出版社 1992 年版。

58.《彭德怀传》编写组:《彭德怀传》,当代中国出版社 1993 年版。

59.《贺龙传》编写组:《贺龙传》，当代中国出版社 1993 年版。

60.《陈毅传》编写组:《陈毅传》，当代中国出版社 1995 年版。

61.《叶剑英传》编写组:《叶剑英传》,当代中国出版社 1995 年版。

62. 张麟:《徐海东将军传》，上海文艺出版社 1983 年版。

63.《忆徐海东》编辑组:《忆徐海东》,河南人民出版社 1981 年版。

64. 中共汨罗县委员会:《任弼时》，湖南人民出版社 1979 年版。

65.《刘伯承回忆录》，上海文艺出版社 1981 年版。

66. 中共新县县委党史资料征集委员会:《卓越的青年将领——纪念吴焕先同志牺牲五十周年专辑》，河南人民出版社 1985 年版。

67. 中共延安地委党史办公室:《谢子长烈士专辑》，1985 年版。

68. 蒋建农、郑广瑾:《长征途中的毛泽东》,红旗出版社 1993 年版。

69. 陈昌奉口述、赵蓥整理:《跟随毛主席长征》，解放军文艺出版社 1986 年版。

70. 郭晨、裘之倬:《贺子珍》，农村读物出版社 1984 年版。

71.《回忆朱德》，中央文献出版社 1992 年版。

72. 水工:《中国元帅贺龙》，中共中央党校出版社 1995 年版。

73. 中国社会科学院现代革命史研究室:《回忆贺龙》，上海人民出版社 1979 年版。

74. 中国社会科学院现代革命史研究室:《回忆贺龙》(续集)，上海人民出版社 1984 年版。

75.《星火燎原》编辑部:《老帅在长征中》，解放军出版社1986 年版。

76. 平卓:《长征中的张国焘》，湖北人民出版社 1986 年版。

77. 盛仁学:《张国焘问题研究资料》，四川人民出版社 1982 年版。

78. 中共党史人物研究会:《中共党史人物传》第 3 卷，陕西人民出版社 1981 年版。

79.《毛泽东自述》，人民出版社 1993 年版。

80.《彭德怀自述》，人民出版社 1981 年版。

81.《聂荣臻回忆录》(上、中)，解放军出版社 1983 年 12 月第 2 版。

82. 徐向前:《历史的回顾》(上)，解放军出版社 1984 年版;《历史的回顾》(中)，解放军出版社 1985 年版。

83. 伍修权:《我的历程》，解放军出版社 1984 年版。

84. 李维汉:《回忆与研究》(上),中共党史资料出版社 1986 年版。

85.《李聚奎回忆录》，解放军出版社 1986 年版。

86.《许世友回忆录》，解放军出版社 1986 年版。

87.《杨成武回忆录》，解放军出版社 1987 年版。

88. 杨成武:《忆长征》，解放军文艺出版社 1982 年版。

89.《萧劲光回忆录》，解放军出版社 1987 年版。

90.《程子华回忆录》，解放军出版社 1987 年版。

91.《粟裕战争回忆录》，解放军出版社 1988 年版。

92. 王宏坤:《我的红军生涯》，人民出版社 1991 年版。

93.《杨得志回忆录》，解放军出版社 1992 年版。

94.《王平回忆录》，解放军出版社 1992 年版。

95.《在历史的激流中——刘英回忆录》，中共党史出版社 1992 年版。

96.《康克清回忆录》，解放军出版社 1993 年版。

97.《中国工农红军第一方面军长征记》，人民出版社 1955 年版。

98. 袁任远:《长征纪实》，湖南人民出版社 1985 年版。

99. 李立:《远征万里——红二方面军征战记》，人民出版社 1983 年版。

100. 贺彪:《红二方面军从湘鄂边到陕北长征纪实》，华夏出版社 1990 年版。

101. 本书编辑组:《红六军团征战记》(下)，解放军出版社 1994 年版。

102.《艰苦的历程——中国工农红军第四方面军战史回忆录》(上、下)，人民出版社 1984 年版。

103. 芦振国、姜为民:《红二十五军长征纪实》，河南人民出版社 1986 年版。

104. 袁光:《风烟滚滚的岁月》，战士出版社 1982 年版。

105.《回顾长征》，人民出版社 1985 年版。

106.《红旗飘飘》第 17 集，中国青年出版社 1979 年版。

107.《星火燎原》选编之三，战士出版社 1980 年版。

108. 中国革命博物馆:《红军长征日记》，档案出版社 1986 年版。

109.《陈伯钧日记》，上海人民出版社 1981 年版。

110. 萧锋:《长征日记》，上海人民出版社 1979 年版。

111. 中国人民政治协商会议全国委员会文史资料研究委员会:《文史资料选辑》第 62 辑，中华书局 1979 年版。

112. 中国人民政治协商会议全国委员会文史资料委员会《围追堵截红军长征亲历记》编审组:《围追堵截红军长征亲历记——原国民党将领的回忆》(上、下册)，中国文史出版社 1991 年版。

113. 中共中央党史研究室:《中国共产党历史》(上卷)，人民出版社 1991 年版。

114. 中共中央党史研究室著、胡绳主编:《中国共产党的七十年》,中共党史出版社 1991 年版。

115.《闽浙赣革命根据地史稿》编写组:《闽浙赣革命根据地史稿》,江西人民出版社 1984 年版。

116. 湘鄂川黔革命根据地史稿编写组:《湘鄂川黔革命根据地史稿》,湖南人民出版社 1985 年版。

117.《伟大的长征》编委会:《伟大的长征》,陕西人民出版社 1991 年版。

118. 力平、余熙山、志咸:《红军长征简史》,湖北人民出版社 1986 年版。

119. 李安葆:《长征史》,中国青年出版社 1986 年版。

120. 璞玉霍、徐爽迷:《铁流二万五千里——红军长征史话》,上海人民出版社 1986 年版。

121. 郑广瑾、方十可:《中国红军长征记》,河南人民出版社 1987 年版。

122. 伊胜利:《中国工农红军的长征》,黑龙江人民出版社 1986 年版。

123. 郑理、豫人:《红军长征大事纪略》,解放军出版社 1986 年版。

124. 周朝举主编:《红军黔滇驰骋风云录》,军事科学出版社 1987 年版。

125.《遵义会议的光芒——纪念遵义会议五十周年》,解放军出版社 1984 年版。

126.《伟大的转折》,贵州人民出版社 1984 年版。

127.《丰碑》(贵州省纪念遵义会议 50 周年学术讨论会论文集),贵州人民出版社 1985 年版。

128. 朱成源主编:《长征在雪山草地》,四川民族出版社 1986 年版。

129. 曾志主编:《长征女战士》(一),北方妇女儿童出版社 1986 年版。

130. 李安葆、刘禄开:《女红军长征记》,中国妇女出版社 1991 年版。

131. 王廷科:《红军长征研究》,四川省社会科学院出版社 1986

年版。

132. 国防大学党史政工教研室:《长征新探》，解放军出版社 1986 年版。

133. 军事科学院军事历史研究部等:《历史的丰碑——红军长征史研究》，军事科学出版社 1987 年版。

134. 成都军区党史资料征集委员会办公室:《红军长征回忆与研究》，云南人民出版社 1986 年版。

135. 周锡根:《红军长征时期党的民族政策》，四川民族出版社 1985 年版。

136. 〔美〕埃德加・斯诺:《西行漫记》，生活・读书・新知三联书店 1979 年版。

137. 〔美〕艾格妮丝・史沫特莱:《伟大的道路》，生活・读书・新知三联书店 1979 年版。

138. 李德:《中国纪事》，现代史料编刊社 1980 年版。

139. 〔美〕哈里森・索尔兹伯里:《长征——前所未闻的故事》，解放军出版社 1986 年版。

140. 〔德〕王安娜:《中国——我的第二故乡》，生活・读书・新知三联书店 1980 年版。

141.《将帅诗词选》编委会:《将帅诗词选》，辽宁人民出版社 1987 年版。

142. 李安葆:《长征诗歌选》，北京出版社 1982 年版。

143. 胡羽高:《共匪西窜记》，贵阳羽高书店 1946 年版。

144. 台湾国民党国防部史政局:《剿匪战史》(二)，中华大典编印会 1967 年版。

后　记

为了纪念红军长征胜利60周年，在新的历史条件下继承和发扬长征精神，更好地进行新的长征，建设好有中国特色的社会主义，我们编写了这部《红军长征史》。

中共中央总书记、国家主席、中央军委主席江泽民同志，在百忙中为本书题写了书名并题词，中共中央政治局常委、中央军委副主席刘华清同志和中央军委副主席张震同志，也都为本书题了词。这是中央和中央军委领导同志对《红军长征史》这部英雄的史诗的高度赞扬，同时也是对党史工作的极大关怀和充分重视。

本书的编写和出版，得到了许多单位和同志的帮助。中国人民解放军军事科学院军事历史研究部的徐占权、李辉同志，参加了书稿的撰写；洪明、魏德松、徐占权同志和中国人民解放军国防大学战略教研室的廖国良同志，审阅了全部或部分书稿。中国人民革命军事博物馆的阎景堂、齐宝龙同志，为本书选取和提供了许多宝贵的照片和地图。辽宁省新闻出版局副局长、辽宁人民出版社社长任慧英同志和责任编辑李英健、蔡文祥、王松同志，为本书的编辑、出版做了大量的工作。本室的佟英明、叶心瑜和韩泰华同志，审阅了全部或部分书稿；李传华、郑惠同志最后审定了全部书稿。审阅书稿的同志，对初稿提出了许多宝贵而中肯的意见。在此书出版之际，特向以上单位和同志表示衷心的感谢！

在本书编写过程中，郭德宏、张树军同志统改了全部书稿，郭德宏同志对部分章节作了较大的修改。张树军同志还提出了书稿的编写大纲，并负责了本书编写的具体组织工作。杨青同志承担了书稿编写的许多事务性工作。

本书是在查阅和运用大量第一手资料，并充分参考和吸收现有的最新科研成果的基础上编写而成的。但是，由于我们对红军长征史的研究还不够全面、深入，又是在很短的时间内分头赶写出来的，各部分的详略、风格不尽一致，缺陷、不足和差错在所难免，敬请读者批评指正。

中共中央党史研究室第一研究部

1996 年 6 月 26 日